İstanbul Edirne İznik Bursa Çanakkale Truva Assos Bergama İzmir Sardes Selçuk Şirince Kuşadası Priene Miletos Didyma Pamukkale Aphrodisias Bodrum Marmaris Dalyan Fethiye Xanthos Letoon Kaş Kekova Kale Antalya Alanya Silifke Antakya Ankara Hattuşa Alacahöyük Kütahya Eskişehir Afyon Aizanoi Gordion Midas Şehri Sagalassos Konya Kappadokya Kayseri Sivas Divriği Erzurum Kars Doğubayazıt Van Tatvan Gaziantep Şanlıurfa Nemrut Dağı Diyarbakir Mardin Safranbolu Amasura Sinop Amasya Trabzon Uzungöl İstanbul Edirne İznik Bursa Çanakkale Truva Assos Bergama İzmir Sardes Selçuk Şirince Kuşadası Priene Miletos Didyma Pamukkale Aphrodisias Bodrum Marmaris Dalyan Fethiye Xanthos Letoon Kaş Kekova Kale Antalya Alanya Silifke Antakya Ankara Hattuşa Alacahöyük Kütahya Eskişehir Afyon Aizanoi Gordion Midas Şehri Sagalassos Konya Kappadokya Kayseri Sivas Divriği Erzurum Kars Doğubayazıt Van Tatvan Gaziantep

自由行

乐游全球……18

土耳其

横跨欧亚大陆的
文明摇篮
东西方文化
强烈碰撞的
神秘国度

实业之日本社海外版编辑部◎编著
张亚林◎译
周运堂◎审订

北京·旅游教育出版社

自由行

乐游全球……18 土耳其 Turkey

CONTENTS

目录

逛街便携版

超大剪切地图

伊斯坦布尔（正面）
世界遗产卡帕多西亚（反面）

安纳托利亚中部

安纳托利亚东部

安纳托利亚东南部

黑海地区

旅行信息【中国篇】

旅行信息【土耳其篇】

重要情报

真情提示

深度了解

本书的使用方法

●货币符号（以2014年9月汇率为准）

TL代表土耳其里拉，$代表美元，€代表欧元。
1TL约折合3元人民币、0.5美元、0.4欧元。
100元人民币约折合34里拉、16美元、12欧元。

●卷首剪切地图的使用方法

地图的正面(边框为红色)对伊斯坦布尔一些观光景点和购物商店及住宿酒店的具体位置进行了标注，说明如下：

●**剪切地图-3、p.105-A**
表示此景点或商店或酒店在地图正面的3区内标注了位置。此外，在内文第105页地图的A区内也有标注。

●地图标记

- S…商店
- R…餐厅
- H…酒店
- N…娱乐场所
- …邮局（PTT）
- P…停车场
- …长途汽车站
- …巴士・出租车乘车处
- 文…学校
- …机场
- …医院
- …警亭
- …清真寺
- …教堂
- i…旅游咨询中心
- ▲…山峰
- ♨…浴室
- —…铁路

●内文图示符号说明

- …飞机
- …巴士
- …电车
- …轮渡
- …旅游咨询中心
- …可就餐
- …可购物
- 开…开放时间
- 营…营业时间
- 休…休息时间
- TL…相关费用
- S…商场
- R…餐厅
- H…酒店
- …地址
- …电话
- FAX…传真
- HP…网址
- 邮…电子邮箱
- C…银行卡
- 室…客房数量

关于旅行中的各种费用及数据说明

●餐厅用餐预算

为了方便起见，对主食、汤羹、沙拉、饮料（包含酒水）的预算金额用土耳其里拉（TL）标记。绝大多数餐厅中都可使用里拉。

●酒店住宿费用

关于住宿费用，一般会在入住酒店的公告板上用$（美元）、€（欧元）、TL（土耳其里拉）分别标记。一般酒店都会标明每间客房每晚的收费（S表示单人间，W表示双人间）。大多数情况下，用美元、欧元或者土耳其里拉都可以支付。不过，在一些小地方只能用土耳其里拉支付。

●交通费与入场费

本书中的交通费和入场费，以信息采集时的情况为准，一般用土耳其里拉（TL）标记。考虑到物价上涨的大趋势，交通费和入场费等都亦有同步上涨的情况，本书给出的相关信息仅作参考使用。

●费用等数据的变动

鉴于现在土耳其的物价，相比以前有所上升，汇率也有所变动，本书给出的相关费用可能会与实际有所不同，还请读者依实际公布的新价格为准。另外，酒店、餐厅等时有名称更换甚至停业等情况发生。

考虑到以上情况，建议使用本书的读者，行前不妨再次加以确认。同时，也欢迎实地旅行或者熟悉相关情况的读者不吝赐教，以便我们下一次修订，及时做更正。

土耳其及其周边
Türkiye ve Çevresi
0 200km
本书插图系原文原图
20°E
25°E
30°E
贝奥格拉德 Beograd
萨拉热窝 Sarajevo
波斯尼亚和黑塞哥维那 BOSNA I HERCEGOVINA
塞尔维亚 SERBIA
罗马尼亚 ROMANIA
加拉兹 Galaţi
伊兹玛伊尔 Izmail
斯里纳 Sulina
普罗伊艾什提 Ploieşti
克拉约瓦 Craiova
布加勒斯特 Bucureşti(Bucharest)
德纳乌河
Donau
尼斯 Niš
鲁塞 Ruse
肯斯坦兹 Constanţa
黑山 MONTENEGRO
普莱温 Pleven
奇特格拉德 Titograd
巴尔 Bar
索菲亚 Sofia
保加利亚 BULGARIA
瓦尔纳 Varna
斯科普里 Skopje
斯塔拉·萨戈拉 Stara Zagora
布尔加斯 Burgas
地拉那 Tiranë
马其顿 MACEDONIA
普罗夫迪夫 Plovdiv
哈斯克沃 Khaskovo
阿尔巴尼亚 ALBANIA
埃迪尔内 p.135
Edirne
伊斯坦布尔 p.61
İstanbul
波斯佛拉斯海峡 Bosphorus
尊格尔达克 Zonguldak
艾莱利 Ereğli
科甲艾利 Kocaeli (İzmit)
乌尊湖 Uzunköprü
特萨洛尼基 Thessaloníki
奥林波斯山 Olympos 2917
凯桑 Keşan
马尔马拉海 Marmara Deniz
萨卡尔亚 Sakarya (Adapazarı)
恰纳卡莱 p.152 Çanakkale
班德尔玛 Bandırma
伊兹尼克 p.140 İznik
萨卡尔亚河 Sakarya
伊格梅尼萨 Igoumenítsa
拉里萨 Lárissa
特洛伊 p.155
Troy(Truva)
格内 Gönen
布尔萨 p.144
Bursa
沃洛斯 Vólos
希腊 GREECE
爱琴海 Ege Denizi
p.158 阿索斯 Assos
艾德莱米特 Edremit
巴里克希尔 Balıkesir
埃斯基谢希尔 p.265 Eskişehir
拉米亚 Lamía
阿格里尼昂 Agrinion
阿伊瓦里克 Ayvalık
贝尔加马 p.161
Bergama
屈塔希亚 p.264 Kütahya
卡尔吉斯 Khalkís
帕特莱 Pátrai
克林特斯 Kórinthos
伊兹密尔 p.169
İzmir
马尼萨 Manisa
阿菲永 p.266 Afyon
雅典
Athínai
切什梅 Çeşme
萨迪斯 p.174 Sardes
佩罗波内索斯半岛 Peloponnesos
皮莱艾夫斯 Peiraievs
塞尔丘克 p.176
Selçuk
希林斯 Şirince
阿克谢希尔 Akşehir
帕姆卡莱 p.194
Pamukkale
埃伊尔迪尔湖 Eğirdir Gölü
卡拉马塔 Kalamáta
p.187 库沙达瑟 Kuşadası
阿伊德 Aydın
德尼兹利 Denizli
乌斯帕尔塔 Isparta
博德鲁姆 p.204
Bodrum
穆拉 Muğla
阿佛洛狄西亚 p.202 Aphrodisias
p.212 马尔马里斯 Marmaris
p.215 达尔扬 Dalyan
费特希耶 p.217 Fethiye
安塔利亚 p.229
Antalya
p.223 卡什 Kaş
菲尼凯 Finike
克莱塔海 Sea of Crete
罗德岛 Ródhos
p.225 凯科瓦 Kekova
德姆雷(旧卡莱)p.228 Kale (Demre)
伊拉克利昂 Iráklion
克莱塔岛 Crete
P.8～9
地中海 Mediterranean Sea
图尔马伊萨 Tulmaytha
达尔纳 Darna
马尔基 al-Marj
利比亚 LIBYA
特布尔科 Tobruk
巴尔迪亚 Bardiya
萨鲁姆 Salum
马特鲁夫 Matruh
蒂姆亚特 Dimyat
亚历山大 Alexandria
尼罗河
坦塔 Tanta
埃及 EGYPT
A
B
E
F
I
J

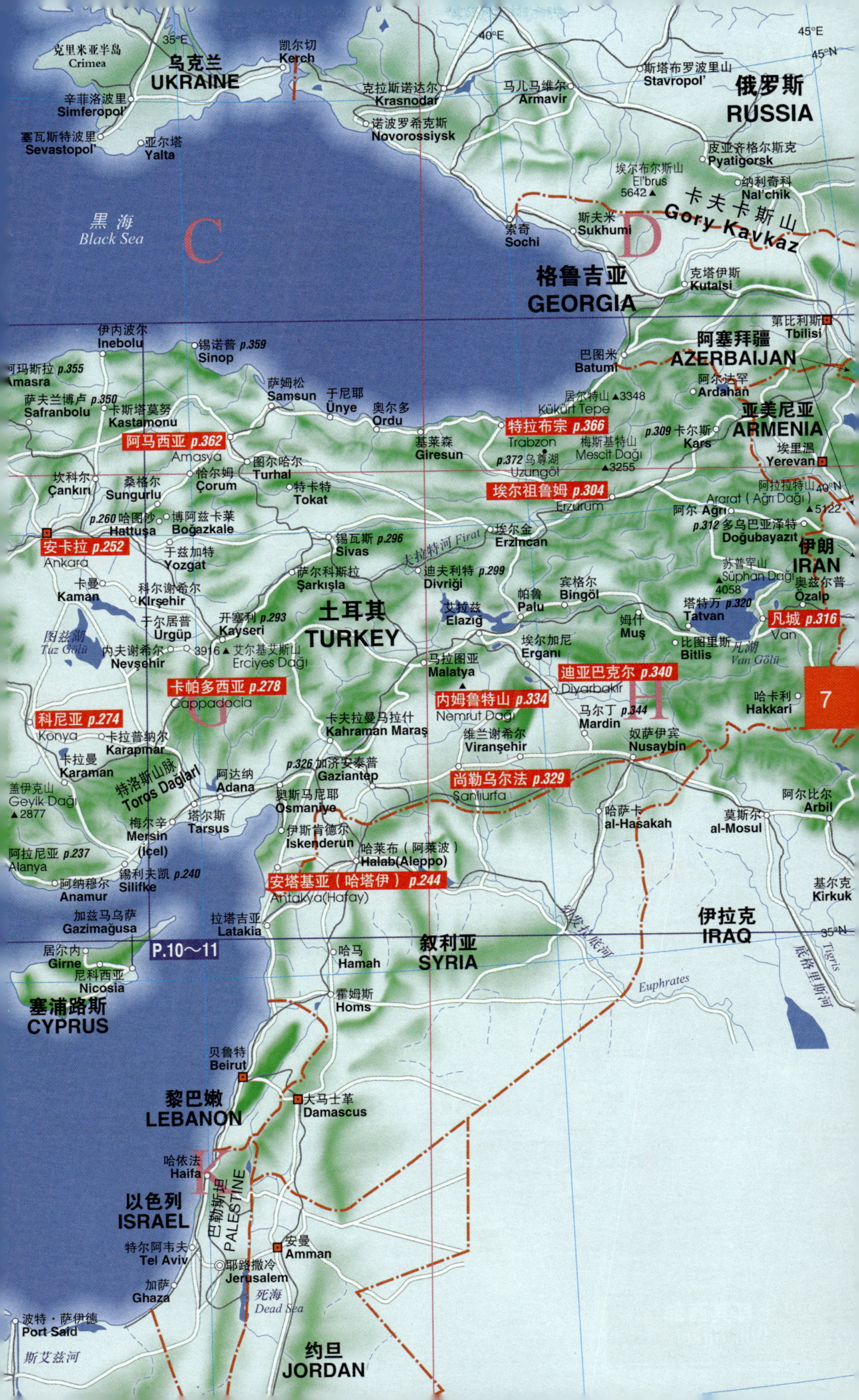

35°E
40°E
45°E
45°N
40°N
35°N
克里米亚半岛
Crimea
乌克兰
UKRAINE
凯尔切
Kerch
辛菲洛波里
Simferopol'
塞瓦斯特波里
Sevastopol'
亚尔塔
Yalta
克拉斯诺达尔
Krasnodar
诺波罗希克斯
Novorossiysk
马儿马维尔
Armavir
斯塔布罗波里山
Stavropol'
俄罗斯
RUSSIA
皮亚齐格尔斯克
Pyatigorsk
埃尔布尔斯山
El'brus
5642
纳利奇科
Nal'chik
卡夫卡斯山
Gory Kavkaz
黑海
Black Sea
C
D
索奇
Sochi
斯夫米
Sukhumi
格鲁吉亚
GEORGIA
克塔伊斯
Kutaisi
第比利斯
Tbilisi
阿塞拜疆
AZERBAIJAN
巴图米
Batumi
阿尔达罕
Ardahan
亚美尼亚
ARMENIA
埃里温
Yerevan
伊内波尔
Inebolu
锡诺普 p.359
Sinop
阿玛斯拉 p.355
Amasra
萨夫兰博卢 p.350
Safranbolu
卡斯塔莫努
Kastamonu
萨姆松
Samsun
于尼耶
Ünye
奥尔多
Ordu
基莱森
Giresun
居尔特山 3348
Küküt Tepe
特拉布宗 p.366
Trabzon
p.372 乌尊湖
Uzungöl
梅斯基特山
Mescit Dağı
3255
p.309 卡尔斯
Kars
阿马西亚 p.362
Amasya
坎科尔
Çankırı
桑格尔
Sungurlu
恰尔姆
Çorum
图尔哈尔
Turhal
特卡特
Tokat
埃尔祖鲁姆 p.304
Erzurum
阿拉拉特山
Ararat (Ağrı Dağı)
5122
阿尔
Ağrı
p.312 多乌巴亚泽特
Doğubayazıt
伊朗
IRAN
p.260 哈图沙
Hattuşa
博阿兹卡莱
Boğazkale
安卡拉 p.252
Ankara
于兹加特
Yozgat
锡瓦斯 p.296
Sivas
夫拉特河 Fırat
埃尔金
Erzincan
苏普罕山
Süphan Dağı
4058
奥兹尔普
Özalp
卡曼
Kaman
科尔谢希尔
Kırşehir
萨尔克斯拉
Şarkışla
迪夫利特 p.299
Divriği
宾格尔
Bingöl
帕鲁
Palu
艾拉兹
Elazığ
塔特万 p.320
Tatvan
凡城 p.316
Van
图兹湖
Tuz Gölü
于尔居普
Ürgüp
开塞利 p.293
Kayseri
土耳其
TURKEY
姆什
Muş
比图里斯
Bitlis
凡湖
Van Gölü
内夫谢希尔
Nevşehir
3916 艾尔基艾斯山
Erciyes Dağı
马拉图亚
Malatya
埃尔加尼
Ergani
迪亚巴克尔 p.340
Diyarbakır
H
7
卡帕多西亚 p.278
Cappadocia
内姆鲁特山 p.334
Nemrut Dağı
哈卡利
Hakkari
科尼亚 p.274
Konya
G
卡夫拉曼马拉什
Kahraman Maraş
马尔丁 p.344
Mardin
卡拉普纳尔
Karapınar
维兰谢希尔
Viranşehir
奴萨伊宾
Nusaybin
卡拉曼
Karaman
特洛斯山脉
Toros Dağları
阿达纳
Adana
p.326 加济安泰普
Gaziantep
尚勒乌尔法 p.329
Şanlıurfa
盖伊克山
Geyik Dağı
2877
奥斯马尼耶
Osmaniye
阿尔比尔
Arbil
梅尔辛
Mersin
(İçel)
塔尔斯
Tarsus
哈萨卡
al-Hasakah
莫斯尔
al-Mosul
伊斯肯德尔
Iskenderun
阿拉尼亚 p.237
Alanya
哈莱布（阿莱波）
Halab(Aleppo)
阿纳穆尔
Anamur
锡利夫凯 p.240
Silifke
安塔基亚（哈塔伊） p.244
Antakya(Hatay)
基尔克
Kirkuk
加兹马乌萨
Gazimağusa
拉塔吉亚
Latakia
伊拉克
IRAQ
居尔内
Girne
P.10～11
哈马
Hamah
叙利亚
SYRIA
幼发拉底河
尼科西亚
Nicosia
霍姆斯
Homs
Euphrates
底格里斯河
Tigris
塞浦路斯
CYPRUS
贝鲁特
Beirut
黎巴嫩
LEBANON
大马士革
Damascus
哈依法
Haifa
K
巴勒斯坦
PALESTINE
以色列
ISRAEL
安曼
Amman
特尔阿韦夫
Tel Aviv
耶路撒冷
Jerusalem
加萨
Ghaza
死海
Dead Sea
波特·萨伊德
Port Said
约旦
JORDAN
斯艾兹河

奥德萨
保加利亚
BULGARIA
埃迪尔内 p.135
Edirne
伊内阿达
İğneada
柯尔克拉莱利
Kırklareli
克约克伊
Kıyıköy
黑海
Black Sea
吕莱布尔加斯
Lüleburgaz
科莫提尼
Komotini
乌尊克普鲁
Uzunköprü
A
特拉吉亚
（如麦里）
科尔卢
Çorlu
伊斯坦布尔 p.61
İstanbul
p.109 卡德克伊
Kadıköy
B
西莱
Şile
卡拉斯
Karasu
伊普萨拉
İpsala
特基尔达
Tekirdağ
亚历山大
Alexandroupolis
凯桑
Keşan
博斯普鲁斯海峡
Bosphorus
海莱凯
Hereke
克贾艾利
Kocaeli
(İzmit)
萨卡尔亚
Sakarya
(Adapazarı)
萨尔克伊
Şarköy
马尔马拉海
Marmara Deniz
达达尼尔海峡
Dardanelles
盖里波里
Gelibolu
亚洛瓦
Yalova
班德尔马
Bandırma
格克切岛
Gökçeada
埃杰阿巴特
Eceabat
p.140 伊兹尼克
İznik
克里特巴希尔
Kilitbahir
恰纳卡莱 p.152
Çanakkale
比加
Biga
卡拉贾贝伊
Karacabey
塔拉克
Taraklı
特洛伊 p.155
Troy(Trva)
坎尔
Çan
格内
Gönen
居贝尔
Göbel
布尔萨 p.144
Bursa
伊内居尔
İnegöl
比莱吉克
Bilecik
2543
乌卢山
Ulu Dağ
艾吉内
Ezine
阿伊瓦杰克
Ayvacık
艾德莱米特
Edremit
巴里凯希尔
Balıkesir
居尔普纳尔
Gülpınar
p.265 埃斯基谢希尔
Eskişehir
贝赫拉姆卡莱
Behramkale
阿索斯 p.158
Assos
杜尔逊贝伊
Dursunbey
塔乌桑尔
Tavşanlı
希腊
GREECE
阿伊瓦尔克
Ayvalık
比加迪奇
Bigadiç
p.264 屈塔希亚
Kütahya
p.271 米达斯遗址
Midas Şehri
科尔卡
Kırka
贝尔加马（帕加马）p.161
Bergama
恰乌达尔希萨尔
Çavdarhisar
米提里尼
Mitilíni
p.269 阿赞努
Aizanoi
科尔卡奇
Kırkağaç
昆贝特
Kümbet
西马乌
Simav
盖迪兹
Gediz
穆拉特山
Murat Dağı
2312
阿亚金
Ayazin
8
E
阿里阿阿
Aliağa
阿克希萨尔
Akhisar
F
佛恰
Foça
博尔鲁
Borlu
p.266 阿菲永
Afyon
乌夏克
Uşak
p.174 古墓群
Bin Tepe
马尼萨
Manisa
库拉
Kula
p.173 切什梅
Çeşme
伊兹密尔 p.169
İzmir
萨尔特
Sart
萨利赫里
Salihli
基奥斯岛
Chios
桑迪克尔
Sandıklı
图尔格图尔
Turgutlu
乌尔贝伊
Ulubey
乌尔加
Ilıca
乌尔拉
Urla
桑迪斯 p.174
Sardes
阿克山
Ak Dağ
2249
塞尔丘克 p.176
Selçuk
阿拉谢希尔
Alaşehir
埃伊迪尔湖
Eğirdir Gölü
帕姆贾克
Pamcak
奥德密西
Ödemiş
奇韦里尔
Çivril
提莱
Tire
巴尔拉山
Barla Dağı
2799
以弗所 p.180
Ephesos
希林斯 p.185
Şirince
萨拉伊克伊
Sarayköy
帕姆卡莱 p.194
Pamukkale
萨摩斯岛
Sámos
p.187 库沙达瑟
Kuşadası
纳吉尔利
Nazilli
盖伊莱
Geyre
卡克勒克洞穴 p.200
Kaklık Mağarası
埃伊迪尔
Eğirdir
乌斯帕尔塔
Isparta
索凯
Söke
阿伊丁
Aydın
代尼兹利
Denizli
2254
埃希莱尔山
Eşler Dağı
p.190 布莱恩
Priene
布尔杜尔
Burdur
阿克克伊
Akköy
米利都 p.191
Miletos
p.202 阿佛洛斯西亚斯
Aphrodisias
阿拉森
Ağlasun
p.273 萨迦拉索斯
Sagalassos
p.193 迪迪马
Didyma
米拉斯
Milas
亚塔安
Yatağan
特芬尼
Tefenni
2421
博尔山
Bor Dağ
p.234 佩尔盖
Perge
穆拉
Muğla
p.204 博德鲁姆
Bodrum
居尔希萨尔
Gölhisar
克尔库特里
Korkuteli
奥伦
Ören
克伊杰伊兹
Köyceğiz
爱琴海
Aegean Sea
科斯岛
Kos
克伊杰伊兹湖
p.212 马尔马里斯
Marmaris
达尔扬 p.215
Dalyan
p.234 泰尔梅索斯
Termessos
卡拉因洞穴
安塔利亚 p.229
Antalya
科尼德斯
Knidos
达恰
Datça
达拉曼
埃尔马尔
Elmalı
p.217 费特希耶
Fethiye
凯梅尔
Kemer
3070
Kızlarsivrisi
Tepesi
阿克斯
Aksu
I
p.218 死海
Ölüdeniz
特洛斯遗迹
罗德
Ródhos
桑托斯 p.221
Xanthos
p.222 普纳拉
Pınara
菲尼凯
Finike
罗德岛
Ródhos
p.222 莱顿
Letoon
卡尔坎
Kalkan
德姆雷（旧卡莱）p.228
Kale（Demre）
p.223 卡什
Kaş
N
p.222 帕塔拉
Patara
p.225 凯科瓦
Kekova
地中海
Mediterranean Sea
土耳其西部
Batı Türkei
0
100

伊内波尔
İnebolu
锡诺普 p.359
Sinop
库鲁贾西莱
Kurucaşile
基德
Cide
p.355 阿马西亚
Amasra
巴尔汀
Bartın
巴赫拉
Bafra
尊格尔达克
Zonguldak
博亚巴特
Boyabat
萨姆松
Samsun
萨夫兰博卢 p.350
Safranbolu
阿拉奇
Araç
卡斯塔莫努
Kastamonu
艾莱利
Ereğli
C
D
卡拉比克
Karabük
约吕克克伊 p.353
Yörük Köy
阿克恰科贾
Akçakoca
特亚斯
Tosya
梅尔吉凡
Merzifon
杜兹杰
Düzce
盖莱德
Gerede
乌尔加兹
Ilgaz
伊斯基里普
İskilip
切尔凯西
Çerkeş
阿马西亚 p.362
Amasya
725 博卢
Bolu
坎克里
Çankırı
切鲁姆
Çorum
科尔奥卢山
Köroğlu Tepesi
2400
Kızıl Irmak
图尔哈尔
Turhal
兹莱
Zile
克孜勒河
纳尔里罕
Nallıhan
贝伊帕扎尔
Beypazarı
桑格尔鲁
Sungurlu
阿拉加赫于克 p.262
Alacahöyük
奥尔图瓦
Artova
亚泽勒卡亚 p.262
Yazılıkaya
安卡拉 p.252
Ankara
848
博阿兹卡莱
Boğazkale
哈图沙 p.261
Hattuşa
萨尔卡亚河 Sakarya
迪利杰
Delice
柯尔克卡莱
Kırıkkale
阿克达马德尼
Akdağmadeni
p.270 郭鲁帝奥恩
Gordion
居尔巴什
Gölbaşı
约兹加特
Yozgat
卡拉巴山
Karababa Dağı
2345
哈希蒂耶
Hamidiye
耶尔克伊
Yerköy
萨尔卡亚
Sarıkaya
萨尔克什拉
Şarkışla
阿赫姆蒂耶
Mahmudiye
西维利希萨尔
Sivrihisar
普拉图尔
Polatlı
奇切基达乌
Çiçekdağı
奇夫泰莱尔
Çifteler
贝西努斯
Pessinus
p.257 青年公园
Kalehöyük
卡曼
Kaman
科扎克尔
Kozaklı
博阿兹卡莱
Boğazlıyan
盖梅莱克
Gemerek
萨尔奥兰
Sarıoğlan
艾米尔达
Emirdağ
克尔希萨尔
Kırşehir
姆杰尔
Mucur
赫姆梅特德
Himmetdede
p.295 灰山
Kültepe
巴什约尔特山
Başyurt Tepesi
2281
库鲁
Kulu
G
p.285 阿瓦诺斯
Avanos
H
开塞利 p.293
Kayseri
宾亚
Bünyan
9
图兹湖
Tuz Gölü
p.279 内夫谢希尔
Nevşehir
于尔居普 p.279
Ürgüp
波尔瓦丁
Bolvadin
吉罕贝伊利
Cihanbeyli
艾尔杰艾斯山
Erciyes Dağı
3917
阿克希萨尔湖
Akşehir Gölü
阿乌兹卡拉罕
Ağzıkarahan
卡帕多西亚 p.278
Cappadocia
亚尔瓦奇
Yalvaç
阿克希萨尔
Akşehir
库尔图桑利
Kurthasanlı
阿克萨拉伊
Aksaray
德林库于
Derinkuyu
3054 贝伊山
Bey Dağ
乌尔根
Ilgın
奥布鲁克
Obruk
苏丹哈努 p.287
Sultanhanı
博尔
Bor
尼德
Niğde
贝伊谢希尔湖
Beyşehir Gölü
格尔纳伦
Gölören
德米尔卡兹克山
3734 Demirkazık Dağı
费凯
Feke
科尼亚 p.274
Konya
艾德格尔山
Edegöl Dağı
2992
贝伊谢希尔
Beyşehir
卡拉普纳尔
Karapınar
乌尔克什拉
Ulukışla
恰塔尔赫于克
Çatal Hüyük
阿拉加山
Alaca Dağ
2203
艾莱利
Ereğli
Seyhan
塞伊迪谢希尔
Seydişehir
阿克奥伦
Akören
3524 Medetsiz Tepe
克赞
Kozan
苏拉湖
Suğla Gölü
3430
阿伊德斯山
Aydos Dağı
杰伊罕山
阿赫达尔塔什山
Ahdaltaşı Tepesi
2505
博兹克尔
Bozkır
贝尔奥伦
Belören
卡拉曼
Karaman
杰伊罕
Ceyhan
特洛斯山
Toros Dağları
阿斯潘多斯 p.235
Aspendos
阿克塞基
Akseki
盖伊克山
Geyik Dağı
2877
格克山
塔尔苏
Tarsus
阿达纳
Adana
马阿拉
Mağara
乌尊贾布尔哥 p.241
Uzunca Burç
梅尔辛
Mersin(İçel)
p.236 锡德
Side
马纳乌佳特
Manavgat
伊斯肯德尔
İskenderun
卡拉塔什
Karataş
K
穆特
Mut
埃尔德姆里
Erdemli
埃尔梅内克
Ermenek
Göksu
p.242 阿达姆卡亚
Adamkaya
少女城堡 p.242
Kızkalesi
L
安塔基亚 p.244
Antakya
(Hatay)
p.237 阿拉尼亚
Alanya
德米尔塔什
Demirtaş
居尔纳尔
Gülnar
塔什杰
Taşucu
坎儿迪瓦内 p.242
Kanlıdivane
纳尔里库于
Narlıkuyu
切韦里克
Çevrik
p.248 杜乃尔
Tünel
阿纳穆尔
Anamur
"天堂"和"地狱" p.242
p.247 萨曼达
Samandağ
p.238 阿奈姆里奥
Anemourion
玛姆莱卡莱西
Mamure Kalesi
圣西克拉洞穴 p.241
Aya Tekla
p.247 哈尔比耶
Harbiye
锡利夫凯 p.240
Silifke
叙利亚
SYRIA
奥瓦杰克
Ovacık
拉塔吉亚
Latakia
居尔内
居尔内
加兹马乌萨

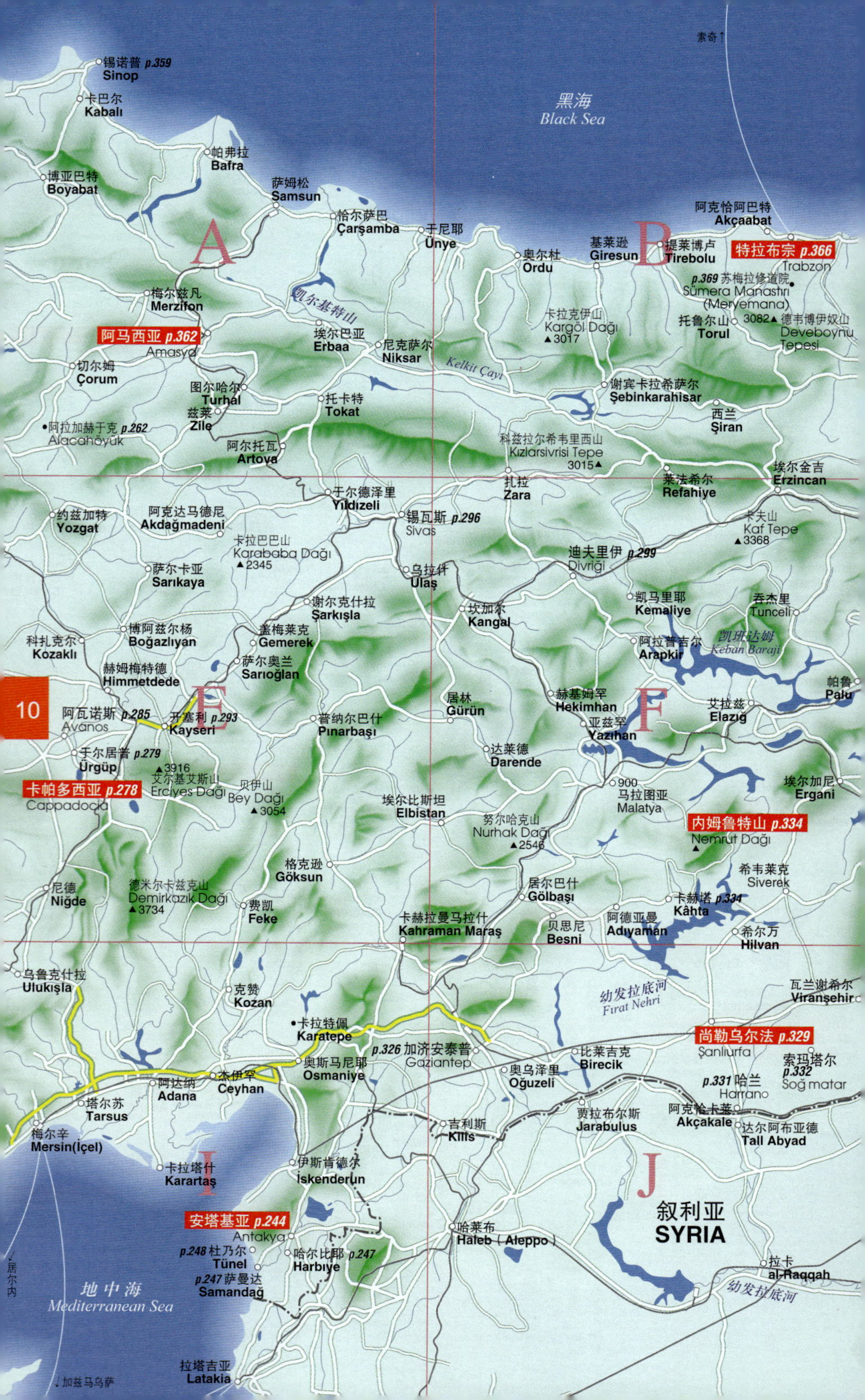
索奇↑
黑海
Black Sea
锡诺普 p.359
Sinop
卡巴尔
Kabalı
帕弗拉
Bafra
博亚巴特
Boyabat
萨姆松
Samsun
恰尔萨巴
Çarşamba
于尼耶
Ünye
A
奥尔杜
Ordu
基莱逊
Giresun
B
提莱博卢
Tirebolu
阿克恰阿巴特
Akçaabat
特拉布宗 p.366
Trabzon
p.369 苏梅拉修道院
Sümera Manastırı
(Meryemana)
托鲁尔山
Torul
3082▲ 德韦博伊奴山
Deveboynu
Tepesi
梅尔兹凡
Merzifon
凯尔基特山
阿马西亚 p.362
Amasya
埃尔巴亚
Erbaa
尼克萨尔
Niksar
Kelkit Çayı
卡拉克伊山
Kargöl Dağı
▲3017
切尔姆
Çorum
图尔哈尔
Turhal
兹莱
Zile
托卡特
Tokat
谢宾卡拉希萨尔
Şebinkarahisar
西兰
Şiran
•阿拉加赫于克 p.262
Alacahöyük
阿尔托瓦
Artova
科兹拉尔希韦里西山
Kızlarsivrisi Tepe
3015▲
扎拉
Zara
莱法希尔
Refahiye
埃尔金吉
Erzincan
于尔德泽里
Yıldızeli
约兹加特
Yozgat
阿克达马德尼
Akdağmadeni
卡拉巴巴山
Karababa Dağı
▲2345
锡瓦斯 p.296
Sivas
卡夫山
Kaf Tepe
▲3368
迪夫里伊 p.299
Divriği
萨尔卡亚
Sarıkaya
乌拉什
Ulaş
谢尔克什拉
Şarkışla
坎加尔
Kangal
凯马里耶
Kemaliye
吞杰里
Tunceli
博阿兹尔杨
Boğazlıyan
盖梅莱克
Gemerek
科扎克尔
Kozaklı
阿拉普吉尔
Arapkir
凯班达姆
Keban Barajı
萨尔奥兰
Sarıoğlan
赫姆梅特德
Himmetdede
E
居林
Gürün
赫基姆罕
Hekimhan
F
帕鲁
Palu
艾拉兹
Elazığ
10
阿瓦诺斯 p.285
Avanos
开塞利 p.293
Kayseri
普纳尔巴什
Pınarbaşı
亚兹罕
Yazıhan
于尔居普 p.279
Ürgüp
▲3916
艾尔基艾斯山
Erciyes Dağı
达莱德
Darende
卡帕多西亚 p.278
Cappadocia
贝伊山
Bey Dağı
▲3054
900
马拉图亚
Malatya
埃尔加尼
Ergani
埃尔比斯坦
Elbistan
努尔哈克山
Nurhak Dağı
▲2546
内姆鲁特山 p.334
Nemrut Dağı
格克逊
Göksun
希韦莱克
Siverek
尼德
Niğde
德米尔卡兹克山
Demirkazık Dağı
▲3734
费凯
Feke
居尔巴什
Gölbaşı
卡赫塔 p.334
Kâhta
卡赫拉曼马拉什
Kahraman Maraş
贝思尼
Besni
阿德亚曼
Adıyaman
希尔万
Hilvan
乌鲁克什拉
Ulukışla
克赞
Kozan
幼发拉底河
Fırat Nehri
瓦兰谢希尔
Viranşehir
•卡拉特佩
Karatepe
p.326 加济安泰普
Gaziantep
尚勒乌尔法 p.329
Şanlıurfa
奥斯马尼耶
Osmaniye
比莱吉克
Birecik
索玛塔尔
p.332
Soğ matar
阿达纳
Adana
杰伊罕
Ceyhan
奥乌泽里
Oğuzeli
p.331 哈兰
Harrano
塔尔苏
Tarsus
贾拉布尔斯
Jarabulus
阿克恰卡莱
Akçakale
吉利斯
Kilis
达尔阿布亚德
Tall Abyad
梅尔辛
Mersin(İçel)
I
卡拉塔什
Karartaş
伊斯肯德尔
İskenderun
J
叙利亚
SYRIA
安塔基亚 p.244
Antakya
哈莱布
Haleb (Aleppo)
p.248 杜乃尔
Tünel
哈尔比耶 p.247
Harbiye
拉卡
al-Raqqah
居尔内
p.247 萨曼达
Samandağ
地中海
Mediterranean Sea
幼发拉底河
拉塔吉亚
Latakia
加兹马乌萨

土耳其东部
Doğu Türkei
0
100
11
阿哈尔兹 Akhaltsikhe
格鲁吉亚 GRUZIA
第比利斯 Tbilisi
巴图米 Batumi
阿哈尔卡拉基 Akhalkalaki
霍帕 Hopa
恰耶利 Çayeli
阿尔文 Artvin
阿尔达罕 Ardahan
亚美尼亚 ARMENIA
凡纳祖尔 Vanadzor
里泽 Rize
卡奇卡尔山 Kaçkar D.
格莱 Göle
居姆利 Gyumri
阿拉加兹山 Aragats ▲4090
塞凡湖 Ozero Sevan
C
D
Çoruh
p.309 卡尔斯 Kars
阿尼遗迹 p.310 Ani Harabesi
乌尊湖 p.372 Uzungöl
切尔夫河
梅斯吉特山 Mescit Doğı ▲3255
萨尔卡姆什 Sarıkamış
埃里温 Yerevan
p.315 诺亚方舟 Nuh'un Gemisi
卡尔库尔特 Karakurt
卡乌兹曼 Kağızman
乌杜尔 Iğdır
阿勒 Ararat
霍拉桑 Horasan
巴伊布尔特 Bayburt
p.308 Pasinler公共温泉 Pasinler
科普吕科伊温泉 p.308 Köprüköy
p.314 阿勒山 Ararat (Büyük ağrı Dağı) 5137▲
阿塞拜疆共和国 AZERBAIJAN
阿尔 Ağrı
多乌巴亚泽特 p.312 Doğubayazıt
阿什卡莱 Aşkale
埃尔祖鲁姆 p.304 Erzurum
p.314 伊斯哈克帕夏宫 Ishak Paşa Sarayı
陨石孔 p.314 Meteor Çukaru
阿拉斯河 Aras
帕兰德肯山 Palandöken
图塔克 Tutak
腾杜莱克山 ▲3542 Tendürek Dağı
马库 Maku
宾格尔山地 Bingöl Dağları ▲3250
马拉兹基尔特 Malazgirt
瓦尔图 Varto
布拉努克 Bulanık
什普罕山 Süphan Dağı ▲4058
埃尔金 Erciş
穆拉特山
Murat Nehri
奥扎尔普 Özalp
布博伊 Khvoy
宾格尔 Bingöl
姆什 Muş
内姆鲁特山 Nemrut Dağı ▲2934
p.321 凡湖 p.317 Van Gölü
凡城 p.316 Van
霍莎普城堡 p.318 Hoşap Kalesi
伊朗 IRAN
p.320 塔特万 Tatvan
p.318 阿克达玛尔岛 Akdamar Ad.
恰武什泰佩城堡 p.319 Çavuştepe
G
H
比特里斯 p.321 Bitlis
恰德尔山 ▲3537 Çacır Dağı
摩尔山 Mor Dağı ▲3810
库尔塔兰 Kurtalan
巴特曼 Batman
司尔特 Siirt
佩尔瓦力 Pervari
达姆拉山 Damla Tepesi ▲3376
哈卡利 Hakkari
乌卢德尔克山 Uludoruk Dağı ▲4135
奥尔米耶 Orumiyeh
迪亚巴克尔 p.340 Diyarbakır
迪吉莱河
Dicle Nehri
希尔纳克 Şırnak
谢姆丁利 Şemdinli
穆德亚特 Mıdyat
吉兹莱 Cizre
p.344 马尔丁 Mardin
扎夫 Zakho
克兹尔特佩 Kızıltepe
奴萨伊宾 Nusaybin
卡米什利 al-Qamisli
拉万迪兹 Rawandiz
莫斯尔 Mosul
阿尔比尔 Arbil
哈萨卡 al-Hasakah
辛贾尔 Sinjar
底格里斯河
Tigris
K
L
伊拉克 IRAQ
基尔库克 Kirkuk
N
美索不达米亚 MESOPOTAMIA
Euphrates

土耳其旅行基本信息

国 名

正式名称是土耳其共和国，土耳其文为Tükiye Cumhuriyeti。

国 旗

土耳其的国旗是星月旗（土耳其语称之为Ay YIldIz），是奥斯曼帝国时期确立的，并一直沿用至今。国旗底色为红色，象征奥斯曼帝国。上面有白色新月抱五星图案，这是伊斯兰教的象征。据说在伊斯兰教成立之前，土耳其民族就以新月抱五星图案作为自己的标志旗帜。新月和星星也同样象征着民族的进步和独立。

首 都

土耳其现在的首都是安卡拉(Ankara)。1923年，土耳其从原首都伊斯坦布尔迁都安卡拉，并发表了共和国成立宣言，成立了土耳其共和国。不过伊斯坦布尔至今仍然是土耳其最大的城市，也是重要的商业、经济和文化中心。

国 土

土耳其国土总面积为78.0576万平方千米，横跨亚洲和欧洲，其中面积最大的城市伊斯坦布尔跨越欧亚两境。土耳其疆域内属于欧洲的国土面积较少，只不过占国土面积的3%左右。

土耳其国土绝大部分位于亚洲，被称为安纳托利亚，当地人也叫做阿纳多卢。整个国家三面环海：北临黑海，西隔爱琴海，南面地中海，海岸线十分狭长。

除了安纳托利亚的海岸地带以外，绝大部分是高地，海拔最高处可达2000米。

人 口

土耳其总人口大约有7680万人（2011年统计）。

种 族

土耳其的祖先大多是从中亚地区迁移过去的，因此混血儿很多，有皮肤黝黑的黑种人，有传统的亚洲黄种人，也有金发碧眼的白种人。人与人之间的身高差异也很大。

从种族上来看的话，除土耳其种族之外，还有库尔德人。

库尔德人总数大约占土耳其总人口的20%左右。库尔德人大多生活在土耳其东部地区。从法制上来讲的话，没有人种的差别和种族歧视存在。

语言和文字

土耳其的通用语言是土耳其语，属于阿尔泰语，对于没接触过这门语言的初学者来说，学习起来有点难度。

除了土耳其语之外，土耳其人通常还说库尔德语等其他语言。这些语言在过去是禁止使用的，但土耳其为加入欧盟，已将这项规定废止了。在叙利亚的边境也有

加拉塔大桥处的热闹景象

说阿拉伯语的。

土耳其现在使用的文字是拉丁字母的文字。在1928年之前，一直使用的是阿拉伯字母。不过因为拉丁字母更加便于发音和书写，因此逐渐代替了阿拉伯文字成了土耳其的正式文字。相比较其他语言来说，拉丁字母更为简单实用，只要掌握了关键的发音要领，就会很容易地读出。

政　治

土耳其的政治制度是设有国民会议的一院制。目前土耳其的总统是阿卜杜拉·居尔（于2007年当选为土耳其第11任总统）。

教　育

土耳其的义务教育，指的是包括小学、初中在内的八年制义务教育体系（6~14岁）。公立学校是不收学费的。除了普通全日制高校，还有职业学校、艺术学校、宗教神学院等多种类型的教育院校。土耳其共有50多所国立大学，20多所私立学校。

宗　教

土耳其的宗教，范围最广的是伊斯兰教。教徒中，作风稳健的逊尼派占了绝大多数。土耳其国家宪法确保公民有宗教信仰的自由。但是和其他伊斯兰国家不同，土耳其并没有把伊斯兰教作为国教，而是对其他的宗教也采取包容共存的态度。对信仰不同的各族外国人来说，是一个较容易融入的国家。

主要节日

1月1日	新年
4月23日	国庆节·儿童节
5月1日	劳动节·团结日
5月19日	土耳其共和国奠基人凯末尔诞辰·青年运动节
8月30日	胜利日(1922年侵略军战败之日)
10月29日	土耳其共和国独立日

宗教节日

开斋节（Seker Bayraml 糖节）

伊斯兰教历规定一年中的第九个月是斋月。为了向神灵表达虔诚和谢意，以及检讨、审视自己的罪恶，在这期间，每天从日出到

一年中的主要节庆活动

1月

塞尔丘克　骆驼斗兽节

3月

安卡拉　国际电影节

恰纳卡莱　1915年海战胜利纪念日（→p.153）

4月

伊斯坦布尔　伊斯坦布尔国际电影节

5月

塞尔丘克　国际音乐民俗节

6月

于尔居普　国际葡萄酒比赛

6~7月

布尔萨　国际布尔萨节（顶级民间舞蹈盛会）

埃迪尔内　传统克尔克布那尔国际式摔跤比赛（项目包括赛马、摔跤等）

伊斯坦布尔　国际音乐节

7月

萨姆松　国际民族舞蹈节

屈塔希亚　陶瓷节

乌斯帕尔塔　绒毯与蔷薇节

8月

恰纳卡莱　特洛伊节

9月

伊兹密尔　伊兹密尔国际艺术节（包括音乐、舞蹈等项目，许多海外团体也会前来参加）

迪亚巴克尔　文化艺术节

10月

博德鲁姆　国际博德鲁姆杯比赛（手工木划艇比赛）

12月

德姆雷　国际圣尼克拉斯讨论会（为纪念圣尼克拉斯所举行的演讲会）

科尼亚　梅夫拉纳纪念大会

伊斯坦布尔金角湾的美丽风景

日落，教徒们都不能吃食物，不过偶尔会吃一些甜食以补充能量，故命名为糖节。

古尔邦节（宰牲节）

从伊斯兰教历第12个月的10号开始，连续4天是属于古尔邦节的时间。这期间，生活比较富裕的人会宰牛羊，并布施给生活贫苦的人，以救济他们渡过生活的难关。

气候

复杂多样的地理环境造就了土耳其各地不同的气候特征。东部山区地带冬季寒冷、夏季炎热干旱，属于典型的内陆山地气候；安纳托利亚高原腹地冬季严寒多雪、夏季炎热少雨，属于典型的大陆性气候；而地中海、爱琴海沿岸冬季凉爽多雨、夏季干燥炎热，属于典型的地中海气候。

多样的气候变化也会增添不少旅游参观的乐趣。从土耳其东部行至西部，会逐渐穿越冬季的银装素裹到达春季的天暖花开以及夏季的多姿多彩，沿途的风景在气候的影响下，不断变化着，仿佛为了迎接游客而焕发出婀娜的姿态。

不过在尽情享受气候带给旅途的意外之喜的同时，也要承受气候所带来的困扰。首先是昼夜温差大，要多准备些御寒的衣物才好。其次是不定期的降雨，雨具自然是出行的必备之物。最后是折磨人的夏季炎热酷暑，因而防晒霜、帽子、太阳镜等防晒品也是必不可少的。

往土耳其所需时间

目前，国内北京、上海、广州都有直飞土耳其首都伊斯坦布尔的航班，大概需要12小时左右。除了土耳其航空公司提供直飞航线外，南航、海航也有直飞航线，乘坐飞机是最省时间的交通方式。

时差

土耳其跟中国有较大的时差，大约比中国晚6个小时。但是，因为采用夏令时制的缘故，在3月28日~10月30日这一期间大约只比中国晚5个小时。

电器

土耳其采用的电源是交流电220V，和国内一样。不过，插头形状是欧洲的C型号，也有少数其他型号。土耳其的电源插座嵌入墙壁较深，如果自带的无法用可以在当地置办合适的转换插头，或向住宿的旅馆借用。(p.414)

饮用水

土耳其语称水为SU。一般自来水管里的水都是经过消毒的，可以直接饮用。瓶装矿泉水也很常见，在观光景点处或是食品店、超市都可以买到。(p.414)

卫生间

土耳其语称卫生间为Tuvalet。一般情况下，在酒店、观光景点都设有欧式卫生间为客人提供方便。也有地方提供的是土耳其式卫生间（蹲坑式），其供水管比较细，可能有的客人使用起来会不太习惯。土耳其的街头公共卫生间通常是收费的。费用在1~2TL。(p.414)

小费

土耳其的酒店通常是向外国人收取小费的。如果客人有其他的服务要求，还要加收一定金额的小费。一次服务大约收费1TL。中等偏上的酒店，通常会收取客人总费用的10%作为小费。

乘坐出租车时，如果行李较多，需要司机师傅帮忙，也要支付一定数量的小费。一般是再拿出乘车费用的10%左右当作小费。也可以把找回的零钱作为小费给司机。

在土耳其拨国际长途电话 (→p.411)

■从土耳其打往国内　假如拨打北京的电话10－1234－5678（如果是在酒店的话，先拨外线号码）

国际电话识别号码		国际冠码		城市区号		对方号码		
00	-	86（中国）	-	10（北京）	-	3535	-	5411

土耳其旅行基本信息

食 物

土耳其人的主食是面包。一般城市里吃的是法式面包。除此之外，还有圆面包和薄薄的尤夫卡面包等。在乡下，还有具有当地特色、不同风味的面包，种类也是多种多样。

土耳其是久负盛名的美食之邦，无论是荤菜还是蔬菜美食，都是花样百出，格外诱人。肉食一般以羊肉为主。经过特殊处理，羊肉消了膻味，相信一定很合口。除羊肉之外，还有鸡肉、牛肉等肉类美食。因为土耳其国民大多是穆斯林的缘故，所以猪肉类的菜肴非常少见。

土耳其的水果大都新鲜且污染小、甜味十足、非常可口。价格也不算贵。种类也跟国内大同小异。土耳其丰富多彩的菜肴中，传统的炖煮菜不能不说是一个保留下来的经典美食，喜欢吃炖煮菜的朋友一定要亲口尝尝。

餐厅在土耳其语中叫作lokanta。土耳其的餐厅各家口味比较一致，大城市和地方餐厅的口味差别也不是很大，而且卫生方面都很讲究。

酒

伊斯兰教是禁止饮酒的。虔诚的土耳其穆斯林当然也是不喝酒的。

吸 烟

在土耳其，是禁止行人在街头吸烟的。但是，却鲜见有禁止吸烟的餐厅。

物 价

近年来，土耳其的物价相比以前来说，用"飙升"这个词语形容并不为过。虽然乘坐电车、火车的费用相对比较便宜，但是住宿费用和用餐费用却都在急剧上涨，土耳其已经不再是从前那个只花很少钱就能好好游玩一番的国家了。

在土耳其的各大城市中，伊斯坦布尔是最值得游览的。如果在伊斯坦布尔逗留一段时间的话，所花费用会不少。其他的城市也大都以此为基准，上下浮动。如果是在地方的酒店住宿、用餐的话，费用是伊斯坦布尔的50%~ 70%。

货 币

土耳其通用货币为土耳其里拉（Türk Lirası，简称TL）。比里拉小的货币单位是库鲁什（Kuruş，简称kr）。100库鲁什＝1里拉。

本书以2014年9月份的汇率为准，1里拉大约兑换3元人民币。（→p.412）

200里拉

1里拉

100里拉

50kr

50里拉

25kr

20里拉

10kr

10里拉

5kr

5里拉

土耳其概况

横跨欧亚大陆的国家

土耳其的国土被博斯普鲁斯海峡、马尔马拉海、达达尼尔海峡分为欧洲大陆一侧和亚洲大陆一侧。除去东部一带，其他领土与黑海、爱琴海、地中海相接。整个国土形状大致呈东西狭长形，南北横跨的幅度比较大。

气候方面，爱琴海、地中海区域是典型的地中海气候，冬季雨量非常多，而夏季极度干燥。内陆地区是大陆性高原气候，同样，夏季气候也是非常干燥。

安纳托利亚半岛（也叫作小亚细亚）占据土耳其国土面积的大部分。北部靠近黑海一带，南面靠近地中海一带，有许多山峦纵横，而国土的中央地带是广阔的高原区。位于土耳其最中央的首都安卡拉，海拔高达850米。

土耳其东部地区的地势更高，东部主要城市埃尔祖鲁姆位于海拔1950米的高地上。位于最东端的阿勒山的山峰高度达到了5137米。

富饶的土地

土耳其横跨欧亚，面积达814 578平方千米。狭长的山峰连峦，海岸平原地区比较少。在国土的中央拥有南北走向的两条脊柱，并且在两条脊柱的中间部分是大面积的高原地区。除高地外，盆地和平原地区也不少，因此，这一带用于种植作物的耕地也非常多。

土耳其的食品生产体系非常好，基本上可以实现自产自给。近年来，土耳其虽然致力于推进工业化的步伐，大力发展货币经济，但是不得不说促使土耳其的经济发展很大一部分都是得益于食品生产。土耳其的绝大多数餐厅内，面包都是免费供应的，随吃随拿。相比其他国家而言，土耳其的气候条件也具有一定的优越性。总的来说，土耳其是一个受惠于大自然颇多的国度。土耳其人不管到哪儿，总是有种悠闲自得的心态，大概也与此相关吧。

热情好客的土耳其人

土耳其人的祖先，是来自于中亚的游牧民族。11世纪左右由中亚一带迁入安纳托利亚，并与当地人融合。之后在这片土地上建起了鲁姆塞尔柱、奥斯曼土耳其王朝。现在的土耳其共和国，就是在此基础上发展起来的。土耳其民族发展到今天似乎已经寻找不到游牧民族的生活印记，但不可否认的是，他们的心底仍然流淌着游牧民族淳朴好客的质朴情愫。

土耳其人秉性善良，待客热情殷切。他们的脸上总是挂着热情洋溢的笑容，对他们来说，伸出援助之手是一件非常乐意的事情。游客即便不懂土耳其语，在旅途中也不会感到孤独无助。

打个比方，假如你想去巴士终点站乘坐巴士，但不知道如何前往。热心的土耳其人一定会把你送上终点巴士并目送你离去。对于初次见面的陌生朋友，土耳其人也乐于邀请其前往自己的家里共进晚餐并留宿。

善良热心的土耳其人在广迎四方来客的同时，也受到了来自于不同国度游客的尊敬与善待。

土耳其的地区划分

整个土耳其共划分为82个省。下图是土耳其国家地理会议中正式确定的区域划分版图。该图是根据土耳其的地理、气候等一系列因素划分的，所以跟实际的县境版图可能不太一样。

本书的地区划分大致也以此图为准，但是考虑到游客们的旅游路线和出游方便，也会有所出入。比如会有一些城镇和遗迹等，像恰纳卡莱、特洛伊等地区在这份区域划分图上都属于马尔马拉地区，但是因为这两个地点都在爱琴海之旅线路起点上，所以都被归为爱琴海地区，请注意。除此之外，屈塔希亚、阿菲永、卡拉希萨尔也划归安纳托利亚中部。

土耳其区域划分版图

了解土耳其

土耳其世界遗产

伊斯坦布尔老城区

伊斯坦布尔曾是拜占庭帝国和奥斯曼帝国统治下的都城，有着辉煌的历史。其中，圣索菲亚大教堂是土耳其基督教最为雄伟的殿堂，也是拜占庭时期的代表性建筑。而奥斯曼帝国统治时期，则建筑了许多清真寺，最负盛名的当属蓝色清真寺和苏莱曼清真寺。托普卡帕宫殿曾是历代苏丹居住的地方。（伊斯坦布尔老城区）

蓝色清真寺，伊斯坦布尔最为重要的观光景点。其周边也是众多旅游景点的聚集处

历史上久负盛名的特洛伊木马复原模型

不同时代残留下来的遗址交错重叠

特洛伊考古遗址 （→p.155）

荷马的作品《伊利亚特》对于特洛伊古城有着十分详尽的描述。故事的结局是藏在木马里的希腊军人势如破竹，在城里点燃大火并最终取得了胜利。德国考古学家谢里曼发现了特洛伊古迹，并在墓葬中获得了大量惊人的文物。目前还有很多疑团，正处于进一步调查中。（恰纳卡莱）

桑托斯–莱顿遗迹 （→p.220）

桑托斯是古利西亚的都城。距离桑托斯4千米左右的莱顿是都城的疗养地，也十分繁荣。这里有莱特奥神庙、阿波罗神庙和阿尔忒弥斯女神庙。从安塔利亚到费特希耶沿海岸线一带，曾发现了许多木屋造型的石棺遗迹。其中，桑托斯和莱顿是利西亚文化的中心城市，遗址的规模也最为庞大。（安塔利亚、费特希耶）

莱顿古城的罗马修道院遗迹

桑托斯地区独特的柱状墓地

赫拉波利斯–帕姆卡莱 （→p.194）

这里是著名的文化自然双重遗产，有世界上稀有的大规模石灰岩。帕姆卡莱也被称之为棉花堡。高地上还残留有帕加玛王国的遗址——赫拉波利斯，这是土耳其最靠近内陆的遗址，这座城市的繁荣直到塞尔柱王朝的入侵毁灭戛然而止。（代尼兹利）

壮观的帕姆卡莱石灰岩

塞利米耶清真寺 （→p.136）

奥斯曼帝国迁都伊斯坦布尔之前，曾把都城定在了埃迪尔内。当时埃迪尔内最为有名的建筑就是这座塞利米耶清真寺。它出自于建筑巨匠锡南之手，锡南自己也认为该清真寺是他最为得意的杰作。清真寺的四边伫立着4根细长的尖塔，看上去十分优美典雅。（埃迪尔内）

赫拉波利斯遗址一角

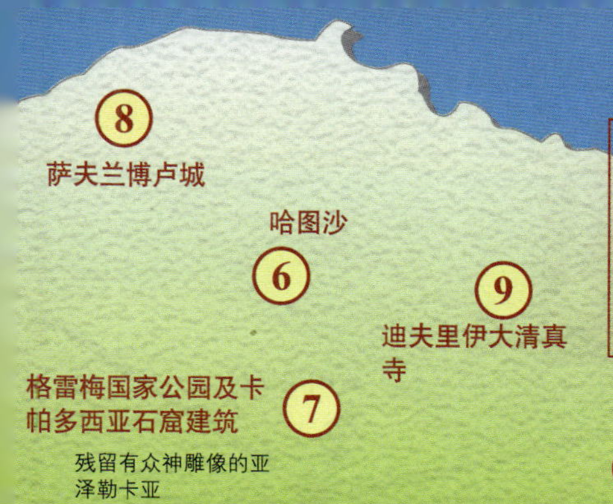

截至2014年，土耳其共有十三处世界遗产。许多民族曾在这片土地上留下过灿烂的文化。作为历史悠久的古国和遗迹宝库，其境内拥有这么多遗迹也不为过。而且，从这些遗留至今的历史遗迹中，可以管中窥豹，折射出世界文化的奇光异彩。让我们好好地游览一下土耳其其中十处闻名遐迩的名胜古迹，感同身受地了解一下世界历史的发展。

10 内姆鲁特山

残留有众神雕像的亚泽勒卡亚

哈图沙的大神殿遗迹

哈图沙 （→p.260）

哈图沙曾经是赫梯帝国的首都。赫梯帝国曾经统治着安纳托利亚地区，早在公元前1800年左右，这里就曾繁荣过。在这里发现的黏土木板文书，使得赫梯民族名声大噪，在世界历史舞台上留下了光辉的一笔。整个遗址横亘丘陵地区，似将访问者带回到数千年前的历史之境。（乔鲁姆）

格雷梅国家公园和卡帕多西亚石窟建筑 （→p.278）

火山地形和人类活动遗迹呈现在这片广袤的大地上，构成了不可思议的非凡之境。在地上，被当地人称为“妖精烟囱”的巨大火山岩高耸林立；地下，迷宫一样的洞穴石窟交错成了城市一样的结构。在这里还保存着被迫害逃亡至此的基督徒建起的岩窟教堂和湿壁画。这里已被列为文化与自然双重遗产。（内夫谢希尔）

格雷梅国家公园里奇形怪状的岩石——“妖精烟囱”

图为大清真寺的正面。大门上装饰的浮雕做工精美，不由让人感叹古代建筑师的技艺

迪夫里伊大清真寺 （→p.299）

13世纪时期，在安纳托利亚走向土耳其化进程中，地方君主穆罕默德下令修建了这一建筑。清真寺也可以作为医院使用。特别是入口处的浮雕，可谓精美至极。（迪夫里伊）

内姆鲁特山 （→p.334）

内姆鲁特山是整条东南特罗斯山脉群中的一座，海拔超过2000米。在内姆鲁特山顶上，还建有一座特别的陵墓。里面安放着公元前繁荣的国家科马吉尼国王安条克一世的遗体。在陵墓的前面还排列着五座巨大的神像，似乎在保卫着这座大山的秘密。（阿德亚曼）

◀光神米特拉的石像

▼科马吉尼王国的统治者安条克一世的墓前，放置着五座神像

萨夫兰博卢城 （→p.350）

萨夫兰博卢，又叫番红花城。红茶色的屋顶、白色的墙壁、整齐的连瓦，这些造型大气的房屋建在山坡斜面上，远远望去，非常壮观，是黑海山脉峡谷中的一座美丽城市。曾经作为贸易中转站繁荣发展，但是到20世纪急剧衰退，走向下坡路。如今，这里的活力已经不复存在，只留下这一片片传统的街区，默默地诉说着曾经光辉的历史。（卡拉比克）

萨夫兰博卢地区完整地保留了奥斯曼帝国时代的居民住宅

了解土耳其

土耳其旅游线路图

一般旅游线路 10日游

许多旅行社都会把该路线作为包价旅游的首选。首先从安卡拉去往伊斯坦布尔。大多数情况下乘坐飞机比较方便，如果时间富裕的话，乘坐晚间的夜行巴士也可以。独自旅行的话，可以乘坐巴士慢慢游览，大约两星期就可以逛完伊斯坦布尔以及周边城市。如果是参团游八日游的话，可能中途会减去一两个景点。

东部旅游线路 12日游

土耳其东部因面积大、城市间相隔较远，因此要花一定时间乘机往返于各景点之间。或许是为了补偿在路途时间，这条线一般会多出一两天，以便有充足的时间好好游玩。不过，在选择这条线路时，一定要考虑天气状况。因为土耳其东南部地区，夏天异常炎热，可能会影响旅途心情。相比其他旅游线路来说，这条线路的旅游团数量比较少。

TURKEY

土耳其国土面积比较大，可供选择的旅行线路也非常多。下面介绍几条常规的旅行线路。

地中海线路 12日游

一般，欧美国家的游客比较青睐于选择这条旅游线，其包含的景点非常多。名胜古迹、风景区的数量都不少。除了常介绍的景点外，还想再逛一逛安塔基亚的话，不妨多待两天。再者，地中海一带海岸线比较狭长曲折，滞留时间相对也会久一些。

爱琴海旅游线路10日游

这条线路是从伊斯坦布尔出发一路南下，包含的景点比较多，许多旅游团线路中不包含的稀有景点也会添加其中。比如米莱托斯的古代遗迹群、博德鲁姆等地。这一带城市之间距离相对较近。如果再加上阿索斯的话，两个星期可完全好好地游览伊斯坦布尔。

黑海线路 10日游

黑海线路的始终点城市分别是特拉布宗和伊斯坦布尔。两城相隔1000多千米，乘飞机比较节省时间。黑海沿岸的城镇大都是港口城或毗邻港口，且规划建造得比较整齐精致。这一带开发比较晚，人流相对少，景色独具原始特色，所以很值得花时间好好悠闲地逛一逛。

※文中的旅游线路需要的天数指的是从国内出发直到回国所需的天数。关于各个旅游线路涉及的旅游景点、区域信息情况，请参照各地区的“概观”相关内容。

买

魅力土耳其　之①

充满异国风情的特色工艺品

琳琅满目、做工精湛的金银制品，继承奥斯曼传统工艺的彩色陶瓷器皿，色彩绚丽的刺绣丝绸，各式各样的香料……在土耳其各大城市中，这些充满异国风情的工艺品随处可见。特别推荐游逛一下阿拉伯风格的街头集市。这里总是人头攒动、热闹喧哗，无论是当地的稀罕特色小物件，还是豪华珍贵的大件品，都可以买到。

金饰品・土耳其宝石

土耳其人非常喜欢金饰品，很多人都有收藏、贮存黄金的习惯。每逢节日庆典，人们还会互赠金制品作为贺礼。通常情况下，金饰品的价格包含现时黄金的价格、设计费用和加工费。而土耳其的金饰品一般只收取少额的加工费和设计费，确实十分划算。如果有喜欢的金饰品，就快入手吧。这里还有伊斯兰风格的金饰品。购买的时候建议先查一下当下的黄金行市，再谨慎购买。

土耳其宝石产自于阿富汗，但是来到伊斯坦布尔的大集市，顺应当地称呼，就叫了土耳其宝石。还有一些用宝石粉末做成的小玩意，价格都不贵。不过，这些不能算是真正的宝石。真正的宝石能够一眼看到内部质地，并且有人工切割的痕迹。

银制品

对有些人来说，金饰品价格难免有点儿昂贵，相比而言，银质小饰品价格更便宜些，也更划算实惠。银质戒指、耳环等普通饰品价格通常都在10TL左右。各种设计样式的都有，细的、粗的、时尚的、低调的，只有想不到的，没有买不到的。还有用土耳其宝石和珍贵石材以及有色玻璃混制而成的饰品，可作为赠送亲友的礼物带回国。和卖黄金饰品的店一样，银饰店也按重量销售。

恶魔眼

Nazar Boncuğu

恶魔眼是具有土耳其特色的护身符。据说在土耳其，充满嫉妒仇恨的目光可招致疾病甚至厄运，而恶魔的眼睛可以把别人嫉恨仇恨的目光反弹回去，有驱凶避邪的作用。土耳其人会把一些饰品做成恶魔眼的样子，缝在孩子们的衣服里，或是挂在家门口，以避免厄运。

小的恶魔眼饰品1TL，大的镶银制品也不过100TL。恶魔眼造型多变，有镶嵌玉石当眼睛的项链、别针，还有贴在车上的恶魔眼贴图等。

彩色陶制品

盘子、水壶、水杯等，各式各样绘制着不同图案的精美陶器让人目不暇接。色彩鲜艳、手工绘制的图案也是地道的传统阿拉伯风格。奥斯曼帝国时期，花砖都在伊兹尼克生产。现在最好的是屈塔希亚(p.264)产的用优质陶土烧制而成的花砖。卡帕多西亚地区的阿瓦诺斯出产的民间工艺、外观朴素的陶器，也很受人们喜爱。直径20厘米的陶盘售价30TL左右。

铜制品

右图精美的铜器是以铜为质地，然后镀锡，并在表面刻画上精美的阿拉伯图雕。红铜和白锡相得益彰，使图雕更加逼真。买回家当装饰品也很有纪念意义。小件大约15TL。普通铜制品大都是用专业电钻加工而成，比较高级一点的，是工匠手工完成的，因此价格也更贵一些，做工也更精致一些。纯手工制品的价格在100TL以上。

铜制杯子、茶碗等器皿非常便宜，也很漂亮，当做礼物再合适不过了。

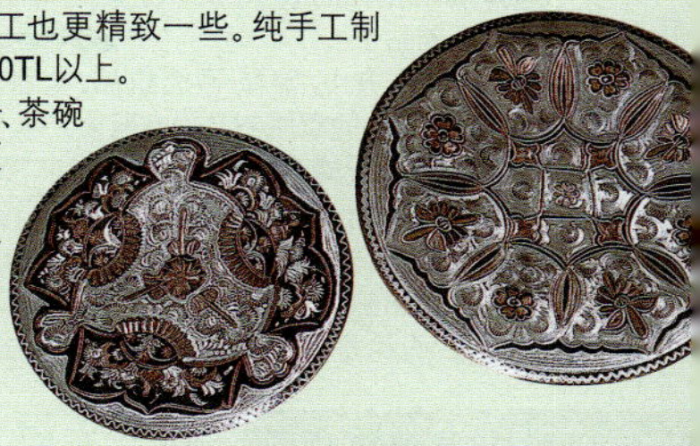

基利姆手提包

作为礼物相赠，这种包是再好不过的了，而且多出自老工匠之手，从小钱包到大手提包，应有尽有。设计风格也是多种多样，有点让人挑花了眼。购买时，记得要查看一下皮革和基利姆毛线的接口缝制部位是否足够结实。一旦出问题的话，修补起来比较麻烦。基利姆小件物品每个大概20TL。

玻璃制品

茶杯、水瓶、水壶、花瓶……玻璃制品种类十分丰富。造型独特的水晶器皿晶莹剔透，是赠送礼品的不错选择。仿动物形态和清真寺建筑的制品也不少，还有古色古香的仿古灯具，也很受顾客的青睐。一个灯具大约30TL。

皮革制品

众所周知，游牧民族盛产动物毛皮制品。在土耳其，皮毛制品随处可见，且品种齐全、质量上乘，是皮草爱好者的购物天堂。皮包30TL左右一件。因土耳其皮草产业兴旺发达，常年接受来自意大利等欧洲国家的大牌服饰订单，服装样式也很时尚，可价格要比欧洲便宜不少。购买时，记得试穿一下，再检查衣服的质地和手感是否合自己的心意。

丝绸制品

土耳其的丝织品业非常发达，丝织品做工非常精美，阿拉伯图腾纹路和艳丽色彩的丝巾想必一定能够吸引不少人的眼球。一件大约5TL。土耳其丝织品产业还接受不少欧洲大牌丝制服饰的加工订购。其中最有名的是Vakko的丝织品，也是土耳其制造。售价在100TL左右。

手工艺品·棉织品·民族服饰

土耳其各个城市的闹市街头，随处可见贩卖手工编织品、棉布拖鞋、手织毛衣的摊位以及店铺。土耳其的手工编织品多为鲜艳明亮的花色。在选购的时候，尽量不要选择掺杂化纤的编织品，一定要选择价格稍高的百分百纯羊毛制品。

桌布、方巾、靠垫等棉织品，全都是手工编织完成的。这些质朴的家居制品也非常受广大女性的青睐。用粗麻布线编织成的网眼衬衫，透气性非常强且吸汗，设计款式也不错，穿在身上一定非常舒适时髦。在旅途中置办这样一身行头不但舒服，还显得非常有个性。

奥斯曼传统气息十足的背心、面纱、戏装等也很吸引人的眼球。适合观光游客购买的华丽制品非常多，也有很多非常实用的当地特制品。比如土耳其式样的棉布大裤衩，无论是旅行中穿着，还是当做居家服，都非常舒适。

民族乐器

土耳其特有的弦乐器萨兹(saz)，管乐器中东唢呐(zurna)在街头大街小巷随处可见，非常流行。但是要说真正的精品乐器，还要数伊斯坦布尔的独立大街南端的乐器专卖店。这里卖的都是音质上佳的高品质乐器，普通商品价格在20TL左右。但是若没有一定的练习基础，想完整地演奏一曲还是有不小的难度。建议购买几样便于携带的小型乐器，可以回国当做礼物赠送。

对于音乐发烧友来说，土耳其也是个不错的音乐圣地。在集市上、乐器行里，大都摆放着各种音乐风格的CD，民族音乐、流行音乐和歌剧都能找到。礼品店和精品屋也有销售。

橄榄香皂

在爱琴海和地中海一带，盛产大量的橄榄油，这里的香皂才是地地道道的橄榄油制品。有的香皂包装精美，有的却毫无装饰，但是这和香皂本身的品质却没有多大关系。唯一的区别就是无包装的要便宜一些。土耳其香皂是纯天然制造，并不添加任何香料或是添加剂，也因为这个原因香皂比较容易碎，但是仍然有很多人看重它对人体无害、好等特点大量购买。一块大约8TL。

眼花缭乱的土耳其特色礼品

用水彩绘制出娃娃模样的葫芦玩偶。每个6TL（阿拉尼亚）

皮革装饰品。人脸形状栩栩如生。单个售价20TL左右（博德鲁姆）

农家女手工制作的人偶。质地朴素，简单大方。每个5TL起（卡帕多西亚）

用岩石雕刻出花纹的仙人烟筒夺人眼球。每个6TL（卡帕多西亚）

传承古代文明的雌雄壶。单个大约20TL（安塔利亚）

精致的皮革靴。穿上十分可爱。10TL左右（萨夫兰博卢）

用短木枝拼成刺猬的模样。1TL（阿玛斯拉）

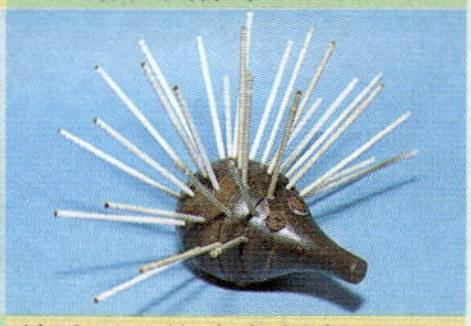

纯手工编织网眼针织品。5TL起（阿索斯）

宝石串成的念珠。大约20TL（埃尔祖鲁姆）

图案精美的青花瓷。每片10TL（伊兹尼克）

精致剔透的玻璃念珠。15TL起（乌尊湖）

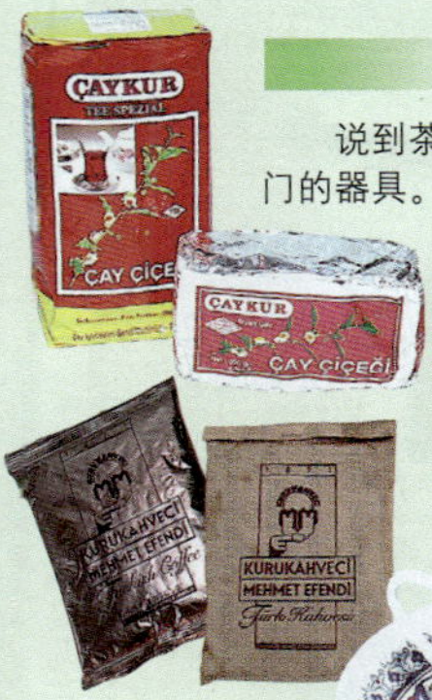

茶·咖啡用具

说到茶叶，真正懂得品茶的人都会置办一套专门的器具。比如专业的茶壶、茶碗等。土耳其的茶叶可以论袋卖，也可以论斤卖。一小袋茶叶大约3TL。还有简单易冲的即冲包装茶叶。土耳其人爱喝香茶，土耳其的香茶种类也是非常多的。咖啡大都装在密封包装袋或是罐子里出售。一袋大约5TL。

香料·调味品

土耳其的香料也很有名。不但味道醇厚，种类也非常多。虽然用法不太清楚，但是相比有些地方的香料和调味料，这里的价格比较便宜。推荐12种香料的混合装，可以当做小礼物。价格也不贵，一袋大约5TL。

干货

水果干和坚果的混合食品，当做礼物送人非常合适，也可以买来在旅途中充饥。干杏的种类非常多，味道也不错。考虑到保存期，还是选择不易变质的干无花果比较好。一袋500克，大约10TL。

蜂蜜·奶酪

种类多得数不过来，足以大饱眼福。在各个城市的巴扎市场上都可以买得到。伊斯坦布尔的埃及巴扎集市里，种类最为齐全，其他的食品也比较齐全，可以一次性挑选购买自己喜爱的。蜂蜜和果酱大都装在瓶子或是罐头里，分量十足，在机场也有卖，价格会比市场里贵一点。可根据实际情况定夺在哪里购买方便。

甜点

各色美妙的甜点也让人心旷神怡。因为土耳其人爱吃甜食，这里的点心也大都含糖分较多，不过味道绝对是没的说。绝大多数甜点保质期都比较长，价格也不贵。可以买一些在旅途中品尝，也可以买一些回国赠送亲朋好友。在机场也有卖，售价8~15TL，比集市上要略微贵一点。

土耳其明星甜品 Baklava
很多人都是看中了它的实惠。不但分量感十足，而且抹着一层厚厚的蜂蜜，甜味也十足。可以称得上是土耳其风格的派。因为比较甜，因此不建议正在减肥的人士食用。

哈尔瓦点心 Helva
这是一款用磨碎的芝麻、坚果仁和牛奶混合制作而成的糯米状糕点。可以涂抹在面包上食用。味道还不错。

土耳其软糖 Lokum
超有嚼头的土耳其牛轧糖。各种口味都有，吃起来软软地，又特别的筋道。吃过之后一定会爱上它。一袋软糖大约4TL。

土耳其龙须糖 Pişmaniye
是土耳其伊兹尼克的特产，混合面粉、油、糖等原料，加热后反复拉拉扯扯成为细丝，再揉成一个个毛球状即可。看起来毛绒绒的，非常讨人喜爱。

艾兹迈糕点 Ezme
Ezme在土耳其语中是“研碎、磨碎”的意思。顾名思义，该点心是把植物的果实、大豆研磨之后制成的块状糕点。

地毯和基利姆

不远万里来到土耳其，一定要买些土耳其纪念品带回家。土耳其地毯闻名世界，称得上是土耳其的代表特产。作为礼物赠送他人也再合适不过。不过，土耳其地毯的价格可不算低。为了更划算地买上一条称心如意的土耳其地毯，让我们先对其有一个大概的了解。

土耳其地毯的特征

在中国，人们听说的最多的是波斯地毯。但是，却鲜有人知道最初制作出地毯的却是土耳其民族。土耳其语中把地毯叫做Halı。波斯语中叫做卡尔。

地毯是绒毛的织成品，分为机织和手工编织。手工编织的话，是把线头一个个地按顺序打结，因此需要花费较长时间。高品质的地毯最终完成后翻过来观察背面，会发现结扣打得匀称又结实。按照经验来讲，结扣越细，说明编织过程所下的功夫越多，质量也越好，因此价格也会稍微高一些。机器编织和手工编织不一样。

土耳其地毯在编织过程中使用双结扣的编制方法，而其他国家大都是采用单结扣编织方式。因此，制作一条土耳其地毯所花费的时间大约是其他国家的两倍，也更加经久耐用。

丝织地毯

Ipek Hall

海莱凯是距离伊斯坦布尔100千米的东部小镇，这里是大型的地毯集散地。海莱凯的丝织地毯非常出名。

丝织地毯的价格是由结的数目决定的。结的数目越多，价格越高。挑选时可以数一数结。方法是把地毯翻过来，然后数一平方厘米的范围内有多少个结。标准的地毯大约会有100个结，也就是10结 × 10结。有的做工精细的地毯甚至有25结 × 25结，也就是625个结。

开赛利产的丝织地毯大约有7结 × 7结，也就是一平方厘米内有49个结。比起海莱凯的丝织地毯，价格上便宜不少。

丝织地毯的价格除了包含昂贵的原材料价格外，还有不低的手工制作费。

丝织地毯总的来说算是奢侈品，价格比较贵，建议还是买一些便宜的普通地毯比较经济实惠。

土耳其地毯市场。农家妇女怀抱各种手工编织的地毯供人挑选

世界一流品质的海莱凯丝织地毯

爱琴海地区的针织地毯，图案大多朴实无华

羊毛地毯 Yun Hall

如果论实用性的话，羊毛地毯则是当仁不让的选择。比起丝织地毯来，羊毛地毯更加耐用，价格也相对便宜。而且清洗方法也比较简单，不容易沾灰尘。时间久了，会散发出与丝织地毯不一样的鲜艳光泽。

下面我们来对比一下不同类型地毯的风格样式。丝织地毯的图案大多是花草图案类的波斯风格式。而羊毛地毯的图案更多的是几何形状的图案。各地也有不同的主流图案。如果说丝织地毯比较适合贵族王室的话，那么羊毛地毯更容易被平民百姓所青睐。各个地方的地毯图案、颜色也不尽相同。

羊毛地毯的优点无须再赘述，只有用过了才知道。建议大家挑选中意的来购买。

基利姆 Kilim

地毯大都是用绒毛类织成的，而基利姆是一种平织的纺织品。平织在土耳其语中有很多的叫法，比如Cicim、Sumak等，织法也各不相同。

基利姆是平织，Cicim是提花织法，Sumak是卷织，从文字上很难直观地理解，还是到店里面去看一看，比较一下就懂了。

基利姆除了可以当做挂毯，还可以用作坐垫、马鞍、编织袋等用途。土耳其的基利姆多用色鲜艳，且非常大胆时髦。

材质和尺寸

说到材质，无论是基利姆还是地毯，大都是用羊毛制成的。

近年来，土耳其出现了一些使用化纤毛线织成的基利姆和地毯。这些产品不耐高温，并且也不太吸收湿气，在染色过程中经常会出现斑点，清洗后也不干净。所以，建议还是选购百分百羊毛制品。

现在，化学（合成）染料是主流。

高级丝绸地毯大都使用化学染料染色，很少有使用天然染料（草木染色）染色的。使用化学染料染色的基利姆价格比较高。不过羊毛地毯的基利姆大都是用天然染料染色的。

使用草木染色也未尝不可，不过因其染色时间长，而且伴随着使用时间的增加，颜色会变深，而且会有异味。

几乎每个观光景点都有地毯专卖店

挑选地毯·基利姆的技巧

这么多质地、花色、图案、做工不尽相同的地毯与基利姆，应该怎样挑选才好呢？不妨来听听专家的建议：

①先区别出化纤制品和羊毛制品来。

②如果是羊毛制品，可以用手触摸一下。手感质地柔软、滑腻的要比摸起来硬实、干巴巴的质量要好。

③草木染色和染料染色的成品也有很大的不同。一般来讲，草木染色的地毯颜色比较正，看起来比较舒服，而化学染色会有明显的痕迹。对比一下就知道了。

④常言道“货比三家”。一定要多逛多比较才会发现最实惠的卖家。在土耳其，价格通常没有明确地标示出来。

根据化学染料和天然染料染色的不同，地毯、基利姆在价格上有很大的不同。天然染料染色的成品要比化学染料染色的成品价格高不少。但是，要区别这两种成品，没有丰富的经验是很难做到的。因此，不妨向当地经验丰富的向导或热心人请教。

不管怎样，如果有喜欢的基利姆或地毯，那就买一件吧。预算有限的话买一件价钱便宜的也不错。

产自孔亚的基利姆。图为现在新的式样，草木染色

古典花纹的基利姆。产自于19世纪马拉图亚

古典花纹的基利姆。产自于19世纪的谢尔克伊

魅力土耳其 之②

饕餮美食之国里的味蕾享受

土耳其美食和法国大餐、中华料理并称为当今世界三大美食。烤肉、烤饼等美食是土耳其料理的基础。在奥斯曼帝国多个世纪的统治下，宫廷对民间的各个方面影响都很大，尤其在饮食方面改进了很多。在这一时期，土耳其菜肴走向了精致化，在世界美食中也有了自己的一席之地。

传统的宫廷料理

土耳其人善于在菜肴制作过程中添加各种调味品，使得不同味道巧妙地融合在一起。土耳其菜肴的一大特色是多使用乳制品，奶味十足。土耳其的肉菜料理精选上等鲜肉制作而成，菜肴中也都使用天然的橄榄油和大量的新鲜蔬菜……这符合口味清淡人士的土耳其菜肴，可以说是伴随着奥斯曼帝国的宫廷发展史一步一步走向成熟与精湛的。原本是游牧民族的土耳其，料理的特点自然是朴实无华。但随着奥斯曼帝国在数百年的统治时期不断地扩张领土范围，使得土耳其料理也吸收了周边国家包括中国、阿拉伯在内的各民族饮食文化的特色与长处，并与传统的料理加以融合及改进。现在的土耳其料理，其种类和口味不能不说是“融汇大家，众口皆调”。

引以为傲的食材

土耳其农业十分发达，粮食自给率达到了惊人的百分之百。土耳其的畜牧业和种植业也很兴旺。在一望无际的安纳托利亚大地上，滋养出了不计其数的新鲜食材，孕育了土耳其各地的人民。优良的种植作物当属小麦，土耳其人引以为傲的美味主食——小麦面包就是以此为原料制作的。蔬菜种类更是齐全，水果也丰富，比如香甜可口的葡萄、无花果等。沿海地区盛产阿月浑子、榛子等美味果实，是制作优

质甜点不可或缺的原材料。

土耳其餐厅

土耳其语中把餐厅叫做Lokanta。每个城镇中都会有大大小小的大众餐厅。一般的餐厅都会在门口附近摆放有玻璃陈列柜或是保温柜，里面摆放着该餐厅提供的各种新鲜食材，食客们可以在这里点菜。普通餐厅的人均消费在10~15TL，就能吃到包括色拉、汤料、主食在内的大餐。酒水的种类也很丰富。

越是小的城镇，在餐厅用餐的费用就越便宜。有的地方甚至只需要花费大城市餐厅消费的一半左右，就能吃到不错的菜肴。地方菜也别具风味，在各地旅游的时候，一定不要忘记尝尝当地的特色美食。

汤羹 Corba

土耳其食材丰富，汤羹的种类和口味也自然多。以番茄、大豆、菠菜等蔬菜做成的汤，既美味又健康。汤羹中通常还加入大蒜和薄荷，挥发的气味更能勾起人的食欲。食客们可以根据自己的喜好添加调料。在大众餐厅的门口，通常都摆放着盛满汤羹的大锅，里面的汤每天都会更换，非常值得期待。

●**兵豆汤** Mercimek Çorbası…这是土耳其汤羹中的经典美味。是一种用三角豆做成的汤，里面还加入洋葱、蛋黄、牛奶、黄油等材料，口感不错。适合搭配早餐。

兵豆汤
口感温和清淡

西红柿汤
有一股西红柿酸酸的味道

●**西红柿汤** Domates Çorbası…用番茄酱做的汤，酸味浓郁。西红柿汤和红豆汤并称为土耳其汤羹的两大经典。是餐厅中的必备佳肴，详情请参照p.37。

●**羊肚汤** Kembe Çorbası…羊的胃做成的汤。比较油腻，还有一股怪怪的味道，但是仍然有不少人喜爱。因味道比较浓，可以按个人喜好加一些大蒜掩盖羊肉的膻味。虽然有羊肚汤特色店，不过高级餐厅中却很难见到这道菜肴。详情请参照p.37。

●**山地汤** Yayla Çorbası…薄荷味的酸奶形式的汤。一般加入大米煮制而成。是一道高原风味十足的汤。

在进餐之前喝上一碗土耳其特色的汤羹，更能唤起食欲

沙拉 Salata

土耳其料理中必不可少的蔬菜有西红柿、黄瓜、茄子、洋葱等，用这些新鲜食材可以做成各种形式、不同口味的沙拉。除了生吃之外，还可以把蔬菜用火烤一下，淋上油或酸奶，扮成糊状冷却后食用，就着面包吃最合适不过了。

羊倌沙拉Coban Salatası
在饭店点餐的话，一般都会上这道菜

黄瓜酸奶Cacık
酸奶和黄瓜的混合物。酸奶的口感配上黄瓜的清爽，堪称完美搭配

●**羊倌沙拉** Çoban Salatası…是最受顾客欢迎的沙拉之一。切成块状的西红柿、黄瓜、洋葱以及茄子，撒上橄榄油和柠檬汁，均匀地调拌在一起。是大众口味的人气菜肴。

●**黄瓜酸奶** Cacık…味道浓郁的酸奶中，加入了切成合适大小的块状黄瓜。口感清新脆爽，咬一口回味无穷，勾起旺盛食欲。最适合夏天食用。具体可参考p.38。

●**茄子沙拉** Patlıcan Salatası…以茄子为主要材料做成的沙拉。烧好的茄子和炒过的洋葱拌成糊状，再淋上番茄酱，就做成了这道玲珑美食。

土耳其当地餐厅的橱窗里展示着各种前菜的食材

前菜 Meze

前菜在土耳其语中叫做meze。盛在大盘子里的前菜汇集了各种新鲜食材，色泽鲜艳诱人。多使用蔬菜、大豆、贝类、鱼肉等，既有冷菜，又有热菜。在前菜的种类中，最具有土耳其特色的是多尔玛。

点菜的时候，可以点一道前菜拼盘大拌菜（Karışık Meze）。大大的盘子里盛着多种新鲜食材，可以尝到各种不同的味道哦。高级餐厅中，前菜大都由饭店服务生推着精致的餐车送上。

［几种常见 的代表性多尔玛］

●**葡萄叶多尔玛** Yaprak Sarması…用盐腌泡过的嫩葡萄叶，包上米、松果和香料等煮制而成的菜肴。香气扑鼻的葡萄叶包裹着丰富多汁的美味，让人欲罢不能。详情请参照p.38。

●**辣椒多尔玛** Biber Dolması…把青椒从顶部切至尾部，塞入米和肉类做成的前菜。抹上番茄酱吃味道更好。可以趁热食用，也可以冷却后品尝。

●**圆白菜多尔玛** Lahana Sarması…用圆白菜的叶子包裹着米和肉馅，用特制汤料煮制而成的菜肴。

●**贻贝多尔玛** Midye Dolması…在贻贝里塞入大米、松果、洋葱等食材，挤上柠檬汁食用。

前菜拼盘大拌菜（Karısık Meze）
Karısık是多种种类混合的意思

最具代表性的三种多尔玛
从左往右依次是圆白菜多尔玛、葡萄叶多尔玛、辣椒多尔玛

贻贝多尔玛在伊斯坦布尔街头随处可见

酸奶 Yoğurt 土耳其当地特色饮料，烹饪必备品

土耳其的酸奶味道有些甜，但是对于嗜甜的土耳其人来说，却一点都不为过。除了可以当做常规饮品之外，还可以淋在肉类主菜上一并食用，也能够作为调味品加入各种菜肴中使用。是许多家庭主妇一直青睐的烹饪必备品。

除此之外，酸奶还有一个特殊的吃法。把酸奶加入水充分搅拌后，清除掉分离出的油脂部分，剩下的部分就叫做Ayran。这一部分只剩下微微的咸味，可以当做一种口味独特的饮料饮用。一般的餐厅都会提供，超市、食品店也都有卖。味道还不错。

土耳其人的祖先是游牧民族，他们的饮食生活也简单朴素。大都以放养的牲畜肉或奶水作为营养来源。对游牧民族来说，家畜就是最重要的生命和财产。但与人们的想象不同的是，土耳其人并不常吃肉，而是以这些牲畜的奶水做成酸奶或奶酪，作为营养之源食用。

土耳其人一直认为土耳其才是酸奶的发源地。酸奶一直被看做是生命之源。基本上家家户户都会自产自酿酸奶。甚至有的家族还把制作酸奶所需要的菌种作为秘传之物，一代一代地传给后人，足以见其重视程度。酸奶之于土耳其的重要性，大概就好比是醋和辣椒之于中国吧。

肉类料理 Et Yemeği

土耳其语中把烤肉叫做Kebap（该词源自阿拉伯语，在前面加上名词修饰语变为Kebabı）。烤肉的种类、烹饪方法很多。最为常见、也最具传统的是扦子烤肉串。大大的扦子上串着大块的肉串，是土耳其的经典美味。现在餐厅中供应的肉串大多是浸泡好调料入味的烤肉串。这样烤出来的肉串从内到外都散发着肉香，吃起来味道也很均匀，口感非常棒。除此之外，还有像是阿达纳烤肉串、乌尔法烤肉串这样以地名命名的烤肉。这些烤肉串口味各具特色，绝对都是当地拿得出手的美味料理，在餐厅中一般都可以品尝得到。

烤肉烹饪方法多种多样，除了传统的扦子烤肉、铁丝网烧烤、铁板烧等之外，还有蒸烤、炖煮等方法。土耳其烤肉也会在烤肉的扦子上串上一些新鲜蔬菜同肉类一起烧烤，这样烤出来的味道既有蔬菜的鲜嫩，又有肉类的诱人味道。

因为土耳其是伊斯兰国家，所以烧烤的肉类以羊肉为主，牛肉、鸡肉的烤肉料理也很多。

扦子烤肉串 Şiş Kebabı

扦子烤肉串是最经典、最传统的土耳其烤肉。又大又长的扦子上，串好了大块的羊肉。烤好后滋滋流油，让人忍不住大快朵颐一番。Şiş是“扦子”的意思。这是一道游牧民族风味的烤肉料理。详情请参照p.36。

转烤肉 Döner Kebap

把肉切成薄薄的片状，足足地沾满调制好的调料，然后一层一层地叠加在粗粗的铁制扦子上，直至呈纺锤形状。然后一边加热一边旋转烤制。油水在烤制的过程中不断滴下，似乎引得人们的口水也流了下来。吃的时候用刀子把表面烤好的肉切下，可以夹在饼里吃，也可以盛在米饭中食用。Döner在土耳其语里是“旋转的”意思。

上图中是酸奶转烤肉。把转烤肉切下放在饼上，淋上黄油、番茄酱和酸奶，就做成了一道美味佳肴。酸奶烤肉是布尔萨的著名美食，和伊斯坎德尔烤肉有异曲同工之妙。

阿达纳烤肉串 Adana Kebabı

是位于安纳托利亚东南部的城市阿达纳的名小吃。把鲜嫩的肉块和洋葱一并串在细细长长的扦子上烤制而成的美食。上面洒满了厚厚的一层辣料，辛辣无比。阿达纳的气候非常炎热，在高温天气下品尝这道辣味十足的佳肴，大汗淋漓的同时也必定让人大呼过瘾。

乌尔法茄子烤肉串 Patlıcan Urfa Kebabı

是安纳托利亚东南部城市乌尔法的名小吃。与阿达纳烤肉串不同，乌尔法的烤肉串没有加辣椒，味道自然不辣，是不爱吃辣椒人的最爱。长长的扦子上，新鲜的肉块和茄子、西红柿味道交互掺杂，别有一番风味。

肉块串 Çop Şiş

肉块的个头比较小，可以说是小一号的扦子烤肉串。上菜时，一般盛在盘子里。一盘会有好几串。

烤肉丸 Izgara Köfte

Izgara在土耳其语中是“铁板烧”的意思。Köfte是“肉丸子”的意思。肉丸子的大小、形状、味道，根据店铺各不相同。

烤肉排 Pirzola

精选羔羊肉的肋骨肉烤制而成。肉质鲜嫩，就着啤酒吃最合适不过了。

伊里奇肉丸 İçli Köfte

用大米和碎肉炸制而成的土耳其风味肉丸子。是土耳其东南部的著名家庭料理。

补充信息 1.5人份…Bir Buçuk在餐厅用餐点菜的话，可能一人份不太够吃。这时可以跟服务生说明一下，选择1.5人份，这样就刚刚够。

各式各样的炖煮菜

土耳其菜肴中的炖煮菜种类也可谓花样繁多。主要是食材的种类多种多样，梅干豆、扁豆的炖菜，菠菜鸡蛋汤，肉和茄子及西红柿做成的煮菜等，各种食材可随心所欲搭配成各种不同口味的炖煮菜，比大众餐馆里烤肉的种类还要丰富。喜欢吃烤肉的人，可以搭配炖菜和薄饼就餐。

一般餐厅的橱窗里都摆放有各式各样炖煮菜的食材。即便不知道菜名，也能够选择爱吃的菜肴用手指点菜。非常方便，快捷

砂锅料理Güveç…把肉和蔬菜等食材放入铁锅或砂锅，加入各种调料不加盖煮制而成。料理中食材多种多样，在土耳其东部地区有很多擅长做砂锅料理的美食店。西红柿口味的砂锅料理最好吃。详情可参照p.36。

阿訇晕倒İmam Bayıldı…其实就是橄榄油烧茄子。这道菜的菜名很有意思，叫做阿訇晕倒。意思是说就连穆斯林也会流口水感叹好吃的菜肴。把茄子从中间剖开塞入馅料，煮制而成。冷却后食用非常美味，建议品尝一下。

鱼料理

Balik Yemeği

众所周知，土耳其祖先是游牧民族，跟大海几乎无缘，所以并不太爱吃鱼。但是，近些年来，土耳其的鱼料理慢慢开始盛行了。土耳其的捕鱼量并不是很大，所以相比肉类而言，鱼肉的价格也比较高。随着捕鱼业和养殖业的发展，现在鱼类渐渐多了起来，在沿海城市和港口中，贩鱼的市场规模也日渐庞大。在内陆城市，也有了许多专门做鱼料理的餐厅。

关于鱼的烹饪方法也很多，一般常见的有炸或是加入西红柿炖煮。鱼大都是新鲜的，现点现做，味道绝对鲜美。在黑海沿岸一带，盛产比目鱼和鲍鱼，其他的鱼类价格也比较便宜。

港口和捕鱼的船只上都卖鱼。刚捕捞上来的新鲜鱼类被码放得整整齐齐，并且露出鲜红色的鱼鳃以示新鲜程度

把新鲜的鲈鱼用食盐稍微腌一下，然后放入容器不加盖蒸烤一段时间，就做成了味道鲜美无比的特色风味鱼料理

浸入盐味，淋上橄榄油烤好的比目鱼。烤好后挤上柠檬汁食用。味道清新，鱼肉爽口。可以在餐厅摆放鱼类的橱窗前选择自己爱吃的鱼类。价格会有波动，现场确认一下比较好。可以先向服务员询问一下价格，然后再做定夺

村落里的鱼料理

土耳其靠海沿岸的小村庄大都以捕鱼为生。村民们也常年以海产品为食。在栈桥浅海处打捞上鱼，简单处理一下，撒上盐腌一下入味，生起火慢慢烤熟就可以吃了。用这种简单的烹饪方法烤出来的鱼是最原始的风味，也保留了鱼肉的鲜美程度。烤好后，撒上当地特产的、辣味十足的青辣椒，味道真是赞不绝口。这道做法一般在餐厅不会在菜单上出现。但如果顾客有要求的话，厨师也会专门现场制作。

村子里常见简单朴素的鱼料理

面包／米饭 Ekmek / Pirav

土耳其城市地区的主食，是俗称的法式小面包。烤好的面包表面黄澄澄、油乎乎的，一口咬下去，小麦的香甜在口中蔓延，口感松脆又不失嚼头。土耳其人还自豪地称其为全世界最好吃的面包。为什么土耳其的面包会有如此好评呢？秘密就在于制作面包的原料——小麦粉。土耳其种植的小麦产量不但高，而且质量上乘，在整个世界范围内都非常有名。有专门制作面包的小麦品种，还有专门生产粗面食品的小麦品种。土耳其生产的小麦还被运往意大利，加工成全世界闻名的美食——意大利面。土耳其的美味面包取材于质量上乘的小麦制作而成，用传统的烤箱烤制而成，味道自然香甜。

在餐厅中，除了常见的法式小面包之外，还有未发酵面包、薄饼、馕等主食。在一些地方上的餐馆里，还有当地特有的面食，比如用铁板烤制而成的圆形大饼以及尤夫卡面包等。

土耳其街头的面包店，很受当地人欢迎，一般中午之前面包就会被一抢而光

一般的餐厅内也有米饭。而且餐厅里的米饭是免费的。在大多数餐厅里，还有蒸米饭，很合亚洲人的口味。米饭种类不少，不过没有白米饭。米饭多配着土耳其烤肉一起吃。

美味面包的诀窍就在于古老的灶台

安纳托利亚东部城市迪亚巴克尔的风味面包，呈长条状，非常好吃

盛在盘子里的炒米饭

未发酵的尤夫卡面包，比馕更薄一些

酒 İçki

左边的新拉克酒，每瓶售价27TL左右。Rakı的种类和品牌有很多，历史具有相当的年头

土耳其的啤酒当属Efes。味道非常正宗，如今也有很多种品牌和种类

土耳其虽然有很多伊斯兰教教徒，但是对于饮酒，态度却是格外的宽容。特别是在大城市，路边随处可见酒吧以及可以饮酒的餐馆等场所。

●**啤酒**　Bira…是一种常见的土耳其当地啤酒。在当地比较有名的是Birahane。

●**葡萄酒**　Şarap…土耳其的气候条件特别适合种植葡萄，各地都有葡萄酒厂及作坊。白葡萄酒土耳其语叫做Beyaz，红葡萄酒叫做Kırmızı。

●**拉克酒**　Rakı…这是用葡萄作为原料制作而成的无色透明状的蒸馏酒，又叫做“狮子奶”，兑水后有白色沉淀。虽然有种强烈的茴香味，不过十分甘甜，是爱酒者难以抗拒的美味。酒精度在40° 以上，是一种很烈性酒。

代表性的葡萄酒　从左往右依次为：Yakut（红葡萄酒）、Çankaya（白葡萄酒）、Dikmen（红葡萄酒）、Kavak（白葡萄酒）、Angora（红与白葡萄酒）和Villa Doluca（红葡萄酒）。这些酒口感非常柔和，一般每瓶售价12~20TL

甜点 Tatlı

土耳其美味可口的小点心和甜品也很多。只是大部分味道偏甜一些，不喜欢吃甜品的人可能不太习惯。有一道叫做Meyve的土耳其点心，味道比较清淡可口，糖分也不多，大多数到土耳其旅游的人都会选择一份甜点拼盘，各种口味的精致小点心拼装在大大的盘子里，这样就能品尝到不同的口味了。

推荐去一家叫做Pastane的甜品屋，这是土耳其非常有名的点心连锁店。分量很足，如果两个人一起吃的话，点一份就足够了。这里不仅有符合现代人口味的点心，也有经典的老式甜点。

果仁蜜饼（Baklava）和卡达伊夫（Kadayıf）

上图是切好分盘的果仁蜜饼。是一种蜂蜜口味的派，也是经典的土耳其甜点。里面放入了足量的蜂蜜和果仁，分量十足。

左图是卡达伊夫。带榛果的蜂蜜口味点心，精选优质小麦粉烤制而成。口感柔腻。

屈内费 Künefe

在蜜饼中加入味道浓郁的奶酪，就做成了屈内费——奶酪卡达伊夫。吃的时候淋上冰激凌口感会更好。

米饭布丁 Sütlaç

加入大米和牛奶做成的布丁。根据个人口味不同，也可以加入果仁或巧克力。口感滑腻香甜。

甜点屋的模样。点心大都是论斤卖

餐饮用语

为了在餐厅用餐和超市购物方便，本书向大家列举一些餐饮用语。

●肉…et

羊
koyun

羊肉
koyun eti

（下面出现的各种肉都在后面加上eti）

羔羊肉
kuzu

小牛肉
dana

鸡
tavuk

小鸡
piliç

鸡蛋
yumurta

●蔬菜…sebze

西红柿
domates

黄瓜
salatalık

茄子
patlıcan

马铃薯
patates

葱
yeşil soğan

菠菜
ıspanak

辣椒
biber

●水果…meyve

苹果
elma

橙子
portakal

葡萄
üzüm

桃子
şeftali

西瓜
karpuz

甜瓜
kavun

杏
kayısı

樱桃
kiraz

补充信息

karışık…karışık是混合、混杂的意思。在餐厅用餐时，不管是前菜、肉类菜肴、主食等，常常会面对花样繁多的菜肴种类不知道如何选择。这时候，不妨点一道相应的拼盘，这样就可以尝到各种不同的口味了。

快餐 享受快餐的乐趣

在土耳其旅游最大的好处就是不用担心饿肚子。除了餐厅，大街小巷中路边摊、快餐店随处可见。肚子饿的话，不用花费太多时间就会找到食物。

在大城市，快餐的种类则更加丰富。路边摊、大排档、三明治、汉堡包等可供选择的余地非常多。风靡世界的快餐麦当劳也进驻土耳其的各大城市。近年来，也出现了很多当地风味的汉堡店，很受当地食客的欢迎。

说到土耳其快餐的代表，不得不推举土耳其烤肉。在土耳其各地的餐厅或路边摊都有卖，当做充饥的小吃再合适不过了

拉赫马钧 Lahmacun

是一种肉馅烤饼。把薄薄的大饼摊开，卷上用调料烹饪好的肉末和各种蔬菜，对折后大口大口地嚼着吃。这是一种街头常见的小吃。这大概是土耳其最物美价廉的食物了吧。在土耳其各大城市都有拉赫马钧的专门店铺。

格兹莱梅 Gözleme

是一种非常美味的薄饼。薄薄的饼里，卷着满满的肉馅和奶酪。可以称得上是土耳其版的煎饼。相比拉赫马钧更朴实一些，在观光地可以看见很多大叔在现场烤制。

饼 Pide

土耳其式的比萨饼。整个形状像是一只大船，比较厚。上面撒上奶酪、鸡蛋、西红柿等配料，吃的时候直接食用或对折后食用都可以。最好吃的是肉馅奶酪饼kıymalı pide。基本馅料就是肉馅和奶酪。这是饼店里最受欢迎的品种。分量十足，女性的话两个人点一人份就足够了。

重要情报

Simit——土耳其人气小吃

Simit是近年来土耳其最受欢迎的快餐食品，以快速、好吃、时尚的特色深得众人喜爱。在土耳其各地都有Simit的专卖店，可以在店内外提供的餐桌就座，点一杯饮料，一边品尝一边休憩。Simit的连锁店几乎覆盖了土耳其各个城市，店名就叫做Simit Sarayı。头戴鲜红帽子，身着红色T恤的店员无时无刻不在忙碌着。他们笑脸相迎，热情周到的服务和Simit一样深得人心。

传统的Simit是撒上芝麻炸制而成的面包，也有其他口味，比如奶酪、橄榄油等。店内提供各种简易饮料，如茶、咖啡、果汁等。芝麻面包圈搭配饮料的套餐价格4~6TL，比较实惠。

最近也出现了一些风格相似的店铺。

不过，路边小摊味道也和正宗的Simit有些接近，但是价格上会有差异。建议大家还是尝尝正宗的芝麻面包圈。

炸面包圈 Simit…表面撒满芝麻的炸面包圈。炸好的面包圈表面黄亮亮的，咬一口香气扑鼻。绝不要辜负了世界上最美味面包的美誉啊。在土耳其经常可以见到神色匆匆的人一边赶路，一边吃着炸面包圈。这是一种便捷、美味的食品。以早晨刚出锅的最为好吃。

位于伊斯坦布尔的Midye Tava（炸鱼贝）专卖店。把贝类的肉剔出来，串成串炸好，蘸着大蒜酱料吃起来味道不错

在旧城区加拉塔大桥附近，还有一种风味小吃——三明治非常风靡。一般在码头都有卖。非常好吃，价格也不贵，一个大约5TL。白天饿了的话，就来一个尝尝吧

透过干净的橱窗，可以看见做好的、颜色鲜艳的昆皮尔。可以直接用手点菜

昆皮尔
Kumpir

把土豆切成合适的大小，用慢火焙好，再浇上新鲜的浇头，就做成了美味的昆皮尔。上面的浇头可以自己选择。分量十足。

土耳其的名吃Dondurma，是一种好吃又好玩的冰激凌，富有韧性，制作的时候越拉越长。据说是加入了一种土耳其特有的植物根茎磨成粉的缘故。它的制作表演也是一大看点

酒店的早餐

土耳其的大部分酒店一般都会提供早餐。早餐的内容大都是固定的，有法式小面包，一种土耳其白奶酪，黄油以及蜂蜜等。饮料有茶、咖啡等。最近，酒店早餐的花样也开始多起来，有的酒店也提供鸡蛋和水果等食物。

值得一提的是，土耳其酒店的早餐中必不可少的食物是奶酪和橄榄油。几乎餐餐必备，这大概和中国人的早餐中习惯有豆浆和油条一样吧。

在土耳其东部地区的一些餐厅，早餐的费用并没有包含在酒店费用中，需要客人单独付费。如果这样的话，不妨到外面的餐厅或饭馆吃早餐，在那里可以更近距离地体验土耳其当地的氛围。一般餐厅的早餐都有法式小面包和热汤，好吃又不贵。

酒店提供的早餐

餐厅提供的早餐一般是面包和热汤。图片中的汤是羊肚汤（p.28）。除此之外，还有红豆汤和西红柿汤

不远万里来到土耳其，一定要不虚此行 让我们尝尽土耳其的各种美食吧！

肉类菜肴

扦子烤肉串 Şiş kebabı

扦子烤肉串是土耳其最为经典的美食，大概无人不知，无人不晓吧。肉串的原料一般都使用羊肉。但是有的店也会烤一些别的肉类。烤之前，先把调料均匀地涂抹在肉串上，等入味之后再用合适的火候慢慢烤。考虑到食用方便，现在一些观光地也会使用小扦子串着小肉块烤制。

烤鸡肉串 Tavuk Şiş

相比羊肉的扦子烤肉串，口感没有那么油腻。有一股鸡肉的香味。近年来比较受食客欢迎。

铁板烧肉丸 Izgara tavuk

一般使用鸡肉烤制而成。Izgara在土耳其语中是“烧烤架”的意思。

肉块串 Çop Şiş

一般烤好之后放在盘子里端上桌。一盘大概有10串。并且脂肪部分比较少，不是很油腻。在以弗所地区的很多餐厅都会做这道烤肉料理。

吃肉类菜肴的时候，光吃肉的话难免会有些油腻。一般要搭配米饭、马铃薯和西红柿等配菜。喜欢吃清淡的人，搭配沙拉和米饭吃肉类菜肴最合适不过了。

转烤肉 Döner kebap

包括中国在内的世界各大城市都可以见到的土耳其名吃——转烤肉，大概仅次于扦子烤肉串的知名度吧。一般使用牛肉烤制而成。不过也有一些地方尝试用鸡肉烤，味道还不错哦。吃的时候，把肉切成小块卷在饼里吃。

阿达纳辣料烤肉串 Adana kebabı

以地名命名的烤肉串。精选羔羊肉烤制而成。调料中加入了大量的辣椒面，辛辣无比。如果吃不惯辣味，可以尝一尝不加辣料的乌尔法非辣料烤肉串。

炸肉排 Pirzola

用剔下的羔羊肋骨肉烤制而成。价格相比其他的肉类菜肴要贵一些。

砂锅料理 Güveç

Güveç是砂锅的意思。把羊肉、各种蔬菜加上调料一并放入锅内蒸煮而成。汤汁混合了肉香和菜香，十分美味。蔬菜的种类很多，因店各异。可根据个人喜好选择。因为是现做，需要花些时间，请耐心等待。

瓦片烤肉 Kiremit kebabı

Kiremit　在土耳其语中是“瓦”的意思。在这里指铁板。跟砂锅料理的做法差不多，主要是肉食。

萨奇料理 Saç kavurma

萨奇是土耳其一种浅锅的名称。在锅里加入羊肉、洋葱、青椒、西红柿一起炒制而成。烹饪速度较快。肉放得很多。

炸羊杂 Ciğer tava

把羊的内脏切成块，和着优质小麦粉炸制而成。有些许膻味。在埃迪尔内，很多餐厅都会做这道菜肴。

烤羊肉 Fırın kebabı

把羊肉切成块，撒上调料烤好。重要的是掌握火候。烤好的羊肉非常鲜嫩。在科尼亚，很多餐厅都会做这道菜肴。

炖羊肉 Tas kebabı

切成小块的羊肉和牛肉一起放入锅中，加入西红柿、洋葱等蔬菜一起炖制而成的美味菜肴。最后加上茄子一起上桌，被称为是“苏丹最爱的食物”。

伊兹密尔肉丸 İzmir köfte

把烤好的肉丸放入锅中加料再煮制。发源于伊兹密尔，因此以地名命名。一般加入的配菜有西红柿、马铃薯和青椒等。

烤肉丸
Izgara köfte

Köfte指的是羔羊肉丸。形状、大小、口味根据店铺各不相同。也叫做干肉丸。

妇人腿肉饼
Kadın Budu köfte

土耳其的菜肴有许多非常有趣的名字，比如这道——妇人腿。馅儿用肉和米做成，皮用小麦粉和鸡蛋制作。非常好吃。

茄子烤肉串 Patlıcan kebabı

长长的扦子上，肉块和茄子片交叉穿错。脂肪部分较多，烤的时候滋滋冒油，一口茄子一口肉，搭配着吃味道很不错。是乌尔法的名吃。有时，也用西红柿片代替茄子，味道也很好哦。

汤羹

土耳其的汤羹种类也很丰富，一般因店而异，但是分量都很足。吃着法式小面包，再来一碗热汤，就会让人全身热乎乎的。建议不要在吃主食之前喝太多，免得错过了后面的精彩内容。汤在土耳其语中叫做 corba，3TL 左右。

兵豆汤
Mercimek çorbası

土耳其汤羹经典中的经典。是一种加入洋葱和三角豆做成的汤。几乎所有的餐厅都会提供这道汤羹。

塔尔哈纳浓汤
Tarhana çorbası

把奶酪、小麦粉和西红柿等几种蔬菜一并混合风干后磨成粉，然后做成汤。味道浓郁又有营养，几乎家家户户都会做这道汤羹。只是每家所选的蔬菜食材不同。餐厅都会提供，非常大众化。

山地汤
Yayla çorbası

Yayla是土耳其游牧民族夏季扎营的高原。是一道传统风味十足的游牧民族特色汤羹。薄荷味酸奶形式的汤。一般放入大米。

秋葵汤
Bamya çorbası

为了中和汤的黏性，一般加入柠檬后食用。酸味十足。

西红柿汤
Domates çorbası

酸味浓郁，营养健康。西红柿汤和红豆汤一样都很经典美味，人们都爱喝。不同的是，西红柿汤一到冬天就很少在餐桌上见到了。

羊肚汤
İşkembe çorbası

把羊胃切好放入锅中加料做成的汤。做好之后，表面漂浮着一层厚厚的油脂，还有一股羊肉特有的膻味。口味比较重。吃的时候，可以加入醋、大蒜和青椒，以缓和浓重的羊肉膻味。

前菜

辣椒糊 Acılı ezme

用红辣椒、大蒜、洋葱调拌做成的糊状菜肴。看上去红乎乎的一大盘，味道奇辣无比。有时也加入牛奶。

黄瓜酸奶 Cacık

把切好的黄瓜放入味道浓郁的酸奶中，再撒上蒜末，就做成了这道夏季清凉饮品。酸奶的酸味和黄瓜的口感搭配完美。家庭主妇都会做这道美味饮品。

茄子沙拉 Patlıcan salatası

用茄子做成的沙拉。加入醋、大蒜和酸奶做成。

土耳其的前菜一般都是配着面包吃，别有一番滋味。不过，一定记得不要在主食上桌前吃太多。

葡萄叶多尔玛 Yaprak sarması

用葡萄的嫩叶包裹着肉馅蒸好。馅儿的内容多种多样。肉香中有着一股植物嫩叶的清香，十分可口。

多尔玛是有馅儿的食物

辣椒多尔玛 Biber dolması

青椒皮儿的多尔玛。里面包裹着大米。分量十足。

哈伊达理 Haydari

酸奶榨出水分做成的口感清爽的食品。吃的时候加入大蒜、香草等配料。

贻贝多尔玛 Midye dolması

在贻贝里塞满米饭做成的多尔玛。淋上香辣料，味道出众，很受食客欢迎。海边的餐厅大都有卖。

多尔玛卷着吃，也可以切成条吃。分为冷热两种吃法。热的多尔玛里面加入了肉。虽然是前菜的一种，但是分量十足。

番茄多尔玛 Domates dolması

将西红柿的内部掏空，塞入馅儿的多尔玛。有冷菜和热菜之分。热菜一般填充的是肉类馅料。

蔬菜料理

卡尔尼亚勒克茄盒 Karnıyarık

先把茄子用油炒好，再把肉、洋葱、西红柿等塞入做馅儿，然后开火烤制。类似于多尔玛。由于在烤制的过程中，油分慢慢蒸发，其实味道没有想象中的油腻，比较清爽可口。

炖白豆 Kuru fasulye

将白豆炖制而成。

煮秋葵 Bamya yemeği

将秋葵煮制而成。

阿訇晕倒 İmam bayıldı

单是看这道菜的名字就能想象其美味程度。意思是连穆斯林吃过之后都会难以忘怀。其实就是橄榄油烧茄子。菜肴冷却后食用。

煮扁豆 Taze fasulye

用番茄汤煮好的扁豆。

茄子煮肉 Patlıcan musakka

把事先用油炸过的茄子和肉放到一起炖煮。有时候也用其他蔬菜代替茄子的口味。西红柿口味的也不错。

不远万里来到土耳其，一定要不虚此行让我们尝尽土耳其的各种美食吧！

土耳其泡菜
turşu
土耳其泡菜一般是用醋腌制的。夏天在街头很常见。酸味十足，配合蔬菜的清爽，口感非常美味。

雪茄脆皮馅饼
Sigara Böreği
雪茄形状的脆皮馅饼。中间夹着奶酪、荷兰芹等。

比萨・米饭

肉馅奶酪饼 Kıymalı pide

芝士比萨 Peynirli Pide

Pide 在土耳其语中即“比萨”的意思。peynirli 是“芝士”的意思。Kıymalı是“有肉馅”的意思。还有其他的口味，如鸡蛋、香肠等。也有 pide 拼盘。不妨来一份尝尝不同的味道。

伊里奇肉丸 İçli Köfte
用碎肉、洋葱、大米混合炸制而成的土耳其风味肉丸子。是一道不错的前菜。右图为煮肉丸。

肉丁大饼
Kuşbaşı pide
烤肉块的饼。一般使用嫩牛肉。

比萨拼盘
Karışık pide

拉赫马钧
Lahmacun
是一种肉馅烤饼。把饼摊得又大又薄，在上面撒满碎肉、洋葱、西红柿、荷兰芹、红辣椒等配料烤制而成。吃的时候卷起来食用。也可以挤上柠檬对折后食用。红辣椒辛辣无比。

肉馅美味薄饼
Kıymalı Gözleme
夹着肉馅、奶酪的薄饼。

菠菜馅饼
Ispanaklı Gözleme
薄薄的饼里夹入菠菜。有时也夹入一些奶酪和马铃薯。

脆皮馅饼 Börek
将尤夫卡叠在一起烤出来的土耳其风味面包。中间的馅儿可以自由选择加入肉馅、菠菜、辣椒等。是一种非常常见的朴素美食。可以当做简单的早餐。

白米饭 Sade Pilav
正宗的土耳其米饭。精选产自黑海地区的优质大米，是最常见的主食之一。sade在土耳其语中是“什么都不加”的意思。一般在用餐的时候，把煮豆子、鸡肉等浇在米饭上食用。

碎麦粒手抓饭 Bulgur Pilavı
用磨碎的小麦做成的米饭。类似番茄炒饭，是配土耳其烤肉当仁不让的选择。炒的时候，也可以加入青椒、西红柿、洋葱等蔬菜，味道会更好。

土耳其饺子 Mantı
Mantı是土耳其最古老的食物之一，它源于遥远的中亚地区，是土耳其人喜爱的一种食物。一般饺子馅儿是碎肉和洋葱。个头比较小，吃的时候可淋上奶酪。

泊

魅力土耳其　之③

热情好客之邦的美妙住宿体验

舒适难忘的住宿体验也是外出旅游生活的重要一环。这里有温馨放松的家庭式酒店，有古典风情式酒店，有豪华典雅的星级酒店，种类很多。酒店提供的晚餐盛宴也是出自名厨之手，相信味道绝不会让人失望。还有，秉性热情好客的土耳其人一定会给你留下深刻的印象，说不定有机会交到不同国家的朋友呢。

住宿

土耳其语中酒店写作otel。一般酒店的招牌上都会写着otel、Pansiyon（家庭旅馆）、motel（汽车旅馆）。有些私营旅馆的名字会以经营者的名字来命名。这些酒店只是名字、规模不一样，都可以提供住宿的。

除了有些大城市的小旅馆不能够提供停车场，大部分酒店前面都有足够的空间泊车。家庭旅馆一般会提供两餐。跟大型酒店一样，也会提供带早餐的单日住宿服务，非常贴心方便。观光地的酒店生意都不错，通常也会提供带早餐和晚餐的住宿。一般来说，大型酒店和家庭式旅馆、汽车旅馆提供的基本服务方面并没有很大的不同。只是大型酒店更加奢侈豪华，价格也要贵一点。通常，观光地的一些酒店因为有很多外国人入住，所以有很多服务可以用英文交流。价格牌也会用不同国家的币种标明。关于酒店的排名和具体情况，请参照p.380。

爱琴海和地中海地区的观光地酒店大都建在海边，也都配有大游泳池供客人嬉戏放松

土耳其人非常喜欢在户外吃饭。很多酒店和家庭旅馆的楼顶或阳台都有露天餐厅和咖啡屋

星级酒店提供的豪华早餐

在当地寻找酒店

如果没有明确的住宿目标，可以先去当地的旅游局或旅游咨询中心查询一下当地酒店的信息。旅游咨询中心虽然不能代为预约酒店，但是会提供当地酒店的名单、联系方式以及各酒店住宿费等信息。而且，这里的工作人员非常热心。

选择好想要入住的酒店后，按照旅游咨询中心提供的信息打电话给酒店前台确认是否有空房。如果有的话，可以要求先去看一下环境和住宿条件之后再做决定。

通常酒店的前台处有一块大标识牌，上面会标明各种房型（单人房或双人房）的价格，以及是否含税（KDV dahili），是否免费提供早餐（Kahvalt Dahili）。如果有不明白的地方一定要向服务员问清楚。

旅游淡季的时候，还可以讲价。交涉之后的价格一般是含税在内的。

左图为土耳其民俗风情装饰风格的酒店大厅。右图为古典雅致的欧洲风格酒店大厅

经济实惠的酒店

经济型酒店

许多不带星级的酒店也并非想象中那样便宜且条件简陋。这些普通酒店相比星级酒店价格肯定便宜，但是环境也蛮不错，床单被褥也是干干净净的，各种设备也比较齐全。唯一不太方便的地方就是没有洗漱间，洗漱的时候要到外面的公共洗漱间。因此，决定住宿之前还是先看一下房间内部的情况，确认一下是否提供热水，洗手间是否整洁再做决定比较稳妥。带卫浴的一室房间一晚通常20美元左右。

家庭式旅馆／汽车旅馆

观光地的家庭旅馆和汽车旅馆主要是面向外国人开放的，洗手间和浴室也是外国人习惯的格局。在爱琴海地区和地中海沿岸地区有不少这种旅馆，很多欧美国家的游客都会在此逗留一段时间。建筑样式、房间布局也完全欧美化，装饰得也比较干净明亮。住宿费用一晚30~70TL。夏天是旅游旺季，很多游客会选择在此长期滞留。这些旅馆也会提供带早餐的一日住宿。

在一些地方的温泉场所和休闲度假游乐场所附近也有很多家庭式的小旅馆。很多当地的土耳其人在全家旅游或公司休假时，会选择住在这里，既便宜又方便。类似于家庭旅馆和温泉旅社。有些旅馆还提供给客人自己做饭的设施。这些地方也通常向外国人开放。不过这里的居民大都不会讲英语，因此在沟通方面不是特别顺畅。这些家庭式旅馆的规模也是有大有小，大都是当地居民利用空置的房屋改造的。规模比较大的旅馆也会设有柜台、大厅等，并会雇一些服务生。住宿价格比较便宜，一般30~60TL就可以舒舒服服地住一晚。

公寓式旅馆

公寓式旅馆面积比较大，一般会有卧室、起居室、餐厅，还有厨房。厨房里也会提供各种餐饮炊具和冰箱等，看起来比较舒适宽敞。

花费不多就能找到舒适的酒店

酒店招牌中虽然没有写明是公寓式旅馆，但是在温泉和海边的观光旅游区，有不少这种形式的旅馆。在一些大城市，比如伊斯坦布尔也有这样的旅馆。

住宿费用根据各地区情况而异。伊斯坦布尔新城区的加拉塔酒店（p.131），是一家规模比较大、设施比较豪华的酒店，住一晚的话，单人间和双人间至少220TL。地方上的公寓式旅馆比较便宜，住一晚大概110TL。长期滞留的话（最少住三天以上）还可以打折。如果是三四人结伴旅游的话，住在这样的地方是非常经济实惠的。游客较少的时候，还可以打折。

观光酒店・青年旅馆

通常在大城市或观光地都有一些青年旅馆或观光酒店，主要是面向外国游客开放的。一般规模并不是很大，可以集体住宿，也可以单人住宿。集体间每人30TL起，单人间50TL起，都有卫生间和洗漱间，比较干净。

服务员大都是会讲英文的年轻人，还可以试试砍砍价。

因为前来住宿的外国年轻游客较多，宾馆内部会放置一本信息交流册，方便各国之间的年轻人认识交流。这为背包客提供了很大的方便与机遇。很多来自不同国家的年轻人因为机缘住在一起，彼此熟悉起来成为朋友。

小规模的家庭式旅馆。招待客人的饭菜也是家庭口味

补充信息 **家庭式旅馆的用餐**…家庭式旅馆通常都会向住宿的客人提供用餐。有可以选择提供早餐和晚餐的服务，也有提供一日三餐的服务，价格不一样。提供早晚餐的服务叫做Yarım Pansiyon，提供一日三餐的服务叫做Tam Pansiyon。

仿照奥斯曼帝国时代建筑风格建造的酒店。纯木材建造的官邸样式。左图为Yeşil ev酒店（伊斯坦布尔）。上图为Kariye酒店（伊斯坦布尔）

价格方面也并非昂贵，可以体验一下传统木材建造的王室氛围。左下图为巴斯通久旅社（萨夫兰博卢）

传统建筑内的住宿体验

土耳其保留了很多奥斯曼帝国时代的王室宫殿和官邸，以此为基础进行了一系列的改建和改造，将之作为供游客住宿的酒店。这些改造的古典酒店大都原始味十足，房间里没有空调、电梯、浴室等一切现代化设施。这些酒店没有评级标准，也就没有星级之分，甚至有些酒店在网上也查不到。

这些酒店的客房数量都比较少，但是都很精致而又各具特色。正因为入住的房客少，所以经营者、服务员和客人的交流更显亲切和睦，仿佛置身于大家庭中一样。因夏季是旅游旺季，游客比较多，如果想入驻这样的酒店有必要提前预订。住宿费用大都不是很贵，相当于中等酒店的费用。但是也有一些豪华奢侈的酒店，比如伊斯坦布尔的古典酒店大概跟四星级酒店的花费差不多。

最近，很多旅游团都在行程中特意加进在古典传统酒店体验住宿的活动。在这样难得的氛围中住上一晚，想必一定会成为旅途中的美好记忆。

CH Turk Evi（安塔利亚）

利用旧城区安塔利亚遗留下来的老城墙改造成的酒店。令人感到惊奇的是酒店内部装饰却极具现代感。酒店中不时显露出的古城旧貌和斑驳石壁让人兴趣盎然。(p.233)

穿过花园里院就是游客居住的客房区

厚厚的城墙石壁内曲径通幽

高高的城墙上面各种设施齐全。咖啡屋、游泳池等都有

城墙外，是美丽的安塔利亚海港。城墙上有露天餐厅，可以尝到美味的海鲜料理

酒店大厅和卧室。跟外面斑驳的城墙和古色古香的环境相比，酒店内部确实极具现代装饰感

鲁斯特帕夏商队客栈大饭店（埃迪尔内）

酒店的全称是鲁斯特帕夏商队客栈大饭店。是奥斯曼建筑巨子锡南的大手笔之作，在早年作为大型商队的住宿点流传至今。古时候的商队，经常沿途跋涉路过这里睡上一晚，第二天早晨继续牵着骆驼前往远方。这里的客房保留了最原始的状态，四周是厚厚的斑驳墙壁，每个房间只有一个房门和小窗户与外界相通，面积也不是很宽敞。对于方便程度要求较高的人，建议选择其他的住所。（详情参照p.138、139）

环绕中庭的回廊。古时候的商队会在大院子里交易

大厅内部全是弧形设计

休闲娱乐室

通往二楼的楼梯

候客室

简朴的卧室

二楼的走廊。客房的门正对着二楼走廊

一层的回廊周边也设有简易咖啡厅

伊斯坦布尔地区的历史酒店

近年来，土耳其各个地区开始热衷于将历史性建筑改造为酒店。其中，又以伊斯坦布尔地区最为盛行。伊斯坦布尔地区改造的比较豪华的古建筑酒店不在少数。新城区的伊斯坦布尔切拉宫凯宾斯基酒店（Çırağan Palace Kempinski Istanbul）（p.132）原本是作为王室的离宫，后来在1857年改建为苏丹的宫殿，当时收集了世界上的精美大理石用以建筑，1910年曾遭遇过一场火灾，火灾之后又进行了第二次重建与改造，1991年以超豪华富丽的面貌展现于世人面前。

在伊斯坦布尔的老城区，还有一座久负盛名的大酒店——伊斯坦布尔四季酒店（Four Seasons İstanbul）（p.126）。它的前身是伊斯坦布尔关押犯人的监狱，在1919年建成开始使用。一直到1970年，监狱撤销之后经过改造，成为今天土耳其历史性的标志酒店之一。大理石的柱子上还留有当初关押犯人的信手涂鸦。

佩拉宫酒店是一家建筑豪华而又有着悠久历史的酒店。为了方便迎接东方快车的王室贵族、名人，将酒店设立在伊斯坦布尔，并以该地方的名字命名。建筑物保持了当年的风貌（p.131）。

伊斯坦布尔塞拉宫凯宾斯基酒店

伊斯坦布尔四季酒店入口处

酒店入住事项

护照

在酒店办理入住手续的时候，工作人员一般会要求客人出示护照，并在入住登记表上写下名字和所属国籍。没有护照的话，则不能办理入住手续。

外出旅行，参观景点的时候，理论上要求客人要把护照寄存在酒店柜台处，以防丢失或发生意外。但一般情况下也没有那么严格，可以携带在身上，但一定要注意安全。在土耳其东部地区或是小城镇，酒店都会严格要求安全寄存护照。办理退房手续时，不要忘记取回护照。

酒店的房间

土耳其的酒店中很少有单人间，一般都提供双人房。如果是单独一个人入住的话，酒店会安排双人房，但是收取的住宿费用会有适当的折扣，大约是正常两人入住房费的七八折。但是也有的酒店会按人头收费，比如单人入住一天65TL，两人入住一天130TL。

酒店安全

土耳其的酒店安全系数相对来说比较高，一般很少有偷盗事件发生。但并不是说土耳其没有小偷。为了保险起见，还是要把贵重物品寄存在酒店柜台或随身携带比较好。在乡间旅馆住宿的话，治安并不是那么好，也常会发生失窃的事情。

如果入住高级酒店的话，每个房间会配备有保险箱。

万一在酒店落下东西……

一时疏忽，把东西忘在入住的酒店，直到去了别的地方才想起来……这样的事情在旅途中时有发生。不过不用担心，即使在偏僻的乡下，也会有很好的解决办法。先向之前入住的酒店打电话询问一下落下的东西是否还在。如果找到的话就好办了。城市间通常都有往来巴士，可以拜托酒店的服务人员把东西交给巴士司机，事先查询好巴士所行走的路线，在预约好的地点等候取回即可。

土耳其这个国家虽然某些方面比较粗犷豪迈，但是其社会体系及治安还是非常具有效能和严密的。

酒店的早餐

一般来说，越靠近内陆、越往东部地区的很多酒店向客人提供的早餐都是要单独收费的。如果在地方酒店住宿的话，建议去外面的普通餐厅吃饭。餐厅提供土耳其风味十足的法式小面包和特色汤羹，味道正宗且价格便宜。所以，如果酒店的早餐另外收费的话，不妨去外面的餐厅品尝。

外面餐厅内的早餐一般会提供法式小面包、茶水、黄油、果酱等欧式早餐。基本和酒店的早餐差不多，花费也不相上下。

而酒店一般会有专门的餐厅或房间供客人用早餐。（早餐的内容请参照p.35）

星级酒店的早餐一般是自助餐形式，内容丰富精致，像晚宴一样豪华。

办理入住·退房手续

中档以上的酒店，办理入住、退房手续的时间都是固定的，一般在酒店的公告牌上都会有提示。只要提前预约好了，白天入住即可。即使退房的时间稍稍超过也不必担心，酒店方面也不会额外收取增加费用。但如果是地方上的小旅馆，到了预订时间不抓紧退房的话，有些服务生的脸色就会变得非常难看。

小费

在酒店住宿是要付给服务生小费的。其实很久以前，土耳其和中国一样，是不收取小费的。但随着近年来欧美国家的游客越来越多，付小费的习惯也就慢慢渗透到了这个国家。请服务生帮忙搬运一下行李啦、委托一些事情啦，都要付小费。一般1TL就足够了。

电梯

经济型的酒店内升降式电梯比较多。电梯门是手动开关的。摁下M（Meşgul）按钮，电梯就会自动停在面前一层，然后手动开门后进入，选择好要去的楼层按下相应数字，关门后即可。到达要去的楼层后自然也是手动开门。

各个楼层的表示方法：一层为Z（Zemin Katı）；二层是数字1；三层是数字2。

浴室·自来水

中级甚至中级以上的酒店也不见得保证可以提供浴缸。因此，要在入住之前问清楚关于酒店设施的有关情况，或是先进房间看一下比较好。土耳其酒店内的浴缸大都是欧洲式样的，可以躺着泡澡。

浴室的水龙头分为红色和蓝色两个出水口。红色为热水，蓝色为冷水。不过，在土耳其冷热水供应系统似乎并不太灵，有时拧下红色出水管的水龙头却不见热水流出，这在土耳其很常见。这时可以联络酒店前台帮忙解决一下。有时酒店会把热水口和冷水口弄反，最好都拧一下试试，确认一下比较好。

建议不要太在意旅途中的琐事，大度地、开开心心地旅游才能留下最美的回忆。

观光酒店

Turistik在土耳其语中是“观光”的意思。观光酒店是土耳其的特色酒店，坐落在每个城市中。结合土耳其当地民俗与风情建造，让客人在住宿的同时也能感受到这个国家的氛围与气息。酒店内设有许多方便外国游客的设施和设备，是外国游客住宿的好去处。

hotel和otel

土耳其语中称酒店为otel。Otel源自于法语，现被土耳其人广泛使用。一般认为otel比hotel的档次要低一些。

外资运营的酒店大都以hotel命名，很少有用otel作为名字的。比起大都市，小地方的酒店更偏向用otel命名。这是两者之间的区别。除此之外，两者并没有太大的不同，在管理、设备、服务方面都是大同小异的。

Aile oteli（家庭旅馆）

在观光胜地和大都市里，经常会看见单身女性独自背包旅行，这并不足以为奇。不过在一些偏远的、人迹罕至的城镇，若是看见单身女性徒步旅行的话，恐怕会吸引人们好奇不解的眼球。

土耳其的酒店大都简单朴素，一室带卫浴的房间较多。住宿的客人大都为旅游团体或单身男性。因此，提供的设施、服务大都针对团体或男性。倒不是说谢绝女性住宿，若单身女性住宿的话，总归会让人不那么舒服，感觉怪怪的。

如果当地有家庭旅馆（Aile oteli）的话，建议独自旅行的单身女性在这里住宿。aile是“家族”的意思，这里各种家用设备齐全，主人情切热情，氛围也充满了家庭的温馨感，也不用担心安全问题。

宽容开放的土耳其宗教

伊斯兰教

伊斯兰教是公元七世纪由麦加人穆罕默德在阿拉伯半岛上创立兴起，与基督教、犹太教并称为世界三大宗教。

伊斯兰是绝对皈依神的意思，其教徒被称为穆斯林（皈依者的意思）。教义以六信五行为中心思想。

所谓六信即信仰神、天使、经典、预言者、死后之世界（来世）及天命；五行即指信徒必修之功课：告白、礼拜、断食、喜舍、朝拜圣地麦加。

土耳其国民95%为穆斯林

土耳其的宪法规定政教分离，保证公民宗教信仰自由的权利。土耳其的国民大多数是穆斯林，其他为希腊正教、犹太教或基督教教徒。

伊斯兰教主要分为逊尼派和什叶派两大派系，逊尼派被认为是主流派别。逊尼派作风稳健，严格遵守禁酒和割礼等宗教规矩，并依照伊斯兰教自古以来的社会、法律规则行事，现实主义味道较浓。什叶派崇尚理想主义，作风相比逊尼派较激进。

土耳其的政教分离

自1923年土耳其共和国成立以来，就颁布宪法规定政教分离，保证公民拥有信仰自由的权利。

土耳其的共和国领袖阿塔图尔克以西欧的发展历程作为土耳其近代化发展模板，并仿照日本明治维新进行举国大改革，以图把全体国民从伊斯兰教的陈旧作风中解放出来。

土耳其的政教分离运动实行得非常彻底。首先，宪法明文规定禁止公民在国家机构、学校等公共场合，进行任何显示自己是穆斯林的行为。比如，土耳其的女大学生不能在课堂上戴头巾。鼓励女性踏入社会抛头露面。土耳其女公民获得选举权的时间比较早。而且，在政府机关、银行工作的女性也比较多。

合法卖酒

说来奇怪，信奉伊斯兰教的国民，却也经常做一些违反戒律的事情。比如，不去做礼拜的年轻穆斯林不在少数。而土耳其的大多数餐厅其实都卖酒，大街上也有很多出售酒类的店铺。只是在一些清真餐馆才会明文规定不得饮酒。

不过，也有不少土耳其穆斯林严格遵守着一切教义和规范。他们绝不沾酒，每天做祷告，从不遗漏任何一次朝圣的机会。几乎每个村子里都会有清真寺或礼堂，专供人们在这里做礼拜。土耳其全境内总共有6.7万多所清真寺。近年来，一些新建的教堂和清真寺院，因为前来做礼

▲信徒做礼拜的清真寺院。每周星期五是重大日子，很多信徒从四面八方赶来 ◀做礼拜之前必须用清水洗手、洗脸（伊斯坦布尔、费特希耶清真寺）

拜的人数较少而难以维持下去。这也是土耳其不得不面临的一个重大社会问题。

◀面朝圣都麦加方向的伊斯兰寺院大门

▲临近古尔邦节，各地纷纷涌现出许多待宰的羊群

游民民族时代的多神教信仰

土耳其人的祖先原本是塞尔柱突厥人，他们是10世纪末伊斯兰化的土耳其民族。11世纪时期他们中的一部分人进入安纳托利亚地区，成立了鲁姆塞尔柱王朝并逐渐走向繁荣富强，为以后建立奥斯曼土耳其帝国打下了基础。可以说他们是中亚的土耳其游牧民族的先祖。在伊斯兰化之前，土耳其人一直信奉萨满教，以依附在天体、岩石、树木上的神灵为信仰。但是在奥斯曼帝国势力的不断扩张、版图不断扩大过程中，他们开始接触到波斯教、摩尼教、佛教、犹太教以及基督教等宗教，并受到颇深影响。一直到今天，很多教徒都还有占卜和做巫术的习惯。

宽容自由的伊斯兰教

伊斯兰教自古以来就比犹太教和基督教宽容自由。对于其他的宗教信仰和习俗都保持兼容并包的态度。实际上，在奥斯曼帝国时代的伊斯坦布尔，就有很多不信奉伊斯兰教的异教徒（多为犹太教和基督教）居住。当时他们也被看做是信奉同一神灵的信徒而得到尊重。

现在的土耳其穆斯林，也不会排斥其他的异教徒。对于其他宗教的信仰持尊敬态度。

伊斯兰教原本就比较宽容，再加上推行政教分离政策，也受土耳其民族发展历史和安纳托利亚的风土条件影响，导致了现在土耳其的伊斯兰教自由宽容的态度。

一年中最重要的仪式——古尔邦节（宰牲节）

土耳其一年中最重大的节日是古尔邦节和斋月。节假日较少的土耳其在此期间会有四天连休。

条件比较好的家庭会提前买好整头的牛羊，在这一天宰好做供品或免费送给穷人食用。一般会宰六七头牛羊。

每到这一时期，亲戚朋友互相串门拜访，并在各自门前悬挂宰好的牛羊肉。交通也变得拥挤不堪。有很多游客在这期间因为拥挤的人潮赶不上巴士而困在当地。因此，提前预约好酒店和巴士是很有必要的。伊斯兰教的节日是以阴历为准。每年的古尔邦节大约比上一年提前11天左右。

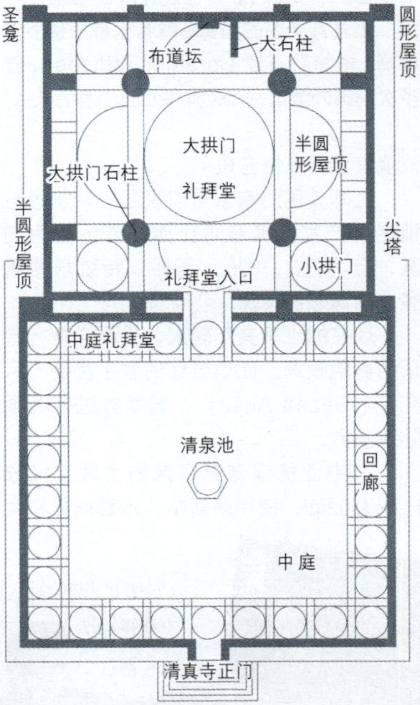

清真寺构造
（伊斯兰教寺院的）尖塔礼拜／清泉／圣龛／说教坛／穆罕默德的座椅

崇尚歌舞的国度

全民尚舞

在土耳其，无论是举办晚宴还是聚会，在最后时刻总会以舞蹈作为结尾。

在地方举办的婚礼仪式上，还会聘请演奏长笛和击鼓的乐师，为大家进行舞蹈伴奏。所有人都会聚在简易搭建的舞台上，合着音乐的节拍尽情地摆动身体，彻夜狂欢到天明。

每逢举办歌舞会，观众们都会迫不及待地站在座位上舞蹈，甚至会涌上舞台载歌载舞。在田间，姑娘们在干农活休憩之余，也会打开收音机，跟随音乐节奏轻快地跳舞放松身体。

土耳其Arabesk音乐

Arabesk，意思是“具有阿拉伯味道的”，其演唱形式一般是这样：歌唱者伴随着股弦乐器的节奏，用独特的发声技巧演唱歌曲。有时在巴士中也会有乘客唱起。

土耳其著名的Arabesk音乐歌手伊卜拉希姆·塔特勒赛斯（ibrahim Tatlıses），曾多次到国外演出，在欧洲和亚洲小有名气。

淡淡哀调的民俗音乐

土耳其民俗音乐可以说是一种思想与情感的产物。其音阶比西洋音乐更为细腻，分为7拍、9拍。乐器以传统乐器居多，曲调悲伤哀婉。

现在的土耳其年轻人，受西洋流行音乐的影响颇深。比如当红的歌手赛赞·阿克苏（Sezen Aksu），曾举办过多场国际演唱会。

与中亚民谣渊源很深的土耳其民歌Halk Müziği，使用萨斯琴、木管乐器和太鼓伴奏。

土耳其民歌和Arabesk音乐的关系，有点像是民谣和流行音乐的关系。

宫廷音乐、军乐

土耳其的宫廷音乐叫做Fasıl，是由宫廷乐师演奏发展而来的，是土耳其音乐的古典所在，非常优雅。

土耳其的另一种代表音乐还有军乐（Mehter），用太鼓、竖笛伴奏。经常在战争仪式中表演。军队乐团是统治权的象征，在任命长官的同时，也成立军队乐团。欧洲军队乐团也起源于此。

表情生动的翩翩起舞的女子

民族舞蹈

土耳其是一个崇尚舞蹈的国家，根据地域不同，有很多种形式的舞蹈。

黑海地区的舞蹈是“霍龙”，男人们身着银绿色装饰的黑底衣服跳舞，步法复杂，眼花缭乱，让人拍手叫好。

爱琴海沿岸的舞蹈是“塞贝克”，是粗犷的男人舞蹈，身着华丽服饰的刚猛男子为展现勇士气概而进行的舞蹈。

中部和东南部的舞蹈是“哈拉伊”，男女穿插舞蹈，节奏欢快。

宫廷音乐的CD（左）
土耳其音乐大师伊卜拉希姆·塔特勒赛斯（右）

黑海地区的男子舞蹈

▲使用弦乐器、竖笛等民俗乐器进行演奏
▶黑海地区的乐师。每逢节日庆典，乐师们演奏着乐器穿行在大街小巷

而安纳托利亚激情的传统舞蹈是在原来的土耳其民俗舞蹈中加入了芭蕾等现代流行舞台舞蹈元素的新表演形式。

肚皮舞

肚皮舞是一种带有阿拉伯风情的舞蹈形式，其特色是舞者随着变化万千的快速节奏摆动臀部和腹部。肚皮舞现在作为一种深受女士喜爱的减肥方式在世界各地广为流行。

肚皮舞是土耳其夜场中必跳的舞蹈，起源于古埃及。据说土耳其肚皮舞是从阿拉伯传入的。

肚皮舞的舞者最初是叙利亚以及其周边一带的居民，后来土耳其也出现了一些肚皮舞大师。

欣赏舞蹈秀的场所

舞蹈秀的内容一般有肚皮舞和民族舞。舞会上提供各种酒水。有时也会跳梅夫拉纳教团的旋转舞。如果想欣赏这种旋转舞，请事前确认一下。

当地表演的旋转舞

●**东方之家**
Orient House　MAP●剪切地图-14、p.80-J
■从贝亚泽特车站出来，步行大约3分钟即可到达。 营 每日20:30~24:00 $ 主食・饮料大约80欧元／一人份套餐（带饮品）75欧元／纯饮品50欧元 ☎0212-5176-163

●**加拉塔塔**
Galata Kulesi　MAP●剪切地图-6、p.105-E
■位于加拉塔最顶层 营 每日20:00~24:00 $ 主食・饮料大约80欧元／纯饮品65欧元 ☎0212-293-8180※需要提前预约

●**苏丹之夜**
Sultan's Night　MAP/p.67-D
■位于新城区 营 每日20:30~23:30 ☎0212-219-3905 $ 主食・饮料50~60欧元／纯饮品30欧元

土耳其浴室的极乐体验之旅

土耳其的公共浴室

来到土耳其一定要体验一下沐浴。土耳其有很多叫做Hamam的蒸汽式公共浴室，而且一般都是大众浴室。

土耳其的家庭中，很少设有私人浴室。人们洗澡的时候，都会去外面的公共浴室。对土耳其人来说，沐浴是一件大事，星期五去清真寺做礼拜之前、男人入伍之前、结婚前、都要好好地将身体清洗一番。对于很少出门的女性来说，浴室也是一个不错的社交场所。这里还是母亲为儿子选择新娘的地方。

据说在奥斯曼帝国时期，军队进驻城镇的时候，要做的第一件事是修建清真寺，其次就是建造浴室。这也许是受古罗马时期喜欢洗澡的风俗之影响。伊斯兰教也有注重保持个人清洁的习惯。

进入浴室

在各大城市里，都保留有一些多年前建造的老公共浴室。这里是土耳其人常去的地方。男女浴室是分开的，一般情况下，女浴室要比男浴室小一些。有的公共浴室只有一个大浴场，根据时间段或日期，分为男浴室和女浴室。

一进浴室门，就会有服务生上前迎接。一般店家都会将收费标准和服务内容明示在店内。客人要先支付洗浴费。搓澡（Kese）费和按摩（masaj）费另外收取。客人可以根据自己的需要选择要服务的项目。也有包含全套服务的套餐价，如果是来享受体验的话，可以选择全套试试。

付款后，服务生会递上一条大浴巾（Peşamal）和一把更衣室的钥匙。更衣室一般是单人使用的，也有公共更衣室。服务生会把客人指引到更衣室，脱下衣服后，用浴巾将身体包裹起来（女性的话最好准备一套上下分开的泳衣）就可以进入浴室了。香皂是免费提供的，沐浴露可以在前台购买，也可以自己准备。

浴室内部

准备好之后，进入浴室。一打开浴室的门，热腾腾的蒸汽弥漫而来。

除了温泉地会有浴缸之外，其他的地方都是在浴室中心有一块突起的石头。想自己洗澡的话，可以找个角落，或是开个单间自己洗。土耳其浴场有个特点，就是中央有个大理石的平台，而且浴室是圆顶建筑，房顶上开有许多小孔，以便让光线和空气自然进入浴室。想要体验搓澡和按摩的话，可以在位于中央的大理石板上躺下，等待身体完全蒸出汗来。有的浴室内部还设有淋浴室和桑拿室。

土耳其公共浴室入口大厅

搓澡和按摩

在热气中等待多时的，是挺着大肚子、肌肉发达的搓澡大叔。搓澡都是男的给男的搓，女的给女的搓。也有专门为女性搓澡的大婶。

浴室中间的大理石板叫做Göbek Taşı，是一座八角形石板。周围是墙壁和

布尔萨的高级酒店Çelik palas中的浴室。下图从左往右依次为大公共浴室、小浴室、休憩室

通常在温泉浴场里会有很大的浴槽供客人洗浴。图为布尔萨的耶尼温泉浴场

洗漱台。也可以自己在这里搓澡。

搓澡工围着围裙，将热水和搓澡水淋到客人身上，娴熟的技艺让人说不出的畅快。大汗淋漓之后，可以在台子上躺下来休息会。

躺在搓澡台上时，搓澡工戴着搓澡手套开始为客人服务，搓完一面换另一面。

地狱？天堂？

搓完澡之后是洗头。按摩师会用很大的力道按摩客人的头部，然后用舀子浇水冲洗。注意呼吸，千万不要被呛到了。

接下来，按摩师会给客人全身涂抹香皂，进行真正的按摩。按摩项目有很多种，但是最利于身心健康的是顺气血、去疲劳的指压刮肤按摩。按摩师的力道比较大，也许会痛到叫出声来。也有慢慢加大力道的全身按摩，总之，按摩的过程难免会感觉疼痛。不过，之后却是全身真真正正的放松与惬意。

究竟是地狱？是天堂？还是亲自去体验一下吧！

出浴之后的放松茶

按摩完之后，会感到全身心的放松与舒适。回到洗刷台再用冷水冲一下感觉会更好。

从浴室出来，可以到旁边大厅休息一会。浴室一般会提供免费的茶水和果汁，不妨来一杯放松茶尝尝。味道还不错，也绝对健康。可以躺在沙发上，再来一次简易的舒缓神经的按摩。

舒服之后不要忘记给按摩师和服务生小费。如果是在地方上的话1美元就足够，观光地的话2~3美元就可以了。

伊斯坦布尔面向游客开放的土耳其浴室

●加尔奥卢土耳其浴室

Cağaloğlu Hamamı　MAP●剪切地图-15、p.83-A
✉Prof Kazıh İsmail Gülkan Cad.34 Cağaloğlu

躺在温热的大理石板上享受按摩。上图为伊斯坦布尔的加尔奥卢土耳其浴室

☎0212-522-2424 营8:00~22:00（男女浴室都有） 休无 $全套服务40TL／包括搓澡・按摩服务在内的套餐价80TL

●切姆拜尔塔什土耳其浴室

Cemberlitas Hamamı　MAP●剪切地图-14、p.83-A
✉Vezirhan Cad.8, Çemberlitaş ☎0212-522-7974 营6:00~24:00 休无 $全套服务35TL／包括搓澡・按摩服务在内的套餐价55TL

●加拉塔萨拉伊土耳其浴室

Galatasaray Hamamı　MAP●剪切地图-7、p.105-C
✉Turnacibaşı Sok.24, Galatasaray ☎0212-252-4242（女性专线 ☎0212-249-4343） 营7:00~22:00、针对女性顾客的服务时间8:00~21:00 休无 $全套服务60TL／包括搓澡・按摩服务在内的套餐价104TL

真情提示

洗浴时女性需要注意的事项

土耳其的女性对于身体的清洁要求程度非常高，她们渴望洁润无瑕的肌肤，对体毛也有着苛刻的态度。她们会剃光手足部位的汗毛、腋毛，甚至私处的毛发也会剃掉或拔掉。一般情况下都是自己剃除，有时也会去美体沙龙清除掉多余的毛发。不少男性也会剃掉自己的腋毛及私处的毛发。

如果去土耳其浴室洗浴，也要特别说明这一点。尤其女性要特别注意。

土耳其人的心灵故乡——游牧生活

尤鲁克人 Yörük

土耳其民族的祖先起源于中亚，在11世纪来到美丽富饶的安纳托利亚地区。一部分先民在这里驻扎停留，开始从事农业生产，并得以安居乐业。一部分先民继续漂泊不定的游牧生活。

尤鲁克人原本在土耳其语中是指行走的人的意思，在这里意指游牧民，是对处在不断移居的生活状态的民族的称谓。

奥斯曼帝国时期，统治者为了便于管理全国以及征税，曾一度强制游牧民族的移居生活。这些游牧民中的很多家庭，冬天来临时在地势比较低的地方建造房屋过冬；而在春天、夏天、秋天时节，则转移到地势高的草原搭建临时帐篷继续游牧生活。

但是，冬季的时候他们也并非停止生产静等春天到来，而是致力于畜牧生产，并囤积乳制品。

冬营地向夏营地的转移

每到五月份，气温快速升高、大地回春之时，也是游牧民从冬营地向夏营地转移之际。通常他们收拾自己的家产和行李，绑好在马车上，赶着自己的羊群或牛群向位于高原的夏营地出发。因为路途比较曲折且遥远，除了老人和孩子坐在马车上，大部分的游牧民都是跋山涉水。

位于高原的夏营地一般海拔高达200~250千米。他们一天可以行进15~20千米的路程，大约花费两个星期的时间才可到达。

因为白天气温高达30多度，要在天色破晓之前，趁着气候凉爽就必须出发，中午炎热时，就在路途临时驻扎休息，等天色变凉再继续前进。

用黑山羊毛皮织成的大帐篷

妇女和孩子们骑着骆驼作为先行部队出发，他们的速度较快，会比赶着牲畜群的男人们率先到达目的地。他们利用这段时间准备好饭菜，等后面的部队赶到一起用餐。用餐过后，放牧羊群的男子们会假寐休息一会。家畜也会趁着这会时间吃饱。因为只是短暂的停留，所以一般他们不会搭建帐篷。

抵御寒冷的毛毡

第二天趁着天色微明还要继续出发。

在夏营地，游牧民会支起帐篷作为长期驻扎的住宿点。这些帐篷是用动物的毛皮织成的，抵御寒冷的效果非常好。过去，在中亚地区经常可以看见成片的帐篷和大批的羊群。不过现在的安纳托利亚高原，几乎很少可以见到这样大规模的景象了。

艰苦的游牧生活

与人们想象中的不同，游牧生活并非

▲半农半牧的游牧民正赶着牛群
▶拥有耕田的游牧民族，会在空暇时到镇子上出售种植的作物。现在的游牧民不同于以往，没有金钱就无法生存下去

科尼亚的西南部山脉地区，还可以见到牵着骆驼转移中的游牧民。如今这样的画面已很少见到了

是恣意悠闲地赶着牲畜群过着自由自在的生活。实际上，游牧民的日子非常艰辛。他们不但要放牧、转移营地，还要从事制造奶酪、加工动物毛皮等各种繁琐的工作。

孩子们也从很小就开始从事劳动。放羊、做饭等，都是他们的日常劳作。他们每天还要赶两次羊群到有水的地方饮水。有时在行进路途中还会遇到各种各样的困难。比如，在赶着羊群去往饮水处的途中，会碰上有的羊受伤了无法前行的状况。这时，要把羊宰掉埋起来，以免被狼或野狗吃掉。

夏季过后，还要向海拔稍低的秋营地转移。10月中旬的时候，又继续向冬营地出发。

慢慢消失的尤鲁克人……

现在，游牧民族的生活变得更加举步维艰了。

在赶着牲畜群经过公路的时候，还要被征取费用。特别是在土地所有制确立以后，大片的土地被地主和农场主所掌握，而游牧民的牲畜群以吃草为生，在经过草地和农场时，还要向草地的所有者缴纳一定的费用。这无疑使得游牧民的生活更加雪上加霜。

综合以上原因，现在游牧民的规模变得越来越小。在安纳托利亚全境，也只不过仅存在着区区几百个游牧家族而已。因为游牧活动所产生的经济效益极低，所以，很多游牧家族也转向从事农业生产了。

游牧民的队伍中，除老人和孩子之外，都是徒步行走

数量达1000多头的骆驼群队伍

也许在不久的将来，安纳托利亚的游牧民会彻底地消失在人们的视野中。但是，不少游牧民仍选择坚守他们的传统生活。他们这样说："不受他人的束缚，按照自己的想法过活，这才是生活的最高境界。"因为上了年纪，留在冬营地度过余生的老人也这样说道："来世还想继续过游牧生活。"

土耳其的历史

安纳托利亚的历史源远流长。多了解一些的话，会对旅程有所帮助。

B.C.6000年前后

恰塔尔赫于克出现最古老的农耕部落。

恰塔尔赫于克出土的地母神像

B.C.3000年前后

赫梯人定居安纳托利亚。

B.C.1900年前后

亚述商人开展贸易活动。开塞利郊外的居尔特佩是曾经的贸易地点。

B.C.1800年前后

哈兰游牧民（以色列人的祖先？）进驻。

B.C.1700年前后

建立赫梯王国，定都哈图沙。赫梯时代的重要遗迹有安纳托利亚东部地区的哈图沙、阿拉加赫于克。

B.C.1600年前后

赫梯王国、征服东方的古代巴比伦王国灭亡。

B.C.1500年前后

赫梯、中王国时代开始。

B.C.1460年前后

赫梯帝国时代开始。

科尼亚西部地区残留的赫梯帝国时期祭祀场

石器时代·青铜器时代

据迹可考，大约在公元前7000年以前，在安纳托利亚地区就有人类活动的迹象。

公元前6000年左右，出现了象征新石器文化的村落。科尼亚南部的恰塔尔赫于克村发现了用晒干后的泥瓦和稻草建成的房屋，这是安纳托利亚最古老的遗迹，也是安纳托利亚文明的代表性旧址。在这里诞生了农耕文化。

恰塔尔赫于克村发现了牛角神体神殿，目前部分文物得到了很好的复原。其中的地母神像陈列在科尼亚的考古博物馆内。

另外，在布尔德尔西南面的哈杰拉尔遗址中，也发现了公元前5000年前的、属于青铜时代的红色土器和人偶。

在爱琴海的特洛伊、安卡拉东部的阿拉加赫于克地区，还出土了公元前3000年前青铜时代的精致青铜器。青铜器文明集中在爱琴海一带，之后诞生了克里特文明和迈锡尼文明。

赫梯帝国

赫梯民族在公元前2000年左右穿过黑海来到安纳托利亚居住，并不断发展壮大，进而吞并了周边的一些小国家，成为安纳托利亚最早的统一国家——古赫梯王国。

位于开塞利以北的卡内什遗址（居尔特佩）中发现了火灾的痕迹。据考证，这里曾经是赫梯人消灭的小国之一。在曾经的小国王宫旁边是亚述商人的居住地区，叫做卡尔姆地区。

在这里，出土了被称为“卡帕多西亚文书”的大约两万多块黏土板，这是当时赫梯人与亚述商人进行贸易活动最有力的证明。亚述商人将纺织物、制作青铜器必不可少的锡运到这里来，与当地人交换成贵重金属。在广阔的安纳托利亚地区发现了多所亚述商人居住区。

公元前1650年左右，赫梯人将都城建在了安卡拉东部

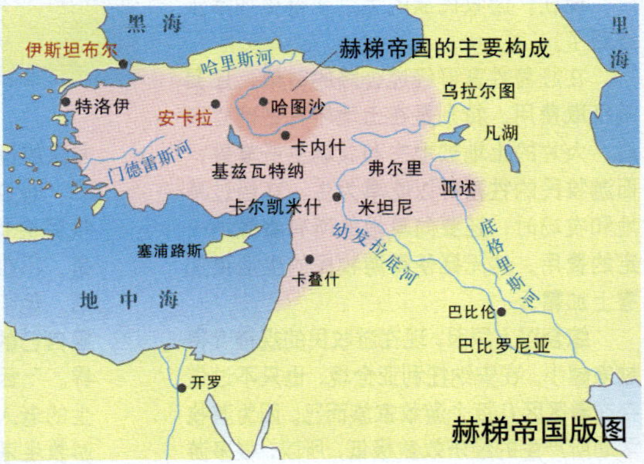

的哈图沙（今博阿兹卡莱）。不久之后，继承了先祖骑马技艺的赫梯人，将古巴比伦王国侵占。在叙利亚平原上爆发的卡叠什战役中，赫梯人将埃及的拉美西斯二世驱逐出境，成为了当时国力最强大的帝国。

但是，在公元前1200年左右，巴尔干半岛的“异民族”（根据埃及的古书记录，称“异民族”为“海之民族”）歼灭了赫梯王国的军队主干，从此赫梯王国在历史上销声匿迹。这一事件与特洛伊战争发生在同一年代。也有考古学家认为，当时的希腊人迁入安纳托利亚地区，这里曾发生过大规模的民族迁徙。赫梯王国也在这一时期迁到了别处。

之后，赫梯人与其他的民族相融合，并在现在的叙利亚国境线附近建起了新王国，被称为新赫梯人。他们在公元前700年左右与乌拉尔图人和亚述人发生过战争，战败后从此消亡。

乌拉尔图王国・弗里吉亚王国

赫梯帝国土崩瓦解之后，在安纳托利亚的大地上，无数个小国家和部落纷纷涌现，曾一度陷入长期的混乱。

直到公元前900年前后，在安纳托利亚东部地区出现了以图什帕为首都的乌拉尔图帝国，当时的都城建在了凡湖东面城堡附近的图什帕。乌拉尔图人生性勇猛残暴，用武力征服着周围大大小小的国家。公元前6世纪左右，乌拉尔图军队一举灭亡了美狄亚人和斯基泰人的游牧民联合军，达到了势力版图的最鼎盛时期。以诺亚方舟的停靠地闻名的阿勒山，即位于乌拉尔图境内。

公元前9世纪中期，在安纳托利亚中部，曾消灭了赫梯王国、被称为“海之民族”的弗里吉亚人逐渐强大起来。弗里吉亚人以戈尔迪翁为首都建立国家。希腊神话中的“驴耳朵国王”——米达斯就是弗里吉亚的国王。

这一时期留下来的遗迹和文献非常少，至今仍有许多未解之谜。在戈尔迪翁遗迹可以看到米达斯国王的坟墓。在埃斯基谢希尔附近的亚泽勒卡亚能看到米达斯国王的纪念碑。

公元前7世纪后半期，弗里吉亚受到游牧民族西米利亚人的大举进攻，首都被攻陷，之后残余势力转移至南部。从此以后日渐衰落，并最终退出历史舞台。西米利亚人继续向西，趁着吕底亚王国的混乱，在短时期内占据了安纳托利亚的大片土地。

在同一时期，爱琴海地区的伊奥尼亚作为希腊的殖民地迅速发展起来，成为希腊世界中的先进地域。米莱托斯是这一时期发展最为昌盛的城市，为地中海、黑海的殖民地发展做出了卓越贡献，以此为背景，艺术、科学领域都取得了长足进步，并创立了哲学。

B.C.1285年
卡叠什战役。赫梯军队打败拉美西斯二世统治下的埃及军队。

B.C.1270年前后
赫梯国王哈图西里与埃及国王拉美西斯二世签订和平条约（这是现存最古老的和平条约）。

B.C.1200年前后
“海之民族”入侵爱琴海，赫梯王国的首都哈图沙被攻陷，赫梯王国灭亡。著名的特洛伊战争就在这一时期发生。

B.C.900年前后
安纳托利亚高原东部的凡湖地区兴起乌拉尔图王国。在凡城湖畔发现了首都图什巴的遗址。

B.C.850年前后
弗里吉亚人建立王国。以安卡拉近郊的戈尔迪翁为都城。

▼安纳托利亚高原东部的凡湖地区兴起的乌拉尔图王国
◀弗里吉亚所敬拜的女神丘贝雷

B.C.750年前后
安纳托利亚沿海地区殖民地盛行。米莱托斯、以弗所等城镇相继兴起。

B.C.680年前后
弗里吉亚受到西米利亚人的进攻，溃败后向南部地区转移。阿菲永郊外的米达斯遗迹，就是这一时期遗留下来的。

B.C.650年
吕底亚王国达到鼎盛时期。吕底亚王国于公元前730年建国，定都萨迪斯，统治安纳托利亚西部地区。在伊兹密尔东部残留有萨迪斯遗迹。
B.C.546年
波斯帝国征服吕底亚王国，在安纳托利亚开始帝国统治。
B.C.525
波斯帝国侵占埃及，统一东方文明。
B.C.500~B.C.450年前后
波斯・雅典之战（B.C.490年的马拉松之战）。

萨迪斯的阿尔忒弥斯神殿遗迹。后面的岩石群是当时吕底亚的卫城。前面是希腊统治时期的祭祀神坛

B.C.333年
亚历山大大帝东进，穿过达达尼尔海峡，在格拉尼卡斯战役中击败波斯王国，取得安纳托利亚的控制权。公元前330年波斯帝国灭亡。
B.C.323年
亚历山大大帝去世。后继者们开始了王位之争。
B.C.290年
潘多斯国王米特里达特斯三世进攻卡帕多西亚。
B.C.274~271年
埃及、叙利亚和亚历山大大帝的后代们围绕安纳托利亚的领土权发动了连年战争。
B.C.262年
帕加马宣布独立。
B.C.241年
帕加马王国成立。
B.C.146年
罗马帝国入侵，迦太基灭亡。
B.C.133年
帕加马国王阿塔罗斯三世将领土拱手相让，被收编进罗马帝国的版图。
B.C.64年
叙利亚被罗马帝国占领。

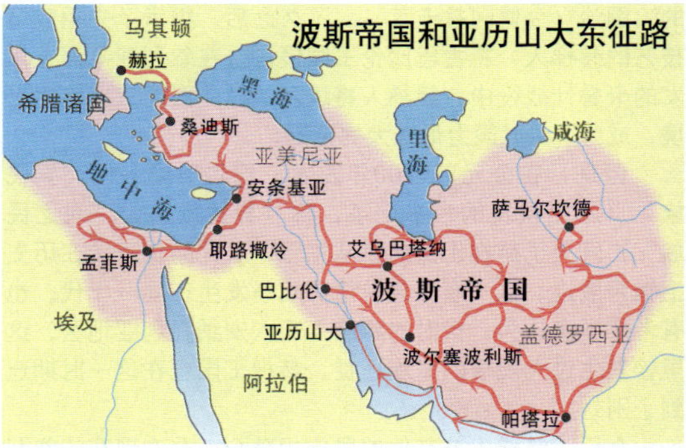

吕底亚王国　波斯帝国

吕底亚王国牢牢地控制着西安纳托利亚的统治权。当时的都城建在了伊兹密尔东部的萨迪斯。吕底亚王国位于海岸线与大陆相接的重要位置，海上贸易和农业发达。据称是最早使用铸币的国家。

在最后一任国王克罗索斯在位期间，王国进入全盛时期，征服了安纳托利亚的中央地区。公元前546年王朝到达鼎盛时期。之后，波斯国王居鲁士二世率军攻入萨迪斯，活捉了国王克罗索斯，吕底亚王国灭亡。

之后，安纳托利亚处于波斯帝国的统治之下。希腊人的各个都市也被波斯总督所占领。但是，当时的波斯帝国并没有征服希腊本土。

古希腊文明时期

公元前334年，马其顿王国年轻的统治者亚历山大出兵东征，他亲自率领军队跨越达达尼尔海峡，与波斯国王大流士三世展开大战，亚历山大大胜之后，逐步蚕食周边诸国，建立了跨希腊、埃及、西亚的大帝国。

亚历山大称帝之后，想要继续东征扩大领土范围。但是，不久后他在巴比伦去世。亚历山大大帝逝世之后，他手下的将领为争夺领土发动内乱。很快，帝国便被瓜分为马其顿王国（安条克一世）、古埃及（托米勒）、塞琉古王国（塞琉古一世）等。

安纳托利亚地区也是塞琉古王朝和托米勒王朝兵戎相见的争夺之地。

之后诞生的帕加马王国，便是亚历山大大帝手下的一名将士一手缔造的，逐渐发展为安纳托利亚的政治、经济、文化中心。当时实力逐渐强大的罗马帝国不断在此扩张势力，并最终在公元前2世纪统一了大部分安纳托利亚地区。

在希腊人的统治之下，希腊精神不断渗透到亚洲地区，这一时期也被称为希腊文明时期。

罗马帝国　拜占庭帝国

罗马帝国于公元前146年征服了迦太基、希腊，最终统一了意大利半岛。公元前129年与帕加马合并，进而完成了对整个地中海世界的统治。到公元2世纪，安纳托利亚领土的大半都已成为罗马帝国的属地。

公元30年，耶稣基督被处刑后，他的弟子彼得、保罗开始了大范围的布教活动。安纳托利亚是基督教最初的源地，至今还保留有大量基督教初期的建筑遗迹。

公元3世纪中期到4世纪初期，罗马帝国的统治者对基督教采取打压政策，使得基督教的发展受到极为严重的影响。直到公元313年，基督教才被人们所接受。

公元324年，君士坦丁大帝将四分五裂的罗马帝国统一起来，把首都名字改为君士坦丁堡（今伊斯坦布尔），他也成为历史上第一位信仰基督教的皇帝。

公元395年，罗马统治者狄奥多西一世去世之后，罗马帝国分裂为东西两部分。西罗马在公元476年伴随着日耳曼人的民族入侵而覆灭。东罗马继续传承了古罗马帝国的政治体制，发展基督教以及古希腊文明，也被称为拜占庭帝国。安纳托利亚即为东罗马的一部分。

537年拜占庭帝国在查士丁尼大帝统治时期达到鼎盛。伊斯坦布尔城和圣索菲亚大教堂就是建于这一时期。之后，与西亚波斯王朝和公元6世纪后期成立的伊斯兰帝国形成了相对立的局面。

塞尔柱土耳其

土耳其民族登上历史是在公元6世纪，中国人将其称之为突厥人。

塞尔柱王国是11世纪塞尔柱突厥人在中亚、西亚建立的伊斯兰国家。塞尔柱人以其酋长塞尔柱的名字命名。族长也称为苏丹。

当时的苏丹阿尔布·阿尔斯兰率塞尔柱大军入侵安纳托利亚。1071年在凡湖以东的曼齐卡特打败拜占庭军队，占领小亚细亚东部。

阿尔斯兰以伊朗为根据地继续发展王朝势力。之后，土耳其民族的一个分支建立了鲁姆塞尔柱王国。并相继出现了奥尔图克王朝、萨尔图克王朝等诸侯国。

位于伊朗的塞尔柱王朝于12世纪末被灭亡。但是，位于安纳托利亚高原的塞尔柱王朝却在13世纪初期达到了最全盛的时期。当时的统治者是阿拉汀·卡依克巴德一世。在他在位期间（1219~1255年期间），土耳其民族打下了坚实的根基。

但是，蒙古大军却在东面不断骚扰。1243年蒙古军入侵小亚细亚，科塞达克一役，塞尔柱军溃退，从此沦为蒙古人的藩属，于14世纪灭亡。

土耳其的历史

B.C.30年

古埃及女王克娄巴特拉去世。占领了罗马、埃及。土耳其境内的建筑遗迹有很多都是这一时期留下的。

A.D.226年

萨桑王朝（波斯王朝）兴起。

250年~

罗马统治者迫害基督教徒。

313年

恢复基督教。

拜占庭时代华丽的镶嵌工艺

325年

在尼西亚基督教会上，提出了三位一体说。

尼西亚是现伊兹尼克的古称。

395年

罗马帝国分裂为东西两部分。拜占庭帝国（东罗马帝国）兴起。

537年

圣索菲亚教堂建立。

600年前后

威胁波斯、罗马。萨拉森帝国兴起。

717年

伊斯兰军攻占君士坦丁堡。

726

颁布拜占庭偶像禁止令。

850年前后

基督教分裂为东西两派。

1037年

塞尔柱王朝振兴。

1071年

塞尔柱军队在凡湖以北的曼齐卡特打败拜占庭军队，土耳其民族定居安纳托利亚。

1097年

十字军占领安纳托利亚。鲁姆塞尔柱侵占都城尼卡埃亚。

1134年

鲁姆苏丹国定都科尼亚。

1204年
十字军第四次攻占君士坦丁堡。拜占庭帝国曾一度中断发展。
1194
塞尔柱帝国灭亡。
1261年
拜占庭帝国再度兴起。重夺君士坦丁堡。

十字军保留下来的博德鲁姆遗迹。这是十字军在安纳托利亚的最后据点

1299年
奥斯曼土耳其帝国成立。
1326年
奥斯曼帝国占领布尔萨，将其作为首都。
1365年
奥斯曼帝国占领埃迪尔内并迁都至此。
1402年
奥斯曼帝国战败。
1413年
奥斯曼帝国再度兴起。
1453年
土耳其帝国攻占君士坦丁堡。拜占庭帝国覆灭。土耳其帝国继续扩大疆土。

十字军时代

十字军东征是一系列在罗马天主教教皇的准许下，于1096年发起的、针对伊斯兰教国家的战争，主要的目的是从伊斯兰教手中夺回耶路撒冷。在埃斯基谢希尔，十字军打败了塞尔柱和达尼西曼德的联合国军，收复了安纳托利亚的一部分领土。

塞尔柱王朝也在当时陷入了危机。但是，十字军当时把主要矛头对准了叙利亚和巴勒斯坦地区，并没有太多顾忌塞尔柱王朝。也因之塞尔柱王朝在此期间打下了坚实的基础。

第二次、第三次十字军东征在塞尔柱王朝的顽强抵抗下并没有取得成功。

之后进行的第四次十字军东征，在1204年攻占了拜占庭帝国的首都君士坦丁堡，并建立了拉丁帝国。拜占庭帝国一时分崩离析，残余势力逃亡伊兹尼克、特拉布宗，并建立起尼西亚帝国、特莱比松帝国。直到50年后拉丁帝国覆灭后，拜占庭帝国才得以再次兴起。

奥斯曼土耳其时代

鲁姆塞尔柱帝国末期被蒙古国军队入侵，在13世纪的克塞山战役中失利，成为蒙古国的藩属。奥斯曼之子奥尔罕于1326年大举进攻布尔萨，占领后将其设为首都。他的儿子姆特拉一世进攻欧洲的阿德里亚诺（埃迪尔内），并成功占领了那里。1369年正式迁都阿德里亚诺，自称为苏丹。至此，君士坦丁堡已经完全成了奥斯曼帝国的领地。

1402年，奥斯曼帝国向中亚地区发起进攻，但是在安卡拉战役中元气大伤。当时的领袖巴亚泽特被俘，奥斯曼帝国也一度停下了前进的脚步。

大名鼎鼎的巴亚泽特作战勇猛，他在位期间征集了领土内的基督教徒，成立了耶尼恰里军团，是历史上非常骁勇善战的一支近卫军。

不久，奥斯曼帝国势力再度恢复。

大约半个世纪之后的1453年，穆罕默德二世占领君士

土耳其古代地域示意图

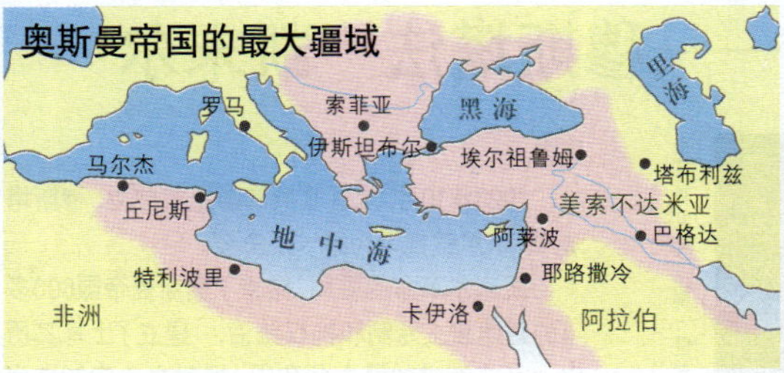

坦丁堡，一举消灭了拜占庭帝国。

之后奥斯曼帝国不断扩展领土，将自己的版图延伸到埃及以及北非。塞里姆一世于1517年征服埃及，并获得了伊斯兰教最高的光荣称号。奥斯曼帝国在16世纪的苏莱曼大帝统治时代迎来了最鼎盛时期。其领土从东欧一直扩张到北非、西亚等地区，其版图之大令人惊叹。

但是，17世纪奥斯曼帝国开始走向了衰落。封建旧制度在西欧的现代化进程中不断被淘汰。穆罕默德三世时期（1703~1730年），曾经有过一段时间的文化发展高峰期，被称为郁金香时代。19世纪后，埃及、希腊、保加利亚等相继独立，接着奥斯曼帝国又在第一次世界大战中成为战败国。

土耳其共和国

奥斯曼帝国末期，土耳其内乱不断，外国列强不断出兵骚扰，土耳其深陷内忧外患的水深火热局面当中。1853年，俄罗斯挑起事端，发动了与土耳其之间的克里米亚战争。英国和法国害怕俄国势力扩大，与土耳其站在了一边。

当时，英国的护士“夜莺”曾为土耳其的伤员做出了重要贡献。塞米利亚兵营也建造于这一时期，如今保留在伊斯坦布尔的亚洲区内。

1914年，土耳其作为德国阵营的一员参加了第一次世界大战，1918年作为战败国一方投降。这次战争使得土耳其的政治、经济受到了极大的影响，死亡人数达到了300多万。在巴黎郊外签订的《色佛尔条约》中规定，土耳其放弃除本土外的全部领土，安纳托利亚也被纳入联合国的分割管理下。对土耳其来说，这是一个毁灭性的打击。

在国家存亡的关键时刻，穆斯塔法·凯末尔（p.60）高举起革命的火把，拯救了濒临被列强瓜分，成为殖民地的土耳其。

土耳其的近代化进展得相当顺利，于1952年加入北大西洋公约组织（NATO）。国家实行亲西政策、和平外交等方针，大力发展工业。特别是近些年来，安纳托利亚地区持续繁荣发展，前途一片大好。

土耳其的历史

穆罕默德二世的画像

奥斯曼帝国时期繁荣的象征——苏莱曼清真寺（伊斯坦布尔）

1529年
土耳其向维也纳发动攻击。这一时期达到鼎盛。
1653
土耳其包围维也纳。1768~1774年爆发土耳其—俄国战争。战争之后，土耳其丢失了大部分领土。
1829年
土耳其从希腊独立出来。
1853~1856年
克里米亚战争。
1908年
青年军土耳其党革命爆发。导入议会制。
1914~1918年
第一次世界大战爆发。随同德军一同战败。
1920年
穆斯塔法·凯末尔成立人民党。《色佛尔》条约签订，面临国土分崩离析的危机。
1922年
废除苏丹制。
1923年
土耳其共和国成立。
1938年
共和国领袖穆斯塔法·凯末尔去世。
1952年
加盟NATO。
1987年
申请加盟欧盟（EU）。

土耳其之父——穆斯塔法·凯末尔

土耳其共和国第一任总统穆斯塔法·凯末尔

第一次世界大战败北

土耳其（时称奥斯曼帝国）作为德国、奥匈帝国的同盟军，参加了第一次世界大战。1918年战败。战败之后，其国土被作为战胜国的英国、法国和意大利所瓜分。他们分别占领了萨姆松，吉里吉亚和孔亚，安塔利亚地区。1919年，希腊军队以重夺君士坦丁堡为目的，在伊兹密尔登陆，使得民族灾难空前严重。

至此，奥斯曼帝国已丧失了亚美尼亚，阿拉伯地区的大片领土。联合国军方面也企图瓜分安纳托利亚和爱琴海地域的大面积土地。

凯末尔将军的反击

在这千钧一发的危急时刻，北方地区军队总司令官穆斯塔法·凯末尔将军率领人民军从伊斯坦布尔出发，于1919年5月19日到达萨姆松，开始了反对帝国主义侵略瓜分、捍卫民族独立主权和建立民族国家为目的的资产阶级革命运动。这一天成为土耳其历史上极其重要的日子，被定为土耳其青年节。

在1921年，希腊占据了西安纳托利亚的大部分领土。当时的穆斯塔法·凯末尔为最高指挥官，将希腊军队牢牢地牵制住，并将其逼迫到斯米尔纳（伊兹密尔）地区。伊兹密尔城市的大半在这一时期被战火烧毁。

土耳其共和国成立

1922年，凯末尔废除了苏丹君主立宪制，穆罕默德六世流亡他国。根据《洛桑条约》的规定，土耳其收回了大部分领土。在希腊的土耳其人和残留在土耳其的希腊人进行了交换，各自回到自己的国家。

1923年10月，土耳其共和国正式成立，穆斯塔法·凯末尔被推举为第一任总统。

凯末尔革命的胜利，结束了奥斯曼帝国600多年的封建君主专制和神权统治，建立了土耳其历史上从未有过的民主共和国。把君主立宪制变为共和政体，废黜了封建社会的君主苏丹及他代表的封建君主专制制度，这是历史的巨大进步。

推行近代化发展的数项政策

土耳其共和国成立之后，为推行近代化发展，凯末尔实行了一系列大胆的改革。

首先，实行政教分离政策，废除了封建制度下的毒瘤——一夫多妻制，保证男女共同享有受教育的义务和权利，提高女性社会地位，鼓励女性参政。其次，对历法和单位制度进行了统一改革。推行阳历的使用，采用国际单位制，取消阿拉伯文字，改用拉丁文字。并禁止男子佩戴古代封建的土耳其帽，女性戴面纱。他努力推进着近代化的步伐。

经过数年的改革，土耳其的面貌焕然一新，老旧的思想作风逐渐被废除，土耳其展现着生机勃勃的新风貌。1935年，在土耳其共和国议会上，穆斯塔法·凯末尔被授予阿塔图尔克，也就是“土耳其之父”的荣誉称号。

凯末尔之死

凯末尔到达伊斯坦布尔之后，将多尔玛巴夫切宫作为临时的总统官邸。凯末尔于1938年11月在伊斯坦布尔去世，享年57岁。

人们深切怀念这位为土耳其建国做出巨大历史贡献的先父。为纪念这位民族英雄，土耳其的任何一个城镇的广场上、公共场所的空地，都竖立有凯末尔的铜像。纸币上也印着凯末尔的头像。许多酒店、餐厅的大堂中也悬挂有凯末尔的肖像。

1938年11月10日9点5分，凯末尔临终前，大街小巷的人们纷纷停住脚步，脱下帽子，向这位伟大的民族英雄表达沉重的哀悼之情

istanbul

老城区

新城区

伊斯坦布尔

伊斯坦布尔概观

İSTANBUL

人口大约1312万人

伊斯坦布尔位于东西文明交汇处，是一座拥有两千多年灿烂历史的古都。

伊斯坦布尔地跨欧亚大陆，其历史、种族以及风俗人情都混合着东西方特色，是名副其实的欧亚大陆桥。第一次世界大战之后，土耳其的政治中心由伊斯坦布尔转移到了安卡拉。但伊斯坦布尔仍保持着自古至今的繁荣与富强，至今仍是土耳其第一大商业和文化中心城市。伊斯坦布尔的老城区已被收录为联合国世界文化遗产之一。

气　候

常见雪景的伊斯坦布尔

伊斯坦布尔的气候与北京相比，温差很大。夏季炎热高温，甚至有时能达到40多度。不过因为临海，多数时候还算得上是居住舒适的城市。冬季严寒，降雪较多，一年中可以见到两三次大雪。

伊斯坦布尔的冬季雪景

地理与地形

独特的地理位置

伊斯坦布尔位于欧亚大陆交界处，被博斯普鲁斯海峡分为欧亚两大部分。海峡之上横跨着博斯普鲁斯大桥和苏丹穆罕默德二世的大桥。在亚洲大陆最西端的黑海与地中海之间，有一条至关重要的“黄金水道”。

图中左面是蓝色清真寺、右面是圣索菲亚大教堂

得天独厚的地理位置造就了伊斯坦布尔不平凡的历史，也为后人留下了许多宝贵灿烂的遗迹和文物。这里至今仍然保留着为数众多的王室宫殿、神堂以及清真寺院等古建筑，向游客们诉说着两千多年的灿烂文明。

观光范围

伊斯坦布尔作为土耳其最大的城市，其人口占到了总人口数量的15%，面积囊括周边的一些小城镇，非常辽阔。不过值得游访的观光景点却不能算多，主要的几个景点也不大，即使徒步旅游，也不用花太多的时间就可以逛完。

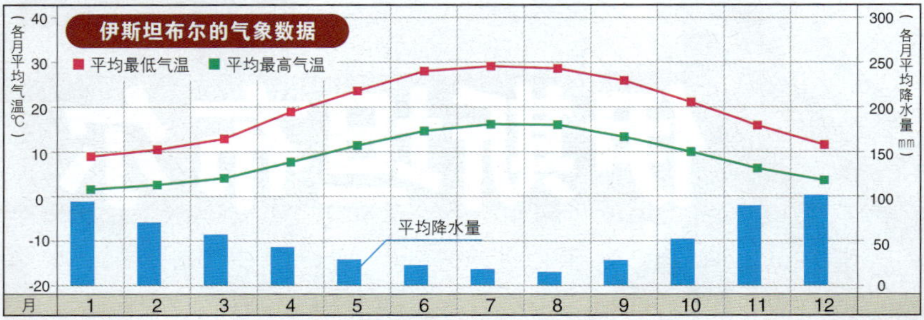

◀扉页图片：从空中俯瞰蓝色清真寺院的圆形屋顶，大小不一

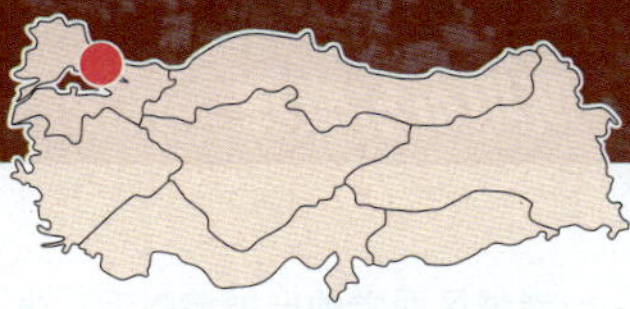

逛伊斯坦布尔老城区需要一天的时间，逛完新城区再加上购物的话需要一天的时间，所以伊斯坦布尔旅游一般的行程至少需要两天。当地的生活气息十足，氛围松散慵懒，如果时间允许的话，尽可能步行观光，这样可以更好地融入进去。伊斯坦布尔是一座拥有无限魅力的城市，相信一定会留给你美妙的回忆。

观光区域

伊斯坦布尔的主要观光地区大体可以划分为三个区域。

博斯普鲁斯海峡由北南下，贯穿黑海和马尔马拉海，把伊斯坦布尔分为亚洲区和欧洲区东西两部分。博斯普鲁斯海峡可以说是亚洲和欧洲的分界线 。

博斯普鲁斯海峡的西面是欧洲大陆部分。博斯普鲁斯海峡南口西岸，有一处延伸入欧洲大陆的细长海湾叫金角湾（英文译作Golden Horn，土耳其语叫做Haliç）。这座海港把这一部分土地又分为南北两大部分。金角湾南面的部分是老城区，北面的部分是新城区。

老城区是观光景点集中的区域，也是历史性建筑集中的重要地区。这里有许多外国游客，面向年轻人的旅馆也非常多。新城区则集中了各国领事馆、高级酒店等。而与欧洲大陆相对应的博斯普鲁斯海峡东面亚洲大陆区，则是具有一定历史的新兴住宅区。这里观光景点比较少，旅游者也不是很多。

老城区　区号0212

苏丹艾哈迈德　MAP● 剪切地图-15、p.83-D　✉ Divanyolu Cad.3　☎ 518-1802　开 9:30~18:00（10/15~4/15的9:00~17:30）　休 无　交 圣索菲亚广场徒步2分钟即可到达

斯克西　MAP● 剪切地图-15、p.81-G　✉ Sirkeci Garı　☎ 511-5888　开 9:30~18:00（10月~4月9:00~17:30）　休 无　交 斯克西站内

老城区指的是被君士坦丁堡老城墙所包围的大片区域。这里北临金角湾，南临马尔马拉海，西端则是狄奥多西一世建造的坚固城墙。

位于老城区东部的苏丹艾哈迈德（Sultanahmet）地区，是观光景点的集中地区。这里有蓝色清真寺、圣索菲亚大教堂、托普卡帕宫、地下宫殿等闻名遐迩的古建筑，处处展现着土耳其文化融合的盛世景象，已被联合国教科文组织正式列为世界遗产保护区。本书以圣索菲亚教堂前的广场为出发点，为游客们介绍几种步行游览路线。

从圣索菲亚广场乘坐有轨电车（Tramvay）出发一直向北，可到达面临金角湾的斯克西（Sirkeci）。这里的观光景点有加拉塔大桥、巴扎市场。穿过加拉塔大桥就可以到达新城区。

从圣索菲亚广场乘坐有轨电车向东去，就会到达巴亚泽特。这里是大型的集市区，有很多面向外国游客开放的摊位和商店，游客们可以在这里购物，选购礼品。苏莱曼清真寺、水道桥也位于这一区域内，相隔距离非常近，步行就能到达。

奥斯曼帝国的象征——苏莱曼清真寺

位于博斯普鲁斯海峡上连接亚欧大陆的伊斯坦布尔博阿齐奇大桥

老城区西端的旧城墙附近，坐落着加里耶博物馆，它是土耳其最好的博物馆之一。从阿克萨拉伊出发，乘坐有轨电车或地铁都可以到达。

老城区的酒店

老城区的酒店大都集中在东部一带。这里的酒店大都是面向外国游客开放的中级酒店，也有许多经济型酒店，都集中在圣索菲亚广场到南面的马尔马拉海附近地区。也有一些高级酒店，比如四季酒店等。

对游客们来说，总体看来，住宿方面还是比较便利的。

新城区　区号0212

卡拉克伊栈桥　MAP●剪切地图-11、p.105-F ✉Karaköy Yolcu Salonu ☎249-5776 开9:30~18:00（10~4月9:00~17:30） 休星期日 交从加拉塔桥北端步行出发，2分钟即可到达

阿塔图尔克文化中心　MAP●剪切地图-7、p.105-D ✉Mete Cad. Seyranap 6 ☎233-0592 开9:30~17:30 休周六、周日 交阿塔图尔克雕像前

金角湾把伊斯坦布尔的新城区和老城区一分为二。共有三座大桥凌驾于金角湾之上，它们分别是博斯普鲁斯大桥、加拉塔大桥和阿塔图尔克大桥。从老城区出发，穿过距离博斯普鲁斯海峡最近的加拉塔大桥，就到达新城区的卡拉克伊（Karaköy）地区。

加拉塔大桥的北端有地铁站，乘坐地铁（Tünel）的话，就会直接到达洋溢着青春活力、繁华的伊斯特斯克拉尔大街。如果乘坐出租车，则需要经由加拉塔大桥，再穿过阿塔图尔克大桥，到达塔克西姆广场。

塔克西姆广场（Taksim）位于新城区的中心地段。从广场一直向南延伸，长度大约一千米的街道就是伊斯特斯克拉尔大街，这是伊斯坦布尔最繁华的大街。这里有许多大型的自由市场和繁华设施。而观光电车，从广场沿伊斯特斯克拉尔大街一直开到南端。在最南端下车的话，就是加拉塔石塔。卡拉克伊和塔克西姆一带也叫做新城区（Beyoğul）。

塔克西姆广场往北去，是伊斯坦布尔的军事博物馆和多尔马巴赫切宫。在军事博物馆可以欣赏土耳其军乐队的演奏。

新城区的酒店

塔克西姆广场北部附近有许多四星级以上的中高档酒店。伊斯特斯克拉尔大街旁的小胡同里有许多便宜的小旅馆，但是考虑到安全和出行方便的因素，不建议游客入住。

再往北去是奥尔塔克伊、尼尚塔西等地区，这里新建有大片的住宅区，与之相应的也兴起了许多大型的时尚购物中心。（参照p.120周边的购物大街）

亚洲部分　区号0216

土耳其政府修建了跨越博斯普鲁斯海峡的两座大桥，第三座大桥正在修建当

中。若出行前往伊斯坦布尔的亚洲部分（土耳其语叫做Anadolu），可以乘车跨桥前往，也可以乘坐一种叫做Vapur的轮渡越过海峡就可到达。

栈桥位于加拉塔大桥附近的爱米诺努附近，大约20分钟即可到达亚洲区的于斯屈达尔（Üsküdar）、哈莱姆（Harem）和卡迪克伊（Kadıköy）城区。

开往安纳托利亚的巴士终点站位于哈莱姆，也有地铁经过，是以哈莱姆为起点。

这一地区大都是新兴住宅区，没有什么值得一看的景点。但是游客们可以乘坐轮渡在海面畅游，欣赏壮阔蔚蓝的海景。在卡迪克伊有许多大型购物中心。

提醒一下，亚洲区和欧洲区的电话区号不一样，拨打电话时请注意。

伊斯坦布尔的观光中心苏丹艾哈迈德，已被联合国教科文组织正式列为世界历史遗产保护区。这里景点比较集中，逛完的话需要足足一整天时间。图片右面为马尔马拉海。博斯普鲁斯海峡一直延伸到托普卡帕宫上方。左面是纵切的金角湾景色。

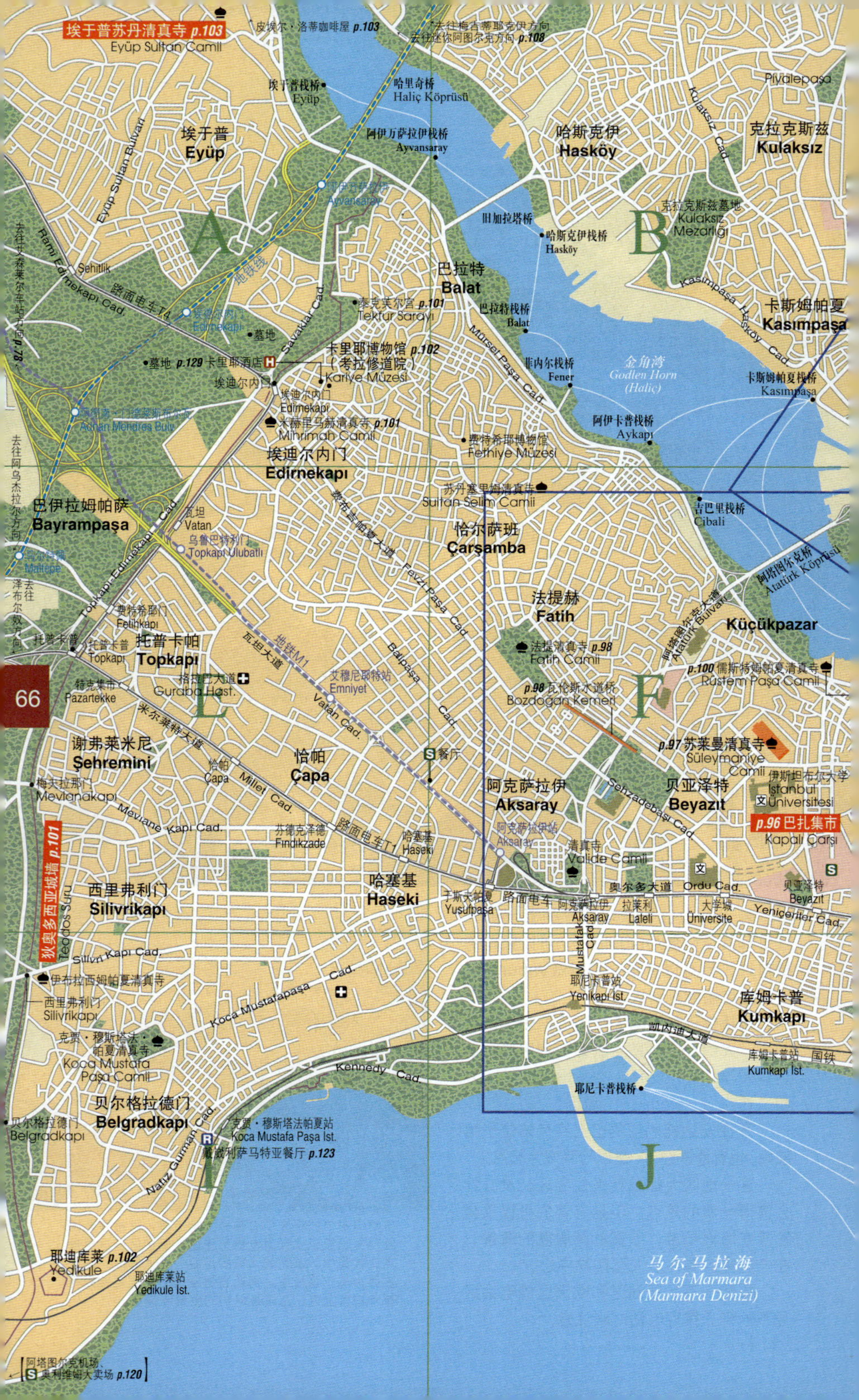
埃于普苏丹清真寺 p.103
Eyüp Sultan Camii
皮埃尔·洛蒂咖啡屋 p.103
去往梅吉蒂耶克伊方向
去往迷你阿图尔克方向 p.108
埃于普栈桥
Eyüp
哈里奇桥
Haliç Köprüsü
阿伊万萨拉伊栈桥
Ayvansaray
埃于普
Eyüp
哈斯克伊
Hasköy
克拉克斯兹
Kulaksız
Piyalepaşa
Kulaksız Cad.
Eyüp Sultan Bulvarı
阿伊万萨拉伊
Ayvansaray
A
B
克拉克斯兹墓地
Kulaksız Mezarlığı
旧加拉塔桥
哈斯克伊栈桥
Hasköy
地铁线
Şehitlik
Rami Edirnekapı Cad.
路面电车T4
埃迪尔内门
Edirnekapı
墓地
巴拉特
Balat
泰克芙尔宫 p.101
Tekfur Sarayı
巴拉特栈桥
Balat
卡斯姆帕夏
Kasımpaşa
Kasımpaşa Hasköy Cad.
Savaklar Cad.
墓地 p.129 卡里耶酒店
卡里耶博物馆 p.102
（考拉修道院）
Kariye Müzesi
埃迪尔内门
埃迪尔内门
Edirnekapı
米赫里马赫清真寺 p.101
Mihrimah Camii
Mürsel Paşa Cad.
菲内尔栈桥
Fener
金角湾
Godlen Horn
(Haliç)
卡斯姆帕夏栈桥
Kasımpaşa
阿伊卡普栈桥
Aykapı
阿德南·门德列斯大道
Adnan Menderes Bulv.
费特希耶博物馆
Fethiye Müzesi
埃迪尔内门
Edirnekapı
苏丹塞里姆清真寺
Sultan Selim Camii
吉巴里栈桥
Cibali
巴伊拉姆帕萨
Bayrampaşa
瓦坦
Vatan
乌鲁巴特门
Topkapı Ulubatlı
恰尔萨班
Çarşamba
Fevzi Paşa Cad.
阿塔图尔克桥
Atatürk Köprüsü
Topkapı Edirnekapı Cad.
费特希耶门
Fetihkapı
法提赫
Fatih
阿塔图尔克大道
Atatürk Bulvarı
Küçükpazar
托普卡普
托普卡普
Topkapı
托普卡帕
Topkapı
瓦坦大道
地铁M1
法提赫清真寺 p.98
Fatih Camii
p.100 儒斯特姆帕夏清真寺
Rüstem Paşa Camii
特克市
Pazartekke
格拉巴大道
Guraba Hast.
艾穆尼耶特站
Emniyet
Vatan Cad.
Balpaşa Cad.
p.98 瓦伦斯水道桥
Bozdoğan Kemeri
F
米尔莱特大道
谢弗莱米尼
Şehremini
恰帕
Çapa
恰帕
Çapa
餐厅
p.97 苏莱曼清真寺
Süleymaniye Camii
梅夫拉那门
Mevlanakapı
Millet Cad.
阿克萨拉伊
Aksaray
贝亚泽特
Beyazıt
伊斯坦布尔大学
İstanbul Üniversitesi
Mevlane Kapı Cad.
苏德克泽德
Fındıkzade
路面电车T1
哈塞基
Haseki
阿克萨拉伊站
Aksaray
Şehzadebaşı Cad.
p.96 巴扎集市
Kapalı Çarşı
清真寺
Valide Camii
狄奥多西亚城墙 p.101
Teodos Suru
西里弗利门
Silivrikapı
哈塞基
Haseki
于斯夫帕夏
Yusufpaşa
路面电车
阿克萨拉伊
Aksaray
拉莱利
Laleli
奥尔多大道
Ordu Cad.
大学城
Üniversite
贝亚泽特
Beyazıt
Yeniçeriler Cad.
Silivri Kapı Cad.
伊布拉西姆帕夏清真寺
西里弗利门
Silivrikapı
Mustafa Cad.
耶尼卡普站
Yenikapı İst.
Koca Mustafapaşa Cad.
库姆卡普
Kumkapı
克贾·穆斯塔法帕夏清真寺
Koca Mustafa Paşa Camii
凯内迪大道
库姆卡普站
Kumkapı İst.
国铁
Kennedy Cad.
耶尼卡普栈桥
贝尔格拉德门
Belgradkapı
贝尔格拉德门
Belgradkapı
克贾·穆斯塔法帕夏站
Koca Mustafa Paşa İst.
戴维利萨马特亚餐厅 p.123
Nafiz Gürman Cad.
J
耶迪库莱 p.102
Yedikule
耶迪库莱站
Yedikule İst.
马尔马拉海
Sea of Marmara
(Marmara Denizi)
阿塔图尔克机场
奥利维姆大卖场 p.120

伊斯坦布尔
İstanbul
塔克西姆
Taksim
塔克西姆广场
Taksim Meydanı
卡巴塔斯
Kabataş
贝约尔
Beyoğlu
新城区
独立大街 p.118
İstiklal Cad.
特佩巴什
Tepebaşı
贝西克塔什
Beşiktaş
多尔玛巴切赫宫殿 p.106
Dolmabahçe Sarayı
曲奇克·奇利特里克公园
Küçük Çiftlik Parkı
伊斯坦布尔工科大学
军事博物馆 p.106
Askeri Müzesi
博斯普鲁斯海峡
Bosphorus (Boğaziçi)
加拉塔塔 p.106
Galata Kulesi
卡拉克伊
Karaköy
加拉塔桥 p.99
Galata Köprüsü
爱米诺努
Eminönü
斯克西
Sirkeci
居尔哈内公园
Gülhane Parkı
托普卡帕宫 p.89
Topkapı Sarayı
考古博物馆 p.92
Arkeoloji Müzesi
地下宫殿 p.87
Yerebatan Sarnıcı
圣索菲亚教堂博物馆 p.88
Ayasofya Müzesi
土耳其及伊斯兰美术馆 p.86
Türk İslam Eserleri Müzesi
蓝色清真寺 p.84
Sultan Ahmet Camii
罗马竞技场遗迹 p.85
At Meydanı
马赛克博物馆 p.85
Mozaik Müzesi
索克卢·帕夏清真寺 p.86
Sokullu Paşa Camii
苏丹艾哈迈德
Sultanahmet
老城区
埃及市场 p.100
Mısır Çarşısı
于斯屈达尔 p.109
Üsküdar
亚洲侧
姑娘塔 p.110
Kız Kulesi
米赫里马赫清真寺 p.109
Mihrimah Camii
塞姆西帕夏清真寺 p.109
Şemsi Paşa Camii
后宫 p.109
Harem
塞利米耶清真寺 p.109
Selimiye Camii
塞利米耶兵营 p.109
Selimiye Kışlası
哈雷姆
Harem Garajı
(Otobüs Terminali)
P.105
P.80~81
C
D
G
H
K
L
0 300m

体验魅力之都

游览行程规划

高效旅游线路

伊斯坦布尔经典游览路线（一日游）

伊斯坦布尔的景点非常多，有很多都是世界遗产，是旅游必去的地方。这些观光景点中，除了大巴扎集市距离上偏远，其他的景点都在徒步行走即可到达的范围内。旅途中的景色非常漂亮。

但是如果想要每个景点都仔细游览的话，一天的时间也不够。另外，游览圣索菲亚教堂、托普卡帕宫时需要留意当天是否为节假日，以免错过开放日期。

①蓝色清真寺（→p.84）

蓝色清真寺又叫做苏丹艾哈迈德清真寺。大小重叠的拱门构成了优美的景观。蓝色的瓷片使得整个清真寺内似乎都充满了蓝色，所以人们亲切地谓之为蓝色清真寺。

蓝色清真寺

↓ 徒步5分钟

②圣索菲亚大教堂（→p.88）

圣索菲亚大教堂是标志着拜占庭美术技艺的最高建筑杰作。抬头是大大的拱顶。二楼画廊中的马赛克壁画也是非常罕见的。周一闭馆。

↓ 徒步5分钟

③托普卡帕宫（→p.89）

托普卡帕的宝剑，大量的瓷器、壁画以及奥斯曼的珠宝宝物等都在这里安静地陈列着。向世人默默诉说着历史的辉煌与悲凄。藏品的数量之多令人惊叹，要想仔

魅力无限的都市——伊斯坦布尔观光景点不少，但是基本都集中在范围较小的圈子内，景点之间可以步行前往。时间紧凑的话可以搭乘出租车赶往下一个景点。但是若有足够的时间，建议游客步行游逛，会发现这所城市的魅力所在。那么，让我们出发吧！

细欣赏的话需要花费一定的时间。托普卡帕宫周二不对外开放。

拜占庭时代的建筑代表作——圣索菲亚大教堂

⬇ 徒步7分钟

④ 地下水宫（→p.87）

地下宫殿虽名为宫殿，但实际上的作用是蓄水池。面积宽阔的地下世界里，林立着336个大理石柱。在亮度有限的地下古城探索，也是一件十分有趣的事情。宫殿内有两座美杜莎的头像。

⬇ 徒步10分钟

⑤ 巴扎集市（→p.96）

正式名称为卡帕勒恰舍大集市。这里曾是以前奥斯曼帝国时期人们活动的旧址。现在更添了许多商摊、特产店和礼品店，是外国游客选购礼品的好去处。周日、祭祀日、宗教祭日休息。

巴扎集市林林总总共有数千家店铺

找寻昔日的历史荣光

拜占庭遗迹游览路线（一日游）

古罗马帝国分裂为东罗马帝国和西罗马帝国。东罗马帝国又称拜占庭帝国，是在西罗马帝国灭亡之后逐渐兴起的国家。这里除了有圣索菲亚大教堂，还有许多遗留的历史建筑。

① 圣索菲亚大教堂（→p.88）

教堂二楼的画廊里，留下了大量的历史绘画和文献。经历了历史长河的洗练，这些画看起来仍旧栩栩如生，散发着金色的光泽。周一闭馆

⬇ 徒步5分钟

② 地下水宫（→p.87）

幽暗的地下世界里，挺拔林立的大理石柱上燃烧着蜡烛和火把，照亮了前进的道路。传说地下世界最深处有希腊女神美杜莎的头像

⬇ 徒步3分钟

③ 古罗马竞技场遗迹（→p.85）

在蓝色清真寺西面的广场上保留有古罗马竞技场遗迹。矗立在广场上的方尖碑，据说是拜占庭帝国的国王狄奥多西一世命人不远万里从埃及搬运来的。以古罗马竞技场为题材的电影并不少见，所以这处遗迹相信人们很熟知。

广场上矗立的方尖碑是拜占庭帝国的狄奥多西一世命人不远万里从埃及搬运来的

栩栩如生的马赛克壁画

徒步5分钟

④马赛克博物馆（→p.85）

参观完古罗马竞技场之后，徒步即可到达位于蓝色清真寺东部的马赛克博物馆。这间博物馆保留了大量拜占庭帝国时代的壁画以及镶嵌工艺品，其精美程度令人赞叹。周一闭馆。

徒步20分钟

⑤瓦伦斯水道桥（→p.98）

位于巴扎集市西北方向1千米左右。行走在阿塔图尔克大街上，最显著的建筑物就是这座高达20米的水道桥。公元4世纪时期，瓦伦斯大帝为使得城市更加繁荣，水源引流至此。地下是蓄水库。

水道桥拱门下车水马龙的景象

乘车15分钟

⑥卡里耶博物馆（→p.102）

土耳其卡里耶博物馆是由11世纪建造的考拉修道院改建而来，在奥斯曼帝国时代又改建为清真寺。数量众多、保存完好的描绘耶稣和圣母玛利亚的马赛克镶嵌画，足以带给人极大的震撼。距离水道桥大约2千米处的城墙壁附近，是拜占庭帝国时期的代表杰作。

博物馆的前身是修道院，经改建后变成今天的博物馆

奥斯曼帝国繁荣盛世的象征——苏莱曼清真寺

循着往日荣华之迹游览古城

奥斯曼帝国游览路线（一日游）

奥斯曼帝国时代曾在土耳其历史上留下了光辉灿烂的一笔。让我们抓紧时间，去尽情地体验曾经的帝国荣光之旅。

①托普卡帕宫（→p.89）

图为托普卡帕宫殿内，这曾是艾哈迈德三世用餐的地方

徒步10分钟

②蓝色清真寺（苏丹艾哈迈德一世清真寺）（→p.84）

徒步3分钟

③土耳其及伊斯兰艺术博物馆（→p.86）

馆内收藏了公元8世纪以后的土耳其和伊斯兰美术工艺品，制作之精美令人惊叹。美术馆位于市中心地带，是伊斯兰美术爱好者们不容错过的地方。周一闭馆。

徒步15分钟

④苏莱曼清真寺（→p.97）

是奥斯曼帝国鼎盛时期的皇帝苏莱曼下令建造的。出自奥斯曼建筑巨匠锡南（p.97）之手，整个建筑群建在复杂、陡峭的山丘上，使用了出奇的建筑方案将山丘和周围的街巷结合到一起。清真寺后面的花园里有苏莱曼一世和其王妃的墓。

徒步10分钟

爱米诺努栈桥

乘坐轮渡20分钟

⑤如麦里·赫萨尔（→p.107）

如麦里·赫萨尔要塞是由被称为“征服者”的穆罕默德二世为实施君士坦丁堡

征服者穆罕默德二世下令建筑的如麦里·赫萨尔

攻略计划修建的。整个要塞设计得极为精妙，军队可以在此防御、攻击经过的敌船。登高望远，极目眺望博斯普鲁斯海峡的美景是一大享受。要塞距离法提赫大桥很近，前往参观必须要乘坐交通工具。

华丽的清真寺院

在伊斯坦布尔除了大名鼎鼎的蓝色清真寺之外，还有众多规模虽小，但美观又典雅的寺院。下面介绍其中两个比较有名的，它们相隔距离不远，徒步游览比较方便。

儒斯特姆帕夏清真寺（→p.100）

整个清真寺极为豪华大气。大理石地板上铺着厚厚的优质毛毯，墙壁上铺满眼花缭乱的几何学花纹图案瓷砖。这些瓷砖产自于最繁盛时期的伊兹尼克。清真寺位于埃及市场西面。

寺内墙壁贴满伊兹尼克的彩色瓷砖

索克尔帕夏清真寺（→p.86）

从蓝色清真寺，步行大约10分钟即可到达。打开奢华典雅的寺院大门，如同进入了百宝箱一样。年代久远的陶器、镀金烛台、彩色瓷砖、斑驳油画，让人流连忘返。做祷告的仪式场也修建得极为豪华，平时会举办寺院活动。

小巧雅致的寺院

购物之旅

观光购物路线（一日游）

购物也是外出旅游的一大乐趣。这条路线既可以游览名胜古迹，又可以购买心仪的物品，可谓一举两得。

① 巴扎集市（→p.96）

巴扎集市是在伊斯坦布尔旅游购物的首选之地。这里有上千家店铺和摊贩，商品种类也是五花八门，相信一定会挑花眼。价格相比其他地方有些贵，如果有中意的物品，可试着跟老板讲讲价。周日·祭祀日·宗教节假日休息。

集市中人山人海

徒步7分钟

② 埃及市场（→p.100）

主要卖调料和生活用品。想买食物的话，这里一定是首选，有很多新奇的物品。此外，还有一些点心摊。周日·祭祀日·宗教节假日休息。

民生食材、调料大荟萃。空气中飘荡着调料的味道，可以买一些当做礼品带回国

徒步20分钟

③ 独立大街（→p.118）

新市区最为繁华的一条大街，洋溢着勃勃生机，充斥着喧哗热闹。大街总长度超过1千米，两边都是店铺：服饰店、食品店、餐厅、咖啡厅……是购物休闲的好去处。每逢周末和节假日，大街上总是人满为患。

周末的大街上人山人海

时尚街

奥尔塔克伊大街（→p.120）

大街位于博斯普鲁斯海峡沿岸，是年轻人聚集扎堆的时尚街。街道两旁有杂货店、工艺品店、潮流服饰店等各种潮流店，还有一些以个人名字命名的手工艺品店。可从爱米诺努栈桥乘坐船只前往这里。

与老城区购物大街的风格大相径庭。这里的店铺大都比较时尚潮流，卖的商品也多为新颖个性的小玩意

阿塔图尔克机场

乘坐机场巴士前往市内

阿塔图尔克机场位于伊斯坦布尔西郊，距离市中心大约20千米。机场巴士顶部标有“Havaş”字母，一般等候在机场大厅外。

机场巴士途经Bakırköy（乘船点）、Aksaray（老城区）、Tepebaşı（新城区），终点站是新城区的Taksim（塔克西姆广场）。

顶部标有“Havaş”字母的机场巴士

乘坐机场巴士，从机场到老城区大约需要30分钟，到达塔克西姆广场大约需要40分钟。有时会遇上堵车的情况，会比预订时间晚一点到达。车费10TL。

去往老城区的苏丹艾哈迈德，可以到老城区的阿克萨拉伊站乘坐最近的路面电车（Yusufpaşa）即可达到。

乘坐出租车前往市内

土耳其的出租车车身颜色大都为黄色，而机场出租车的颜色要更浓一些，以便于区分。这些出租车一般等候在机场大厅出口附近。乘车费按里程计算。从机场直接去往苏丹艾哈迈德的话需要花费30~35TL。去往塔克西姆广场的话需要花费40~45TL。

去往塔克西姆时，出租车会选择沿马尔马拉海沿岸的路线行走，这并不是故意绕远路，是为了避开危险的地势和不便的交通情况。行李比较多的话，可以请求出租车司机帮忙搬运一下。但是要付相当于总车费百分之十的小费。

乘坐地铁前往市内

可乘坐地铁（Metro），从机场出发经由长途汽车站（Otogar）到达老城区的阿克萨拉伊。若想去往苏丹艾哈迈德，可以先乘地铁到阿克萨拉伊，再换乘最近的于斯夫帕夏站路面电车前往。乘坐地铁途中可以在Zeytinburunu站换乘路面电车去往老城区，这样也比较方便。如果携带的行李比较多的话，最好选择乘坐巴士或出租车，这样不会太累。

长途汽车站

伊斯坦布尔的长途汽车站叫做Otogar（土耳其语Otobüs Garajı的简称）。共有两个，一个是位于欧洲部分的艾森莱尔站（Esenler Garajı），位于伊斯坦布尔西北郊外，距离市中心大约10千米。另一个是哈雷姆站（Harem Garajı），位于亚洲部分。去往亚洲区的话，一般乘客选择乘坐哈雷姆站的长途汽车的情况比较多。可以从旅行公司订票。

从艾森莱尔站前往市内

艾森莱尔长途汽车站是伊斯坦布尔最主要、也是最大的长途汽车总站。说起长途汽车站，一般指的就是艾森莱尔长途汽车站。

很多前往市内的巴士都从这里发车，车次较多，比较快捷。总站旁边也有地铁站，终点站是老城区的阿克萨拉伊站，从这里出发到市里经由六站，大约15分钟即可到达。相对来说，乘坐长途汽车花费的时间要比乘坐地铁长一些。

从哈雷姆长途汽车站前往市内

哈雷姆长途汽车站位于亚洲部分，终点站是艾森莱尔长途汽车站。如果去往新城区方向的话，可以在哈雷姆汽车站下车，在哈雷姆栈桥处乘坐轮渡，即可到达加拉塔大桥附近的斯克西，这样比较快捷方便。然后在斯克西乘坐路面电车就可快速到达苏丹艾哈迈德。如果没有大件行李的话，步行也可前往。但若乘坐巴士跨过博斯普鲁斯海峡需要绕道环行，比较花费时间。

铁路

位于欧洲部分的列车始发站是斯克西车站（Sirkeci İstasyonu），这是从巴黎出发的快速列车。位于亚洲部分的列车始发站是海达尔帕夏站（Haydarpaşa İstasyonu），去往安纳托利亚方向。

斯克西车站

斯克西车站位于老城区加拉塔大桥附近，前往这里交通非常便利。从这里乘坐路面电车经过两站地就到苏丹艾哈迈德了。去往新城区的话，可以选择在加拉塔大桥前的爱米诺努巴士站（Eminönü）上车，前往塔克西姆广场站下车即可。

海达尔帕夏站

去往新城区的话，可以在海达尔帕夏站附近的海达尔帕夏栈桥乘坐轮渡，到达新城区的加拉塔大桥附近的卡拉克伊（Karaköy）。

亚洲一侧的海达尔帕夏火车站和轮渡

交通
市内主要的交通工具

路面电车　Tramvay

路面电车方便快捷，乘车环境也比较舒适，是旅行者最喜欢选用的出行交通工具。老城区的路面电车站位于加拉塔大桥附近的爱米诺努，经由苏丹艾哈迈德，去往伊斯坦布尔西部郊外。近来，从爱米诺努出发，经由加拉塔大桥，去往新城区博斯普鲁斯海岸的路面电车也开通了，给人们的出行带来了极大的方便。路面电车的交通费一律为2TL。乘车前买备好塑料票Jeton，在读卡机前刷卡进站。也可以买一张通用电子车票（elektronik billet p.75）刷卡进站。伊斯特斯克拉尔大街上，也有电车通行。这些电车大都是观光电车，外部装饰得比较好，内部环境也更加舒适。

地铁　Metro

伊斯坦布尔的地铁系统比较发达，网络遍及各个地点场所，机场、郊区、新城区、老城区等主要地点都有地铁直达。地铁阿克萨拉伊站距离于斯夫帕夏站路面电车很近，仅仅相隔100米而已。乘坐地铁无论到哪一站下车，一律收费1.5TL。也可以用电子车票。

公共汽车　Otobüs

土耳其的公交分为政府运营和民营两种。很多旅行者不知道如何区分和乘坐。不要着急，公交车站售票处的工作人员会耐心帮您解答。需要注意的是，在公交终点站，有的公交不会停在指定的停车地点等候乘客，这时就得下车亲自在附近找一找。公交顶部的显示牌上标明了去往的目的地。请确认无误后再上车。

老城区城墙附近的托普卡帕站路面电车

车票售票处。也可以办理通用电子车票

如果有不明白或看不懂的地方，可以向身边的人或司机询问一下，他们会告之正确的行车方法。

市政府运营的公交（İstanbul Belediyesi Otobüs），车身颜色为红蓝相间或红绿相间。

车票（Bilet）需要在乘车之前购买，不能上车后再补票。乘车费一律1.5TL。在公交车站入口处有很多售票亭，也可以在这里买车票，不过车票要比车站内的高出一成左右。无论是政府运营的公交，还是民营公交，都可以使用车票Bilet。民营公交（Özel Halk Otobüs）的车身颜色为绿色或蓝色。上车后从司机那买票。民营公交内部标的路线图和政府运营的公交一样。

快速公交　Metrobüs

为了缓和交通阻塞拥挤的情况，市政府特意开通了另一种特殊的出行交通工具—快速公交。运行在巴士专用道上，停站较少，比较省时。车费和普通巴士一样。（参照p.74）

小巴

Dolmuş在土耳其语中是“满满的”的意思。如同其字面意思一样，该车的特点就是等乘客坐满了整个车厢后才发车。这种车也停留在巴士总站附近，车上除了司机外，还有一个人兼管售票和服务，这人一般站在车门处大声招揽乘客上车。可上车后买票入座等候客满发车。车票的价格根据距离远近而定。一般比普通巴士收费要贵一些，但比出租车要便宜很多。小巴行车路线是固定的，好处是可以随喊随停。因此乘坐比较方便。但是对于疏于地理和交通知识的旅游者来说，乘坐这种车可能会比较麻烦。下面为游客们推荐几条固定好记的线路：爱米诺努—塔克西姆、斯克西—尼塔西、塔克西姆—aksaray—托普卡帕（短途巴士总站），希望能够有所帮助。

出租车 Taksi

伊斯坦布尔的出租车车身颜色为黄色，数量很多，无论是大都市还是小城镇都很常见，利用率也很高。出租车起步价是2.5TL，之后每100米收取1.45TL。无论是白天还是夜晚，收费价格都按照上述标准收取。

图为爱米诺努轮渡栈桥处车水马龙的景观。黄色的出租车占了大多数

土耳其人乘坐出租车的时候，如果是独身男性，会选择坐在副驾驶位置。行李过多需要帮忙的话，要付给司机百分之十的小费。付款时，可把打车费用添零做整，权当包含小费付给司机。但是也有的司机会比较大方，会将零头抹去。

乘坐出租车从老城区前往新城区，需要穿过博斯普鲁斯海峡。司机有时为了避开交通阻塞难行的情况，会选择走阿塔图尔克大桥，而不是走距离较近的加拉塔大桥。

如果打车不放心的话，可以把要去的地点写在纸上出示给司机看，确认无误后再出发。

火车（国铁） TCDD

伊斯坦布尔的主要铁路线有两条。一条是位于欧洲一侧的斯克西车站——欧洲线。另一条是位于亚洲一侧的海达尔帕夏车站——安纳托利亚线。在欧洲一侧，线路会经过鱼料理餐厅集中区Kumkapı和机场附近的巴克尔克伊地区，这里有许多大型购物中心。亚洲一侧的路线经过法内尔巴赫切。除此之外，一些小型列车也运行在这两条线之间，以方便人们的出行和通勤。列车每小时发车2~4次。乘车之前需要购买jeton，刷卡进站。也可以使用通用电子车票（p.75）。

租车 Rent a car

土耳其有很多汽车租赁公司，只需要缴纳很少的费用，就能够租到一部汽车。比较大的汽车租赁公司有Avis、Hertz，除此之外，还有其他一些规模较小的运营单位。也许有人会对伊斯坦布尔拥挤的交通不堪其扰，那不妨租一部汽车来自驾旅游。市内的交通出行要求严格，人们也普遍遵守交通规则，所以不要太担

■伊斯坦布尔市内的主要公交路线

目的地	爱米诺努发	塔克西姆发
埃米诺努	——	46C,54E,66,70FE,70KE,74,76A
塔克西姆	46C,54E,66,70FE,70KE,74,74A	——
阿克萨拉伊	28T,30D,33,33B,33Y,TZK1	61B,32T,35CY,46H,46KY
撒尔耶尔	乘坐325YK1换乘里塞25A，或莱文特59RS	25T,40
巴克尔克伊	94	71T,72T
长途汽车站（艾森莱尔）	91O（艾森莱尔）,33（艾森莱尔地铁）	83O（艾森莱尔）,E51（艾森莱尔）地铁
巴亚泽特	TZK1	46H,61B
托普卡帕	28T,31E,32,33,33B,82,92,92C,97A	32T,71T,72T,73,76D,76T,85T,97T
贝西克塔什	28,28T,30D,325YK1	25T,40,40T,42T,110,129T
多尔玛巴夫切	乘坐EM1或EM2在西西哈内换乘145T，339B，339C，339D，然后在凡卡巴奴换乘145T	145T,256
奥尔塔克伊	乘坐TZK1在卡巴塔西换乘22，22RE，25E，26，26B，然后在阿卡莱特莱尔换乘40，40T	40,40T,42T
如麦里·赫萨尔	乘坐TZK1在卡巴塔西换乘22，22RE，25E，26，26B，然后在阿卡莱特莱尔换乘40，40T	40,40T,42T
耶尼卡普	30D,81,325YK1	46CY,46H,46KY,69A,70KY,96T
卡巴塔西	26,26A,26B,28,28T	70KE,TTK1
哈耳庇埃	46C,54E,66,70FE,70KE	43,46C,46CY,46II,46H,54HT
爱特莱尔	乘坐TZK1在卡巴塔西换乘43R，26，26B，28，然后在阿卡莱特莱尔换乘42R，559C	559C

补充信息 **托普卡帕和托普卡帕宫**…托普卡帕和托普卡帕宫是两个完全不同的地点。外国游客经常会搞错。托普卡帕指的是老城区西部城墙处的托普卡帕门。附近有短途巴士总站。托普卡帕宫指的是一个景点。

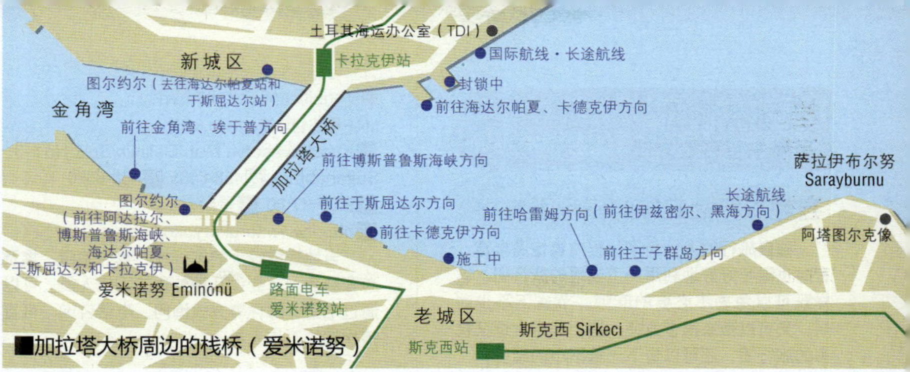

■加拉塔大桥周边的栈桥（爱米诺努）

心。如果在郊外的话，需要注意。

轮渡　Vapur

轮渡的用处非常大，来往于亚洲和欧洲部分的海域上，和巴士一样，方便着人们的出行。

主要的航路有欧洲一侧的爱米诺努、卡拉克伊，卡巴塔西去往亚洲一侧的卡德克伊，海达尔帕夏等。每隔一小时发船2~3次，每次航行费时20~30分钟。费用1.5TL。买票后方可上船。可以使用通用电子车票。

从爱米诺努发往哈雷姆的轮渡载重量比较大，甚至可以装载汽车航行。（上图为栈桥参照图）可以乘坐轮渡畅游在海上，欣赏沿岸的风光。

金角湾航线

金角湾航线指的是从爱米诺努发往金角湾方向，运行时间为7:30~20:35（周日10:30~21:35）。每小时发船一次，每次航行需要50分钟。每次收取费用2TL。

博斯普鲁斯航线详情可参照p.113，王子群岛航线详情可参照p.114。

海上巴士　Deniz Otobüs

海上巴士是速度较快的微型交通船只，航行在博斯普鲁斯海峡上，以老城区南岸、马尔马拉海沿岸的Yenikapı和亚洲地区的Bostanci为基地。

海上巴士的速度较快，相比乘坐陆地巴士，时间大为缩短，提高了效率。内部环境较为高档。费用相比轮渡要高出不少，是商务人士出行的最佳选择。

感兴趣的游客，可以到伊兹尼克（p.140）

体型娇小、轻便的高速船只

金角湾的海面上，轮渡只来来往往。上面是托普卡帕宫

和布尔萨（p.144）的港口处乘坐。比乘坐陆地巴士要节省不少时间。

☎0212-444-4436（İDO）

游轮　Turyol

新型的海上巴士，可以去往海达尔帕夏、卡德克伊、于斯屈达尔、卡拉克伊等地方。每隔15~25分钟发船，非常方便。乘船费2TL。也有去往阿达拉尔、博斯普鲁斯海峡的船只。

☎0212-251-4421 HP www.turyol.com.tr

重要情报

方便的通用电子乘车卡 Elektronik bilet

在伊斯坦布尔市内出行，使用一种通用电子车票的乘车卡非常方便。使用它不但可以乘坐电车、地铁，还可以乘坐公共汽车、轮渡等交通工具。电子通用车票乘车卡分为一次性和充值型两种。一次性的乘车卡又可以分为一次3TL、两次5TL两种。一般在公交停车处和车站处都有出售。充值型的通用电子车票乘车卡可以在车站内的自动售票机处充值。充值时，只需要将乘车卡的瓷片部分放在自动充值机上面，按照投入的相应钱币读取即可完成充值。

补充信息　去往伊兹尼克、布尔萨…乘坐海上巴士出行非常方便。去往伊兹尼克、布尔萨方向的话，可以从耶尼卡帕出发先到达亚洲地区的Yalova，大约只需要1小时10分钟，每天发船7次以上，船票13TL。然后再从Yalova乘坐巴士前往伊兹尼克、布尔萨，非常方便快捷。

当地旅行团

可带来更多的方便

当地旅行社安排的旅行团

独自旅行的人，为了行程内容饱满丰富，有时也需要好好地利用一下当地的旅行团，这样既可以免去不必要的麻烦，节省下不少时间，又可以带来很多方便。遇上非常合适又优惠的旅行团，还可以省下一笔不小的经费。

伊斯坦布尔当地的旅行社提供的旅行团，大都是乘坐巴士的观光旅游团，包含酒店住宿和导游服务。当然，游客也可以根据自己的需要选择不同服务的旅行团。旅行团中，大都是不认识的人，在旅游期间一起住宿、用餐、观光等。也有行动比较自由的团体，可以根据自己的需求和爱好选择自己行动。只要不耽误整个团体的行程和安排，一般都会被允许。当地的旅行社一般都提供英语服务。有的导游也会说中文。

旅行社提供的各项服务

伊斯坦布尔的旅行社设身处地地为前来游玩的人提供多项服务。除了旅行团之外，还能提供各种交通设施的票务订购、酒店以及租赁汽车的预约和办理手续、预订晚餐、代购足球赛事的门票、机场接送等各项服务。旅行社服务的项目内容一般都会写明。

在选择服务项目的时候，一定要和旅行社工作人员就内容、薪酬问题提前商谈好并达成一致，以防出现不必要的意外和麻烦。

由单身游客组成的旅行团不在少数

苏丹艾哈迈德的旅行社 ☎0212

●Backpackers Travel Agency

MAP●剪切地图-15、p.81-L

✉Yeni Akbıyık Cad. 30, Sultanahmet

☎638-6343 FAX 638-3922 营 24小时 休 无

HP http://www.backpackerstravel.net

提供个人旅游服务项目。有很多欧美国家的游客报名参团。

●True Blue Tour

MAP●剪切地图-15、p.83-B

✉Yerebatan Cad.35/A, Sultanahmet

☎528-7561 FAX 528-7563 营 9:00~19:00 休 无

HP http://www.truebluetour.com

提供多语种服务。

●Magnificent Travel Agency

MAP●剪切地图-18、p.83-E

✉Kucukayasofya Mah.Gelinlik Sok. No:1-3 Sultanahmet ☎458-6565 FAX 458-6570

营 9:00~17:00 休 星期日

HP http://www.torukoryoko.com

当地规模较大的旅行社。也为希腊、埃及游客服务。有会说几种外语的工作人员。可以通过电话、邮件等方式询问。电话咨询，可直接找相关工作人员。

市内旅行团

伊斯坦布尔有很多旅行社，市内观光旅行团也是多种多样，在这里游客们一定会找到最适合自己的行程。本书在这里为大家列举几个代表性的旅行团和价格标准，仅供参考。

半日旅行团　一般不提供用餐服务。35欧元~

①奥斯曼・土耳其的历史遗迹／托普卡帕宫殿—蓝色清真寺—苏莱曼尼耶清真寺—金角湾

②拜占庭和奥斯曼历史遗迹／圣索菲亚大教堂—蓝色清真寺—土耳其及伊斯兰艺术博物馆—巴扎集市

③博斯普鲁斯海峡／博斯普鲁斯海峡游—如麦里・赫萨尔—埃及市场一日游（提供免费早餐）

④奥斯曼・拜占庭历史遗迹／1、2路线合并（60欧元~）

1日旅游行团　通常提供用餐服务

⑤博斯普鲁斯海峡／3、4路线合并（55欧元~）

⑥亚洲・欧洲游／2、4路线合并（60欧元~）

⑦亚洲、欧洲/主要是2、4路线的结合（60欧元~）

⑧乘坐马车环游希林斯半岛/比于可阿达观光路线（60欧元~）

带豪华晚餐的旅行团

博斯普鲁斯海峡游（在游船上一边欣赏海峡风光，一遍享用豪华晚餐盛宴。99欧元~）/肚皮舞观游（一边欣赏肚皮舞一边用餐。66欧元~）

欣赏着车窗外的闲适景观，心灵也得到释放

市外郊游

与市内旅游团一样，市外郊游有很多可供选择的路线和种类。对于滞留时间较短、独身出游的旅客来说，利用起来非常方便。根据费用和入住酒店的星级，下面举一些代表性的例子。

①一日游：最热门的是布尔萨一日游。除此之外，还有以弗所、贝尔加马、帕姆卡莱等城市的一日游。一般早晨出发，行程紧凑（95欧元~）。

②两天一夜游：特洛伊两天一夜游。还有贝尔加马、以弗所、库尚达斯等城市的两天一夜游（110欧元~）。

③三天两夜游：可以选择乘坐飞机游卡帕多西亚（320欧元）。热气球环游卡帕多西亚（140欧元，价格因季节而异）及卡帕多西亚—内姆鲁特山（4~10月每周发团两次，230欧元~）。

④三天两夜游：以弗所—帕姆卡莱（340欧元~）。

观光巴士途中经过不知名的小镇

⑤五天四夜游：加里波利—特洛伊—以弗所（400欧元~）。

⑥八天七夜游：伊斯坦布尔—卡帕多西亚—帕姆卡莱—以弗所。（旅途全程乘坐夜间巴士为495欧元~。如果选择乘坐飞机的话，价格为620欧元~。）

⑦九天八夜游：环游土耳其各大知名遗迹，伊斯坦布尔—安卡拉—卡帕多西亚—科尼亚—帕姆卡莱—阿佛洛狄西雅斯—以弗所—波斯佛拉斯库尔兹（965欧元~）。

⑧1天10晚游：土耳其热门旅游路线，伊斯坦堡—安卡拉—卡帕多西亚—科尼亚—帕姆卡莱—以佛所—特洛伊—博斯普鲁斯海峡（965美元~）。

24小时开放的斯克西邮局

伊斯坦布尔应急联络方式

BOOK MARK

区号 ☎0212

中国驻伊斯坦布尔总领事馆 Çin Halk Cumhuriyeti İstanbul Başkonsolosluğu

✉Ahi Çelebi Cad. Çoban Çeşme Sok. No:4, Tarabya, Sarıyer, İstanbul
☎212-2993731/2992634
FAX 212-2992633
HP http://tr.istanbul.chineseconsulate.org
http://tr.china-embassy.org

邮局 PTT

●斯克西邮局 MAP●剪切地图-14、p.81-G
✉Habyar Mah.Büyük Postane Cad. 25
☎526-1200 营8:30~17:30 休周六·周日（节假日提供邮政服务。邮寄包裹请到PTT的办公室内办理相关业务。）☎526-1200（内线1343）
营8:30~12:30、13:30~17:30
休土·星期日、节假日

●塔克西姆邮局 MAP●剪切地图-7、p.105-C
✉Cumhuriyet Cad. Gezi dükkanları 2 ☎292-3650 营8:30~17:00
休周日、节假日

观光警察 Turizm Polisi

MAP●剪切地图-15、p.83-B
✉Akbıyuk Polis Karakolu Yerebatan Cad, Sultanahmet ☎527-4503

处理外国游客相关的所有事务。包括处理违法高价买卖物品等。

警察Polis ☎155 救急Ambulans ☎112

医院 Hastane

●德国医院 Alman Hastanesi
MAP●剪切地图-7、p.105-D
✉Siraselviler Cad.119, Taksim ☎293-2150
●美国医院 Amerikan Hastanesi
✉Güzelbahçe Sok. 20 ,Nişantaşı ☎444-3777
●国际医院 International Hospital
✉İstanbul Cad.82, Yeşilköy ☎663-3000
※上述医院都设有24小时运营的急救中心。

土耳其航空 Türk Hava Yolları

塔克西姆 Taksim MAP●剪切地图-7、p.105-C
✉Cumhuriyet Cad.,Gezi Dükkanları 7, Taksim
☎252-1106 营6:30~22:45 休无
※机票抢购（预约机票确认），请拨打全国热线☎444-0849（24小时开通）；确认预约座位热线☎90-850-333-0849

伊斯坦布尔新气象

■炸面包圈现象

近年来，在土耳其出现了这么一种怪现象：人口从城市中心地区向郊外逐渐变得密集起来。特别是在伊斯坦布尔，这种现象尤为显著。许多年轻的家庭为谋求舒适悠闲的居住环境和成本较低的生活消费，将居住地逐渐转移到了远离市中心的郊外地区。近几年，在郊外地区逐渐形成了炸面包圈式的密集住宅区。

一些内部设有游泳池、室内健身房、小型超市、浴室等公共设施的高级公寓也多了起来。地铁和巴士的交通线也不断延伸，使得市内和郊区的交通也变得方便起来。最开始，只是一些年轻的夫妇们在郊外居住，但是慢慢地，他们的父母们现在也迁居到了这里。

市中心的各种消费场所基本能满足人们的一切需求

■比较热门的娱乐场所

巴伊拉姆帕萨地区的艾森莱尔长途汽车站一带，成为了近期最受人们关注、也是最热门的娱乐场所。这里刚刚建起了全球家具卖场宜家土耳其分店（IKEA），还有一所大型购物中心，内部建有豪华水族馆。2011年10月，土耳其第一所集购物中心、酒店、娱乐中心于一身的超大型复合设施landra也建成了，并迅速吸引了大量的人气。

如今的巴伊拉姆帕萨地区，已不再是当年平淡无奇的样貌，在各种大型消费、娱乐场所建起之后，已经取得了人们的青睐，吸引了不同国家的人前来消费。这里正以崭新的面貌展现在世人眼前，相信在不久的将来，它会变得更加富有魅力。

■伊斯坦布尔的团购网

这几年，团购网站在全世界各地兴起。作为土耳其知名大都市的伊斯坦布尔也不例外，一股团购热已经席卷开来。团购网以网友团购为经营卖点。其独特之处在于：每天只推几款折扣产品、每人每天限拍一次、折扣品一般是服务类型的。

网络文化早已经普及的伊斯坦布尔，年轻人和主妇们足不出户就可以在网上淘到各种物美价廉的好东西。不管是餐券还是购物优惠券，乃至旅游团购券，都可以买到。

■咖啡文化革命

以前说起土耳其的咖啡，通常指的就是雀巢咖啡。各大餐厅和酒店也大都只提供这种简易咖啡，几乎没有烘焙式咖啡。

但是近年来，许多外资咖啡逐渐进驻伊斯坦布尔，比如星巴克等。其中，比较知名的是焙煎式咖啡店连锁店。其代表店铺是Kahve Deposu咖啡连锁店。这是一家土耳其本土风味的咖啡店，与国外的咖啡店相比，价格较能够被大众接受，并且咖啡店内还提供茶水等多种饮品，这大大丰富了人们的选择。步入这家咖啡店内，马上就会闻到一股浓浓的咖啡香味。泡上一杯热腾腾的咖啡，一整天的疲惫好像也得以一扫而光。

土耳其当地咖啡连锁店——Kahve Deposu咖啡屋

城市历史

伊斯坦布尔历史最早的可以追溯到古代的色雷斯人。他们最初移居到此，并形成了最早期的村落。这些村落位于如今亚洲一侧的卡德克伊（古名卡尔西顿）一带。

墨伽拉人的殖民地——拜占庭

公元7世纪，在墨伽拉国王拜占斯的率领下，极大地开拓了欧洲海峡地区，即现在的老城区托普卡帕宫一带。并以统治者的名字来命名，史称拜占庭。金角湾就坐落在其领土范围内，这个地理位置优越的天然港湾，在这一时期逐渐发展起来海上贸易。

苏丹艾哈迈德广场附近残留下来的里程碑。公元4世纪，拜占庭帝国领土疆域辽阔，各地都公矗立有用以标记领土所属的里程碑

公元前3世纪，拜占庭曾一度成为罗马帝国的同盟都市，并取得了飞跃式的发展，也拥有过一定时期的繁荣盛世景象。但是不久后，拜占庭在奈哲尔与塞维鲁的战争中支持奈哲尔，使拜占庭被罗马帝国军队围困，受到极严重的破坏。后来得到重建，很快重新恢复繁荣。

罗马帝国的首都

公元330年，这里正式成为罗马帝国的新首都，改名为君士坦丁堡。不久，罗马帝国分裂为东罗马和西罗马。西罗马帝国随后走向灭亡，东罗马帝国继续1000多年的繁荣。东罗马帝国也被称为拜占庭帝国。本书也沿用这一称谓。但是，这一称谓是后来的历史学家命名的，当时的居民自称为罗马人。

拜占庭帝国在公元6世纪收回了地中海沿岸和意大利半岛的大片领土，也迎来了历史上的最鼎盛时期。这一时期，君士坦丁堡的总人口超过了100多万。期间还修建了大大小小共计500多座教会，350多座修道院，不计其数的大型蓄水池、水道桥、大型浴场等公共设施以及大型建筑。老城区的圣索菲亚大教堂、地下水宫殿、水道桥等古建筑，就是这一时期的遗留产物。

山崖之上，可以窥见拜占庭的王宫旧貌。蓝色清真寺就建于此。伊斯坦布尔的老城区，处处都保留有帝国的古风旧貌

穆罕默德二世的征服

1204年，第四次十字军东征，攻占和洗劫了君士坦丁堡。拜占庭帝国分裂成数个国家，国力一时衰落。土耳其民族也蚕食了拜占庭的各个疆域。

在经历了几个世纪的衰落之后，君士坦丁堡被更多新兴的帝国占领，其中最为强大的是奥斯曼土耳其帝国。穆罕默德二世率领军队攻入了君士坦丁堡，当时的拜占庭国土，仅仅剩下现伊斯坦布尔老城区和城墙内的部分。

1453年，誓要夺取君士坦丁堡的穆罕默德二世将都城由原来的埃迪尔内迁到了这里，并重新命名为伊斯坦布尔。伊斯坦布尔的首都地位，在奥斯曼土耳其第一次世界大战败北后的1923年不保，安卡拉成为新的首都。

奥斯曼土耳其的军乐队

去往金角湾方向
去往金角湾方向
恰尔萨巴
Çarşamba
Haliç
Cad.
Şair
Nabi
Sok.
Cad.
Cad.
Cibali
Salih
Paşa
Cad.
Üsküplü
Cad.
阿塔图尔克大桥
Atatürk Köprüsü
A
Şebnem Sok.
Karadeniz
B
金角湾
Golden Horn (Haliç)
克屈克帕萨尔
Küçükpazar
法提
Fatih
Tetimmeler
Dervişali
耶拉尔图集市
Yeraltı Çarşısı
Bulvarı
Atatürk
Atlama Taşı Cad.
Ragıp
亚卡帕饭栈桥
Yağkapanı
İskelesi
法提赫清真寺 p.98
Fatih Camii
Sok.
Cad.
Çırçır Cad.
Zeyrek Cad.
Cad.
克屈克帕萨尔
Küçükpazar
Kıble
Sabunhane Sok.
Çeşme
Gümüşpala
Cad.
Cad.
Fatih T. Sok.
Eski Mutaflar Sok.
集市
Katip
Cad.
Darül Hadis Sok.
Sarı Beyazıt Cad.
p.100 儒斯特姆帕夏清真寺
Rüstem Paşa Camii
Fevzi Paşa Cad.
Karaman Cad.
İtfaiye
阿塔图尔克大道
瓦伦斯水道桥 p.98
Bozdoğan Kemeri
达鲁兹亚飞餐厅 p.122
Fetva Yokuşu
苏莱曼尼耶
Süleymaniye
Cad.
Vefa
Şifa Hane Sok.
Açıklar Sok.
苏莱曼尼耶清真寺 p.97
Süleymaniye Camii
Dolap Cad.
Cemal Yener Tosyalı Cad.
谢夫泽德巴什大道
谢夫泽德巴什清真寺
Şehzade Camii
Kirazlı Mescit Sok.
Yeşil Tekke Sok.
Cad.
E
伊斯坦布尔市政厅
Belediye Sarayı
Şehzadebaşı Cad.
伊斯坦布尔大学
İstanbul Üniversitesi
F
Besim Ömer Paşa Cad.
Fuat Paşa Cad.
Uzun Çarşı Cad.
Tarakçılar Cad.
Horhor
贝亚泽特塔
伊斯坦布尔大学
Aksaray
Cad.
Türk
Vezneciler Cad.
Çıngıraklı Bostan Sok.
阿克萨拉伊
Aksaray
贝亚泽特 p.95
Beyazıt
酒店
卡帕勒恰尔舍大集市 p.96
Kapalı Çarşı
霍尔霍尔古玩市场 p.117
Valide Camii
p.129 苏丹酒店
拉莱利清真寺
Laleli Camii
伊斯坦布尔大学
İstanbul Üniversitesi
贝亚泽特清真寺
Beyazıt Camii
旧书市场 p.117
卡尔帕切拉尔巴什大道
阿克萨拉伊站
Aksaray
苏丹酒店
拉莱利
Laleli
Ordu Cad.
大学城
Üniversite
贝亚泽特市场
贝亚泽特门
Beyazıt Kapı
路面电车
Koca Ragıp Sok.
贝亚泽特
Bayazıt
耶尼切利莱尔大道
Yeniçeriler Cad.
İnkilap Cad.
土耳其航空
(THY)
巴士停车场
Mesih Paşa Cad.
Turanlı Sok
Mithat Paşa Cad.
Cad.
总统大酒店 p.129
东方之家 p.49
p.129 安提克埃博鲁酒店
Azimkar Sok.
尼尚贾
Nişanca
耶尼卡普
Yenikapı
Namık Kemal Cad.
Asya Sok.
Türkeli Cad.
Bali Paşa Yokuşu
Gedik Paşa Cad.
巴士乘车站
Hemşehri Sok.
Molla Taşı Cad.
Tiyatro
去往耶迪库莱站方向
I
Langa Hisarı Sok.
Çifte Gelinler Cad.
J
Kadırga
Tavaşi Ç. Sok.
库姆卡普
Kumkapı
耶尼卡普站
Yenikapı Ist
爱琴海餐厅 p.123
海鲜餐厅聚集区
Alişan
Sok.
Yenikapı Kumsal Sok.
库姆卡普站
Kumkapı Ist
国铁
凯内迪大道
耶尼卡普栈桥
Yenikapı

伊斯坦布尔老城区
Sultanahmet
0
200m
N
博斯普鲁斯海峡
Bosphorus
(Boğaziçi)
博斯普鲁斯航线
去往于斯屈达尔方向
去往海达尔帕夏
波斯坦杰、巴克尔克伊、哈雷姆车站方向
卡德克伊
去往图内尔站方向
加拉塔塔 p.106
Galata Kulesi
加拉塔塔 p.49
图内尔 Tünel p.107
阿拉伯清真寺
Alap Camii
加拉塔府邸酒店 p.131
卡拉克伊
Karaköy
Okçu Musa Cad.
Kemeraltı Cad.
路面电车
Necati bey Cad.
Galata Mumhanesi Cad.
Kemankeş
Cad.
Tersane Cad.
图尔约尔（去往海达尔帕夏、于斯屈达尔方向）
观光咨询处 p.64
卡拉克伊栈桥（去往海达尔帕夏、卡德克伊方向）
加拉塔大桥 p.99
Galata Köprüsü
哈姆迪餐厅 p.123
去往金角湾方向
图尔约尔（博斯普鲁斯海峡旅游团）
巴士终点站
去往博斯普鲁斯海峡方向
去往于斯屈达尔方向
爱米诺努巴士终点站
爱米诺努
Eminönü
耶尼清真寺
Yeni Camii
潘代利餐厅 p.123
爱米诺努 p.99
Eminönü
去往卡德克伊方向
去往于斯屈达尔方向
去往哈雷姆方向
斯克西栈桥
Sirkeci Feribot İskelesi
阿达拉尔栈桥（工事中）
长距离航线乘船处
萨拉伊布尔努
Sarayburnu
阿塔图尔克像
Atatürk Heykeli
Hamidiye
哈菲兹·穆斯塔法糕点屋 p.123
Kennedy Cad.
Sirkeci Feribot İskelesi
埃及市场 p.100
Mısır Çarşısı
斯克西
Sirkeci
斯克西 p.99
Sirkeci İstasyonu
观光咨询处 p.63
İstasyon Arkası Sok.
p.123 科尼亚人餐厅
Cad.
Aşır Efendi Cad.
斯克西邮局 p.77
艾蒂什餐厅 p.123
斯克西 p.99
Sirkeci
Cafer Sok.
Tarakçı
居尔哈内公园
Gülhane Parkı
巴格达
第4庭
宝物室
第3庭
托普卡帕宫 p.89
Topkapı Sarayı
哈雷姆
Harem
厨房
第2庭
陶器展示室
老城区
埃尔博伊酒店 p.129
亚什马克苏丹酒店 p.129
Ebussuut Cad.
P.83
加尔奥卢土
Cağaloğlu
Ankara Cad.
p.93 瓷器博物馆
Çinili Köşkü
p.92 古代东方博物馆
Eski Şark Eserleri Müzesi
考古博物馆 p.92
Arkeoloji Müzesi
努鲁奥斯马尼耶清真寺
Nuruosmaniye Camii
努鲁奥斯马尼耶大道 p.117
Nuruosmaniye Cad.
加尔奥卢土耳其浴室 p.51
耶莱巴坦大道
居尔哈内
Gülhane
阿拉伊
圣伊莱纳教堂
Aya İrini Kilisesi
阿赫尔卡普
Ahırkapı
君士坦丁柱
切姆拜尔塔什土耳其浴室 p.51
阿合麦特2世神庙 p.76
Mahmud II Türbesi
旅行社
DHL办事处 p.415
观光警察 p.77
Turizm Polisi
圣索菲亚大教堂博物馆 p.88
Ayasofya Müzesi
p.63 观光咨询处
苏丹艾哈迈德
Sultanahmet
地下宫殿 p.87
Yerebatan Sarnıcı
切贝尔理他
Çemberlitaş
塔西蒂万·约尔
Divan Yolu
p.87 地下水池
Binbirdirek
p.82 苏丹艾哈迈德
Sultanahmet
圣索菲亚广场
Ayasofya Meydanı
Haseki Hürrem Hamamı p.84
蓝色宾馆 p.128
佐伊女王饭店 p.127
Piyerloti Cad.
切什梅
狄奥多西像
蛇之柱
p.86 土耳其及伊斯兰美术馆
Türk ve İslam Eserleri Müzesi
p.85 罗马竞技场遗迹
At Meydanı
苏丹艾哈迈德清真寺（蓝色清真寺）p.84
Sultan Ahmet Camii
p.84 绒毯博物馆
Halı Müzesi
Backpackers Travel Agency p.76
索克尔帕夏清真寺 p.86
Sokllu Paşa Camii
Limani Cad.
马赛克博物馆 p.85
Mozaik Müzesi
坎克尔塔兰站
Cankurtaran İst
伊斯坦布尔华美达饭店 p.126
贝斯特韦斯特城堡酒店 p.128
Kaleci Sok.
Magnificent Travel Agency p.76
p.415 UPS办事处
小圣索菲亚教堂 p.86
Küçük Ayasofya
Oyuncu Sok.
Kennedy Caddesi
C
D
G
H
K
L

地跨欧亚大陆的伊斯坦布尔城市历史非常悠久。尽管拥有历史古迹的城市不在少数，可是却很少有像伊斯坦布尔这样一座城市，能够兼具古风和新颜浑然天成的味道。伊斯坦布尔老城区已经被收录为联合国世界文化遗产。这里的每一处历史遗迹都值得人们细细游览和品读。

苏丹艾哈迈德

街区漫步

观光景点都可步行前往

我们先来定位一下，假如你站在圣索菲亚大教堂前的广场上，那么北面就是著名的托普卡帕宫。跨过前面的花园，就是大名鼎鼎的苏丹艾哈迈德清真寺。这里是伊斯坦布尔老城区的中心位置，也是世界遗产众多的历史城区。除了以上几处久负盛名的历史景点，若要仔细地游览剩下的观光景点大概需要几天的时间。不过景点之间相隔距离都非常近，徒步即可到达。

本书将以圣索菲亚大教堂作为老城区观光基点，向读者一一作以介绍。

休馆日

需要注意的事项：圣索菲亚教堂的休馆日是星期一；托普卡帕宫的休馆日是星期二；托普卡帕宫的后宫是独立参观的景点。如果是短期旅游的话，更应该留意一下以上景点的休馆时间。免得因为回程日期迫近而遗漏心仪的观光点。可根据景点的开放时间来安排自己的行程，这样才不会错过精彩的内容。

去往海边的坡道

因为地理条件的关系，从市中心前往海边要经过地势起伏的坡道。不过坡道周边，有许多土特产屋、餐厅以及酒店等。酒店大都集中在耶莱巴坦的地下水宫附近以及圣索菲亚广场南下至马尔马拉海一带。

加拉塔大桥附近的斯克西、爱米诺努、巴扎市场以及贝亚泽特都在徒步可达的范围内。也可以乘坐路面电车前往。如果时间充裕的话，建议步行前往。不过，去往金角湾和马尔马拉海方向的路程十分遥远。如果是酷热的夏天，这样的路程可能会让人受不了。从加拉塔大桥返回时可以乘坐路面电车。

苏丹艾哈迈德的著名景点之一圣索菲亚大教堂。前面是圣索菲亚教堂广场

İstanbul Lisesi
İstanbul Valiliği
p.93 陶器博物馆
Çinili Köşkü
Hükümet Konağı
Celal Ferdi Gökçay
Türkocağı Cad.
Cağaloğlu Yokuşu Sok.
p.92 古代东方博物馆
Eski Şark Eserleri Müzesi
Mahmutpaşa Camii
Ankara Cad.
İstanbul Emniyet Müd.
Alemdar Cad.
Tasvir Sok.
加尔奥卢土耳其浴室 p.51
p.92 国家考古博物馆
Arkeoloji Müzesi
İsmail Gürkan Cad.
居尔哈内
Gülhane
Babı Hümayun Cad.
Serefefendi
Sok.
A
B
阿拉伊
p.117 巴扎44
萨尔内奇餐厅 p.122
努鲁奥斯马尼耶大道 p.117
Nuruosmaniye Cad.
Cad.
p.121 无忧餐厅
布哈拉餐厅 p.121
p.122 玫瑰居东方食肆
Soğuk
Ayasofya Konakları
圣索菲亚官邸大酒店 p.127
阿尔玛甘商店 p.117
Cezeri Kasımpaga Camii
Zeynep sultan Camii
p.128 奥托曼帝国大酒店
法国梧桐商店 p.117
巴扎集市
杰拉尔苏丹大饭店
p.127
p.126 圣索菲亚酒店
Çeşme Sok.
Alayköşkü
True Blue Tour p.76
Fenerı Sok.
Türbedar Sok.
p.117
格尔戴斯商店
尤鲁克收藏 p.117
开比勒酒店 p.126
Babı Ali Cad.
Çatalçeşme Sok.
Ticarethane
耶雷巴坦大道
切姆拜尔塔什土耳其浴室 p.51
p.415 DHL办事处
观光警察 p.77
Turizm Polisi
Basın Müzesi
穆罕默德2世神庙
Mahmud II Türbesi
黑海餐厅 p.122
p.128 诺玛德酒店
p.121 马萨尔餐厅&咖啡厅
圣索菲亚大教堂博物馆 p.88
Ayasofya Müzesi
切姆拜尔塔什
Çemberlitaş
Divanyolu Cad.
蒂万・约尔
p.121 布丁店
生命之树旅馆 p.128
苏丹艾哈迈德
Sultanahmet
地下宫殿 p.87
Yerebatan Sarnıcı
p.87 Binbirdirek
Binbirdirek
Firuzağa Camii
观光咨询处 p.63
Işık Sok.
Peykhane
Piyer Loti Cad.
Cad.
Ökten Cad.
Adliye Sarayı
ptt Merkez
泉池
苏丹艾哈迈德公园
Sultanahmet Parkı
Kabasakal Cad.
Işık Sok.
伊斯坦布尔阿卡迪亚酒店 p.127
Haseki Hürrem Hamamı
p.84
Türbeler Müzesi
Medresesi Sok.
Imran
Klodfarer
Keçecizade Fuatpaşa Camii
p.86 土耳其及伊斯兰艺术博物馆
Türk ve Islam Eserleri Müzesi
At Meydanı Cad.
狄奥多西像
夜喜来福饭店
p.126
D
p.116 艺术卖场
p.126 伊斯坦布尔四季酒店
C
Sok.
Sok.
Dizdariye Camii
p.85 罗马竞技场遗迹
At Meydanı
Dalbasu Sok.
p.128 东方国际旅馆
苏丹艾哈迈德清真寺 p.84
Sultan Ahmet Camii
Dizdariyeçeşmesi
蛇之柱
蓝屋饭店 p.127
Utangaç Sok.
Katip Sinan Camii
Babayani
p.84 绒毯博物馆
Halı Müzesi
p.128 苏丹旅馆
拉米餐厅 p.122
埃及市场
Sok.
Terazisi
费赫米拜伊饭店 p.127
p.116
阿拉斯塔卖场
İstanbul Kültür Müdürlüğü
Meydanı
艾伊曼地毯行 p.117
Akbıyık Cad.
p.127 贝斯特韦斯特尖塔酒店
Torun Sok.
Kabasakal Cad.
索克尔帕夏清真寺 p.86
Sokullu Paşa Camii
苏丹艾哈迈德皇宫饭店 p.126
Marmara Üniversitesi
Sok.
Limanı
马赛克博物馆 p.85
Mozaik Müzesi
Sultan Ahmet Endüstri Meslek Lisesi
Nakilbent Sok.
Amiral Tafudil
Akbıyık Cad.
巴勒克哲萨巴哈丁餐厅 p.121
多易多易餐馆 p.121
Hasanağa Camii
p.129 爱瑞森皇冠酒店
Küçük Ayasofya
Kapı Ağası Sok.
Cad.
Kaleci
Sok.
Kapıağast Mahmutağa Camii
p.128 纳兹木屋酒店
p.76 Magnificent Travel Agency
苏丹客栈 p.128
Akbıyık
Değirmeni
Akbıyık Camii
国铁
Mustafapaşa
Oğul
Sok.
p.415 UPS办事处
酒店
Sok.
小圣索菲亚清真寺 p.86
Küçük Ayasofya
E
F
Aksakal
Kennedy Cad.
凯内迪大道
N
苏丹艾哈迈德
Sultanalmet
0
100m

苏丹艾哈迈德清真寺（蓝色清真寺）

Sultan Ahmet Camii MAP●剪切地图-15、p.83-D

交从圣索菲亚广场步行2分钟即可到达 开9:00~18:00（做礼拜有时限） 休无 ☎458-0776

土耳其语中把伊斯兰教的寺院叫做“cami”。艾哈迈德清真寺是第十四代苏丹艾哈迈德一世在他20岁时下令修建的，7年后也就是1616年才正式竣工。其内部装饰以蓝色为基调，因此又称为蓝色清真寺。与其他的清真寺相比，其蓝色格调尤为突出，给人以强烈的感官印象。

苏丹艾哈迈德清真寺的中央大穹顶高达43米，直径达27.5米。四周被大大小小的拱门围绕。苏丹艾哈迈德清真寺的尖塔也非常特别，共有6座。

拥有6座尖塔的清真寺在全世界的伊斯兰教寺院中是非常少见的。据说，寺院是由土耳其著名建筑家米马尔·锡南的弟子穆罕默德·阿阿主持建造的。

据说穆罕默德·阿阿误将苏丹说的“Altın（黄金）”听成了“Altı (6)”，这才修建了6座尖塔，从而造就了这座独特的清真寺。进入苏丹艾哈迈德清真寺内部，站在空旷的地板上向上仰望，穹形的屋顶上有200多个小窗户，阳光透过窗户上的彩色玻璃照进来，营造出一种特别的气氛。

参观清真寺的注意事项

清真寺说到底还是宗教场所。因此，在参观过程中有一些需要注意的事项。

首先，在参观过程中禁止穿着短裤、无袖上衣等裸露肌肤的服装。尤其是在地方上这些要求执行的非常严格。女性必须把头发全部包裹起来，所以有必要准备大头巾。建议买一块包袱布样式的裹头巾，回国的时候还可以用来包裹行李，一举两得。做祷告的时间是禁止入场的。有的清真寺还明文禁止异教徒进入寺内。

土耳其的清真寺一般都没有闭馆日。除了一些观光游客较多的清真寺外，大多数寺院都没有入场时间的限制。一般也不会向游客收取入场费。但是因为要维持寺院的庞大开支以及设施维护，必然要花费巨额费用。而这些钱财通常来源于教徒以及游客们的热心施舍及捐助。一般寺院里都有专供捐助的捐款台或募捐箱。

大小穹顶构成了美轮美奂的金字塔形状

苏丹艾哈迈德一世在清真寺竣工后的第二年就去世了。为纪念他，就用他的名字来命名这座清真寺。用于修建清真寺的资金来自于奥斯曼帝国。在清真寺的北侧有一所苏丹陵墓（Türbe），里面安放着苏丹家族30多座石棺。石棺上的精美瓷砖非常漂亮。

在蓝色清真寺门口左手边的道路尽头，是**地毯博物馆**（Halı Müzesi），经过一段时间的休整后，如今又再次正式对外开放。

在蓝色清真寺前面的喷泉东侧，有一个圆形的建筑物，这是在1556年，苏莱曼大帝为其妃子建造的**皇家浴场**（Haseki Hürrem Hamamı）。浴场当时也向市民

从尖塔上方角度俯瞰蓝色清真寺的中庭

站在清真寺内部向上望去，穹顶重叠，十分美丽

被称为象腿的巨大圆形石柱支撑着寺内的大穹顶

开放，其所获得的收益用以维持圣索菲亚大教堂的相关开支。

这位王妃是俄国人，当时是作为俘虏住进后宫的。因为得到国王的宠爱而集大权于一身，被后人称为洛克塞拉娜，在欧洲她也很有名气。

昔日的皇家浴场如今已成了地毯博物馆。

马赛克博物馆

Mozaik Müzesi　MAP●剪切地图-14、p.83-F

交 从圣索菲亚教堂步行5分钟即可到达

开 9:00~18:00 休 周一 TL 8TL ☎ 518-1205

马赛克博物馆位于蓝色清真寺东侧，其入口位于阿拉斯塔集市内。

考古学家在蓝色清真寺的后方发现了大量的拜占庭时期的马赛克镶嵌画，画作内容包括神话、肖像、打猎、叙事等。这里原本是拜占庭初期的一座宫殿，宫殿内的走廊里用各种马赛克壁画作装饰。

拜占庭初期栩栩如生的马赛克镶嵌画

拜占庭时期的马赛克镶嵌画作，一般以基督教为主题。内容涵括神话、狩猎、人物、动物姿态肖像等。这些画像栩栩如生，非常有趣。

古罗马竞技场

At Meydanı　MAP●剪切地图-14、p.83-C

交 从圣索菲亚广场步行大约2分钟

古罗马竞技场位于蓝色清真寺的西面，始建于公元3世纪初期。可以容纳3万多人，是当时用以观看斗兽、赛车的场所。

在此之后，各种族势力不断发展。532年于斯特尼亚努斯一世统治时期，人们对于暴君的不满日益变甚，从而爆发了很大的内乱。当时的皇帝曾一度打算弃国而逃，但是在其王妃德奥多拉的劝谏和帮助下最后镇压了暴乱，并在这里将数千人处以极刑。

另外，在19世纪初期奥斯曼时代，耶尼恰里军团发动叛乱，其中的大多数人被俘后也是在这里被处决的。

古罗马竞技场中矗立的方尖塔

在竞技场的狭长空间里竖立着三座柱式纪念碑。其中狄奥多西方尖碑（埃及方尖碑），是罗马帝国皇帝从遥远的埃及运来的。石柱上雕刻有精美的图案。广场南面的君士坦丁石柱在第四次十字军战乱中遭到了极大的损坏。正中间的青铜蛇石柱是从希腊的阿波罗神殿中搬运来的。

广场北端的优美喷泉亭是19世纪末期德国皇帝威廉二世赠送的。

历史之泉　耶尼恰里…Yeniçeri。意为“新军”。是14世纪中期组编的奥斯曼帝国步兵亲卫军团。征用全境领土内的基督教徒收编而成，并对其再教育，使其改信仰为伊斯兰教。

土耳其及伊斯兰艺术博物馆

Türk ve İslam Eserleri Müzesi MAP●剪切地图-14、p.83-C

交从圣索菲亚广场步行3分钟即可到达 开9:00~最后入场时间19:00（冬季~16:30） 休周一 TL10TL ☎518-1805

土耳其及伊斯兰艺术博物馆内展示着从公元8世纪到19世纪的土耳其及伊斯兰世界的传统工艺美术作品，是热爱土耳其民族和伊斯兰美术作品的游客必去的参观地方。绒毯、彩色陶器、细密画、手抄本、家具类文物都非常值得欣赏。

博物馆建筑物本身是苏莱曼大帝的宰相阿布拉哈姆帕夏宅邸的一部分。阿布拉哈姆在奴隶市场上买下了王妃秀莱姆并献给了苏莱曼大帝，他的妻子也是苏莱曼大帝的姐姐。

索克尔帕夏清真寺

Sokllu Paşa Camii MAP●剪切地图-18、p.83-C

交从圣索菲亚广场步行12分钟可达

索克尔·穆罕默德帕夏是塞里姆二世的女婿，是欧洲历史上有名的宰相。为了纪念他的功勋，大建筑家锡南（p.97）总共为其建造了四座清真寺，索克尔帕夏清真寺就是其中最为有名的一座。于1572年完工。

清真寺的外观小巧玲珑，注重平衡感的设计获得了后世的一致好评。但因为周围的建筑物较多且鳞次栉比，所以远远望去几乎很难看清全貌。其内部的鲁斯坦帕夏清真寺（p.100）装潢简洁大方，且不失庄严肃穆之感，经常作为祷告或宗教仪式的场合。

既然来到了索克尔帕夏清真寺，不妨游览一下近处的小圣索菲亚清真寺（Küçük Ayasofya）（剪切地图-18、p.83-E）。“Küçük”是小型的意思，是相对于圣索菲亚大教堂的叫法。它于公元536年建造而成，当时是作为教堂使用，现在改建为清真寺。整个建筑的独特之处在于其外观是匀称的八角形，被称为伊斯坦布尔最美丽的教会之一。

大建筑巨匠锡南的杰作——索克尔帕夏清真寺

有别于其他清真寺，索克尔帕夏清真寺在装饰过程中尽量控制使用花哨的瓷砖。其外观朴素大方，是人们祷告做礼拜的理想之地

深度了解

伊斯坦布尔地名的由来

奥斯曼帝国人占领君士坦丁堡之后，将其改名为伊斯坦布尔。关于这个名字的由来，有许多说法。伊斯坦布尔在希腊语里即“在城里”的意思。

据说，占领君士坦丁堡曾是当时奥斯曼帝国统治者穆罕默德二世最大的心愿，所以攻入君士坦丁堡之后，就把这个城市的名字改为这样一个俏皮的名字。在奥斯曼时期有许多人会说希腊语。

土耳其很多的地名如安卡拉、安塔利亚、布尔萨等叫法都是比较顺应土耳其人的发音习惯。而伊斯坦布尔相比君士坦丁堡、伊斯坦堡也显然更加符合土耳其人的叫法。

君士坦丁堡的发音对于土耳其人来说略显冗长，为了便于发音，聪明的土耳其人把“君”的发音去掉，“士坦丁堡”则演变为发音更自然的“斯坦布尔”。据说，伊斯坦布尔老城区一带的地名以前统称为“斯坦布尔”。在“斯坦布尔”前面加上“i”，即变为现在国际通用的名称——“伊斯坦布尔”。

土耳其就是这样将外来语变成为自己的语言和文字的。比如“istasyon”来源于法语中的“station”、“iskoçya”取自于英语中的“Scotc”。而地名中的“伊兹密尔”和古语“斯米尔纳”是同样的意思。

耶雷巴坦地下宫殿（地下水宫）

Yerebatan Sarnıcı MAP● 剪切地图-15、p.83-D

交 从圣索菲亚教堂步行1分钟即可到达 开 9:00~18:30（冬季~17:30） 休 无 TL 10TL ☎ 522-1259

其入口位于耶雷巴坦大道附近，看上去并不起眼。虽然被称作地下宫殿，实际上是一个巨大的地下蓄水池。据说修建于公元3~4世纪，但是在后来的火灾中被烧毁。公元6世纪，查士丁尼大帝时代又进行了改建，才成为今天的样子。当时动用了庞大的财力和人力，光是奴隶就发动了7000多人。

整个地下宫殿高9米、宽65米、深143米，中间有336根科林斯式石柱支撑。这些石柱身上雕刻着不同纹理的装饰，据说是从当时各个领地的神殿专门运送来的。其内部错综宛转，犹如一座地下超级大宫殿。

据说，向着石柱中的一个许愿，愿望就能达成。因此，到这里来参观的游客很多。许愿方法是将手掌平放在石柱上，用拇指回绕一圈。

宫殿最里面有两个倒置的美杜莎头像。它们是在1985年修复改建的时候被发掘出来的。据说当时这两座巨大的头颅被用作石柱的底盘埋在两米厚的淤泥里。它们究竟是从何处运来的，至今仍是谜。而关于它们的作用，有人认为是古人为了驱魔除妖埋在此。也有人说仅仅是作为石柱的底盘用。

地下水池的水来自于北部郊外20千米远的森林里。像这样的蓄水池在全市各处都有迹可循，其中较有名气的Binbirdirek（1001个石柱的意思）（剪切地图-14、p.83-C 开 9:00~18:00），它的历史更加久远，其内部还有改建后的餐厅对外营业。

地下宫殿里林立着336根石柱

作为石柱基盘的两个美杜莎头颅像。关于它们的来源与作用，人们至今还在争论

地下宫殿夏季凉爽、冬季保暖。在地下宫殿的咖啡厅里喝茶聊天是一件非常惬意的事情。这里偶尔也会举办音乐会

历史之泉 美杜莎…是希腊神话中的一个蛇发女妖，戈耳工三女妖之一。据说任何直视美杜莎双眼的人都会立刻变成石像。在罗马帝国时代曾作为驱魔除妖的象征。

圣索菲亚大教堂（圣索菲亚博物馆）

Ayasofya Müzesi MAP●剪切地图-15、p.83-D

交 位于圣索菲亚广场前 开 9:00~最后入馆时间18:00（冬季~16:30） 休 周一 TL 20TL ☎ 522-1750

圣索菲亚是圣德睿智的意思，圣索菲亚大教堂是希腊正教的大本营。

公元360年，拜占庭帝国的君士坦丁二世开始下令修建圣索菲亚大教堂，在之后的岁月中历经数次火灾。公元532年，查士丁尼大帝下令继续修建，直到公元537年终于使得这座拜占庭风格的伟大建筑展现在世人面前。梵蒂冈国的圣彼得大教堂虽说比圣索菲亚大教堂面积要大，但那是数千年之后才修建的。

教堂改建成清真寺后的面貌。圣龛位于中央偏右一些的位置

建造圣索菲亚大教堂的石材是从拜占庭帝国领土各处不远万里运送来的。大堂内的绿色石柱是从以弗所的阿尔忒弥斯神殿运来的，红斑石柱则是来自于阿波罗神殿。直径达31米的大穹顶立柱是用罗德岛的一种空心砖修建而成的，高达54米。内部墙壁上镶嵌着各式各样的马赛克壁画，散发着栩栩如生的光辉。

教堂内部的大穹顶立柱高达54米，让人不禁仰望感叹

教堂内部的马赛克镶嵌画。图为圣母抱圣子的马赛克壁画（左）和君士坦丁堡大帝

二层画廊中南侧回廊的马赛克镶嵌画

奥斯曼帝国统治时期，圣索菲亚大教堂被改建成为清真寺。教堂门口的正前方，即圣母抱圣子的马赛克画下方墙壁，被改为伊斯兰教教徒面向麦加祈祷的圣龛。之后，马赛克壁画历经岁月的侵蚀有些脱落，人们也不断地进行改修和整补。现在看到的大教堂样子基本上成型于拜占庭时代。

大教堂内部还保留有当时整修过程中残留的痕迹，可以参观一下。在这里也有一根与地下水池里面的许愿柱相同的柱子。从教堂正面第二个大门进入其中，左侧有一根传奇的石柱，叫做泪柱。这根石柱的底下连接着蓄水池，从地底传来的湿气使得这跟石柱冰凉潮湿，像是哭泣一样，故此称作泪柱。据说，它能够满足人们的愿望，给大家带来好运。

二层画廊 入口处的左侧有一条斜斜的石板坡道。登上坡道可以到达二楼回廊。在这里，能够欣赏到几幅非常有名的马赛克镶嵌艺术作品。

公元9世纪初期，君士坦丁堡的圣像遭到了大肆破坏，圣索菲亚大教堂的马赛克画几乎都遭到了不同程度的损伤，现在保留下来的都是公元9世纪中期以后的镶嵌壁画，虽然有不同程度的破损，但是欣赏价值仍然很高。

历史之泉 圣龛…Mihrap。朝着圣城麦加方向摆放的壁龛。通常情况下，是使墙壁的一部分凹进去呈弧形构造。有的圣龛也呈平面构造。一般，圣龛都位于清真寺的最内部中央。

从博斯普鲁斯海峡远眺托普卡帕宫

托普卡帕宫

Topkapı Sayayı MAP●剪切地图-15、p.81-H

交 从圣索菲亚广场步行2分钟即可到达 开 9:00~最后入馆时间 18:00（冬季~16:00）、后宫开放时间9:30~17:00（冬季~16:00） 休 周二 TL 20TL（后宫另行收费15TL。后宫的门票在第二庭后宫处购买） ☎512-0480

沿着圣索菲亚大教堂东侧的小路向北前进，可到达托普卡帕宫的城墙下。正对的门是总门（皇帝门）。总门前面的优美建筑物是18世纪建造的艾哈迈德三世的泉厅。是土耳其建筑物的优秀代表作。

第一庭中的艾利尼教会

从总门进入到达第一庭。左手边是圣埃莱内教堂。（埃莱内在土耳其语中是“和平”的意思）。这座教堂是圣索菲亚大教堂修建之前的总主教堂。圣索菲亚大教堂烧毁之后，得到了再建。这里在奥斯曼时代作为仓库使用，修复之后经常在这里举行音乐会。

中门（仪礼之门）。这里是托普卡帕宫的正式入口

售票处位于右侧。

穿过中门（仪礼之门）进入到第二庭。进入这道门以后，就是正式的皇室领地，除苏丹以外的所有人都要下马步行，以表恭敬。

托普卡帕宫于1467年穆罕默德二世时期正式竣工。当时的宫殿遗址曾一度扩到巴扎集市移动的贝亚泽特地区。托普卡帕是“大炮之门”的意思。据说，以前这里曾放置过大炮，所以也叫做“大炮门宫”。

托普卡帕宫面积非常大。当时的宫殿不仅仅是苏丹的住所，还是皇帝召集众臣开会的地方，许多国家大事和方针政策就是在这里决定的，是国家的政治中心。

托普卡帕宫经过400多年的修建，于1856年阿布多尔麦吉特一世时期，将之迁往新城区的多尔玛巴切赫宫，并在那里定居。

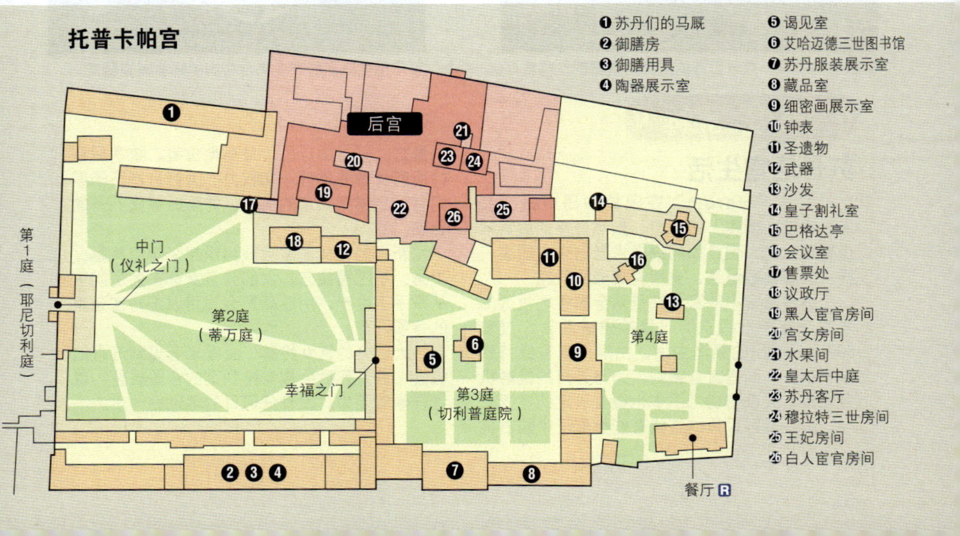

俯瞰后宫。其构造庞大，错综复杂

苏丹们的大客厅。皇室成员们在这里欣赏舞蹈等节目

艾哈迈德三世的水果间

御膳房的厨具。数以百计的厨师为皇室制作膳食

第二庭

后宫　从入口进来的左侧就是后宫。通常景区内会有土耳其语或英语导游。每隔30分钟开门一次，排队进入。可以在等待的时间里逛一逛其他地方。

苏莱曼一世时期，统治者把贝亚泽特的古老宫殿迁移至此，并命名为后宫。后宫在古时候是禁止男子进入的，只有苏丹和宦官们才可以进出。

后宫在托普卡帕宫内像是一个完整、自成一系的社区。共有400多个房间。经过历代苏丹的精心修理和增建，其内部结构和回路错综复杂，很容易迷路。

目前，后宫内部面向公众开放的是苏丹、皇妃、苏丹皇母、皇子、宦官、宫女们的大小房间。大部分房间的墙壁和内部都有绚丽的瓷砖和华丽的枝形吊灯作为装饰，不过房间都比较昏暗。并且，为了防止入侵偷袭和宫女出逃，窗户上还加装了铁栏，从而使房间气氛更为压抑。有的房间为了软禁在权力斗争中失败的皇子们，还加固了铁门和铁窗，更增添了一些悲凄的感觉。

厨房　右侧烟筒耸立的建筑物即为皇室御膳房。每天有上百名厨师在这里繁忙地工作，为皇室以及随从访客准备膳食。现在，这里作为皇室厨具的展示室，为世人呈现当时使用的

展示柜里陈列着许多来自中国的精美陶瓷器皿

深度了解

苏丹后宫生活

后宫“Harem”在阿拉伯语中是“私人、内堂、闺房”的意思。虽然皇室的后宫禁止男子入内，但是如同许多古老的东方国家一样，大都情欲泛滥，充斥着奢靡的气氛。

苏丹后宫中的宫女都是从全国各地挑选出来的，在十三四岁的时候被送进后宫，过着500人一间房的集体生活。由黑人宦官维持秩序和杂务。而宦官首领则因为与苏丹的接触机会较多，关系密切，手中也握有一定的实权。

苏丹后宫人员的结构有些类似于中国古代的皇宫。苏丹的母后为最高地位者，统率后宫的所有女性并掌握一切权力。为苏丹产下子嗣的宫女会得到固定的房间，并随时等候苏丹的召唤。

新来的宫女通常会被组织起来学习舞蹈、书画、手工等技艺。大部分宫女都在大房间里从事手工生产，用成品换金钱用以维持宫廷里的各项开支。

大部分的宫女终其一生都未有见到苏丹的机会，苏丹死后会被安排到别的宫殿居住，就这样碌碌无为、没有任何目的地过完一生。

铜锅、大勺等各种厨具。

陶瓷器展示室 宫廷厨房分成几个相连的房间，这里曾经是供应数千人伙食的地方，如今被改建、装饰成了陶瓷器展示室。虽然面积不大，但里面陈列着中国、日本烧制的陶瓷以及奥斯曼银器，欧洲水晶器皿共计1.2万多件。

珍藏在此的中国瓷器大约有一万多件，覆盖元明清三朝，几乎全部来自于中国以烧制陶器闻名的龙泉和景德镇。其质量之精美，造型之独特令人惊叹，具有很高的观赏价值。

第三庭

第二庭最深处的大门叫做幸福之门，是奥斯曼洛可可风格的建筑。穿过幸福之门就到了第三庭。大门与谒见室相接，苏丹在此接见官员以及各国使节。谒见室的正后方是苏丹艾哈迈德三世图书馆。右侧的建筑物里，陈列着历代苏丹的袍服。服装的样式以及花纹与中国古代皇袍有相似之处。

珍宝室 珍宝室是托普卡帕宫最值得参观的地方。珍袍室与衣服展示厅相接。注意，如果不买第一道入场券，是进不去的。

这里收藏着皇室的珍贵衣物、宝物、艺术品等。充分展示了皇室的强大和奢华，让人惊叹不已。其中最有名气的是托普卡帕短剑，剑柄用纯黄金打造，镶嵌着三颗大祖母绿宝石，颜色深沉，圆润光亮。

这里最珍贵的藏品是世界上首屈一指的硕大钻石——汤匙小贩钻石。这颗巨大的钻石重达86克拉，周围镶嵌有49颗小钻石，成泪珠形状，基座是真金，熠熠生辉。关于这颗钻石的来历，据说是一位渔民在出海打鱼的时候打捞上来的，然后用它换来了三个汤匙。故此命名为汤匙小贩钻石。

此外，还有重达3.26千克的祖母绿宝石以及用八万枚金币熔化后制成的重达250千克的宝座，极尽奢华之能事。

深处是细密画展示室，里面陈列着奥斯曼风格的细密画以及各式钟表。左侧是圣遗物展示室，里面珍藏有先知穆罕默德的遗物。

深度了解

苏丹王室兄弟的互相残杀

1389年登上王位的巴亚泽特一世，为了巩固王位，一上任就立马处决了自己的亲弟弟雅克布。穆罕默德二世也曾因觊觎皇位而杀死了弟弟艾哈迈德。还曾有苏丹残忍地杀害了身为同胞的数十个兄弟。兄弟之间的尔虞我诈、赶尽杀绝似乎成了登上苏丹最高宝座的必经之路。

这种互相残杀的行径直到1603年艾哈迈德二世登上皇位后才得以废止，只是换了另一种方式，他把其他的皇室兄弟软禁、关押在后宫的幽暗牢笼内，终身不得自由。这一时期，耶尼恰里军团拥有较大权力，他们在别的苏丹起事之前就将其杀害。

▲汤匙小贩钻石

▶托普卡帕短剑

◀用八万枚金币熔化制作而成的皇座

▲豪华的头饰。上面镶嵌着大颗红宝石，分量很重

◀穆斯塔法三世穿过的铠甲

▶武器上面也镶嵌着金银珠宝，尽显奢华之气

▲镶嵌宝石的金银首饰盒

▶塞利姆二世的水壶

第四庭

穿过第三庭深处的小径可达第四庭。庭内坐落着三座亭榭阁楼。右侧深处有家老字号餐厅，在科尼亚、加拉塔大桥处它也有分店。可以在餐厅一边用餐一边欣赏博斯普鲁斯海峡美景。

巴格达亭　巴格达亭位于第四庭左侧，是为纪念1638年攻下巴格达而修建的，其内部铺满伊兹尼克瓷砖，整个亭子看起来美观大气，极具欣赏价值和纪念意义。巴格达亭是全托普卡帕宫最美丽的庭院。

穆拉托四世修建的巴格达亭

国家考古博物馆

Arkeoloji Müzesi MAP● 剪切地图-15、p.83-B

交 从圣索菲亚广场步行7分钟到达 开 9:00~19:00（冬季~17:00） 休 周一 TL 10TL ☎ 520-7740

博物馆位于托普卡帕宫第一庭院的西侧，走下台阶即是。乘坐路面电车也可以到达。整个博物馆分为三个小场馆。

考古学博物馆　入场口右侧就是整个博物馆的主馆——考古学博物馆，这里收藏了希腊及罗马时代的雕像、墓碑、石棺等古文物。

最值得观赏的是亚历山大石棺。整个石棺由巨大的大理石打造周身雕刻精美的图案，描绘了亚历山大大帝大败波斯的战争场面。亚历山大大帝头戴狮头头盔，跨坐战马，英勇神武。单就从艺术和考古方面来看，这是一座不朽的杰作。

▲博物馆内陈列的每一座石棺都极具考古价值
▶最有名气的亚历山大大帝石棺

巴比伦、狮子门上的彩色瓷砖

不过，据说在石棺里葬着的是西顿（现黎巴嫩地区）的统治者（公元前4世纪逝世）的遗体，他是在亚历山大大帝去世以后即位的，为了表达膜拜和感恩之情，故将自己的石棺设计成崇拜者的绘画。不管年轻的亚历山大大帝是否真的被放在这个石棺内，这座石棺仍极具历史意义。

描绘巴比伦伊什塔尔门传说的精美瓷砖画

古代东方博物馆　Eski Şark Eserleri Müzesi　博物馆入场口左侧的建筑物是古代东方博物馆。这里展示着古埃及、美索不达米亚以及安纳托利亚文明的藏品。

装饰尼布甲尼撒帝王时代的巴比伦·伊什塔尔门的彩色瓷砖上，描绘了生动逼真的狮子和公牛的画像（公元前6世纪初期）。这里还有从赫梯帝国首都哈图沙什出土的文物，比如人面狮身像等。还有世界上最早的和平条约——《卡叠什条约》（公元前13世纪）。

（左）亚述王宫，会飞的妖魔
（右）狮身人面像

▲◀伊兹尼克最全盛时期的瓷砖数量非常多，是较为珍贵的收藏品
▼陶瓷建筑物是艾哈迈德二世时期建造的

陶瓷器博物馆　Çinili Köşkü

博物馆左侧最里面的房屋是陶瓷器博物馆。穆罕默德二世曾为了观看摔跤、舞蹈等表演，专门在庭院前面修建了一座亭台。亭台的墙壁用彩色瓷砖装饰而成，十分精美。

陶瓷器博物馆内部展出的藏品是从12~20世纪的塞尔柱、奥斯曼帝国时代的陶瓷器具，并按照年代顺序一一呈现给世人。是陶器爱好者必看的地方。其中，16世纪出产的伊兹尼克瓷器最具有观赏价值。

深度了解

伊斯兰教的艺术——细密画和书法

细密画 (Minyatür)

公元5~9世纪，中亚地区的维吾尔境内，逐渐发展起来了一个重要的宗教——摩尼教。最初，以传播教义为目的，大量临摹印刻着宗教信仰的细密画开始广泛传播。伴随着土耳其民族疆域的不断向西扩展，一些画师也来到了这片土地。

细密画一开始以描绘宗教知识为主要内容。到了奥斯曼帝国时代，当时的皇室拥有一批技艺精湛的绘画师，他们专门为苏丹们绘制传记以及宫廷记事的作品，并在16世纪迎来了最鼎盛时期。但是，伴随着奥斯曼帝国的衰落以及西欧文化的侵入，细密画的风潮终于在20世纪初期落下帷幕。

描绘奥斯曼军乐队的细密画

以宫廷记事为主题的细密画并没有在市面上流传，而是作为贵重的艺术品和收藏品，至今仍保存在托普卡帕宫内。

书法 (Hat)

土耳其的书法艺术和伊斯兰教有着很深的渊源。虔诚的修行者认为，书法是灵魂的具象化，用最纯洁的灵魂书法才可以书写圣人的语言——《古兰经》。同细密画的画师一样，很多优秀的书法家也为奥斯曼帝国的皇室服务，为苏丹们赞颂功德大书特书。很多优秀的书法家自成一派，有许多门徒慕名前往拜在其门下。

土耳其的书法不仅仅只是用墨在纸张或木板上书写，还在清真寺的大门、墙壁上临摹或雕刻，甚至烧制在瓷砖上。这些都被称之为书法。在名胜古迹处的题词或是古老石碑上，都可以见到这些历经风雨沧桑的名家书法。

土耳其现代书法与细密画具有相同重要的意义

雕刻在布尔萨清真寺院前石柱上的文字

深度了解

土耳其日常生活中不可或缺的饮品

茶和土耳其咖啡

盛着茶水的透明精致容器

茶

茶在土耳其语中叫做Çay。据说，土耳其人的一天是以茶开始，以茶作为结束。土耳其人喝茶是一种生活习惯，更是一种生活态度。茶对于土耳其人来说是非常重要的。红茶是强发酵茶，乌龙茶是半发酵茶叶，而土耳其的茶是介于红茶和乌龙茶之间的口味。

为了使得口感更加平稳柔和，通常泡好茶以后再加一点砂糖饮用。土耳其人非常喜欢甜味，在以前，经常是在茶杯里放入足足四块方糖才饮用。但是，食糖过多对身体并非益事。近年来，一些土耳其人以减肥和保健为目的，开始有节制性地加入少量的糖，甚至不放糖。

煮茶用的茶壶分为上下两层

茶店在土耳其几乎遍布各个城市、村落。每个地区至少有一家茶店。Çay Evi（茶室）是土耳其吃茶店的通称，几乎遍布土耳其全境的各个城市。在地方上，吃茶店也叫做Kıraathane。室外吃茶店叫做Çay Bahçesi（茶座）。

吃茶店一般都提供外卖服务

土耳其本地人喝茶的地方似乎是专为男人们准备的。有些男人会在茶室里待上一下午或一晚上，在烟雾缭绕的屋子里喝茶、打牌、看球赛，消磨时光。因此前来喝茶的几乎都是男性，很少能够在店内看到女性。这些吃茶店准许外国游客进入参观，但是千万不要表现的对一切都很好奇的样子，更不要问东问西，这样会被看做是不礼貌的表现。

土耳其人虽然嗜茶，但饮茶的历史却并不久远。19世纪后半期，茶叶才由印度传入，并在气候适宜的黑海地区大量栽培，一直风靡到现在。在里泽，还设有国家茶叶研究所。

土耳其咖啡

土耳其语中把咖啡叫做Kahve，把磨好的咖啡粉末倒入特制的咖啡壶中煮好后，等待粉末杂质沉淀后饮用。土耳其人冲泡咖啡的时候一般是事前放入Şeker（方糖），因此有必要提前告诉他们放入砂糖的多少。

土耳其的咖啡喝完之后通常会有一些沉淀物残留在杯底，土耳其人常用此来占卜命运凶吉。把杯子倒扣在桌子上，这些沉淀物会顺着杯壁慢慢流下，在玻璃上流下不同的纹路，土耳其人就根据这些纹路痕迹来进行占卜。

咖啡是16世纪左右才传入土耳其，之后成为人们常喝的饮品。但是土耳其境内并不种植咖啡，所有的咖啡都是从外国进口的。

咖啡店的服务生正在为客人专心地煮制咖啡。咖啡店一般不提供茶

街区漫步

君士坦丁柱

在圣索菲亚广场乘坐路面电车右拐一直向西，是属于贝亚泽特区的风景地。顺便提一下，圣索菲亚广场前面的石柱是里程碑。这条道路叫做蒂万·约尔大街。中途的一段叫做耶尼切利莱尔大街，越往里去，名字变成了奥尔多大道。从这里步行至阿克萨拉伊地铁站需要25分钟。

蒂万·约尔大街两侧遍布餐厅、特产商店以及旅行社等。乘坐电车5分钟后可到达艾哈迈德二世的神庙，神庙的周围是他亲族们的神庙。艾哈迈德二世是土耳其历史上有名的统治者，为实现军事近代化而废除了耶尼恰里军团。

从这里步行1分钟左右会看见一座巨大的石柱，这是君士坦丁一世为纪念君士坦丁堡修建的，名为君士坦丁柱。为了防止进一步被破坏，政府专门在其周围修建了一圈铁栏杆保护。石柱也被叫做Çemberlitaş（钳箍宝石）。据说，石柱下面埋有帝国时代的宝藏。

巴扎集市

绕过君士坦丁柱，向右侧前行即到达土耳其著名的奥斯马尼耶清真寺。清真寺是巴洛克风格，穿过清真寺美丽的中庭，到达巴扎集市的入口处。在这里乘坐路面电车，大约3分钟后到达神学校遗迹（Çorlulu Ali Paşa Medresesi）。在神学校中庭有一座水烟店（Nargile）。感兴趣的可以去看看。

在观光巴士停留的空地前面，是贝亚泽特门，也是巴扎集市的入口之一。

◀巨大的纪念柱——君士坦丁堡柱

▼贝亚泽特广场上，无数的鸽子飞来飞去，向过往的行人乞求食物。往里行走，是伊斯坦布尔大学的正门

可以吸水烟的店。人们在悠闲地吸着水烟。吸一次大约要一个小时左右

贝亚泽特广场周边

右侧的建筑物是贝亚泽特二世下令修建的清真寺。清真建于1505年。这一带曾经是君士坦丁堡的中心广场。

沿台阶向上，即可到达贝亚泽特广场。广场右面的建筑物是贝亚泽特清真寺。正面的豪华大门是著名学府伊斯坦布尔大学的正门。再往里走，是贝亚泽特塔。整个塔高50米，全部用大理石建造，气派非凡。19世纪初期曾遭受过火灾。位于其右侧的是伊斯坦布尔的旧书集市。

穿过伊斯坦布尔大学向北去，大约步行10分钟后就可到达苏莱曼大帝时期修建的苏莱曼清真寺。如果时间允许的话，务必要来此好好欣赏一下。

在奥尔多大街上，还有一座拉莱利清真寺（Laleli Camii），是奥斯曼·巴洛克的基座（1763年完成）。其前面就是阿克萨拉伊的立交桥。

水道桥　法提赫清真寺

从皇子大街往北走，在道路的尽头有一座寺院建筑，这就是著名的皇子清真寺。据说是苏莱曼大帝为其幼年夭折的爱子穆罕默德所修建的，气势磅礴，肃穆庄严。

从皇子大街向西北方向行进，可到达伊斯坦布尔的市政厅区。这里是市政中心办公区。横跨阿塔图尔克大街的是瓦林斯水道桥。继续向西北方向行进500米左右，立于右面山丘之上的是穆罕默德二世修建的法提赫清真寺。

法提赫清真寺

巴扎集市

Kapalı Çarşı　　MAP●剪切地图-14、p.80-F

交从圣索菲亚广场步行10分钟即可到达 开8:30~19:00 休星期日、、古尔邦节的宗教节日以及10月25日 ☎519-1248

巴扎集市在土耳其语中是指有顶棚的市场，即室内大集市，是游客购物的必去之地。

这里进行商贸活动创造的财富支撑着伊斯坦布尔的繁荣，是伊斯坦布尔的经济象征。过去，这里曾经是交易金银珠宝和奴隶的市场。现在，这里已发展成为伊斯坦布尔最大的综合集市。

巴扎集市内，各种商店应有尽有

集市有着迷宫般的狭窄胡同及通道，其间密密麻麻排列4400多家店铺，销售地毯、手绘陶瓷、金银制品、铜器、海泡石烟斗等土耳其特产。

空中俯瞰巴扎集市。位于最东面的奥斯曼尼耶门和最西面的贝亚泽特门是比较方便的入口

这里以前曾是拜占庭时代的马厩。穆罕默德二世为发展贸易，在这里兴建了两个较大的市场。伴随着商品贸易的发达，在这一地区周边地带也建起了为数不少的商店（Han）、摊位以及各种各样的商店，直至发展成为今天规模巨大的大型贸易集市。

集市共有十几个入口，位于最东面的奥斯曼尼耶门（Nurosmaniye Kapısı）和最西面的贝亚泽特门（Beyazıt Kapısı）是比较方便的入口。迷路的话可以问一下当地路人。这两座大门通向巴扎大街。大街的两侧商店林立。

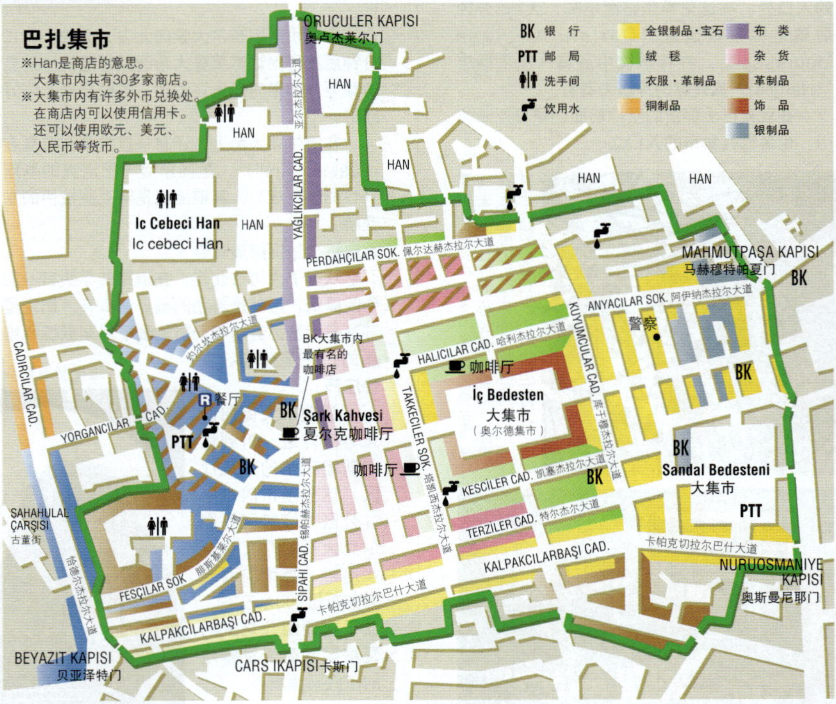

补充信息 星期三巴扎集市…每逢星期三，是法提赫清真寺附近的星期三巴扎集市（Çarşamba Pazarı）开放的日子。星期三巴扎集市是伊斯坦布尔最大的户外集市，各种类型的商品荟萃，人头攒动，非常热闹。

卖舞蹈服饰的服装店

庄严肃穆的苏莱曼清真寺

几乎所有的店铺都能够使用信用卡。这里的东西虽然要价很贵，但是跟商家交涉一番砍价的话，还能再便宜一些，所以在这里买东西一定要讲价。这里的茶叶、茶具、橄榄油以及肥皂比较便宜。

苏莱曼清真寺

Süleymaniye Camii MAP● 剪切地图-14、p.80-F

交 从圣索菲亚广场步行8分钟即可到达 开 9:00~19:00（做礼拜时间除外） ☎ 514-0139 HP www.kapalicarsi.org.tr/

苏莱曼清真寺建于高丘之上，可以俯瞰整个金角湾。它是奥斯曼帝国时代最繁盛时期的君主——第七代苏丹苏莱曼大帝建造的寺院。苏莱曼大帝于1520年即位，统治整个帝国长达46年，是整个奥斯曼帝国历史上统治时间最长的苏丹。苏莱曼清真寺于1557年竣工，是奥斯曼建筑巨匠米马尔·锡南的杰出创作。

锡南运用了当时最先进的技术。清真寺的大圆顶直径26.5米，由四根高达53米的粗大石柱支撑。整个清真寺威严肃穆，与苏莱曼大帝的地位相吻合。

从塔尖上俯瞰寺院中庭和附属建筑物

四座尖塔意味着苏莱曼大帝是定都伊斯坦布尔以来的第四代君主。10座露台则象征着苏莱曼大帝是自奥斯曼建国以来的第十代帝王。清真寺内部非常华美，氛围庄严肃穆。

整个寺院的所有建筑包括神学校、浴场、食堂等，各种设施齐全，一应俱全。在清真寺里面，是苏莱曼大帝及其妻子的陵墓，也是出自于锡南之手。内部的瓷砖非常精美，值得一看。

深度了解

奥斯曼建筑巨匠——米马尔·锡南

大建筑师米马尔·锡南

奥斯曼帝国时期曾采用优秀人才征用制度，即从异教徒中选拔出特别优秀的人员，组成强大的耶尼切利军团。锡南就是在这种制度下被挑选出来的。在军团中，其建筑本领初露锋芒。年轻时候的锡南，曾跟随塞里姆一世、苏莱曼一世征战各地，巡游诸国，其建筑技术与本领也在不断的跋涉和实践中得以磨炼。

1538年，锡南被苏莱曼一世任命为建筑师总头领，掌管全国建筑大权。苏莱曼大帝去世后，塞里姆二世、穆拉托三世继续任命锡南为全国建筑师总头领，将近100岁的时候他骤然去世。在其担任建筑师总头领的期间，锡南总共主持建造了包括清真寺、神学校、桥梁等大小建筑500多座。其中，建造在伊斯坦布尔的建筑物多达300多座。

其实，锡南自身最感到满意的建筑物是建于埃迪尔内的塞利米耶清真寺。当然，苏莱曼清真寺也是其建筑杰作的大手笔。当年的许多建筑物都在地震、火灾中受到了或多或少的损害。但是，苏莱曼清真寺却奇迹般毫无损伤地保留到现在。

瓦伦斯水道桥

Bozdoğan Kemeri MAP●剪切地图-13、p.80-E

交 从圣索菲亚广场步行10分钟即可到达

瓦伦斯水道桥位于阿塔图尔克大街的中心位置，从这里可以远眺到金角湾方向。

无论是古时候还是现在，水源对于一个城市都具有非常重要的意义。瓦伦斯大帝在公元4世纪下令修建了这座两层高的水道桥。水流在桥面上流淌，越经山谷之后流向贝亚泽特广场，并最终汇入地下蓄水池。

瓦伦斯水道桥高20米，总长度为1000米。如今的水道桥经过岁月的磨损，长度见短，但是仍然以骄傲的姿态立于阿塔图尔克大街之上，桥下车流穿梭如织。

在奥斯曼时代，因为城市人口增加，水道桥也进行了一定程度的扩建。在北部郊外地区，还有30多座大大小小的水道桥。

横跨阿塔图尔克大街的瓦伦斯水道桥

法提赫清真寺

Fatih Camii MAP●剪切地图-9、p.80-A

交 从贝亚泽特广场出发20分钟即可到达

开 9:00~19:00（做礼拜时间除外）

法提赫清真寺

法提赫清真寺位于瓦伦斯水道桥西北方向的山丘之上。这是由奥斯曼帝国的杰出皇帝穆罕默德二世在攻占君士坦丁堡之后开始建造的。于1470年完成。现在我们所见到的建筑，是经历18世纪的地震之后重建的。整个建筑物风貌犹存，对之后的欧洲建筑影响颇大，是古建筑史上的典范之作。法提赫清真寺旁边的附属学校曾是伊斯坦布尔最初的大学院。

后庭是穆罕默德王妃的陵墓。她原是法国人，被拜占庭大帝所迎娶。但是君士坦丁堡被攻占之后成为阶下囚被软禁。穆罕默德被她的美貌所倾倒，钦点为王妃。她一生身为基督教徒，但是陵庙却是伊斯兰式样。

因为法提赫的英勇神武，历代苏丹都会在即位后到此来参拜，以表敬意。

前来法提赫清真寺参观的游客络绎不绝。总是能够看到教徒虔诚祷告的身影

街区漫步

托普卡帕宫城墙

在圣索菲亚广场乘坐路面电车向北去，途中经过几个重要的景点。道路右侧是托普卡帕宫的城墙，转往右侧的小径通往考古学博物馆。突出城墙的小屋叫做检阅塔（Alay Köskü）。“Alay”是队伍的意思。苏丹们在此审视军队的阅兵式。旁边是市民们的休憩场所——绿色茵茵的居尔哈内公园。道路前方的大门是巴比阿利门（Babıali），原本的意思是“庄严之门”，是宰相办公馆的标志建筑。

东方快车站——斯克西车站

乘坐路面电车沿托普卡帕宫行走不久后，会出现向右的小路。右边的车站就是著名的东方快车终点站——斯克西车站。车站内有专门为游客服务的咨询中心。

斯克西车站的候车室

与周边嘈杂热闹的环境不同，这个雅致的车站显得宁静大气。从海边望去，仿佛让人置身于旧时光，嗅到一丝往日安详的气息。不妨进入车站，看一看候车室内的模样。阳光穿过宽大透亮的玻璃，射进宽敞明亮的空间内，质地朴素的长凳、精美的小枝形吊灯、昏暗色调的彩色玻璃，充斥着浓厚的怀旧情调，让人不由得追忆起往日时光。

加拉塔大桥周边

突兀的金角湾左侧，就是加拉塔大桥。靠近岸边，成排的摆渡船列队停靠在一起，等候人们渡海出行。爱米诺努的巴士终点站也位于附近。

街头卖水的伊斯坦布尔商贩。果汁是瓶装出售

加拉塔大桥连接爱米诺努码头和卡拉克伊码头，横跨金角湾。加拉塔大桥全长400米，1845年修建的木质大桥是第一代，第二代是

耶尼清真寺后面是人声鼎沸的露天市场

1912年建造的双层吊桥，造型别致。1992年，因为老化和火灾，这座桥结束了它的历史使命。但是至今仍是伊斯坦布尔的象征。

位于加拉塔大桥旁边的寺院是耶尼清真寺，是爱米诺努、金角湾一带最为突出的建筑物。耶尼清真寺前面的建筑是儒斯特帕夏清真寺。在这里能够看到远处的博斯普鲁斯海峡和大桥。

加拉塔大桥是老城区通往新城区的重要关口，也是诸多渡轮的集合地、交通站，所以这里总是人山人海。在桥下，有许多餐厅、咖啡屋、土特产屋等，还有许多露天集市，人们常常三五成群地聚在这里打牌，甚至在街头演出等，所以这里经常人声鼎沸、热闹非凡。站在这里，会让人发出感叹“啊！终于来到了伊斯坦布尔！”

耶尼清真寺的后面是埃及巴扎市场（香料市场）。这里的露天摊位很多，贩卖土特产、食品香料的商贩随处可见。香料市场和儒斯特帕夏清真寺中间，是现代化的爱米诺努大型超市。

向对岸的新城区一侧放眼望去，可以看见加拉塔塔，它是新城区的标志性建筑。

加拉塔大桥。大桥的对面是加拉塔塔矗立的新城区

补充信息 耶尼清真寺…Yeni Camii。穆罕默德三世下令修建，克服了工程中断、火灾等意外，终于在1663年穆罕默德四世时期完成。清真寺拥有大大的穹顶设计，是典型的奥斯曼风格建筑。

埃及市场（香料市场）

Mısır Çarşısı　MAP●剪切地图-10、p.81-G

交 位于耶尼清真寺背面 开 8:30~19:00 休 古尔邦节、斋月

埃及市场的格局沿袭了伊斯兰独特的瓦库夫风格，当初是为了获取租金，用以维持耶尼清真寺的运营开支。

“Mısır”是埃及的意思。因为这里过去曾是埃及、北非运来的香料和香草等物品的交易市场，故此命名为埃及市场。

现在相比以前，多了一些土特产、贵重金属的店铺。除了贩卖香料，还有奶酪、坚果、泡菜、鱼子干、鱼子酱等，常见食材、配料随处可见。一些劳库姆商店（p.25）、水果店也慢慢地多了起来。购买之前，可以先试吃一下，感觉合适再买。

相比巴扎集市，这里的生活气息更浓一些，价格也比较实惠，很多当地人更喜欢到这里采购生活必需品。不过外国游客也不少。

埃及市场的后面是“批发一条街”。这里集中批发各种商品，购买数量多的话可以打折优惠。需要购买大量商品的游客可以到此转转。

▲生活气息浓厚的埃及市场 ◀面积不大的店铺内，堆满了各种香料、泡菜、鱼子酱等常见食材和配料

儒斯特姆帕夏清真寺的大穹顶

清真寺内部样貌和最鼎盛时期的伊兹尼克瓷砖

儒斯特姆帕夏清真寺

Rüstem Paşa Camii MAP●剪切地图-10、p.80-F

交 从埃及市场步行3分钟即可到达

开 9:00~19:00（做礼拜时间除外） TL 随意

清真寺的一层有许多商店，沿商店中间的小路前往深处的中庭，顺着台阶，可到二楼的清真寺。它是苏莱曼大帝的女婿儒斯特姆帕夏主持修建的，同样出自建筑大师锡南之手。一层商店的租金用于维持清真寺的各项开支。

清真寺于1561年竣工。帕夏是奥斯曼帝国文武高官的称号。儒斯特姆深得苏莱曼大帝重用，一度贵为宰相，手下掌管1700多名奴隶。清真寺的整体装饰采用了美丽的伊兹尼克瓷砖，从外面的入口台阶、立柱门廊，到里面的墙壁、麦加圣龛都镶嵌有最高级的伊兹尼克瓷砖。瓷砖上的内容丰富多彩，有动物、植物、人物、几何图形、风景图像等。特别是红色的瓷砖，是16世纪后半期使用的珍贵伊兹尼克瓷砖，据说现在的技术生产不出来。

街区漫步

围绕着老城区周边的，是一段长达22千米的古老城墙。西面的城墙长度将近6.5千米，经过了岁月的洗练，给人以威严庄重的感觉。

老城墙的南端，是面朝马尔马拉海的大理石塔（Mermer Kule）。继续向北去，到达靠近马尔马拉海的关键要塞耶迪库莱。这里最初是狄奥多西大帝时期建造的凯旋门，后来将其作为城墙的一部分修建为要塞。

从托普卡帕门前行700米左右，到达埃迪尔内门，在大门前方，是1555年修建的米赫里马赫清真寺（MAP/p.66-A），米赫里马赫是苏莱曼大帝的爱女，也是大宰相儒斯特帕夏之妻。

位于山丘之上的米赫里马赫清真寺

米赫里马赫清真寺展现了女性的优雅美感，十分精致。也是出自大建筑师米马尔·锡南的杰作。

距离埃迪尔内门100米左右的建筑物是卡里耶博物馆，以马赛克镶嵌画闻名世界。近处的城墙一侧，是泰克芙尔宫（MAP/p.66-A）。这里是13～14世纪拜占庭帝国时期建造的宫殿群。不同主题的宫殿展示着不一样的建筑之美。

城墙附近的居民多为罗马人的后裔，他们大多能歌善舞，经常举行派对。白天比较适合散步。

金角湾的里侧是加拉塔大桥，从桥下到金角湾岸边，船只成群，可以在这里泛舟海上，欣赏绝色海景。这一代有埃于普苏丹清真寺和皮埃尔·洛蒂咖啡馆。

拜占庭王宫遗迹泰克芙尔宫

托普卡帕门附近的老城墙。现如今仅残留下一段外部的城墙壁

从南部马尔马拉海到北部金角湾一带，绵延着斑驳的老城墙

狄奥多西城墙

Teodos Suru MAP/p.66-E

交 从路面电车托普卡帕站出发，到位于城墙中央的托普卡帕门附近下车即是

公元413年，拜占庭皇帝狄奥多西二世将之前皇帝修建的城墙翻新，改建成今天城墙的模样。城墙沿着马尔马拉海、金角湾一侧，以防御敌人的进攻。

城墙共分为二层，外侧城墙高达8米、厚2米，内侧城墙高达13米、厚5米，总共拥有95座防御塔，担任了保家御敌的重要作用。公元7~8世纪的时候，曾一度抵挡住了波斯大军、阿拉伯大军以及俄国军队的攻击。在公元9世纪时期，又抵挡住了保加利亚军队和俄国军队的进攻。城墙现在保存完好。

位于狄奥多西城墙马尔马拉海一侧的耶迪库莱。在奥斯曼帝国时代曾作为监狱使用

耶迪库莱

Yedikule MAP/p.66-I

交 从斯克西车站乘坐地铁在耶迪库莱下车，步行10分钟即可到达 开 8:00~18:00（冬季~16:00） 休 无 TL 10TL

耶迪库莱是位于马尔马拉海附近的关键要塞。原本是公元4世纪末期狄奥多西用以防御敌人进攻所建造的凯旋门，也叫做“黄金门”。狄奥多西二世将其作为城墙的一部分修建成为要塞。厚厚的城墙内共修建有7座尖塔（耶迪库莱）。在之后的岁月里逐渐被荒废，丧失了往昔的生机与活力。

这座要塞在奥斯曼帝国时代曾作为关押犯人的监狱使用，城墙壁上随处可见当时犯人的信手涂鸦。这里还有刑具和拷问犯人工具的展览室。在昏暗的处刑室内，有一座水井。据说当时的战俘在这里被斩首，斩下的头颅掉入井中就会流向大海。

行刑屋内令人心生寒胆的笼子

17世纪初期爆发的耶尼恰里军团叛乱中，奥斯曼二世就是在这里被杀害的。残忍的士兵们为争夺苏丹手上的戒指，将其手指斩断。

从要塞内部的塔屋上眺望风景是一件惬意的事情。南面是辽阔无垠的马尔马拉海景，北面是一直绵延到金角湾的城墙壁。

卡里耶博物馆（考拉修道院）

Kariye Müzesi MAP/p.66-A

交 乘坐从爱米诺努发车的37E或86号巴士，或从塔克西姆发车的87号巴士，经过20~30分钟后在埃迪尔内门下车即可 开 9:00~18:00（冬季~16:30） 休 周一 TL 15TL 摄 禁止拍照

卡里耶博物馆是一座沉稳大气、给人以安定感的建筑物。11世纪时期作为圣救世主教堂的修道院修建并使用。“考拉”在希腊语中是“郊外”的意思。因为距离市中心比较远，所以又称为郊外博物馆。16世纪初期增加了壁龛（p.88）和尖塔，修道院也改建为卡里耶清真寺。卡里耶在阿拉伯语中也是“郊外”的意思。如今，博物馆内部的基督教画作已然被岁月所侵蚀，但是经过人工复原之后，仍将象征着拜占庭艺术高峰之作的马赛克镶嵌画和湿壁画再现于世人眼前。

博物馆内陈列着大量瓷砖镶嵌而成的圣母、基督圣像以及叙事故事的瓷砖画。位

卡里耶博物馆的前身是基督教的教堂

历史之泉 苏丹①…伊斯兰教政治统治者的称号。宗教的最高权威者是卡利夫，卡利夫授予统治者苏丹的称号。是奥斯曼帝国第四代君主巴亚泽特二世所起的封号。

于入口右侧的礼拜堂里还有数量颇丰的壁画，是拜占庭艺术的巅峰之作。

14世纪，出身于上流阶级的宰相特奥德尔·美特基特斯又在这里制作了许多马赛克镶嵌画。他在生涯后期失势，全部财产都丧之殆尽，并在修道院里度过了余生。

◀博物馆回廊中的马赛克镶嵌画——耶稣像

▼博物馆内部的马赛克镶嵌壁画——圣母玛利亚之死

埃于普苏丹清真寺

Eyüp Sultan Camii　　MAP/p.66-A

交 从爱米诺努乘坐99号巴士，大约20分钟后在埃于普下车即是。也可在爱米诺努栈桥乘坐去往埃于普的船只前往 开 9:00~19:00（做礼拜时间除外）

在这座清真寺里，祭奠着在公元7世纪在圣战中战死的穆罕默德的弟子——埃于普。名称中的苏丹是为了表达尊敬之情（参照页面下方）。

据说，埃于普的陵墓是在君士坦丁堡被攻陷时偶然发现的。陵墓是穆罕默德二世修建的。每一位苏丹在即位之时都要在这里举行授予奥斯曼之剑的仪式。这里对于穆斯林来说，是仅次于麦加、耶路撒冷的第三大圣地。前来这里参拜的教徒非常多，时常唱起圣歌，真挚地祷告。有机会可以感受一下这里浓厚的宗教气氛。

从清真寺步行大约15分钟即可到达不远处的皮埃尔·洛蒂咖啡馆。皮埃尔·洛蒂（1850～1922）是法国著名作家，也是一名海军士官。他在经过土耳其的时候，被伊斯坦布尔的美丽景色所吸引。这

▲一起来到埃于普苏丹清真寺参加割礼仪式的三兄弟。割礼仪式是穆斯林最重要的仪式之一，以前有宗教长者执行手术仪式，现在则专门请医生完成。经常是兄弟们一起参加，仪式完成后还会举行大型派对

▼坐在皮埃尔·洛蒂咖啡馆眺望埃于普苏丹清真寺

著名的皮埃尔·洛蒂咖啡馆

间咖啡馆就是他曾经写作的地方。皮埃尔·洛蒂的处女座是《阿姬亚黛》，描写他和土耳其美丽的姑娘之间的恋情。他也曾在东游日本的时候写下了《菊先生》这样的名作。土耳其人似乎对皮埃尔·洛蒂这个名字很有感情，一些酒店甚至大街，都冠以皮埃尔的名字。

历史之泉 苏丹②…在苏丹前面加上人的名字即是对君主的尊称。上述的苏丹加在人名后面，指圣人或是君主苏丹的亲戚（皇子、皇女、皇太后等）。女性也可以使用苏丹的称谓。

新城区的历史也非常悠久。以前这里曾被拜占庭时期的商人掌控自治权。新城区以北、塔克西姆广场一带是佩拉地区。现在这里被叫做Beyoglu地区。

街区漫步

独立大街

独立大街（İstiklal Caddesi）是伊斯坦布尔最著名的繁华大街。独立大街北面的塔克西姆广场上，耸立着土耳其共和国纪念碑。巴士终点站、机场大巴等都经此处，一些高级酒店、银行也随处可见。

乘坐路面电车行驶在这条独立大街上，仿佛置身于购物天堂一般，各种名牌服装店、时尚餐厅林立道路两旁，各个国家的大使馆也建在此。最近，一些快餐店和CD店也相继营业。漫步在这条1千米长的大街上，购物娱乐非常享受。（购物参见p.118）

每逢休息日或节假日，爱逛街的人挤满了整条街道。站在大街之中向上望去，两旁的建筑大都是怀旧的欧式风格，令人心旷神怡。新城区是相对于老城区的叫法。

行驶在独立大街上的电车

独立大街的南端是加拉塔大桥，大桥附近是Şişhane地铁站。逛完独立大街后，登上加拉塔大桥，一边观赏着桥下风景一边信步下行，相当舒适放松。还可以窥见两侧胡同里伊斯坦布尔老百姓的生活百态。

花卉市场

游客们最喜欢去逛的是独立大街西侧的Sahne Soka大道。这条大道的入口是花卉市场（Çiçek Pasajı），现在逐渐发展成为餐厅、海鲜料理店成群的餐饮娱乐区。再往里去是鱼市（Balık Pazarı）。鱼市的后面是专门做鱼料理的餐厅。每逢夜幕降临，这里变得灯火通明、各色餐厅、摊位、娱乐场所齐开放，前来游逛的人群穿梭其中，成为一片欢乐的海洋。

塔克西姆广场

塔克西姆广场往北，是共和国大街。这条大街比较繁华，高级酒店、面向外国人开放的咖啡馆及航空公司办事处等林立道路两旁。

这片区域的景点也不少，首先是军事博物馆。塔克西姆广场的东北方向，沿着弯曲的坡道下行可徒步到达多尔玛巴切赫宫殿。去往如麦里·赫萨尔（p.107）乘坐巴士比较方便。

引人注目的新城区地标——加拉塔塔

军事博物馆往北是尼尚塔什，再往东是特西韦基埃。这里是中上层阶级的年轻人聚集的地区。打扮时髦、喜欢时尚的年轻人扎堆在此。比较有名的大街有如麦里大街、玛奇卡大街，还有许多欧洲大牌时装店，喜欢时尚的可以来逛一逛。

真情提示

注意酒吧招揽客户的情况

独立大街附近有不少酒吧和俱乐部。据说，这里的个别酒吧会有不怀好意的大叔出现，叫卖100美元一杯的昂贵啤酒。身处异乡，千万不要贸然进入一些看起来比较奇怪的地方。特别要警惕一些门外打扮得花枝招展的女性招揽客户的酒吧。因为在土耳其，喝酒的场所一般是不允许女性出现的。

伊斯坦布尔新城区
Beyoğlu
0 200m
莱文特
去往伊斯坦布尔茂盛宾馆 p.130
尼尚塔什方向 p.120
军事博物馆 p.106
Askeri Müzesi
Cemal Reşit Concert Hall
Lütfi Kırdar Convention Centre
Maçka驿
伊斯坦布尔工科大学
İstanbul Teknik Üniversitesi
多尔玛巴赫切宫殿 p.106
Dolmabahçe Sarayı
伊斯坦布尔博斯普鲁斯海峡瑞士酒店 p.132
大剧场
Açık Hava Tiyatrosu
路面电车
哈尔比耶
Harbiye
Taşkışla
Taşkışla驿
Kadırgalar Cad.
曲奇克公园
Küçük Çiftlik Parkı
共和国大道
Cumhuriyet Cad.
Dolapdere Cad.
p.132 伊斯坦布尔希尔顿酒店
德莫克拉斯公园
Demokrasi Parkı
Dolmabahçe Cad.
法国医院
Fransız Pastör Hastanesi
米特哈特帕夏体育场
Mithatpaşa Stadyumu
入口
p.125 Spazio
p.125 礼
p.130 伊斯坦布尔凯悦酒店
伊斯坦布尔工科大学
İstanbul Teknik Üniversitesi
伊斯坦布尔丽思卡尔顿酒店 p.132
Asker Ocağı Cad.
居姆谢斯于
Gümüşsuyu
伊斯坦布尔工科大学
Teknik Üniversitesi
多尔玛巴夫切清真寺
Dolmabahçe Camii
Elmadağı Cad.
地铁入口
伊斯坦布尔杰伊兰洲际酒店 p.130
居姆谢斯于医院
Gümüşsuyu Askeri Hastanesi
Gümüşsuyu Cad.
塔克西姆
Taksim
p.125 优云也
p.130 珀因特酒店
p.415 DHL办事处
塔克西姆公园
Taksim Parkı
寿司屋 p.125
Taksim Cad.
p.125 明园
土耳其航空 p.77
(THY)
巴士乘车处
观光咨询处 p.64
塔克西姆邮局 p.77
阿塔图尔克文化中心
Atatürk Kültür Sarayı
卡巴塔什站
Kabataş
卡巴塔什栈桥 p.114
Kabataş İskelesi
共和制纪念塔
Cumhuriyet Abidesi
塔克西姆站
Taksim
塔克西姆广场
Taksim Meydanı
缆车
卡巴塔什
Kabataş
卡巴塔什
Kabataş
于斯屈达尔
去往亚洛瓦、比于克阿达方向
去往亚洛瓦方向
Yenişehirdere Cad.
p.124 哈吉巴巴餐厅
法国总领事馆
塔克西姆马尔马拉酒店 p.130
帕诺玛拉
餐厅
大香港 p.125
塔克西姆希尔酒店 p.131
夜总会
Gölbaşı Sok.
佩拉酒店 p.130
特里亚达府邸酒店 p.131
卜蒂克斯之星酒店 p.130
东京餐厅 p.125
明星大酒店 p.131
Tarlabaşı Bul.
独立大街 p.118
İstiklal Cad.
D&R 书店 p.119
拜莱凯特哈尔克多奈尔烤肉馆 p.124
帕诺玛拉酒店
Mebusan yokuşu
Sakızağacı Cad.
Karakurum Sok.
Irmak Sok.
p.125 哈吉阿卜杜拉餐厅
纯棉服饰 p.118
芬迪克里
Fındıklı
哈吉贝基尔糖果 p.119
德国医院 p.77,423
Alman Hastanesi
Kurdele Sok.
贝约尔
Beyoğlu
塔尔拉帕夏大道
阿阿清真寺
Ağa Camii
霍迪奇皮鞋 p.118
萨拉伊糕点甜品店
Cihangir
Hayyam Cad.
p.124 珍珠餐厅
黛米龙购物中心 p.119
p.125 Sok.
Güneşli Sok.
路面电车
p.118 德萨
蓝色牛仔 p.118
Sıraselviler Cad.
p.125 凯伊福餐厅
p.125 马赫赞餐厅
奇切基集市
阿特拉斯洛滨杂货铺 p.118
Turnacıbaşı Sok.
加拉塔萨拉伊土耳其浴室 p.51
Cikircuma p.117
Kumrulu Sok.
Hamalbaşı Cad.
英国总领事馆
科纳克餐厅 p.124
加拉塔萨拉伊
Galatasaray
加拉塔萨拉伊高中
Galatasaray
加拉塔萨拉伊邮局
Yeniçarşı
加拉塔萨拉伊
Galatasaray
Bostanbaşı Cad.
Türkgücü Sok.
Defterdar Yokuşu
Sanatkarlar Cad.
Meclisimebusan Cad.
特佩巴什
Tepebaşı
Nuri Ziya Sok.
p.118 吉米・基服饰
托普哈内
Tophane
p.118 帕夏花园玻璃器皿
奥达克尔
Odakule
Tom Kaptan Sok.
意大利总领事馆
意大利医院
İtalyan Hastanesi
努斯莱迪耶清真寺
Nusretiye Camii
市立歌剧院
Şehir Operası
p.119 罗宾逊书店
书店
p.107,131 佩拉宫酒店
俄罗斯总领事馆
托普哈内
Tophane
托普哈内之泉
p.132 马尔马拉佩拉宫酒店
美国总领事馆
p.119 岛屿书店
瑞典总领事馆
Kumbaracısı Yokuşu
基督教教堂
Balyoz Sok.
Tali Sok.
西夏内
Şişhane
图内尔
Tünel
Lüleciharıdek Cad.
Kemeraltı Cad.
Necati bey Cad.
Galata Mumhanesi Cad.
Kemankeş Cad.
Refik Saydam Cad.
图内尔站
Tünel
蚂蚁杂货铺 p.118
Pera Thai p.125
Evliyaçelebi Cad.
西夏内站
Şişhane
卡西姆帕夏栈桥
Kas mpaşa
卡斯姆帕夏
Kasımpaşa
Okçu Musa Cad.
İlkbelediye Cad.
图内尔
Tünel
加拉塔塔 p.106
Galata Kulesi
加拉塔塔 p.49
去往海达尔帕夏方向
去往卡德克伊方向
去往卡德克伊、波斯坦吉方向
去往巴克尔克伊方向
p.131 加拉塔府邸酒店
卡拉克伊
Karaköy
卡拉克伊栈桥
观光咨询处 p.64
卡拉克伊
Karaköy
卡拉克伊栈桥
(去往海达尔帕夏、卡德克伊方向)
阿拉伯清真寺
Alap Camii
卡拉克伊站
Karaköy
特尔萨内大道
Tersane Cad.
去往哈里奇栈桥方向
阿塔图尔克大桥
Atatürk Köprüsü
加拉塔大桥 p.99
Galata Köprüsü

▲从加拉塔塔上观望老城区景象。比较醒目的建筑物从左往右依次是圣索菲亚大教堂、蓝色清真寺、加拉塔大桥、耶尼清真寺 ▼站在加拉塔塔上可以看到托普卡帕宫

加拉塔塔

Galata Kulesi MAP●剪切地图-10、p.105-E

交 从加拉塔大桥步行20分钟即可到达。从图奈尔车站步行5分钟也可到达 开 9:00~20:00 休 无 TL 11TL

加拉塔塔以前是居住在其周围的热那亚人用以监视拜占庭帝国的监视塔。君士坦丁堡被攻占之后，穆罕默德二世将塔的高度减修了7米左右，作为俘虏的收容站使用。穆拉托三世时期，曾将其改建为气象观测站。

加拉塔塔高67米，乘坐升降电梯可以直达第8层，再登上第9层最高层。然后沿楼梯登上塔顶露台，可以全方位地欣赏到伊斯坦布尔的市景。从塔顶可以看到远近高低不同的清真寺塔尖以及行驶在金角湾海面上的大小船只。

9层还有餐厅和俱乐部，每天晚上都可以欣赏到肚皮舞表演（p.49）。

军事博物馆

Askeri Müze MAP●剪切地图-3、p.105-A

交 从塔克西姆广场步行15分钟即可到达 开 9:00~最晚入馆时间16:45 休 周一·周三 TL 4TL ☎ 233-2720

军事博物馆的前身是陆军学校，后经过改建，于1993年正式开馆。里面展示有以奥斯曼军队为中心的拜占庭、希腊、俄国军队等大大小大的武器及军装等残品，共计9000余件。

拜占庭帝国时期曾受到奥斯曼军队攻击。当时用来封锁金角湾的大型铁索等珍贵藏品，值得人们玩味。

每天下午会举行奥斯曼时代命名的军乐队Mehter的演奏。每当奥斯曼帝国的精锐部队耶尼恰里军团出征的时候，军乐队会奏起气势磅礴的音乐以鼓舞士气，这种军乐队制度一直延续至今。

Mehter是世界上第一个军乐队，对欧洲军乐的产生有非常重大的影响。

每天15:00~16:00是军乐队表演的时间。口琴是每位乐队成员的必备乐器。以前的乐队成员全部是翘得高高的胡须，现在则是比较整齐的胡须。

军乐队Mehter的演奏伴随着耶尼恰里军团的行进

多尔玛巴赫切宫

Dolmabahçe Sarayı MAP●剪切地图-8、p.105-B

交 在爱米诺努、塔克西姆乘坐巴士到达卡巴塔西栈桥，然后步行10分钟即可到达。开车从加拉塔大桥前往只需要5分钟 开 8:00~17:00 休 周一·周四 TL 20TL

17世纪初期，在博斯普鲁斯海峡入海口附近，为苏丹建造了一座简朴的木质构造别墅。多尔玛是“围绕、塞满”的意思。其原本的意思是被围绕的庭院。

现在的多尔玛巴赫切宫是典型的欧洲巴洛克样式，是苏丹阿卜杜勒·麦吉德在19世纪中期开始修建，花费了将近10年的时间。奥斯曼帝国时代末期的苏丹们曾移居这座宫殿。其内部装饰是由主持修建巴黎歌剧院的法国

补充信息 土耳其的打击乐器——钹…自从土耳其的军乐团Mehter成立以来，土耳其制的钹声名远扬，其完美音质得到了一致的好评，全世界范围的管弦乐团都争相购买。音质的好与坏，取决于乐器中金属的混合程度。

设计师完成的。

多尔玛巴赫切宫建在向海面突出的陆地上，仿佛要将博斯普鲁斯海峡纳入自己的怀抱中。总长达600米。中央大厅的南侧是只有男人才能进入的礼仪宫（Selamlı），北侧是私密的后宫（Harem）。总共有43座大厅，285间房屋。天花板高达36米的大厅内，垂挂着维多利亚女王赠送的、重达4.5吨的水晶枝形吊灯。每间居室的装饰风格迥异，地面铺着高级海莱凯生产的地毯，总面积达4455平方米。内部墙壁上，挂满了超过600多幅名画，各个房间内的奢侈品数量庞大，令人赞不绝口。

大厅中奢华的枝形吊灯

土耳其共和国成立之后，凯末尔曾把这里当做自己的官邸，直至1938年11月，他在工作中骤然去世。为了纪念这位伟大的领袖，人们将执政室的时钟定在他过世的时刻，即9:05。

有带英语、德语、土耳其语导游的旅游

现如今，多尔玛巴切赫宫作为迎宾馆使用

团，每隔30分钟出发。全部逛完的话大约需要2个小时。若是天气炎热的夏季，游客较多的话，可以自行前往。多尔玛巴赫切宫现在作为迎宾馆使用，偶尔也休馆。

宫殿旁边是绿树成荫的花园地，内有咖啡馆（开放时间7:00~15:00）。置身绿色之中、细细地品味咖啡也是一件享受的事情。

如麦里·赫萨尔

Rumeli Hisar MAP/p.113

交 位于法提赫大桥下。可以在爱米诺努乘坐22号巴士，在塔克西姆乘坐40号巴士，到如麦里·赫萨尔下车即可 开 9:00~16:30 休 周三 TL 3TL ☎ 263-5305

如麦里·赫萨尔是穆罕默德二世为攻占君士坦丁堡在1452年设立的要塞。据说仅仅用了4个月的时间就完成了。对岸是巴亚泽特一世在1398年建造的阿纳多尔要塞，这两座要塞之间是海峡最狭窄的地方。

深度了解

古老的伊斯坦布尔佩拉宫酒店

1883年，巴黎—君士坦丁堡之间的东方列车开通了。这辆神秘的列车曾载着土耳其的王室贵族以及上流人士开往神秘的东方国度。位于这条线路上的斯克西站是重要的行车点。1892年，在斯克西站附近开设了专门为这些贵客服务的佩拉宫酒店（P.131）。

之后的一个世纪中，这里作为王室贵族的落脚点不断有名人前往。其中不乏大名鼎鼎的人物曾在此停留，例如撰写《东方快车谋杀亲》的作者阿加莎·克里斯蒂、土耳其国父凯末尔、著名女演员格利泰·嘉宝等。在酒店里，名人们曾经住过的房间至今仍留有他们的姓名牌。411号房间是阿加莎·克里斯蒂曾住过的房间。

2011年9月，酒店经过整修以后重新对外开放。历史人物曾经居住过的房间、他们曾经使用过的家具和器具，全部以原来的样貌呈现在客人眼前，给人以古色古香的氛围。411号阿加莎·克里斯蒂曾住过的房间非常受欢迎，建议提前预约。用吊绳升降的19世纪木质升降梯也被保留了下来。土耳其的国父阿塔图尔克曾住过的101号房间也对外开放。

※图奈尔（地铁）

从加拉塔大桥北端开往独立大街南端的地铁，是1875年开通的。因为从加拉塔大桥去往佩拉地区的路段比较倾斜难走，为方便东方快车的乘客特意设立了这一交通工具。途中没有停留的车站，运行距离是世界上最短的。

在坡道上行驶的图奈尔地铁

从上空俯瞰如麦里·赫萨尔

如麦里·赫萨尔的城墙壁和石塔

这里是从黑海前往君士坦丁堡运送援助物资的船只必经之处，两岸的大炮可同时向海面开火。如麦里位于土耳其的欧洲一侧，而阿纳多尔则位于土耳其的亚洲一侧。

现在作为博物馆对外开放，里面陈列有当年的大炮以及炮弹等古物。登上塔顶，可以远眺博斯普鲁斯大桥和海峡美景。每当夜幕降临，如麦里·赫萨尔就会变成华灯的海洋。夏天时节，有不少露天演唱会也会在这里举办。

迷你阿图尔克

Miniaturk p.66-A外

交 位于新城区，金角湾里侧从爱米诺努乘坐47号巴士，在迷你阿图尔克下车即是。历时大约25分钟到达。开 9:00~19:00（周末~20:00） 休 无 TL 10TL

迷你阿图尔克是近年来伊斯坦布尔新兴的娱乐城区。共有105所景点，按照原景实物的二十五分之一的比例缩建而成。

由国内外25名建筑技师亲手打造而成，每一个景点都完整无误地再现了当年的样貌。在这里还复原了以弗所的阿尔忒弥斯神殿。对建筑感兴趣的人可以好好观摩一番。

到处是历史建筑物微缩模型的迷你阿图尔克

景区内会派发一种解说装置，自动播放关于各个景点的音频解说。景区内有迷你列车穿梭其中，为游客们提供脚力。还提供家族野餐聚会的场地。

深度了解

穆罕默德二世进攻君士坦丁堡

奥斯曼帝国的苏丹穆罕默德二世为攻占君士坦丁堡做了长时间的准备。曾经幅员辽阔的拜占庭帝国，在这一时期被强大的奥斯曼帝国蚕食得仅剩被厚厚的城墙壁护卫的一片区域，即现在的老城区地区。

翌年4月，穆罕默德下达全面进攻的指令，率领数十万军队向君士坦丁堡发起了猛烈的进攻。而君士坦丁堡内仅有数千名军士守城。金角湾坚实的城墙发挥了牢固的抵御作用，抵挡住了敌军的战船。

穆罕默德二世善用奇兵，他从北面寻找突破口，收买热那亚商人，在加拉太北面铺设一条陆上船槽。靠着这条船槽，土耳其人经过一夜的努力终于奇迹般地将战船拖运到了金角湾的侧面。在那里，他们架起了浮桥、筑起了炮台，向君士坦丁堡发动了新的攻势。

由30头牛拉起的巨大炮台立于坚固的城墙脚下。从炮台中发射出重达600千克的石块，飞向城堡之内。

没有了欧洲基督世界的援助，君士坦丁堡终于在当年5月末被攻陷。人们把穆罕默德奉为法提赫，也就是征服者的称号。一般说起法提赫这个称号，指的就是穆罕默德二世。

征服者穆罕默德二世

街区漫步

从伊斯坦布尔的欧洲一侧去往亚洲一侧，乘坐轮渡非常方便（p.75）。乘坐轻便快捷的船只穿游在各个城市之间，在船上眺望老城区林立的塔峰，感受微微拂面的海风，是件惬意而又浪漫的事情。

乘坐汽车从大桥往亚洲一侧的话，要尽量避开交通拥挤的早晚高峰期。在上下班高峰期，从老城区去往卡德克伊甚至需要花费两个小时。

于斯屈达尔 Üsküdar MAP/p.67-H

于斯屈达尔是位于多尔玛巴切赫宫对岸的一个城镇。名字来源于古希腊的殖民地克里索波里斯，在拜占庭时期叫做斯库塔里。

这座古城镇具有悠久的历史，曾是奥斯曼帝国时期麦加巡礼的始发城市。因为没有城墙的保护，曾在多次战争和入侵中受到较大程度的破坏，除了奥斯曼帝国时期的古建筑痕迹以外，几乎都没有被完整地保留下来。

现在的城镇里一片繁荣景象，热闹的商业街、大型市场，错综复杂的胡同，连成一片的住宅区，几乎每天都有不固定地点的巴扎集市开放。

出自锡南之手的两座清真寺

位于栈桥前面的米赫里马赫清真寺(Mihrimah Camii)是苏莱曼大帝在1547年为其爱女米赫里马赫所建造的寺院。从栈桥出发沿海岸线向西南方向步行5分钟，可到达塞姆西帕夏清真寺(Şemsipaşa Camii)。这座清真寺是1508年建造的，规模并不算大，但十分漂亮。这两座清真寺都是出自土耳其建筑师锡南之手。

往南再走5分钟，会看到海面上矗立着一座塔，其名字叫做姑娘塔。位于亚洲一侧的著名观光景点之一——贝伊莱尔贝伊宫，从这里乘坐巴士20分钟即可到达。

美丽的姑娘塔，原本是一座要塞

亚洲的街道一派开放休闲的氛围。卡德克伊的巴达特大街两旁绿树成荫，行人的着装也非常时尚

哈莱姆 Harem MAP/p.67-H

这里是伊斯坦布尔的城郊住宅区。有去往安纳托利亚的长途巴士终点站哈莱姆车站(Harem Garajı)。在栈桥东南方向可以看见一座大型的四方形建筑物，这就是伊斯坦布尔的塞利米耶兵营(Selimiye Kışlası)。在克里米亚战争时期(1853~1856)曾被当做医院使用，来自英国的白衣天使们在这里留下了感人的故事。西北面的塔就是为了纪念护士们的事迹而专门开设的博物馆（仅周六开馆）。北面的塞利米耶清真寺，是1805年专门为兵营的士兵们建造的，据说是土耳其最后的巴洛克式建筑。

卡德克伊 Kdıköy MAP/p.8-B

卡德克伊过去曾被叫做卡尔西顿，是比伊斯坦布尔历史更为悠久的地区。拜占庭时期曾在这里建造了大量的基督教会。现在，这里已成为亚洲一侧最具时尚魅力的地区（p.120）。到处可以见到装潢时髦的咖啡店、打扮入时的摩登女郎以及各种潮店。卡德克伊东南面的巴达特大街(Bağdat Caddesi)，是一条适合购物、娱乐的时尚大街。

哈雷姆和卡德克伊之间，是亚洲一侧的铁路起始点海达尔帕夏。

海达尔帕夏站，亚洲一侧铁路的起始点。车站内部空间宽敞，设施豪华

姑娘塔（克兹塔）

Kız Kulesi MAP/p.67-H

交 从塔对岸的Salacak栈桥可乘坐渡轮到达。从于斯屈达尔栈桥步行7分钟即可到达 休 无 开 从Salacak栈桥出发的船只运航时间为12:00~18:45。船费5TL；从卡巴塔西出发的船只运行时间为9:00~18:45，船费7TL ※晚上可去塔内餐厅就餐（需要提前预约 ☎0216-342-4747）。在卡巴塔西附近有接送船只

从Salacak栈桥乘坐去往克兹塔的轮渡，大约7分钟即可到达。乘船票还可以当做在塔内餐厅品尝免费饮品的优惠券使用。

姑娘塔位于于斯屈达尔与哈莱姆之间的海面上，距离海岸大约200米。最初于12世纪建在伊斯坦布尔港入口处的小岛上，是拜占庭时代的重要要塞。在奥斯曼帝国时代曾作为向过往船只收取通行税的监视所和灯塔使用。一、二层是餐厅，最上层是咖啡厅。夕阳时分，塔上灯火闪烁，昏暗的光晕反映在海面之上，有一种说不出来的异国情调。是伊斯坦布尔最富浪漫情调的地区之一。

夕阳下的姑娘塔

关于姑娘塔的悲剧传说

关于姑娘塔的名字，隐藏了一个凄惨的神秘传说。Kız kule中Kız是“姑娘、女子”的意思。Kule是“塔”的意思。

占卜师告诉这个地方的守臣，他的爱女将在16岁之前被毒蛇咬死。守臣为了使其女儿免受灾难，特意在海上建起了一座塔，让爱女自幼住于此。时间慢慢地过去，爱女也即将迎来16岁的生日。守臣为爱女庆祝生日，专门送来了新鲜的水果。岂料，盛水果的篮子里藏着一条毒蛇……

关于姑娘塔的另一个传说

姑娘塔又被叫做莱昂达塔。莱昂达是希腊传说中的人物。

传说中，莱昂达的爱人海洛居住在海的另一侧，为了见到心爱的恋人，莱昂达每天晚上游过整条海峡，海洛举起手中的灯火为其指引方向。有一天晚上，暴风雨骤然降临，打湿了海洛手中的火把，莱昂达苦苦找寻不到方向从而溺死在了茫茫大海中。悲伤过度的海伦也投海身亡。事实上，这个传说的发生地是在达达尼尔海峡。

补充信息 恰姆勒加山丘…Çamlıca Tepesi。从于斯屈达尔广场乘坐11号巴士，历时25分钟在克斯科尔（Kısklı）下车即可。山丘海拔267米，位于伊斯坦布尔的中心部。如果是晴天的话，站在这里黑海海岸景色一览无余，是绝佳的外出野餐场所。

贝伊莱尔贝伊宫

Beylerbey Sarayı MAP/p.113

交 从于斯屈达尔乘坐15号巴士或者小巴，15分钟后在Çayırbaşı下车即可 开 9:00~17:00 休 周一、周四 TL 10TL ☎ 0216-321-9320

1865年，苏丹阿卜杜勒·阿齐兹下令修建了这座宫殿。模仿欧洲宫殿建筑样式，多使用大理石材料。整座建筑宏弘大气、奢华富丽。过去这里作为苏丹的夏日别墅以及外国贵宾的招待所，法国皇后尤珍妮（Eugenie）曾在这里留宿过。

宫殿的室内装饰是阿卜杜勒·阿齐兹亲自设计的奥斯曼巴洛克风格，曾获得了欧洲皇室贵宾的一致好评。阿卜杜勒·哈米德二世曾在这里安度晚年，他当年亲手制作的家具也保存于此。妃子们居住的后宫、海边的亭榭都值得细细游逛。

▲奥斯曼巴洛克建筑风格的贝伊莱尔贝伊宫 ◀入口大厅中垂挂着豪华的枝形吊灯

哈雷姆栈桥附近的晚景。可以向渔民租借一条船，泛舟海上，拍摄夕阳下的海上美景

旅游团的集合地是在130隧道的出口处，有会说英语或土耳其语的导游。每隔30分钟至1小时出发。贝伊莱尔贝伊宫面积较大，房间很多，共有4个大房间和20多个小房屋，导游领队的速度很快，所以会有时间紧迫的感觉。

海达尔帕夏站

Haydarpaşa İstasyonu MAP/p.67-L外

交 从卡德克伊栈桥出发，步行5分钟即可到达

海达尔帕夏车站是亚洲铁路的起始点。从海上的轮渡，可以眺望周边厚重的德国样式房屋。

海达尔帕夏是亚洲最早建立的车站，是德国皇帝韦尔赫鲁姆二世赠送的，由德国建筑家于1906年修建。据说这里曾经是德国对抗英法联军入侵东部城市的重要据点。

车站内部装潢是古典的装饰风格。彩色玻璃、精美瓷砖、锤形吊灯极具观赏价值。现在这里仍作为铁路上的重要一环发挥着不可替代的作用。

R 餐厅　亚洲侧　☎0216

<于斯屈达尔>

●卡纳阿特餐厅 Kanaat Lokantası 预算 25TL~ MAP/p.67-H

交 从于斯屈达尔栈桥步行3分钟即可到达 ✉ Selmanıpak Cad.9, Üsküdar ☎（0216）341-5444 营 6:30~23:30 休 无 酒 无

位于栈桥前面米赫里马赫清真寺的里侧。开业70多年的老字号餐馆，是很多当地人都认可的老味道。所有的菜品都摆放在餐台上，是自助式餐厅。如果需要加热食物的话可以向厨师示意。

卡纳阿特餐厅

<卡德克伊>

●巴伊兰糕点房 Bayran Pastanesi MAP/p.67-L外

交 从卡德克伊栈桥前的邮局步行2分钟即可到达 ✉ Muvakkıthane Cad.19 , Kadıköy ☎（0216）346-6350 营 7:00~22:00 休 无

该店的招牌甜点是店主精心烤制的水果奶油冰激凌。售价12TL。冻糕上洒满阿月浑子、砂糖和蜂蜜，甜味十足。适合在喝完卡布奇诺咖啡（6.5TL）后品尝。有不少人专门来这里品尝这道甜点。

巴伊兰糕点房的招牌甜点水果奶油冰激凌

博斯普鲁斯海峡

博斯普鲁斯海峡在土耳其语中被叫做Boğaziçi，其连接黑海和马尔马拉海，并将土耳其分割为亚洲部分和欧洲部分。博斯普鲁斯海峡是重要的海上通路，担当着重要的交通枢纽地位。而且这里同样具有令人惊叹的景色。

海水流速快

博斯普鲁斯海峡连接马尔马拉海和黑海，总长达30千米。峡道狭窄弯曲，最窄处仅有660米。这里海水流速非常快，水流自黑海出发，经由马尔马拉海、达达尼尔海峡，最后注入爱琴海。

奥尔塔克伊清真寺

关于博斯普鲁斯海峡，在希腊神话中有这样一个传说。古希腊万神之王宙斯，曾变成一头雄壮的神牛，驮着一位美丽的人间公主，从这条波涛汹涌的海峡游到对岸。海峡因此而得名。博斯普鲁斯在希腊语中是“牛渡”之意。

海峡两岸风光

博斯普鲁斯海峡上横跨着两座大桥，分别是博斯普鲁斯大桥和法提赫大桥，博斯普鲁斯第三座大桥也在修建实施当中。

海峡两岸树木葱郁，村庄、游览胜地、华丽的住所和别墅星罗棋布。多尔玛巴切赫宫、如麦里·赫萨尔要塞也位于沿岸一带。岸边的村庄和城镇的居民大都以捕鱼为生，很多当地的餐厅也多为海鲜料理为主。

博斯普鲁斯海峡两岸别墅和住宅区成片

博斯普鲁斯海峡观光船

观光船终点是阿纳多卢。可在爱米诺努栈桥处乘坐轮渡，直达终点的船只较少。乘坐观光船畅游在海面上欣赏风景非常惬意。

乘坐观光船从起点到终点历时1小时40分钟，共有12艘船（周末会增加游船的数量）。从卡德克伊、爱米诺努乘坐，单程收费10~12TL，从于斯屈达尔上船到终点收费10TL。旅游旺季人流高峰期，可提前向旅行社预约。

在加拉塔大桥附近也有观光船，大都是自主招揽客人的船只，可以讲价。

博斯普鲁斯大桥

观光船上最好的座位是置于后部甲板的坐席。二层的座位适合拍照。一般来说，船只左侧的座位要比右侧的座位好。

观光船缓缓离开金角湾，首先映入眼帘的是一座白色石塔，这就是传说中的姑娘塔（p.110）。塔内有餐厅对外开放。不久之后，出现在视线左侧的豪华宫殿是多尔玛巴赫切宫（p.106），旁边是由奥斯曼帝国时代

从游船上观望如麦里·赫萨尔

用木材建造的别墅

的宫殿改建而成的酒店。

继续前行，出现在眼前的是博斯普鲁斯大桥。全长1千米，于1973年修建并正式投入使用，从海面上望去大气恢宏，是海峡上一道亮丽的风景线。矗立在大桥左岸的美丽建筑物是奥尔塔克伊清真寺。奥尔塔克伊（p.120）一带，是年轻人和艺术家们聚集的城镇。穿过大桥，右边的岸上，是著名的贝伊莱尔贝伊宫（p.111）。

法提赫大桥

船行过贝伊莱尔贝伊宫，不久就可看见法提赫大桥，它的左岸就是如麦里·赫萨尔要塞（p.107）。这两个景点几乎同时跃入眼帘，想要拍照的话要抓紧时间。

穿过法提赫大桥，两岸的绿色渐渐浓郁，木材建造的别墅不时映入眼帘，这一带是豪华的富人住宅区。

右岸的坎勒贾栈桥码头上堆满了货物。这里从奥斯曼帝国时代就是酸奶酪的著名产地。接下来，船只经过的左岸栈桥是耶尼克伊，之后是塔拉布亚，这些都是风景绝佳的旅游胜地。

回程可选择便利的陆上交通

观光船最后到达的地点是阿纳多卢要塞。因为黑海岸布置了大量的军事设施，所以游客们不得不在此下船。步行登上阿纳多卢要塞的古城遗迹，如果是能见度较高的晴朗天气，可以远眺到远方重叠的山峦。

撒尔耶尔栈桥附近。这里的餐厅以擅长做鱼类菜肴而出名

到撒尔耶尔、如麦里要塞、阿纳多卢要塞旅游的话，一定要尝尝这里新鲜地道的鱼类菜肴。其中，以撒尔耶尔的海鲜餐厅最为出名，价格也比其他地方稍微高一些。

提醒不要忘记确认一下返程船只的出发时刻。可以选择较为省时的陆上交通工具，乘坐巴士、出租车都非常方便。从撒尔耶尔回到新城区，乘坐出租车的话大约需要花费50TL。如果赶时间，相比船只可以更节省时间的是选择陆上交通。

MAP/p.114

王子群岛

ADALAR

王子群岛指的是马尔马拉近海处的几处小岛。这里是旅游度假的最佳选择。夏季非常热闹。马车是唯一的代步工具。

交通方式

从伊斯坦布尔中心前往王子群岛，可以选择乘坐轮渡和海上巴士。

轮渡　轮渡是利用最为广泛的交通工具，非常快捷方便。从卡巴塔什栈桥（MAP/p.105-D）出发，能够分别到达王子群岛的四个主要大岛屿：Kınalıada岛、Burgazada岛、Heybeliada岛和面积最大的Büyükada岛。夏季这里是旅游高峰期，因此船次较多。去往Büyükada岛大约需要花费1小时30分钟。单程船费3.5TL。在各岛屿之间移动不收费。

海上巴士　从卡巴塔什去往Büyükada岛需要乘坐海上巴士。所需时间1小时10分钟。花费8TL。夏季船次较多，冬季较少。去往其他岛屿或港口因船次不同，收取的费用也不一样。

☎0212-444-4436

群岛漫步　市外区号0216

王子群岛距离伊斯坦布尔中心大约20千米，位于马尔马拉海上，又名阿达拉尔（“群岛”的意思），也被人们称为Princes Island，是皇子们曾经居住的地方。曾经也是拜占庭帝国关押被罢黜王位、被贬流放官员的地方，奥斯曼帝国时代也依循此例，故此而得名。

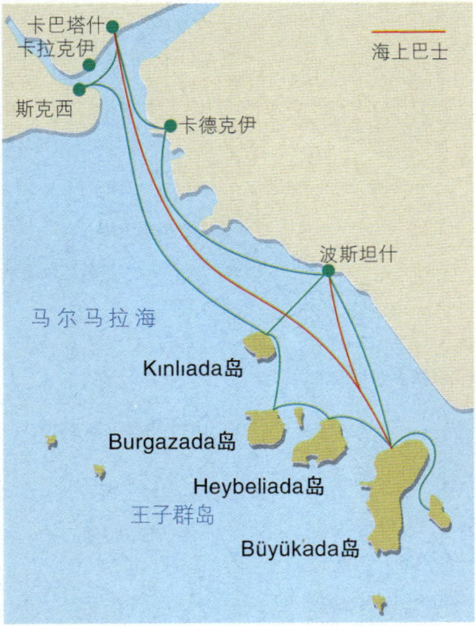

岛屿上，古典的马车代替了现代的交通工具

王子群岛由九个岛屿组成，其中四个主要大岛有居民生活。可以乘坐轮渡和海上巴士前往。下船自由活动之前，不要忘记确认一下回程船只的发船时间。

面积最大的Büyükada 岛和面积第二大的Heybeliada 岛上，还保留有不少19世纪希腊人和犹太人为避暑而建造的凉亭。此外，还有一些希腊正教教堂、修道院和犹太教堂也保留了下来。

在岛上，除了救护车以外，禁止使用其他车辆。居民们用马车或自行车代步。

Büyükada岛

王子群岛中面积最大的岛屿。夏季，这里是最好的避暑胜地。含羞草、红叶花开满山野，令人心旷神怡。岛屿上至今仍有希腊人居住。从希腊专程赶来避暑的大有人在，岛上至今还保留不少教会修道院等宗教设施。

离开码头向中心地区进发，登上斜斜的坡道，道路两旁是精致的别墅和公寓，门前种满了鲜艳的花儿，环境非常好。

从港口码头下船，有两条围绕整个岛屿一周的马车道。可以乘坐马车环游整个岛屿风景。全程票价24TL，绕岛半周15TL，一般情

在开满鲜花的道路上闲庭信步

况下选择半周路程即可。余下的半周全部是堂枝叶茂密的松林，比较单调。岛上有教堂（kilise）和修道院（manastır），可以去赏玩一番。

夏季，游客坐满了咖啡屋

岛上最著名的建筑是位于岛屿中央南侧的Aya Yorgi教堂和修道院。广场上有人牵着驴子，可以租赁一头作为代步工具。没有骑过驴的可体验一下。

在港口附近也有租赁自行车的地方。岛屿上的道路比较倾斜，骑车的时候要注意。

岸边建有几个大型的海水浴场。有从港口出发的免费船只提供服务。海水浴场收取门票。海水浴场周边有餐厅、咖啡屋，各种设施齐全。

Heybeliada岛

Heybeliada岛并不像Büyükada岛那样是纯粹的旅游观光岛屿，这里保留有很多古建筑遗迹，包括教会、修道院、官邸等。也有很多伊斯坦布尔的居民前来旅游度假。

岛上还有海军学校和军队设施，经常会看见穿着军装的人经过。

海水浴场的热闹景象

H 酒店

阿达拉尔 ☎0216

＜Büyükada岛＞

●王子酒店 Princes S 无 W 150TL~
交 从港口步行3分钟即可到达 ✉23 Nişan Cad. 2, Büyükada
☎382-1628 FAX 382-1949 室 24 C A M V
一家雅致的中档酒店，可以眺望到马尔马拉海的美丽景色。夏季旅游高峰期总是人满为患，需要提前预约。酒店内来自希腊、俄罗斯的客人较多。

●辉煌酒店 Splemdid S $80 W $115~150
交 从港口步行5分钟即可到达 ✉23Nişan Cad.53, Büyükada
☎382-6950 FAX 382-6775 室 70 C M V
白色的墙壁、红色的窗棂是该酒店的特征。从1908年开始营业至今。很多房间内都能看到马尔马拉海景色。内部家具质地也非常不错，很有档次。

●萨伊达姆普拉奈特酒店 Saydam Planet S 150TL W 180TL~
交 从港口步行1分钟即可到达 ✉İskele Meydanı, Büyükada
☎382-2670 FAX 382-3848 室 12 C M V
酒店位于港口附近，步行即可到达。客房内设有彩色电视机和迷你吧台等各种设施。

●尤鲁克人阿里海滨酒店 Yörükalı Plaj 每间客房（双人）$129
交 在港口附近有专门的接送船只，5分钟即可到达
✉YorukalıPlaj,Büyükada ☎382-7341 FAX 382-7205 HP www.yorukali.com 室 40（平房） C V M
酒店集公寓式住房（2人用）、餐厅、咖啡厅、海水浴场于一身，各种设施齐全，服务周到。住宿客人用餐可享受15%的优惠。

＜Heybeliada岛＞

●迈里特哈尔基宫酒店 Merit Halki Palace S €110~ W €150~
交 从港口乘坐马车5分钟即可到达 ✉Rafah Sehitler Cad.94, Heybeliada ☎351-0025 FAX 351-0032 室 45 C M V
酒店于19世纪中期正式开业运营，当时是为了岛上的权威商业学校的学生父母们所建造。具有相当悠久的历史。属于五星级酒店。

●哈尔基普伦赛特酒店 Halki Prenset S 无 W 100TL（周末150TL）
交 从港口步行3分钟即可到达 ✉Ayyıldız Cad.40-42, Heybeliada ☎ FAX 351-0039 室 8
一家干净整洁、便宜实惠的家庭旅馆。内设供客人吃饭的餐厅。

萨伊达姆普拉奈特酒店

辉煌酒店

尤鲁克人阿里海滨酒店的接送船只

S 购物

伊斯坦布尔是土耳其最大的都市，也是土耳其最大的商业中心。很多世界名牌、高级奢侈品、流行商品在这里汇聚一堂。绒毯、基利姆、陶瓷器皿等是具有土耳其民族风情的商品，可以作为礼物带回国。

老城区一带的土特产屋、纪念商品店比较多。新城区一带则有很多一流品牌店，而且大型购物中心也多聚集于此。

阿拉斯塔卖场（分类卖场）内土特产商店连成排

老 城 区

土特产荟萃

伊斯坦布尔的土特产店，主要集中在游客数量较多的老城区地区。

步入老城区的商业大街，人声鼎沸，热闹红火的喧腾景象展现在眼前。到处是摊位，商店，街头小贩，兜售各种商品。这里明文禁止街头揽客的现象，保证人们在购物时有个好心情。这里的店主大都热情殷切，非常乐于帮助人，即便是逛迷了路也不要紧。

贩卖土耳其土特产的商店，集中在圣索菲亚广场和蓝色清真寺一带。

世界闻名的大型市集——巴扎大集市（p.96），还有近年来人气骤增的埃及香料巴扎市场（p.100）是旅游观光必去的购物地点。都位于老城区。

商店关门时间

土耳其的商店里，大部分货物都没有明确标出价码，可能会给消费者带来些许的不便。购买贵重品的话，一定要货比三家，比较一下后再做购买比较好。土耳其的商店并不像餐厅那样经营到深夜，通常很早就关门了。一般来说，普通的商店、集市在傍晚六七点钟就停止营业了。

苏丹艾哈迈德地区的集市

●阿拉斯塔卖场（分类卖场）

Arasta Çarşısı　MAP●剪切地图-15、p.83-D

交 位于蓝色清真寺东侧 营 9:00~19:00 休 无

在蓝色清真寺的左侧（东侧）下台阶之后即是集市的入口。进入集市，道路两旁是成排的店铺，各式各样的商品货物琳琅满目，吆喝声、叫卖声此起彼伏。

Arasta是“长屋”的意思。这里主要经营陶瓷器、铜制品、民族工艺品、绒毯、基利姆等土耳其特色商品。在这里总能找到不错的礼品。

●萨纳特拉尔卖场（艺术卖场）

Sanatlar Çarşısı　MAP●剪切地图-15、p.83-D

交 位于圣索菲亚广场右侧 ✉ Cedid Mehmetefendi Medresesi, Sultanahmet

营 9:00~19:00 休 无

集市前身是18世纪建造的神学校，后经改造后当做大型集市利用。这里主要展示并出售陶瓷器、铜制品、瓷砖、人偶等传统工艺品。

集市大街深处的房屋，是工艺品制作者的生产车间，可以参观一下传统工艺品的制作过程。

萨纳特拉尔卖场内传统工艺品制作者忙碌的身影

大型高级商铺

巴扎集市周边地区，坐落着一些大型的高级店铺。这些商店大都装饰富丽堂皇，里面出售的也多为价格昂贵的高档货或奢侈品，如高级绒毯、贵重金属、高级手工艺品等。下面介绍几家高级店铺。

●阿尔玛甘商店 Armaggan　MAP●剪切地图-14、p.83-A

交 位于努尔奥斯马尼耶大街上

✉ Nurosmaniye cad. 65, Cağaloğlu ☎522-4433

营 9:00~20:00

休 星期日

努尔奥斯马尼耶大街

店铺外壁有古典浮雕，显得庄严稳重。内部陈列着贵重金属、陶瓷器皿等艺术品。每一件都是纯手工打造，很精致。

●巴扎44 Bazaar 44　MAP●剪切地图-14、p.83-A

交 位于努尔奥斯马尼耶大街 ✉ Nuruosmaniye Cad. 44, Cağaloğlu ☎512-1259 营 9:00~19:00 休 无

主营皮革制品、绒毯。

●格尔戴斯商店 Gördes　MAP●剪切地图-14、p.83-A

交 位于巴扎集市西边入口处 ✉ Babaali Cad. 3A, Cağaloğlu ☎514-2304 营 8:30~19:00 休 无

商铺共有三层，建筑风格比较现代。主营宝石、绒毯、陶瓷器皿等商品

●法国梧桐商店 Çınar　MAP●剪切地图-14、p.83-A

交 位于努尔奥斯马尼耶大街

✉ Nuruosmaniye Cad. 51, Cağaloğlu

☎513-8317 营 8:30~19:30 休 无

主营土耳其高级手工编制的真丝绒毯。拥有自主品牌，曾获得2007~2009年度美国绒毯展出大奖。

在当地的外国居民中人气极高的尤鲁克收藏

绒毯・基利姆店铺

经营绒毯・基利姆的店铺，主要集中在老城区一带和苏丹麦特周边地区。绒毯不同于其他商品，很难用肉眼分辨其质量好坏，价格也不低，因此很多初次购买的顾客经常会犯难。可尽可能地多听听有过购买经历的人的意见，作为参考。(p.26)

●尤鲁克收藏 Yörük Collection

MAP●剪切地图-15、p.83-B

交 从地下宫殿步行2分钟即可到达 ✉ Yerebatan Cad. 25, Sultanahmet ☎528-0099 营 9:00~20:00 休 无

该店铺是由古建筑改造而成的，外观美丽，有大大的穹顶，是土耳其特产专营店。绒毯・基利姆位于店铺最里面。这里的绒毯质量上乘，纯天然染色，价格公道合理。许多在伊斯坦布尔居住的外国人喜欢到这来选购商品。

●艾伊曼地毯行 Eymen Halıcılık　MAP●剪切地图-15、p.83-D

交 位于阿拉斯塔卖场内

✉ Arasta Çarşısı 107, Sultanahmet ☎516-0733 营 9:00~19:00（夏季~21:00） 休 无

主要经营年代久远的古董绒毯・基利姆。

重要情报

伊斯坦布尔不为人知的古玩市场

伊斯坦布尔堪称是古董、古玩的宝库。在这里坐落着上百家古董店，对古玩感兴趣的可以在这里看个够。外国游客一般不知道这个地方，但是当地的古玩收藏家却对这里十分熟悉。这里出售的古董涉及年代甚为久远、价格也相比巴扎集市以及市中心的古董店便宜不少。

在新城区，还有一家知名的古董店，名字叫做Çıkırcuma（MAP/●剪切地图-7、p.105-C）。该店的古董都是经过店主精挑细选的，摆放在古色古香的店铺当中，任凭客人欣赏玩味。一些贵重的藏品价格高达数十万美元，也有不少价格较为便宜的收藏纪念品。

霍尔霍尔古玩市场

Horhor Antikacılar Çarşısı　MAP●剪切地图-13、p.80-E

交 地铁阿克萨赖站步行8分钟即可到达

✉ Eski Pertevniyal arkası 营 8:00~19:00（各个店铺关门时间不同） 休 周日

当地古玩爱好者经常来这里淘宝

补充信息 古董街…旧书市场Sahaflar Çarşısı（MAP●剪切地图-14、p.80-F 营 9:00~18:00 休 周日）位于巴扎集市和贝亚泽特清真寺中间。有许多珍贵罕见的书籍。

新城区

与老城区的混杂截然不同，新城区的繁华地带商业中心、外国品牌服装店、大型购物中心错落相间，井然有序。置身喧闹的购物大街，游逛之余，坐在咖啡厅小憩并欣赏街景，别有一番趣味。

土耳其的高级品牌时装店所在大街

独立大街

独立大街是伊斯坦布尔最繁华的一条街道。近年来，随着旅游业的发展这里更加繁荣起来，几乎能够找到所有土耳其品牌。

土耳其有许多欧洲大牌服饰的代加工厂，其生产的服饰、衣帽、皮靴无论是做工还是质量都非常棒。土耳其的品牌服饰在国际上也十分有名，性价比也很高。

流行服饰

●纯棉服饰 Koton　MAP●剪切地图-7、p.105-C
🖂İstiklal Cad. 34，Beyoğlu
☎245-2935 营10:00~23:00（周日12:00~、冬季~22:00）休无

店内服饰很好地结合了土耳其古典风格和现代流行元素，在伊斯坦布尔的年轻人中很有人气。店里主营各种休闲服饰以及正装，价格公道合理。靴子、配饰种类齐全。

●吉米・基服饰 Jimmy Key　MAP●剪切地图-6、p.105-C
🖂İstiklal Cad. 175, Beyoğlu ☎245-1388
营10:00~22:00（夏季~23:00）
休无

一家源自于爱琴海城镇伊兹密尔的品牌。服饰设计得简单大方、凸显气质、性感且不失可爱，适合上班族女性穿着。其服饰全部都是土耳其国内服装工厂生产，质量无可挑剔。

年轻女性非常喜欢的品牌吉米・基服饰

●德萨 Desa　MAP●剪切地图-7、p.105-C
🖂İstiklal Cad.62, Beyoğlu ☎243-3786
营10:00~22:00 休无 C M V A D

主营时尚皮包、皮靴、衬衫等，在职场女性中具有很高的人气。

●蓝色牛仔 Mavi Jeans
MAP●剪切地图-7、p.105-C 🖂İstiklal Cad. 123, Beyoğlu ☎244-6255 营10:00~23:00（周五、周六~24:00）休无 HP www.mavi.com

土耳其牛仔服装品牌。在当地非常有名，各大购物中心、商业大街都有店铺。

●霍迪奇皮鞋 Hotiç　MAP●剪切地图-7、p.105-C

蓝色牛仔

🖂İstiklal Cad. 97, Beyoğlu ☎243-4847
营10:00~22:00 休无

土耳其知名靴子品牌。在当地非常有名，各大购物中心、商业大街都有店铺。

●蚂蚁杂货铺 Karınca　MAP●剪切地图-7、p.105-E
🖂Sankulu Mh. Galip Dere Cad. 2A, Beyoğlu
☎252-8843 营10:00~22:00 休无
HP www.karincadesign.com

这是当地一家非常有个性的杂货店。店内的商品五颜六色，非常新潮好玩，吸引了大批年轻人前来选购。

杂货・点心

●帕夏花园玻璃器皿 Paşa Bahçe
MAP●剪切地图-7、p.105-E 🖂İstiklal Cad. 150A, Beyoğlu ☎244-0544 营10:00~20:00（周日12:00~20:00）休无

土耳其最大的玻璃生产商。店内有高级玻璃炊具、地方特色的精致花盆、煤油灯等家居饰品。10TL左右就能买到称心如意、做工精美的玻璃制品。

补充信息　阿特拉斯海滨杂货铺…Atlas Pasajı（MAP●剪切地图-7、p.105-C）汇集各种新奇玩意的小店。新潮家具以及各种流行装饰品充斥了整个店内，不少喜欢时髦的年轻人经常来这里淘宝。

●黛米龙购物中心 Demiroren MAP●剪切地图-7、p.105-C

✉Istiklal Cad. 50-54, Beyoğlu ☎249-9999

营10:00~22:00（周五・周六~23:00） 休无

黛米龙购物中心

HP www.demirorenistiklal.com

该购物中心于2011年3月正式营业，是伊斯特克拉尔大街上唯一的一所大型购物中心。该购物中心集中了土耳其各大知名品牌，GAP、GUESS等国外品牌也都有身影。

●哈吉贝基尔糖果 Haci Bekir

MAP●剪切地图-7、p.105-C ✉İstiklal Cad. 83/6 Beyoğlu ☎244-2804 营8:00~19:00 休无

这是一家于1777年开业的老店铺，是土耳其第一家售卖软糖的商店。糖块混合装1公斤26TL。礼盒装每盒6.75TL。分店还有爱米诺努店（☎522-0666）、和卡德克伊店（☎0216-336-1519）。

软糖老店铺哈吉贝基尔糖果

书店

独立大街道路两旁的店铺中，有一些书店和CD店。买一张CD作为旅游纪念或礼物是个不错的选择。

●罗宾逊书店 Robindon Crusoe MAP●剪切地图-7、p.105-E

✉İstiklal Cad.195A, Beyoğlu ☎293-6968

营9:00~21:30（周日10:00~） 休无 C A M V

伊斯坦布尔最有名的书店。店内，外国书籍种类最为齐全。装饰风格休闲舒适。

●D&R书店 D&R Store

MAP●剪切地图-7、p.105-C

✉İstiklal Cad. 55A, Beyoğlu ☎243-9904

营10:00~22:00（周五・周六~23:00） 休无

店内卖各种CD、DVD、书籍等，是土耳其最大的图书连锁店。土耳其流行音乐和舞蹈音乐CD都可以在这里找到。

●岛屿书店 Ada MAP●剪切地图-6、p.105-E

✉İstikral Cad. Orhan Adali Sok. 158A, Beyoğlu

☎251-5544 营8:00~24:00 休无

是独立大街最大的CD店。各类书籍、杂志也非常多。

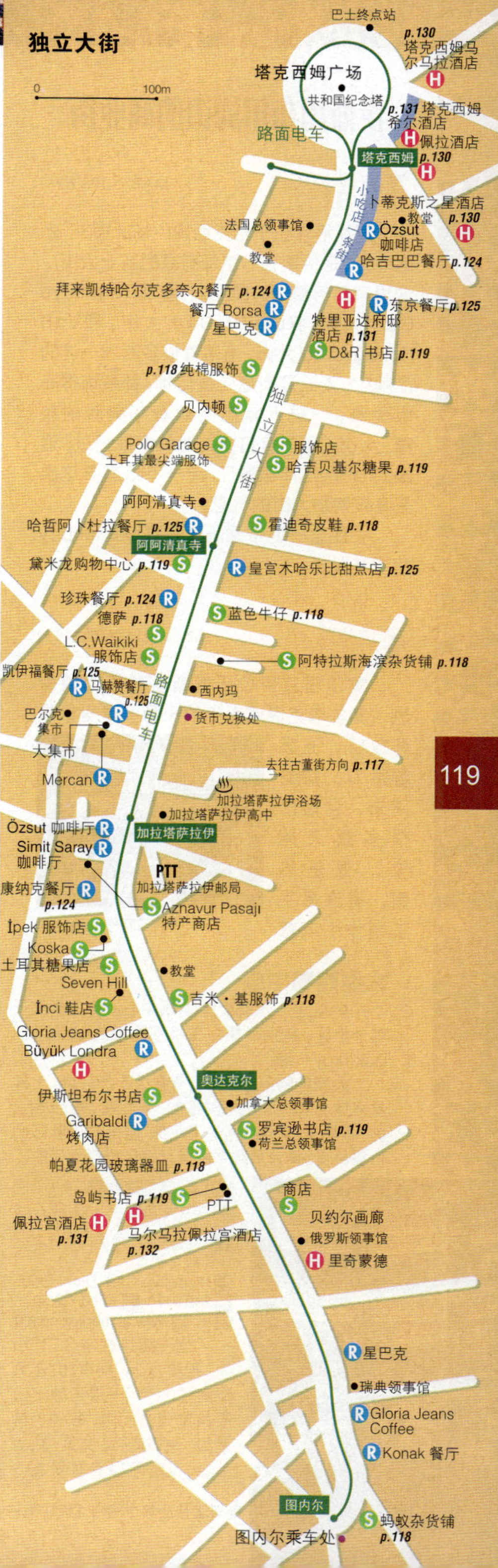

伊斯坦布尔周边的商业街

尼尚塔什　Nişantaşı MAP/p.105-A外

尼尚塔什位于塔克西姆广场北面3千米的地方，是伊斯坦布尔最高级的商业大街。这里有几条繁华的商业大街。如Teşvlklye Cad.大街、Rumell Cad.大街、和Vall Konağı Cad.大街，坐落着很多欧洲一流的品牌店。无论是街道还是店铺，都装饰得高级优雅，一进入就感觉到奢华典雅的氛围。大街上不时有打扮入时的女性经过，浪漫的咖啡店、高级餐厅，无一不透露着这里是高级购物大街的气息。

去往这一地带乘坐地铁在Osmanbey站下车即可。

奥尔塔克伊　Ortaköy MAP/p.113

奥尔塔克伊位于博斯普鲁斯海峡旁边，奥尔塔克伊清真寺的一角。这里极具开放感，充满着活力。每到周末，会摆出很多露天摊位，很是热闹。有许多手工制作小玩意的摊位很受人们追捧，很多人不辞辛苦来这里只为淘一件纯手工制作的工艺品。

手工制作的明信片

位于亚洲一侧的精品时装店

卡德克伊　Kadıköy MAP/p.8-B

人们提及亚洲一侧的购物大街，马上会说出位于卡德克伊的Baharlye Cad大街，这里是亚洲一侧繁华喧腾的时尚购物大街，被称为“步行者的天堂”。面向年轻人的潮流时装店非常多，价格相比欧洲一侧较为便宜。这里当地人居多，外国游客罕有足至，因此显得较为悠闲。

连接卡德克伊和Bostancı的巴格达大街Bağdat Cad.，拥有宽阔的街道，商店鳞次栉比，在这里逛街十分舒适休闲。这里服饰店、装饰品店、咖啡屋居多。

在卡德克伊和Bostancı之间有城铁和巴士往返。可以在Erenköy下车，这里的商店最为密集。

去往卡德克伊和Bostancı，也可以在加拉塔大桥的栈桥附近乘坐船只。

大型购物中心

伊斯坦布尔的大型购物中心，大多都位于郊外地区，特别是集中在机场附近的Ataköy、Bakırköy一带。

大型购物中心内不但有各大欧洲品牌、土耳其当地名牌，还有大型超市、电影院、餐厅等设施，集娱乐、购物、休闲于一身。但是这里奢侈品价格昂贵，是大多数平民老百姓所难以承受的。

高级奢侈品集中的阿克迈尔凯兹购物中心

阿克迈尔凯兹购物中心（白色中心大卖场）　Akmerkez

交 从塔克西姆乘坐出租车20分钟即可到达
✉ Nispetiye Cad. Ulus, Etiler
☎ 282-0170 营 10:00~22:00
休 无 HP www.akmerkez.com.tr

位于高级住宅区Etller内，规模庞大，拥有207座大型商铺。地下一层到地上三层的宽阔空间内，各种名牌聚集，进口商品、文具、化妆品店、电影院等各种设施一应俱全。

伊斯廷耶花园购物中心　İstinye Park

交 乘坐地铁5分钟即可到达
✉ İstinye Bayiri Cad. İstinye ☎ 342-5555
营 10:00~22:00 休 无 HP www.istinyepark.com

购物中心内充斥着欧洲大牌商店。这里的商品种类是土耳其最为齐全的。虽然地处郊外偏远地区，但值得前去一逛。

奥利维姆大卖场　Olivium

交 乘坐路面电车10分钟即可到达
✉ Prof. Dr. Muammer Aksoy Cad.1, Zeytinburnu
☎ 547-7453 营 10:00~22:00 休 无

拥有100多家店铺，多为土耳其国内生产商直营。

坎勇尔购物中心　Kanyon

交 乘坐路面电车6分钟即可到达
✉ Buyukdere Cad. 185, Levent ☎ 353-5300
营 10:00~22:00 休 无 HP www.kanyon.com.tr

空间感强烈，是适合散步、观景的商业大街。总共有大约160家店铺。其中，有9家电影院。

距离地铁城非常近。地铁城内有140多家店铺。

苏丹艾哈迈德地区

60TL~ 巴勒克哲萨巴哈丁餐厅 Balıkçı Sabahattin

MAP●剪切地图-19、p.83-F

交 乘坐路面电车在苏丹艾哈迈德站下车买步行7分钟即可到达
✉ Çankurtaran 1, Sultanahmet
☎ 458-1824 营 11:00~翌日1:00 休 无

餐厅于1927年正式开业。以擅作鱼类料理而出名。是许多当地名流、上层人士经常光顾的地方。该店的招牌鱼类菜肴套餐非常受欢迎。78TL。

20TL~ 无忧餐厅 Sefa

MAP●剪切地图-14、p.83-A

交 乘坐路面电车在苏丹艾哈迈德站下车再步行6分钟即可到达
✉ Nuruosmaniye Cad. 11, Cağaloğlu
☎ 520-0670 营 12:00~16:30
休 周日 休 无

餐厅坐落在中央商务区一带。许多高级白领，特别是上班族女性喜欢来这里用餐。餐厅提供各种搭配套餐，简单实惠。中午时分餐厅非常忙。

40TL~ 马萨尔餐厅&咖啡厅 Masal Restaurant&Cafe

MAP●剪切地图-15、p.83-D

交 乘坐路面电车在苏丹艾哈迈德站下车再步行2分钟即可到达
✉ Alemdar Mahallesi İncili Çavuş Sok. 29, Sultanahmet ☎ 511-2922 营 8:30~23:30 休 无

是苏丹艾哈迈德地区专门面向外国游客开放的休闲餐厅。主要菜肴为肉类料理，餐厅自制的安纳托利亚巨型面包也很好吃。红酒种类丰富。

24TL~ 布丁店 Pudding Shop (Lale Lokantasi)

MAP●剪切地图-15、p.83-D

交 乘坐路面电车在苏丹艾哈迈德站下车再步行1分钟即可到达
✉ Divanyolu 6, Sultanahmet ☎ 522-2970
营 7:00~ 23:00 休 无 HP www.puddingshop.com

餐厅内用巧克力、奶油、牛奶糖做成的大米布丁（6TL）十分好吃。甜点种类丰富。很多游客都慕名而来。

10TL~ 多易多易餐厅 Doy Doy

MAP●剪切地图-19、p.83-E

交 乘坐路面电车在苏丹艾哈迈德站下车再步行10分钟即可到达
✉ Sifa Hamamı Sok. 13, Sultanahmet ☎ 517-1588
营 8:00~22:30 休 无 HP www.doydoy-restaurant.com

餐厅内肉食种类齐全，各种套餐可随意搭配。最受顾客欢迎的是烤肉混合套餐（17TL）。8:00~10:30是餐厅早餐时间。

22TL~ 布哈拉餐厅 Buhara

MAP●剪切地图-14、p.83-A

交 乘坐路面电车在苏丹艾哈迈德站下车再步行6分钟即可到达
✉ Nuruosmaniye Cad.7, Sultanahmet
☎ 513-7799 营 11:00~24:00 休 周日

这家餐厅在当地居民中反响非常不错。价格实惠，味道极好。很多外国游客也前来品尝。餐厅提供外卖服务。推荐品尝一下这里的秘制烤肉，15TL。

巴勒克哲萨巴哈丁餐厅

无忧餐厅
马萨尔餐厅&咖啡厅

布丁店

多易多易餐厅

布哈拉餐厅

●布哈拉餐厅的烤肉料理

阿达纳烤肉料理

烤肉

特色烤肉

扦子烤肉串

苏丹艾哈迈德地区

90TL~　MAP● 剪切地图-15、p.83-B

萨尔内奇餐厅 Sarnıç

交 乘坐路面电车在苏丹艾哈迈德站下车再步行5分钟即可到达
✉ Soğukçeşme Sok., Sultanahmet
☎ 512-4291 营 19:00~24:00
休 无

一家土耳其高级料理餐厅。餐厅前身曾是罗马帝国时代的蓄水池。在烛光摇曳的大厅中一边享用美味盛宴，一边静静地聆听著名音乐家的现场演奏，让人陶醉不已。葡萄酒种类也丰富。

萨尔内奇餐厅

75TL~　MAP● 剪切地图-15、p.83-D

拉米餐厅 Rami

交 位于蓝色清真寺南侧
✉ Utangaç Sok. 6, Cankurtaran
☎ 517-6593 营 12:00~23:00
休 无 HP www.ramirestaurant.com

餐厅由奥斯曼帝国时代的旧官邸改建而成。餐厅菜肴多为土耳其传统菜肴和宫廷菜肴。餐厅内可以饮酒，客人以欧美游客居多。

拉米餐厅

17TL~　MAP● 剪切地图-14、p.83-C

黑海餐厅 Karadeniz

交 乘坐路面电车在苏丹艾哈迈德站下车再步行2分钟即可到达 ✉ Divanyolu Cad. Hacı Tahsinbey Sok., Sultanahmet
☎ 528-6290 营 9:00~24:00 休 无

餐厅位于景区内，客人以外国游客居多。菜肴大都便宜好吃，热腾腾的烤饼、特色烤肉都很受大家的欢迎。

黑海餐厅

22TL~　MAP● 剪切地图-15、p.83-B

玫瑰居东方食肆 Gülhane Şark Sofrası

交 乘坐路面电车在居尔哈内站下车后步行2分钟
✉ Alayköşkü Cad. 22, Cağaloğlu
☎ 519-4754 营 7:00~24:00 休 无

新鲜食材摆放在干净的橱窗里，供客人自助点餐。也可以选择想吃的食物，任意搭配套餐。汤羹、炖煮菜（4TL~）非常美味。

玫瑰居东方食肆

苏莱曼尼耶地区

60TL~　MAP● 剪切地图-10、p.80-F

达鲁兹亚飞餐厅 Darüzziyafe

交 苏莱曼清真寺西面
✉ Sifahane Cad. 6, Süleymaniye ☎ 511-8414
营 12:00~23:00 休 无 酒 无
HP www.daruzziyafe.com.tr

餐厅是土耳其大建筑师米马尔·锡南（p.97）所修建的苏莱曼清真寺的附属建筑，曾是为宫廷皇室提供饮食的御膳房。现在，餐厅的菜肴也以传统的奥斯曼宫廷菜肴为主。可以在这里尝到苏丹的美食。除此之外，还有很多珍贵罕见的菜品。价格也并非十分昂贵，唯一美中不足的是，餐厅内不提供酒水服务。每年的6~9月，餐厅大院的中庭对外开放，可以在这里用餐。不过需要提前预约。

▼阿月浑子布丁11TL

▲烤好的羔羊肉片，卷在饼里吃。16TL

▼茄子肉块26TL

斯克西地区

35TL~　MAP●剪切地图-10、p.81-C

哈姆迪餐厅
Hamdi

交 从埃及巴扎集市步行3分钟即可到达
✉ Tahmis Cad. Kalçın Sok. 17, Eminönü ☎ 528-0390 营 12:00~翌日1:00
休 无 HP www.hamdi.com.tr

菜肴具有传统的土耳其味道，连土耳其总统也曾来亲自品尝。烤肉料理十分正宗。需要提前预约。烤肉19TL，4人份烤肉120TL。

哈姆迪餐厅

40TL~　MAP●剪切地图-10、p.81-G

潘戴利餐厅
Pandeli Restaurant

交 位于埃及巴扎集市入口一侧
✉ Mısır Çarşısı, Eminönü 1 ☎ 527-3909
营 11:30~19:00 休 同埃及巴扎市场
HP www.pandeli.com.tr

是土耳其政界要人经常光顾的餐厅。茄子料理、鱼肉料理做得非常棒。视野角度好，可以看到金角湾的景色。饭后喝杯茶休闲一下也不错。

潘戴利餐厅

30TL~　MAP●剪切地图-15、p.81-G

科尼亚人餐厅
Konyalı

交 从斯克西车站步行2分钟即可到达
✉ Mimar Kemalettin Cad. 5, Vakıf Han, Sirkeci
☎ 513-9610 营 6:30~21:00 休 周日（甜点屋无休6:00~21:00）

1897年创业的老字号餐厅，是伊斯坦布尔知名的餐厅。餐厅采取自助式用餐，旁边是点心店。在托普卡帕宫内也有分店。

艾蒂什餐厅

12TL~　MAP●剪切地图-15、p.81-G

艾蒂什餐厅
Et-iş

交 从斯克西车站步行3分钟即可到达
✉ Hocapa　a Sok. 15A, Sirkeci
☎ 513-1910 营 7:00~24:00
休 无 HP www.et-is-restaurant.com

位于平民区，是逛街散步的绝佳休息场所，也是吃早餐的好去处。在很多旅游书中都有介绍，说很多外国游客慕名前往。

10TL~　MAP●剪切地图-14、p.81-G

哈菲兹·穆斯塔法糕点屋
Hafiz Mustafa

交 从埃及巴扎集市西门步行3分钟即可到达
✉ Hamidiye Cad. 84-86, Bahçekapı
☎ 513-3610
营 7:00~22:30 休 无

于1864年开业。奥斯曼帝国时代点心丰富。特色甜点5TL。也提供简易午餐。

哈菲兹·穆斯塔法糕点屋

库姆卡普地区

60TL~　MAP●剪切地图-18、p.80-J

爱琴海餐厅
Ege

交 乘坐国铁在库姆卡普站下车，步行3分钟即可到达 ✉ Çamparız Sok. 1, Kumkapı ☎ 638-6458 营 12:00~翌日1:00
休 无

位于热闹的库姆卡普鱼料理店成排的喧闹大街上。这里的海鲜做得非常美味。可按照预算提供套餐。几乎每天晚上这里都座无虚席。

爱琴海餐厅

60TL~　MAP/p.66-I

戴崴利萨马特亚餐厅
Develi Samatya

交 乘坐国铁在穆斯塔法帕夏站下车，步行1分钟即可到达
✉ Gümü　yüzük Sok. 7, Samatya
☎ 529-0833 营 12:00~24:00 休 无
HP www.develikebap.com

餐厅于1912年开业，是一家主要烹饪肉类菜肴的老店，专门制作土耳其加济安特普的乡土料理。需要提前预约。特色烤肉16TL。

戴崴利萨马特亚餐厅

塔克西姆地区

15TL~　MAP●剪切地图-7、p.105-C

拜来凯特哈尔克多奈尔烤肉馆
Bereket Halk Döner

交 从塔克西姆广场步行3分钟即可到达
✉ İstiklal Cad. 10, Beyoğlu
☎ 243-6759
营 8:00~翌日1:00 休 无

是散步、逛街途中解决吃饭问题的好去处。玻璃橱窗内摆满了新鲜食材。推荐品尝一下该店的拿手好菜——土锅料理。

拜来凯特哈尔克多奈尔烤肉馆

22TL~　MAP●剪切地图-7、p.105-C

哈吉巴巴餐厅
Hacı Baba

交 从塔克西姆广场步行2分钟即可到达
✉ İstiklal Cad. 39, Beyoğlu
☎ 244-1886
营 11:00~24:00 休 无
HP www.hacibabarest.com

位于独立大街旁，是有名的肉料理店。店内大厨几乎可以制作各种土耳其烤肉（17TL）。此外，店内还有30多种甜点、奶酪和前菜。

哈吉巴巴餐厅

25TL~　MAP●剪切地图-7、p.105-C

科纳克餐厅
Konak

交 从加拉塔萨莱伊车站步行3分钟可到达
✉ İstiklal Cad. 118, Beyoğlu
☎ 252-0684
营 10:00~23:30 休 无

位于独立大街一侧，是伊斯坦布尔比较有名的烤肉店。店内的烤肉师傅就在你的眼前亲手为你制作。甜点种类也很丰富。

科纳克餐厅

7TL~　MAP●剪切地图-7、p.105-C

珍珠餐厅
İnci

交 位于独立大街一侧
✉ İstiklal Cad. 56-H, Beyoğlu
☎ 243-2412
营 7:00~21:00
休 无

是一家开业于1944年的点心屋。上面洒满巧克力的奶油泡芙（Profiterol）是该店的金牌甜点。5TL。当地流行的吃法是点一杯柠檬水，一边喝一边吃。

珍珠餐厅

R 各国VIP经常光顾的郊外豪华餐厅

●**拜伊提餐厅** Beyti　预算 80TL~
交 从苏丹艾哈迈德乘坐汽车35分钟 ✉ Orman Sok. 8 Florya
☎（0212）663-2990 营 11:30~24:00 休 周一
以国外皇室为首的各国贵宾经常光顾的一流餐厅。

●**盖利克烤肉店** Gelik　预算 50TL~
交 从苏丹艾哈迈德乘坐汽车25分钟 ✉ Kenedy Cad. Ataköy Sahilyolu
☎（0212）444-7999 营 11:00~24:00 休 无
店内的肉材出自大厨的精心挑选，受热均匀，肉质鲜嫩。

●**乌卢达烤肉店** Uludağ　预算 50TL~
交 从苏丹艾哈迈德乘坐汽车40分钟 ✉ Istanbul Cad. 22, Florya
☎（0212）624-9590 营 8:00~24:00 休 无
浇上特制佐料的乌卢山烤肉（26TL）是招牌菜肴。店内有1000个坐席。

●**阿日亚餐馆** Ajiya restaurant
交 位于艾米尔盖萨班杰博物馆（Emirgan Sapancı Muzesi）接送船附近
✉ Çubuklu Caddesi Ahmet Rasim Pa　a Yalısı, 27, Kanlıca ☎（0216）413-9353（要预约）营 7:00~23:30 休 无 HP www.aijahotel.com/tr
位于地中海地区的一家休闲餐厅，许多明星都喜欢前来就餐。一些欧洲的演奏家还专门乘船过来在此表演。

●**蓝鱼餐厅** Mavi Balık　预算 110TL~
交 奥尔塔克伊乘坐汽车2分钟即可到达 ✉ Muallim Naci Cad. 64/2 Kuruçe　me ☎（0212）265-5480~5481 营 11:00~翌日1:00 休 无 HP mavibalik.com
享受新鲜美味的海鲜盛宴同时，可以静静地欣赏博斯普鲁斯海峡风光。很多外国人喜欢来这里。

拜伊提餐厅

乌卢达烤肉店

塔克西姆地区

10TL~　MAP●剪切地图-7、p.105-C

萨拉伊穆哈来比吉西甜点店 Saray Muhallebicisi

交 从塔克西姆广场步行5分钟即可到达
✉ İstiklal Cad.173, Beyoğlu
☎ 292-3434
营 6:30~翌日3:00
休 无 HP www.saraymuhallebicisi.com

松松软软的水果布丁，手工制作、造型精美的巧克力，奶油冰激凌等，无一不勾起人的食欲。特色点心6TL。这里也提供早餐和简易午餐。

萨拉伊穆哈来比吉西甜点店

30TL~　MAP●剪切地图-6、p.105-C

马赫赞餐厅 Mahzen

交 位于奇切杰集市内
✉ Çiçek Pasajı 4/6, Beyoğlu
☎ 249-0329
营 9:00~翌日1:00
休 无

餐厅位于地下，内部装饰古色古香。这里的海鲜料理烹饪得非常地道，前菜的种类也非常多。餐厅内不时有乐团演奏舞曲，是一处高雅的用餐场所。

马赫赞餐厅

60TL~　MAP●剪切地图-7、p.105-C

凯伊福餐厅 Keyif

交 位于CiCek pAsAji的胡同深处
✉ Nevizade Sok.14/16, Balikpazari
☎ 252-5819 营 15:00~翌日2:00
休 无

位于大街深处，以擅作海鲜菜肴而闻名。每天晚上一过8点，店内就热闹起来。前菜5TL起。鱼贝类是时令价格。菜肴便宜实惠。

凯伊福餐厅

60TL~　MAP●剪切地图-7、p.105-C

哈哲阿卜杜拉餐厅 Hacı Abdullah

交 位于独立大街一侧 ✉ Atif Yılmaz Cad.9-A, Beyoğlu
☎ 293-8561 营 11:00~22:30 休 无
休 无 HP www.haciabdullah.com.tr

餐厅于1888年开业，至今已经有100多年的历史。主要烹饪宫廷料理、肉料理等菜肴。

哈哲阿卜杜拉餐厅

R 各国料理餐厅

五星级酒店内有很多外国料理餐厅。这些高级餐厅价格非常昂贵，大约是普通餐厅消费金额的10倍以上。

比较出名的日本料理店有位于伊斯坦布尔凯悦酒店Hyatt Regency İstanbul (p.130) 的「**礼**」、珀因特酒店PoInt (→p.130) 的面条·寿司店「**优云也**」。很多日本游客经常光顾的，是位于新市区独立大街的日本餐厅「东京餐厅Tokyo Restaurant」(MAP●剪切地图-7、p.105-D ☎ (0212) 293-5858 休 无)。还有寿司圣地「**寿司屋SUSHI BANCHI**」(MAP●剪切地图-8、p.105-B ☎ 274-7608 休 无)，其内部是寿司自助，酒水之类也是自助的，深得年轻人的喜爱（男53TL、女43TL）。

推荐的中国料理餐厅是「**明园**Ming Garden」(MAP●剪切地图-7、p.105-C ☎ (0212) 254-6270 休 周日)。炒面6TL一份。炸肉排17TL。在人气餐厅「大香港Great Hong Kong」(MAP●剪切地图-7、p.105-D ☎ (0212) 252-4268 休 无) 可以尝到中国特色的名吃——北京烤鸭。

想吃意大利食品，就去位于伊斯坦布尔凯悦酒店yatt Regency İstanbul (p.130) 内的「Spazlo」和阿克迈尔凯兹内的「Papermoon」。

「Pera Thai」餐厅 (MAP●剪切地图-6、p.105-E ☎ (0212) 245-5725 休 周日) 是伊斯坦布尔唯一的高级泰国料理餐厅。

印度、巴基斯坦料理店分散于独立大街街道两侧。

礼

明园

寿司屋

苏丹艾哈迈德地区

S€340 W€400~ MAP●剪切地图-15、p.83-D

伊斯坦布尔四季酒店
Four Seasons İstanbul

交 乘坐路面电车在苏丹艾哈迈德站下车，步行5分钟即可到达 ✉ Tevkifhane Sok.1, Sultanahmet ☎402-3000 FAX 402-3010 室 65 HP www.fourseasons.com C A D M V

酒店客房围绕中庭呈口字形罗列。酒店前身是一所大型监狱，直至1970年改建成为现在的模样。客房内部空间宽敞，各种设施一应俱全。

伊斯坦布尔四季酒店

S、W皆为€80 MAP●剪切地图-19、p.81-L

伊斯坦布尔华美饭店
Armada Hotel İstanbul

交 乘坐路面电车在苏丹艾哈迈德站下车，步行5分钟即可到达 ✉ Ahırkapı Sok. 24, Sultanahmet ☎455-4455 FAX 455-4499 室 108 HP www.armadahotel.com.tr C A M V

酒店以16世纪的建筑遗迹改建而成，再现了奥斯曼帝国时代的建筑装饰风格。酒店顶层设有休闲餐厅，用餐的同时还能观赏蓝色清真寺和马尔马拉海风光。

伊斯坦布尔华美饭店

S€110 W€140 MAP●剪切地图-15、p.83-D

夜喜来福饭店
Yeşil Ev

交 乘坐路面电车在苏丹艾哈迈德站下车，步行4分钟即可到达 ✉ Kabasakal Cad.5, Sultanahmet ☎517-6785 FAX 517-6780 室 19 HP www.yesilev.com.tr C A M V

残留下来的土耳其奥斯曼帝国时代的官邸大都被改建成了酒店，夜喜来福饭店就是最早被改建的酒店之一。绿色浓郁的庭院是最好的天然餐厅。

夜喜来福饭店

S€130 W€150 MAP●剪切地图-19、p.83-D

苏丹艾哈迈德皇宫饭店
Sultanahmet Palace

交 乘坐路面电车在苏丹艾哈迈德站下车，步行5分钟即可到达 ✉ Torun Sok.19, Sultanahmet ☎458-0460 FAX 518-6224 室 45 HP www.sultanahmetpalace.com C A M V D

外观是奥斯曼帝国时代传统样式，内部装潢却是拜占庭时期的经典格局。内部有大理石小型浴场。餐厅位于中庭，可以品尝到传统的宫廷料理。

S、W皆为€90 MAP●剪切地图-15、p.83-B

圣索菲亚酒店
St. Sophia

交 乘坐路面电车在苏丹艾哈迈德站下车，步行4分钟即可到达 ✉ Alemdar Cadessi 2, Sultanahmet ☎528-0973 FAX 511-5491 室 27 HP www.saintsophiahotel.com C A M V

酒店由19世纪的宫廷官邸改建而来。其建筑格局及内部装饰融合了奥斯曼时期和拜占庭时期的特点。客房内部空间宽敞，浴缸、空调设施齐全。

圣索菲亚酒店

S€80 W€110 MAP●剪切地图-15、p.83-B

开比勒酒店
The Kybele Hotel

交 乘坐路面电车在苏丹艾哈迈德站下车，步行4分钟即可到达 ✉ Yerebatan Cad.35, Sultanahmet ☎511-7766 FAX 513-4393 室 16 HP www.kybelehotel.com C A D M V

整个建筑里从屋顶垂下来的3000多盏灯是这里最有特色的地方。这些灯悬挂在大厅、客房的天花板上，每一盏都造型优美。酒店规模称不上大，但是非常出名，由三兄弟麦克、阿尔帕桑、哈桑共同经营，经常在电视上出现，很多外国游客慕名前来。邻近地下宫殿和圣索菲亚大教堂，外出参观游玩非常方便。房间数量较少，需要提前预约。

大厅、客房的天花板上，悬挂着3000多盏明灯

补充信息 土耳其的酒店内部标价牌多用美元、欧元来表示金额。1美元约折合6元人民币、1欧元约折合8元人民币（2014年9月汇率为准）。

苏丹艾哈迈德地区

S€65 W€85　　MAP●剪切地图-15、p.83-B

圣索菲亚官邸大酒店
Ayasofya Konaklari

交 乘坐路面电车在苏丹艾哈迈德站下车，步行5分钟即可到达 ✉ Soğukçeşme Sok. Sultanahmet ☎ 513-3660 FAX 513-3669 室 67 HP www.ayasofyakonaklar.com C A M V

酒店由奥斯曼帝国时代显贵达人的豪华官邸改建而成，具有相当年头的历史。有三间双人房，内部是19世纪奥斯曼风格的装饰，带有小浴室。

圣索菲亚官邸大酒店

S€70 W€90　　MAP●剪切地图-15、p.83-D

蓝屋饭店
Blue House (Mavi Ev)

交 乘坐路面电车在苏丹艾哈迈德站下车，步行5分钟即可到达 ✉ Dalbastı Sok. 14, Sultanahmet ☎ 638- 9010 FAX 638- 9017 室 26 HP www.bluehouse.hotel.com.tr C A M V

整个酒店外观是蓝色的，非常醒目。这是伊斯坦布尔高档酒店中的佼佼者，经常出现在国内外各大杂志中。

蓝屋饭店

S€80 W€110　　MAP●剪切地图-15、p.83-B

杰拉尔苏丹大饭店
Celal Sultan

交 乘坐路面电车在苏丹艾哈迈德站下车，步行5分钟即可到达 ✉ Yerebatan Cad. Salkımsoğut Sok. 16, Sultanahmet ☎ 520-9323 FAX 522-9724 室 55 HP www.celalsultan.com C A D M V J

酒店同样是由古代官邸改建而成。每个房间装饰各不相同，都是精心布置过的，让人入住后眼前一亮。从酒店顶层向远处眺望，风光旖旎。

杰拉尔苏丹大饭店

S€80 W€98　　MAP●剪切地图-14、p.83-C

伊斯坦布尔阿卡迪亚酒店
Arcadia İstanbul

交 乘坐路面电车在苏丹艾哈迈德站下车，步行4分钟即可到达 ✉ Dr.Imran Oktem Cad. 1, Sultanahmet ☎ 516-9696 FAX 516-6118 室 48 HP www.hotelarcadiaistanbul.com C A M V

在酒店顶层的餐厅里，可以欣赏到蓝色清真寺、圣索菲亚大教堂等名胜古迹，极目远眺，更可以望见马尔马拉海面景色。内部装饰干净典雅。

伊斯坦布尔阿卡迪亚酒店

S€65 W€70　　MAP●剪切地图-14、p.83-C

费赫米拜伊饭店
Fehmibey

交 乘坐路面电车在苏丹艾哈迈德站下车，步行5分钟即可到达。 ✉ Uçler Sok. 13, Sultanahmet ☎ 638-9083 FAX 518-1264 室 27 HP www.fehmibey.com C M V

该酒店由一对年轻夫妇经营。酒店大厅、客房内部随处可见店主精心装饰、可爱温馨的小玩意。酒店内部提供桑拿（收费）、上网等服务。

费赫米拜伊饭店

S€80 W€120　　MAP●剪切地图-15、p.81-L

佐伊女王饭店
Empress Zoe

交 乘坐路面电车在苏丹艾哈迈德站下车，步行6分钟即可到达 ✉ Akbıyık Cad. Adliye Sok. 10, Sultanahmet ☎ 518-2504 FAX 518-5699 室 26 HP www.emzoe.com C M V

酒店建于浴场旁边。内部墙壁上挂满了15世纪拜占庭时期的壁画和工艺品。客房面积并不是很大，但是其内部带有浴室，年轻女性尤其青睐这里。

佐伊女王饭店

S€75 W€90　　MAP●剪切地图-19、p.83-D

贝斯特韦斯特尖塔酒店
Best Western Obelisk

交 乘坐路面电车在苏丹艾哈迈德站下车，步行8分钟即可到达 ✉ Mimar Mehmetağa Cad. Amiral Tafdil Sok. 7, Sultanahmet ☎ 517-7173 FAX 517-6861 室 34 HP www.obeliskhotel.com C A D M V

利用一座19世纪奥斯曼时代的宅邸改建而来，客房内部装饰也是奥斯曼风格。面积虽小，但是极具豪华感。浴室和桑拿都是另外收费的。

贝斯特韦斯特尖塔酒店

苏丹艾哈迈德地区

S、W皆为€75　　MAP●剪切地图-19、p.81-L

贝斯特韦斯特城堡酒店 Best Western Citadel

交 乘坐路面电车在苏丹艾哈迈德站下车，步行12分钟即可到达 ✉ Kennedy Cad. Sahil Yolu 32, Ahırkapı ☎ 516-2313 FAX 516-1384 室 31 HP www.citadelhotel.com C A D M V J

酒店以粉色和白色为基调，显得尤为亲切可爱。酒店内部设有豪华餐厅、沙龙宴会厅等。房间空间宽敞，属于欧式格局。

贝斯特韦斯特城堡酒店

S€50 W€60　　MAP●剪切地图-19、p.83-F

纳兹木屋酒店 Naz Wooden House

交 乘坐路面电车在苏丹艾哈迈德站下车，步行8分钟即可到达 ✉ Akbıyık Değirmeni Sok.7, Sultanahmet ☎ 516-7130 FAX 518-5453 室 7 HP www.nazwoodenhouseinn.com C M V

在19世纪城市住宅改造时，发现了公元5世纪左右的市政厅办公区的遗留建筑，以此改建成为今天的酒店。地面铺着厚厚的高级基利姆地毯。

纳兹木屋酒店

S€60 W€75　　MAP●剪切地图-15、p.83-D

诺玛德酒店 Nomade

交 乘坐路面电车在苏丹艾哈迈德站下车，步行1分钟即可到达 ✉ Divanyolu Cad. Ticarethane Sok. 15, Sultanahmet ☎ 513-8172 FAX 513-2404 室 16 HP www.hotelnomade.com C A D M V

酒店由旧官邸改建而来，周围交通便利。内部装饰具有奥斯曼式特征。可以在酒店顶层享用早餐，同时欣赏周围美丽的景色。

诺玛德酒店

S€27 W€32　　MAP●剪切地图-18、p.83-E

苏丹客栈 Sultan's Inn

交 乘坐路面电车在苏丹艾哈迈德站下车，步行7分钟即可到达 ✉ Mustafa Pa　a Sok. 52, Küçükayasofya Mahallesi, Sultanahmet ☎ 638-2562 FAX 638-3922 室 17 HP www.sultansinn.com C M V

内部装饰是18世纪奥斯曼式风格，独树一帜，与其他酒店样貌大不相同。酒店的顶层更是建有高台，可以眺望到极为优美的景色。

苏丹客栈

S€120 W€150　　MAP●剪切地图-15、p.83-B

奥托曼帝国大酒店 Ottoman Hotel Imperial

交 乘坐路面电车在苏丹艾哈迈德站下车，步行5分钟即可到达 ✉ Caferiye Sok. 6/1, Sultanahmet ☎ 513-6151 FAX 512-7628 室 49 HP www.ottomanhotelimperial.com C V M A

酒店由18世纪的学校旧址改建而来。各个房间内，液晶电视、浴缸等各种现代化设施齐全。天气好的话，可以在中庭的院子里就餐。

奥托曼帝国大酒店

H 苏丹艾哈迈德地区的经济型酒店

●苏丹旅馆 Sultan Hostel　MAP●剪切地图-15、p.83-D
✉ Akbıyık Cad. 19 ☎ 516-9260 HP www.sultanhostel.com
集体客房€15~、住宿费€50~。旅馆内有可以欣赏海景的餐厅。

●东方国际旅馆
Orient International Hostel　S €35　W €45　MAP●剪切地图-15、p.83-D
✉ Akbıyık Cad.13 ☎ 517-9493 FAX 518-3894 HP www.orienthostel.com
免费提供早餐、上网。集体客房€10~。

●蓝色宾馆 Mavi Guest House　MAP●剪切地图-15、p.81-L
✉ İshakpaşa Cad. kutluğun Sok. 3 ☎ 517-7287 FAX 516-5878 室 10
提供3~6人集体客房，每人只需支付€9即可。W€30~，带卫生间、浴室。免费提供早餐。

●生命之树旅馆 Tree of Life　MAP●剪切地图-14、p.83-C
✉ Boyacıahmet Sok. 3, Çemberlita　☎ 518-4129 HP www.ttis.jp.org/index.htm 室 集体客房内设有20个床位。15TL。
　有会说外语的服务生，很多国外旅游团都在此驻留。店内还常年放有免费的漫画书。客人可以在厨房内自己准备晚餐。

苏丹旅馆

补充信息　苏丹艾哈迈德地区的经济型酒店…经济型酒店主要集中在圣索菲亚广场东南侧一带。这里的酒店比较干净卫生，治安方面也有所保障。

S€300 W€325　MAP●剪切地图-18、p.83-E

爱瑞森皇冠酒店
Eresin Crown

交乘坐路面电车在苏丹艾哈迈德站下车，步行12分钟即可到达 ✉Küçük Ayasofya Cad.40 ☎638-4428 FAX638-0933 室59 HPwww.eresincrown.com.tr C A M V

酒店像是一座巨大的博物馆，大厅内部保存有拜占庭时期的壁画，餐厅里也随处可见拜占庭风格的装饰。顶层餐厅可以一睹马尔马拉海一带的风景。

爱瑞森皇冠酒店

拉莱利地区

S$89 W$109　MAP●剪切地图-14、p.80-J

总统大酒店
The President Hotel

交乘坐路面电车在贝亚泽特站下车，步行2分钟即可到达 ✉Tiyatro Cad.25, Beyazıt ☎516-6980 FAX516-6998 室204 HPwww.thepresidenthotel.com C A D M V

酒店规模中等，内部设施齐全。顶层建有巨大的游泳池，晒日光浴时还可以欣赏到马尔马拉海风光。顶层还建有休闲餐厅、英式酒吧等。

总统大酒店

S€50 W€60　MAP●剪切地图-13、p.80-E

苏丹酒店
Sultan

交乘坐路面电车在拉莱利站下车，步行3分钟即可到达 ✉Gençtürk Cad.29, Laleli ☎513-5890 FAX513-0305 室114 C无

伊斯坦布尔有名的商务酒店。内部干净整洁，餐厅、酒吧、浴室，各种设施齐全，费用也比较合理。各地旅行团经常选择这里作为住宿点。

苏丹酒店

S€40 W€50　MAP●剪切地图-13、p.80-I

安提克埃博鲁酒店
Antique Ebru

交乘坐路面电车在拉莱利站下车，步行6分钟即可到达 ✉Mustafa Kemal Paşa Cad. 29, Aksaray ☎530-7330 FAX530-7331 室35 HPwww.hotelebru.com C M V

客房内部装饰规整，各种设施齐全。大厅内部装饰是典型的奥斯曼风格，摆满了各种具有历史风味的小玩意。店内装饰有大理石。

斯克西地区

S€59 W€79　MAP●剪切地图-15、p.81-G

亚什马克苏丹酒店
Yaşmak Sultan

交从斯克西车站步行6分钟即可到达 ✉Ebussuut Cad. 14-20, Sirkeci ☎528-1343 FAX528-1348 室84 HPwww.hotelyasmaksultan.com C A D M V

具有一定年头的酒店，内部有浴场等公共设施。客房内部空间宽敞，装饰摆放舒适。顶部还有开放式的豪华玻璃餐厅。

亚什马克苏丹酒店

S€42 W€50　MAP●剪切地图-15、p.81-G

埃尔博伊酒店
Erboy

交从斯克西车站步行6分钟即可到达 ✉Ebussuud Cad. 18,Sirkeci ☎513-3750 FAX513-3759 室108 HPwww.erboyhotel.com C A M V

酒店外观朴素大方，房间内部干净整洁，浴室、酒吧等各种设施齐全。许多来自欧美国家的游客喜欢在此居住。

埃尔博伊酒店

卡里耶地区

S€40 W€60　MAP/p.66-A

卡里耶酒店
Kariye

交乘坐地铁在埃迪尔内门站下车，步行5分钟即可 ✉Kariye Camii Sok. 6, Edirnekapı ☎534-8414 FAX521-6631 室24 HPwww.kariyeotel.com

是奥斯曼样式的木质建筑，内部装饰是典型的维多利亚风格，摆设精美大方。酒店内部的餐厅提供豪华的宫廷料理。

卡里耶酒店

塔克西姆地区

S、W皆为€248 MAP● 剪切地图-3、p.105-B

伊斯坦布尔杰伊兰洲际酒店
Ceylan Inter-Continental İstanbul

交 从塔克西姆广场步行10分钟即可到达
✉ Asker Ocağı Cad.1,Taksim ☎ 368-4444
FAX 368-4499 室 387 HP www.istanbul.intercontinental.com.tr C A D M V

酒店建于山丘之上，可以望见博斯普鲁斯海峡风光和伊斯坦布尔的街区景象。内部大厅豪华富丽，娱乐室的瓷砖异常精美。酒店内不提供早餐。

伊斯坦布尔杰伊兰洲际酒店

S€225 W€255 MAP● 剪切地图-3、p.105-A

伊斯坦布尔凯悦酒店
Hyatt Regency İstanbul

交 从塔克西姆广场步行10分钟即可到达
✉ Taşkışla Cad. 1, Taksim ☎ 368-1234
FAX 368-1000 室 364
HP www.istanbul.regency.hyatt.com.tr
C A D M V

房间内部空间宽敞，装饰精美。内部设有豪华的大理石浴室。酒店的餐厅擅做多国料理，英国、意大利菜肴都很好吃。

伊斯坦布尔凯悦酒店

S、W皆为€189 MAP● 剪切地图-7、p.105-D

塔克西姆马尔马拉酒店
The Marmara Taksim

交 从塔克西姆广场步行1分钟即可到达
✉ Taksim Meydanı ☎ 334-8300
FAX 244-0509 室 375
HP www.themarmarahotels.com
C A D M V

酒店坐落于塔克西姆广场对面，是新城区的地标性建筑。最顶层建有豪华餐厅，是上流人士经常光顾的高级场所。从这里眺望海边景色分外美丽。

塔克西姆马尔马拉酒店

S€190 W€360 MAP/p.105-A外

伊斯坦布尔茂盛宾馆
Mövenpick Hotel İstanbul

交 从塔克西姆广场坐车8分钟即可到达
✉ Büyükdere Cad. 4 Levent
☎ 319-2929 FAX 319-2920 室 249
HP www.moevenpick.com
C A D M V

是一家五星级高级商务酒店。时髦漂亮的外观下，弥漫着浓厚的商务气息，是商界人士住宿的首选。酒店内的餐厅和酒吧也建得十分漂亮。

佩拉酒店

S、W皆为€116 MAP● 剪切地图-7、p.105-D

佩拉酒店
İnnpera Hotel

交 从塔克西姆广场步行1分钟即可到达
✉ Sıraselviler Cad.15, Taksim
☎ 252-9600 FAX 249-7077 室 112
HP www.innpera.com C A M V

该酒店位于市中心地区，交通方便。顶层设有餐厅和酒吧，可以欣赏到整个博斯普鲁斯海峡的美丽景观。2010年重新装修后再次对外营业。

珀因特酒店

S、W皆为€135 MAP● 剪切地图-3、p.105-A

珀因特酒店
Point

交 从塔克西姆广场步行7分钟即可到达
✉ Topçu Cad.2 Taksim ☎ 313-5000
FAX 313-5030 室 194
HP www.pointhotel.com C V M A D

酒店设计极具现代感，外观时尚大气。客房内部装饰精美，各种设施齐全。有名的餐厅"优云也"位于酒店内部，广受好评。

卜蒂克斯之星酒店

S€70 W€85 MAP● 剪切地图-7、p.105-D

卜蒂克斯之星酒店
Butik Star

交 从塔克西姆广场步行1分钟即可到达
✉ Sıraselviler Cad.37, Taksim
☎ 293-8080 FAX 292-9595 室 31 HP www.hotelbutikstar.com C M V A

酒店位于市中心，交通便利。房间内部面积较大，可以远眺博斯普鲁斯海峡美景。许多女性和情侣喜欢来此居住。

塔克西姆地区

S€70 W€80　MAP●剪切地图-7、p.105-D

明星大酒店 Grand Star

交 从塔克西姆广场步行3分钟即可到达
✉ Sıraselviler Cad. 45, Taksim
☎ 252-7070 FAX 252-9090 室 128
HP www.hotelgrandstar.com.tr C A M V

内部设有游泳池、桑拿室、娱乐室等高级设施，为客人休闲娱乐提供方便。从酒店顶层的酒吧可以欣赏到博斯普鲁斯海峡的壮阔景色。

明星大酒店

S €160 W €190　MAP●剪切地图-7、p.105-D

塔克西姆希尔酒店 Taxim Hill

交 位于塔克西姆广场旁边
✉ Taksim Meydanı, Sıraselviler Cad. 5, Taksim ☎ 334-8500 FAX 334-8598 室 60
HP www.taximhill.com C V M A

酒店拥有100多年的历史，建筑风格具有现代感。可以挑选靠海或是靠近广场一侧的房间。一层建有休闲咖啡厅。

塔克西姆希尔酒店

S€120 W€140　MAP●剪切地图-7、p.105-D

特里亚达府邸酒店 Triada Residence

交 从塔克西姆广场步行3分钟即可到达
✉ İstiklal Cad. Me elik Sok.4, Beyoğlu ☎ 251-0101 FAX 292-6363 室 11
HP www.triada.com.tr C A M V

酒店是100多年前由希腊著名建筑家主持设计建造的，具有希腊建筑风格。内部设有现代厨房、浴室、起居室、设施齐全。

特里亚达府邸酒店

加拉塔地区

S、W皆为€75~　MAP●剪切地图-10、p.105-F

加拉塔府邸酒店 Galata Residence

交 从塔克西姆广场坐车5分钟即可到达
✉ Bankalar Cad. Helek Sok. 13A, Galata
☎ 292-4841 FAX 244-2323 室 7 HP www.galataresidence.com C M V

酒店建造于1881年。曾作为犹太富豪的邸宅使用。客房面积很大，将近100平方米，内部带有厨房等设施。

加拉塔府邸酒店

改建中

S、W皆为€300~　MAP●剪切地图-6、p.105-E

佩拉宫酒店 Pera Palas

交 从塔克西姆广场坐车大约20分钟即可到达
✉ Mesrutiyet Cad. 52, Tepebaşı
☎ 377-4000 FAX 377-4077 室 115
HP www.perapalas.com C A M V

1892年，连接欧洲和伊斯坦布尔的东方快车号开通，为了招待当时乘车的达官贵族们特意修建了这样一座豪华酒店作为落脚点（p.107）。当时，欧洲的上流人士经常在此处留宿并聚会，这座酒店因此名噪一时。

极具古典风格的酒店大门

著名作家阿加萨·克里斯蒂曾在这所酒店的411号房间住过一段时间，在此撰写了名作《东方快车杀人案》。女明星格丽泰·嘉宝、小说家海明威曾住过的房间也得以保留。电梯是老式的，房间内部装饰品非常古典。

酒店经过重新装修和整顿，于2011年9月重新对外营业。

特佩巴斯地区

S、W皆为€109　　MAP●剪切地图-6、p.105-E

马尔马拉佩拉宫酒店
The Marmara Pera

交 从塔克西姆广场步行20分钟即可到达
✉ İsti Mesrütiyet Cad.Tepebaşı ☎334-0300 FAX 249-8033 室 203 C A D M V
HP www.themarmarahotels.com

酒店客房是大大的落地玻璃窗，在房间里就可以欣赏到金角湾一带的风光和新城区的街景，还可以远眺到博斯普鲁斯海峡的海边景色。

马尔马拉佩拉宫酒店

哈尔比耶地区

S、W皆为€150　　MAP●剪切地图-3、p.105-A

伊斯坦布尔希尔顿酒店
Hilton İstanbul

交 从塔克西姆广场步行5分钟即可到达
✉ Cumhuriyet Cad., Harbiye ☎315-6000
FAX 240-4165 室 498 HP www1.hilton.com C A D M V

可以欣赏到博斯普鲁斯海峡的绝美风光。设有24小时开放的健身室、浴室和桑拿室，各种设备一应俱全。

伊斯坦布尔希尔顿宫酒店

贝西克塔西地区

S€384 W€428　　MAP/p.67-D

伊斯坦布尔切拉安宫凯宾斯基酒店
Çırağan Palace Kempinski Istanbul

交 同塔克西姆广场坐车大约5分钟即可到达
✉ Çırağan Cad.32, Beşiktaş ☎326-4646
FAX 259-6687 室 313
HP www.kempinski-istanbul.com C A M V

由奥斯曼时期的豪华宫殿改建而成。酒店内部餐厅擅作海鲜料理、土耳其特色菜肴。这里的休闲咖啡屋是不错的饭后消遣场所。

伊斯坦布尔切拉安宫凯宾斯基酒店

S、W皆为€165　　MAP●剪切地图-4、p.105-B

伊斯坦布尔博斯普鲁斯海峡瑞士酒店
Swissotel İstanbul the Bosphorus

交 从塔克西姆广场坐车大约5分钟即可到达
✉ Bayıdım Cad.2 Maçka, Besiktas
☎326-1100 FAX 326-1122 室 600
HP www.swissotel.com C A M V

酒店正门面对博斯普鲁斯海峡，内部客房中可以欣赏到海面景色。设有意大利式咖啡厅以及时尚餐厅。靠海客房€40~。

伊斯坦布尔博斯普鲁斯海峡瑞士酒店

S€235 W€255　　MAP/p.67-D

伊斯坦布尔康拉德国际酒店
Conrad Internatinal İstanbul

交 从塔克西姆广场步行7分钟即可到达
✉ Cihannuma Mah. Saray Cad. 5
☎310-2525 FAX 259-6667 室 590 HP www.conradhotels.com C A M V D

整个酒店构造巧妙，外观呈优美的"S"形姿态。内部装饰豪华的大厅内，有大的圆形穹顶立于其中。各种设施齐全，入住方便。

伊斯坦布尔康拉德国际酒店

西西里地区

S、W皆为€295　　MAP●剪切地图-4、p.105-B

伊斯坦布尔丽思卡尔顿酒店
The Ritz-Carlton İstanbul

交 从塔克西姆广场步行5分钟即可到
✉ Askerocagi Cad.15, Elmadağ ☎334-4444
FAX 334-4455 室 244 HP www.ritzcarlton.com C A M V

酒店中建有美容院、浴场以及健身房等。酒店的餐厅擅长制作土耳其传统的宫廷料理。

伊斯坦布尔丽思卡尔顿酒店

埃森特佩地区

S.W皆为€225　　MAP/p.67-D外

伊斯坦布尔戴代曼酒店
Hotel Dedeman İstanbul

交 从贝西克塔西广场坐车5分钟可到
✉ Yıldız Posta Cad.50, Esentepe
☎337-4500 FAX 275-1100 室 325
HP www.dedeman.com C A D M V

是土耳其当地的高级连锁酒店。其内部的健身房、美容室是当地人非常喜欢去的场所。酒店顶层还设有酒吧。

伊斯坦布尔戴代曼酒店

马尔马拉海地区

埃迪尔内

伊兹尼克

布尔萨

Marmara

马尔马拉海地区概观

气候与地理

马尔马拉海向东经博斯普鲁斯海峡直通黑海，向西经达达尼尔海峡直通爱琴海，其余的被土耳其领土所包围，是欧亚两洲天然的分界线，其地理位置十分重要。与伊斯坦布尔相比较，这里气候温暖湿润（气候、气温、降雨量请参照p.62伊斯坦布尔概观）。

“马尔马拉”在希腊语中的意思为“大理石”，而马尔马拉海附近的马尔马拉群岛就盛产大理石，因而得名。马尔马拉海西岸的泰基尔达和沙尔柯伊地区是世界著名的葡萄酒生产基地。亚洲一侧，安纳托利亚高原上的萨卡里亚地区和河川流域一带是广阔的蔬菜种植区。科贾埃利（伊兹米特）、布尔萨与伊斯坦布尔一样，也是土耳其的工业中心地，石油化学制品、食品产业、汽车、纺织业非常发达。绒毯制品产量也非常丰富。位于马尔马拉海南北岸的恰纳卡莱地区，是伊斯坦布尔人的度假胜地。

奥斯曼气息浓厚的埃迪尔内

埃迪尔内位于邻近希腊、保加利亚的边境线。

埃迪尔内曾是奥斯曼帝国时代的都城，这里有几个重要的历史遗迹，其中最著名的是塞利米耶清真寺。这是最经典的奥斯曼建筑，可说是没有参观过就没有对奥斯曼建筑的发言权。

与日新月异、飞速发展的伊斯坦布尔不同，埃迪尔内的发展可以称得上平稳前进。这座历史氛围浓厚的古城，至今还有不少奥斯曼帝国时代留下来的建筑遗迹。

埃迪尔内位于国境线上。放眼望去一片翠绿

埃迪尔内作为土耳其摔跤比赛的举办地也非常出名。

埃迪尔内距离伊斯坦布尔228千米，路程顺利的话一天就可以逛完。建议在这里留宿一晚，以便更好地感受其历史文化气氛。

悠闲舒适的布尔萨和伊兹尼克

在土耳其历史上这两座城市都非常有名。伊兹尼克坐落在湖边，安详宁静。布尔萨坐落在山麓脚下，夏季炎热，是有名的商业城市，也是温泉胜地。

这两座城市距离伊斯坦布尔都不远，可以在伊兹尼克的湖畔休憩一晚，然后去布尔萨参观历史遗迹，顺便泡泡温泉。如果想好好游玩的话，建议至少在伊斯坦布尔住一晚。时间充裕的话，住两天最合适。

这两座城市，再加上埃迪尔内，以布尔萨的游客最多。因为从伊斯坦布尔发团的旅游团较少，建议可个人自助前往。

▲一些古代商队曾滞留在布尔萨，向市民兜售绢制品

◀布尔萨背后的乌尔达山脉源源不断流淌出水

◀扉页图片…奥斯曼时期的大建筑师米马尔·锡南的建筑杰作——塞利米耶清真寺（埃迪尔内）

MAP/p.6-B

埃迪尔内

EDİRNE

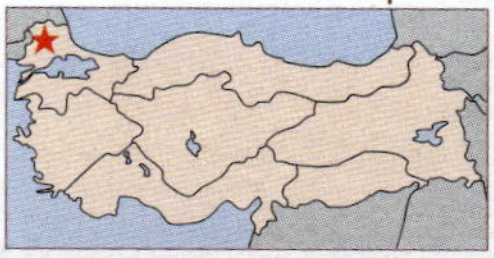

人口大约3.6万人 / 海拔42米

曾经的古都。拥有奥斯曼建筑史上的杰出之作——塞利米耶清真寺。

埃迪尔内位于邻近希腊、保加利亚的边境线。曾是奥斯曼帝国的首都，伴随着帝国的衰败也一度发展停滞。这里安详宁静，城市中至今仍保留着帝国时期的传统建筑，塞利米耶清真寺、埃斯基清真寺等都是奥斯曼帝国最鼎盛时期建筑的典范之作。距离伊斯坦布尔大约3小时的路程。

交通方式

从伊斯坦布尔乘坐区间巴士，只需要2~3小时即可到达。车次很多，车费25TL。如果乘坐早班车的话，完全可以在傍晚时分返回。因为竞争激烈，各个巴士之间相互压价，所以可以买到很便宜的车票。

从长途汽车站去往市中心可以乘坐迷你巴士，到达自由广场大约15分钟。去往长途汽车站的巴士途径埃斯基清真寺，车次很多。这些巴士大都招手即停。

漫步导览

区号0284

MAP/p.135-A ✉Hürriyet Meydanı17 ☎213-9208 开8:30~17:30 休冬季周六・周日 交从自由广场步行1分钟即可到达

观光景点大多位于步行圈内。市中心地区是自由广场，广场上有摔跤手的雕像。周边有银行、旅行社等场所。在银行可以兑换货币。始发于长途汽车站的巴士在广场也停车。

围绕自由广场的是三座清真寺——塞利米耶清真寺、于其谢雷费里清真寺和埃斯基清真

埃迪尔内位于边境线上，经常可以看见站岗的士兵。后面是埃迪尔内著名建筑的老清真寺

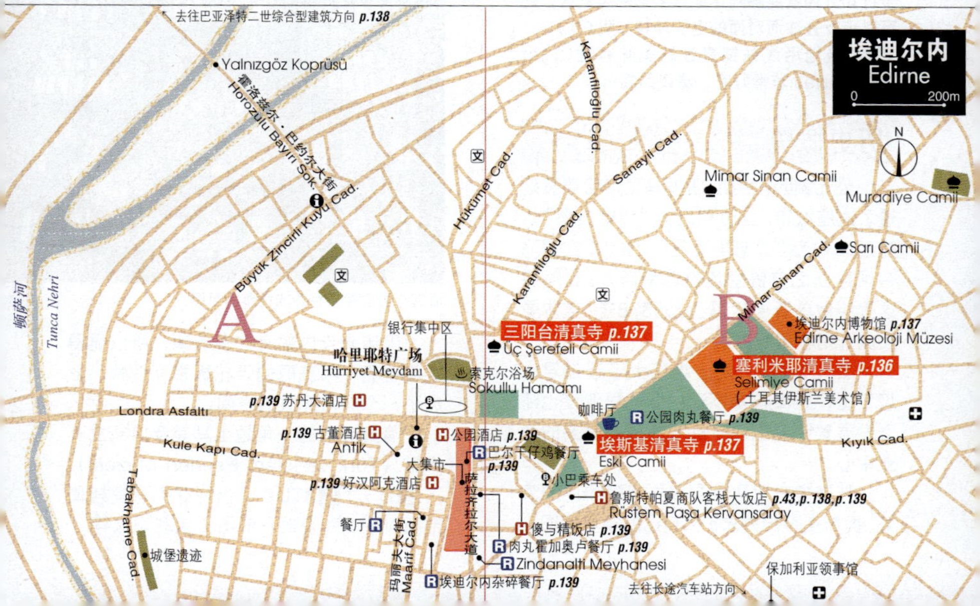

▲悠闲垂钓的居民。市郊外是大片闲适的风景区
▼在河畔野炊的女子们

寺，全部可以步行逛完。

埃迪尔内的酒店大都为中档酒店，集中位于旅游咨询中心和阿里帕夏市场之间的马阿里夫大道周边一带。餐厅则主要集中在埃斯基清真寺附近地区。自由市场的对面是阿里帕夏市场。

市中心的繁华地段面积并不大，从市中心步行10分钟就能够到达绿意浓郁的风景区。还可以步行去往河对面的巴亚泽特二世广场。

当地用浅铁锅烹饪的美味料理Cığer Tavası非常好吃，建议品尝一下。

历史概览

公元2世纪初期，古罗马皇帝哈德良建造了这座城市，当时称之为“哈德良堡”，随后改称为“亚德里亚堡”。古代，在罗马帝国建立之前曾生活着色雷斯人，当时将这里叫做乌斯卡达玛。公元378年，盖尔曼民族开始移居到这里。

公元4世纪，君士坦丁大帝迁都君士坦丁堡，距离首都不远的亚德里亚堡也随之发展繁荣起来，一度成为当时重要的商业中心。

伴随着东罗马帝国（拜占庭帝国）的衰落，奥斯曼帝国力求扩大自己的领地版图，于1365年从布尔萨迁都于此。这座城市的名字也从“亚德里亚堡”改称为“埃迪尔内”。这里是东罗马帝国最后的领地。

1453年穆罕默德二世攻陷君士坦丁堡之后，曾把这里作为向欧洲发起进攻的重要军事基地。1575年，在这里建起了塞利米耶清真寺。随后，奥斯曼帝国逐渐走向衰败，这座城市也慢慢地淡出历史的视线。现如今，这里已然变成一座悠闲宁静的度假城市，但仍保留有当年帝国时期的古建筑遗迹。

观光亮点

塞利米耶清真寺

Selimiye Camii MAP/p.135-B

交 从自由广场步行8分钟即可到达

这座清真寺是塞里姆二世于1575年下令修建的，由大建筑巨匠锡南（p.97）主持完成建造。当时的锡南已经80岁了，据说锡南将这座建筑称为“自己最优秀的杰作”。

清真寺大穹顶直径31米、高达43米，稍微超过圣索菲亚大教堂的巨大穹顶。由8根立柱支撑，周围有尖塔点缀。整体看上去非常优雅美丽。2011年被列为世界遗产。

清真寺内里有一种开放优雅的氛围

因清真寺内部有许多玻璃，所以显得宽敞明亮。与美丽的天花板相互辉映，形成了一个非常开放的空间。

清真寺内的一角是土耳其及伊斯兰美术馆（Türk ve İslam Eserlerl Müzesl）（休 周一 TL 3TL）。馆内陈列有奥斯曼帝国时期的陶瓷器、武器、宗教物品等。

气势恢宏、造型优美的塞利米耶清真寺。在埃迪尔内的任何地方都能望见其细细长长的塔尖

埃斯基清真寺

Eski Camii　　MAP/p.135-B

交 从自由广场步行2分钟即可到达

埃斯基清真寺建造于1414年，是这座城市中历史最久的建筑物。清真寺是最早的奥斯曼建筑样式，没有大穹顶，外观朴实无华，具有一种历史厚重感。虽然看上去平淡无奇，却非常具有历史意义。

清真寺外面矗立着4根立柱，立柱上面的画作是奥斯曼最鼎盛时期的作品。让人不由想起奥斯曼帝国鼎盛时期的风貌。

三阳台清真寺

Üç Şerefeli Camii　　MAP/p.135-B

交 从自由广场步行3分钟即可到达

清真寺于1447年穆拉托二世统治的盛世时期建造完成。保留有奥斯曼帝国时期最初建造的罗马样式大穹顶。Üç在土耳其语中是“三”的意思，Şerefe（清真寺尖塔）是“露台”的意思，所以这座寺院也被命名为三阳台清真寺。

三座尖塔高度各不相同，形状也不一样，分别为围螺旋状、菱形和直线型。在迁都伊斯坦布尔之前，这座清真寺是奥斯曼帝国时期最大的建筑。

▲埃斯基清真寺内部。厚重的墙壁和粗大的立柱上刻满了奥斯曼壁画，简单质朴且不失张力

◀三阳台清真寺的塔尖

埃迪尔内博物馆

Edirne Arkeoloji Müzesi　　MAP/p.135-B

交 从自由广场步行10分钟即可到达

开 8:30~17:30 休 周一 TL 3TL

位于塞利米耶清真寺里侧。这里主要展出了奥斯曼时期妇女们亲手制作的刺绣

补充信息

Güreş…土耳其摔跤。摔跤是土耳其著名的传统体育项目。选手们赤裸上身，全身涂满橄榄油，在笛子和鼓点声中进行比赛。每年从6月末到7月初，在市郊外举办摔跤大赛。每逢这时，是埃迪尔内最热闹的时候。

巴亚泽特二世综合型建筑。周围没有任何建筑物，可以一览无遗地观看全貌

和服饰，以及民族手工艺品。对民俗产品感兴趣的可以好好地赏玩一番。

埃迪尔内博物馆里的手工艺品

鲁斯特帕夏商队客栈大饭店

Rüstem Paşa Kervansarayı MAP/p.135-B

交 从自由广场步行3分钟即可到达

与塞利米耶清真寺一样出自于建筑大师锡南之手。是苏莱曼大帝的近臣、著名宰相鲁斯特帕夏在16世纪中期下令修建的。

虽然并不能称得上是建筑杰作，但作为早年大型商队的住宿点保留至今，非常值得一看。现在作为酒店使用，也对外开放，供游客们参观。回廊和台阶值得一看。

这里的客房保留了最原始的状态，四周是厚厚的斑驳墙壁，面积也不是很宽敞。住在里面，让人忍不住想象当年的生活样貌（p.43）。

巴亚泽特二世综合型建筑

Bayazıt II Külliyesi MAP/p.135-A外

交 从市中心步行20分钟到达

从巴约尔大道向西北方向前进，越过一座高山后就会看见这座建筑。周围没有其他建筑物，就它孤零零伫立在一望无垠的田间。该建筑完成于1488年，以清真寺为主体建筑，是伊斯兰神学的最高教育机构，还一并设有医院、精神病院等附属建筑。为了完成这座庞大的建筑物，上千名工匠和手工业者曾一度迁居此地，也使得城镇的人口激增。这也是巴亚泽特二世的意图之一。

建筑物内还有一座小型博物馆，专门展出奥斯曼帝国时期的各种医疗器具、人偶等（开 8:30~17:30 休 周一 TL 10TL）。

还原了当时医疗教育实习的场景

历史之泉 巴亚泽特二世…奥斯曼帝国的第八代君主（在位期间1481~1512年）。他在位期间几乎统一了巴尔干半岛全境。巴亚泽特有时也叫做巴亚吉特。

R 餐厅

●肉丸霍加奥卢餐厅 Köfteci Hocaoğlu　预算 14TL~ MAP/p.135-B
交 从自由广场步行4分钟即可到达 ✉ Saraçlar Cad.73
☎ 214-7300 营 12:00~22:00 休 无 酒 无
店铺虽小，却是当地食客经常聚餐的地方。店内使用牛肉做成的烤肉、铁板烧、肉丸子等，受到食客们的交口称赞。

●巴尔干仔鸡餐厅 Balkan Piliç　预算 16TL~　MAP/p.135-B
交 从自由广场步行2分钟即可到达 ✉ Saraçlar Cad.14
☎ 225-2155 营 7:00~23:00 休 无 酒 无
店内卖烤鸡肉丸，非常好吃。价格稍微有些贵，11TL一份。除此之外，还有一些煮制料理和点心之类的食物，味道也不错。

●公园肉丸餐厅 Park Köftecisi　预算 15TL~　MAP/p.135-B
交 从塞利米耶清真寺厨房步行1分钟　✉ Yediyolağzı 16
☎ 212-7725 营 10:00~24:00 休 斋月第1天 酒 无
当地人常去的餐厅。烤肉丸10TL。铁板烤肉丸也很好吃。

●埃迪尔内杂碎餐厅 Edirne Ciğercisi　预算 15TL~　MAP/p.135-A
交 从自由市场步行5分钟即可到达 ✉ Osmaniye Cad. 69
☎ 212-1280 营 9:30~19:30 休 星期日 酒 无
炒肝、烤肉丸非常好吃。10TL一份。店面虽小，却非常火。炒肝基本没有腥臭味，一般人都可以接受。

巴尔干仔鸡餐厅

公园肉丸餐厅

埃迪尔内杂碎餐厅

H 酒店

●古董酒店 Antik　S 95TL　W 150TL　MAP/p.135-A
交 从自由广场步行2分钟即可到达 ✉ Maarif Cad.6 ☎ 225-1555
FAX 225-1556 室 8 HP www.edirneantikhotel.com C A M V
由老邸宅改装成的温馨酒店。装饰品质很高，家具也非常高档。酒店一层设有酒吧。

●好汉阿克酒店 Ak Efe　S $75　W $140　MAP/p.135-A
交 从自由广场步行2分钟即可到达 ✉ Maarif Cad. 13 ☎ 213-6166
FAX 213-6080 室 20 HP www.efehotel.com C A M V
酒店入口光线较为昏暗。内部装饰沉稳大气。各种设施齐全。

●苏丹大酒店 Sultan　S 80TL　W 120TL　MAP/p.135-A
交 从自由广场步行1分钟即可到达 ✉ Talatpa　a Asfaltı42
☎ 225-1372 FAX 225-5763 室 63 C V
位于旅游咨询中心的斜对面。是市中心规模较大的酒店之一。外观坚固厚重。

●鲁斯特帕夏商队客栈大饭店
Rüstem Paşa Kervansaray　S 60TL　W 120TL　MAP/p.135-B
交 从自由广场步行3分钟即可到达 ✉ İki Kapılı Han Cad.57 ☎ 212-6119 FAX 214-8522 室 76 C M V HP www.kervansarayotel.com
由奥斯曼时期的商队住宿点改建而成。内部空间较大，宽阔的中庭宁静优雅。（→p.43、p.138）

●傻与精饭店
aban Açıkgöz　S 70TL　W 120TL　MAP/p.135-A
交 从自由广场步行3分钟即可到达 ✉ Tahmis Meydanı 9
☎ 213-0313 FAX 213-4516 室 34 HP www.acikgoz.com
中档酒店，环境比较安静。各种设施非常齐全，房间内部布置得干干净净。全部房间都安装有空调。

●公园酒店 Park　S 80TL　W 130TL　MAP/p.135-A
交 从自由广场步行3分钟即可到达 ✉ Maarif Cad.7 ☎ 225-4610
FAX 225-4635 室 60 HP www.parkotel.com C A M V
位于酒店集中的区域。房间内部隔音效果好，比较安静。大多数房间都带有空调。

古董酒店

傻与精饭店

帕尔克酒店

※埃迪尔内的酒店，到了冬季一般都会打折。可以试着跟老板讲讲价。住宿费一般用TL或者$表示。

MAP/p.6-F

伊兹尼克

İZNİK

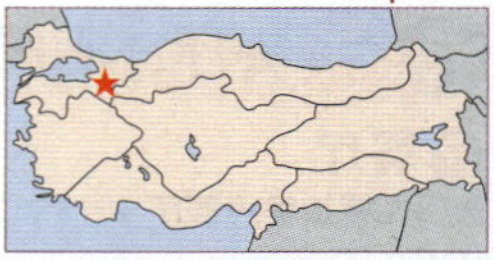

人口大约2.5万人／海拔90米

一座风景秀丽的湖畔城市，过去曾以生产精美的瓷器而闻名。

在伊兹尼克湖的东岸，是一片面积很大、枝繁叶茂的橄榄林。过去，这里曾是土耳其著名的瓷器生产基地，经济十分繁荣。围绕着整座城市的周边，是罗马时期、拜占庭时期的古老城墙。

交通方式

从伊斯坦布尔去往伊兹尼克乘船比较方便。一般是从耶尼卡普栈桥（MAP/p.80-I）处乘坐渡轮，在亚洲侧的卡洛瓦下船。每天发船5次，1小时15分钟即可到达。15TL。下船之后乘坐巴士去往伊兹尼克。

从卡洛瓦港口乘坐迷你巴士到达伊兹尼克。需要1小时。9TL。

从伊斯坦布尔出发的直达巴士每天发车3次以上，4小时可达。30TL。

从布尔萨有去往伊兹尼克的多班巴士，1小时可达。9TL。

巴士终点站位于城墙内的城镇东南侧，可以步行去往酒店，十分方便。

漫步导览

区号0224

MAP/p.141 ✉Atatürk Cad. Ayasofya Müzesi yanı ☎无 开8:00~18:00 休无 交圣索菲亚一侧

伊兹尼克城市历史悠久，到处可见罗马时期、拜占庭时期、塞尔丘克时期以及奥斯曼帝国时期的历史遗迹。包围着整个城市的城墙长达1千米左右，大部分景点都位于城墙内，步行逛完的话大约需要半天时间。

街角处，用精美瓷砖装饰的饮水处

城市的主要干道是东西方向的克勒奇阿斯兰大街，旅游咨询处，邮局、货币兑换处、餐厅、土特产屋等都集中于此。每逢周三，大街上还有巴扎集市开放。

城市的中心地段是克勒奇阿斯兰大街和阿塔图尔克大街的交叉路口一带，圣索菲亚教堂就位于此处。

城市中最古老的建筑物——哈吉厄兹贝克清真寺

餐厅和咖啡屋集中在湖畔环境优美的地区，在用餐、休憩的同时，还能欣赏到优雅的湖畔美景。

伊兹尼克的特产是瓷砖和瓷盘等陶瓷器皿。如今，瓷砖的生产重心已经转移到屈塔希亚。但是其样式仍旧是伊兹尼克的经典图案样式。大街上仍旧有不少出售精美瓷砖的商店，可以买一块来作为纪念。

历史概览

公元前301年，年轻的亚历山大大帝手下的将军利西麦克斯征服了这里，并用他妻子的名字来命名这座城市。随后，比提尼亚王国定居于此。公元前1世纪，这里被划分为罗马帝国的领土之一。罗马统治者把这里作为附属省的省会，大肆修建神殿、剧场以及体育场等设施。拜占庭时代又重新修整了城墙。

公元325年，君士坦丁大帝在这里召开宗教会议，正式承认了基督教的合法地位，

历史之泉 三位一体说…罗马皇帝召开第一次基督教公会并确立了三位一体说。三位一体是指圣父、圣子、圣神为同一本体（本性）、三个不同的位格，三位格为同一本质。

并采纳了宗教的三位一体说。之后又进行了六次宗教会议，最终的第七次宗教会议也在这里召开。

在罗马、拜占庭时代，这座城市作为重要的城镇，曾有过一度的繁荣盛世。

尼西亚帝国的成立

1204年，第四次十字军东征，攻陷了君士坦丁堡。拜占庭政府逃亡至尼西亚地区，成立了尼西亚帝国。直到半个世纪后，拜占庭帝国复兴，这里一直是尼西亚王国的首都。

1330年，奥斯曼帝国把尼西亚地区划分到领土版图之内，并正式更名为伊兹尼克。

从这个时期起，伊兹尼克开始生产瓷砖和瓷器。这里盛产一种白色的优质陶土，用这种陶土生产出来的瓷器质地上乘、纹理也非常美观。虽然后来帝国迁都伊斯坦布尔，但是全国各个地区对于瓷砖的需求不断高涨。到了16世纪，伊兹尼克的瓷砖生产技术也达到了最高峰。这一时期盛产的瓷砖具有非常高的技术含量和很强的艺术性。

但是到了18世纪，伴随着帝国的衰落，伊兹尼克的陶土资源也渐渐枯竭，瓷砖生产基地也逐渐转移到屈塔希尔地区。

观光亮点

圣索菲亚教堂

Ayasofya Kilisesi MAP/p.141

交 位于克勒奇阿斯兰大街和阿塔图尔克大街的交叉处 ✉ 9:00~18:00 休 周一 TL 3TL

圣索菲亚教堂建于公元4世纪，尼西亚宗教会议就在这里召开。在此之后数年间，遭遇过地震、火灾等几次破坏，也进行过几次大的修整。公元787年第七次宗教大会仍然选在这里召开。

1331年，这座教堂落入了穆斯林的手中，

著名的圣索菲亚教堂。这里曾召开过基督教的宗教会议

精美瓷砖装饰、拥有塔尖的耶希尔清真寺

补充信息 伊兹尼克浴场…城市中保留有许多古代浴场，这些浴场大都建于14~15世纪。穆拉托一世浴场、穆拉托二世浴场至今保存完好。探访伊兹尼克可到这里来享受一下。

宁静的伊兹尼克湖。西岸的古老城镇一如安详静谧的湖水

他们在建筑物的四周修建了塔尖，并用精美的瓷砖装饰内部，使其成为了一座伊斯兰教清真寺。中央的壁龛在16世纪的火灾中被烧毁。之后，米马尔·锡南亲自参与了修复。

现在仅有外壁和天花板保存完好。内部还残留有拜占庭时代的马赛克装饰画和壁画，可以窥见其在当时的重要作用。

耶希尔清真寺

Yeşil Camii MAP/p.141

交 从圣索菲亚教会步行10分钟左右

耶希尔清真寺是这座城市中最古老的建筑物，于1332年建造。当初被叫做哈杰·奥兹贝克清真寺（Hacı Özbek CamII），是奥斯曼初期的建筑样式。建成后的160年被改建成为今天的面貌。与伊斯坦布尔的清真寺建筑风格不同，耶希尔清真寺的尖塔用绿色的瓷砖镶嵌，样子非常独特。且比其他清真寺的塔尖低，宽度大，感觉更有张力。

伊兹尼克博物馆

İznik Müzesi MAP/p.141

交 从耶希尔清真寺步行1分钟即可到达

开 9:00~17:00 休 周一 TL 3TL

伊兹尼克博物馆是14世纪末苏丹穆拉特一世为其母亲修建的。当时的名字叫做Nilüfer Hatun İmaretI，作为公共设施场所，曾当过向贫困者派发救济物品的救济院使用。现在已成为博物馆。

Nilüfer是拜占庭国王的女儿，因政治联姻嫁给了奥尔罕。

重要情报

伊兹尼克瓷砖的复活

伊兹尼克的瓷砖曾被广泛运用在宫殿以及清真寺的装饰中，非常有名。但是随着生产基地转移至屈塔希尔，伊兹尼克的瓷砖生产一落千丈，许多生产厂房也逐渐被废弃。

1993年，以复兴伊兹尼克陶艺技术为目的的伊兹尼克协会成立了。与此同时，伊斯坦布尔大学、普林斯顿大学以及马萨诸塞理工学院联手共同研究，终于恢复了16世纪伊兹尼克瓷砖最鼎盛时期的样貌，这就是天青色、珊瑚红、翡翠绿三种颜色共同融合的石英瓷砖。

伊兹尼克还开设了许多瓷砖制作店，并开办研讨会、讲座等形式，向社会广泛传播伊兹尼克瓷砖的有关知识。经过这一系列的举措，城市中又重新建起了瓷砖生产厂房以及商店，并且大都集中在圣索菲亚教堂一带。对传统手工艺品感兴趣的可以驻足观看一下。

伊兹尼克协会 MAP/p.141

交 格尔门向南步行10分钟 ✉ Sahil Yolu Vakıf Sok.13

※在伊斯坦布尔也设有展示厂房

✉ Kuruçeşme, Oksuz Çocuk Sok..14, Beşiktaş İstanbul

☎ 0212-287-3243

HP www.iznik.com

补充信息 地下墓地…位于闹市区北面大约6千米左右的区域，是公元4世纪拜占庭时期、保留至今的地下墓地（Hypoge、YeraltıMezarı）。天花板和墙壁上刻有多彩的湿壁画。

博物馆曾经做过救济院

莱弗凯门是孩子们玩耍的好地方

博物馆中展示了罗马及拜占庭时期的大理石雕刻、古代伊兹尼克瓷器等文物。这些瓷砖大都遭到破损，有些已失去了往日的鲜艳光泽。

伊兹尼克城墙

İznik Suru MAP/p.141
交 围绕整个城镇

围绕着整个城镇的，是拜占庭时期残留下来的古老城墙。

共有4个门。城墙据说东面的莱弗凯门基本得以完整地保留下来。经常可以看到骑着驴子的商人和马车慢慢悠悠地从大门中穿过。

从这座大门处可以登上高高的拱门，这里也是孩子们玩耍的好地方。拱门一直延伸到水道桥，以及南面的大门。这一带的城墙是保存最为完好的。

北面的伊斯坦布尔门也保存的较为完好，内侧的大门上安放有巨大的面具石雕，十分有趣。还有许多野外剧场遗迹值得玩味。

高高的伊斯坦布尔大门上安放着巨大的面具雕像

H 酒店

伊兹尼克 ☎0224

H 酒店

●**松林酒店** Çamlık S 60TL W 110TL MAP/p.141
交 从圣索菲亚教堂步行10分钟即可到达 ✉ Göl Kenarı ☎ 757-1362 FAX 757-1631 室 24 C M V HP www.iznik-camlikmotel.com

位于环境优美的湖畔。酒店附设的餐厅广受好评。酒店格调清爽明亮，房间内部也收拾得干净整洁。

松林酒店

●**光明酒店** Aydın S 50TL W 80TL MAP/p.141
交 从圣索菲亚教堂步行2分钟即可到达 ✉ Kılıçaslan Cad.64 ☎ 757-7650 FAX 757-7652 室 18 HP www.iznikhotelaydin.com C M V

酒店是新建的，拥有崭新的外观，其内部装饰也相当规整，各种设施一应俱全。酒店的一层设有休闲餐厅。

光明酒店

●**杰姆酒店** Cem S 60TL W 120TL MAP/p.141
交 从圣索菲亚教堂步行13分钟到达 ✉ M.Kemal Pa a Mh. Göl Sahili 34 室 15 ☎ 757-1687 FAX 757-2236 HP www.cemotel.com

酒店坐落于美丽的湖畔地带，内部设有餐厅和咖啡屋。客房环境整洁、空间较大。

●**源泉旅馆** Kaynarca S 35TL W 70TL MAP/p.141
交 从圣索菲亚教堂步行5分钟即可到达 ✉ Yeni Mh. M.Gündem Sok. 1 ☎ 757-1753 FAX 757-1723 室 12 HP www.kaynarcaotel.com

是一所各国游客青睐的家庭式旅馆。客房收拾得非常干净。一层设有国际化的咖啡屋。顶层设有厨房和餐厅，可以眺望远处风景。早餐需要另外收费5TL。

杰姆酒店

MAP/p.6-F

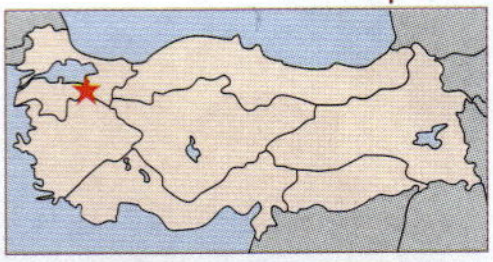

布尔萨

BURSA

人口大约143万人 / 海拔155米

奥斯曼帝国初期的都城。坐落在乌卢山麓下、自然风景优美的城市。

在土耳其语里，这里叫做“耶希尔布尔萨”，意思是“绿色布尔萨”。14世纪初期，强大的奥斯曼帝国从拜占庭帝国手里攻占了布尔萨，并把它作为都城。奥斯曼和奥尔罕两位君主也长眠于此。另外，布尔萨自罗马时期就是有名的温泉地，许多年轻人也喜欢聚集到乌尔达山下泡温泉。

交通方式

从伊斯坦布尔的耶尼卡普栈桥（MAP/p.80-I）处乘坐渡轮只到达亚洲侧的穆丹亚。每天发船3次，1小时30分钟可到达，22TL。然后乘坐迷你巴士前往布尔萨市区。巴士很多，25分钟即可到达。

伊兹尼克有多条巴士路线可以直达布尔萨。所需时间1小时，9TL。从伊斯坦布尔（哈莱姆车站）乘坐巴士4小时可达，25TL。

安卡拉去往布尔萨的巴士也很多。历时5小时30分钟，27TL。

从恰纳卡莱乘坐巴士去往布尔萨历时5小时30分钟，30TL。

布尔萨的长途汽车站距离城市中心部的海伊凯尔（耸立着阿塔图尔克像）大约10千米。可以从长途汽车站乘坐迷你巴士（20分钟）去往市中心。也有直接去往温泉地的巴士，历时30分钟可达，8TL。

漫步导览

区号0224

MAP/p.145-B ✉Orhangazi Altgeçidi 1, Heykel ☎220-1848 开8:00~17:00
休周日（冬季周六、周日） 交从海伊凯尔步行2分钟即可到达 HP www.bursatour.com

市中心地区指的是海伊凯尔（Heykel，“雕像”的意思，巴士顶部所显示的目的地也通常为“Heykel”）一带。这里矗立着巨大的阿塔图尔克雕像。从阿塔图尔克大街出发，马路的北侧就是乌卢清真寺。西面的温泉街（Çekirge Cad）距离市中心地区大约4千米。乘坐交通工具游逛比较方便。

阿塔图尔克大街的南侧，是邮局、银行等设施聚集的商业大街。大街北侧是乌卢清真寺、奥尔罕加济清真寺（1413年建造，布尔萨最古老的宗教建筑之一）。乌卢清真寺里有一条马路周边是布尔萨最热闹的巴扎集市区（Çarısı），想要购物的一定要来此逛一逛。

市中心东部的观光景点有埃米尔苏丹清真寺。从清真寺的坡道下来之后是耶希尔清真寺、耶希尔陵墓。不妨在周围的咖啡店小憩一会后返回市中心。

巴士站牌下等车的当地妇女

乌卢清真寺的西面山丘之上是布尔萨城塞遗迹，这里有一座托普哈内公园，是市民们休闲娱乐的好场所。

这里交通十分方便，在市中心地区海伊凯尔有迷你巴士、市内巴士等交通工具，可以去往城镇的任何一个地方。

据点是中心车站（不同于长途汽车站）。

去往温泉场所切基尔盖和卡拉格兹可以在这里坐车。

在布尔萨能吃到地道的土耳其风味烤肉。这里最有名的莫过于伊斯肯德尔烤肉。又香又脆的大饼上，铺满烤肉，再淋上鲜红的番茄酱和热腾腾的黄油酱，可根据个人口味添加酸奶，味道简直棒极了。其他的烤肉店都不能够用这个名字，只能用布尔萨烤肉、酸奶烤肉等叫法。

土耳其烤肉始祖——伊斯肯德尔烤肉

布尔萨的栗子甜点也非常不错。

布尔萨名吃——栗子甜点

历史概览

据传说，公元前2世纪末，卑斯尼亚国王普尔希亚斯修建了这座城市。后来，罗马、拜占庭相继统治，14世纪成为奥斯曼帝国初期的都城。在拜占廷帝国统治时，成为重要的军事要地。当时的温泉也很受人们欢迎。一说起布尔萨，人们马上

远离城市中心地区，是一望无际的浓绿

就会想到温泉。

奥斯曼帝国的第一代君主奥斯曼在进攻布尔萨的时候去世，第二代君主奥尔罕继承了父王未完成的事业，从拜占庭帝国手中夺得了布尔萨，并与1326年将都城定在了这里。

1362年，奥斯曼帝国进攻欧洲的阿德里亚堡（现埃迪尔内），并将都城转移至那里。不过历代苏丹的遗体都埋葬在布尔萨。

乌卢清真寺中庭的咖啡屋

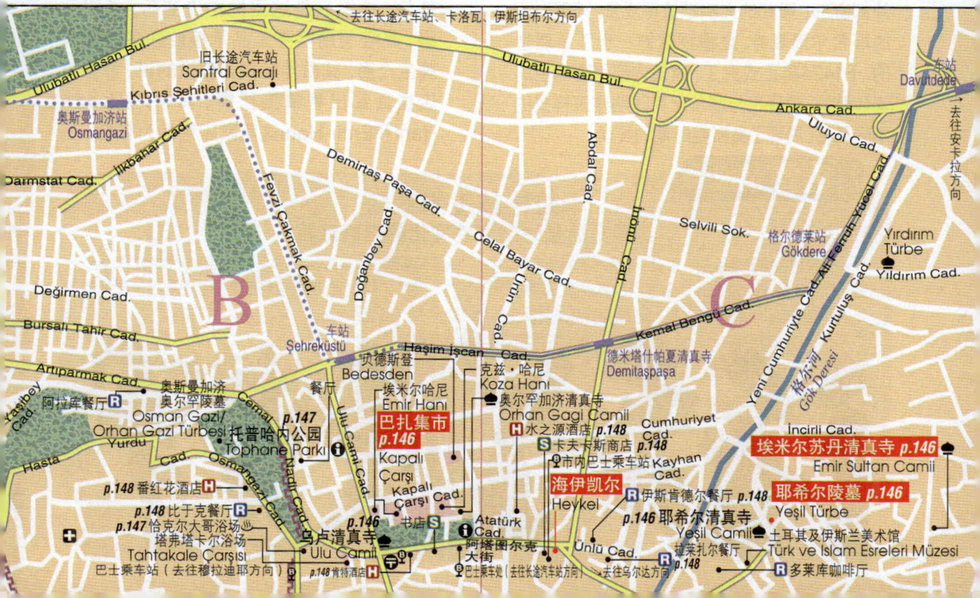

著名的耶希尔陵墓。图为穆罕默德一世华丽的灵柩

商都的巴扎集市小路上总是人来人往

观光亮点

埃米尔苏丹清真寺

Emir Sultan Camii　　MAP/p.145-C

交 从海伊凯尔步行20分钟即可到达。也有市内巴士和迷你巴士直达这里

这是布尔萨必看景点之一。于15世纪修建。在1805年经过塞里姆三世重新改建之后保留至今。清真寺是奥斯曼经典的浪漫主义风格。纯白色的墙壁、穹形的屋顶、非常具有时代感。毗邻的陵墓也很值得玩味。埃米尔苏丹是巴亚泽特一世的女婿。

耶希尔陵墓 / 耶希尔清真寺

Yeşil Türbe / Yeşil Camii　　MAP/p.145-C

交 从埃米尔苏丹清真寺步行5分钟即可到达
开 8:00~21:00 TL 捐款随意

Türbe在土耳其语中是“贵族墓地”的意思。这座陵墓的主人是穆罕默德一世(奥斯曼帝国第五代君主)。整个建筑呈八角形,外壁上美丽的蓝色瓷砖是19世纪改建时添加的。内部设有造型精美的壁龛,装饰华丽的灵柩以及外部窗户上雕刻的文字都值得观赏。陵墓对面的耶希尔清真寺,是穆罕默德一世下令建造的,于1424年正式完工。建筑内部用亮绿色的瓷砖装饰,表现出与塞尔丘克时期建筑样式的不同风格,展现了奥斯曼时期的美学。

乌卢清真寺

Ulu Camii　　MAP/p.145-B

交 从海伊凯尔步行大约7分钟即可到达

Ulu在土耳其语中是“大”的意思。这座清真寺位于城市中心,整个建筑是典型的塞尔丘克阿拉伯风格样式。拥有12个大穹顶,内部有图案雕刻精美的说教台,门窗上的阿拉伯文字图样值得好好玩味。清澈的泉水池和胡桃木制的讲坛都值得一看。这座建筑从1421年开始正式动工,经历了40多年的岁月,期间统治者几经更换,从穆拉托一世到贝亚泽特一世,最后在穆罕默德一世统治时期才正式竣工。

巴扎集市

Kapalı Çarşı　　MAP/p.145-B

交 位于乌卢清真寺北侧一带 开 7:00~20:30
休 周日

从乌卢清真寺里面的一条马路进去,里面豁然开朗,这里就是繁华热闹的巴扎集市区。

过去的布尔萨,曾是著名的纺织品生产基地,棉织品是这里的主流商品。丝织手绢、高级刺绣等手工品承接自许多欧洲大牌生产商,其质地和技艺都没的说。许多商店里面都出售精工丝绸。其中,以Koza Hanı和Emlr Hanı这两家店铺最为有名。

重要情报

卡拉格兹皮影戏院

传播奥斯曼时期百姓文化的影画戏院

卡拉格兹皮影戏院是布尔萨一家著名的影画戏院,主要用半透明的皮革做成人偶来进行故事表演。故事主要是以卡拉格兹(Karagöz)为主人公,围绕着其生活发生的一系列幽默小故事。布尔萨也是这门影画艺术的发祥地。

戏院定期表演,感兴趣想欣赏的话需要提前在旅游咨询中心进行预约。

托普哈内公园内的咖啡屋是绝佳的休憩场所

浴室里面的休息室

托普哈内公园（布尔萨城塞遗迹）
Tophane Parkı (Bursa Kalesi)

MAP/p.145-B

交 从乌卢清真寺步行10分钟即可到达

从阿塔图尔克大街往西走，登上奥尔罕加济大街的斜坡，就会看到美丽的托普哈内公园。在公园入口附近，是奥斯曼加济（Gazl，伊斯兰勇士的意思）——奥尔罕的陵墓。公园里绿意浓郁，是市民们休憩的好场所，从这里可以欣赏布尔萨的街景。

文化公园
Kültür Parkı

MAP/p.144-A

交 从穆拉迪耶步行5分钟即可到达
开 随时 休 无 TL 2TL

考古博物馆（开 9:00~18:00 休 周一 TL 5TL）、游乐园、足球比赛场都位于其中。另外，公园内还有一座历史浴场卡拉·穆斯塔法帕夏泥浴场。

穆拉迪耶地区
Muradiye Bloku

MAP/p.144-A

交 从阿塔图尔克大街乘坐市内巴士10分钟可达
开 随时
休 无

穆拉迪耶地区是以苏丹穆拉托二世陵墓为中心的清真寺以及陵墓集中地区。这里的建筑很有特色，值得观赏。穆拉托二世修建的清真寺穹顶是开放式的。西侧的建筑物是穆拉托二世浴场，一直保留至今，经过改建后正式对外营业。奥斯曼建筑博物馆也在附近，可以去参观一下17世纪的传统样式的建筑和家具。

温泉
布尔萨 ☎0224

布尔萨拥有丰富的地下水资源，从罗马帝国时期开始这里就是著名的温泉地。拜占庭时期的王室贵族经常来此处泡温泉，疗养身体，并在这里建造了许多大型浴场。这些浴场有一些至今仍然保留完好，吸引着广大游客前来享受。这些浴场大部分位于西郊的温泉街一带，许多浴场还一并建有住宿的房间。许多土耳其国内游客乃至阿拉伯国家的游客都喜欢在这里长期居住。

老温泉浴场。布尔萨首屈一指的豪华浴场

●老温泉浴场 Eski Kaplıca MAP/p.144-A外

交 从海伊凯尔乘车10分钟左右即可到达 ☎233-9300
营 7:30~22:00 休 无 TL 男24TL、女20TL／搓澡15TL／按摩15TL

浴场位于温泉街。浴场的名字Eski意思是“古老的”。这里刚刚装修完毕，内部设施比较豪华。据说是拜占庭时期，王妃Theodora为保持自己美丽的容颜而特意建造的。1389年，穆拉托一世又把它改建成奥斯曼式样。现在浴场面向所有游客开放。

新温泉浴场。是当地有名的大众浴室。是苏莱曼时期的建筑物，保留完好

●新温泉浴场 Yeni Kaplıca MAP/p.144-A

交 从LRT文化公园车站步行3分钟即可到达 ☎236-6968
营 7:00~22:30 休 无 TL 男10TL、女8TL／搓澡10TL／按摩10TL

位于文化公园附近。浴场名字Yenl有“崭新”之意，不过这座浴场也是由老建筑改建而成的。据说是苏莱曼大帝在1522年为其爱臣鲁斯特帕夏所改建的。浴场保留了苏莱曼时期的样式。这是当地非常有名的大众浴场。

●恰克尔大哥浴场 Çakır Ağa Hamamı MAP/p.145-B

交 从海伊凯尔步行12分钟即可到达 ☎221-2580 营 6:00~24:00（女10:00~19:00） 休 无 TL 男11TL、女10TL／搓澡5TL／按摩5TL

浴场位于市中心地区，拥有700余年的历史。

历史之泉 巴亚泽特一世…奥斯曼帝国的第四代君主。在位期间为1389~1402年。也是一位勇敢的战士。在1402年的安卡拉战争中被俘。奥斯曼帝国也从此兴旺不在。

伊斯肯德尔餐厅

拉莱扎尔餐厅

比于克餐厅

番红花酒店

水之源酒店

切利克帕拉斯酒店

R 餐厅

●**伊斯肯德尔餐厅** İskender 预算 25TL~ MAP/p.145-C
交 从海伊凯尔步行3分钟即可到达 ✉ Ünlü Cad.7, Heykel
☎ 221-4615 营 11:00~21:30 休 无 酒 无

餐厅于1867年正式营业。这里最有名气的美食是伊斯肯德尔烤肉，19TL。用的是店主世代祖传的特殊烤法。

●**拉莱扎尔餐厅** Lalezar 预算 20TL~ MAP/p.145-C
交 从海伊凯尔步行4分钟即可到达 ✉ Ünlü Cad. 14C Heykel
☎ 221-8424 营 7:00~21:30 休 无 酒 无

餐厅于1976年开业。店内明亮简洁，是年轻人常去的地方。晚上非常热闹。菜肴种类很多，味道很正宗。

●**比于克餐厅** Büyük 预算 32TL~ MAP/p.145-B
交 位于托普哈内公园旁边
✉ Kavaklı Cad. Kavaklı Mah. Burçüstü 21 ☎ 225-4160
营 24小时 休 无 HP www.kitapevi.com.tr C A D M V

位于比于克酒店内。是一家擅长制作国际料理的时尚餐厅。餐厅建筑风格是奥斯曼帝国时期的经典样式，可以在露天庭院中享用美食。套餐18~35TL。

H 酒店

＜市中心＞

●**肯特酒店** Kent S 90TL W 140TL MAP/p.145-B
交 从海伊凯尔步行4分钟即可到达 ✉ Atatürk Cad.69 ☎ 223-5420 FAX 224-4015 室 54 HP www.kentotel.com.tr C M V

是一家设施齐全、入住方便的中档酒店。餐厅位于酒店7层，可以边用餐边欣赏热闹的街景。

●**番红花酒店** Safran S 90TL W 150TL MAP/p.145-B
交 位于托普哈内公园附近 ✉ Kale S, Ortapazar Cad. Osmangazi
☎ 224-7216 FAX 224-7219 室 10 HP www.safranotel.com

酒店与周围的奥斯曼建筑融为一体，仿佛一幅巨大的奥斯曼风景画。酒店客房面积较小。周末会举行民俗音乐的聚会。

●**水之源酒店** Çeşmeli S 70TL W 120TL MAP/p.145-C
交 从海伊凯尔步行3分钟即可到达 ✉ Heykel Gümüşçeken Cad. 6
☎ 224-1511 FAX 224-1512 室 20 C M V

酒店员工都是和善的女性。内部环境干净整洁，布置十分温馨。

＜切基尔盖地区＞

●**切利克帕拉斯酒店** Çelik Palas S €120 W €140 MAP/p.144-A
交 从海伊凯尔坐车7分钟即可到达 ✉ Çekirge Cad. 79
☎ 233-3800 FAX 236-1910 室 150 C A M V

是切基尔盖地区最高级的酒店。客房内部宽敞，各种设施齐全。酒店内部还设有浴室，娱乐室以及美容室等高档设施。

●**商宫温泉酒店** Kervansaray Termal
S 200TL W 250TL MAP/p.144-A外
交 位于切基尔盖地区的中心地，从海伊凯尔坐车10分钟可到
✉ Çekirge Meydam, Osmangazi ☎ 233-9300 FAX 233-9324
室 211 HP www.kervansarayhotels.com C A M V

酒店内部设有舞厅、酒吧、5间餐厅，是一家集各种娱乐设施于一身的高级酒店。著名的老温泉浴场（p.147）浴室也位于该酒店内。

●**阿特拉斯酒店** Atlas S 80TL W 130TL MAP/p.144-A外
交 从切基尔盖的老温泉浴场（p.147）浴室徒步10分钟即可到达 ✉ Hamamlar Cad. 29, Çekirge ☎ 234-4100 FAX 236-4605
室 36 HP www.atlasotel.com.tr C V

酒店是奥斯曼风格设计，内部装饰温馨整洁。设有浴室，方便客人休闲娱乐。

补充信息 **栗子甜点**…（Kestane Şekeri）价格不是很高，在海伊凯尔有栗子甜点的专卖店卡夫卡斯商店（MAP/p.145-C）。除了栗子之外，还有各色甜点小吃，可以作为礼物带回国。

爱琴海地区

Ege Denizi

恰纳卡莱
特洛伊
阿索斯
贝尔加马
伊兹密尔
萨迪斯
塞尔丘克
库沙达瑟
布莱恩/米利都/迪迪马
帕姆卡莱
阿佛洛狄西亚
博德鲁姆

爱琴海地区概观

气候与地理

从伊斯坦布尔经欧洲侧南下，渡过达达尼尔海峡，就是著名的特洛伊历史遗迹。再往南去，与之相连的是以以弗所为主要区域的遗迹群，这里和伊斯坦布尔一样，也是土耳其著名的古建筑遗迹区。

爱琴海地区气候温暖湿润，越往南去，夏季气温越高。这里雨量极少，非常干燥。这样的气候条件非常适合于种植橄榄、杏和棉花等作物。大城市伊兹密尔地区是重要的机械、食品、石油产业集中地。德尼兹利的纤维产业也十分发达。

这一带交通发达，城市巴士、迷你巴士、出租车等各种交通工具穿梭其中，为游客的出行带来了极大的方便。酒店也大都面向外国人开放。

距离贝尔加马50千米处的旅游度假胜地——艾瓦勒克

伊兹密尔沿海散步道

特洛伊至以弗所一带

这一代最著名的古遗迹群位于特洛伊、贝尔加马、以弗所一带，很多国外旅游团都会来这里参观。要想参观古罗马遗址的话，一定要到以弗所去看一下。

位于恰纳卡莱和贝尔加马之间的阿索斯地区，有着年代久远的古代遗迹，在这里还可以眺望风情万种的爱琴海秀美景色。可以从距离贝尔加马50千米处的艾瓦勒克（Ayvalık）乘坐迷你巴士前往。

艾瓦勒克，虽然不是一座景点，却是一处非常好的疗养地。

伊兹密尔及其周边度假胜地

伊兹密尔是位于以弗所前面的大都市，有着灯红酒绿的城市气息和大型喧闹的巴扎市场。这里酒店也较为高档，收费也比较贵，但是有很多外国游客来此长期居住。傍晚时分，日沉海面，波光粼粼的海水与昏红的夕阳相映成辉，成为这座城市一道亮丽的风景线。不过随着近年来这里填海造地以及沿海地区的开发，海边也逐渐被污染，这样的景色也不好见到了。

位于伊兹密尔西面半岛的切什梅，是近年来很受游客们欢迎的温泉度假胜地。

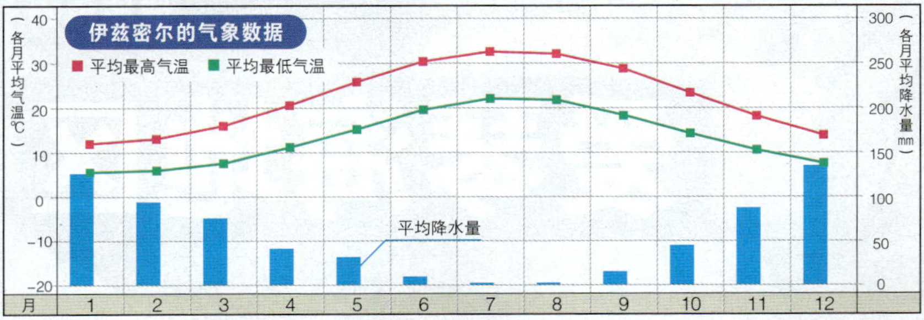

◀扉页图片…以弗所古城遗迹。到处是观光游客的克莱特斯大街

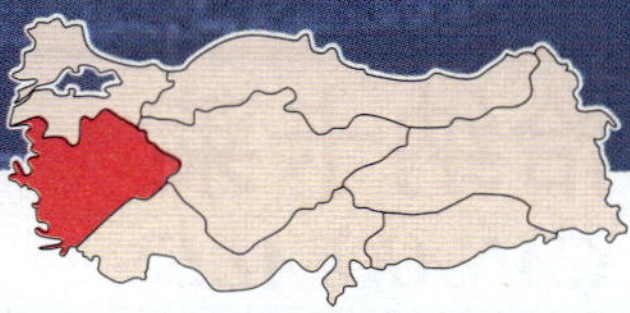

虽然距离伊兹密尔有80千米，路途较远，但是有高速公路可以直达，这令路程缩短了不少。而且酒店密布其间，不用担心住宿问题。切什梅距离希腊领土希俄斯岛也很近。另外，库沙达瑟因距离以弗所很近，许多旅游团也会在在比停留。相比伊兹密尔，这里的住宿费用较低。

博德鲁姆遗迹群

从以弗所沿爱琴海下行，与地中海接壤的一片区域就是博德鲁姆地区。这里距离以弗所大约150千米。

途中可经过米利都遗迹，这是与以弗所齐名的古遗迹群。不过因为交通的原因，来这里的游客并没有像以弗所那么多，旅游团体也很少来。像瑟凯（Söke）这样的小城镇遍布于城市内，不建议在当里住宿。可以利用以弗所（塞尔丘克）和库沙达瑟的当地旅行社，去往近处的布莱恩、迪迪马遗迹。

博德鲁姆是一座属于夏天的城市。每逢夏季夜晚，狂欢的人群不到凌晨不罢休，有些人甚至彻夜不归。这里物价相比爱琴海地区要高不少。十字军的城堡和陵墓也是非常值得参观的景点。

萨迪斯与阿佛洛狄西亚

从伊兹密尔乘坐巴士往东，一个半小时到达内陆著名的萨迪斯遗迹。若以伊兹密尔为据点的话，来回一天的时间就可以逛完。

爱琴海地区随处可见鹳鸪的巢穴。近年来数量在减少

来自欧洲的观光船只。爱琴海一带美丽的风景

从塞尔丘克乘坐2小时的巴士，即可到达位列世界遗产的帕穆克卡莱，这里是旅游团热衷的场所。

距离帕穆克卡莱不远的，是古遗迹旧址阿佛洛狄西亚。因位于主干道的斜道处，个人自助前往的话只能搭乘巴士，需要花费一定的时间。可以在当地报旅游团参加，这样可以省下不少宝贵的时间。

上图为瑟凯附近出口棉花的货车车队。右图是艾登郊外的大片油橄榄林。这些都是爱琴海地区的重要产物

MAP/p.6-F

恰纳卡莱

ÇANAKKALE

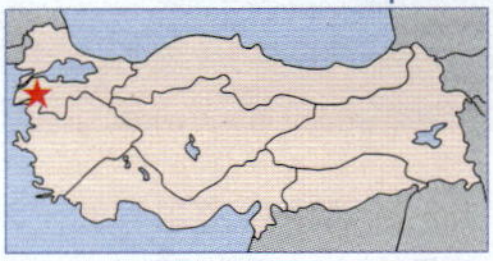

人口大约8.5万人

达达尼尔海峡旁的重要港口城镇。其南面的特洛伊遗迹是重要的观光景点。

达达尼尔海峡位于欧亚洲之间，是连接马尔马拉海和爱琴海重要的海上通路。古代这里被称为赫莱斯潘多斯。当年波斯国王薛西斯一世用船搭桥渡过此峡，马其顿国王亚历山大大帝出征波斯时也从该海峡渡过。现在，各式各样、大小不一的轮渡来往穿织在海面上，搭载着游客和货物。

交通方式

从伊斯坦布尔出发，乘坐巴士6小时可达。车次较多，50TL。从达达尼尔海峡乘坐渡轮，船费包含在巴士车费里。

从伊斯坦布尔出发沿海岸西行，左侧可以欣赏马尔马拉海沿岸景色。从泰基尔达（Tekirdag）远离海边经过凯尚（Keşan）继续南下。右侧可以观赏爱琴海一角的景观。夏天还会欣赏到海岸边大片的农田风光。驶离爱琴海不久后，到达第一次世界大战的激战地加里波利（Gelibolu），左手边即是达达尼尔海峡。然后在埃杰阿巴德（Eceabat）乘渡轮到达亚洲侧的恰纳卡莱。

达达尼尔海峡上来来往往的渡轮

从伊兹密尔出发6小时可达，车次较多，38TL。

恰纳卡莱长途汽车站位于市中心北部大约2千米处，乘巴士从港口到达市中心地区需要10~15分钟。

漫步导览

区号0286

MAP/p.153 ✉ İskele Meydanı 65 ☎ 217-1187 开 8:30~17:00（周末9:30~ 12:30／13:00~16:30）休 无 交 从港口步行2分钟即可到达

恰纳卡莱市中心地区位于港口旁边的钟塔一带。附近有旅游咨询处、巴士公司等。周边建筑有酒店、银行、餐厅、货币兑换处等。

夏季从伊斯坦布尔去往恰纳卡莱途中可以欣赏到以大片农田为背景的爱琴海风光

恰纳卡莱并没有太多的景点，一般的游客基本都只是观光特洛伊遗址一个地方。也有人把这里作为去往特洛伊遗址、加里波利岛以及格克切岛的据点。

恰纳卡莱景点除了特洛伊遗址之外，主要是考古博物馆、军事博物馆等为数不多的几个。在海边度假地的海鲜餐厅点一份海鲜料理、在海边悠闲地散步欣赏海面风景也是一个不错的选择。

去往特洛伊遗址，乘坐迷你巴士只需要30分钟即可到达。因夏季是旅游高峰期，所以巴士车次较多，其他季节则比较少。

市中心地区的钟塔

从恰纳卡莱有去往加里波利半岛的埃杰阿巴德和吉利特巴希尔（Kilitbahir）的船只，每隔30分钟发船，2TL。

加里波利半岛内交通状况不太好，这点要注意。

观光亮点

考古博物馆

Çanakkale Arkeoloji Müzesi　　MAP/p.153外

交 从港口乘坐巴士5分钟即可到达 开 8:00~17:00 休 周一 TL 5TL

位于去往特洛伊遗址的路途中，很多从阿塔图尔克大街和港口周边地区发车的巴士都经过这里。可以等候乘坐从特洛伊返回的巴士，去往考古博物馆。这里主要展出了在特洛伊和阿索斯出土的考古文物。

军事博物馆

Çanakkale Askeri Müzesi　　MAP/p.153

交 从港口步行3分钟即可到达 开 9:00~17:00 休 周一・周四 TL 3TL

前身是穆罕默德二世在1452年建造的奇曼里克城堡，现在作为军事博物馆使用。

展出了有关加里波利战争中的武器等物品。中部庭院的墙壁上至今仍然留有当年战争留下的炮弹印迹。外面停放的古老船只，也是当年遗留下来的军用设施。

附属的奇曼里克城堡公园是免费开放的，公园里摆放着当年使用过的大炮等武器。在这里一边吹着海风一边散步也十分惬意。

海边的奥斯曼帝国时要塞，现作为军事博物馆使用

深度了解

加里波利之战

1915年4月25日第一次世界大战时澳"新军团"为突击达达尼尔海峡，登上了恰纳卡莱对岸的加里波利半岛。迎击的土耳其军队经过殊死搏斗，将其击退。在这场惨烈的战争中，总共有50多万人战死。

英国军队中有许多当时处于英国统治下的澳大利亚、新西兰和印度士兵。他们的后代将4月25日这一天称为澳新军团日。每年的这一天，从全世界各个地区前来的游客充斥了恰纳卡莱的大街小巷，几百台巴士载满游人至此，造成交通阻塞的情况。

这一时期，恰纳卡莱的酒店爆满，甚至波及到伊兹密尔、以弗所地区。因此，在这一时期前往恰纳卡莱要格外留意住宿情况。

伊斯肯德尔帕夏府餐厅

亚洛瓦利曼餐厅

阿科尔酒店

特洛伊酒店

阿尔图尔酒店

Ⓡ 餐厅

●伊斯肯德尔帕夏府餐厅 İskender Paşa Konğı
预算 16TL~　MAP/p.153
交 从钟塔步行5分钟即可到达 ✉ Cumhuriyet Meydanı Petrol Ofisi Yanı 1/B ☎213-2888 营 9:00~24:00 休 无 酒 无

当地有名的烤肉店。面包师在开放的厨房现场制作面包，令人食欲大增。扦子烤肉串是该店的招牌烤肉。

●亚洛瓦利曼餐厅
Yalova Liman　预算 30TL~　MAP/p.153
交 从钟塔步行3分钟即可到达 ✉ Gümrük Sok. 17 ☎217-1045 营 12:00~24:00 休 无

位于军事博物馆对面，是一家有名的鱼料理店。餐厅没有菜单，在透明的鱼缸和食槽中选择好海鲜食材，请大厨加工即可。一层大厅空间宽敞。在餐厅二楼可以眺望海边景色。

●博斯普鲁斯海峡餐馆 Boğazici　预算 12TL~　MAP/p.153
交 从钟塔步行2分钟即可到达 ✉ Saat Kulesi Meydanı 4 ☎213-2484 营 24小时 休 无 酒 无

24小时营业的大众餐厅。所有的菜肴都摆放在透明食柜里，客人选择好后就可上桌。茄子烤肉7TL。

●鹦鹉餐厅 Papağan　预算 13TL~　MAP/p.153
交 从钟塔步行3分钟即可到达 ✉ Cumhuriyet Meydanı 37 ☎217-9707 营 6:00~翌日1:00 休 无

街边的甜点屋。甜点种类非常丰富，造型也非常好看。很多当地人都慕名前来品尝。也可以在店内品尝甜点。

Ⓗ 酒店

●阿科尔酒店 Akol　S 165TL　W 220TL　MAP/p.153
交 从钟塔步行8分钟即可到达 ✉ Kordon Boyu ☎217-9456 FAX 217-2897 室 137 HP www.hotelakol.com.tr C A M V

从港口出发沿海边向北即可到达。地处环境安静优美的海边，是城市中最大的四星级酒店。内部设施豪华，带有泳池。

●特洛伊酒店 Truva　S 100TL　W 150TL　MAP/p.153
交 从钟塔步行10分钟到达 ✉ Cevatpaşa Mh. M. Akif Ersoy Cad 2 ☎217-1024 FAX 217-0903 室 66 HP www.truvaotel.com C A M V

在阿科尔酒店的旁边。面海而建，靠海的房间可以欣赏到优美的海面景色。客房内设有浴缸。酒店餐厅位于一层，面朝海边，是开放式的餐厅，氛围很好。

●阿尔图尔酒店 Artur　S 100TL　W 160TL　MAP/p.153
交 从钟塔步行2分钟即可到达 ✉ Cumhuriyet Meydanı 28 ☎213-2000 FAX 217-4200 室 32 HP www.hotelartur.com

内部环境干净整洁，房间朴素大方，设有浴缸，入住方便。距离市中心较近，周围交通便利，餐厅、商店也很多。

●海伦酒店 Helen　S 80TL　W 120TL　MAP/p.153
交 从钟塔步行2分钟即可到达 ✉ Cumhuriyet Meydanı57 ☎212-1818 FAX 212-8686 室 44 HP www.helenhotel.com C A M

是一家中档酒店，旁边是巴士公司。酒店中等规模，房间内部干净且设施齐全。可以预订带浴缸的房间。

●以弗所酒店 Efes　S 50TL　W 50TL　MAP/p.153
交 位于钟塔附近 ✉ Kemalpaşa Mh. Fetvane Sok.13 ☎217-3256 FAX 212-3256 室 22 HP www.efeshotelcanakkale.com

是一家女性经营的、设计精美的小型酒店。中庭的喷泉和花圃十分漂亮。房间面积不算大，但是布局和色调十分温馨。浴室很大。客房内部没有空调，不过沙发很舒服。

特洛伊

TRUVA

MAP/p.6-F

以虚构传说登上历史舞台，而今历史已被考古遗址所证实。

对特洛伊木马深信不疑的德国人谢里曼对希沙立克山进行挖掘，这一举动成为了遗址调查的开端。以特洛伊战争为主题的电影以及故事并不少见。时至今日，特洛伊故事依然传颂着，昔日的珍宝也不复存在。只有残留在这里的古代遗迹，令人感慨世事变迁。

交通方式

可把探访特洛伊遗址的出发点设在达达尼尔海峡亚洲侧的恰纳卡莱。

从恰纳卡莱港口步行15分钟至Sarı Çay Köprüsü桥去往特洛伊遗迹的巴士从这里出发。每隔30分钟发车（冬季车次减少），历时30分钟可达，4TL。如果不想走太多路，可以在自由广场附近乘坐去往考古学博物馆的巴士，在中途下车即可。

巴士穿过村庄，到达特洛伊考古遗迹入口大约需要30分钟。返回时可以乘坐同一班巴士。巴士鸣笛发车，有时需要招手示意停车，不注意的话会错过。

旅游旺季时，有很多从恰纳卡莱出发的旅游团。

特洛伊遗迹中发掘出来的一部分历史文物，现存在恰纳卡莱考古学博物馆内。归程巴士路过博物馆，有兴趣的可以在途中下车去，看一看。

历史上著名的木马。从里面可以登上顶部

春末夏初季节，乡间小道上开满了野花

特洛伊考古遗址

开8:00~19:00（冬季~17:00） 休无 TL 15TL

遗址的入口处，根据特洛伊木马传说，修建了一座巨大的木马模型。入口附近的小型展示室中，有遗址全景图，可以作为旅游路线参考。整个遗址中，不同年代的遗迹错综复杂，道路迂回曲折，因此有必要提前做一个大体的了解。如果事先读过谢里曼的挖掘记录，或是《荷马史诗》中的相关描述，那么逛起来会别有一番乐趣。

遗址始于一段坚固的城墙壁，沿城墙可逛完整个遗址。大概游逛的话需要一个小时左右。在里面小山丘上可以望见西侧的一大片田地，这是过去帝国时代的入江口地段。迪卡曼德罗斯河沿途冲流下来许多黄沙，使得陆地部分增加，距离海面有5千米左右。原来特洛伊古城的城墙根下就是海水沿岸。

田地对面山丘连绵，过去曾是环绕入江口的半岛地区。极目远眺，依稀可见高低起伏的地面上散落着几处土包似的坟墓。据说其中的一座，是希腊神话中的英雄阿吉莱乌斯之墓。亚历山大大帝在东征之际也曾来到此处祭奠这位伟大的英雄。

VIIb~IX层的圣区。依稀可见当年的神殿旧址和祭祀台遗迹

谢里曼的发掘

谢里曼出生于德国北部城镇的一个普通家庭。他的父亲是一名牧师。幼年时期他熟读荷马史诗，坚信特洛伊战争皆属史实，并一直向往能够找寻到历史的遗迹。他很有商业天赋，并积累了大量的财富。据说他积累这些财富就是为了找寻特洛伊遗迹。

谢里曼和佩戴荷马时代金银珠宝的妻子索菲亚

1871年，谢里曼49岁的时候，毅然辞去了实业家的工作，着手研究古希腊文化，并开始自费对特洛伊遗址进行发掘工作。

1873年，谢里曼终于在希沙立克山发现了大量的黄金首饰、壶杯以及众多宝物，证明了特洛伊遗址的存在。谢里曼把这些财宝称为“普利阿莫斯的财宝”。谢里曼死后，人们在第七层中发现了要塞，这里才被断定为真正的特洛伊遗址。

特洛伊的问世，谢里曼功不可没，他的努力使得那些在当年看来不可能的神话变成了现实，是荷马史诗中所描绘的世界最有力的证明。他的事迹值得敬仰。

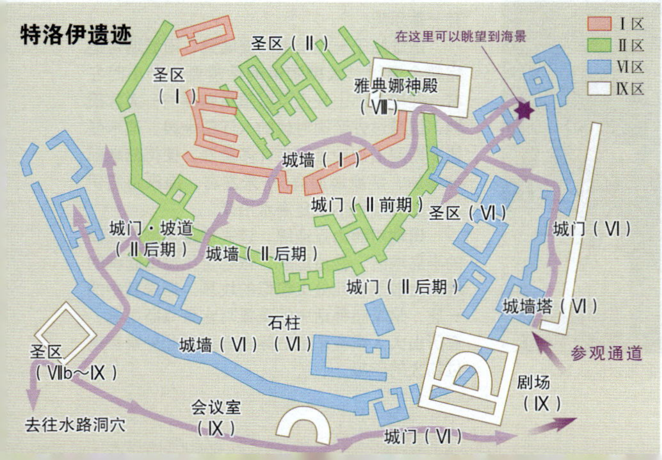

绿色部分是当年的入江口一带。河流带来的沙土冲击，形成了现在广阔的田地。传说中特洛伊战争中的英雄们就在城下的岸边展开了激烈的搏杀

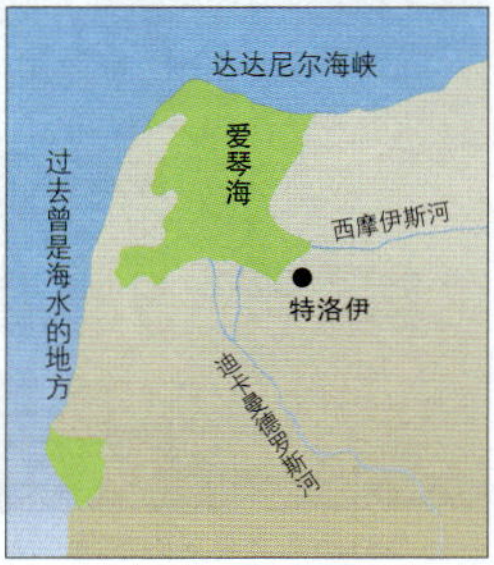

历史概览

这座名为希沙立克的沙石小山，经过岁月的洗礼形成了重叠的卵形结构。根据时代的不同，可以把这座山丘遗址分为9层。

虽然世人普遍认为这座遗址是特洛伊遗迹无疑，但在至今为止的发掘过程中，还没有找寻到明确的证据，也没有标记着地名和国王字号的碑文出现。

Ⅰ(1)层　公元前3000年左右。青铜器时代初期。残留有古老的石壁和长屋聚集的小部落。

Ⅱ(2)层　公元前2800年左右。最初的繁荣期。是一座要塞都市，拥有城门、斜路等防御设施。谢里曼的“普利阿莫斯的财宝”就是发掘于这一层。

Ⅲ(3)~Ⅳ(4)层　公元前2200年左右。具体时期不明。发展停滞或是缓慢发展时期。有异族入侵？

Ⅴ(5)层　公元前1800年左右。繁荣期。这一时期已然具有一定规模。城中建起了塔楼、城墙、宫殿等高级设施。也出现了一定数量的瓷器。

Ⅵ(6)层a　公元前1280年左右。公元前1200年左右发生过大火灾，城市也因此遭到毁灭。特洛伊战争或许就发生在这一时期。

Ⅶ(7)层b　公元前1200年左右。城市继续衰落，出现大片废墟。

Ⅷ(8)层　公元前700年左右。希腊人入住，并开始重新修建这座城市。这一时期修建了巨大的神殿。荷马也是这一时期出现的人物。亚历山大大帝也曾到访过这里。

Ⅸ(9)层　公元前85年，罗马帝国大举进攻这里，城市也一度遭到毁灭。罗马统治者着手重新修建这座城市。这一时期，建造了不少浴室、剧院等设施。公元5世纪发生大地震，这里再度成为废墟。

Ⅵ层的塔迹和城墙壁。右手边是当时的城门

通往Ⅱ层正面大门的坡路

南北方向的沟壑是谢里曼发掘区域的一部分。下方的乱石堆是Ⅱ层

深度了解

荷马史诗《伊利亚特》描写的特洛伊战争

荷马是古希腊时期的人物，是以特洛伊战争为题材的长篇叙事诗《伊利亚特》《奥德赛》的作者。据说他于公元前8世纪生于现伊兹密尔地区。《荷马史诗》是以当时的吟唱诗为主要内容，经过荷马整理加工编写而成。

特洛伊战争的开端据记载是这样的：希腊英雄佩琉斯和忒提斯的结婚典礼没有邀请不和女神埃里斯参加。埃里斯想出诡计，将一个写有“给最美丽的女神”的金苹果扔在宴会上。赫拉、雅典娜及阿佛洛狄历亚三个女神都认为自己是理所当然获得的。三人带着苹果找特洛伊国王普里阿摩斯的儿子帕里斯作裁决。帕里斯把金苹果交了给阿佛洛狄历亚，他成了阿佛洛狄历亚的宠儿，而赫拉及雅典娜决心毁灭特洛伊人。

阿佛洛狄历亚使用计谋令帕里斯夺得了斯巴达国王之妻海伦，斯巴达王兴兵讨伐特洛伊。希腊军队和特洛伊勇士们对峙长达10年之久，最后英雄奥德修斯献上妙计，让希腊士兵全部登上战船，制造撤兵的假相，并故意在城门前留下一具巨大的木马。特洛伊人高兴地把木马当作战利品抬进城去。当晚，藏在木马腹内的希腊士兵杀出，打开城门，里应外合，特洛伊立刻被攻陷。

希腊最终获得了胜利。希腊英雄阿吉莱乌斯战死，国王听信谗言，下令将奥德修斯流放10年。这就是《奥德修斯》的故事。

特洛伊战争发生时，希腊还只是一个小亚细亚的殖民地，当时比较繁荣。特洛伊战争的故事就是这一时期的象征。

补充信息　普利阿莫斯的财宝…第二次世界大战之后，财宝消失于贝尔林博物馆，下落不明。现在已被重新找回，保存在俄罗斯的普希金博物馆内。至今仍延续了最初的叫法。

阿索斯

ASSOS

MAP/p.6-F

可俯瞰爱琴海山丘上的雅典娜神殿遗址。岛影重叠，风光秀丽。

雅典娜神殿遗址位于休眠期的火山之上。从这里极目远眺，风光旖旎的海岸风景一览无余。参观成群的石头房屋、乘船沿圣保罗传教路线旅行也很有意义。近年来，作为新兴的旅游度假胜地，阿索斯的海滩上，一到夏季就变得十分热闹。

交通方式

伊斯坦布尔去往阿索斯没有直达巴士。可先从恰纳卡莱朝艾瓦哲克方向前进，历经1小时，9~12TL，然后换乘迷你巴士去往阿索斯。从艾瓦哲克出发的迷你巴士历经30分钟可达阿索斯，每隔一个半小时发车，5TL。巴士途经古遗址村庄贝赫拉姆卡莱广场，沿海边前行。归途巴士人坐满才发车。

贝赫拉姆卡莱村和海岸之间的路程是一段长长的下坡路

漫步导览

区号0286

在巴士站广场周边的村落里，散布着一些条件不错的家庭式旅馆，大都设施齐全，价格比较便宜。而大部分的中档酒店则分布在沿海边一带。

留宿在阿索斯或贝赫拉姆卡莱村，可以很方便地前往古遗址。夏季，特别是周末，很多休假的土耳其人会蜂拥而至，潮水般的车子会把道路堵得死死的。这一时期，酒店很难预订。可以在海边游泳。建议先提前兑换好钱币。

从贝赫拉姆卡莱村巴士终点站，沿坡道向上步行10分钟左右，就可到达阿索斯遗址。参观完毕需要花费1小时。

可以在海边临时搭建的帐篷中用餐、欣赏海景

艾瓦哲克广场附近的休闲地

许多当地居民会在路途两侧沿街售卖一些手工编织的毛靴、手工艺品等，可以买一些作为纪念品带回去。大约5TL。

阿索斯遗址

开 8:00~19:00（冬季~17:00） 休 无 TL 5TL

古遗迹位于高达289米的休眠火山之上。公元前1000年左右，爱琴海东部的莱斯波斯岛上的住民艾奥利斯人来到这片土地，并开始在这里定居。据说在此之前，特洛伊战争时阿吉莱乌斯民族就曾驻扎在这里。

此后，阿索斯先后被吕底亚王国、波斯王国占领。亚历山大大帝东征后，这里被埃乌布洛斯所支配。公元前348年，亚里士多德在这里滞留并创建了学校。

公元前241年，这里成为罗马的领土。公元1世纪中期，基督教的最初传教者保罗到访，把基督教的火苗播撒在这片土地上。到了公元4世纪后期，拜占庭皇帝狄奥多西一世下令废弃这座城市，这里从此之后渐渐变得荒无人烟。直到14世纪时，又被奥斯曼帝国重新编入领土内。

遗址所保留下来的大都是古希腊、罗马时期的旧址。正门前的清真寺始建于14世纪。顶端的雅典娜神殿是公元前6世纪后期的建筑。遗址中保留有大量的多利斯式立柱，从这里观景非常漂亮。城墙和村落的景致也值得观赏。

除了这座令人赞叹的卫城，山崖下面还有城门、墓地群等景观也值得欣赏。从山顶往山崖，可以来回乘坐巴士。这里通常人迹罕至，但自然风光绝对让人流连忘返。城门里面还有体育场、阿格拉古集市遗迹和剧场等建筑。

▶雅典娜神殿的石柱铭刻了历史的印迹

▲阿索斯城墙遗址延伸到了遥远地界的荒地

▼城门外的墓地群中裸露着出土的石棺。古代的阿索斯曾因制作石棺而闻名

贝赫拉姆卡莱村前面1千米处是14世纪的石桥。巴士穿行在与石桥并行的道路上。远处的山丘是阿索斯遗址

历史之泉 **莱斯波斯岛（lesbos）**…古希腊首屈一指的女诗人萨福曾把朴素的情感融入优美热情的诗句中，写下了很多简洁而浓烈的恋爱诗。其中大部分是为女性而作。意指同性恋的“les”即起源于此。

村民们铺设的摊位上贩卖各种绒毯、基利姆以及古董等商品

银金字塔商店

多卢纳斯旅馆

吉祥旅馆

商宫酒店

阿索斯大酒店

明星宫酒店

S 商店

●银金字塔商店 pyramid Gümüş　MAP/p.158

交 位于贝赫拉姆卡莱村附近 ✉ Behramkale Assos

营 8:00~21:00(冬季9:00~18:00)

是一家专营服饰品、工艺品的精品店。店内主营宝石和银制作的戒指项链。用的都是土耳其罕见的珍宝。店里有许多外国游客的身影。

H 酒店

<遗址附近>

●多卢纳斯旅馆 Dolunas　S 80TL　W 100TL　MAP/p.158

交 位于贝赫拉姆卡莱村附近 ✉ Behramkale Assos ☎ 721-7172 室 5

位于村子中心，交通便利。房间干净整洁，朴素大方，入住方便。院子中庭是石制的，与村子里的自然美景相得益彰。氛围清新且不失温馨。

●吉祥旅馆 Tekin　S 30TL　W 60TL　MAP/p.158

交 位于贝赫拉姆卡莱村入口处 ✉ Behramkale Assos ☎ 721-7099 室 8

整个旅馆共有两层，客房崭新干净，设施齐全，价格公道。一层是休闲咖啡厅，可以在这里休憩。

●西达尔旅馆 Sidar　S 35TL　W 60TL　MAP/p.158

交 位于贝赫拉姆卡莱村入口处 ✉ Behramkale Assos ☎ 721-7047

室 16

一进贝赫拉姆卡莱村，就可以看见。房间空间较大，收拾得干净整洁。旅馆二层有露天阳台，可以欣赏风景。

<港口附近>

●商宫酒店 Kervansaray　S 110TL　W 140TL　MAP/p.158

交 从迷你巴士站牌处步行1分钟即可到达 ✉ Behramkale Köyü İskelesi ☎ 721-7198 FAX 721-7200 室 70

HP www.assoskervansaray.com C A M V

商队住宿式的石造建筑。酒店大厅内设有豪华餐厅，坐席一直延伸到外部沿海岸。前台处的天花板上，经常有鸟儿飞来飞去并在此停憩。建议选择靠海的房间居住。酒店免费提供早餐和晚餐。

●阿索斯大酒店 Grand Assos　S 90TL　W 180TL　MAP/p.158

交 位于巴士站牌附近 ✉ İskele Mevkii Antik Liman ☎ 721-7273

FAX 721-7420 室 35 HP www.grandassoshotel.com C A M V

酒店房间用大理石装饰，并带有浴室。餐厅设在海边，可以一边欣赏海景一边享用晚餐。酒店提供早餐和晚餐。

●明星宫酒店 Yıldız Saray　S 75TL　W 100TL　MAP/p.158

交 位于迷你巴士站牌处 ✉ Behram Koyu İskelesi

☎ 721-7025 FAX 721-7169 室 8 HP www.yildizsaray-hotels.com

是一座石头建造的古老酒店，家族式经营。顶层有餐厅，可以欣赏港口风景的同时享用美食。餐厅的海鲜料理非常好吃。

MAP/p.6-F

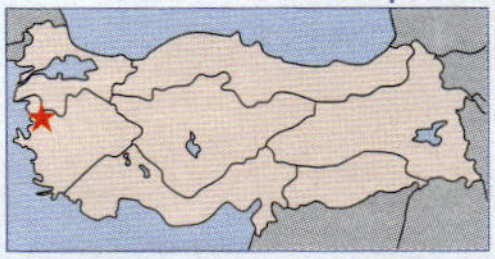

贝尔加马

Bergama

人口大约5.2万人 / 海拔103米

曾经显赫一时的帕加马王国所在地。遗址耸立于山丘之上。

贝尔加马位于一望无际的肥沃平原之上，最有名的景点是位于北部山丘上的帕加马王国遗址——卫城。除此之外，还有古罗马的医疗神殿阿斯克勒皮俄斯、巨大的红色大教堂等古建筑，都非常值得观看。这儿的居民也热情好客。

交通方式

长途汽车从车站出发，沿主干道的分叉口直通市区方向。长途汽车站距离市中心8千米，可以乘坐酒店接送巴士或市内巴士前往。也可以乘坐出租车前往，不过乘坐巴士比较方便。

巴士每隔30分钟发车，1TL。以前曾有去往其他城市的长途巴士运行，不过现已取消。

可在巴士站牌等候出租车前往。大约20TL。

从伊斯坦布尔去往贝尔加马历时8小时，55TL。从恰纳卡莱出发历时4小时30分钟，25TL。从伊兹密尔出发历时2小时，18TL，每隔30分钟发车。

漫步导览

区号0232

MAP/p.163-B ✉Hükümet Konağı B Blok Zemin Kat ☎631-2851 开8:30~17:30 休周六·周日 交从考古博物馆出发步行3分钟即可到达

市中心主要有两条街道，即共和国大街以及与之相连的银行大街。从城市南部的入口直到北部的卫城，有一条宽阔的大路直通，长约1.2千米。博物馆、银行、邮局等建筑设施多集中在这条大道两侧。这里主要的观光景点有卫城和阿斯克勒皮俄斯神殿。巨大的红色大教堂也不容错过。

农产品巴扎集市经常人山人海

城市中经常见到搬送货物的马车

卫城位于山脚下，海拔大约4千米。乘坐长途汽车或市内迷你巴士，再下车，然后步行前往空中索道（单程4TL。有恐高症的可以乘车上去）乘坐点。如果脚力不胜，可以驾车或搭乘出租车（往返市内，包含等待时间在内收费40TL）到达山顶的入城口。

去往阿斯克勒皮俄斯神殿乘车比较绕远。徒步的话，可以选择登上邮局对面的小路，大约步行1千米左右即可到达。这条路上并没有明确的标示，需要一路问道。

出租车环游（包括卫城、阿斯克勒皮俄斯神殿等）100TL左右。

城镇中常会见到大批游客，但这丝毫不能减少人们来到这里的热情。另一方面，城市中并没有强行揽客以及乱收费的现象，这也使得游客们得以安心旅游。进入胡同深处，可以感受到当地的生活气息，这也是旅程中的乐事。

大街上的调料专卖店

吸水烟的大叔们

金银制品商店

鲜艳的樱桃，价格很便宜

贝尔加马有名的小吃是瓦片肉丸（Klremlt Köfte）。又扁又平的肉丸，加入番茄酱煮制，味道棒极了。

历史概览

贝尔加马早在公元前5世纪就开始建城，拥有相当久远的历史。不过历代王国似乎并没有给予这座城市足够的关注目光。城市发展于希腊文明时期。

亚历山大大帝英年早逝后，广阔的领土被四分五裂，形成了希腊文明诸国。

利西麦克斯占领了小亚细亚并称王，但于公元前281年战死。他的部下费勒泰洛思继承了他的财富，建立起了帕加马王国，开始了长达18年的统治。

亚历山大大帝死后的繁荣

费勒泰洛思去世之后，欧迈尼斯一世登上了王位。从此，帕加马王国开始进入繁荣时期。欧迈尼斯非常有才干，在与叙利亚的战争中取得了胜利，他利用战争中获得的财富，对王国进行了各方面的整改。

阿塔罗斯一世时期（在位期间为公元前241年~公元前197年），军队驻扎小亚细亚，打败了入侵的高卢人。领土板块也随之扩大，一直到达卡帕多西亚地区，帕加马王国的风光一时无二，地位不可动摇。还适时与罗马帝国达成协议，一并抵抗塞琉王朝的势力，最终取得了在小亚细亚的交易权，积累了大批财富。

欧迈尼斯二世时期，帕加马王国的繁荣到达了最顶峰，其国力甚至可以比肩埃及和塞琉王朝。雅典娜神殿、宙斯祭坛就是这一时期的建筑。

委壤罗马

但是，帕加马王国的繁荣盛世并没有维持太久。阿塔罗斯三世（在位期间为公元前138年~公元前133年）在位期间治国无方，国力一时衰退。他一心制作丹药疏于国事。他的母亲和妻子相继去世后，他一病不起，临终前立下遗嘱把国土交付给了罗马帝国。实际上，帕加马王国虽然和罗马帝国保持着友好关系，但是一直处于其强大势力威胁下，不得已让出了自己的领土。罗马帝国随后把帕加马王国当做自己的一个行省，之后一直保留着典型的希腊文化城市风格，并不断繁荣发展。

公元7世纪时期，帕加马遭到了阿拉伯人的攻击，逐渐走向衰落。14世纪又在塞尔柱王朝的领导下重新振兴起来。

历史之泉 卫城（Akropol）…是古希腊时代整个都城的城塞。“akro”是“高高的”的意思，意指在高地上建起的城塞。它在古希腊时期担任了避难场所的作用。内部的神殿是古希腊时期的国库。

观光亮点

卫城

Akropol　　MAP/p.163-A

交 位于市区北部4千米处（从市中心前去的方式请参照p.161） 开 8:30~19:00（冬季8:30~17:30） 休 无 TL 20TL

这座古代都市，从顶端往下分为三层，即上层、中层和下层。通常的旅游观光点多集中在上层，中层也有一些景点。下层没有景点，与大街相连接。

上层的观光景点有南面的红色大教堂、西南方的水上竞技场遗址、未发掘的野外大剧场、阿斯克勒皮俄斯神殿。北部的景点有武器库、水道桥遗迹和北端山崖上的新水库。水道桥将30千米之外的马德拉斯山的水源引流至此。

〈上层〉

雅典娜神殿遗址和图书馆遗址

雅典娜神殿位于圣区广场深处，是欧迈尼斯二世时期所建造的，曾是帕加马王国蓬勃发展的象征性建筑物。其中，被称为

从远方眺望山丘上的卫城

雅典娜神殿遗址。远处的塔是野外大剧场的入口

“濒死的高卢人”的雕像代表了希腊文化艺术的最高成就。其复制品现被保存在罗马。

北面的图书馆非常有名，当年可以和希腊文化世界最大的古埃及亚历山大图书馆相媲美。当时藏书多达20万册。

据说该图书馆的发展曾一度让亚历山大大帝感觉到威胁，从而下令禁止纸莎草的出口。欧迈尼斯二世无奈之中发明了羊皮纸。羊皮纸在英语中称为“parchment”，其语源即来自于帕加马。

后来罗马协政官安东尼在进攻埃及的时候烧毁了亚历山大图书馆。他把帕加马图书馆赠送给了埃及女王克娄巴特拉，以示罪过。

▶蓄水槽。水从远方经山丘一直引流至此

▲图拉真神殿。地下构造至今仍然保留得很好

▼倾斜度很大的大剧场。可同时容纳1万观众

图拉真神殿

修复好的神殿，基坛处矗立着数根白色细长的科林斯式大理石柱，使人不禁对往日的样貌浮想联翩。从市中心就可以望见神殿的柱子。

据说，图拉真神殿从罗马皇帝图拉真时期开始建造，但是建筑还未完成，图拉真就去世了。随后即位的哈德良皇帝继续这一工事，并将之顺利修建成功。神殿里面供奉着两位皇帝的头像。建造皇帝神殿首先要得到皇帝本人的认可，所选址的城市也具有一定的历史和威望。

基坛下的拱门和房间也值得一看。

沿着神殿对面山崖的小道向北走，可到达当年的武器库。现在遗迹所保留下来的只是当年的简单格局和框架。可以在这里眺望到远处美丽的水坝湖。

野外大剧场

这座剧场修建于斜坡之上，据称是古希腊世界最大的坡度。面积庞大，可同时容纳1万人。大剧场建于公元前3世纪，罗马帝国时代进行了改建。

帕加马王国的建筑物多集中在上层地区，为了使得从各个角度都能够看到这些高度不一的建筑，建筑师特意把剧场的座位建得很高，并且面向外部视野。通向宙斯祭坛的台阶也是面向外面设计的。

大剧场的下端平台一侧还可以看到北部狄奥尼索斯神殿的遗址。

从上层武器库一带看内部城墙壁。春夏时节，各种野花绽放

帕尔加马上层复原图

宙斯大祭坛

宙斯大祭坛的发现者是德国铁路工程师卡尔·夫曼。他是一名古遗迹爱好者，19世纪末，他来到此处勘探地形发现了这一世人惊叹的古遗迹。

祭坛是欧迈尼斯二世时期，为纪念与高卢人等异族战争胜利而修建的建筑物。祭坛浮雕上面雕刻的是巨人与神灵之间战斗的画面。这些雕刻高达2米多，长达120米，是希腊文化的代表。抛开这些栩栩如生的浮雕不说，单单就这座高9米、宽36米、长34米的庞大建筑物本身，就称得上是希腊文化时期的杰作。这些保留下来的浮雕现存于贝尔加马博物馆。

如今，遗迹内孤零零地耸立着三棵松树。新约圣书的默示录中，提到的恶魔祭坛，指的就是这里。

〈中层〉

宙斯祭坛下面是石块错乱的小路，沿小路南下就可到达中层。

在卫城中可以望见的著名景点有狄奥尼索斯神殿、狄奥尼索斯信仰集会所、体育场、阿格拉古集市等。

得墨忒尔是古希腊神话中的农业女神。狄奥尼索斯是酒神巴克斯的别称。当时的信仰者崇拜这些神灵可以说到了狂乱的地步。贝尔加马的神殿非常多，历史上出现的新兴宗教也不在少数。

一般情况下，参观完上层就结束旅程了。但是中层也很有魅力，如果有时间的话，建议去游览一下。

著名的宙斯祭坛周围，静静地伫立着三棵松树

上层地区的狄奥尼索斯神殿

从山丘上眺望远方的古罗马时代水上竞技场

贝尔加马考古博物馆

Bergama Arkeoloji Müzesi MAP/p.163-B

交 从旅游咨询处步行8分钟即可到达

开 8:30~19:00（冬季~17:30） 休 无 TL 5TL

卫城中出土的大部分文物，都在19世纪之前被运送到了国外。贝尔加马考古博物馆中展出的是土耳其共和国成立之后出土的古文物。

这些文物中并没有惊世之作，但小物品很多，都整齐地陈列在柜台里。中庭展示着古希腊胜利女神奈基的大理石像、为向治愈疾病的阿斯克勒皮俄斯女神表达敬意而献上的黄金之耳等。

红色大教堂

Kızıl Avlu MAP/p.163-A

交 从旅游咨询处步行5分钟即可到达

开 8:30~19:00（冬季~17:30） 休 无 TL 5TL

红色大教堂又被称为“红馆”。公元2世纪古罗马帝国时期，当时人们笃信的两位神灵是埃及的塞拉皮斯和艾西斯女神。为供奉这两位神灵，特意建造了这座大教堂。拜占庭时期时又对这座教堂做了一番修整，作为当时的基督教教堂使用。

红色大教堂。作为祭祀塞拉皮斯的神殿而建造

从中层眺望市区和红色大教堂

红色大教堂周身为鲜艳的红色砖瓦，宽26米，长60米，高19米，建筑面积非常大。教堂地下流动着贝尔加马河水形成的两条暗渠。这座教堂至今保留完好，外部墙壁仍然是当年的样子，历史感强烈。

阿斯克勒皮俄斯神殿

Asklepion MAP/p.163-B

交 从市中心步行20分钟即可到达

开 8:30~19:00（冬季~17:30） 休 无 TL 20TL

神殿中供奉着希腊神话医疗之神阿斯克勒皮俄斯。在古罗马时代，这里是人们

参道。如今保留有200米的路途

看病、祈求神灵保佑身体健康平安的地。

从公元前4世纪开始，希腊的统治者开始召集一些会医术的医官来此供职。神殿也因此而逐渐闻名。

禁止死神通行

经过长长的参道就可到达圣区。据说以前的参道曾一直延伸到卫城脚下。

入口的墙壁上雕刻有“禁止死神通行”的浮雕。任何人要从这里经过，必须要经过医生的检查和诊断。如果医生对病情不抱任何希望，那么是禁止从这里通行的。往往被拒绝的人心惊胆战、万念俱灰，而允许通行的人则欣喜若狂。

入口祭祀场中的蛇柱。据说，蛇是医疗之神阿斯克勒皮俄斯的化身

入口右侧是图书馆。由回廊一直连接到深处的大剧场。这里的道路是土路，患

历史之泉 古希腊文化诸国…亚历山大大帝死后，他的部下开始了争夺领土的一系列争斗，在争斗中形成了大大小小的国家如叙利亚的塞琉古王国、埃及的托密勒王国、小亚细亚的阿塔罗斯王国等。

者赤足在上面行走，据说可以缓解病情。剧场中可为患者表演节目以放松神经。

从地下通道前往治疗楼

入口的左侧，与图书馆相对的圆形建筑物是阿斯克勒皮俄斯神殿。里面除了供奉医疗之神阿斯克勒皮俄斯，还供奉着其他神灵。

中庭有圣泉、泥浴池等治疗设施，还有地下通道的入口。

在圣泉中清洗过身体的患者，进入到地下通道，走过长长的大理石板，到达相邻的圆形大楼，这里就是专门治疗患者的治疗大楼。楼的天花板上有小窗户，微亮的光影穿过玻璃照射进来，指引患者通向更光明的地方。神殿的作用大概相当于候诊室。

治疗大楼的顶层设有可进行日光浴的场所，还有浴室以及长长的水路。经由水路时，一路上伴随着灵动轻快的水声，让人心情大好。据说这也有心理治疗的作用。古时候的医生对于患者可真是煞费苦心。

梦境治疗法

中庭深处，曾有一座房屋，现在已不复存在。这是曾经用于睡眠治疗的地方。患者被安排在这个房间住上一晚，第二天起来把昨晚梦见的内容告诉医生。据说，患者的梦境就是阿斯克勒皮俄斯的箴言，医生会根据箴言的内容来为患者对症下药。患者如果怀着虔诚信服态度的话，那么治疗效果会非常显著。

据传说，在数百年间，没有任何一个人在阿斯克勒皮俄斯神殿中去世。死亡之人或将死之人都不能进入或停留在内，这是阿斯克勒皮俄斯千年不变的铁则。

中庭圣泉的位置与以前的位置有一点变化。这里仍然喷涌着泉水，让患者在这里沐浴身体。近年来，科学研究发现这里的泉水中含有少量的镭，对于治疗疾病有一定的帮助。这大概就是圣泉沐浴的神秘之处吧。

▲通往治疗大楼的地下走廊长达82米。楼的天花板上开有15个小窗口，阳光可射入。圆形的治疗大楼上层已经崩塌

◀至今仍有潺潺泉水流出的圣泉是最受人欢迎的地方。游客们可在这里洗浴、饮水

阿斯克勒皮俄斯神殿复原图

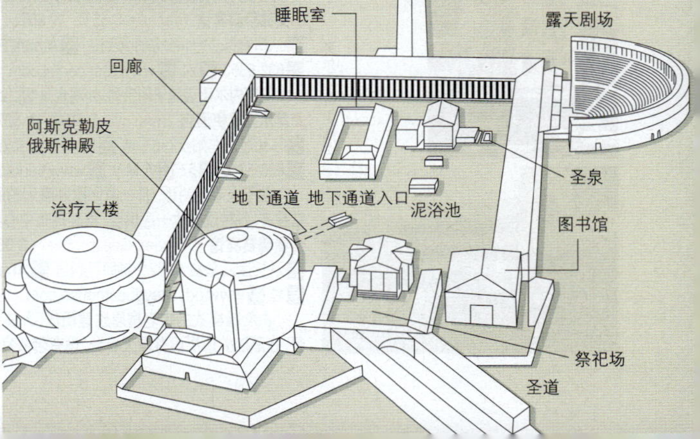

奥托曼古董商店

迈伊丹餐厅

阿内尔酒店

别柏林根旅馆

艾弗萨奈宾馆

拜尔克索伊酒店

S 商店

●**奥托曼古董商店** Ottoman Antiques　MAP/p.163-A
交 位于红色大教堂旁边 ✉Kınık Cad. 75 ☎632-0234
营 7:00~22:00（冬季9:00~18:00）休 无

商店主营烛台、食器等商品。制作古色古香，价格适中。适合当做小礼物。店里也卖一些地毯、基利姆等。其周围也有不少类似的店铺。

R 餐厅

●**广场餐厅** Meydan　预算 20TL~　MAP/p.163-B
交 从博物馆步行3分钟即可到达 ✉Ertuğrul Mah.Mustafa Yazıcı Cad.17
☎631-5225 营 6:00~24:00 休 无 酒 无

当地人都推荐的老字号餐厅。菜肴种类丰富，口味也非常地道。各种烤肉、烤肉丸等肉类料理非常齐全。

●**常春藤餐厅** Sarmaşık　预算 14TL~　MAP/p.163-B
交 从博物馆步行5分钟即可到达 ✉Barbaros Mah. İstiklal Meydanı
☎632-2741 营 5:00~22:00 休 无 酒 无

餐厅擅作炖煮料理，是传统的土耳其口味，很多当地人都来此用餐。其周边还有许多相同类型的平民餐厅，味道也类似。

●**思念饼屋** Özlem Pide Salonu　预算 12TL~　MAP/p.163-B
■从博物馆步行2分钟即可到达 ✉İzmir Cad.8A ☎632-5156 营 7:00~24:00
休 无

当地人推荐的饼屋。每份4.5TL左右，味道鲜美且价格便宜。

H 酒店

<市区>

●**阿内尔酒店** Anıl　S 70TL　W 85TL　MAP/p.163-B
交 位于博物馆前 ✉Hatuniye Cad. 4 ☎632-6352 FAX 632-6353
室 12 HP www.anilhotelbergama.com

酒店外墙是引人注目的粉红色，典型的现代化样式。位于市中心地区，交通便利。客房设施齐全，带有浴室。

●**雅典娜酒店** Athena　S €15　W €25　MAP/p.163-A
交 从博物馆步行10分钟即可到达 ✉İmam Çık. 9 ☎633-3420
FAX 631-3620 室 8

位于市中心北部。店主十分热情，可以帮客人解决旅途中的大小困难。有的房间带有浴室。在酒店顶层可以远眺到卫城一带。

<从市区到主干道>

●**别柏林根旅馆** Böblingen　S 35TL　W 70TL　MAP/p.163-B
交 从博物馆步行5分钟即可到达 ✉Asklepion Cad.2 ☎633-2153
FAX 631-5676 室 14

是一间家庭式旅馆。房间收拾得干净整洁，部分客房带有浴室。可以在酒店顶层餐厅用餐。也可以询问店主关于城镇的情况。

●**艾弗萨奈宾馆** Efsane　S 55TL　W 80TL　MAP/p.163-B外
交 从博物馆步行10分钟即可到达 ✉Ataürk Bul.82 ☎632-6350
FAX 632-6353 室 24 HP www.efsaneotel.com

与阿内尔酒店属于同系列，外观也是醒目的粉红色。全部房间都带有浴室。

●**拜尔克索伊酒店** Berksoy　S 50TL　W 90TL　MAP/p.163-B外
交 从长途汽车站步行5千米 ✉İzmir Yolu Ilca Civarı ☎633-2595
FAX 633-5346 室 57 C A M V HP www.berksoyhotel.com

位于主干道附近。是一家刚刚装潢后的酒店。客房面积不大，但收拾得非常整齐，各种设施也一应俱全。虽距离市中心比较远，但非常住起来舒适。

●**奥德赛宾馆** Odyssey Guesthouse　S 35TL W 40TL　MAP/p.163-A
交 从长途汽车站步行2分钟即可到达 ✉Abacıhan Sok.13 ☎631-3501
室 11 HP www.odysseyguesthouse.com

由希腊样式的古老房屋改建而成，入住会感觉非常有趣。酒店内提供晚餐。在酒店的顶层设有露天看台。设有带浴室的多人间。

MAP/p.6-F

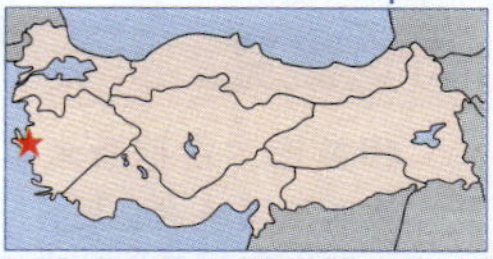

伊兹密尔

İZMİR

人口大约252万人

与欧洲联系颇多的现代港湾城市。土耳其的第三大城市。

伊兹密尔是一座古城，独立战争时期随着希腊撤军走向衰退。这里的遗迹得以保留下来的非常少。随着现代化的发展，如今的伊兹密尔充满活力，新建了许多人满为患的巴扎集市、商业中心和新兴住宅区。夕阳西沉之际，适合在海边散步。许多游客选择在这里长期滞留，以此为据点去往周边遗址。

交通方式

从伊斯坦布尔乘飞机历时1小时5分钟到达。早晨有很多直达航班。从安卡拉出发历时1小时20分钟到达，每天有4次航班。

从机场去往市内可以乘坐机场巴士Havas，在共和国广场下车即可。车次很多，大概40分钟即可到达。

从伊斯坦布尔乘坐巴士历时9个小时到达，车次很多，55TL。从安卡拉出发历时8小时到达，48TL。从长途汽车站去往市中心可以乘坐巴士公司的接送巴士，还可以乘坐小巴、市内巴士等，历时30分钟到达。小巴、出租车在一层发车。另外，乘坐巴士去往博尔诺瓦（Bornova）方向，然后换乘地铁也可以到达市中心。

漫步导览

区号0232

MAP/p.170-B ✉Akdeniz Mah. 1344sok. 2 Pasaport ☎445-7390 开 8:30~17:30 休 周六・周日 交 从希尔顿大酒店步行3分钟

过去，政府大楼广场上的钟塔曾是伊兹密尔最为醒目的建筑物，也是伊兹密尔的地标。现在，富丽堂皇的希尔顿大酒店已成为该地区最吸引人眼球的建筑了，无论从哪个角度都可以看见。

希尔顿大酒店附近是繁华的商业大街，银行、办公大楼等现代化设施林立。从希尔顿大酒店往东南方向步行七八分钟，到达巴斯马内站。这一带非常热闹，许多经济型酒店也坐落于此。巴斯马内站内，有从安卡拉发往伊兹密尔的长距离电车通行。北部港口的阿尔桑贾克车站内，有近距离电车通行。

希尔顿大酒店一带还有许多漂亮时尚的咖啡厅和年轻人聚集的餐厅。沿着希尔顿大酒店前的道路向西北方向前进，就可到达共和国广场。

共和国大街位于海边，也叫做警戒线。道路两侧绿色葱郁，是南国风情十足的散步道。

沿着警戒线继续向南，是矗立着钟塔的市政厅广场。考古学博物馆位于广场附近。广场一侧有去往长途汽车站的小巴乘车点。

伊兹密尔的景点并不算多。广场东侧的大型巴扎集市，对于游客们来说是一个不错的购物场所。巴扎集市是当地人聚集的场所，带有浓厚的生活气息，洋溢着青春活力。各种食料、衣服、日用百货的商店交错穿织，老电影院、清真寺也坐落其中，购物的同时还可以玩味古建筑，也别有一番情调。

需要注意的是，很多商店只营业到傍晚时分，并且周日也不开业。

巴扎集市东侧，有伊兹密尔地区唯一的遗迹——阿格拉集市。

▲警戒线的夕阳风光

▼绝好的沿海散步道。乘坐观光马车游玩心情大好

历史概览

伊兹密尔古称斯米尔纳，经过吕底亚、波斯王国统治之后，于亚历山大大帝统治时期得到了最初的发展。

公元前10世纪左右，伊奥尼亚人移居这里。当时的城市中心位于港湾东部的低矮山丘之上。据说，公元前8世纪左右，诗人荷马就出生于此。

1415年，这片土地被划入奥斯曼帝国的领土内。伊兹密尔的名称是土耳其化后的叫法。这座城市当时较为开放，基督教、伊斯兰教、犹太教并存。除伊斯兰教以外的异教徒超过了半数人口。

奥斯曼帝国分裂之后，希望复兴拜占庭帝国的希腊军队重新登上这片土地，以“打倒安卡拉政府”为口号发起了进攻。但是被当地的阿塔图尔克军队打败后乘坐舰船逃亡。逃亡之前希腊军队在城中燃起大火，致使老城区的大部分地区都被烧毁，许多珍贵的历史遗产也被付之一炬。

阿格拉古市集出土的古希腊神话中的神灵——德墨忒尔和波塞冬的头像

观光亮点

考古博物馆

Arkeoloji Müzesi

MAP/p.170-B

交 从政厅广场步行6分钟即可到达

开 8:30~17:30（冬季8:00~17:00） 休 周一

TL 8TL

博物馆内珍藏着艺术家们呕心沥血的作品。氛围幽雅宁静。

从古遗址中出土的古希腊女神德墨忒尔和海神波塞冬的神像都收藏在这座博物馆中。此外，这里收藏的希腊、罗马时代雕塑，五颜六色的马赛克镶嵌画，也非常值得参观。

考古博物馆的隔壁是**民俗博物馆**(Etnografya Müzesi)（开 8:30~17:30 休 周一 TL 3TL）民俗博

物馆于19世纪初期建造，完全用石头筑成，样式格局十分有趣。这里展示的是土耳其的民俗工艺品，包括土耳其绒毯、蓝宝石恶魔眼、民族服装等传统工艺品，再现了奥斯曼时期的居家装饰。

阿格拉古集市

Agora　MAP/p.170-B

交 从巴斯马内站步行15分钟到达

开 8:30~17:30（冬季8:00~17:00）　休 周一　TL 3TL

阿格拉古市集是亚历山大大帝时期建造的，在公元178年的大地震中惨遭破坏，后在罗马皇帝马克·奥勒利乌斯·安

阿格拉古市集的一部分石柱

东尼时代对这里进行了重修。围绕着古集市的科林斯石柱和拱门都得到了很好的复原，可以窥见往日的繁荣。古集市的后部是古墓区，排列着许多墓碑。

卡迪菲卡莱城堡遗址

Kadifekale　MAP/p.170-B

交 市政厅广场附近的巴士站出发，步行10分钟

TL 无

城堡遗迹位于山丘之上，如今作为市民的休憩场所使用。周围是女手工艺人贩卖披肩和绒毯的露天摊位，叫卖声不断。城墙壁是亚历山大大帝下令、由其武将利西马科斯主持修建的。一段修建于拜占庭

从城堡遗址眺望整个伊兹密尔

时期的古墙壁得以保留下来，在这里能够眺望到城市全景和夕阳下的伊兹密尔港湾美景。天黑以后，建议最好不要单独前往这里。

政政厅广场东侧的一大片区域是大型巴扎集市。各种食品、日常用品、杂货都可以在这里找到，是游客逛街购物的好地方

数十种口味的腌制橄榄油

出售打折衣服的商贩

古龙香水专卖店

抽着水烟的大叔们

不列颠鱼餐厅

厄兹徐特赛菲尔乌斯塔餐厅

远东中餐馆

野花餐厅

伊兹密尔希尔顿大酒店

伊兹密尔拉帕斯酒店

R 餐厅

● **不列颠鱼餐厅** Britis Fish House 预算 50TL~ MAP/p.170-B

交 从共和国广场步行2分钟即可到达 ✉ Atatürk Cad.174/1A

☎ 463-1020 营 7:30~2:00 休 无

位于沿海街道，装潢时尚大气，是一家咖啡厅与餐厅兼有的开放式餐厅。餐厅主要烹饪海鲜菜肴。各种烤肉和甜点的种类也很丰富。傍晚时分，可以在欣赏夕阳西下美景的同时品尝美味。周边还有几家类似的餐厅。

● **厄兹徐特赛菲尔乌斯塔餐厅** Özsüt Sefer Usta 预算 10TL~ MAP/p.170-A

交 从共和国广场步行5分钟即可到达 ✉ Atatürk Cad.190/1

☎ 464-8334 营 7:00~翌1:00 休 无

餐厅建在沿海大道旁边，主营各种甜点等食品，还可以品尝到欧洲特色小吃。大份点心6TL左右。

● **远东中餐馆** Far East Chinese Restaurant 预算 40TL~ MAP/p.170-B

交 从希尔顿大酒店步行2分钟即可达到 ✉ 1379Sok.57/A ☎ 483-0079

营 11:00~23:00 休 无

餐厅位于希尔顿大酒店后面，是一家地道的中华料理餐厅。长期滞留在土耳其、吃惯了土耳其菜的游客们不妨来尝尝这里的中华料理。价格稍微贵一点，但味道绝对有保证，菜肴种类也很丰富。炒饭9.5TL。

● **野花餐厅** Kırçiçeği 预算 17TL~ MAP/p.170-B

交 从希尔顿大酒店步行1分钟即可到达 ✉ 1379 Sok.900 ☎ 483-0706

营 9:00~24:00 休 无

是当地一家极具人气的餐厅。正午时分，店内总是熙攘拥挤，坐满了食客。这里的烤肉种类丰富，薄饼又香又脆，建议品尝一下。在这条街道上有好几家连锁店铺。天气好的话可以在店外用餐。

● **科纳克生活餐厅** Konak Life 预算 24TL~ MAP/p.170-B

交 从市政厅广场的钟塔步行3分钟即可到达 ✉ Konak Iskelesi Üstü 2k

☎ 445-0027 营 8:30~翌日2:00 休 无

餐厅位于科纳克停船站处。二层可以欣赏海面风景。菜肴种类丰富，有土耳其当地菜肴，还有意大利、德国等外国料理。甜点和烤肉的种类也非常齐全。提供包含冰激凌在内的套餐，65TL。

H 酒店

● **伊兹密尔希尔顿大酒店** Hilton İzmir S 180TL W 360TL MAP/p.170-B

交 从巴斯哈内车站步行7分钟即可到达 ✉ Gazi Osmanpaşa Bul.7

☎ 497-6060 FAX 497-6000 室 380 HP www.izmir.hilton.com C A M V

酒店的高度令人惊叹，雄伟大气，是伊兹密尔地标性的建筑之一。顶层设有休闲酒吧，可以眺望整个城市风景和伊兹密尔湾风光。房间的设施、装潢一流。早餐需要另外付费。

● **卡亚声望酒店** Kaya Prestige S 135TL W 165TL MAP/p.170-B

交 从巴斯哈内车站步行8分钟即可到达 ✉ Şair Esref Bul.1371Sok. 7

☎ 483-0323 ☎ 489-2299 室 142 HP www.kayaprestige.com.tr C A M V

酒店位于伊兹密尔中心地带，交通方便，适合观光和商务出行。内部设有酒吧、桑拿等高级设施，房间装饰豪华。

● **伊兹密尔拉帕斯酒店** İzmir Palas S 135TL W 180TL MAP/p.170-B

交 从共和国广场步行4分钟即可到达 ✉ Vasik Çinar Bul.2

☎ 465-0030 FAX 422-6870 室 130 HP www.izmirpalas.com.tr C M V

很多当地人出差会光顾的酒店，酒店内也有会说英文的服务生。靠近海边的房间可以观望海景，傍晚时分在酒店周围散步也不错。

● **伊斯米拉酒店** İsmira S €50 W €70 MAP/p.170-B

交 从巴斯哈内车站步行6分钟即可到达 ✉ Gazi Osmanpaşa Bul.28

☎ 445-6060 FAX 445-6071 室 78 HP www.hotelismira.com C A M V

※酒店的费用有的用TL表示，也有的酒店会接受$或€付账。

重要情报

切什梅——海湾环绕的美丽度假城市

切什梅（MAP/p.8-E）距离伊兹密尔西部大约80千米，是一座风光秀美的度假城市。切什梅是"人工泉水"的意思。在古代，这里有许多人造泉。伊兹密尔虽然靠近爱琴海，但是常年有大型轮船停泊，不适合海水浴。每逢夏季，大量的游客前来切什梅地区，享受悠长舒适的假期。

乘坐巴士从伊兹密尔出发，可以直达切什梅，大约历时1小时30分钟，10TL。每隔1小时发车一次。

从巴士停车处沿着İnkllap Cad.大街向西行走，20分钟后可达共和国广场。这里有旅游咨询中心、城堡遗址、栈桥等。周边也坐落着多家酒店。

美丽的切什梅港

城堡位于城镇中心地区，是十字军末期，为抵御罗得岛上的圣约翰骑士团的攻击而修建的，也是奥斯曼帝国著名的建筑之一。巴亚泽特一世对城堡进行了改建，一部分改装成为博物馆。近处的旅游渡假区是（Altınkum Plaj）和（Ilıca Plajı）。巴士始发于观光咨询中心附近，夏季发车频繁。

✉İskele Meydanı ☎0232-712-6653 开8:30~17:30 休夏季无休息日（夏季以外的周六、周日休息） 交从城塞步行4分钟即可到达，位于栈桥附近。可以在旅游咨询处提前预约好酒店。

酒店位于希尔顿大酒店附近，交通便利。是一家不错的中档酒店。店员大都热情殷切并且服务周到。桑拿、浴室等各种设施齐全。

●基里姆酒店 Kilim S 125TL W 160TL MAP/p.170-B
交 从共和国广场步行2分钟即可到达 ✉ Kazim Dirik Cad.1
FAX 489-5070 ☎ 484-5340 室 75 HP www.kilimotel.com.tr C M V

酒店外观虽然老旧，但是内部设施一应俱全。位于海边，可以欣赏到海景。

●阿利江酒店 Alican S 70TL W 110TL MAP/p.170-B
交 从巴斯哈内车站步行1分钟即可到达 ✉ Fevzi Paşa Bul.157
☎ 484-2768 FAX 484-2279 室 72 HP www.alicanotel.com

伊兹密尔的三星酒店。价格并不是很贵，入住条件也舒适。周边是同等价位的酒店、餐厅集中区。

●大帐篷酒店 Oba S 40TL W 70TL MAP/p.170-B
交 从巴斯哈内车站步行5分钟即可到达 ✉ 1369 Sok.27 ☎ 441-9605
FAX 483-8198 室 36

位于市中心地段，交通方便，价格也比较合理。各种设施齐全。

<近郊巴尔乔瓦温泉地的酒店>

巴尔乔瓦是伊兹密尔温泉比较集中的疗养地，距离市中心大约10分钟的车程。这里坐落着不少大型酒店。在这里驻留两三天度假也不错。

●巴尔乔瓦温泉酒店 Balçova Termal S 150TL W 200TL MAP/p.170-B外
交 从市政厅广场乘车10分钟左右可达 ✉ Vali Hüseyin Oğutcen Cad. 2 Balçova ☎ 259-0102 FAX 259-0829 HP www.balcovatermal.com 室 204

大型游泳池、温泉浴场、桑拿、网球场等休闲娱乐设施一应俱全。还提供温泉疗养、温泉治疗等服务项目。

●皇冠假日酒店 Crowne Plaza S 200TL W 230TL MAP/p.170-B外
交 从市政厅广场乘车15分钟即可到达 ✉ İncir Altı Cad. 67 Balçova
☎ 292-1300 FAX 277-5577 室 219 C A M V

浴场、室外游泳池、餐厅、酒吧等豪华设施齐全，可带给客人至高无上的休闲度假体验。

伊斯米拉酒店

基里姆酒店

巴尔乔瓦温泉酒店

萨迪斯

SARDES

MAP/p.6-F

土耳其货币的发祥地，曾作为吕底亚王国的都城富贵一时。

由金矿开采交易带动发展起来的城市。坐落在险峻山崖之上的卫城和阿尔忒弥斯神殿是观光必去的景点。这里仍保留着安纳托利亚的许多遗迹，至今还流传着古希腊历史学家希罗多德、吕底亚王国皇帝克罗索斯的传说。如今，萨迪斯的古遗迹发掘工作仍在进行中。

交通方式

从伊兹密尔出发，乘坐去往萨利赫利（Salihli）的巴士，在萨迪斯下车即可。历时1小时30分钟，10TL。巴士直接到达萨迪斯古遗址的前面。从Salihli去往萨迪斯可乘坐迷你巴士，15分钟即可到达。

漫步导览

古遗址位于萨尔特（Sart）南端，处在主干道旁边，附近有巴士站牌，交通十分方便。这里也有一些小餐厅，可以在此用餐。

主干道北侧，是复原后的罗马竞技场正门。从餐厅旁的小路进去，步行10分钟后，就到达阿尔忒弥斯神殿。

如果打算在此逗留，可以在距离Salihli东部9千米左右的中档酒店住宿。如果想去古墓群（Bin Tepe）逛逛的话，也可以此为基点，打车前往。

葡萄节的游行

观光亮点

罗马竞技场

Gymnasion MAP/p.175

交 位于巴士站牌前 开 8:30~18:30（冬季~17:30）
TL 5TL

竞技场如今已得到很好的修复。大气

阿尔忒弥斯神殿和背后的卫城。卫城是吕底亚王国灭亡时期的城塞，地震时遭到了很大的破坏。至今保留下来的只是其中的一部分遗迹

历史之泉 古墓群…Bin Tepe。千丘之意。这里散落分布着吕底亚王国大大小小100多座陵墓。其中，阿里阿特斯王陵墓是阿纳托利亚最大的陵墓。位于萨尔特以北12千米处，打车前往比较方便。

恢宏的正门让人心生肃穆之感。进入门内，豪华的立柱和墙壁上装饰着罗马帝国时期风格鲜明的壁画和浮雕。

竞技场是在公元211年建成的，中间的大广场是跑马场地，四周由大大的圆形立柱围绕。穿过气势磅礴的大门之后，是温泉浴室和桑拿室。

道路的一侧是公元3世纪中期建成的犹太教堂。塞硫古王朝时期，曾有2000多名犹太人在此居住。

这座教堂也得到了较好的保留，至今墙壁上和地板上仍残留有不少马赛克镶嵌壁画和大理石作品。营造出一种神秘的氛围。

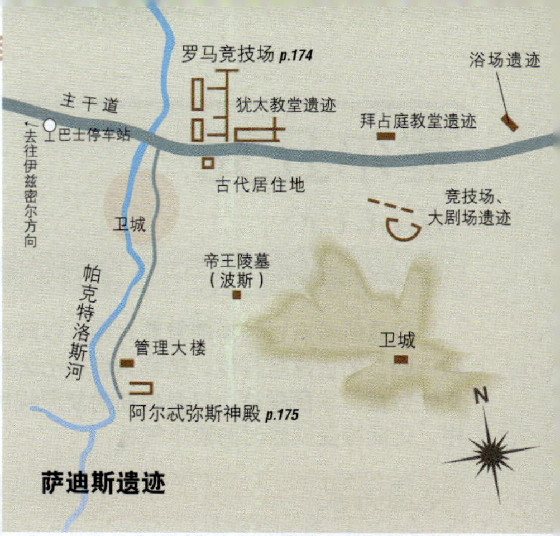

阿尔忒弥斯神殿

Artemis Tapınağı MAP/p.175

交 从巴士站牌处步行10分钟即可到达

开 8:30~18:30（冬季~17:30） TL 5TL

吕底亚王国时期曾在这里建造了自然之神希布莉（Kybele）的神殿。公元前300年左右，在神殿的基础上又建起了女神阿尔忒弥斯神殿。神殿宽23米，长达68米。公元前2世纪左右，帕加马王国的国王在神殿四周重新竖起了62根石柱，使得神殿更为雄伟壮观。罗马帝国时代（公元138~161年），又进一步修整，把神殿从内部分割为两部分，装饰得富丽堂皇。

神殿的基坛保存完好，可以窥见其往日的巨大规模。爱奥尼亚式的两座石柱矗立在神殿正中，背后是险峻的卫城山丘，是安纳托利亚出土的遗址群中最为杰出的建筑之作。东南方向的建筑物是拜占庭时期的教会。

复原后的罗马竞技场大门

犹太教堂里的马赛克镶嵌画

深度了解

吕底亚的末代国王克罗索斯

吕底亚王国是公元前700年左右发展振兴起来的国家，当时的都城是萨迪斯。其发展深受希腊文化影响。吕底亚王国地处爱琴海海岸90千米处，与内陆交接面积大，贸易盛行。这里土壤肥沃，自古以来就是农作物的大量种植区。吕底亚人精于商业与贸易，并在赫穆斯河及其支流发现大量的沙金而繁盛起来。吕底亚人在安纳托利亚这块丰饶的土地上开发出了各种矿藏，其中尤以银金矿为主。不过克罗索斯王统治下的国家最终败给了奥凯美内斯王朝。

克罗索斯非常信仰神灵，曾在希腊和米莱托斯的迪迪马修建了多所阿波罗神殿。每逢遇到难以解决的问题他都会请示神灵。这一时期，波斯王朝迅速发展壮大。

克罗索斯派出使者询问当时的权威德尔弗伊，是否该与波斯发生战争。得到的答案是“越过哈里斯河的话，大帝国就会灭亡”。克罗索斯于是率军越过哈里斯河，但是最终却全面溃败，国王也成为俘虏。他向德尔弗伊发出质问，却得到了这样的回答：“你当时并没有问我是哪个大帝国。我所说的大帝国就是你的王国。”

历史之泉 “历史学之父”希罗多德…希罗多德是公元前5世纪时期希腊著名的历史学家。出生于博德鲁姆。所著《历史》一书中记载有各地的传说和见闻。书中详细介绍了吕底亚王国的兴衰荣辱，记述了克罗索斯王的生平。

MAP/p.6-F

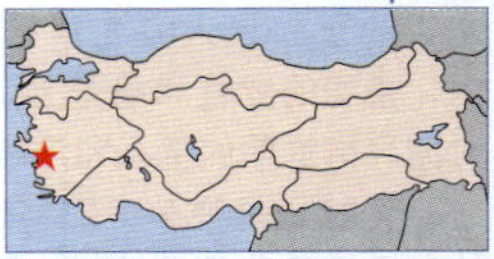

塞尔丘克

SELÇUK

人口2.5万人／海拔10米

爱琴海地区规模屈指可数的古代城市遗址，必看的观光景点之一。

以弗所曾有过长期的繁荣时期，以阿尔忒弥斯神殿为中心的古建筑遗址是世界上数一数二的古建筑群体，被称为世界七大奇迹之一。以弗所遗址无论是从建筑规模、文物数量、华丽程度，以及现在的复原程度，其技术水平都是无可比拟的。走在城市中，仍能感受到当时的繁华气息。

交通方式

从伊兹密尔乘坐巴士历时50分钟到达，10TL。从库沙达瑟乘坐巴士历时30分钟，中途下车即可，5TL。

塞尔丘克的长途汽车站位于主干道阿塔图尔克大街旁边，乘坐方便。许多巴士都会停在旅游咨询处旁边，长途汽车站与之毗邻，非常方便。

沿阿塔图尔克大街即可乘坐塞尔丘克的城市巴士。非常方便。

从伊兹密尔去往塞尔丘克的长途车车次很多，历时1小时15分钟可达，5TL。以弗所车站位于城市中心部。

漫步导览　　区号0232

MAP/p.177 ✉Atatürk Cad. Agora Çarşısı 35 ☎892-6328 开8:30~19:00（冬季8:00~17:30） 休冬季周六、周日

塞尔丘克虽然有很多游客前来，但却是一座规模较小的城市。除了以弗所遗址、圣母玛利亚之家这两处景点，剩下的观光景点几乎都可以步行逛完。

长途汽车站和旅游咨询处分别位于主干道的两旁，旅游咨询处的旁边就是考古博物馆。

阿尔忒弥斯雕像所在的大街是市内中心大街，土特产屋、绒毯店、餐厅、邮局、银行多集中在这里。银行办理货币、旅游支票兑换等事务。以弗所古代城市遗址的入口位于货币兑换处旁边。

塞尔丘克的游客非常多，因此也多少会有一些管理混乱的情况出现，比如强行揽客、抬高商品价格等。还有一些不怀好意的女性出没。出租车司机有时也会宰客，这些情况都要留意。一些小商贩还会向游客兜售钱币、硬币，多半都是假的。如果愿意，可以当做旅游纪念品。

塞尔丘克地区最大的观光景点是以弗所城市遗址，其规模庞大，大体逛完需要两个小时。可以乘坐巴士或者城市小巴前往，巴士停驶在遗迹入口附近，步行即可到达。如果步行前往的话，从旅游咨询处到达入口大约30分钟。大多数酒店都免费提供接送服务，可以事先咨询一下。

晚春至初秋时节，是鹳鸟的筑巢期

这里住宿的酒店非常多，一般以中档家庭式旅馆居多，服务热情，各种设施也比较齐全，但时不时会有强行揽客的状况发生。如果不想在这里住宿，可以乘坐巴士去往海边度假胜地库沙达瑟（历时30分钟到达），在那里度过一个美妙的夜晚也不错。沿海岸线附近的帕慕察克海滩（pamcak），也有豪华的星级酒店。城镇中也有不少经济型的公寓酒店。

这里的名吃是小扦子烤肉。大多数餐厅都会做，一盘里面盛有几根，非常美味。

大剧场中有很多这样的剑斗士大理石浮雕

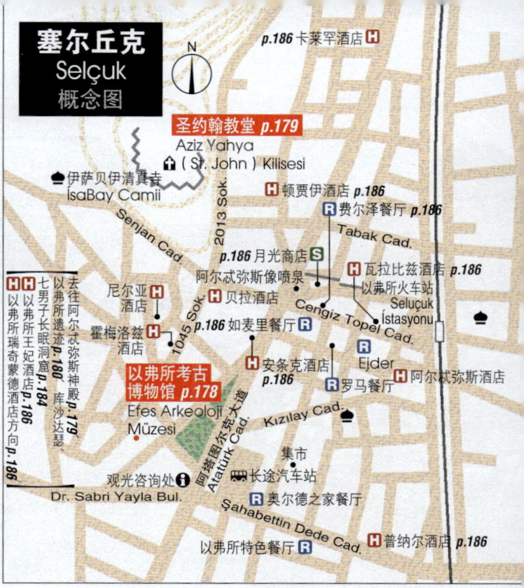

历史概览

公元前2000年左右，安纳托利亚地区已经出现了小型村落。那时候的居民信奉自然之神希布莉，并为其修建了神殿。公元前11世纪之后，希腊移居过来的伊奥尼亚人在此长期定居，形成了以阿尔忒弥斯神殿为中心的聚居群。以弗所的阿尔忒弥斯女神的形态跟别处都不一样，这大概是与自然之神希布莉相结合后的形象，也反映了后来者与原住民的融合。

但是，门德雷斯河从上游裹挟来大量的黄沙，使得城市一度受到威胁。发达的海上贸易是当时可贵的生命线，一艘船所承载的货物大抵上与200驾马车所搭载的货物相当。城市一度繁荣风光起来。但是不久之后，上流的沙土渐渐地掩没了港口，不得已，贸易逐渐减少，城市也再度被迫迁移。

公元前6世纪，吕底亚的末代国王克罗伊斯获得了这座城市的统领权。不久，克罗伊斯被波斯军队打败，以弗所又成了波斯的属地。

与阿尔忒弥斯一同消逝的城市

公元前356年，阿尔忒弥斯神殿被焚毁。之后，亚历山大大帝率军队攻占这里，把以弗所从波斯手中解放出来。亚历山大大帝死后，利西马科斯统治了这片区域，重建了阿尔忒弥斯神殿。这座神殿是当时人们心灵的依靠和避难所，有不少人专程赶来拜祭。罗马时代，罗马皇帝大举扩张领土，其沿岸地区逐渐被蚕食，以弗所作为当时的州都继续发展繁荣。

小亚细亚最大规模的剧场。克娄巴特拉曾走过的阿尔卡迪亚大道一直通延至港口

阿尔忒弥斯神殿是古代历史上七大奇迹之一。如今，只剩下一根大大的圆柱矗立在湿地之上。远方的建筑物是圣约翰教堂以及城塞。前面的建筑物是伊萨贝伊清真寺

考古博物馆。位于神殿中的皇帝头像（公元1世纪）。雕塑是皇帝坐姿，台座高达7米

考古博物馆中的大理石雕像。休息中的士兵（公元1~2世纪）

建在圣约翰埋葬地的圣约翰教堂

公元1世纪，基督教徒以以弗所为中心开始传教布道。基督教最初的传教者保罗也好几次来到这座城市。他当时入狱的建筑物仍保留在山丘之上。

公元3世纪，高卢人入侵，并烧毁了阿尔忒弥斯神殿。公元4世纪初期，基督教被正式定为国教，以弗所也成为基督教的中心城市。基督宗教会议也曾在这里召开，但这一时期的以弗所，已经繁荣不再。15世纪奥斯曼帝国时代，这里疟疾爆发，人口急剧减少，港口完全被淹没，其繁荣的历史最终被画上了一个句号。

观光亮点

以弗所考古博物馆

Efes Arkeoloji Müzesi MAP/p.177

交 从旅游咨询处步行1分钟即可到达 开 8:30~19:00（冬季8:00~17:30） 休 无 TL 5TL ※禁止拍照

以弗所遗址中出土的文物都收藏在这里。馆内雕像很多，骑着海豚的少年、牲畜和植物的繁衍之神普利阿普斯、苏格拉底的头部石像、休息中的士兵等雕像千姿百态，栩栩如生。关于馆内陵墓变迁以及女神的解说，甚至比土耳其其他博物馆详细。

其中最值得观看的是，摆放在第五个房间的两座阿尔忒弥斯雕像。这两座头像都是从以弗所遗址中出土的，是公元2世纪时期的作品。雕像上描绘有蜜蜂、鹿等雕刻物，代表了丰收和狩猎的意思。另外，

历史之泉 古代历史上的七大奇迹…古代历史上的七大奇迹分别是：埃及胡夫金字塔、奥林匹亚宙斯巨像、阿尔忒弥斯神殿、摩索拉斯基陵墓、亚历山大灯塔、巴比伦空中花园和罗得岛巨像。

雕像的胸部周围有20多个的特殊圆形的东西，据说这是蜜蜂的卵，也有人认为这是奉献给女神的牛睾丸。无论哪个，都代表了收获的意思。这与其他地方的阿尔忒弥斯神像有很大的不同。雕像高达3米。

圣约翰教堂

Aziz Yahya (St.John) Kilisesi MAP/p.177

交 从阿尔忒弥斯像前的喷泉处步行5分钟即可到达
开 8:30~19:00（冬季8:00~17:30） 休 无 TL 5TL

圣约翰是基督十二使徒之一。耶稣死后，他与圣母玛利亚一起来到了以弗所，在这里度过了晚年。公元6世纪，查士丁尼大帝在这里建起了教堂。深处的城塞是公元6世纪拜占庭时期所建，塞尔柱王朝时期又进行了改建。如今城塞只剩下了斑驳的城墙壁。

阿尔忒弥斯神殿遗址

Artemis Tapınağı MAP/p.183

交 从旅游咨询处步行5分钟即可到达 休 无 TL 无

遗址面向所有人开放，常见当地的居民在这里兜售酒水和明信片等物品。

阿尔忒弥斯神殿是古代历史上七大奇迹之一。如今，在湿地上仅残留有一根孤零零的石柱。整个阿尔忒弥斯神殿是世界上最初用白色大理石砌成的建筑。神殿的回廊里总共有127根圆柱，高达19米，全部用大理石雕成。公元2世纪时，希腊的地理学家这样在书中写道："我见过许多不可思议的建筑。但是在这座神殿面前都黯然失色"。阿尔忒弥斯神殿完全可以称得上是壮观。

公元前356年发生了火灾，神殿也在火灾中遭受严重损伤。之后得到了再建。公元3世纪时期，高卢人入侵，神殿被破坏，也一直未能得到重建。神殿中的石材也被用以修建其他的建筑物。如今，神殿仅剩下一座基盘残留在湿地之上。许多鹳鸟会在夏季来到这里，将巢穴筑在圆柱上。

考古博物馆中的阿尔忒弥斯神像。上图为小阿尔忒弥斯像，下图是较大的阿尔忒弥斯石像。身边有动物簇拥，头戴饰物的形象令人想起自然之神希布莉的模样。上图是神殿中原本高达数十米的阿尔忒弥斯神像模拟作品

深度了解　亚历山大大帝和阿尔忒弥斯神殿

公元前356年，这座雄伟壮丽的神殿在一场大火中变成了废墟。据说这场火灾是一个名叫希罗斯特图斯的男子纵火所为。这个家伙长期以来默默无闻，急于想通过一项能引起轰动效应的举动来使自己万古留名。他非常清楚，能够让人青史留名的好事不是谁都能做，于是就选择了破坏神殿而遗臭万年。

之后，市民们开始着手重建神殿。东征时的亚历山大大帝曾来到这里，并对村民们提出想要捐献财物以支持村民们的重建运动。但是，他有个唯一的要求，那就是神雕建成之后，要把自己的名字刻在神殿内。亚历山大大帝是把他们从波斯的统治下解放出来的恩人和英雄，面对他的要求，村民们无法拒绝，一筹莫展。

最终，村子里的智者想出了一个主意，他对亚历山大大帝说道："您本身就是神，再去为其他的神建造一座神殿，这在历史上是没有先例的。"从而说服了亚历山大大帝放弃了这一念头。

历史之泉 面向西的神殿…希腊罗马时代的神殿都是面向东方的。阿尔忒弥斯神殿却是反其道而行之，面向西方。阿波罗神殿也是面向西方。这是因为阿尔忒弥斯和阿波罗在特洛伊战争中，曾向特洛伊提供过援助。这两位神被看作是安纳托利亚的起源之神。

圣母玛利亚教堂。如今只剩下壁龛和铺路石

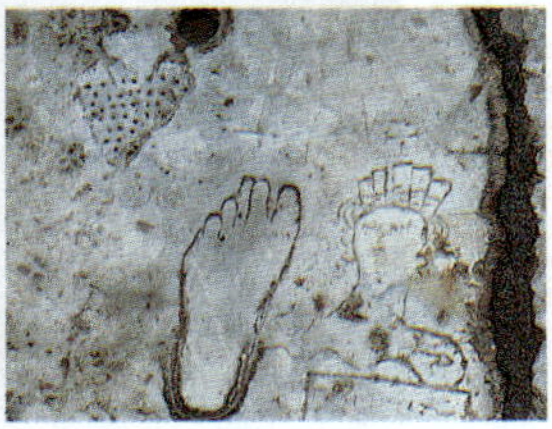
残留在大理石大街上的古代落款、涂鸦。图中女性的样子和左上方的心形指代娼妓的意思。足型图案表示妓院在前方。

华丽的塞尔苏斯图书馆前门

以弗所遗址

Efes Harabesi MAP/p.183

交 从塞尔丘克市区步行5分钟即可到达 开 8:30~19:00（冬季8:00~17:30） 休 无 ☎ 892-6010 TL 20TL

以弗所遗址的入口有两个，分别位于遗址的北侧和南侧。乘坐巴士或步行的话，通常是从北口进入其中。如果报团参观的话，可以从南口进入，沿着坡道一边行走一边参观，最后从北口离去候车。

进入北口之后，首先映入眼帘的是左侧的体育场。七男子沉眠洞穴位于小道东侧。入口右侧的建筑是圣母玛利亚教堂。这里绿色植被很少，夏季炎热。建议提前准备好水源。

沿着入口小道继续往前走，是阿卡迪亚纳大街，左边是大剧场。

圣母玛利亚教堂

圣母玛利亚教堂是安纳托利亚教堂的中心所在。公元431年曾在这里召开公共会议。

阿卡迪亚纳大街

古代港口对面的大道。道路两侧石柱林立，还有许多商店以及街灯穿梭其中。在最全盛的罗马帝国时期，一到晚上，街灯齐放，映出辉煌的盛世景象。街道以改建这条道路的阿卡迪亚纳皇帝的名字进行命名。道路的前方可以看见港口的浴场。

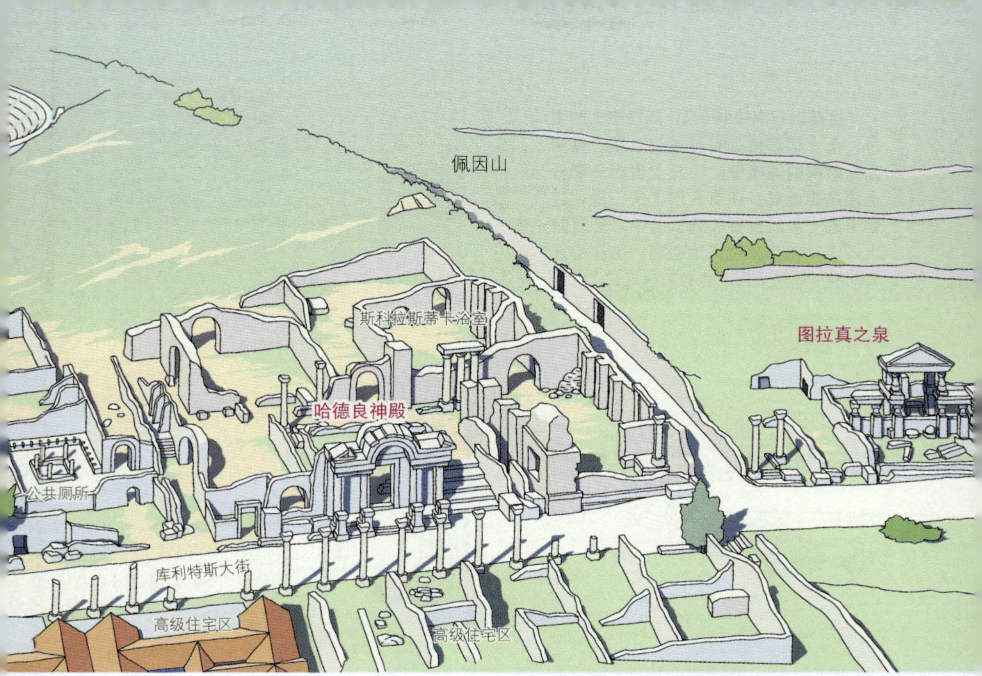

大剧场

大剧场修建于公元1世纪~2世纪，建在佩因山斜面上。整个剧场可以容纳2万4千人。从观众席上可以将古代港口遗址尽收眼底。大剧场前面是马布尔大街。继续向前走西拐后，可到达阿格拉集市。集市宽110米，正方形结构，从中可以联想到当时城市的繁荣景象。

塞尔苏斯图书馆

图书馆建于公元2世纪中期。当时以弗所的罗马总督塞尔苏斯死后，他儿子为纪念他，在其墓室上建造的。图书馆的前门是科林斯式样的圆柱，造型华丽。建筑正面有一座女性雕像，代表命运、智慧、学问、美德。面对图书馆右侧的建筑是马泽乌斯和米特拉答梯门。这两位曾是阿乌格斯特斯大帝解放后的奴隶，为了表达对大帝的感激之情而修建了这两座大门。它们直接与阿格拉集市相连接。

大理石大街南面的山丘上，是古代的高级住宅区。这里居住的大都是达官贵族或是财力雄厚的富人，其官邸以及宅院装饰得富丽堂皇，极尽奢华之能事。

库利特斯大街左侧前的建筑物是古代妓院，旁边是保留下来的古代公共厕所的一段墙壁。

八角墓

据说里面埋葬的是克娄巴特拉的妹妹阿尔西诺伊。（参见p.184）

高级住宅区。住这里的都是上流阶层和财力雄厚的富人

古代公共厕所。中央位置可以演奏音乐

为纪念哈德良大帝所建的神殿精致富丽

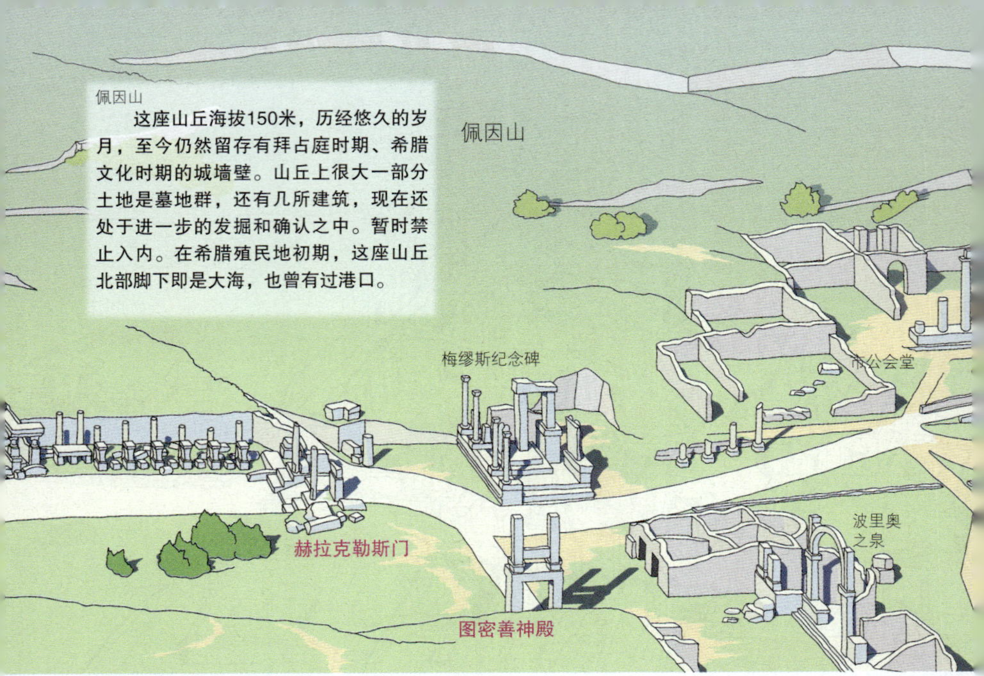

图拉真之泉遗迹

刻有赫拉克勒斯雕像的大门

两座石柱的背后是图密善神殿的基盘

高级住宅区

入场费需要另外支付（15TL）。

马布尔大街南端山丘斜面上，是罗马时代的住宅区。虽然目前还处于进一步挖掘过程中，但是已经对外开放。一些破损的房屋已经得到复原，屋顶部分也得以加固和保护。

这片地区属于当时城市的中心地区，所以居住在这儿的大都是上流社会的有钱人。在这片面积狭小的地区建起了多所住宅，每个房屋距离都比较近，有的几乎是一墙之隔。每户面积都在200~300平方米。

宅邸内的屋檐上方镶嵌有马赛克，墙壁上是各种各样的壁画，从这些随处可见的艺术品中可以追溯到往日的辉煌岁月。虽然参观这里需要另外付费，但是绝对值得一看。

哈德良神殿

哈德良是公元2世纪的罗马皇帝，为纪念其功绩而修建了这所神殿。神殿规模不大，前面的拱门上雕刻着美杜莎的雕像。左右两边的墙壁上是栩栩如生的众神灵、动物、狄奥多西大帝的浮雕。浮雕描绘了以弗所的起源。哈德良神殿后面是斯科拉斯蒂卡浴室，公元4世纪遭到地震破坏。旁边面向大理石大街的建筑物是古代妓院，据说修建于图拉真皇帝时代。

神殿的对面是高级住宅区遗迹，阳台上雕刻有精美的马赛克壁画。

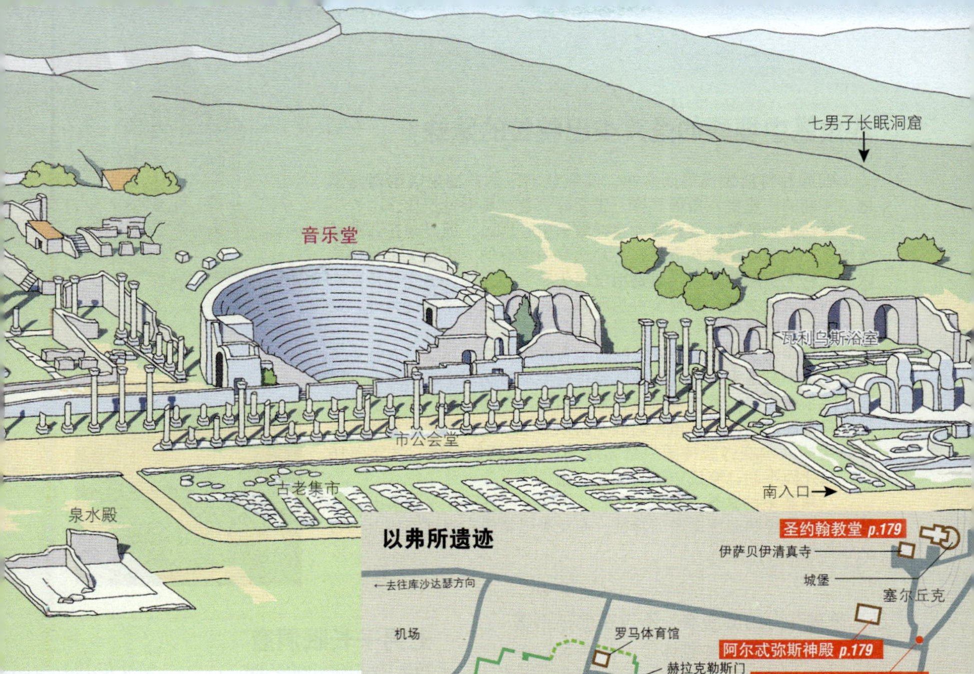

再往前走是通往佩因山的小路。上面有圆形纪念碑建筑物。目前禁止通行。

图拉真之泉

公元2世纪初期为图拉真大帝修建的泉池。图拉真皇帝雕像高达9米。

赫拉克勒斯门

位于库利特斯大街一端。据说是公元4世纪左右修建的。曾经是2层建筑，被叫做“凯旋门”。当时有六座石柱，如今仅残留了两座。上面刻有赫拉克勒斯的雕像。

再往前走是梅缪斯纪念碑。梅缪斯是罗马独裁者苏拉的孙子，他重新夺回了以弗所的领导权。市民们为纪念他的伟大功勋，特意修建了这样一座纪念碑。

图密善神殿

经过梅缪斯纪念碑继续前行，在广场上可以看见2层建筑的石柱，这就是图密善神殿遗址。图密善（在位期间为公元81~96年）是一位非常具有才干的皇帝，但是其政治野心很大，在其称霸之后不断排除异

在佩因山脚下可以望见大理石大街和塞尔苏斯图书馆

八角墓中埋葬的是克娄巴特拉的妹妹？

在库利特斯大街的西北端，高级住宅区的前面坐落着两座墓地。左侧的一座是八角形式样，里面陈列着一具女性尸体。

罗马时代通常不会把墓地建在城市中心地区，而是建在郊外城堡附近。如果墓地建在市中心，那么其中埋葬的一定是某位为城市做出了巨大贡献的人物，或是地位极为尊贵的人物。这座八角墓中埋葬的是这位女性，其地位可想而知。许多历史学家都认为她就是克娄巴特拉的妹妹——阿尔西诺伊。

阿尔西诺伊四世是克娄巴特拉七世的亲妹妹。兄妹两人曾为了争夺王位大打出手，最终克娄巴特拉在罗马帝国拥护者的帮助下打败了阿尔西诺伊，并打算将她处死。但是，年幼的阿尔西诺伊获得了罗马市民的同情，在市民们的不断劝阻下，克娄巴特拉将她关在以弗所的阿尔忒弥斯神殿中禁闭起来，到她死的时候，才年仅16岁。其死因不明，有说法认为是克娄巴特拉下令毒死了她。

八角墓中的女性身高154厘米，从其头骨特征可以判断出，其具有欧洲血统和非洲血统的特征。而克娄巴特拉在生理结构上也与之非常相似。

八角墓复原图

八角墓看板后就是墓地

己，杀害有力的威胁者。不过在他被杀害之后，这座神殿就被毁坏了，如今可以参观的只是当时的基座部分。通往上部的小路可到达碑文博物馆。

广场西侧的大拱形石门是波里奥之泉。它是一个叫做塞克提里乌斯·波里奥的人修建完成的。现在，这里作为商店使用。广场是这座城市非常重要的商业中心。

音乐堂

音乐堂是一座剧场一样的建筑。古时候，在这里举办音乐会和吟唱会。音乐堂的前面是古代集市，这里主要用于集会、宗教仪式、商品交易等，也是城市的中心地段。音乐堂的左侧，是市公会堂，它是古时候的政府机构所在地。

从音乐堂继续向前是拥有三座拱门的建筑，这就是瓦利乌斯浴室，它建于公元2世纪。目前正处于进一步挖掘中，规模庞大。

继续向东面前行，可到达体育场、马格内西亚门等古遗迹。

旅游胜地以佛所总是游客熙攘

七男子长眠洞窟

Yedi Uyunlar mağarası MAP/p.183

交 从以弗所北入口徒步10分钟即可到达

从以弗所遗址的北入口进入，一路沿标志牌步行10分钟后即可到达。洞窟位于山丘半腰之上，需要攀登到达。

据说，当年受到迫害的七名虔诚的基督教徒，在这座洞窟中归隐与世隔绝，还

在洞窟处建起的教堂遗迹

长眠于此。当他们苏醒之后，发现身边的亲人都已经去世。当他们拿着手中的硬币买面包时，被告知是公元3世纪中期的货币。他们当时所处的时代已经是狄奥多西大帝时代。

他们死后，相信奇迹的人们把他们的尸骨埋葬在这个石窟里，并为他们建起了教堂。这个故事被记述在《可兰经》里。在经书中还记载着其他几个类似的场所。

在洞窟里发现了为数众多的墓穴。这个教堂，是为神灵奉献一生的修道士们的最终之地，值得参观。

圣母玛利亚教堂

Meryemana MAP/p.183外

交 从市中心坐车15分钟即可到达
开 8:30~19:00（冬季8:00~17:30） 休 无 TL 13TL

圣母玛利亚在耶稣的弟子——圣约翰的照料之下安详地度过了晚年。关于圣母玛利亚的垂暮岁月，众说纷纭。在以弗所宗教会议上，最终确定了玛利亚晚年生活在以弗所的说法，并在其生活遗址上建起了这座教堂。很多虔诚的基督教徒从四面八方赶来瞻仰做弥撒。

山腰上的玛利亚石像

教堂前面的台阶下有座喷泉。据说泉水可包治百病。

石造的小型圣母玛利亚教堂

希林斯

Sirince MAP/p.8-E

交 从以弗所乘坐巴士大约20分钟即可到达

希林斯最显著的景观是木制红顶房屋。这些房屋是奥斯曼时期的传统建筑，非常美丽可爱。希林斯还是优质葡萄酒的产地。1924年，土耳其人和希腊人交换居

红色的屋顶和白色的墙壁交相呼应，煞是好看

贩卖手工制品的小店

住后，希腊人也慢慢离开了这里。留下来的土耳其人开始制造葡萄酒、种植苹果。

如今，这里已成了土耳其的观光度假胜地。这些古老的房屋建筑吸引了全世界的目光，大批游客蜂涌而至。在村子中的小道两侧，坐落着许多特产商店。出售当地特产的葡萄酒、手工编织品、刺绣披肩、手绢等各种礼品。

特产商店很多，游客也都会淘一些精美的礼品带回去。在村子环境悠闲的小路上散步，体味乡间风情，会让心情得以放松。这也是参观希林斯的趣事之一。村子中有三四座酒店。

真情提示

在土耳其许愿

七男子长眠洞窟旁边的小栅栏里，挂满了各种各样的小布条。布条上写满了人们的祈求和心愿。这和中国有些寺院中，把写满愿望的木牌挂在树上的神签有些相像。土耳其人一般身穿古装，并将衣襟打结来许愿。在许愿处必定有圣人的坟墓。虔诚的基督教徒，通常也会在圣人的墓地前许愿。

和中国有些寺院许愿大同小异

月光商店

如麦里餐厅

卡莱罕酒店

普纳尔酒店

顿贾伊酒店

瓦拉比兹酒店

S 商店

●月光商店 MAP/p.177
交 从塞尔丘克车站步行7分钟即可到达 ✉ N.Kemal Cad 5
☎ 892-4969 营 8:30~24:00 休 12月2日
是一家主营服饰品的精品店。店主是一名女性，经常自己设计手工艺品。

R 餐厅

●如麦里餐厅 预算 16TL~ MAP/p.177
交 从塞尔丘克车站步行7分钟即可到达 ✉ Atatürk Mah. Cengiz Topel Cad.25 ☎ 892-1693 营 24小时 休 无
位于繁华大街上，推荐菜肴是扦子烤肉串。附近还有许多土特产店、地毯店等，购物也方便。

●费尔泽餐厅 预算 14TL~ MAP/p.177
交 从塞尔丘克车站步行4分钟即可到达
✉ CengizTopel Cad.22 ☎ 892-1184 营 8:00~翌日1:00 休 无
当地人推荐的人气餐厅。店里的蔬菜料理比较有名。

H 酒店

●卡莱罕酒店 S 120TL W 150TL MAP/p.177
交 从塞尔丘克车站步行12分钟即可到达
✉ Atatürk Cad. 49 ☎ 892-6154 FAX 892-2169 室 50
HP www.kalehan.com C M V
建筑外观古色古香，内部设施华丽高档。中庭里还种植着樱花树。房价因设施不同而不一样，可以看过房间后再决定。

●普纳尔酒店 S $34 W $52 MAP/p.177
交 从塞尔丘克车站步行4分钟即可到达 ✉ Şahabettin Dede Cad. 12
☎ 892-2561 FAX 892-3033 室 40 邮 pinarotel@superonline.com C A M V
酒店面积很大，格局新潮时髦。客房空间也十分宽裕，各种设施齐全，入住方便。

●安条克酒店 S 20TL W 40TL MAP/p.177
交 从塞尔丘克车站步行3分钟即可到达 ✉ Atatürk Cad. 4 ☎ 892-1265 室 16
位于市中心黄金地段，购物、出行都非常方便。房价也不贵，属于经济型酒店。

●顿贾伊酒店 S €25 W €35 MAP/p.177
交 从塞尔丘克车站步行8分钟即可到达 ✉ İsabey Mah. Sehit Polis Metin Tavasoğlu Cad. 13 ☎ 892-6260 室 11 HP www.tuncaypension.com C M V
位于圣约翰大教堂附近。中庭设有喷泉和酒吧，氛围不错。酒店以外国游客居多，服务生态度热情。

●瓦拉比兹酒店 S 40TL W 50TL MAP/p.177
交 从塞尔丘克车站步行2分钟即可到达 ✉ Atatürk Mah. Cengiz Topel Cad. 2
☎ 892-3204 FAX 892-9406 室 24 HP www.wallabieshotel.net C V M
经济型酒店。房间收拾得非常整洁，可以无线上网。酒店是家族式经营，免费提供车辆接送、服务。

＜郊外库沙达瑟地区＞

●以弗所王妃酒店 S 288TL W 413TL MAP/p.177外
交 从塞尔丘克车站坐车20分钟可达 ✉ Pamucak ☎ 893-1011
☎ 893-1039 室 352 HP www.princess.com.tr
位于去往库沙达瑟途中的山丘之上，是一家面向国外游客开放的豪华酒店。

●以弗所瑞奇蒙德酒店 S 200TL W 400TL MAP/p.177外
交 从塞尔丘克车站坐车20分钟可达
✉ Pamucak Mevkii ☎ 893-1060 FAX 893-1054 室 255
HP www.richmondhotels.com.tr C A M V
是家大型豪华商务酒店。大门外就是海滩，环境优美，可下海游泳。

※酒店的费用有的用TL表示，也有的酒店会接受$或€。

MAP/p.6-F

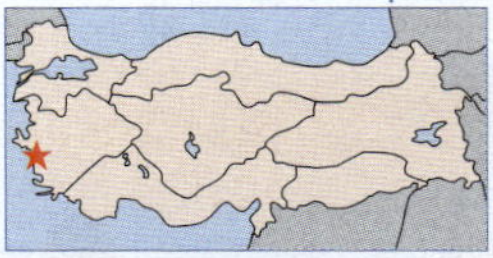

库沙达瑟

KUŞADASI

人口大约5.6万人

爱琴海畔的绝美度假胜地。巡游古遗址的始发城市。

库沙达瑟（土耳其语译为“鸟岛”）是一座阳光明媚的海边城市。有适合游泳的海滩，还可以巡游希腊诸岛，是一座国际性的旅游度假胜地。很多欧洲的大型观光船只都在这里入港。整个城市荡漾着时尚悠闲的氛围。其周边坐落着米利都、迪迪马、布莱恩等几座遗址城，距离以弗所遗址也很近。游览这些古遗迹的时候，可以把这里作为据点。

交通方式

从塞尔丘克乘坐巴士历时30分钟可达，5TL。从伊兹密尔出发历时1小时30分钟可达，13TL。

长途汽车站位于城市南侧1千米处，去往市中心可以乘坐小巴。

漫步导览　区号0256

MAP/p.188-B ✉Mafmut Esat Bozkurt Bu1.7 ☎614-1103 开8:00~17:30（冬季~17:00） 休无

港口附近的阿塔图尔克大街和巴尔巴罗斯大街交叉成T形，这里也是市中心的繁华地带。集中了很多土特产店、餐厅、酒店和旅行社等。

港口附近有大型集市，出售贵重金属、皮革制品以及各种土耳其特色产品等。集市中也有货币兑换所。夏天时节，集市通常会营业至深夜。

港口附近的土特产集市

酒店多集中在沿海一带，沿巴扎集市后面的坡道附近，是家庭式旅馆的聚集区。在城市南面1.5千米左右处的淑女海滩（Ladles Beach），分布着许多大型的星级酒店。

去往海滩，可以乘坐巡回巴士。夏天车次很多，每隔5分钟发车。巴士的前方标记有淑女海滩。可以在这里洗海水浴。

如果想乘坐巴士去往以弗所遗址，可以在巴尔巴罗斯大街东面的巴士站等候车。也可以乘坐巴士去往米利都、迪迪马，布莱恩

库沙达瑟的港口经常有来自欧洲的观光船出现。对面的岛屿是鸽子岛

鸽子岛海滩边的休闲咖啡店

热闹的淑女海滩景象

（p.190）等几座遗址城，大约需要30分钟，5TL。

感兴趣的游客也可以报名参加旅游团。以弗所一日游$40（带午餐）。环游米利都、迪迪马、布莱恩遗迹的旅游团$50左右。

除此之外，也可以租一艘巡游观光船欣赏海面风光。去往希腊萨摩斯岛的船只每天早上8:30发船，下午18:30返回。当日往返船只收费€30，非当日往返船收费€35。冬季停运。很多旅行社都提供海上旅游服务项目，内容也多种多样。

观光亮点

鸽子岛

Güvercin Adası　　MAP/p.188-A

交 从旅游咨询处步行10分钟即可到达

鸽子岛位于萨摩斯岛的码头附近。岛屿与陆地之间有长达300米的桥梁相连，可以直接步行前往。

16世纪时，出身于莱斯波斯岛的海盗巴尔巴罗斯活跃在地中海一带。他不仅勇武有加，而且足智多谋。不久，他就被奥斯曼皇帝招致麾下，委以重用。苏莱曼大帝时期他被任命为大提督，统领军队、掌握军权。当时，巴尔巴罗斯就以这座岛屿作为据点。

岛上至今仍保留有当时的城塞遗迹。沿着环绕岛屿一圈的是散步道。累了的话，可以在路边的咖啡店小坐一会。海滩边上有不少海滨别墅，在这里可以举行海边派对。也可以买件游泳衣或是游泳圈等，去海里玩。

除此之外，库沙达瑟并没有太多的观光景点。岛上有一座古老的商宫酒店（p.189），是17世纪初期的建筑物。感兴趣的可以前去参观一下。酒店里面有出售绒毯的商店。

距离港口北面1.5千米处还有另外一座游艇码头（Yat Limanı）。港口海面上穿梭着多艘观光船只，可以在这里散步赏景。

R 餐厅

●阿里巴巴餐厅 Ali Baba　预算 60TL~　MAP/p.188-A

交 从旅游咨询处步行5分钟即可到达 ✉ Belediye Turistik Çarşısı.5 ☎ 614-1551 营 11:30~23:30 休 无

位于港口前面的鱼餐厅。餐厅的菜单用英语、土耳其语和法语标示。点菜时，从店门前的鱼槽里直接挑选想吃的海产品即可。在餐厅阳台上欣赏夕阳下的海面风光非常美丽。

阿里巴巴餐厅

H 酒店

＜库沙达瑟市内＞

●商宫酒店 Kervansaray　S €56　W €74　MAP/p.188-A

交 从旅游咨询处步行2分钟即可到达 ✉ Atatürk Bul.2 ☎ 614-4115 FAX 614-2423 室 26 C A M V

酒店利用旧时的商队客栈改建而成，氛围高雅。每逢周二、周三，酒店内还会举办小型音乐会、歌舞会。

商宫酒店

●好汉酒店 Efe　S 150TL　W 200TL　MAP/p.188-B

交 位于鸽子岛入口处 ✉ Güvercinada Cad.37 ☎ 614-3660 FAX 614-3662 室 43 邮 efehotel@hotmail.com C M V

酒店外墙是纯净的白色，非常美观。顶层可以眺望海上风景。

好汉酒店

●利曼酒店 Liman　S 80TL　W 100TL　MAP/p.188-B

交 从旅游咨询处步行1分钟即可到达 ✉ Kıbrıs Cad. Buyral Sok.4 ☎ 614-7770 FAX 614-6913 室 16 HP www.limanhotel.com

酒店房间用高贵典雅的大理石装饰。建议选择海景房住宿。

●厄兹汉酒店 Özhan　S 35TL　W 70TL　MAP/p.188-B

交 从旅游咨询处步行4分钟即可到达 ✉ Kıbrıs Cad.5 室 12 ☎ 614-2932 邮 savegenial@yahoo.com

房间干净整洁。从巴扎集市步行即可达到，购物比较方便。周围的经济型酒店较多。

●感召力酒店 Charisma　S €160~　W €220　MAP/p.188外

交 位于港口北1.5千米处 ✉ Akyar Mevkii 5 ☎ 618-3266 FAX 618-3270 室 133 HP www.charismahotel.com

面海而建的豪华酒店。全部客房都能欣赏到海景。各种设施一应俱全。很多游客在这里长期居住。

感召力酒店

●良缘酒店 Kısmet　S €119　W €149　MAP/p.188-A

交 位于港口以北1千米处 ✉ Gazibeğendi Bul.1 ☎ 618-1290 FAX 618-1295 室 84 HP www.kismet.com.tr C A M V

酒店位于岛屿突出部分，可以全方位地欣赏到海面风景。全部客房都带有浴室、空调等设施。出酒店门口即可乘坐游艇环游海面。

良缘酒店

＜海滩地区＞

●蓝天大酒店 The Grand Blue Sky　S 256TL　W 340TL　MAP/p.188-B外

交 从海滩南端步行5分钟即可到达 ✉ Kadınlar Denizi ☎ 614-2000 FAX 614-4961 室 325 HP www.grandbluesky.com C A J M V

酒店外部装饰简单朴素，内部设施却豪华大方。提供早餐。巴士经过酒店门前，外出非常方便。

蓝天大酒店

●海风大酒店 İmbat　S 79.5TL　W 106TL　MAP/p.188-B外

交 从海滩南岸步行4分钟即可到达 ✉ Kadınlar Denizi ☎ 614-2000 FAX 614-44961 室 310 HP www.imbat.com.tr C A M V

酒店位于岛屿突出部分，位置绝佳，可以全方位地欣赏到海面风景。酒店内部设有美容室、浴室等设施。带早餐和晚餐。

●艾森娜酒店 Asena　S 69TL　W 100TL　MAP/p.188-B外

交 位于海滩前面 ✉ Kadınlar Denizi ☎ 614-8923 FAX 614-8916 室 103 HP www.hotelasena.com C M V

酒店出门就是美丽的海滩，是面向游客开放的度假酒店。冬季停业。

布莱恩/米利都/迪迪马

PRIENE/MILETOS/DIDYMA MAP/p.8-E、I

伊奥尼亚的代表城市。古希腊自然哲学的发祥地。

布莱恩城市格局井然有序。米利都城市规模庞大，无愧为伊奥尼亚的盟主，这里也是最早出现自然哲学的地方。迪迪马遗址中最著名的景点是阿波罗神殿，值得参观。来这里的游客并不多，但是因是经典的古遗址聚集地，对历史感兴趣的不妨来看一下。

交通方式

去往这三所遗址可以库沙达瑟以南24千米处的瑟凯（Söke）为基点。从库沙达瑟去往瑟凯可以乘坐巴士，历时30分钟，车次很多，5TL。

瑟凯有长途汽车，分别去往布莱恩（3TL），米利都（7TL）和迪迪马（7TL）。夏季往布莱恩和米利都的长途汽车比较多。

参加去往库沙达瑟或以弗所的旅游团，可以很高效地逛完这三处景点。报团费用$70左右，行程中包含了淑女海滩。

旅游淡季时，可以从瑟凯乘坐出租车去往这三处景点。一天基本就可以逛完。车费$130左右。

另外，也可以乘坐巴士瑟凯—布莱恩、布莱恩—米利都、米利都—迪迪马环游这三处景点。早晨早些时候出发，大约一整天时间就可以逛完。

绿色的部分是古代的海湾地区，现已成为陆地

雅典娜神殿遗址背后的岩丘是卫城

历史遗迹

布莱恩

Priene MAP/p.190

开8:00~19:00（冬季~17:30） 休无 TL3TL

公元前11世纪左右，一部分希腊人移居到安纳托利亚地区，在爱琴海沿岸建造了许多城市，布莱恩就是其中的一座，是典型的伊奥尼亚城市。布莱恩是这些城市当中最小的，但却是当时最重要的政治、宗教中心，在历史上曾担任着不小的责任。

伊奥尼亚的城市都拥有优良的天然港湾，以便于进行频繁的贸易活动。伊奥尼亚人在这些港湾处造就了庞大的财富，并与东方的先进文化相接触，为伊奥尼亚的文化和艺术发展提供了肥沃的土壤。公元前7世纪~公元前6世纪是伊奥尼亚发展最全盛期，不过因河水泛滥而淹没城市，为人们的生活带来了许多烦恼。

布莱恩最初位于迈安德河（今大门德雷斯河）的河口附近。水量丰沛的河水造就了这里肥沃的土地，但是从上流裹挟下

遗迹中的肥沃原野原先是海湾之地

议会堂至今保留完好。中央是讲台

来的泥沙却使得人们难以生存，最终决定将整座城市进行迁移。公元前4世纪中期，布莱恩迁至一所小山丘上。

城市建设计划

如今的布莱恩是按照崭新的城市计划建造的，东西道路有六条，南北相互交叉，整个城市道路成整齐的棋盘状。古时候的城市构造通常都是这种格局，但是像布莱恩这样保存状态良好的几乎不复存在。

城市中有许多古代建筑物，其中最神圣的场所是雅典娜神殿遗迹，位于卫城前面，共有五座石柱，是典型的伊奥尼亚式建筑。以险峻的卫城为背景，令人赞叹不已。除此之外，保存较好的建筑物还有大剧场和议会堂。大剧场可容纳大约5000人，在这所小小的城市当中，可算得上是庞大的建筑物，大理石的贵宾席被完整地保留下来。议会堂可以容纳大约600人，中央的讲坛保存完好。

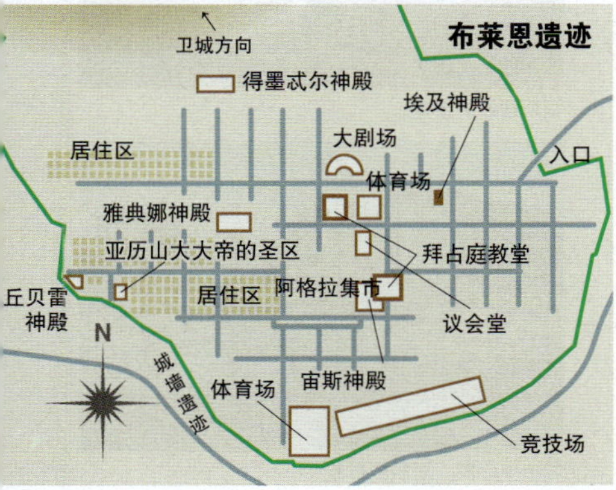

布莱恩最早处于高卢王国的支配下，后来又相继成为帕加马王国、罗马帝国的领土。公元1300年左右，城市逐渐衰落，最终成为一片湿地。现在保留下来的布莱恩是后来建造的，最早的城市所在位置至今不是很明确。

米利都

Miletos MAP/p.190

开 8:00~19:00（冬季~17:30） 休 无 TL 3TL

土耳其语称为米莱特，古时候被称为米利都斯。据说这里以前曾是迈锡尼的殖民地，后来伊奥尼亚人入侵，杀光了当地的男子，并俘虏当地的妇女为妻，获得了这片土地的统治权。之后，城市慢慢发展起来。

米利都人在获得路上交易权之后，又把权力扩伸到海上。在地中海、黑海沿岸一带，相继设立了殖民地。据说当时殖民城市的数量达到了90个。这里巨大财富的背后所孕育的文化圣地中，也诞生了不少在历史上留下光辉一页的杰出人物。其中，泰勒斯是米利都学派的创始人，被看做是哲学的始祖，是著名的“七贤人”之一。他成功的预测了日食现象，并认为万物之源在于水。他的弟子阿纳克西曼德也是米利都学派的著名哲学家，他成功地预测了月食。

浴场遗迹中的石狮和河神迈安德的石像

伊奥尼亚的盟主

公元前6世纪中期左右，波斯取代了吕底亚王国，获取了诸多伊奥尼亚古都的支配权。公元前5世纪初期，为了反抗波斯帝国的残酷压迫，以米利都为首的伊奥尼亚

历史之泉 七贤人…古希腊（公元前7世纪~公元前5世纪初期）时期的贤者，由柏拉图、泰勒斯、比尔斯、索伦等人。

一进入米利都遗迹，壮观的大剧场就展现在眼前

诸城结为联盟，一起向波斯帝国发难。他们组成了一支拥有370艘军船的舰队，在拉德岛（如今是陆地山丘）与波斯的600支军船展开了激烈的战争，最后，以失败而告终。波斯帝国对米利都展开了疯狂地杀戮，整个城市也消失殆尽。

之后，在罗马帝国统治的公元1世纪，潘多斯的米特里达特斯六世进攻这里，并在此长期驻扎。潘多斯王朝灭亡之后，从罗马帝国手中重新获得了自治权，又繁荣发展起来，成为伊奥尼亚的中心城市之一。

不过，公元3世纪左右，由于迈安德河河水泛滥，并裹挟大量流沙，使得城市的大部分港湾被淹没，米利都也逐渐走向衰退的道路。

米利都遗址中最引人瞩目的古代建筑物是大剧场，其占地面积很大，最多可容纳1.5万人。在罗马时代进行了增建。站在剧场高地上，可以俯瞰整个港口风貌。剧场的东北处曾是港口的入口，这里曾摆放着一对巨大的石狮子。除此之外，还有马克·奥勒利乌斯的妻子福斯蒂娜的浴室。

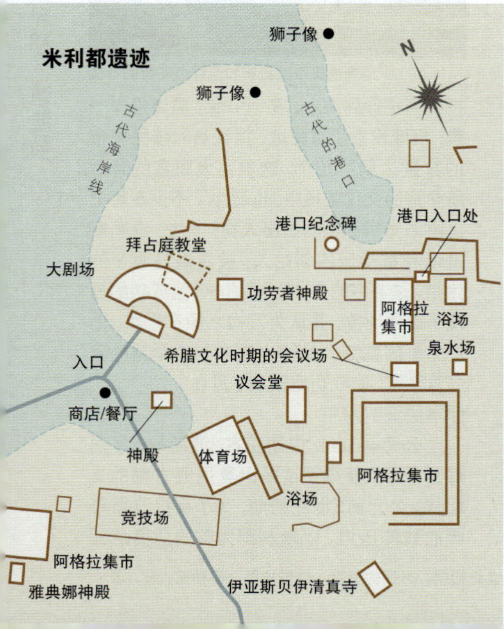

福斯蒂娜的浴室

城市中心部。雨后的样貌

历史上经常发生洪灾的迈安德河

雄伟的阿波罗神殿。是古时候著名的神谕地区

港口的南面一带是城市中心地区，有一些主要设施的遗迹。根据当时的城市规划，这里是大型公共设施和住宅区域。

遗址群面积很大，逛完的话大约需要2小时。遗迹入口处有餐厅，可以先补充一下体力再游逛。

迪迪马

Didyma MAP/p.190

开8:00~19:00（冬季~17:30） 休无 TL3TL

迪迪马是“两个”的意思。实际上，迪迪马总共供奉着两座神殿，除了阿波罗神殿之外，还有一座阿尔忒弥斯神殿。但是为世人所熟知的仅仅是阿波罗神殿。迪迪马的背面就是米利都，在这两座城市之间的道路两旁曾排列着一座座的神像。

遗址入口周边有餐厅和土特产商店。

阿波罗神殿是希腊文化时期再次修建而成的。是当时继以弗所的阿尔忒弥斯神殿和萨摩斯岛的赫拉神殿之后的第三大豪华神殿。

神殿中著名的美杜莎头像

阿波罗神殿的构造与其他神殿不一样。神殿的后面是一处没有屋顶的住所，这里是当时的圣区，是祭祀阿波罗的地方，曾有圣泉和深井存在，并种植着大片的月桂树。

登上正面的台阶，两侧各有一条长长的隧道。穿过任意一条隧道，可到达神殿内的庭院。庭院中仅残留着一座古井。

阿波罗神殿

阿波罗是古希腊的预言之神。古时候，国王来这里祈求预测与邻国的战争问题，老百姓来这里希望可以了解子女的婚姻问题。波斯的塞硫古一世、亚历山大大帝，以及古代罗马皇帝都把这里作为神圣之地。

神谕从被神灵附体的女巫口中说出，这些语言也是常人不能理解的。祭司们将之破译之后再告诉世人。

米利都遗址距离阿波罗神殿20千米处，有长长的石板通向遗址。每年这里会举行一次阿波罗祭祀大典，为时4天。人们从迪迪马徒步赶来参加，以示虔诚。

公元4世纪末期，罗马皇帝狄奥多西一世下令禁止进行任何占卜活动，神殿也渐渐荒废，最终成为基督教教堂来使用。

神殿圆柱上的石雕图案多种多样

阿波罗神殿

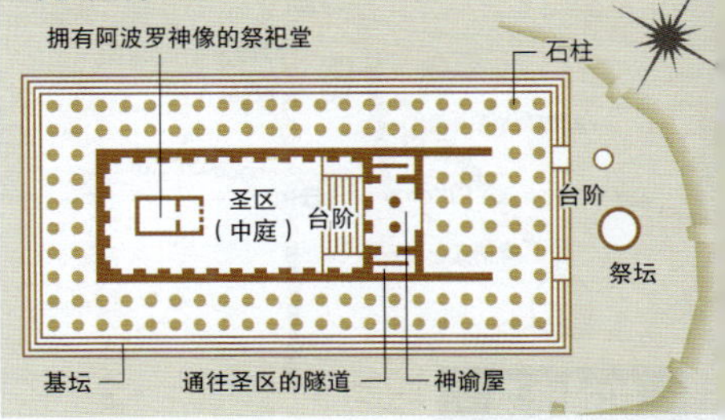

历史之泉 神谕屋…阿波罗神殿的神谕屋是古希腊世界中最著名的神谕场所。这里是祭司向信徒传达神谕的地方。迪迪马在东方世界很有名。吕底亚国王克罗伊斯也曾来这里拜祭过。

MAP/p.6-F

帕姆卡莱

PAMUKKALE

人口大约2500人 / 海拔350米

帕姆卡莱又被称作棉花堡。这里珍贵的石灰华已经被列为世界遗产。

帕姆卡莱的石灰华非常闻名，游客们可以进入石灰华当中。蓝色和白色的石灰华形成鲜明对比，显得异常美丽。石灰华中分布着一些温泉水池，可以在这里游泳或者泡温泉。近处也有很多高级温泉酒店，各种各样的娱乐设施可带给人与众不同的旅游享受。

交通方式

可先从伊斯坦布尔乘坐飞机到达代尼兹利（Denizli），历时1小时10分钟，每天有2次直达航班。再乘坐巴士去往帕姆卡莱。

从伊斯坦布尔乘坐巴士历时8小时到达，52TL。夜间巴士较多。从安卡拉乘坐巴士历时6小时到达，32TL。从伊兹密尔出发历时3小时到达，20TL。

代尼兹利的长途汽车站位于城市中心部。

在帕姆卡莱，要做好应对过分热情的酒店揽客现象。有的酒店服务生甚至会追到巴士上来招揽客人。有的酒店会提供免费接送巴士。

帕姆卡莱有专门的市营巴士，穿梭在城市的大街小巷。巴士的前面标有“Pamukkale Belediyesi（市政公交）”字样，历时20分钟到达，3TL。上车告诉司机想要去的地点，到站后司机会提醒下车。

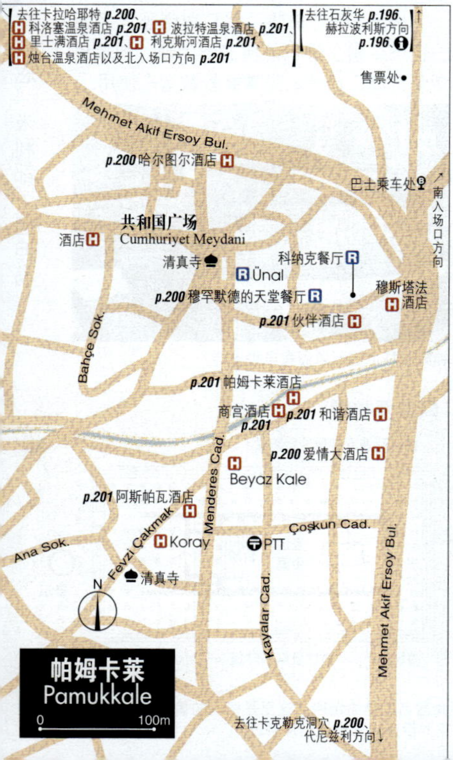

漫步导览

区号0258

MAP/p.198 Ören Mah., Pamkkale
272-2077 开8:30~17:30 休无
交位于赫拉波利斯遗址内

可以代尼兹利为据点，乘坐巴士去往帕姆卡莱。巴士停驶在来时的大街旁边，也就是帕姆卡莱的村镇入口。巴士停驶地点的右前方是大片石灰华，左前方是帕姆卡莱村。

沿着村口处的小道缓缓而行，一路上可以看见道路两旁有很多餐厅、土特产商店和家庭式旅馆，有点温泉街的感觉。村子的规模并不大，可以在村里信步而行，感受自然乡村之美，也可以去往帕姆卡莱最大的观光景点——石灰岩保护区。

家庭式旅馆分散在村子的各个角落，数量非常多。所有的家庭式旅馆都提供大小不一的游泳池（冷水），并且提供早晚餐。有的家庭式旅馆还建有餐厅，可以放心住宿。

在遗址观光中，游客可以乘坐骆驼

帕姆卡莱的石灰华。以前游客可以随便进入参观，近年来为保护世界遗产石灰华，禁止入内的牌示被高高挂起。只有一小部分对外开放

在远处就可以望见石灰华区。在大道上的巴士停车站下车后，徒步2分钟就可到达遗址售票处。沿着这条小路继续前行到达石灰华保护区。旅游团的大型巴士通常会停在北面的入场口。遗址内有迷你巴士运行，并设有巴士停车场。停车场附近有观光咨询处、邮局、特产店和休闲咖啡厅等。

石灰华保护区里有温泉。在附近还有许多高级温泉酒店。非留宿人员也可以在这里泡温泉（收费、自备浴衣）。

历史概览

赫拉波利斯是“圣城”的意思。公元前190年，帕加马王国欧迈尼斯二世与罗马帝国和塞硫古王国展开了一系列的战争。战争过后，帕加马王国得到了原本是塞硫古王国所属的这座城市，并用战争中获得的钱财谋取发展建设。

在很久之前，这里被称为圣地。这里的温泉会蒸发出大量的热气，使人仿佛身处幻境。而一个被称为普鲁特尼乌斯的洞穴中会释放一种有毒的气体。当时的祭司们会吸入少量这样的气体，使自己处于恍惚状态，然后借此把神谕转告给虔诚的信徒们。正是因为这样，赫拉波利斯逐渐成

考古博物馆中的斯芬克斯像（狮身人面像）

补充信息 **货币兑换**…在代尼兹利有许多货币兑换处，一些巴士公司的柜台处也可以兑换货币。帕姆卡莱城镇中的邮局、遗址内的邮局处都可以兑换货币。

夕阳下美丽的石灰华景象。白色的岩石和波光粼粼的流水，在昏暗的阳光之下分外妖娆

为了圣城。

之后，帕加马王国把领土权转让给了实力更为强大的罗马帝国，在罗马帝国的统治之下，赫拉波利斯有了更长足的发展。公元1世纪时期大地震发生，赫拉波利斯也在地震中受到了极大的破坏。公元2世纪~公元3世纪时期又重新振兴起来，并达到了最鼎盛的时期，还建起了几所神殿。罗马皇帝、贵族、富人阶层经常来此处的温泉地放松疗养。

拜占庭时期，这里建起了基督教的中心教会，成为当时最大的宗教活动中心，是基督教发展极为重要的据点。如今城市中还保留有教堂改建后的大浴室、圣彼得纪念堂等。之后，城市慢慢走向衰落。

11世纪时，土耳其人入侵，这一带曾沦落为战场，最终在14世纪成为塞尔柱帝国的所属领地。1354年，城市在大地震中毁灭，成为废墟。市民们大都四散而去，城市也逐渐被荒废。现在展现在人们眼前的遗址，就是从那时一直保留到现在的样子。

之后，大量的地下水不断涌出地面，这些地下水富含石灰石成分，经过长时间结晶后覆盖整个高地，由此形成了石灰华奇异的景观。不过，这也为挖掘古遗迹的考古工作造成了一定的困难。

赫拉波利斯

Hierapolis MAP/p.198

开 24小时 休 无 TL 20TL

石灰华

雪白的石灰华呈松软的阶梯状，铺展在遗址的东面地区。帕姆卡莱由此又被称为“棉花堡”。

这里的地下水富含石灰石成分，不断涌出地面，形成大片流域。经过长年累月的不断积淀结晶，最终形成大片的石灰华地区。白茫茫的一片好像一座雪白的城堡。石灰华中坐落着大大小小100多个游泳池。

帕姆卡莱的石灰石地区景象随着季节、气候、时刻的变化而变化。晴天时，东南部分白茫茫的石灰华中间蓝色的温泉水静静地流淌其中，格

一层又一层、呈阶梯状的石灰华。名副其实的“棉花堡”

富含石灰石的碧水

外美丽。西南面的石灰华则在落日映衬之下看起来分外妖娆。

比较遗憾的是，现在为了保护这一世界遗产，游客们是禁止进入石灰华地区的。只有南面的一小部分区域可以进入参观。

考古博物馆

Arkeoloji Müzesi MAP/p.198

交 位于遗址旁边

开 8:30~17:00 休 周一 TL 3TL

博物馆的前身是罗马帝国时代的大浴场，经改建后作为陈列帕姆卡莱遗址的藏品展示馆使用。曾经的大浴场只是浴场复合设施的一部分。

博物馆内陈列的藏品，大都是从赫拉波利斯圣城遗迹以及阿佛罗狄西亚遗址中出土的文物、雕像、石棺等。博物馆外部，还有浴场附属的体育训练场馆遗迹。

考古博物馆里华丽的石棺

游泳池遗迹

沿着博物馆前面的小路往里走，直到尽头处有一座建筑物，建筑物的背面就是古代的游泳池遗迹。

游泳池里的水源来自于古时候的温泉水，富含天然矿物质，对人身体十分有益。游泳池池底还保留有当时的石板圆柱。

游泳池面向游客免费开放参观，但如果要想下去游泳的话，需要买票（一次25TL）。游泳池旁边的柜台处有衣服寄存室，需要交付一定数额的押金，游完离开时原数退还。

游泳池的水深其实比较浅，大约1米左右，几乎不能游泳，但是更重要的是在古遗址中体验一下的乐趣。东北侧的游泳池水深超过2米，不过禁止游泳。

游泳池上有一座小桥，跨过小桥，可到达泉水的源头之地，能望见泉水夹杂着气泡从地底涌出，十分有趣。

遗址中地下水涌出，形成温泉泳池

遗址处于修复过程中，里面的石棺随意摆放在路边

▲遗址里的主要大道——拜占庭门

▶石隙之间是猫头鹰的栖息地

遗址墓地群中散落着上千座陵墓

古代城市中的遗迹

阿波罗神殿和神秘洞穴

阿波罗神殿建于公元2世纪，位于遗址最重要的位置。如今这里已变为废墟一片，只留下基坛部分。神殿中的洞穴可以喷出一种有毒气体，短时间吸入少量气体可以致人神情恍惚，祭司们借此来传达神谕。他们认为，这个洞穴一直通往冥界。

这个神秘的洞穴位于神殿的右侧。经过科学验证，这种有毒的气体叫做钚，是超铀元素之一，具有毒性。现在洞穴仍会释放少量有毒气体，所以常年封闭。据记载，古时候洞穴周围经常白雾霭霭，有人把小鸟拴在绳子上扔进去，不久后拖出来，如果小鸟死亡，就断定此洞不可靠近。

古时候的祭祀可以安全地进入洞穴，这使得信徒大为惊叹，也对他们深信不疑。大概祭司们掌握了某种避免吸入这种气体的技巧吧。女巫们有时也吸入少量这种气体，然后进入恍惚状态，以此来传达阿波罗的神谕。赫拉波利斯就是以这个圣区开始发展起来的。

大剧场

公元前2世纪由哈德良皇帝下令建造的罗马剧场。其保存状态完好，利用山体的斜面建造的观众席总共可以容纳1万人。因为当时财政紧张，修建剧场的巨大石柱是从希腊文明时期的古建筑中搬运过来的。舞台在塞尔柱帝国时期进行了进一步地改建。

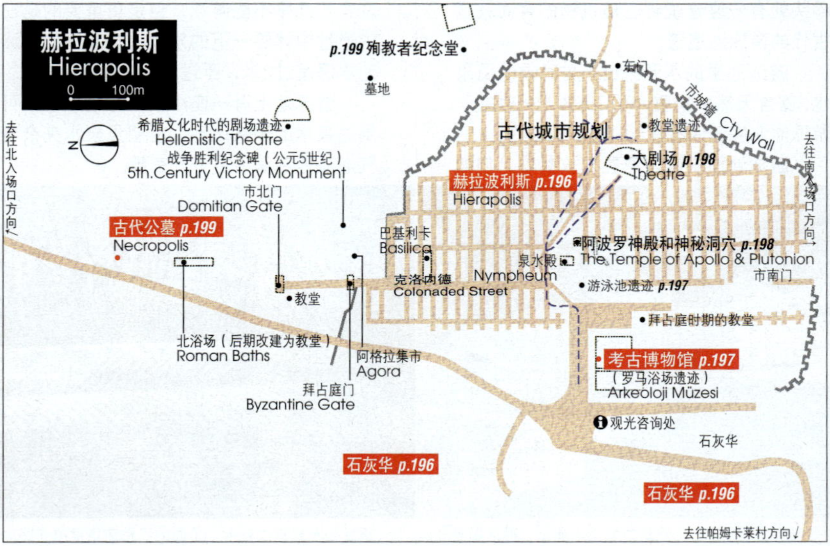

公元2世纪建造的大剧场，在同等建筑物中保存状态算比较好

大剧场的正面主体部分雕刻有各式各样不同图案的浮雕。皇帝的座位是专门用大理石建造的，至今保留完好。从这出土的文物、雕像已被运送至博物馆收藏。

殉教者纪念堂

基督教十二教徒之一的菲利普为反对压迫，曾在这里光荣殉葬。为纪念他，人们于公元5世纪初期修建了这座殉葬者纪念堂，作为基督教的教会布道沿用至今。

中央建造是两个十字重叠的八角堂，周围簇拥着许多小房间。建筑构造复杂，非常有趣。这里也叫做八角屋。

古代公墓

古墓群位于市郊，坟墓数量超过了1000座，是安纳托利亚规模最大的古代公共墓地群。这也从一个侧面反映出了当时城市的繁荣程度。

墓地中保留着从希腊文化时期到拜占庭时期的房屋、拱门、2层建筑以及圆形陵墓等大大小小的陵墓遗迹，简直可以称得上是陵墓博物馆。

除了有关于陵墓的建筑之外，墓地区中还有泉水殿（公元4世纪）、柱廊林立的拜占庭门、3个拱门支撑的大门（公元1世纪）、公元5世纪时由教堂改建而成的浴场（公元2世纪）等遗址。

古墓区目前正处于进一步的发掘过程中。

北面浴场遗迹。是由一座基督教教堂改建而成的

▼殉教者纪念堂　▲阿波罗神殿遗迹旁边的毒气洞穴

拥有多重功效的卡拉哈耶特温泉

卡拉哈耶特

Karahayıt MAP/p.194外

交 位于帕姆卡莱西北5千米处

卡拉哈耶特村是温泉的发源地。这里涌出的温泉水富含铁元素，因而颜色发红，温度超过了50度。温泉很浅，大概只有到脚踝处的深度，含有微量放射性元素，对治疗风湿病和肠胃病具有一定的疗效，很多人也会饮用这里的泉水。

这一带有许多住宿设施，从大型的温泉度假酒店到普通百姓经营的旅馆一应俱全。可以利用从代尼兹利或者帕姆卡莱的迷你巴士到这里。

卡克勒克洞穴

Kaklık Magarası MAP/p.8-F

交 位于代尼兹利25千米处。从帕姆卡莱坐车40分钟可达 开 24小时 休 无 TL 2TL

在卡克勒克近郊发现了这座洞穴。可以乘坐出租车前往参观（往返费用120TL），也可以参加酒店组织的旅游团（每台大巴50美元），非常方便。还可以乘坐迷你巴士在去往卡克勒克的途中下车步行前往。

洞穴内流淌着矿物质泉水，并且形成石灰华部分，因此被称为“帕姆卡莱第二”。洞穴中设计的道路是沿着石灰华中间部分穿过，步行的话大约15分钟可走完。石灰华的面积并不是很大，但足以使人尽情欣赏白岩与碧水交相融合的奇妙景象。闭上耳朵可以聆听泉水叮咚声响。入口处有温泉水泳池，可以游泳。

卡克勒克洞穴内的小型石灰华

R H 餐厅 / 酒店　　帕姆卡莱 ☎0258

哈尔图尔酒店

爱情大酒店

R 餐厅

穆罕默德的天堂餐厅 Mehmet's Heaven　预算 20TL~　MAP/p.194

交 从广场步行3分钟即可达到 ✉ Atatürk Cad.25

☎ 272-2643 营 8:00~24:00 休 无

利用古宅改装而成的特色餐厅。餐厅里摆放着传统的土耳其式座椅和桌子，很有个性。菜肴种类很多。

H 酒店

哈尔图尔酒店 Hal-Tur　S €50　W €70　MAP/p.194

交 从广场步行4分钟即可达到 ✉ Mehmet Akif Ersoy Bul.71

☎ 272-2723 FAX 272-2251 室 28 HP www.haltur.net C M V

面朝巴士大道而建。客房数量比较少，但是每个房间都布置得干净舒适，各种设施也比较齐全。酒店庭院中有小型泳池，还有一座小型观赏建筑。

爱情大酒店 Grand Sevgi　S 60TL　W 100TL　MAP/p.194

交 从广场步行7分钟即可达到 ✉ Mehmet Akif Ersoy Bul.39

☎ 272-3000 FAX 272-2359 室 150 HP www.grandsevgiotel.com

C M V

※酒店的费用有的用TL表示，也有的酒店会接受$或€。

位于帕姆卡莱石灰华地区，是为数较少的大型酒店。许多国外观光游客在此居住。

●和谐酒店 Uyum　S 50TL　W 100TL　MAP/p.194
交 从广场步行6分钟即可到达 ✉ Mehmet Akif Ersoy Bul. 43
☎ 272-2133 FAX 272-2137 室 54 C M V

位于爱情大酒店旁边，是一家中档酒店。酒店布局规范，房间内部整洁安静，设施齐全。可以步行前往石灰华地区。

●商宫酒店 Kervansaray　S 30TL　W 70TL　MAP/p.194
交 从广场步行4分钟即可到达 ✉ Pamukkale Kasabası Oğuzkan Cad. 1 ☎ 272-2209 FAX 272-2143 室 14 HP www.geocities.com/kervansaray2tr

一家当地人经营的家族式旅馆。房间收拾得干净整洁、朴素简单。房内带有卫生间、空调以及浴池等设施。餐厅顶层设有露天席。做菜的师傅是镇子上有名的大厨，可以接受顾客的点餐。酒店还提供免费接送巴士。

●阿斯帕瓦酒店 Aspawa　S 35TL　W 60TL　MAP/p.194
交 从广场步行7分钟即可到达 ✉ Turgut Özal Gazi Cad.28
☎ 272-2094 FAX 272-2631 室 12 HP www.aspawapension.com

与商宫酒店同为一个家族经营。房间干净整洁，内部设有有线电视。可以免费上网。有的房间带有浴室，并周到地为旅游团提供5人间。酒店有专门的接送巴士。

●帕姆卡莱酒店 Pamukkale　S 50TL　W 75TL　MAP/p.194
交 从广场步行4分钟即可到达 ✉ Kasabası ☎ 272-2090 室 12

位于商宫酒店旁边。房间数量较少，但每间都收拾得很有感觉。热心的店主把房间布置得非常温馨。酒店庭院中设有大型游泳池。

●伙伴酒店 Arkadaş　S 30TL　W 45TL　MAP/p.194
交 从广场步行2分钟即可到达 ✉ Atatürk Cad.20
☎ 272-2183 FAX 272-2589 室 10

店主会说英语，很多外国游客都选择住在这里。旅馆与当地旅行社有一定的联系，可以拜托酒店服务生帮忙预订各种票务。

＜卡拉哈耶特地区＞

●里士满酒店 Richmond　S €90　W €120　MAP/p.194外
交 位于卡拉哈耶特地区 ✉ Karahayıt ☎ 271-4294
FAX 271-4078 室 315 HP www.richmondhotels.com.tr C M V

是一家比较高级的温泉酒店。全部房间内部都设有浴室。是很多旅行团的首选。

●科洛塞温泉酒店 Colossae Thermal　S 150TL　W 220TL　MAP/p.194外
交 位于卡拉哈耶特地区 ✉ Karahayıt ☎ 271-4156 FAX 271-4250
室 231 HP www.colossaehotel.com C A M V

是一家非常豪华的高级温泉酒店。规模较大，设有浴室、游泳池、美容院等高档设施，提供按摩等服务。全部房间都带有浴室。提供免费早餐。

●波拉特温泉酒店 Polat Thermal　S 125TL　W 250TL　MAP/p.194外
交 位于卡拉哈耶特地区 ✉ Karahayıt ☎ 271-4110
FAX 271-4092 室 286 HP www.polathotel.com.tr C V

是一家设有浴场、游泳池的高级酒店。环境比较安静，去往温泉地比较方便。喜欢幽静氛围的游客可以选择这里作为落脚点。

●利克斯河酒店 Lycus River　S 120TL　W 180TL　MAP/p.194外
交 位于卡拉哈耶特地区 ✉ Karahayıt ☎ 271-4341
FAX 271-4351 室 235 HP www.lycusriver.com C A M V

酒店全部客房都带有浴室，并且内部是禁烟的。除此之外，浴室、桑拿室等设施也很齐全。提供免费早餐。

●烛台温泉酒店 Şamdan Thermal　S 65TL　W 90TL　MAP/p.194外
交 位于卡拉哈耶特地区 ✉ Karahayıt ☎ 271-4368
FAX 271-4369 室 34 HP www.samdanotel.com

一层的每个房间都有温泉水直接流进浴室，可以在房间里泡温泉。房间内都有浴室。并且在酒店的中庭设有大游泳池供客人娱乐。提供免费早餐。

商宫酒店

阿斯帕瓦酒店

伙伴酒店

科洛塞温泉酒店

里士满酒店

烛台温泉酒店

阿佛洛狄西亚

APHRODISIAS

MAP/p.6-F

供奉着爱与美的女神——阿佛洛狄西亚。罗马帝国皇室最宠爱的城市之一。

阿佛洛狄西亚这座城市是以女神阿佛洛狄西亚的名字来命名的，整座城市也是在女神的庇护之下发展起来的。因为交通不便的缘故，到这里游访的旅客较少。但是这里的遗迹非常美丽，博物馆内的藏品也非常有参观价值。古城阿佛洛狄西亚也被称作是雕塑之城。

交通方式

阿佛洛狄西亚古城交通不是非常方便，建议在旅游高峰时，利用从塞尔丘克、帕姆卡莱始发的旅行团巴士前往。

想要按照自己的意愿进行参观的，可以选择近郊的纳吉利（Nazilli）作为据点城市。纳吉利距离帕姆卡莱75千米，距离塞尔丘克95千米。一般可以在纳吉利乘坐巴士或出租车去往古城附近的盖雷伊村（Geyre），然后再去往古城。

如果结伴前往参观的话，乘坐出租车比较方便。乘坐出租车的往返费用大约是60TL。

历史概览

阿佛洛狄西亚古城的名字来源于女神阿佛洛狄忒。希腊文明时期之后一直使用这个名字。在此之前古城的名字叫尼诺艾。古城中出土的阿佛洛狄西亚女神像，与以弗所的阿尔忒弥斯神像有共通的地方，姿态样貌比较奇特。大概也是当地人在其他神灵的基础上，加上自己的想象加工而成的形象。

博物馆前放置的美杜莎头像

城市在公元前2世纪时期处于罗马安纳托利亚统治下，这一时期较为安定，并逐渐形成了阿弗洛狄西亚的信仰圈。

罗马独裁者苏拉在与潘多斯的战争中取得了胜利，并建起了神殿，将黄金皇冠和战斧供奉在神殿里面。之后的历代罗马皇洛狄西亚被看做是罗马的圣母。

阿佛洛狄西亚古城曾被看做是圣区，这里免除一切苛捐杂税，并拥有退避权（被圣区所接受的罪人免受任何人的追捕）。许多虔诚的信徒远道而来参拜，门厅之前常

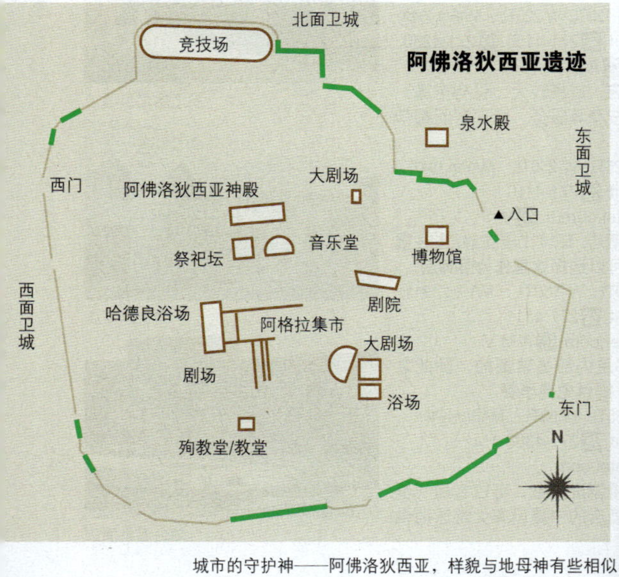

城市的守护神——阿佛洛狄西亚，样貌与地母神有些相似

音乐堂中出土的神官像

默尔波墨涅之像

造型美丽的城门牌楼

阿佛洛狄西亚神殿遗迹

有信徒络绎不绝的场面出现。

阿佛洛狄西亚古城曾以精美的大理石雕刻而闻名。这里有大量的大理石资源，很多雕刻技师技艺高超，留下了不少人物肖像、装饰品以及大理石石棺等作品，并被运送到地中海各地。

这样的繁荣景象曾一直持续到公元4世纪。之后，基督教进入这片土地，并渐渐取得了主导权，城市的发展也多少受到了一定的影响。公元7世纪时期曾发生过大地震，城市遭到了毁灭性的打击。

到了拜占庭时期，曾把这座城市的名字定为卡利亚，而今天的盖雷伊村就是这个名字音变后的叫法。盖雷伊村曾位于遗迹中，但是20世纪中期时，为保护古代遗址的发掘，将村子转移至现在的地方。

保存良好的竞技场

阿佛洛狄西亚古城遗迹

开 8:00~18:30（美术馆~17:00） 休 无 TL 8TL

阿佛洛狄西亚博物馆 博物馆位于遗址入口右侧，入馆收费5TL。这里珍藏着从遗址中出土的雕像、浮雕，数量众多。圣像大厅中展示有皇帝、皇后和贵族的雕像。内部还有一座默尔波墨涅音乐堂大厅，展示有罗马后期、拜占庭时代的雕像。其中，在音乐堂大厅中出土的默尔波墨涅神像非常值得一看。

城门牌楼 由四个柱子组成的大门。在大门的四个角伫立着四组圆柱，支撑起大门顶，非常漂亮。牌楼面朝城市南北走向的大街而建。据说是公元2世纪中期建造的。建造目的不详。

竞技场 整个竞技场长262米、宽58米，最多可容纳3万人。曾用作赛跑、角斗、拳击比赛等体育项目，也作为音乐会的会场使用。竞技场的墙壁一直蔓延到城市北端，也有防御外敌入侵的功能。

阿佛洛狄西亚神殿 神殿利用公元5世纪末期的一座基督教教堂改建而成。发现的时候，神殿已经遭受了很大的损害，只有14座石柱依然伫立在神殿周围。

塞巴斯特斯祭拜堂 是皇室进行祭拜的场所。柱廊长达80米，回廊有14米宽。塞巴斯特斯是罗马初代皇帝阿乌格司的徒司。这里有许多精美的浮雕。

大剧场和音乐堂（室内）也保存较为完好。

历史之泉 **阿佛洛狄西亚**…罗马时期称为维纳斯。特洛伊的英雄埃涅阿斯是阿佛洛狄西亚的儿子。在特洛伊陷落之后建起了罗马城。罗马皇帝就是他的子孙，并把阿佛洛狄西亚看成是守护神。

MAP/p.6-F

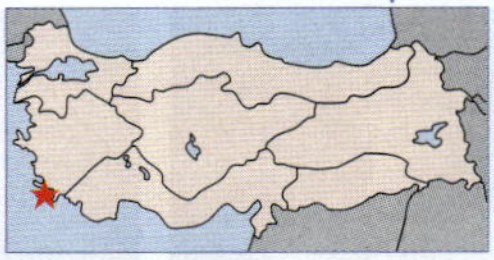

博德鲁姆

BODRUM

人口大约3.3万

古时名为哈利卡纳苏斯。十字军的城堡倒映在海面上，美丽的度假胜地。

一派碧波蓝天的景观，是土耳其首屈一指的国际性旅游度假胜地。坐落在山丘上的白墙房屋群像是环形的观众坐席一样，将整个港口围绕。海边大道绿树成荫，形成优美的散步道。不时可见欧美游客乘坐豪华游艇行驶在海面上。迪斯科、音乐响个不停，放松休闲的人们一直欢腾到深夜。

交通方式

博德鲁姆近郊35千米处的米拉斯设有机场。从伊斯坦布尔乘坐飞机历时1小时15分钟到达，一天内有7次航班。然后从米拉斯乘坐巴士去往博德鲁姆。

从伊斯坦布尔乘坐长途汽车历时12个小时（夏季车次较多，冬季车次较少）到达，75TL。从伊兹密尔出发历时3小时30分钟到达，20TL。从以弗所出发历时3小时到达，每天发车5次，25TL。

长途汽车站位于博德鲁姆市中心地区。从港口步行8分钟即可到达。

漫步导览 区号0252

MAP/p.204-A 地 Barış Meydanı48 ☎ 316-1091 开 8:00~17:00（夏季时间延长） 休 冬季周六、周日 交 港口城堡下的广场

从长途汽车站去往港口的途中，会经过货币兑换处、邮局、餐厅等场所。市政府广场上设有市政厅和阿塔图尔克像。东侧是巴扎集市。海岸一带是特产商店和城堡。很多娱乐场所也集中在这里。

港口附近还有很多海鲜餐厅和咖啡馆，可以一边观海景，一边慢慢地享用美食。这里不乏许多国际性的餐厅，可满足各国游客的饮食需求。

以港口为中心的周围地带，是住宿酒店的集中区。不过港口附近多为价格低廉的家庭式旅馆，而远处的山丘上则坐落着大型豪华酒店。夏季旅游高峰时，住宿费用会有所上调。港口附近非常热闹拥挤，特别是夏季，玩耍的人群通常会闹腾到深夜。所以建议选择费用较高的豪华酒店，只为了能够安静舒适地住上一晚。

博德鲁姆城市周边也有几个大型海滩。可以报名参加海上旅游团，尽享海上美丽风景。距离博德鲁姆最近的是居姆贝特海滩（Gümbet Plajı）。从长途车站乘坐巴士去往这里只需要10分钟。海滩附近坐落着不少酒店。

位于爱琴海之岬、圣约翰骑士团修建的城堡。建造这座城堡使用了大量摩索罗斯陵墓的石头

历史概览

博德鲁姆的城市建在哈利卡纳苏斯遗址上。它所在的这一片地区叫做卡利亚。

古希腊民族的一支——多利安人移居这里并建造了这座城市的雏形，当时名为哈利卡纳苏斯。公元前8世纪，受爱奥尼亚的影响，从多利安城市联盟中分裂出来。

公元前7世纪~公元前6世纪中期，博德鲁姆处于吕底亚王国的统治之下。之后，吕底亚王国惨败于居鲁士二世，从此，博德鲁姆归为波斯的属地。公元前480年的萨拉米海战中，希腊舰队在雅典附近的萨拉米海峡痛击波斯舰队，海战决定了希腊在希波战争中的胜利。从此，博德鲁姆又成为希腊的附属地之一。

公元前4世纪中期的国王摩索罗斯，将都城转移到哈利卡纳苏斯地区。后来他的妻子为其修建了陵墓。他妻子死后，其妹妹阿达继续完成建筑工程。石棺保存在博德鲁姆城堡博物馆内。

十字军最后的据点

公元前334年，亚历山大大帝东征，在大半个城市被攻陷的情况之下，勇猛的军士们顽强抵抗，与亚历山大大帝展开了激烈的斗争。位于城镇西面的冥多斯城门遗迹，是博德鲁姆保留至今的众多遗迹之一。据说，当时不少战士溺死在城门下的壕沟里。之后的哈利卡纳苏斯曾有过一段时期的独立掌权阶段，但之后不久被埃及托米勒王朝占领，之后又先后被塞硫古王朝、罗马帝国所统领。

15世纪初期，奥斯曼帝国的穆罕默德一世允许十字军之一的骑士团进驻罗得岛，并在岛上修建了博德鲁姆城堡。1522年，苏莱曼一世率领军队大举进攻罗得岛，翌年，骑士团从哈利卡纳苏斯撤出。

博德鲁姆周围的山丘上是密密麻麻的白墙住房

港口附近面向游客开放的巴扎集市

许多游客经常在此长期驻留，悠闲地度过漫长的假期

观光亮点

博德鲁姆城堡（水下考古博物馆）

Bodrum Kalesi MAP/p.204-A

交 从旅游咨询处步行3分钟即可到达
开 8:00~18:30（冬季~17:00） 休 周一 TL 10TL

博德鲁姆城堡现已成为水中考古博物馆，里面展出战争中沉船的复原结构、酒壶、玻璃器皿等珍贵藏品，值得一看。

博德鲁姆城堡又叫做圣彼得城堡。15世纪初期，十字军之一的圣约翰骑士团以罗得岛为基地，占领了博德鲁姆，并开始兴建这座城堡。修建过程中使用了大量摩索罗斯陵墓的石头。骑士团的成员来自于不同的地区，因此也在城堡中修建了各种不同风格的塔，比如德国、意大利、法国、英国等不同式样的塔，十分有趣。这座城堡从开始修建到正式竣工历时20余年，所以这些石塔的建筑时期也各不一样。

骑士团随即以这座城堡和罗得岛为据点，在16世纪初期向地中海各地发起了猛烈的进攻。

参观法国塔是另外收费的，门票5TL。这里展示有卡利亚女王的石棺、遗骸、黄金头冠、项链、手镯、戒指等珍贵物品。在塔顶可以欣赏海面风景，一览博德鲁姆城市的整体面貌。

另外，在馆内还展示着沉船当中的财宝、牢狱中的刑具、中世纪的武器以及后期土耳其人修建的浴室等。参观需要提前预约，留出足够的时间比较好。

城堡下面的海面上停泊着不少观光巡游船

从失事船只中打捞上来的陶罐

历史之泉 希罗多德…公元前5世纪的古希腊历史学家，出生于博德鲁姆。他用尽毕生时间周游黑海北岸、埃及、美索不达米亚平原地区，著有《历史》一书。被人称为“历史学之父”。

摩索罗斯博物馆

Mausoleion Muzesi MAP/p.204-A

☎316-1219 开8:30~17:30 休周一 TL 8TL

摩索罗斯陵墓是卡利亚国王摩索罗斯在生前为自己所建造的。他于公元前4世纪去世。之后，他的妹妹，也是他的妻子阿尔特米西亚为其继续建造，从各地请来许多著名的雕刻师和建筑师，最终完成了这一浩大的工程。

陵墓堪称完美，被誉为“古代世界七大

▲墓室中的洼地。陵庙的样貌已然不复存在

▼神庙的立柱被用作博德鲁姆城堡的石材

◀描述战争场面的浮雕

奇观”之一。基座四周围绕有36根柱子构成的爱奥尼亚式连拱廊，立柱柱廊顶部是一座24阶金字塔构成的屋顶。整个陵墓使用了16万个重达3吨的巨石，高度达到了50米，其规模令人赞叹。其中，骑在马车上的摩索罗斯及其妻子阿尔特米西亚石像具有很高的历史价值。

如今，陵墓原貌已经不复存在。只能欣赏到是玄室的基盘、石盖、几根石柱等。摩索罗斯的雕像据说曾伫立了1500多年，但是最后在地震中倒塌。圣约翰骑士团为了修建城堡，将石材全部运去当做地基。

现在这里作为博物馆对外开放。挖掘时发现的摩索罗斯及其妻子阿尔特米西亚的雕像，还有大量的浮雕如今被珍藏在大英博物馆内。博物馆中的展示厅中陈列的是想象中的摩索罗斯神殿模型、描述战争场面的浮雕，以及神殿复原图等珍贵藏品。英语中陵庙叫做mausoleum（mausoleion为拉丁语），即来源于此。

去往周边诸岛

博德鲁姆位于爱琴海和地中海的交界地，附近有许多大大小小的岛屿，可以乘船去往这些岛屿参观游逛，一天内逛完并不是没可能。

去往科斯岛（希腊），乘船大约1个小时即可到达。轮渡每天早晨发船，下午16:30或17:00返回（夏季船次较多，冬季船次较少）。单程票价€20。夏季有高速船运行。

去往罗得岛（希腊），乘船大约2小时15分钟即可到达。每周发船两次（冬季船次减少）。单程票价€50。

近海一日游的行程多种多样，港口周边的旅行社可以接受预约。

在港口等候上船的游客

距离博德鲁姆最近的居姆贝特海滩

合适转烤肉快餐店

古典大剧场酒店

大勺风景酒店

信天翁酒店

好汉酒店

皇家遗迹海滩大酒店

R 餐厅

●鱼市餐厅 Balık Pazarı　预算20TL~　MAP/p.204-B

交 从市政厅步行2分钟即可到达 ☒ Cevat Sakır Cad. ☎ 无 营 18:00~23:00 休 周日

鱼市中非常有人气的大众餐馆。木头餐桌上的菜单里写有各种各样的当地美食。在鱼池挑选好食材和烹饪方法，静等待美味上桌即可。

●摩索罗斯餐厅 Mausolos　预算 33TL~　MAP/p.204-A

交 从市政厅步行4分钟到达 ☒ Çarşı Mah. Taşlık Sok.10 ☎ 316-4176 营 9:00~23:00 休 无

位于海岸线附近的大道旁边。餐厅内的海鲜料理非常美味，也可以吃到烤肉等肉类菜肴。周边也有好几家差不多的海鲜餐厅。

●合适转烤肉快餐店 Uyar Döner　预算 16TL~　MAP/p.204-B

交 从市政厅步行2分钟到达 ☒ Cevat Şakır Cad.13 ☎ 316-8554 营 11:00~翌2:00 休 无 酒 无

店内以快餐和烤肉为主。金牌菜肴是土耳其正宗烤肉。周围也有很多相似的快餐店，店内以年轻人居多。

H 酒店

●古典大剧场酒店 Antique Theatro　S 135TL　W 150TL　MAP/p.204-A

交 位于罗马大剧场对面 ☒ Kıbrıs Şehitleri Cad.169 ☎ 316-6053 FAX 316-0825 室 20 HP www.antiquetheatrehotel.com C A M V

当地一家著名的私人酒店。许多演艺界的人士喜欢在此居住。从海景房可以看到海面风景和整个城镇面貌。环境安逸宁静，非常舒适。

●卓越别墅大酒店 Seçkin Konakları　S 199TL　W 269TL　MAP/p.204-A

交 从市政厅步行15分钟即可到达 ☒ Neyzen Tevfik Cad.246 ☎ 316-1351 FAX 316-3336 室 45 HP www.seckinkonaklari.com

位于海滩旁。酒店外墙是白色的，环境优雅。中庭设有泳池，可进行水上运动。有套房。

●码头远景大酒店 Marina Vista　S 220TL　W 300TL　MAP/p.204-A

交 从市政厅步行10分钟到达 ☒ Neyzen Tevfik Cad.188 ☎ 316-2269 FAX 316-2347 室 85 邮 marinavista@superonline.com C M V

规模较大，是城镇中数一数二的高档酒店。内设桑拿室、泳池等娱乐设施，全部房间都设有浴室。

●大勺风景酒店 Çomça Manzara　S $105　W $140　MAP/p.204-B

交 从市政厅步行12分钟到达 ☒ Meteoroloji Üstü ☎ 316-2012 FAX 316-1720 室 96 C M V

位于半山腰上，视野极好。环境安逸舒适，居住在这里，让人忍不住想长留。

●信天翁酒店 Albatros　S 100TL　W 160TL　MAP/p.204-A

交 从市政厅步行5分钟到达 ☒ Menekşe Çık.6 ☎ 316-7117 室 16

位于海岸大道中心处附近，交通极为便利。周围有餐厅、商店等公共设施，外出购物也比较便捷。房间内带有浴室。可以先看房后再决定是否入住。

●好汉酒店 Kahraman　S 50TL　W 75TL　MAP/p.204-B

交 从市政厅步行8分钟到达 ☒ Üçkuyular Cad.17 ☎ 313-2307 室 19

酒店装饰的比较温馨，并且价格也不贵。值得推荐。

<居姆贝特海滩一带>

●皇家遗迹海滩大酒店 Royal Asarlık Beach　S 160TL　W 240TL　MAP/p.204-A外

交 从居姆贝特巴士站步行3分钟到达 ☒ Kaşif Ertekin Sok.7, Gümbet ☎ 319-3434 FAX 319-5576 室 154 C M V

位于海滩近处，一出酒店大门就是美丽的海滩。酒店中庭设有小花坛，泉水流淌，清新自然。房间内部设有浴室。尽可能选择海景房居住。免费提供早餐。

●老爹酒店 Baba　S $80　W $120　MAP/p.204-A外

交 位于居姆贝特海滩附近 ☒ Ayaz Cad.8, Gümbet ☎ 319-5372 FAX 319-3231 室 73 HP www.hotelbaba.com.tr C M V

位于海滩中间地带。酒店中庭设有一个大游泳池。冬季歇业。

※酒店的费用有的用TL表示，也有的酒店会用$或€表示。

地中海地区

Akdeniz

马尔马里斯
达尔扬
费特希耶
桑托斯/莱顿
卡什
凯科瓦
德姆雷
安塔利亚
潘菲利亚
阿拉尼亚
锡利夫凯
安塔基亚

地中海地区概观

气候与地理

这里被海拔2000米以上的山脉所包围，并与海相连，形成了无数大大小小的港湾以及入海口，海岸线极其复杂。地势高低起伏不平，平原地区很少。放眼望去，险峻的山峦背后，是一望无际的蓝天碧海，景色颇为壮观。

这里与爱琴海地区一样同属地中海气候。就降水量而言，冬季丰沛，夏季雨水极少。气候方面，冬季温暖，夏季越往南温度越高。5~10月是游泳的好季节。沿海岸线一带则是高原内陆型气候，昼夜温差非常大。

海岸线道路曲折，实际距离要比地图上的直线距离长很多，所需时间也会长一些。最近几年，土耳其政府在内陆地区修建了几条快速公路，大大缩短了行驶时间。不过，在新线路上，欣赏到的景观会大打折扣。

马尔马里斯面向外国游客开放的商店

卡什西部小镇卡尔坎，风景秀丽如画的度假胜地

地中海西海岸的旅游度假胜地

位于地中海西部的城市马尔马里斯，近年来成为人们追捧的旅游度假胜地。一到夏天，大量游客蜂拥而至。这里作为旅游始发站，前往莱夏蒂耶半岛（Reşadiye Yarımadası）的尼多斯遗迹以及著名胜地达特恰的交通非常方便。这里也有渡轮去往罗得岛。

在马尔马里斯东部的达尔扬，有一条古老的河流——科伊杰伊兹湖(Köyceyiz Gölü)，在其上游还有一个以灰泥浴出名的浴场，经常吸引大量游客光顾。附近的城镇达拉曼设有机场，可以从伊斯坦布尔直接坐飞机前往这里。

古代利基亚遗址

利基亚位于土耳其西南部海岸，在地中海地图上可以看到一个突出海面的部分，这里就是利基亚地区。西面的费特耶及中央的卡什有许多观光酒店、公寓等。将此处作为去往海滩、遗迹的始发站非常合适。这里观光船只很多，出游非常便利。

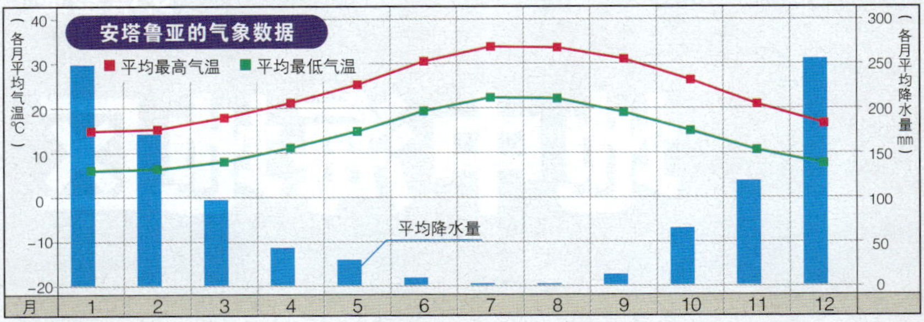

◀扉页图片…安塔利亚·卡勒伊奇港口下排列整齐的观光船

帕塔拉（Patara）位于城市中间，有著名的旅游海滩，相邻的城镇卡尔坎是最近很受人们欢迎的旅游小镇。这里风景如画，四季变幻着各不相同的美景。

卡什的东部，有凯科瓦岛、亚历山大大帝时期的教堂遗址。安塔利亚近郊的凯梅尔(Kemer)，被称作是土耳其最美丽的海滩。

安塔利亚南部一带温室栽培盛行

安塔利亚至锡利夫凯一带

土耳其地中海一带的旅游开发比爱琴海地区要晚一些。但是这一地区不乏著名的观光景点。比如安塔利亚，分布着许多遗迹，从老城墙上俯瞰整个安塔利亚港的景色非常美丽。虽然这里的物价较高，但是丝毫动摇不了人们的热情，许多亚洲旅游团也常常光顾这里。

近年来，阿拉尼亚的发展有目共睹，吸引了越来越多的游客。阿纳穆尔及锡利夫凯周边因为遗迹、古城、洞穴较多，很多游客也纷至沓来。而且这里住宿方便，交通工具也多，总的来说，是一个非常不错的旅游观光地。

沿海岸线上行一带是放牧者的天堂

地中海最大的平原切克洛瓦

在地中海的内陆中部地带，有一片较为广阔的平原，叫做切克洛瓦(Çukurova)平原，这是地中海地区面积最大的平原，也是地中海地区农业最发达的地方之一。其中心城市阿达纳，以纺织业兴旺发达而闻名。

切克洛瓦平原西端的城镇塔尔斯斯（Tarsus），是一座古代港湾都市。据说，是克娄巴特拉与安东尼相会的地方。这里有克娄巴特拉门，至今保留完好。这里也是基督教最初的传教者——保罗的诞生地。

从这里北上的山间道路叫做基里亚门，是古时候叙利亚去往安纳托利亚内陆的必经之路。亚历山大大帝就是经由此路，在伊苏斯与大流士三世进行最后的对决。

安塔利亚是一座阿拉伯色彩浓厚的城市。身处异国情调的旅游胜地，会使人忍不住发出感慨：的确是在遥远的他乡啊！

▲阿拉尼亚和锡利夫凯之间的玛姆莱·卡莱西
▶奥斯马尼耶附近的城塞遗迹。这一带城塞遗迹非常多，绕城环游比较有趣

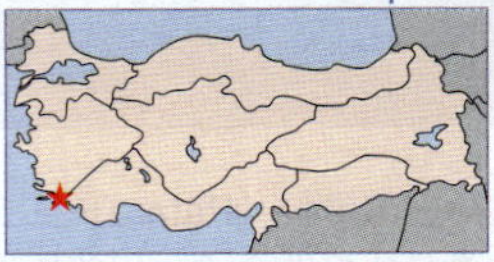

马尔马里斯

MARMARİS

人口大约3万人

夏季游客蜂拥而至的大型观光度假胜地，自古以来的天然优良港口。

马尔马里斯位于爱琴海和地中海相连接的陆上地带。自古以来，这里就是去往地中海的重要港口。城市背后是绿林茂密的延绵山脉。错综复杂的海港之内却是风平浪静的大海，其独特的气质吸引了大批游客前往。近年来，这里流行起了海上运动，作为旅游胜地的马尔马里斯，正凝聚着越来越多的目光。

交通方式

达拉曼机场离马尔马里斯市中心有90千米。从伊斯坦布尔出发历时1小时20分钟。每天有5次航班。下飞机后，乘坐机场大巴去往马尔马里斯。历时2小时到达。

从伊斯坦布尔出发乘坐长途汽车历时12个小时到达。夏天车次较多，车费70TL（车费随季节变化）。从伊兹密尔出发历时4小时到达，车费25TL。到达长途汽车站之后，换乘接送巴士再去往市内，10分钟即可到达。

沿海大道两侧，有许多露天咖啡厅

马尔马里斯因地理位置优越，在古代就是一座重要的军事要塞。现如今，这里已摇身变为大型的旅游度假胜地。一到旅游旺季，这里人满为患。许多喜欢热闹的年轻人也喜欢驻留此地。城市中心地区有一座大型超市，叫做坦萨什商店（Tansaş），其所在的街道也是马尔马里斯的主干道。巴士公司的办事处也位于这条道路上，许多巴士在这一带都设有站牌。

漫步导览

区号0252

MAP/p.212 ✉İskele Meydanı 2 ☎412-1035 开8:00~18:00（冬季~17:00）休冬季周六・周日

坦萨什超市前面的警戒线大街上可以看到许多银行和外币兑换处。从警戒线大街朝着城堡要塞方向行进，可以看到邮局、旅游咨询处。

在马尔马里斯的旧城区一带，有许多中级酒店、餐厅，还有很多特产商店、杂货店等。在这里边逛边看也不错。

如果想在这里悠闲度假的话，可以选择城市西面、沿海滩而建的大型酒店住宿。除此之外，还有一些价格相对便宜的家庭式旅馆，住宿条件不错，也可选择。还可以徒步前往海边或市内。

从高处眺望马尔马里斯港

历史概览

从安纳托利亚经由罗得岛可去往埃及。这里是地中海交易的重地。公元前6世纪左右，马尔马里斯作为卡利亚地方的重要城市，当时叫做菲斯克斯。罗得岛的势力在这一时期得到飞速发展，东起马尔马里斯，西至科尼德斯的大片区域都是其领地。马尔马里斯拥有天然的海港，也是与腓尼基亚人相对抗的重要军事据点。

公元前334年，马尔马里斯在经过亚历山大大帝和帕加马王国的阿塔罗斯的相继统治后，于公元前138年被划分为罗马的属地。后来，经过拜占庭帝国的统治后，于1425年并入奥斯曼帝国疆域之内。

傍海而建的住宅区

观光亮点

马尔马里斯城堡

Marmaris Kalesi MAP/p.212

交 从旅游咨询处步行5分钟即可到达
开 8:00~17:00 休 周一 TL 3TL

马尔马里斯城堡坐落在山崖之上，共有四个巨大的陵堡。关于城塞的建造年份，众说纷纭。据历史学家希罗多德记载，城塞始建于公元前6世纪之前。亚历山大大帝占领这座城堡之后开始修复工程。不过，人们普遍认为，城堡的修缮工程是于1545年苏莱曼大帝一世时期进行的。

1914年，法军占领了马尔马里斯。当时的城堡已经毁坏大半，之后经过了长期的修复工程。为改善和美化城堡环境，还在城堡内部放养了乌龟和孔雀。站在城堡上可以俯瞰马尔马里斯港湾美景。

如今的城堡，同时担任着博物馆的作用

穿过入口处的拱形大门，广阔的中庭就铺开在眼前。博物馆展示区也位于中庭。这里陈列着古代武器、钱币，以及近郊出土的各种文物、地毯和民族器具等。中庭的院落里，还摆放着出土于马尔马里斯一带的希腊文明时期的石雕、绘画品和陶制煤油灯等工艺品。

近郊海滩

马尔马里斯城堡西侧几千米处，就是平缓的海岸线一带。这里设有大型海水浴场以及露天泳池，许多人都喜欢惬意地躺在海滩上来个日光浴。

伊奇梅莱尔（İçmeler）和图伦奇（Turunç）是两个大型的综合娱乐型海边度假区。伊奇梅莱尔海滩距离马尔马里斯市中心8千米，图伦奇海滩位于马尔马里斯西20千米处。这里海水清澈碧蓝，环境优美，各种娱乐设施齐全。可以乘坐巴士前往，历时30分钟至1小时即可到达。也可以在警戒线大街乘坐水上巴士前往。

美丽的伊奇梅莱尔海滩风光

短期旅行团

当地的旅行社提供地中海一日游团体旅游项目，其娱乐内容较为丰富，既可以去海滩享受惬意的日光浴、进行奇趣的水上运动，也可以参观各种古迹、洞穴等遗址。这些旅行团一般是从马尔马里斯出发，选择性地去往海滩或罗得岛，傍晚时分返回。有时间的不妨报团参加。旅游团一般上午10点出发、下午7点返回，包含午餐在内团费35TL左右。去往达恰半岛的旅游团，一般乘坐豪华游艇出发，绝对令人难忘。

去往罗得岛

夏季旅游高峰时期，快速游艇每天9:00、16:00发船，历时1小时左右即可到达罗得岛。当日往返，费用€47。非当日往返，费用€75。冬季船次相应减少，一周发2次船。乘坐观光船需要花费2小时30分钟到达。

R H 餐厅／酒店　马尔马里斯　☎0252

全景餐厅

长老餐厅

柏戴斯泰咖啡厅

皇家马里斯大酒店

哈勒哲一号酒店

R 餐厅

●全景餐厅 Panorama　预算 40TL~　MAP/p.212

交 从巴士终点站步行12分钟即可到达 ✉ Marmaris Kalesi Yani

☎ 412-8961 营 9:00~翌日1:00 休 12月份至来年3月份

餐厅建在老城区的高地处，远处是城堡和一望无际的美丽港湾。餐厅主营鱼料理和肉料理。座位有点少，仅有24桌，需赶早前往。

●长老餐厅 Dede　预算 40TL~　MAP/p.212

交 从坦萨什超市步行10分钟即可到达 ✉ Barbaros.Cad.15

☎ 413-1711 营 8:30~翌日1:00 休 11月中旬至来年2月末

这家餐厅擅长做鱼，其特色做法是把整条新鲜的鱼用盐腌制一会儿，然后放到火上烤制，烤好后马上食用，非常好吃。

●柏戴斯泰咖啡厅 Bedesten　预算 20TL~　MAP/p.212

交 从坦萨什超市步行7分钟即可到达 ✉ Çeşme Meydanı Eskicamii Yanı ☎ 412-8838 营 8:00~翌日2:00（冬季10:00~18:00） 休 无

这家当地人常去的咖啡厅位于巴扎集市里面。除了饮品之外，咖啡厅还提供特色水烟，口味多达20余种，有香蕉、橙子、苹果、咖啡味等。18TL。

●塞浦路斯法式糕点 Kıbrıs Patisserie　MAP/p.212

交 从坦萨什超市步行3分钟即可到达 ✉ Atatürk Cad.99Sok.11

☎ 412-5072 营 7:00~翌日2:00 休 无

这家甜品店规模较大，以传统口味的甜点为主，店内的师傅也制作一些饼干之类的、口感不错的点心。分量十足，足以充饥，一份5TL。

H 酒店

●皇家马里斯大酒店 Royal Marıs　S 110TL　W 150TL　MAP/p.212

交 从坦萨什超市步行10分钟即可到达 ✉ Ataturk Cad.34

☎ 412-8383 FAX 412-4112 室 71 HP www.royalmarishotel.com

位于海滩沿岸的高级酒店。设有游泳池、浴室、桑拿等豪华设施。一层是餐厅，靠海房间可以欣赏海面风光。3人间180TL。

●哈勒哲一号酒店 Halıcı 1　S 90TL　W 120TL　MAP/p.212

交 从坦萨什超市步行5分钟即可到达 ✉ Çam Sok.1

☎ 412-1683 FAX 412-9200 室 175 HP www.halci.com

酒店占地面积较大，设有豪华的中庭花园供客人休憩。酒店距离主干道和闹市区较远，非常安静。全部房间都设有空调、浴室等设施。酒店距离海边不到100米。酒店从11月中旬到次年4月上旬休业。

●江当大酒店 Candan　S 100TL　W 140TL　MAP/p.212

交 从坦萨什超市步行10分钟 ✉ Atatürk Cad.44

☎ 412-9302 FAX 412-5359

位于皇家马里斯大酒店旁边，是一家高级豪华酒店。酒店外面就是海滩，是游泳和散步的好去处。客房收拾得整洁干净。旅游淡季时房费会打4折。

历史之泉 马尔马里斯…关于马尔马里斯的名字的由来，有许多不同的说法。其中之一，据说这个名字是苏莱曼占据罗得岛之后，把这里作为关键的城堡据点并命名的。

MAP/p.6-F

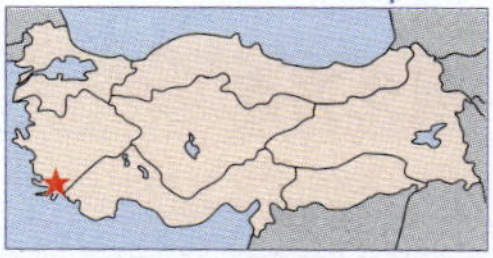

达尔扬

DALYAN

人口大约4100人

湖海连接处的水路小镇。自然古朴元素保留甚多的休假地。

达尔扬位于马尔马里斯和达拉曼之间，原本只是一个有河流经过的小渔村。邻近有卡利亚人的岩墓穴以及因十分有趣的泥巴浴而逐渐发展起来的观光小镇。整座小镇被达尔扬河所贯穿，附近还有湖，湖岸风光独好，两侧的山峦和平原平添了许多绿色。许多游客泛舟湖面，或是在岸边垂钓，静静地享受这份世外桃源的独到乐趣。

交通方式

从伊斯坦布尔乘坐飞机历时1小时20分钟可到达拉曼机场，每天有5次航班。然后换乘巴士去往达尔扬。也可以从机场乘坐小巴前往市内。

前往达尔扬需要乘坐到奥尔塔贾（Ortaca）方向的巴士。从达拉曼机场前往奥尔塔贾历时30分钟，车次很多，车费3.5TL。从奥尔塔贾有很多小巴发车到达尔场市内，历时30分钟，车费3.5TL。

漫步导览

区号0252

美丽的达尔扬河静静地流淌在城镇西面。到达达尔扬的巴士终点站之后，可看到一个小广场，广场内设有邮局和ATM机。广场上伫立有阿塔图尔克像和海龟雕像。

酒店除了p.216中介绍的在镇子北部地区的那些外，在达尔扬河沿岸大道附近也有一些家庭式旅馆。这些旅馆大都带有顶层餐厅或露天阳台，以便客人欣赏到河岸景色。

碧波荡漾、宛转曲折的达尔扬河纵穿整个小镇，长达13千米，最终流入地中海。河口东部6千米处左右，是伊足苏海滩（İztuzu Plajı）。这里是著名的海龟产卵地，每年5~9月，海龟都会到伊足苏海滩上产卵，数量之多令人惊叹。小海龟孵化出来之后，会在晚上爬向月光粼粼的大海。为了使得小海龟不至于因为光亮太多而迷路，海边一律不准建造民房或一切公共设施。并且，在产卵期间，任何人禁止在夜间步入海滩。但是，白天是允许的，可以在海滩享受日光浴、进行海上娱乐，都是没有问题的。

行船至岩墓穴下

达尔扬的观光景点并不多，主要景点是小镇附近的卡乌诺斯和科伊杰伊兹湖（Köyceğiz Gölü）。科伊杰伊兹湖以其秀美的风光吸引了大批游客前来观赏。在科伊杰伊兹湖畔，还有一座著名的温泉——苏丹尼耶温泉。

夏季旅游高峰期间，有的旅行社会提供达尔扬一日游，包含了伊足苏海滩、卡乌诺斯、科伊杰伊兹湖以及苏丹尼耶温泉在内的娱乐地。报团费用90~120TL。也可以进行自助游。乘船去往卡乌诺斯，大约花费20分钟即可到达，船费15TL。海边的酒店大都提供游船租赁服务，谈好价格之后就可以自己驾船前往。

碧波荡漾的达尔扬河

历史之泉 卡乌诺斯人…卡乌诺斯人是原住民，而卡乌诺斯人自己认为他们的原始居住地是克里特岛。卡乌诺斯人的风俗与其他民族不同，不过，他们都非常热情好客，热烈欢迎来自不同国度的游客。

观光亮点

卡乌诺斯

Kaunos MAP/p.216外

交 从达尔扬小镇乘船20分钟即可到达
开 9:00~18:00 休 无 TL 8TL

如果选择自助游的话，可以在栈桥处乘坐小船到达。撑船的船主十分热情，价格也好商量。乘船费用往返大约15TL。河对面是船主自家开的咖啡厅。

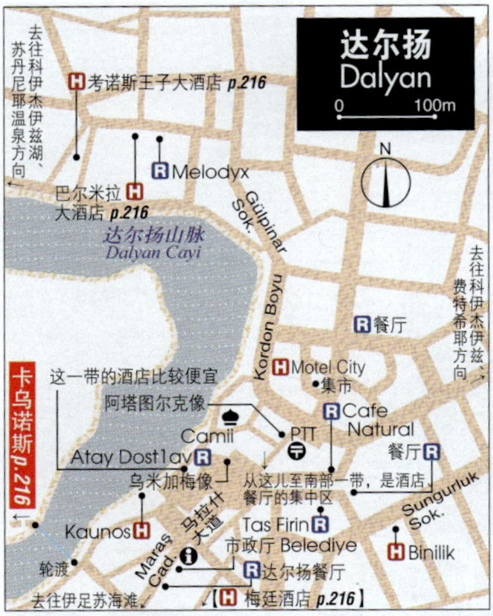

可在湖畔餐厅一边欣赏河面风光一边用餐

卡乌诺斯是公元前4世纪繁荣发展起来的卡利亚地区的主要城市。在这里发现的岩石墓穴被认为是公元前4世纪的国王墓穴，也是卡乌诺斯标志性的存在。这座陵墓造型奇特，与在费特希耶发现的岩石洞墓有相似之处。

沿着岩石墓穴下方左拐，可以去往卡乌诺斯古城遗迹。一路上经过罗马帝国时代的大剧场遗迹、体育场以及浴场遗址。这些古建筑遗迹大都保存良好，特别是浴场遗迹，几乎与当年的面貌一样。从浴场南面的窗户向外眺望，可以看到港口水面上交织往来的船只。

山崖之上有两层厚厚的城墙壁，据说建造于公元前5世纪。在这里可以眺望到达尔扬河岸风光，以及山间景色。

H 酒店　　达尔扬 ☎0252

考诺斯王子大酒店

巴尔米拉大酒店

H 酒店

●考诺斯王子大酒店

Prince of Caunos S 80TL W 100TL MAP/p.216

交 从小镇中心步行4分钟即可到达 ✉ Gülpınar Mah. ☎ 284-2604
FAX 284-5230 邮 merttutar_14@hotmail.com 室 13

酒店全部房间都带有空调、浴室等现代化设施。酒店内部还设有泳池，为喜欢水上娱乐的客人提供服务。餐厅、酒吧等娱乐场所也一应俱全。酒店从11月到次年3月休业。

●巴尔米拉大酒店 Palmyra S 70TL W 90TL MAP/p.216

交 从小镇中心步行3分钟即可到达 ✉ Gülpınar Mah.62
☎ 284-2096 FAX 284-2555 室 20

酒店建于达尔扬河畔，共有二层。房间收拾得干净整洁，并带有空调、浴室等设施。湖边还建有泳池，可在泳池中一边放松身体，一边欣赏湖面上来来往往的船只，别有一番乐趣。

●梅廷酒店 Metin S 50TL W 80TL MAP/p.216外

交 从小镇中心步行4分钟即可到达 ✉ Maraş Mah. Erkul Sok.
☎ 284-2040 FAX 284-2066 室 57（有5间客房带有迷你厨房）
HP www.metinhotel.com C V

酒店距离小镇中心较近，去往其他的景点也非常近。酒店内部房间装饰精美，带有阳台、餐厅等设施，是让人放松休闲的好住所。

梅廷酒店

MAP/p.6-F

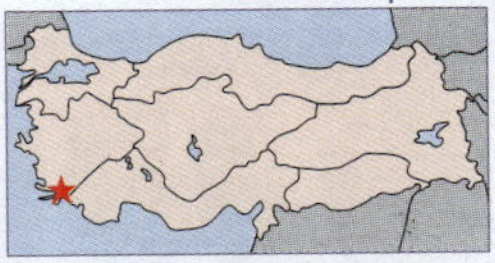

费特希耶

FETHİYE

人口大约7.7万人

宁静的港湾城市。东部有地中海首屈一指的美丽海滩。

费特希耶的港湾非常多，风景也非常美丽。这座城市是从居鲁士大帝时代繁荣发展起来的，至今保留了大量的古代遗址。在20世纪中期左右，由于大地震的缘故，这些遗迹大都毁于一旦，如今人们所见到的只是一些碎垣残瓦。近些年，由于海滩度假地的兴起，游客的足迹也渐渐多了起来，许多人选择在这里长期逗留，以度过悠长的假期。

交通方式

从伊斯坦布尔乘坐飞机历时1小时20分钟可到达拉曼机场，然后换乘巴士去往费特希耶。每天有5次航班。

从马尔马里斯乘坐长途汽车历时3小时到达，车次较多，17TL。从卡什出发历时1小时45分钟到达，12TL。从安塔利亚出发历时3小时30分钟（内陆路线）到达，20TL。从安塔基亚来此路线较为曲折，历时6小时以上才可到达。

费特希耶的长途汽车站位于市中心2千米处。到达长途汽车站后，可以换乘小巴去往市中心。

漫步导览

区号0252

MAP/p.217-A ✉İskele Meydanı 15 ☎614-1527 开8:30~19:00（冬季8:00~17:00）休无（冬季周六·周日）
交从小巴车站处步行2分钟到达

古代泰尔梅索斯的遗址较少，比较知名的是城市后面悬崖上的阿米塔斯之墓。除此之外，还有一些大剧场和十字军城堡遗迹等。

市中心是从东侧的考古博物馆到西侧的游艇停泊港口之间。主要干道叫做阿塔图尔克大街，贯穿整个城市的东西两侧。酒店集中在海岸线一带，住在这里比较悠闲。

清晨的费特希耶港宁静祥和

著名的厄吕代尼兹（死海）位于市中心西南方8千米处。如果想要去往世界遗产桑托斯，可以在市区乘坐小巴前往。

要想高效地逛完费特希耶全部景观，建议报团参加当地旅行社提供的一日游项目。一日游的观光内容一般包括萨克勒肯谷、达尔扬泥浴以及桑托斯遗址等，费用40TL，包含午餐。也可以乘坐出租车环游，运费需要自行跟司机商议，一般半天$70。

著名的阿米塔斯之墓

卡亚柯于里大片被废弃的房屋

观光亮点

考古学博物馆

Arkeoloji Müzesi　　MAP/p.217-B

交 从阿塔图尔克像步行12分钟即可到达
开 8:00~17:00 休 周一 TL 8TL

考古学博物馆的规模并不大，馆内陈列着从周围出土的利基亚时期、罗马帝国时代、拜占庭时期以及奥斯曼时期的古文物，种类丰富，横跨的年代也十分久远。

阿米塔斯之墓

Amintas Kaya Mezarlar　　MAP/p.217-B

交 从阿塔图尔克像步行15分钟即可到达
开 8:00~17:00 休 无 TL 8TL

费特希耶在古代被称作利基亚地区。利基亚时期所修筑的墓群非常独特，在这一地区也得以较好地保留。这里有几座典型的利基亚山崖墓穴，其中最著名的就是阿米塔斯之墓。阿米塔斯在罗马帝国的支援下获得了对这片土地的统治权。从岩山上可以眺望海岸风景。沿着陡峭的石板道登上墓地，可以沿途欣赏风景。

这座陵墓是利基亚样式，内部摆放有长方形石棺。在市中心的阿塔图尔克像附近也保留有相似的建筑。

宁静无波的死海拥有美丽的海滩

卡亚柯于

Kayaköy　　MAP/p.217-B外

交 从市中心乘坐小巴20分钟到达，4TL。乘坐出租车往返45TL 开 随时 休 无 TL 8TL

卡亚柯于是“石头村落”的意思。土耳其共和国成立之后，国际联盟主导了土耳其和希腊之间大规模的移民计划，把希腊、土耳其境内的穆斯林与基督教徒互换。居民迁移后，大片房屋被废弃。在这里可以看到教堂中保留下来的描绘耶稣生涯的壁画和浮雕，还有葡萄酒窖以及礼拜堂等。

在近处有一些提供食宿的家庭式旅馆。

厄吕代尼兹（死海）

从长途汽车站前或从市中心的小巴乘车站乘坐巴士历时15分钟可到这里。

这里是土耳其首屈一指的美丽寒潭。由于整个海湾被群山包围，湖水平静无波，故称为“Ölüdeniz”，在土耳其语中就是“死海”的意思。

近年来，这里相继建起了不少酒店和餐厅，逐渐发展成一座旅游度假胜地。从旅游咨询中心往西步行3分钟即可到达珊瑚礁公园(Tabiat Parkı)。有很多人在这里一边喝茶一边欣赏风景。可以报团参加死海一日游，上午出发，晚上返回。历经的景点包括蝴蝶峡谷、青洞窟等。参团费用25TL，含午餐。

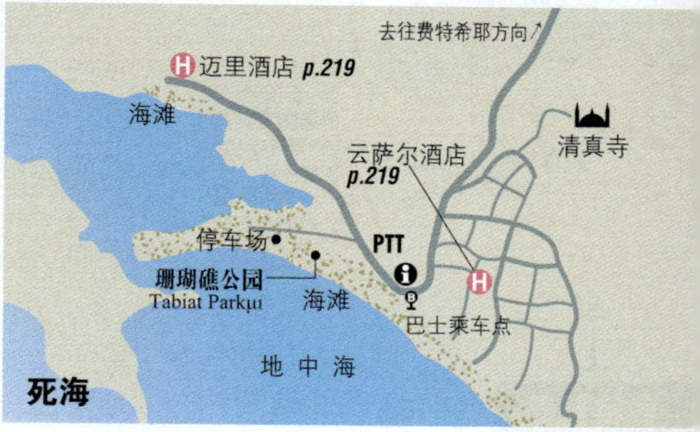

Ⓡ 餐厅

●迈里餐厅 Meğri Lokantası　预算 22TL~　MAP/p.217-A
交 从阿塔图尔克像步行2分钟即可到达 ✉ Ordukan A.Ş.Çarşı Cad. 30
☎ 614-4047 营 8:00~翌日2:00 休 无

当地一家著名的传统菜餐厅。以肉类料理、鱼料理以及各种饼为主。非旅游旺季时也经常营业到深夜。旁边还有一家姐妹餐厅，以海鲜料理为主。

●王宫餐厅 Saray　预算 22TL~　MAP/p.217-B
交 从阿塔图尔克像步行3分钟即可到达 ✉ Atatürk Cad.114 ☎ 614-2367
营 7:30~24:00 休 无

餐厅位于市政厅斜对面，大门开阔，十分热闹。菜肴种类丰富，主要菜品是传统的土耳其菜。烤肉、薄饼等都是这家餐厅的招牌菜。天气好的话，还可以在店外的露天席位用餐。

Ⓗ 酒店

●广场酒店 Plaza　S 35TL　W 70TL　MAP/p.217-A
交 位于阿塔图尔克像正面 ✉ Çarşı Cad.2 ☎ 614-9030 FAX 612-5067
室 22 HP www.otelplaza.com

酒店位于市中心，附近有许多餐厅、便利店。房间收拾得干净整洁，全部带有空调、彩色电视等设施。只有两间客房带有浴室，需要提前预约。

●长老之子酒店 Dedeoğlu　S 60TL　W 90TL　MAP/p.217-A
交 从巴士终点站步行2分钟即可到达 ✉ İskele Meydanı 1/1
☎ 614-4010 FAX 614-1707 室 35

酒店靠海一侧的房间可以眺望整个港口风光。酒店外观虽有些旧，但内部气派堂皇，并带有空调、彩色电视等设施。冬季住宿费用会降百分之二十左右。

●阿莱斯塔游艇大酒店 Alesta Yacht　S 180TL　W 240TL　MAP/p.217-A
交 从巴士乘车站步行3分钟即可到达 ✉ Yatliman Karşısı 17
☎ 601-0000 室 52 HP www.alestayachthotel.com

酒店刚刚装修对外营业。酒店外面就是海滩，早餐可以在酒店外面的用餐区享用，能欣赏到海边的美丽景色。海景房S 180TL，W 240TL；普通房间S 160TL，W190TL。

<厄吕代尼兹>

●迈里酒店 Meri　S 160TL　W 320TL　MAP/p.218
交 从厄吕代尼兹的巴士乘车点步行15分钟即可到达 ✉ Ölüdeniz
☎ FAX 617-0001 室 94 HP www.hotelmeri.com

酒店位于死海附近的山坡上，四周环境优美。可以乘坐缆车前往。住宿费含一日三餐，并且是自助餐。冬季11月到翌年3月酒店休业。

●云萨尔酒店 Ünsal　S 90TL　W 120TL　MAP/p.218
交 从厄吕代尼兹的巴士乘车点步行2分钟即可到达 ✉ Ölüdeniz
☎ 617-0031 FAX 617-0228 HP www.unsalhotel.com 室 27

该酒店是家族式经营，在当地具有一定的口碑。酒店客房收拾得很干净，带有空调、彩色电视等设施。中庭设有游泳池和酒吧。从酒店去往死海海滩只需要2分钟。冬季11月份到翌年3月份酒店休业。

迈里餐厅

王宫餐厅

广场酒店

长老之子酒店

迈里酒店

云萨尔酒店

桑托斯/莱顿

XANTHOS / LETOON

MAP/p.8-J

都位列世界遗产名录。利基亚代表性的美丽城市遗址。

桑托斯遗址和莱顿遗址都被列为世界遗产。这两座城市在古时候都是利基亚重要的都市。残留在桑托斯的独特纪念墓，是安纳托利亚地区为数不多的墓群中首屈一指的杰作。虽然交通并非十分便利，但是这一片地区具有极高的观赏价值。

交通方式

桑托斯位于从卡什、费特希耶前往安塔利亚的途中。距离桑托斯遗址最近的地方是Kınık。从卡什或费特希耶乘坐巴士去往桑托斯需要花费大约1小时30分钟，每小时发车1次。

去往p.222里介绍的其他莱顿遗址、帕塔拉和普纳拉，交通情况并不是很乐观。

莱顿位于卡姆罗瓦(Kumluova)附近，夏季时，有从费特希耶直接去往莱顿的巴士运行。

去往帕塔拉遗址，可以在费特希耶或卡什乘坐巴士，在主干道上的帕塔拉站下车即可。继续往前大约2千米即可到达遗址小城Gelemiş。夏季可以在帕塔拉入口处乘坐小巴前往帕塔拉海滩。

去往普纳拉，可以在费特希耶乘坐迷你巴士，在普纳拉站下车，然后经由一个有尖塔遗址的村子步行5千米可到达。

去往这些遗迹，乘坐巴士一般都不能直接到达，需要换乘或者步行，因此不是很方便。乘坐出租车比较方便。从费特希耶乘坐出租车逛完这三四个景点需花费250TL左右的车费。

罗马时代，在城市北部修建的新卫城

历史概览

在古代，利基亚地区指的是分别以费特希耶和安塔利亚、凯梅尔为东西两端，在地中海地区呈半圆形的凸出部分。这里海拔较高，地势起伏不平，最高处可达300米。延绵险峻的山脉一直延伸到海岸线附近，几乎没有平原地区。

利基亚人继承了赫梯文化的精髓，其语言受古印度、欧洲影响颇为深厚。古利基亚人性格刚烈，坚持独立。公元前6世纪，吕底亚的国王大举进攻西安纳托利亚并逐渐蚕食其领地的时候，利基亚是唯一一个没有被占领的地区。

其后，利基亚地区被阿契美尼德王朝占领，后又被亚历山大大帝攻下。罗马时代的利基亚人，生活中规中矩且不失气节，在其周边民族掀起动荡不安的战争或是热衷于海盗、抢取豪夺行为的时候，利基亚人仍然保持着安分守己的本色。

经过了拜占庭时期的安宁，公元7世纪时期，阿拉伯人入侵，打破了原有的宁静，利基亚的发展也一度中断。直到10世纪左右才又重新振兴起来，并建起了利基亚大教堂。

桑托斯遗址的象征性建筑——柱状陵墓。左侧是公元前4世纪左右修建的陵墓。右侧是著名的哈耳庇埃陵墓。上部的墓室中有鸟身女妖哈耳庇埃的浮雕。这座浮雕现已存放于大英博物馆中

桑托斯

交 从费特希耶乘坐出租车往返费用135TL。去往莱顿遗址150TL 开 9:00~19:00（冬季8:30~17:00）
休 无 TL 3TL

桑托斯是利基亚同盟城市中面积最大的，在整个同盟体系中占据了重要的主导地位。在利基亚人对抗外敌入侵时，这里留下了许多惨烈的斗争和感人的故事。“历史学之父”希罗多德也对此事进行了详细的描述。

公元前545年，波斯国王居鲁士大举进攻吕底亚，之后势如破竹向地中海地区挺进。不久，高卢失陷。波斯军队又向利基亚地区展开了猛烈的攻势。勇敢刚烈的利基亚人虽完全处于劣势，但他们仍然顽强抗争。经过了多达数日的惨斗后，余下的利基亚军队在围城中把所有的家财、物品全部焚烧殆尽，抱着必死的信念打开城门奋勇杀敌，最终全部壮烈牺牲。这是利基亚历史上第一大悲剧，是值得可歌可泣的故事。

城市的象征——美丽的柱状陵墓

在古代，几乎所有的地区都会为纪念先祖而修建数量可观的豪华陵墓。但是，很少有地方能够像利基亚地区这样保留下来大批的古墓。利基亚地区的陵墓极具特色，在大剧场西侧的两个柱状墓造型独特，非常引人注目。南侧的柱状墓，是在角柱的顶端安放有石棺。北侧是屋形陵墓也叫做哈耳庇埃墓，高达9米，造型独特。顶部墓室中，有关于鸟身女妖的浮雕。据说，这座浮雕上刻画的怪鸟叫做哈耳庇埃，它专门把有罪之人带去地狱。利基亚人把哈耳庇埃看做是死者灵魂的象征，祈求死后能够升天。其他的遗迹有教堂遗址，罗马时代建造的卫城遗迹等。

从大剧场远眺柱状陵墓

罗马时代修建的大剧场。背后是利基亚时代的卫城

历史之泉 桑托斯第二大悲剧…公元前42年，暗杀恺撒的主谋布鲁图曾向利基亚请求资金支持，而耿直的利基亚人拒绝了这一要求。之后，布鲁图怀恨在心，率领军队血洗了利基亚，大多数利基亚人都死于这场劫难。

▲阿尔忒弥斯神殿中所保留的拜占庭时期绘画。竖琴代表了阿波罗，弓箭代表了阿尔忒弥斯
◀帕塔拉遗址中的三座神殿遗址。最里面的一座是勒托神殿，修建于公元前3世纪。近前的一座是阿尔忒弥斯神殿，建于希腊化时期。中间面积较小的神殿是公元前4世纪修建的阿波罗神殿

莱顿

交从费特希耶乘坐出租车往返费用130TL。去往莱顿遗址150TL 开9:00~19:00（冬季8:30~17:00） 休无 TL8TL

莱顿遗址和桑托斯遗址已共同被列为世界遗产。莱顿的名字来源于宙斯的情人勒托。勒托嫉妒宙斯的妻子赫拉，怀有身孕之后，在罗得岛生下了阿尔忒弥斯和阿波罗，最终在利基亚地区终老。也有另一种说法认为勒托是在帕塔拉生下的阿尔忒弥斯和阿波罗。莱顿在历史上与罗得岛共同担任着圣地的重要地位。

莱顿遗址中共有三座神，分别是勒托神殿、阿尔忒弥斯神殿以及中央的阿波罗神殿。其他的建筑遗迹也保存得非常好，泉水殿、大剧场等遗址在历史学上具有极高的考古价值。

遗址周围是大片农田，不时有农民在劳作。神殿建在低处，每逢下雨，神殿脚下就会被积水所淹没。勒托和阿尔忒弥斯都是与水有着密切关系的女神，要想到达神殿，也要通过特殊的“水路”。神殿附近还有一座小型博物馆，馆内收藏着遗址中出土的各种文物。

重要情报

海港城市帕塔拉／山间都市普纳拉

帕塔拉 Patara MAP/p.8-J

帕塔拉是重要的贸易港口。这里著名的遗迹是阿波罗神殿，传说只有在冬季才可以传达神谕。这是因为，阿波罗夏天在罗得岛度过（一般认为罗得岛是阿波罗的出生地），而冬天才会回到帕塔拉。传说帕塔拉也是守护神尼古拉的诞生地。尼古拉就是后世流传的圣诞老人。

帕塔拉港口曾在拜占庭时期被泥流所覆盖，从而失去了它的重要性。罗马帝国时代，哈德良皇帝时期， 在这里建造了巨大的粮食储存库，向罗马提供小麦。建筑遗迹大都保留完好，有大门、科林斯式神殿、大剧场、粮食储存库旧址以及殉葬神殿遗迹等。

穿过长达1千米的莱顿遗址区域，是一片广阔的海滩，绵延18千米长。附近也建有几家家庭式旅馆。夏季游客较多。这座海滩也是海龟产卵的地方，每年的5月~8月是海龟产卵期，这一期间禁止夜间进入海滩。

普纳拉 Pınara MAP/p.8-J

普纳拉是利基亚六座同盟城市之一，在罗马时代迎来了繁荣鼎盛期。但是，公元2、3世纪时期，这一地区发生了大地震，城市遭受到了极为严重的破坏，繁荣不再。这里的交通工具和路线较为匮乏，人迹罕至。遗址入口处的管理室也兼具厕所的作用。广阔的遗迹充满了自然魅力。

这里的建筑遗迹有卫城遗址，四周的山崖之上还有无数个岩石窟墓等。普纳拉的道路高低起伏较大，弯路很多，所以逛起来或许会不太方便。

帕塔拉遗址。公元1世纪时建造的大门

普纳拉遗址。卫城中的岩石窟墓

MAP/p.6-F

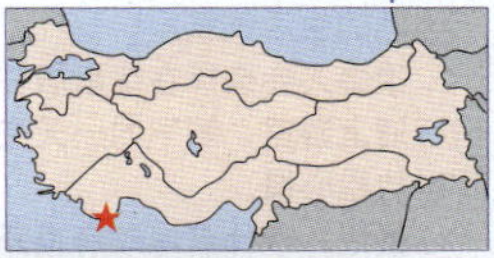

卡什

KAŞ

人口大约8100人

位于海湾处的宁静度假城市。去往近郊海岸和遗址的据点城市。

古时候这里被叫做安蒂费洛斯。其历史虽具有一定的年头，但是保留下来的古遗迹却不多，也没有可以观光游玩的海滩。不过这里的娱乐活动可不少，如潜水、帆板等，如今这座城市已成为一个深受游客欢迎的游玩度假地。因卡什位于利基亚海岸正中间位置，也可以把这里作为去往周边遗迹——凯科瓦岛的据点。

交通方式

从费特希耶乘坐长途汽车出发历时2小时30分钟到达，车次较多，12TL。从安塔利亚出发历时4小时30分钟到达，20TL。从卡莱出发历时1小时10分钟到达，8TL。沿着海岸线附近行驶时，因路线曲折且高低不平，需要花费一些时间。

漫步导览

区号0242

MAP/p.223 ✉Cumhuriyet Meydanı 7A ☎836-1238 开8:00~17:00 休冬季周六、周日 交从长途汽车站出发步行7分钟即可到达

卡什的港口。渔船和观光船混杂交错的热闹景象

倾斜的商店街。在这里散步也很有乐趣

城市沿着港口周边而建。到达长途汽车站后，步行几分钟就可到达市中心地区。城市全部景点步行即可逛完。

卡什在古代被称作安蒂费洛斯，其保留下来的古代遗址较少，主要的观光景点有中部的利基亚之墓、西部的希腊化时代大剧场遗址（免费入场），还有山崖石窟陵墓。

卡什位于利基亚海岸线的正中间位置，在这里可以欣赏海景，也可以此为据点去往其他周边城市以及古遗址。因此这里的酒店、家庭式旅馆比较多。很多人也喜欢在这里长期居住，从而度过一段安静悠长的假期。

卡什之所以能够吸引人们关注的目光，主要是基于这里丰富多彩的娱乐活动和安详静谧的生活气息。这里跟其他大型旅游度假胜地一样，有不少休闲咖啡屋、餐厅、绒毯店、土特产商店等，是休闲娱乐的好去处。可以在这里逛逛街、购购物，感受一

下当地的生活气息。

很多人会选择在这里居住两天。一天用来进行海上游览，剩下的一天在岛边散步、喝咖啡以放松心情。

最近，卡什当地政府也开始着力修复大剧场遗址以及岩石陵墓等古文化遗迹，以吸引更多的人前来游玩。

有兴趣的游客，也可以从卡什港口乘坐小船去往附近的凯科瓦岛（Kekova）。凯科瓦岛（p.225）是地中海地区一座自然景观非常美丽的岛屿。

在卡什休假的游客悠闲自得地过假期

广场上的绒毯店。人们在悠闲地选购

有专门前往凯科瓦岛的一日游旅游团，旅游团的路线一般是凯科瓦岛—水中都市卡莱—环游港口。可以在港口海水中游泳。提供免费午餐。费用大约在20TL。有的旅行团还包含去往海岸线附近的石窟参观等内容。

如果想在凯科瓦岛的于恰乌兹村或卡莱村（p.228）逗留的话，可以不回卡莱，直接在途中下船即可。也有的游客会先前往卡莱村，然后再去往其他村子。游客可以根据自己的目的地灵活调整行程安排。

Chez Evy 餐厅

迈尔江餐馆

艾基吉酒店

哈拜索斯酒店

R 餐厅

●Chez Evy 餐厅 Chez Evy　预算 60TL~　MAP/p.223

交 从长途汽车站步行7分钟即可到达 ✉ Terzi Sok.4 ☎ 836-1253

营 19:00~24:00 休 周一

一家法国人经营的法国料理餐厅，并建有酒吧。推荐品尝这里的烤羔羊肉，非常美味。价格虽然有些贵，但绝对值得一尝。

●广场比萨 Meydan Pizza　预算 20TL~　MAP/p.223

交 从长途汽车站步行7分钟即可到达 ✉ Cumhuriyet Meydanı 3 ☎ 836-2166

营 7:00~翌日1:00 休 雨天、冬季

这家餐厅的金牌料理是加入大虾、贻贝、乌贼肉做成的烤饼，13TL。意大利空心粉也非常好吃。餐厅整年营业。

●迈尔江餐馆 Mercan　预算 30TL~　MAP/p.223

交 从市中心步行1分钟即可到达 ✉ Balıkçı Barınağı Marina

☎ 836-1209 营 11:00~翌日1:00 休 无

这家餐厅成立于1956年，擅长做鱼料理。餐厅靠窗的位置还可以欣赏到海湾景色。菜单上用英语、法语、土耳其语标记菜名，方便客人点菜。

H 酒店

●艾基吉酒店 Ekici　S 90TL　W 120TL　MAP/p.223

交 从长途汽车站步行10分钟即可到达 ✉ Arısan Sok.1 ☎ 836-1417 FAX 836-1823

HP www.ekicihotel.com 室 85

酒店位于港口附近的山坡上。全部房间都配备有空调、彩色电视、电冰箱等设施。酒店还设有浴场、游泳池以及酒吧等。每年的11月至次年3月 酒店休业。

●哈拜索斯酒店 Habesos　S 75TL　W 100TL　MAP/p.223

交 从长途汽车站步行12分钟即可到达 ✉ Kücükçakıl Plajı 31 ☎ 836-2022

FAX 836-3118 室 47 HP www.ekicigroup.com

酒店内部装饰以白色和原木色为基调。设有游泳池，其他各种设备也齐全。建议入住海景房。酒店常年营业，冬季是旅游淡季，房费也会有一定的折扣。

●太阳酒店 Sonne　S 80TL　W 100TL　MAP/p.223

交 从长途汽车站步行5分钟即可到达 ✉ Hastane Cad. Yenicami Yanı 6

☎ 836-1528 FAX 836-2050 室 13

一家整洁干净的酒店。在酒店的顶层欣赏整个海湾美景也非常不错。

凯科瓦

KEKOVA

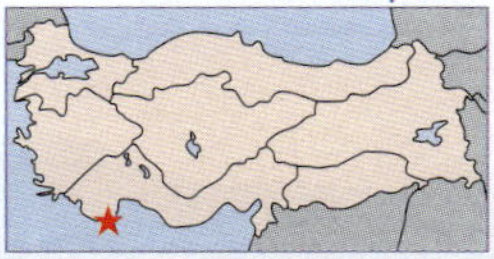

人口　440人

蔚蓝大海中的一叶孤地。土耳其海岸中一道亮丽的风景线。

宁静的入江口、可爱的村庄、松林覆盖的半岛，这就是凯科瓦。可以从相邻城市参加旅游团游览这里。有时间还可以在这里住上一晚。夕阳下，宁静的海面仿佛一幅印象派画作。许多游客都乘坐小船到岛屿参观，感受海城美景。碧蓝天空下的地中海分外妖娆。而且这里的每一天基本都是晴天。

交通方式

一般是从卡什乘坐小船去往凯科瓦岛，可以沿途欣赏海岸风光。如果想在凯科瓦岛留宿的话，可以提前跟船主商量好接送价格。

从陆上去往凯科瓦岛交通不是很便利。从卡什乘坐出租车前往这里需要花费70~80TL。

卡莱柯伊海岸附近保留下来的古代石棺因地震沉入水中

漫步导览　区号0242

凯科瓦岛屿东西呈狭长状，像是一个长长的锅盖横跨在锡梅纳湾。岛屿两侧尖头部分突出，在这里形成了入海口。于奇阿厄兹就位于入海口处，卡莱是位于凯科瓦岛屿东侧的一个小村庄。这里的卡莱（卡莱柯伊）与近郊城镇卡莱（德姆雷）是两个不同的地方，注意不要混淆。

岛屿上的村庄都是古代利基亚同盟所属村落，村民主要以捕鱼为生，或是过着半农半牧的生活。近年来，这里成了观光旅游胜地之一。其周边还保留有为数不少的利基亚式样的石棺。

如果想要在凯科瓦岛上留宿的话，建议住在于奇阿厄兹村或卡莱村，这里有许多家庭式旅馆，既干净又便宜。村子里还有不少餐厅和咖啡屋等。建议先和船夫谈好接送价格及时间。

乘船观光　港口处停泊着大大小小的观光游览船，去往凯科瓦岛沿岸的水中遗迹——卡莱村的城塞遗迹。游览船的大小和费用都不一样。中等游船一般收费40TL，早上10:00发船，下午18:00返回。也有始发于卡莱村的旅游团。

近年来，乘船观光的强行拉客现象屡禁不止，加上乘船费用的无标准化，给游客带来了一定的麻烦。因此，一定要在乘船之前与船夫商榷好价格和路线。

从城塞眺望海湾风光。图为卡莱柯伊的栈桥，远方是凯科瓦岛

装饰着亚热带鲜艳花束的村民家

于奇阿厄兹港。海面宁静无波，仿佛镜面一样

观光亮点

于奇阿厄兹

Üçağız MAP/p.226

于奇阿厄兹是一个美丽的小村落，正前方就是死海。在无风的日子里，整个海面仿佛镜面一样宁静安详。在栈桥一带地势比较低缓，建有零零星星的几处民宅、家庭式旅馆和商店。旅游旺季时，许多绒毯店也相继开张，甚是热闹。在费特希耶附近也有一所与死海同名的海水浴场。

被水淹没的都市。因为地震下沉了10米左右

乘坐村子里大叔的船就可去往凯科瓦岛

村子东侧的小山丘上残留有旧城塞遗迹，不少巨石棺分散其中。据说，这些石棺是希腊化时代到罗马时代的近郊村民所流传下来的。不过，经过长久的岁月，这些石棺大都遭到自然因素或是人为的破坏，已经斑驳不堪。有的石棺甚至被盗墓贼完全毁坏。石棺上刻画的语言文字是利基亚语和希腊语。这里在古代被叫做特伊乌萨（Theimiussa），具体历史不详。

凯科瓦

Kekova Adası MAP/p.226

凯科瓦岛的一部分曾在大地震中沉入海底，这座岛屿也因此与内陆分离，成为独自守望在海洋中的小岛。拜占庭时代的大地震之后，整座岛上荒无人烟，已没有居民在这里居住。

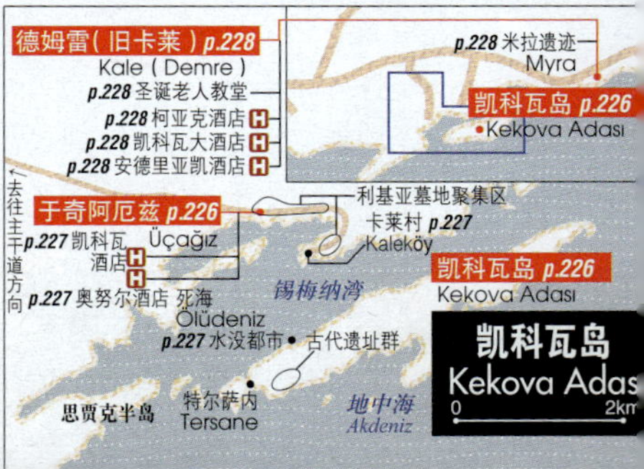

从于奇阿厄兹可以乘船去往凯科瓦岛，大约需要花费15分钟的时间。船只沿着凯科瓦岛环行，岸边是保留下来的古代民居、大门以及石阶遗迹，透过清澈碧蓝的海水，还可以参观因地震沉入水中的遗址。于奇阿厄兹也因此被称为“被水淹没的都市(Batıkı Şehir)”。

其周边分布着几个小岛屿，这些岛屿地势平缓。这是因为在古代，为了修建凯科瓦岛的建筑而把这些岛屿的石材运走的缘故。

在入海口地带，还保留有一所古代教堂遗迹。这座教堂也在拜占庭时期的大地震中毁于一旦，只残留下了半圆形的壁龛。为了保护周边遗迹，当地政府下令禁止在这一地区游泳。但是入江口一带是允许游泳的。再往前走，是一片石头堆积成的废墟。废墟的南侧是地中海沿岸一带大片的绿色森林。

卡莱柯伊（卡莱村）

Kaleköy MAP/p.226

卡莱柯伊（卡莱村）在古代被叫做锡梅纳(Simena)。这座城镇也属于公元前2世纪利基亚同盟阵营中的一部分。

卡莱村几乎没有平地，只在栈桥附近建有几处民宅，零零星星坐落在城堡山丘的斜面之上。卡莱村比于奇阿厄兹还要小。

去往卡莱村的城塞遗迹，要在民宅中间呈Z字形穿梭。经过民宅的时候留意一下，会发现这些石头筑成的民宅中有不少奥斯曼时期的古物。

城堡正下方是一座小剧场。围绕着剧场的坐席只有7排，仅能容纳300人。这座剧场大概是安纳托利亚保存下来的、面积最小的剧场。这座剧场是由锡梅纳人所建，当时锡梅纳的人口大约只有1000人。

卡莱柯伊（卡莱村）。奥斯曼时期的城堡位于山丘之上

小剧场座席只有7排，仅能容纳300人

城堡东侧的草地上，分散着零零星星的石棺

沿着山坡斜面而上，进入到顶端的城堡内。这座城堡是奥斯曼时期的建筑，是在古城遗迹的基础上重新建造的。登上城堡内的制高点，可以最大方位地眺望到凯科瓦岛、大海以及村落的景象。城堡的东侧下面，还残留有零零星星的石棺和岩石墓穴。

H 酒店 于奇阿厄兹 ☎0242

●凯科瓦酒店 Kekova S 120TL MAP/p.226
交 从村子中心广场步行2分钟即可到达 ✉ Üçağız Köyü
☎ 874-2259 室 8 HP www.kekovapansiyon.com

酒店建在海边，所有的房间都面向大海。房间内部设施齐全，配备有空调、彩色电视等设施。每个房间都有阳台，可以欣赏到大海风光和栈桥处的景色。酒店常年营业，旅游淡季时房费还可以打折。

●奥努尔酒店 Onur S 60TL W 80TL MAP/p.226
交 从村子中心广场步行3分钟即可到达 ✉ Uçağız Köyü
☎ 874-2071 室 8 HP www.onurpension.com

该酒店是由一对土耳其人和荷兰人夫妇共同经营，既保留了当地传统气息，又极具异国风情。酒店的天台上面风景独好。酒店一层是餐厅，非常宽敞。可以在这里预订去凯科瓦岛以及周边景观的旅游团。酒店内有无线网络。

凯科瓦酒店

奥努尔酒店

MAP/p.6-F

德姆雷（旧卡莱）

DEMRE（KALE） 人口1.5万人

现在的德姆雷地区是一座朴素的小镇，保留了不少具有历史价值的古代遗迹。圣尼古拉教堂是这里最具有观赏价值的景点。古代著名都市米拉遗址中保留有不少古代岩石窟墓。

▶米拉遗址。位于罗马大剧场西侧的利基亚石窟墓群

▲教堂前树立的圣尼古拉像（圣诞老人像）

交通方式

🚌 从卡什乘坐长途汽车历时1小时10分钟到达，5TL。从安塔利亚乘坐去往卡什、费特希耶方向的长途汽车，在德姆雷下车即可。历时4小时到达，13TL。夏天会有从于奇阿厄兹发车的巴士，1天发车1次。现在已经停止运营。根据年份和季节，有时会增设巴士。

⛴ 乘坐观光船只去往安德里阿凯遗址（Andriake）。也可以先乘船去往恰亚乌兹（Çayağzı），然后再乘坐出租车去往德姆雷。

漫步导览　区号0242

在长途汽车站北面100米处有一座广场。小镇的官方名称叫做卡莱，但是一般都称这里为德姆雷。注意不要与凯科瓦岛的卡莱村相混淆。

●圣诞老人教堂 Noel Baba Kilisesi　MAP/p.226

遭到破坏的圣尼古拉石棺

交 从市中心广场往西步行10分钟即可到达 开 9:00~19:00（冬季8:30~17:30） 休 无 TL 10TL

在诸多传说中，圣诞老人的起源就是圣尼古拉。公元325年，圣尼古拉成为卡莱基督教的主教，具有极高的威望，也被人们当做是守护神看待，并且在此终老。圣尼古拉殉教之后被埋葬在这里，由此修建了拜占庭风格的教堂。

据说，圣尼古拉的遗体当时被安放在教堂内，但11世纪的时候，在欧洲掀起了一股收藏圣尼古拉的藏品热潮。一群来自意大利的商人毁坏了石棺，盗走了遗体。其中，一部分遗骸现已被存放在安塔利亚考古博物馆内。

●米拉遗址 Myra　MAP/p.226

交 从市中心广场往北步行2千米即可到达。乘坐出租车往返费用大约15TL

开 9:00~19:00（冬季8:30~17:00） 休 无 TL 10TL

米拉是利基亚六座同盟城市中的一员。城市修建于古罗马时期。米拉在罗马时代是重要的港口城市，在此期间，修建了规模庞大的卫城以及豪华的大剧场。大剧场的圆形观众席直径达108米，规模庞大。米拉在百战提时代作为利基亚行政区的都城，担任着重要的职责。

在大剧场附近以及山丘东部，还可以看到许多岩石雕刻成的屋形陵墓，上面保留着精美的浮雕。这些陵墓是利基亚独特的岩窟石墓，修建于公元前4世纪时期。在陵墓中可以看到沉睡的法米利雕像。

Ⓗ 酒店　德姆雷（旧卡莱） ☎0242

●安德里亚凯酒店 Andriake　S 60TL　W 120TL

MAP/p.226

交 从小巴终点站步行6分钟即可到达 ✉ Finike Cad.p.k.62 ☎ 871-4642 FAX 871-5440 室 52

酒店位于小巴终点站旁边的大道交叉路口，远远就能望见其大大的招牌。全部房间都备有空调、彩色电视、冰箱等设施。还设有泳池，供客人娱乐。

安德里亚凯酒店

柯亚克酒店

●凯科瓦大酒店 Grand Hotel Kekova

S 35TL　W 60TL　MAP/p.226

交 从小巴终点站步行7分钟即可到达 ✉ Lise Cad. PTT Karşısı 55 ☎ 871-4515 FAX 871-5366 室 40

酒店位于市中心东面大约400米处，邮局对面。酒店内部设施齐全，有空调、彩色电视、浴室等。距离圣尼古拉教堂和米拉遗址非常近，步行即可到达。

●柯亚克酒店 Kıyak　S 40TL　W 55TL　MAP/p.226

交 从小巴终点站步行5分钟即可到达 ✉ Merkez Girişi ☎ 871-4509 FAX 871-2093 邮 kiyakhotel@hotmail.com 室 24

酒店位于安德里亚凯酒店斜对面的小路内。房间内部，空调、彩色电视等设施一应俱全。还提供免费班车，接送客人往1.5千米处的海滩。可以预约去往凯科瓦岛的乘船一日游（30TL）。

MAP/p.6-F

安塔利亚

ANTALYA

人口大约100.1万人

风景如画的秀美港口。充满人文风情的旧城区。地中海沿岸首屈一指的度假胜地。

这里以蓝天、碧海、苍穹为布景，各种颜色的船只交织在宁静的海面上，使人望而生趣。安塔利亚的著名景点是卡莱依奇，它是这座城市的老城区所在地，老旧的奥斯曼时期的房屋在夕阳的辉映下更显斑驳和沉寂。可以安塔利亚为据点，去往周边的旅游观光地区和都市。

交通方式

从伊斯坦布尔乘坐直达飞机历时1小时15分钟到达，每天有11次航班。从安卡拉乘坐直达飞机历时1小时到达，每天有4次航班。

从伊斯坦布尔乘坐长途汽车历时11小时到达，55TL。从伊兹密尔出发历时7小时到达，44TL。从科尼亚出发的长途汽车路线，分为科尼亚－阿克塞奇－安塔利亚和科尼亚－伊斯帕尔塔－安塔利亚两条路线，每天发车10次以上，历时分别为5小时30分钟和7小时30分钟。车费都是35TL左右。从马纳乌佳特出发历时1小时30分到达，10TL。

漫步导览

区号0242

MAP/p.231-A ✉ Cumhuriyet Güzel Sanatlar Galerisi ☎ 241-1747

开 9:00~18:00 休 周六、周日

交 从钟塔步行3分钟左右

美丽的以芙利尖塔

长途汽车站距离市中心6千米。长途汽车站对面是一个大型巴士终点站，这里运营着开往市中心的迷你巴士。巴士终点站南面伫立着一座高高的钟楼。以钟楼为中心的这一片地区叫做城门地区，是旧城区卡莱依奇的入口处。卡莱依奇是安塔利亚的老城区，其内部尚保留有大量奥斯曼时期的古代房舍、城壁等。

隐藏在繁华人群中的幽静小巷

路面电车行驶在共和国大街上。沿着共和国大街向西左拐，可以看到造型独特的以芙利尖塔（Yivli Minare）。以芙利尖塔是13世纪初期塞尔柱王朝的苏丹凯库巴德一世下令建造的，是卡莱依奇的标志性建筑。Yivli是"沟壑"的意思。

在尖塔的前面是一座小型广场，广场上伫立着阿塔图尔克像。港口位于广场的正对面。从广场有一条车道蔓延至港口，长度仅为100米。可以步行沿着道路走往港口。在尖塔处还有台阶，通往卡莱依奇。

安塔利亚虽然是大都市，但值得参观的景

安塔利亚的港口风景。远处是卡莱依奇老城区

点仅有两处，分别为港口一带风光和卡莱依奇。卡莱依奇位于安塔利亚的老城区，许多古老的民房被改装成了特色酒店和旅馆，路边也有售卖当地特色的礼品店，沿着弯弯曲曲的小径散步，仿佛回到了古时候。

考古博物馆位于钟塔向西2千米处。这里也是安塔利亚必看景点之一。

在周边还散落着一些有名的古代都市遗址。可以这里为始发点，参观巡游四周的景点和遗迹。

历史概览

从托罗斯山脉到地中海一带，是一片地势较为平缓的平原地区。许多河流流经这里，环境也适合人类生存。据考古学家称，这片地区从旧石器时代开始就有人类生活的足迹。

公元前7世纪，伊奥尼亚人迁徙到这里并居住。后来，帕加马的阿塔罗斯二世在公元前1世纪建城，佩尔盖、阿斯潘多斯、锡德等城市也建于这一时期。公元前6世纪，罗马帝国、拜占庭帝国、塞尔柱王朝、奥斯曼帝国等轮流入主，各方人马争相改造，使得如今的安塔利亚具有独特的“混血”魅力。

阿塔罗斯二世建城

公元前2世纪初期，帕加马王国的国王阿塔罗斯二世入侵这一地区。阿塔罗斯最初是想占领当时的繁华港湾锡德，攻占未果之后建立了这座城市。当时的安塔利亚被叫做阿塔莱亚。

随后，阿塔莱亚被帕加马王国委让于罗马帝国。公元2、3世纪时期，阿塔莱亚作为重要的港口城市得以繁荣发展。拜占庭时期逐渐衰败。在此之后，相继经过塞尔柱王朝、蒙古的占领后，于1391年被巴耶塞特一世重新编入奥斯曼帝国的疆土之中。

▲旅游高峰期，路边的露天咖啡馆人满为患
▶夕阳下的港口景象引人入胜

观光亮点

哈德良门

Hadrianus Kapısı　　MAP/p.231-B

交 从钟塔步行5分钟即可到达

哈德良门位于老城区入口处，由三座带有美丽雕刻的拱门构成，也被称为“三拱门”。公元130年，罗马帝国的哈德良皇帝（公元117~公元138年）造访此地，为了纪念对于该城市的统治，下令修建了这座大门。

这三座拱门当时建在低于现在地势3米的地方，城门的造型与罗马的凯旋门非常相似。后来在修整道路时，无意中发现了大理石像，进而将其挖掘出来。

由三座拱门构成的哈德良门

其他的建筑遗址

位于卡莱依奇老城区西端的弗杜尔克塔遗迹（MAP/p.231-A），是公元1世纪时期的建筑。据说，当时是用来当灯台的。

凯西基尖塔（MAP/p. 231-A）。尖塔原来是公元5世纪所建造的教会，之后被改造成了清真寺。其规模非常大，内部装饰也非常美观，可以称得上是基督教堂中的建筑杰作。在其名称Kesik Minare中，Kesik是“切断”的意思。因为将其改建为清真寺的时候，四周的塔顶已经折断，故此而得名。

巡游在近海处的观光船只。可以在船上享用午餐

卡莱依奇博物馆

Kaleiçi Müzesi　　MAP/p.231-B

交 从钟塔步行7分钟即可到达

开 9:00~12:00/13:00~18:00 休 周三 TL 2TL

博物馆的前身是一座古代的民宅。馆内珍藏的文物很好地再现了奥斯曼帝国后期人们的生活样貌。副馆是由一座希腊正教的教堂改建而来，里面展示着土耳其的各种瓷器。

安塔利亚考古博物馆

Antalya Arkeoloji Müzesi　　MAP/p.229-A

交 从钟塔向西2千米处。乘坐有轨电车5分钟即可到达

开 9:00~19:00（冬季8:30~17:30） 休 周一 TL 15TL

这是土耳其屈指可数的大型博物馆之一。博物馆内按照年代分为不同的展览厅，陈列着从附近城市佩尔盖，阿斯潘多斯，锡德出土的雕像、石棺、陶器等。馆内的文物涵盖罗马、基督教、奥斯曼时代，范围非常广。

其中，最为值得参观的就是包括阿佛洛狄西亚和宙斯等众神雕像的佩尔盖十二雕像。旁边是拜访石棺的展厅，石棺上精美的浮雕令人

赞不绝口。另外，在圣像的展示厅内还可以看到圣诞老人的原型圣尼古拉（p.228）的牙齿和残骸。

大理石雕像和装饰豪华、精美的石棺，均出土于佩尔盖

库尔顺卢瀑布

Kurşunlu Şelalesi　　MAP/p.229-B外

交 从长途汽车站乘坐巴士40分钟到达　休 无　TL 10TL

安塔利亚近郊有许多瀑布。这些瀑布虽然不大，但水量十分充沛，环境非常优美。瀑布的周边成了当地市民野餐郊游的好去处。瀑布周围设有供游人野餐玩乐的设施。每逢夏季，前来此处游玩的人非常多。其中，以库尔顺卢瀑布最为有名。

市民野餐、休闲、娱乐的场所——库尔顺卢瀑布

去往近郊景点的旅行团

安塔利亚的近郊附近，坐落着几处古代都市遗址。可以安塔利亚作为始发站前往遗址参观。夏季旅游高峰期，各种旅行团蜂拥而至。

这些旅游团的费用中一般都包含了景点门票、午餐费。下面为游客们介绍几种比较方便实惠的旅游路线：

●阿斯潘多斯、佩尔盖、锡德　　一日游 €55

●泰尔梅索斯　　一日游 €50

泰尔梅索斯遗迹位于山腰处，上山、下山需要花费不少时间。与其他景点相比，需要花费不少体力，不适合年龄大的游客前往。

冬天，旅游团很少发团。如果想在这时候旅游的话，可以乘坐出租车。车费用可以自行与车主交涉。一般来说，去一两个景点的话，150TL就足够了。

●乘船旅游　　一日游 €40

不少游客会选择乘船出游。最热门的乘船旅游景点是凯科瓦、米拉遗迹。因为去往凯科瓦的话，陆上交通不便，所以乘船前往是最好的选择，沿途还可以欣赏到美丽的海湾景色。

旅游淡季时，旅游团发团次数减少，很少有船只去往凯科瓦。

S 商店　　安塔利亚　☎0242

●**米赫里商铺** Mihri　　MAP/p.229-B

交 从迷你巴士终点站步行2分钟即可到达　✉ Yuksekalan Mah. 485Sok.

☎ 321-7872　营 10:00~18:00　休 周日

店铺主要经营基利姆。游牧民族特色手工编织品。女店主服务非常周到。顾客在这里还可以体验到亲手给基利姆、绒毯染色的活动。

米赫里商铺

●**娇巴尔特·杰拉米克商铺** Cobalt Ceramik　　MAP/p.231-B

交 从卡莱卡普斯步行4分钟即可到达　✉ Tuzcular Mah.Paşacami Sok.35

☎ 244-6414　营 9:30~24:00（冬季~19:00）　休 无

是一家陶瓷器皿专卖店。各式各样的小玩意、茶壶、盘子、玻璃杯器皿等应有尽有。商店利用城墙的一部分改建而成，十分有趣。

娇巴尔特·杰拉米克商铺

●**珠子集市** Boncuk Bazaar　　MAP/p.231-B

交 从卡莱卡普斯步行5分钟即可到达　✉ Tuzcular Mah.Paşacami Sok.30

☎ 244-0209　营 8:00~24:00　休 无

大型的巴扎集市。摊位很多，陶瓷器皿、肚皮舞服装、土特产、金属制品等种类非常齐全。有时间的话可以在这里好好逛一下。

补充信息　安塔利亚的海滩…去往西面的科尼亚阿尔特海滩（Konyaaltı Plajı），可以在阿塔图尔克像前的巴士站乘坐巴士，大约15分钟后即可到达。每逢夏季，海滩上挤满了前来游玩的人群。

R 餐厅

●俊吕博尔餐厅 Gönlübol　预算 17TL~　MAP/p.231-B

交 从卡莱卡普斯步行3分钟即可到达 ✉ Tuzcular Mah. İmaret Sok.30 ☎ 224-4334

营 10:00~翌5:00 休 无

当地一家非常美味、便捷的小吃店。烤肉类，小吃类料理非常丰富，味道很不错。阿纳达烤肉12TL。

俊吕博尔餐厅

●哈桑大哥餐厅 Hasanağa　预算 20TL~　MAP/p.231-B

交 从卡莱卡普斯步行3分钟即可到达 ✉ Tuzcular Mah. Mescit Sok.15 ☎ 247-1313

营 10:00~24:00 休 无

餐厅由一座古老的邸宅改建而成，装饰悠闲雅致，环境幽静大方，是当地很多著名人士聚集的场所。周末还有小提琴现场演奏。

哈桑大哥餐厅

●我的愿望转烤肉沙龙 Arzum Döner Salonu　预算 15TL~　MAP/p.231-B

交 从卡莱卡普斯步行4分钟即可到达 ✉ Tuzcular Mah. Mescit 10 ☎ 241-3123

营 10:00~22:00 休 古尔邦节第一天 酒 无

餐厅位于老城区观光景区内，是一片宁静的休憩之地。店内的美味当属本地特色烤肉，14TL。餐厅的旁边是一所别有情趣的咖啡厅。

H 酒店

●泰凯利别墅酒店 Tekeli Konakları　S $70　W $95　MAP/p.231-A

交 从卡莱卡普斯步行7分钟即可到达 ✉ Dezdar Hasan Sok. ☎ 244-5465

FAX 242-6714 HP www.tekeli.com.tr 室 8室

酒店前身是一座有着300多年历史的古建筑。酒店占地面积很大，客房总数却只有8间。内部配有高级浴室、酒吧以及泳池等设施。酒店服务水平也是一流的。

玛丽娜别墅酒店

●玛丽娜别墅酒店 Marina Residence　S €75　W €100　MAP/p.231-A

交 从卡莱卡普斯步行7分钟即可到达 ✉ Mermerli Sok.15 ☎ 247-5490 FAX 241-1765

HP www.marinaresidence.net 室 41室

酒店由奥斯曼时期的古代建筑物改建而成，宽阔的中庭内建有豪华泳池。房间内部装饰也是典型的奥斯曼风格，且各个房间的格调布局不尽相同，且配有浴室。

阿尔普帕夏酒店

●阿尔普帕夏酒店 Alppaşa　S W 200TL　MAP/p.231-B

交 从卡莱卡普斯步行7分钟即可到达 ✉ Barbaros Mah.Hesapçı Sok.30 ☎ 247-5676

FAX 248-5074 HP www.alppasa.com 室 62室

酒店由奥斯曼时期的建筑改造而成。客房内部装饰古典大方，并配有各种古代器具和小玩意。其中的46间客房都带有独立浴室。包早餐和晚餐。

多安酒店

●多安酒店 Doğan　S 80TL　W 150TL　MAP/p.231-A

交 从卡莱卡普斯步行5分钟即可到达 ✉ Mermerli Banyo Sok.5

☎ 241-8842 FAX 247-4006 HP www.doganhotel.com 室 41室

酒店由奥斯曼时期的建筑改造而成。穿过酒店的前门，一进入中庭就会看到浓郁的绿色。酒店还设有餐厅，并一直延续到中庭景色优美处。客房设施完备。

罗伊特罗根霍夫酒店

●罗伊特罗根霍夫酒店 Reutlingen Hof　S €20　W €30　MAP/p.231-A

交 从卡莱卡普斯步行7分钟即可到达 ✉ Mermerli Banyo Sok.23

☎ 247-6372 FAX 248-4075 HP www.reutlingenhof.com 室 16室

酒店内部装饰豪华，使人有宾至如归的感觉。客房内部都设有空调、冰箱、彩色电视机等现代化设备。早餐是自助餐形式。夏季房费会涨价。

●土耳其之家 CH Türk Evi　S 90TL　W 150TL　MAP/p.231-A

交 从卡莱卡普斯步行6分钟即可到达 ✉ Selçuk Mah. Mermerli Sok.2 ☎ 248-6591

FAX 241-9419 HP www.turkeviotelleri.com 室 19室

酒店利用古城墙的一部分改建而成，随处可见斑驳的旧石。在餐厅还可以眺望到玛丽纳海角风光（p.42）。

●地中海艺术风格酒店 Mediterra Art　S 170TL　W 220TL　MAP/p.231-A

交 从卡莱卡普斯步行5分钟即可到达 ✉ Barbaros Mah. Zafer Sok.5 ☎ 244-8624

FAX 244-0012 HP www.mediterraart.com 室 20 C V M

酒店由拜占庭时期的邸宅改建而成，其内部还保留有拜占庭时期的古老壁画，十分具有历史厚重感。酒店内部设有餐厅、酒吧等设施。

地中海艺术风格酒店

※每到冬季，安塔利亚的各个酒店房费都会有折扣。

补充信息　安塔利亚的海滩…去往东部的拉拉海滩（Lara Plajı），可以从市中心乘坐巴士前往，20分钟即可到达。这片海滩十分美丽，不过要收取一定的费用。若想要体验真正的海水浴，建议还是去西面的凯梅尔海滩和东面的锡德海滩。

潘菲利亚

PAMPHYLIA

MAP/p.8-J、9-K

温暖肥沃的土地上，曾绽放过绚烂的文明之花。华丽的古代都市群。

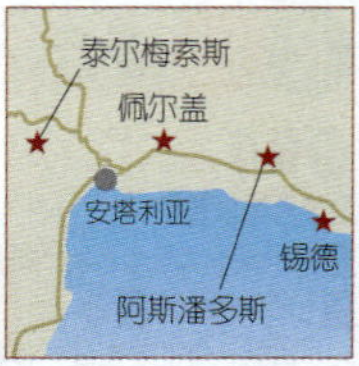

群山峻岭中的要塞城市泰尔梅索斯、潘菲利亚的中心城市佩尔盖、古遗址状态保留完好的阿斯潘多斯以及现代旅游景观和古遗址并存的锡德……在地中海地区所残留下来的无数个古代遗址中，这片地区给人以深刻印象。

交通方式

除去从锡德去往潘菲利亚遗址比较方便外，其他城市交通一概非常不便。如果可以的话，利用从安塔利亚出发的旅行团（p.232）比较方便。

泰尔梅索斯…乘坐从安塔利亚去往科尔库泰利（Korkuteli）的巴士，在玫瑰园山国家公园（Güllük Dağı Milli Parkı）入口处下车即可。车费5TL，车次很多。然后步行大约10千米即可到达。

佩尔盖…乘坐从安塔利亚去往东部阿克苏（Aksu）的巴士。车费1.75TL。下车后步行3千米左右即可到达遗址入口。这也是最为便利快捷的方式。

阿斯潘多斯…乘坐从安塔利亚出发，去往马纳夫加特（Manavgat）的巴士，在遗址入口处下车即可。然后步行大约4千米到达遗址。车费7TL，车次很多。

锡德…见p.236。

观光亮点

泰尔梅索斯

Termessos MAP/p.235

开 9:00~17:30 休 周一 TL 10TL

古代的泰尔梅索斯城，建于崇山峻岭间海拔1050米的一片广阔的平地上。这座城堡巧妙地利用了这里的自然环境，非常坚固，有着非常好的防御能力。泰尔梅索斯人非常好战，追求独立，与周边的利基亚同盟城市长期处于对立状态。据说，就连骁勇善战的亚历山大大帝也一度放弃了对这里的进攻这里。最终因成为罗马帝国同盟阵营中的一员得以繁荣发展。

以险峻山岭为背景的大剧场给人印象深刻

遗址入口处的哈德良门

从哈德良门所在的地区沿着向南的狭长坡道上去，就到达了泰尔梅索斯城堡遗迹的中心地区。这里有体育场和大剧场等重要遗址。来回大约需要花费3小时的时间。若是炎热的夏季去，建议随身携带一些避暑物品。

整个遗址虽然处于没有完全恢复的状态，但是正因为处于深山中，所以并没有受到任何人为的破坏，保存状态十分良好。除去大剧场、体育场等建筑遗址外，南部的墓地群、西部的岩窟墓地也十分具有参观价值。

佩尔盖

Perge MAP/p.235

开 9:00~17:30 休 周一 TL 15TL

佩尔盖也是一座不可错过的景点城市。遗址的售票处位于大剧场和竞技场前面。竞技场是椭圆形的，除了这里，仅能在阿弗洛狄忒遗迹(p.202)中见到。在竞技场中曾举行过战士骑马车比赛和剑术大赛。

据说，这座城市是由特洛伊战争之后移居至此的希腊人建设起来的。公元前4世纪，作为亚历山大大帝的马其顿领土之后才正式登上历史舞台，并逐渐发展起来。

之后，经过塞尔柱王朝、帕加马王国的领导不断发展壮大，最终在罗马帝国时期到

静静伫立的列柱无言地见证着佩尔盖曾经的繁荣

阿斯潘多斯的大剧场保存状态几乎完好

达了极度的繁荣。佩尔盖同时还是小亚细亚原始基督教重要的据点城市，据《圣经》记载，保罗等信徒都曾到过这里来传教。当时的佩尔盖，可以称得上是和以弗所相提并论的宗教性城市。

遗址尽头处是一座城堡。附近的景点很少。登上城堡的高处可以俯瞰整个遗址全貌。

希腊文化时代的城门

阿斯潘多斯

Aspendos MAP/p.235

开 9:00~17:30 休 周一 TL 15TL

公元前8世纪左右，这里就有人类活动迹象并开始建立部落。但是，真正成规模是在特洛伊战争中，一些参战士兵来此长期驻留所形成的。公元前6世纪，阿斯潘多斯从利基亚转移到了波斯手中。亚历山大大帝时期，并没有实行和睦条约，所以城市一直处于武力压制中。

这里肥沃的土壤非常利于农耕，并且拥有非常广阔的盐湖资源，盐量的产出非常大，所以在罗马帝国时期，一度成为繁荣的贸易港口。直到拜占庭时代，港口被淹没，城市也逐渐衰败下来。

遗址中建有一座古代剧场，而且保存状态几近完好。这座剧场修建于公元2世纪，可以容纳将近2万名观众。参观完剧场，可以再去游览一下附近的水道桥遗迹。遗址中的山丘曾是古代城市的中心，这里的遗迹很少。越过山丘，有一座水道桥和两座基塔遗迹，有兴趣的可以参观一下。

遗迹山丘北侧的水道桥

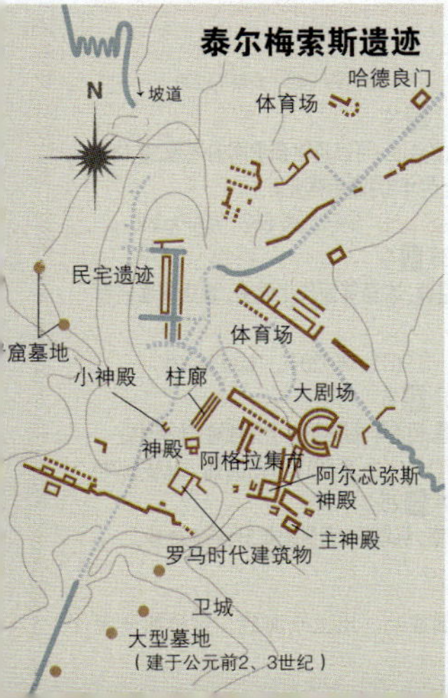

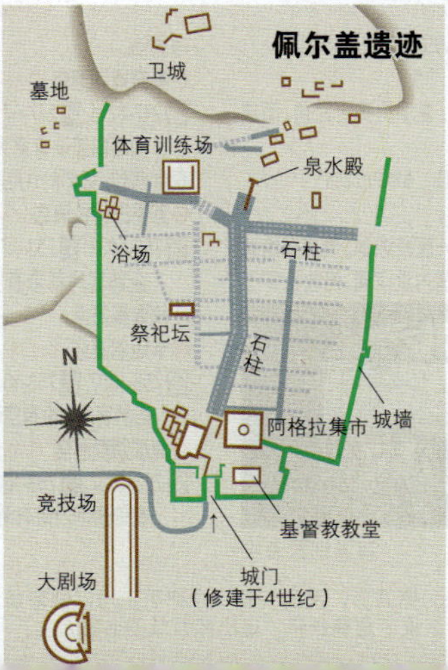

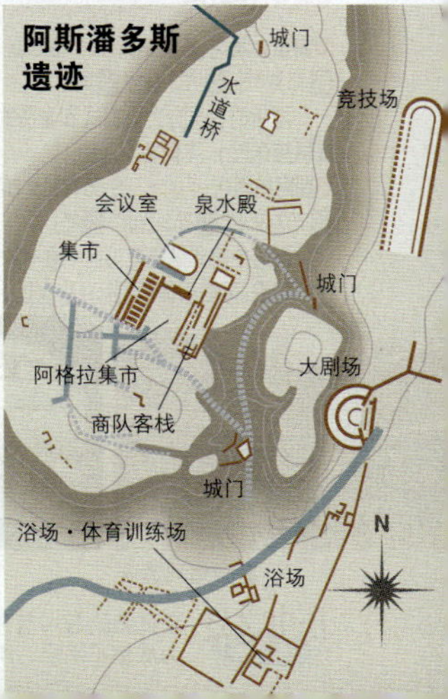

锡德

Side MAP/p.236

开9:00~19:00（冬季8:00~17:00） 休无 TL博物馆10TL

交通方式

从安塔利亚乘坐长途汽车历时1小时30分钟到达。车费10TL。然后从马那甫加特乘坐去往锡德的免费巴士即可到达，巴士乘车处位于街道对面。换乘时，不需要额外支付费用。也可以乘坐小巴前往。

寻访遗迹

锡德是由希腊人在公元前7世纪所建造的伊奥尼亚殖民城市。在公元前1世纪之前曾是贩卖奴隶以及海盗活动猖狂的不安定地区。后来，亚历山大大帝入侵，在此修建了新城壁和大剧场等设施，但是之后逐渐走向没落。直到拜占庭时代作为基督教教会重新繁荣复兴。

海角处的阿波罗神庙遗迹

锡德是一座古代遗迹和现代气息相融合的城市，海滩也近在眼前，是得天独厚的旅游度假城市，近年来，也得到了广大游客们的认可。

从巴士停车站站通往大剧场的路途中，右手经过一座小型的博物馆。博物馆的前身是罗马时代的浴室，这里陈列着大理石雕像以及从海底出土的各种文物。

能容纳1.8万人的大剧场

遗址中最引人瞩目的，莫过于保存状态几乎完好的大剧场。锡德大剧场建于2世纪。进入博物馆参观，要收取10TL的门票。

沿着大剧场的小道一直前行，到达港口处。港口的形状几乎和古代一致，常年停泊着多艘船只。阿波罗神殿和雅典娜神庙就位于锡德半岛的海角处，这里的傍晚景色非常美丽。也可以在锡德住上一晚，更好地感受其优美的风景。

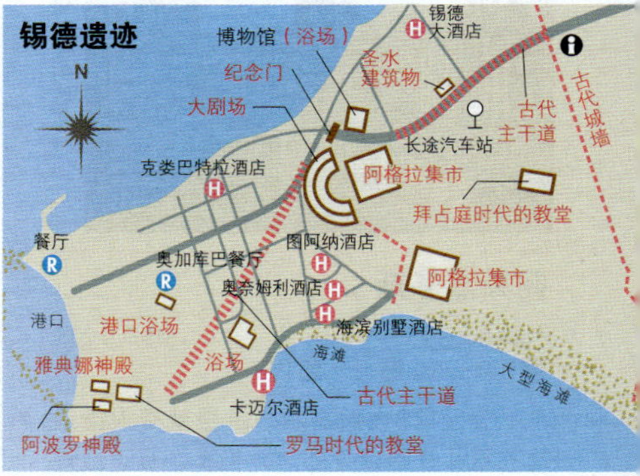

H 酒店 锡德 ☎0242

●**锡德大酒店** Side Temple S €30 W €40 MAP/p.236

☎753-1119 FAX753-1414 室40

酒店的客房分为公寓式和套房式。夏季房费会涨价。酒店提供接送巴士，方便客人入住。

●**图阿纳酒店** Tuana S 50TL W 70TL MAP/p.236

☎753-3696 FAX753-3697 室15

酒店中拥有锡德老城区中唯一的一座游泳池。酒店隔绝城市的喧闹，可安心休憩。距海边也近。房内没空调，但收拾得干净整洁。

奥奈姆利酒店

海滨别墅酒店

●**奥奈姆利酒店** Onemli S €37 W €42 MAP/p.236

☎247-6714 FAX247-6712 室14

酒店内部设有宽大的阳台，可以远眺到美丽的海景。夏季房费会涨价。每年的11月至翌年3月酒店休业。

●**克娄巴特拉酒店** Kleopatra S €42 W €52 MAP/p.236

☎753-1033 FAX753-3738 室44

全部客房都带有空调、冰箱等现代化设施。酒店前面还有一块专属海滩。

●**卡迈尔酒店** Kamer S 90TL W 120TL MAP/p.236

☎753-1007 FAX753-1007 室16

虽然客房内没有空调，但常年海风徐徐，十分惬意。冬季休业。

●**海滨别墅酒店** Beach House S 50TL W 100TL MAP/p.236

☎753-1607 FAX753-1601 室25

有的房间内带有浴室。每年的11月至次年3月酒店休业。

历史之泉 双耳细颈瓶…瓶身为椭圆形，两侧各有一个把手。用以装葡萄酒或油。出土于海底。这种瓶子因为底部不平坦，所以便于重叠携带，是出船装载的必备之物。

MAP/p.7-G

阿拉尼亚

ALANYA

人口大约9.2万人

蔚蓝的大海，白色的沙滩，海岸边的中世纪城堡。在这里购物也是一种享受。

阿拉尼亚拥有东西狭长的白色沙滩，是不少游客聚集的大型海滩城市。据说在很久以前，阿拉尼亚曾是地中海的海盗们活动的据点。现在已然发展成为最具人气的旅游度假城市，拥有城塞美景、土耳其最古老的造船场所遗迹、海水浴场等著名景点。近郊盛行温室栽培，以出产大量美味的香蕉而闻名。

交通方式

从安塔利亚乘坐长途汽车历时2小时15分钟到达，15TL。从锡利夫凯出发历时7小时到达，30TL。长途汽车站位于阿拉尼亚市中心西面3千米处。到站之后乘坐巴士去往市中心，10分钟即可到达，车费1TL。

漫步导览　区号0242

MAP/p.237 ✉Damlataş Mağarası Yanı, Damlataş Cad.1 ☎513-1240 开8:00~17:00 休 周六、周日

阿拉尼亚始建于公元前4世纪波斯帝国统治时代，公元前2世纪曾作为地中海一带海盗活动的据点。在凸出于地中海海岸岬口的山崖之上，耸立着一座被长长的城墙壁所包围的城堡。现在保留下来的城堡只是当时整个卫城的一部分而已。

从山崖之上的城堡远看港口风景

城市的中心部位于山崖东北侧，主要干道是东西走向的阿赫麦特·阿希姆大街。邮局、酒店、旅馆以及土特产商店都集中在这一带。阿希姆大街西侧一段也叫做阿塔图尔克大街。北侧是大型的巴扎集市，也是阿拉尼亚最为有名的商店一条街。这些商店大都是周一休业。城市中心部的东侧广场是酒店、餐厅的聚集地。

阿拉尼亚也是著名的海滩城市，整条海滩呈东西狭长状，东侧的著名海滩是布根比利亚海滩、西侧海滩是克莱奥巴特拉海滩。这些都是夏季热闹的海边旅游场所。

山崖之下，罗列着众多洞窟和钟乳洞。可以乘坐环游港口的游船参观（25TL左右）。

旅游咨询处对面的小型建筑物是考古学博物馆（Arkeoloji Müzesi）。

克娄巴特拉海岸。位于悬崖之上的是阿拉尼亚城堡

观光亮点

阿拉尼亚城堡

Alanya Kalesi　　MAP/p.237

交 从旅游咨询处乘坐市内巴士前往，15分钟左右到达／徒步50分钟到达 开 9:00~19:00（冬季~17:00） 休 周一 TL 10TL

沿着一条斜斜的、蜿蜒曲折的坡道向上行走3千米，就到达城堡入口处。夏季，人多显得格外拥挤，建议乘坐巴士上去。

公元前67年，罗马的海盗占据了整个港口，并将之作为地中海活动的大本营，之后在险要处建立了这座城堡。到基里基亚的阿美尼亚国王统治时期，苏丹凯库巴德一世大举进攻阿拉尼亚地区，并最终与海盗头目达成协议，取得了这座城市的占领权。凯库巴德一世修建了双重城墙加固防御重地，并相继建起了许多建筑物，不仅把这里作为了海军的部署基地，还作为王室宫殿的一部分使用。城墙的内侧是城镇居住区，许多市民的家园也建在这里。城市中残留有许多亚美尼亚和拜占庭时期的教堂、塞尔柱以及奥斯曼帝国初期的清真寺等建筑。

从城堡高处眺望整个大海以及宽阔的海滩，与背后的崇山峻岭相映成趣，形成一派非常壮观美丽的景象。

红塔

Kızıl Kule /Tersane　　MAP/p.237

交 从旅游咨询处步行20分钟即可到达
开 9:00~19:00（冬季~17:00） 休 无 TL 3TL

红塔入口处在海角东侧的阿拉尼亚港口附近。红塔和山上的城堡修建于同一时期，是1226年凯库巴德一世时期下令修建的。其外形是玲珑剔透的八角形状，整个塔呈红色，故此而得名红塔。红塔的目的在于防御，高35米，每个八角形的一边长12米。其内部是5层建造，现在作为民俗博物馆使用。

沿着岬口继续向前走，到达被称作船坞的塞尔柱王朝时代的造船厂。造船厂修建于1228年，如今保留下来了5座拱门，中间设有隧道，便于修理船只的出入。这是土耳其最古老的造船厂遗址。

达姆拉塔什洞穴

Damlataş Mağarası　　MAP/p.237

交 从旅游咨询处步行8分钟即可到达
开 9:00~19:00（冬季~17:00） 休 无 TL 4.5TL

在半岛的西侧、城堡的下方有一座钟乳洞。其土耳其语意为“滴石洞”。洞穴不大，红色的岩石形成茶色条纹，洞穴内部飘荡着一股凉气，内部湿度到达了百分之九十五以上。据说这样的空气有利于人的身体健康。洞穴内夏季凉爽，摆放有长长的座椅，是避暑的好去处。

▶城堡内所残留下来的拜占庭时代的教堂

▼塞尔柱时代所建的造船厂。利用潮汐水流运送船只进出。非常有意思的遗址

补充信息　阿奈姆里奥遗址…Anemurion。位于阿拉尼亚东部120千米处，是阿纳姆尔附近的大型拜占庭城市遗迹。从阿拉尼亚乘坐巴士大约3小时到达阿纳姆尔后，换乘巴士或是出租车即可到达。

哈哲·穆斯塔法大卖场

S 商店

●哈哲穆斯塔法大卖场 Hacı Mustafa Pasajı　MAP/p.237

交 从长途汽车站乘坐巴士5分钟即可到达 营 8:00~24:00（冬季~21:00） 休 周一

阿拉尼亚著名的购物中心，通称为巴扎集市。贩卖各种土特产、皮革制品、贵重金属、服装类等商品。

加济安泰普大喷泉餐厅

R 餐厅

●加济安泰普大喷泉餐厅 Gaziantep Başpınar　预算 24TL~　MAP/p.237

交 从长途汽车站乘坐巴士7分钟即可到达 ✉ Hükümt Cad. Kapalı Otopark Üstü ☎ 513-5664 营 9:00~翌日2:00 休 无

餐厅菜肴种类丰富，从欧洲料理到土耳其特色菜肴一应俱全。特色烤肉更是吸引了大批食客。烤肉18TL。当地人很多。

奥伦戈餐厅

●奥伦戈餐厅 Orenge　预算 35TL~　MAP/p.237

交 从长途汽车站乘坐巴士大约8分钟即可到达 ✉ İskele Cad.22 ☎ 513-6018 营 9:00~翌日2:00（冬季~0:00） 休 无

当地一家非常好吃的餐厅。烤肉、鱼料理、点心、意大利料理等应有尽有，味道也很正宗。冬天也不休息，持续营业。

●拉露娜餐馆 La Luna　预算 40TL~　MAP/p.237

交 从长途汽车站乘坐巴士大约8分钟即可到达 ✉ İskele Cad. ☎ 513-6179 营 9:00~翌日1:00

土耳其料理是该餐厅的主打菜肴。除此之外，牛排和海鲜种类也很丰富。餐厅阳台非常宽阔，客人们可以在这里悠闲地用餐。常年营业。

拉露娜餐馆

H 酒店

●船长大酒店 Kaptan　S 145TL　W 195TL　MAP/p.237

交 从长途汽车站乘坐巴士7分钟即可到达 ✉ İskele Cad.70 ☎ 513-4900 FAX 513-2000 HP www.kaptanhotels.com 室 56

在最高层的客房可以欣赏到海景。酒店提供接送巴士去往海滩。根据季节不同以及是否提供晚餐，住宿费用会有波动，入住前务必要再次确认。

广场大酒店

●广场大酒店 Plaza　S 60TL　W 80TL　MAP/p.237

交 从长途汽车站乘坐巴士8分钟即可到达 ✉ Keykubat Cad.18 ☎ 511-6514 FAX 511-6514 室 36 HP www.alanyaplazahotel.com

酒店位于主干道一侧，背靠大海。最顶层的餐厅里有海景房，可远眺港口方向，看到位于山丘之上的城堡。住宿费中含早餐。

●大酒店 Büyük　S 50TL　W 80TL　MAP/p.237

交 从长途汽车站乘坐巴士大约8分钟即可到达 ✉ Ahmet Tokus Bul.43 ☎ 513-1138 HP alanyabuyukotel.com 室 63

酒店位于海岸附近，可以眺望到整个海面景色。设有SPA、按摩等高级服务。各项服务20欧元~。夏天可以在自助餐厅里用餐。

泰米兹大酒店

●泰米兹大酒店 Temiz　S 60TL　W 100TL　MAP/p.237

交 从长途汽车站乘坐巴士7分钟即可到达 ✉ İskele Cad.12 ☎ 513-1016 FAX 519-1560 HP www.temizotel.com.tr 室 32

位处城市中心的中级酒店。带有空调、彩色电视等设备。建议入住海边一侧、价格较高的海景房。酒店冬季照常营业。

●阿斯卡·克娄巴特拉·贝斯特大酒店 Aska Kleopatra Beste　S 170TL　W 230TL　MAP/p.237

交 从长途汽车站乘坐巴士5分钟即可到达 ✉ Saray Mah.Hacıhamdioğlu Sok.11 ☎ 512-2679 FAX 513-0465 HP www.askahotels.com 室 100

酒店全部房间都带有冰箱，也设有豪华浴室、美容室等设施。住宿费用中含早餐。冬季旅游淡季房费会有相应的折扣。

阿林酒店

●阿林酒店 Alin　S 70TL　W 140TL　MAP/p.237

交 从长途汽车站乘坐巴士5分钟即可到达 ✉ Saray Mah.Hacıhamdioğlu Sok.7 ☎ 513-7629 FAX 513-7630 HP www.alinhotel.com 室 50

全部房间都带有浴室。并拥有专属海滩为入住房客提供服务。酒店冬季休业。

锡利夫凯

SİLİFKE

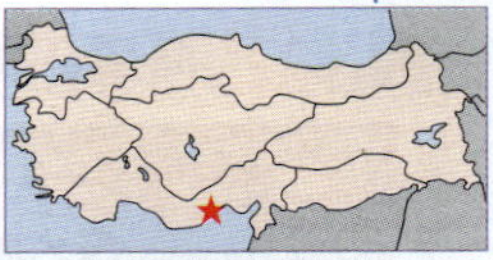

人口大约5.3万人 / 海拔30米

碧海蓝天的休闲城市。著名的民族舞蹈城市。

其古代名字为塞琉西亚，是一座拥有得天独厚自然风光的城市。古代被叫做是“卡里卡的努斯河的塞莱乌吉亚”，城市中的城堡可以窥见其往日的繁荣样貌。乌尊贾布尔奇称得上是墓碑博物馆。这里主要的观光景点有少女城堡、天堂和地狱的罕见景致。很多旅行团以此为据点，围绕城市周边进行一日游。

交通方式

从安塔利亚乘坐长途汽车历时9小时到达，一天发车10次以上，40TL。从阿拉尼亚出发历时7小时左右，30TL。从阿达纳出发历时2小时30分钟到达，20TL。

由于沿海岸线行驶，道路曲折急缓，巴士平均车速很慢，时速在40千米左右。因此，花费的时间也较多，在制订旅行计划时要特别注意这一点。

漫步导览

区号0324

MAP/p.240-A ✉Veli Gürten Bozbey Cad. 6 ☎714-1151 开8:00~17:00 休周六、周日 交从石桥步行2分钟

从长途汽车站沿着伊诺努大街一直往西行进，10分钟左右即可到达。城市规划较为整齐，东西走向的格克苏河把整个城市一分为二。旅游咨询处就位于横跨格克苏河石桥的北侧，而石桥的南侧则是商店、邮局、银行等公共设施聚集区。

城市中的观光景点比较集中，大部分都位于徒步可及的范围内。主要有罗马时代的蓄水池、西侧山丘城堡、宙斯神殿遗迹以及考古博物馆等。在郊外也有一些值得一看的景点。

碧波荡漾的格克苏河。河面之上石桥跨立

人气较高的观光景点是圣西克拉圣地、古代都市遗迹乌尊贾布尔奇、悬崖绝壁、“天堂”和“地狱”、少女城堡等，这些都是非常值得参观的景点。

郊外的观光景点需要乘坐巴士前往，花费2~3天就可以逛完。建议乘坐出租车，一天就可以逛完，但是路途比较曲折，最好有导游陪同前往。也可以前往奥尔巴遗迹和阿达姆·卡亚的岩窟石墓参观雕像群。费用大约$100。

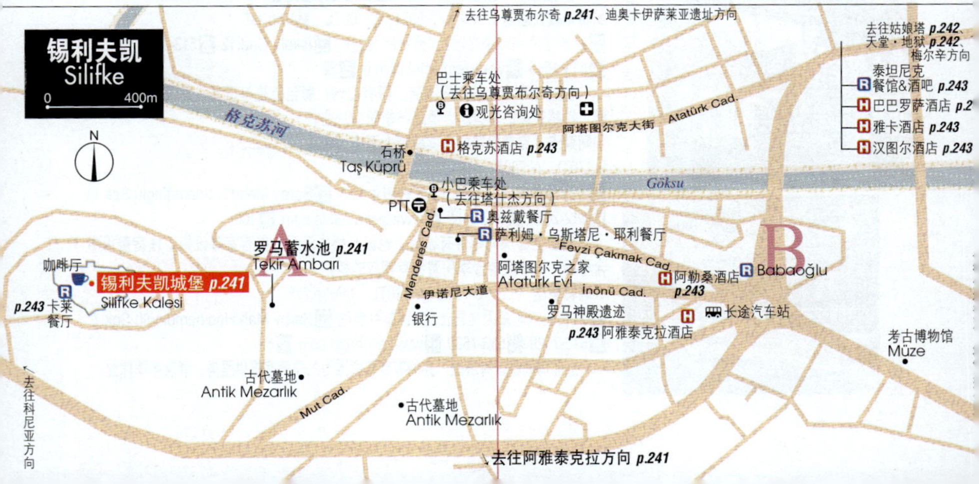

西侧山丘上的城堡遗迹。山脚下是罗马帝国时代的蓄水池

历史概览

公元前3世纪初期，塞琉古王朝的塞琉古一世在现格克苏河附近建起了这座美丽的城市。当时的锡利夫凯叫做塞琉西亚。据说，当时共建起了九所同名为塞琉西亚的都市，但是唯有现如今的锡利夫凯保存下来。

之后，锡利夫凯曾一度被埃及所占领，但最终又归属于塞琉古王朝。

公元前67年罗马帝国时期，统治者掌握了地中海一带的领土权。公元72年，锡利夫凯成为了自由贸易都市，作为当时有名的商都得到了更大的繁荣发展。石桥和罗马神殿也修建于这一时期。

基督教中心

基督教最初在这片土地传播之时，一名被迫害的、名叫西克拉的女教徒来到这里的一所洞穴避难。公元4世纪之后，基督教逐渐被世人所认可。圣西克拉洞穴也被当做是传教圣地之一，每年都接待无数来自世界各地的虔诚信徒前来参拜。

从公元7世纪后期拜占庭时代开始，一些信仰伊斯兰教的阿拉伯人来到这里，掌握统治权达300多年之久。11世纪，土耳其民族又进驻这片土地。此后，经过连年混战、十字军侵略等征战，最终于1471年归属为奥斯曼帝国的领土。城市的名称也由原来的塞琉西亚改称为如今的锡利夫凯。

观光亮点

锡利夫凯城堡

Silifke Kalesi　MAP/p.240-A

交 从石桥步行30分钟即可到达 开 9:30~17:30 休 无 TL 无

城堡位于西面山丘之上，建造于中世纪时期，拥有双层城墙以及23座高塔。现如今，城堡仅剩下外围的城墙轮廓，以及城堡内的储藏库、蓄水池和宫殿遗址等。从城堡高处可以远眺曲折宛转的克苏河以及整个城市面貌。城堡内人迹罕至，建议女性不要独自前往。

在山丘脚下有一座罗马帝国时代保留下来的蓄水池(MAP/p.240-A)，非常值得参观。水池深11米、纵横46×23米，沿着蓄水池内部的螺旋状阶梯可以下到底部。

圣西克拉洞穴

Aya Tekla　MAP/p.240-B外

交 从市中心向南步行1.2千米 开 8:00~18:00（冬季~17:00） 休 无 TL 3TL

西克拉是圣保罗的信徒，也是基督教传教初期的首位女性殉教者。西克拉受迫害之际，从科尼亚地区一直颠沛流离至此，最终藏身于这所洞穴。当迫害者最终追至此处的时候，一直藏匿于洞穴深处的西克拉竟消失无痕。据说，这所洞穴的深处就是西克拉升天的场所。

之后，基督教得以被认可并成为主流宗教，这里也被看做是基督教圣地，并相继建起了西克拉殉教堂以及基督教礼拜堂，公元6世纪时期成为基督教的中心。

圣西克拉洞穴。内部建有基督教礼拜堂

乌尊贾布尔奇

Uzunca Bruç　MAP/p.9-L

交 位于锡利夫凯背面28千米处 开 8:00~18:00（冬季~17:00） 休 无 TL 3TL

从市中心的旅游咨询处有开往乌尊贾布尔奇的巴士，50分钟内即可到达，车费5TL，一天内只发车3~4次，建议早些出门以免耽误归来时的巴士。若是乘坐出租车前往，在路途中还会欣赏到不少古墓遗迹。

乌尊贾布尔奇向东4千米处是奥尔巴

补充信息 北吉普罗斯①…从锡利夫凯西部的塔什杰（Tasucu）乘坐去往吉尔内方向的巴士，25分钟即可到达北吉普罗斯。也可以乘坐渡轮前往，星期一~星期四中午12:00发船，6小时左右到达。快艇每天中午12:00发船，2小时即可到达。详情可咨询Fergun Express旅行社☎0324-741-2323。

▲宙斯神殿遗迹
◀乌尊贾布尔奇在土耳其语中是"长长的塔"的意思。这座塔建于希腊文化时代，高达22米，十分壮观

（现名乌拉），是当时神官统领的圣域地区。到了公元1世纪罗马时代又被称为迪奥卡埃萨雷亚。遗址中可以看到柱廊、命运女神的神殿、剧场、宙斯神殿以及凯旋门等建筑遗迹。

“天堂”和“地狱”

Cennet Cehennem MAP/p.9-L

交 位于锡利夫凯东23千米处 开 8:00~18:00（冬季~17:00） 休 无 TL 3TL

从锡利夫凯乘坐前往埃尔德姆里的巴士，在纳尔勒克厄下车，沿着北面坡道步行2千米即是。

圣母玛利亚教堂。前面是通往冥界的洞穴

“天堂”其实是一座巨大的椭圆形深坑，直径达250米。沿着长长的台阶拾阶而下直至底部，有一座于公元5~6世纪建造的小型圣母玛利亚教堂。教堂的前端有一个小洞窟，据说一直通往冥界。进入洞穴内部会听到潺潺的水流之声，非常神秘。在古代，这里曾是宙斯的神殿之处。

“地狱”距离“天堂”并不远，从停车场步行2分钟即可到达。“地狱”其实是一个“张着大口”的洞穴。其直径达40米，令人叹为观止。据说洞穴深达130米，但是没有人曾进到最底部。听说这里是宙斯囚禁半人半兽提丰的地方。

从这里沿着道路向南步行7分钟左右，是一座长达200米的喀斯特洞穴，土耳其语译为“哮喘洞”，是一座非常值得参观的钟乳洞。

少女城堡

Kız kalesi MAP/p.9-L

交 从锡利夫凯乘坐巴士可直接到达。历时30分钟，车费3TL 开 8:00~18:00（冬季~17:00） TL 无

少女城堡位于锡利夫凯东150千米的地方，关于少女城堡流传着一个美丽凄惨的传说。有人预言国王的女儿会在成年之后被毒蛇咬死，国王为了保护自己的女儿在海上建立了这座城堡……这个传说和伊斯坦布尔的少女城堡极为相似。

具有浪漫色彩的少女城堡

去往城堡可以乘坐游船（乘船费10TL），擅长游泳的人也可以游泳前往。海岸附近有许多家庭式旅馆。特别是夏季，这里十分热闹。在海岸线一侧有一座城堡，叫做克里克斯城堡（Korikos Kalesi）。

重要情报

MAP/p.9-L

坎儿迪瓦内/阿达姆卡亚

Kanlıdivane/Adam Kayalar

这一带由于丰富的地下水量和大片的石灰区，形成了无数的洞穴和坑洞。从库兹卡莱西干线向东步行4千米，然后向北步行3千米即可到达。这里有无数坑洞，在古代称之为卡尼特里斯。地方上又叫做“Kanlıdivane”，意指浑身是血的狂人。在过去，这里曾是宙斯所属的圣地，罪人们也被埋葬在这里。

库兹卡莱西北部10千米处是阿达姆卡亚岩窟墓穴，这里伫立着17座石刻人物雕像。

坎儿迪瓦内

阿达姆卡亚

补充信息 北吉普罗斯②…从位于锡利夫凯和阿达纳之间的梅尔辛乘坐游船即可前往。周一~周三每天晚上20:00发船，历时10小时到达。也可以从阿拉尼亚乘坐去往吉尔内方向的船只前往。周日、周三每天下午16:00发船，周二、周四每天中午13:00发船，历时3小时30分钟到达。

Ⓡ 餐厅

● **卡莱餐厅** Kale 预算 22TL~ MAP/p.240-A

交 从长途汽车站乘坐出租车5分钟到达 ✉ Silifke Kalesi ☎ 714-8292

营 9:00~翌日2:00 休 无

位于山丘之上的城堡内，建在高地处，视野相当开阔。可以一边用餐一边欣赏山下风光。餐厅内的特色菜肴是以鱼、肉为代表的土耳其料理。15TL。

卡莱餐厅

Ⓗ 酒店

● **阿雅泰克拉酒店** Ayatekla S 30TL W 60TL MAP/p.240-B

交 从长途汽车站步行1分钟即可到达 ✉ Otogar Civarı ☎ 715-1081

FAX 715-1083 室 24

位于长途汽车站附近的一家中档酒店。酒店规模不大，但是干净整洁。装有空调、彩色电视、冰箱等现代化设备。从酒店去往市内各遗迹和博物馆也非常方便。

阿雅泰克拉酒店

● **格克苏酒店** Göksu S 60TL W 100TL MAP/p.240-A

交 从长途汽车站乘坐巴士3分钟到达 ✉ Göksu Mah.Atatürk Bul.20

☎ 712-1021 FAX 712-1024 室 25

酒店位于流经城市中心的格克苏河畔。距离旅游咨询处非常近。酒店全部客房都装有彩色电视、冰箱等设备，服务也是一流的。有的房间还带有浴室。酒店内部还有一所休闲餐厅。

格克苏酒店

● **阿勒桑酒店** Arısan S 25TL W 55TL MAP/p.240-B

交 从长途汽车站步行3分钟即可到达 ✉ Saray Mah.İnönü Cad.81

☎ 714-3331 FAX 714-3331 室 26

带有空调、浴室的客房共有5间。全部客房内都带有彩色电视等设备。早餐另外收取费用，5TL。

<科兹卡莱西>MAP/p.9-L

Ⓡ 餐厅

● **泰坦尼克餐馆&酒吧** Titanic Bistoro & Bar 预算 15TL~

交 从市中心步行4分钟即可到达 ✉ Akdeniz Mah.Beyazsaray Apt.24

☎ 532-2669 营 9:00~24:00 休 无

餐厅位于从市中心去往海边的路途中。特色菜肴是土耳其小吃(7.5TL)和烤肉。价格也不贵，一盘烤肉的价格大约12TL。餐厅内的鱼料理也不错，价格公道合理。

泰坦尼克餐馆&酒吧

Ⓗ 酒店

● **巴巴罗萨酒店** Barbarossa S 100TL W 200TL

交 从市中心步行5分钟即可到达 ✉ Akdeniz Mah.Çetin Özyaran Cad.

☎ 523-2364 FAX 523-2090 HP www.hotelbarbarossa.com 室 79

酒店位于海滩附近，规模较大，共有三层。整个酒店外观豪华大气。内部还建有游泳池、餐厅、酒吧等场所。全部客房内部都带有彩色电视、空调、冰箱等高档设备，并提供桑拿、美容等服务。

巴巴罗萨酒店

● **雅卡酒店** Yaka S 50~70TL W 60~90TL

交 从市中心步行5分钟即可到达 ✉ Avcılar Cad. ☎ 523-2444

FAX 523-2446 HP www.yakahotel.tr 室 17

该酒店是一座家庭式经营的休闲酒店。服务员热情周到，甚至可免费为游客介绍旅游景点。宽阔的、种植绿色植被的酒店中庭，是用餐的好地方。

● **汉图尔酒店** Hantur S 60TL W 70TL

交 从市中心步行4分钟即可到达 ✉ Akdeniz Mah.A Erol Cad.40

☎ 523-2367 FAX 523-2006 HP www.hotelhantur.com 室 20室

酒店建于海滩附近，可以看到库兹卡莱西一带的美丽自然风光。酒店是家庭式经营，规模较小，但是服务非常周到。客房虽然比较简朴，但收拾得一尘不染，并带有空调。海滩就位于酒店的正前方。

雅卡酒店

MAP/p.7-G

安塔基亚（哈塔伊）

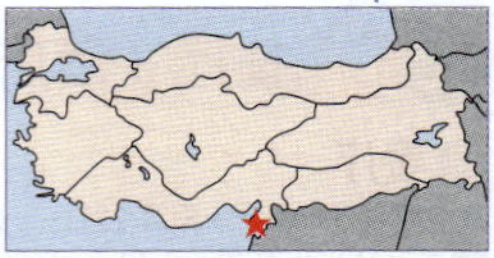

ANTAKYA (HATAY) 人口大约21.4万人／海拔125米

享有“东方之冠”的美名。古代被称为安条克。阿拉伯气息浓厚的城市。

安塔基亚位于土耳其的南端，自古青山绿水环绕，自然风景独好。古代这里被叫做安条克，有许多叙利亚的后裔，阿拉伯语也是通用语言之一。这里盛产精美的马赛克壁画和艺术作品，在全世界范围内都有很高的赞誉。这里也是丝绸之路的终点。

交通方式

从伊斯坦布尔乘坐直达航班历时1小时45分钟到达，每天3次航班。从安卡拉乘坐直达航班历时1小时15分钟到达，每天1次航班。

从伊斯坦布尔乘坐直达航班去往阿达纳机场，历时1小时30分钟到达，每天8次航班。从安卡拉出发历时1小时5分钟到达，每天2次航班。

巴士前面牌子上标有目的地名称。有的巴士上也会标有安塔基亚的旧名Hatay。从伊斯坦布尔乘坐巴士历时15小时到达，70TL，每天发车8次以上。从安卡拉出发历时10小时到达，40TL。从阿达纳出发历时3小时到达，20TL。从加济安泰普出发历时3小时30分钟到达，20TL。长途汽车站位于市中心东北方5千米处。乘坐巴士大约15分钟。

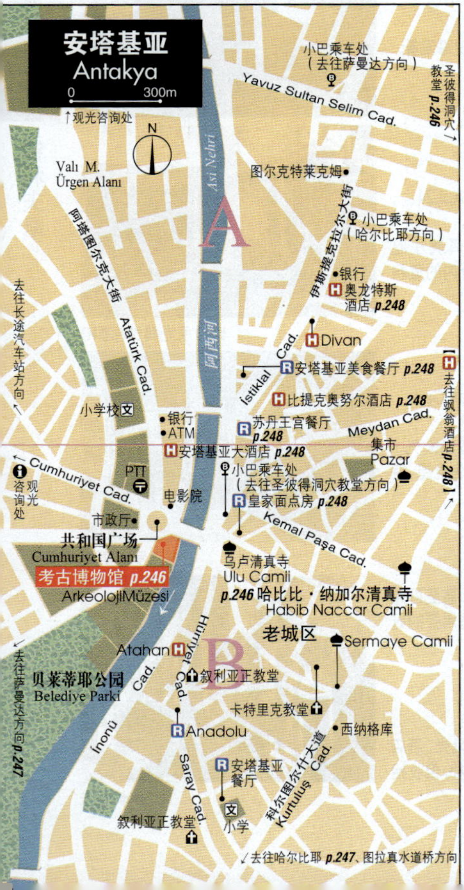

漫步导览

区号0326

MAP/p.244-B ✉Şehit Mustafa Sergi Cad.8A ☎214-9217 开8:00~17:00 休无 交从共和国广场步行5分钟

连接长途汽车站和市内共和国广场的是伊斯特克拉尔大街。长途汽车站附近和大街沿边是餐厅和酒店的聚集区。

流经城市中心的河流叫做阿西河（古代叫做奥隆特斯河）。阿西河的东侧是老城区一带，这里给人的气氛非常朴素，适合步行游逛。狭长的胡同里，散落着叙利亚风格的民宅，不时有阿拉伯古老建筑映入眼帘，一派惬意的异域风情。乌卢清真寺的周边散落着咖啡厅、巴士站以及银行等。

横跨于阿西河大桥前面的建筑是乌卢清真寺。这一带有许多咖啡厅。市内巴士停车站和银行也位于这附近。

穿过大桥，是共和国广场。这里是新城区。阿塔图尔克大街上坐落着不少加济安泰普的特产商店。

安塔基亚著名的小吃是Künefe，是用精选面粉烤制而成的美味点心。蘸着黄油和蜂蜜吃，十分香甜可口。

从城市半空眺望安塔基亚全貌，依稀可见流经城市中间的阿西河与红色屋顶聚集的巴扎集市

著名的考古博物馆，里面收藏了许多精美的马赛克作品，又被叫做马赛克博物馆

历史概览

公元前2000年之前，隶属于叙利亚的亚姆哈特王国统治着这一片土地。公元前17世纪，这里被赫梯王国所占领。公元前841年，赫梯王国分裂后，形成了几个小国家，并彼此独立。但是不久之后，亚述王国、波斯大军相继进驻并统治这里。

公元前333年，亚历山大大帝到访此处，被这里的优美自然风景所吸引，曾想把都城建在这里。亚历山大大帝死后，他的武将塞硫古一世获得了对这片土地的统治权。

古罗马时代的石桥

塞硫古一世将都城建在了现在萨曼达近郊的海港城市塞莱乌吉亚・皮埃利亚。后来又将都城迁至安条克，也就是现在的安塔基亚。都城以塞硫古一世的父亲安提克斯命名。

圣彼得洞穴教堂的石像。据说是公元前2世纪塞硫古王朝安条克四世时所建。当时用来祈祷控制疫情

安塔基亚距离水资源丰富的达弗内（哈耳庇埃）很近，城市受惠于奥隆特斯河（阿西河）的河水，很多贸易船只往来于此。在罗马时代、拜占庭时代作为文化城市发展起来。

塞硫古四世时期，疆域内内乱不断，国势渐衰。到公元1世纪中期，这里被罗马帝国并入疆土之内。

城市的再建源于卡埃萨尔时期。在罗马帝国时期，基督教的布教者圣保罗也曾将这里作为布教的中心城市。但是，在后来的于斯提阿努斯大帝统治期间，发生了大地震，城市中爆发了大型瘟疫，从此之后这里逐渐走向没落。638年，阿拉伯军队占领了这里。后来，拜占庭王朝、塞尔柱王朝相继统治这里。11世纪时期，塞尔柱军队和十字

补充信息 安塔基亚的特产…用油橄榄以及月桂树的甘露提炼出的精华制作的香皂，在罗马时代就被当做是非常珍贵的礼品，曾被广泛运送到西欧诸国。

军在这里展开了激烈的战斗，也被人们所熟知。16世纪这里成为奥斯曼帝国的属地。

从第一次世界大战之后，这里被划入法国领地的叙利亚疆域之内。之后曾一度成立了哈塔伊共和国。最终在1939年归属于土耳其共和国。

观光亮点

考古博物馆

Arkeoloji Müzesi MAP/p.244-B

交 位于共和国广场前面 开 8:00~19:00
休 周一 TL 8TL

考古博物馆展示着从安塔基亚近郊以及哈尔比耶遗址中出土的公元2~5世纪的马赛克文物。这些马赛克图案以人物像、动植物画像和希腊神话以及《圣经》中出现的场面为主，栩栩如生，引人入胜。这些马赛克作品的质量以及数量在世界上都是首屈一指的。

大洋河流之神俄刻阿诺斯和他的妻子泰西斯的马赛克像

博物馆由6个展示室和中庭构成。第4展示室内有一座亚科特的巨幅马赛克画，据说完成于公元5世纪。中央有许多希腊女神的画像。除此之外，还有神灵与狮子争斗场景的马赛克壁画，非常独特。

第5展示室内陈列有狮子的石像和浮雕。还收藏有米坦尼和赫梯时代的文物。

哈比比·纳加尔清真寺

Habib Naccar Camii MAP/p.244-B

交 从共和国广场步行5分钟即可到达 开 随时

该清真寺原是拜占庭时代的教堂，13世纪经改建成为清真寺以及神学校。建筑物东北角地下4米处建有哈比比·纳加尔的墓室。清真寺的尖塔据说建于17世纪，

悬崖旁边的圣彼得洞穴教堂

而中庭的水塔建于19世纪。

高高的尖塔是这座城市的象征性建筑

圣彼得洞穴教堂

Petros Kilisesi MAP/p.244-A外

交 从乌卢清真寺乘坐巴士大约25分钟到达。乘坐出租车10分钟到达，大约需要花费10TL
开 8:30~17:30（冬季~16:30） 休 周一 TL 8TL

位于市中心北面2千米处。从乌卢清真寺旁边的巴士站牌处乘坐2号巴士或15号巴士即可前往。

圣彼得洞穴教堂修建在悬崖的旁边。据说，公元30年左右，受迫害的基督教教徒在圣彼得的指引下逃生到这里，并建起了教堂。人们普遍认为这里是基督教的第一所教堂。基督教教徒的称呼也是起源于这一时期。

12信徒中的尊者圣彼得是非常虔诚正直的人物，为纪念他的功勋，故以其名字

洞穴深处的通道，修建于罗马时代

哈尔比耶的茂密丛林，是绝佳的野餐场所

丛林中捡到的小猫头鹰。奥隆特斯河口的塞莱乌吉亚遗址周边，保留有许多优美的自然景观

为教堂命名。这座教堂和圣彼得有着非常深厚的渊源。

教堂大门用石头建造，修建于12~13世纪。洞穴内保留有马赛克壁画，完成于4~5世纪时期，如今已经斑驳不堪。教堂的深处有一座泉池，不断往外涌出圣水。每年的6月29日是圣彼得日，来自全世界各地的信徒都会来此做弥撒。

哈尔比耶（达佛涅）

Harbiye（Daphne） MAP/p.9-L

交 乘坐巴士15分钟可达，车费1.25TL。乘坐出租车单程需要花费5TL

去往哈尔比耶方向的巴士乘车站（MAP/P.244-A）位于长途汽车站的对面，开往哈尔比耶方向的车次很多。最终停在溪流所在的斜坡上。

哈尔比耶村位于安塔基亚南部9千米的地方。是当地非常具有人气的野餐、游玩场所。绿色葱郁的山谷一侧，几帘瀑布倾泻而下，潺潺的溪水叮叮咚咚地流至丛林深处，是一处自然风景优美的世外桃源地。也是很多当地人野炊的首选。

哈尔比耶在古代被称为达佛涅，据说是阿波罗进行神谕的场所。哈尔比耶村子里有很多月桂树。据希腊神话记载，精灵达佛涅为了躲避阿波罗的追求而化作了一棵月桂树。在安塔基亚考古博物馆中，有专门记叙这一神话故事的马赛克壁画。

哈尔比亚曾因阿波罗的神谕活动而繁荣一时，但之后逐渐没落，如今已风光不再。

萨曼达

Samandağ MAP/p.9-L

交 乘坐巴士30分钟可达，车费2.5TL。乘坐出租车单程需要花费40~50TL

萨曼达位于安塔基亚西南方26千米处，是地中海沿岸非常著名的旅游度假区。在长途汽车站前面的巴士停车站（MAP/P.244-A）上车，乘坐开往萨曼达方向的巴士前往。在市中心的阿塔图尔克初级中学站下车即可。去往海岸边，需要换乘去往代尼兹方向的巴士，在终点站下车即可。

萨曼达拥有美丽的海滩，每年的10月是旅游旺季，海滩边挤满了来享受海水浴的人。这里也有一些餐厅和住宿设施，是充满欢乐氛围的平民旅游区。

杜乃尔

Tünel　MAP/p.9-L

交 位于萨曼达5千米处，从长途汽车站乘坐巴士15分钟即可到达 开 随时 休 无 TL 3TL

从萨曼达初级中学前的巴士站牌乘坐去往切布里克（Çevrik）方向的巴士，在杜乃尔站下车。沿着路标指示徒步行进5分钟左右，到达杜乃尔入口处。入口处有租赁手电或照明设施的地方。

杜乃尔是“隧道”的意思。古时候，阿西河时常泛滥成灾，经常给周边地区的住民带来灾难性的洪水。为了保护港口和城镇居民的安全，特意在此处修建了巨大的河水通道，以使汛期的洪水得以分流而不会造成洪灾。河水通道修建于罗马帝国时期。整个通道高7米、宽6米，全长1380米。这在古代绝对是一项浩大的工程。

塞硫古王朝的岩窟墓地

和煦的阳光从岩石缝中洒落下来，映在地上斑斑点点，非常美丽。非汛期的时候可以在通道中穿行，但是内部比较昏暗，要留意脚下。有时还会在隧道中碰到寻草吃的羊群。

阿西河的河口一带，是塞硫古王朝的海港城市塞莱乌吉亚·皮埃利亚。杜乃尔通道的上面是王族墓室，斜面一带是罗马帝国时期的古墓，一些洞穴窟墓外壁上还残留有精美的浮雕图案。在海岸一侧还保留有圣彼得第一次布教乘船的河堤。

R H 餐厅／酒店　安塔基亚　☎0326

苏丹王宫餐厅

安塔基亚美食餐厅

安塔基亚大酒店

飒翁酒店

奥龙特斯酒店

R 餐厅

●苏丹王宫餐厅 Sultan Sofrası　预算 18TL~　MAP/p. 244-A

交 从乌卢清真寺步行3分钟即可到达 ✉ İstiklal Cad.20/A ☎ 213-8759 营 7:00~21:30 休 周日 酒 无

餐厅分为上下两层，内部宽敞。主要菜肴是烤肉类，一盘5~12TL。

●安塔基亚美食餐厅 Antakya Sofrası　预算 14TL~　MAP/p. 244-A

■从乌卢清真寺步行5分钟即可到达 ✉ İstiklal Cad.6, Ada Çarşısı 1 ☎ 215-4791 营 7:00~20:30 休 周日 酒 无

餐厅的金牌菜肴是扁豆、茄子和西红柿制作的蔬菜料理。可在透明橱窗中挑选食材。菜肴价格便宜，10TL左右就能吃得肚子溜圆。

●皇家面点房 Kral Künefe Salonu　MAP/p.244-B

交 位于乌卢清真寺旁边 ✉ Köprübaşı ☎ 214-7517 营 8:00~翌日2:00 休 无

安塔基亚著名的点心屋，能做出安塔基亚最正宗的味道。可随时就餐。点心种类齐全，味美好吃。一份大约3.5TL。

H 酒店

●安塔基亚大酒店 Büyük Antakya　S 145TL　W 270TL　MAP/p.244-B

交 从共和国广场步行1分钟即可到达 ✉ Atatürk Cad. 8 室 72 ☎ 213-5858 FAX 213-5869 HP www.buyukantakyaoteli.com C M V

酒店位于河畔附近，规模较大，共有8层。土耳其航空办公室也位于此。

●飒翁酒店 Savon　S €60　W €90　MAP/p.244-A外

■从共和国广场步行5分钟即可到达 ✉ Kurtuluş Cad.192 室 43 ☎ 214-6355 FAX 214-6356 HP www.savonhotel.com C M V

酒店最早建于1860年，前身是橄榄油香皂生产工厂，后经改建和装修，成为现在极具特色的时髦酒店。酒店拥有多个拱门，美观大方。其内部装饰古典中略显豪华，是非常具有浪漫气息的居住场所。

●奥龙特斯酒店 Orontes　S 75TL　W 120TL　MAP/p.244-A

交 从长途汽车站步行3分钟即可到达 ✉ İstiklal Cad.58 室 61 ☎ 214-5931 FAX 214-5933 C M V

酒店周身是透明的落地玻璃窗。客房整洁，并且非常宽敞。入住舒适。

●比提克奥努尔酒店 Bütik Onur　S 60TL　W 110TL　MAP/p.244-A

交 从共和国广场步行5分钟即可到达 ✉ İstiklal Sok.10 室 35 ☎ 216-2210 FAX 216-2214 邮 onulhotel@hotmail.com

位于伊斯特拉克大街深处，环境安逸。带有空调、彩色电视等设备。

※酒店的费用有的用TL表示，也有的酒店会用$或€表示。

安纳托利亚中部

İç Anadolu

安纳托利亚中部概观

气候与地理

安纳托利亚中部指的是北起黑海一侧山脉，南至特罗斯山脉之间的广阔高原地区。这片地区地势较高，位于盆地的首都安卡拉海拔850米，其他城市海拔也将近1000米，属于典型的高原性气候。每年的5~9月，白昼变长，阳光强烈，气温骤然升高。而夜间气温则急剧下降，即便是夏季的夜晚也会感觉有丝丝寒意。冬季时常下雪。因为离海较远，夏季气候非常干燥。每年7~8月几乎没有降雨，自然面貌也几乎没有太大的变化。

行程规划

短期旅行团通常行进的路线是从安卡拉出发，向卡帕多西亚前进。行程开始后大约一个半小时在盐湖（Tuz Gölü）湖畔停车。盐湖顾名思义，是含盐量非常高的湖，其面积大小有琵琶湖的三倍。

被厚厚的盐层所覆盖的白色滩岸绵延不绝，从湖畔极目远眺，对岸仿佛漂浮在水雾中的岛屿一般美妙奇幻，景色非常壮观。在安纳托利亚有不少这样的湖。

长途巴士的休息站点干净整洁，可短暂停留一下

面积广阔的盐湖（安卡拉—阿克萨拉伊间途中）

稍事休息后，长途巴士继续向东驶去，这儿距离卡帕多西亚大约还有100千米。一路分散着许多商队住宿地点，在古时候，这里也是著名的贸易之路。在右拐后20千米处的右侧有一处商队客栈阿伍兹卡拉翰（A gzıkarahan）保存状态完好，可以进去参观。

卡帕多西亚

古代的卡帕多西亚面积非常大。现在，一般指的是以主要观光景点——奇岩地带为主的一片地区。旅行团的日程大都会安排1~2天，所参观的范围只不过是其中的一部分而已。

在有限的旅游日程内，如果想要尽可能多地参观卡帕多西亚的景观，建议省去安卡拉的景点，直接从伊斯坦布尔乘坐飞机到开塞利，然后再乘坐巴士去往于尔居普。

卡帕多西亚中心的奇岩变幻多端，令人百看不厌。不过，对外开放的参观景区有地下城市等几处。此外，位于外围的索奥尔、乌弗拉溪谷也是很有魅力的旅游景点。

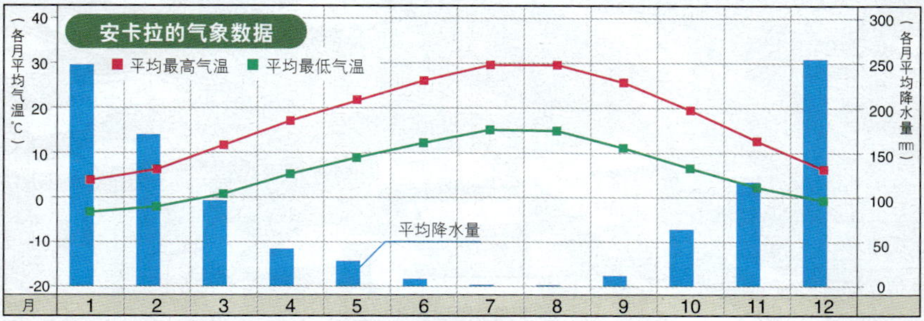

◀扉页图片…卡帕多西亚・乌奇希萨尔附近的峡谷

科尼亚

可从卡帕多西亚前往科尼亚。科尼亚的地势虽然较高，但道路大都比较平坦，在城市中行进也比较方便。科尼亚是塞尔柱王朝的都城，在土耳其历史中占据着非常重要的地位，其历史足迹也有据可循，因为这里留下了非常多的古建筑遗迹。旅行团通常在科尼亚只参观两三处景点，一般包括梅乌拉那博物馆等。

除了一些值得参观的古建筑遗迹之外，科尼亚的巴扎市集也非常多。开塞利是土耳其最大的绒毯·基利姆生产基地，而土耳其质量最优的绒毯·基利姆基本都产自科尼亚。

从科尼亚向西北方行进，经过阿菲永前往伊兹密尔。一路会经过佩伊谢希尔湖（Beyşehir Gölü）、埃伊尔迪尔湖岸（Eğirdir Gölü），穿过玫瑰花都乌斯巴尔塔（Isparta），到达帕姆卡莱。

安纳托利亚中部地区非常辽阔。这里的遗迹有阿芙罗狄西亚斯（代尼兹利）、阿伊扎诺伊(屈塔希亚)、米达斯谢夫利（阿菲永、埃斯基谢希尔）、哈图沙、恰塔尔赫于克（科尼亚）等。可以近郊的城镇作为始发点。因为南北距离较远，一路不好找餐厅，建议自行准备好午饭。

▲卖香水和化妆品的专卖店

▶车行道两旁有许多手工细藤编织品和朴素的手工艺品商店。（伊斯坦布尔—安卡拉途中）

卡帕多西亚的火山。山顶上终年积雪

MAP/p.7-G

安卡拉

ANKARA

人口大约443.2万人 / 海拔850米

伴随着土耳其共和国诞生而发展起来的新首都。一座成长中的城市。

土耳其共和国于1923年正式成立。第一任总统凯末尔·阿塔图尔克为了彻底摒除奥斯曼时代的弊端，毅然决然地离开伊斯坦布尔，把首都定在了安纳托利亚中部、这座当时仅有3万人的小城市——安卡拉。如今安卡拉的总人口已经超过了440万人，城市也得到飞速发展，成为土耳其大都市中的佼佼者。

交通方式

伊斯坦布尔有直达安卡拉艾森博阿机场（Esenboğa Havalimanı）的航班，历时1小时5分钟，班次很多。下飞机后可乘坐机场大巴去往市中心。

从伊斯坦布尔乘坐长途汽车历时6小时可达安卡拉，50TL。从伊兹密尔出发历时8小时，35TL。基本上各大城市都有到安卡拉的直达汽车。

安卡拉的长途汽车站规模不小

从长途汽车站（A.S.T.I）出来，可乘坐巴士往市中心。许多巴士公司都提供免费班车。乘坐安卡拉伊线（Ankaray）也非常方便。安卡拉伊线车站与长途汽车站相连，到市中心的克孜拉伊车站只需10分钟。

可以乘坐YHT（高速列车）去往埃斯基谢希尔，每天发车4次，历时1小时30分钟。

从安卡拉站可以步行前往安卡拉伊线的马儿特佩站，大约需要7分钟。步行10分钟可达地铁乌鲁斯站。

漫步导览

市街局番0312

MAP/p.254-C ✉Gençlik Parkı Metro Çıkışı Karşısı ☎324-0101 开9:00~17:00 休冬季周日 交从安卡拉伊线马尔泰沛站步行1分钟

安卡拉作为如今土耳其的首都，面积和规模虽然很大，但对于旅游者来说，主要参观的地区可分为四大块：现代、时尚店铺集中的繁华街区，以克孜拉伊地区为中心的新城区，以乌鲁斯地区为中心的老城区和各国大使馆区以及高档酒店聚集的瓦库尔德莱。

安卡拉的观光景点主要集中在老城区一带。安卡拉城堡、博物馆、罗马浴场遗址等，全部位于徒步可达的范围内。钱卡亚地区也是观光游客较多的地区，这里集中了许多国际化的餐厅以及咖啡店等。

安卡拉交通便利，乘坐地铁几乎可以去往任何一个地区。市内巴士也非常多，交通路线井然有序。如果是短期停留的话，建议乘坐出租车出行（起步价2.2TL，之后每100米加收0.19TL）。

在安卡拉住宿也很方便。高档酒店主要集中在钱卡亚地区，中档酒店集中在克孜拉伊地区，乌鲁斯地区的中档酒店、经济型酒店则比较多。乌鲁斯地区的观光景点比较多，出行也方便，不过晚上治安状况不是特别好，单身女性要特别注意这点。

安卡拉的街头杜绝拉客现象，住宿、交通情况都非常规范，价格也算公道合理。尤其是克孜拉伊地区，完全可以感受得到现代文明都市的风范。

历史概览

安卡拉的古代遗址并不算多，不过它确实是一座古老的城市，从赫梯时代开始这一带就有人居住。公元前8世纪，弗里吉亚人来到了这里，使得这一地区逐渐开始有了城市规模，当时这里被称作安吉拉。

充满时尚都市气息的克孜拉伊城市大道

从旧城区的城堡远眺新市区景貌。走在现代化的大路上，也许很难会发现安卡拉其实是一座高原城市

在阿塔图尔克陵墓所处的阿奴泰沛山上，曾有先古人类活动的遗迹。安卡拉的历史遗址并没有完全展现在世人眼前，还有不少被掩埋在现在的密集住宅区下面。沿着去往乌鲁斯城堡的左侧，可以看到一片新发掘的历史遗址区域，这里正不断地有新的遗迹出现。据说，这一带还掩埋着罗马帝国时代的大都市遗址。在土耳其，这样的城市遗址还不少。

在罗马时代，安卡拉作为当时贸易路线上的重要一环，曾有过一度的繁荣期。到奥斯曼时期，随着贸易路线的变化，安卡拉这座城市也逐渐走向衰败。

1923年，土耳其共和国正式成立，并把安卡拉作为新首都。当时的安卡拉只不过是一个人口不足3万人的小城市。如今，这里的总人口已超过了440万人，一跃成为世界性的大都市。

阿塔图尔克陵墓前的卫兵交接仪式

观光亮点

阿塔图尔克陵墓

Anıt Kabir MAP/p.254-C

交 从坦多安车站步行5分钟可达。从克孜拉伊乘坐出租车大约10分钟可达 开 9:00~17:00（冬季~16:00） 休 无

这里是埋葬“土耳其之父”穆斯塔法·凯末尔·阿塔图尔克的陵墓。陵墓规模庞大，位于高丘之上。每天来瞻仰阿塔图尔克的人络绎不绝。

沿着入口处的长大理石板进入陵墓。左侧由巨大石柱支撑的建筑就是阿塔图尔克的墓穴。其灵柩就摆放于其中。陵墓中还收藏着阿塔图尔克生前的遗物以及相关资料等。

安纳托利亚文明（考古）博物馆

Anadolu Medeniyetleri Müzesi

MAP/p.254-B

交 从乌鲁斯广场步行20分钟即可到达 ☎ 324-3160 开 8:00~19:00 休 无 TL 5TL

博物馆本身是一座建于15世纪的有顶集市。规模并不算大，里面陈列着世界上珍贵的出土文物，并按照年代整理得相当好。其中，以赫梯时代的珍贵文物最多，因此又被叫做赫梯时代博物馆。

博物馆入口的正面、中央大厅内陈列着许多赫梯时代的巨型石雕。按照古王国时代、

哈斯塔内
阿克库普点站
Akköprü
艾森博阿机场
伊斯坦布尔大街
İstanbul Cad.
Sebzebahçeleri Cad.
Bingöl Sok.
Kazım Karabekir Cad.
地铁线
奥尔吞达
Altındağ
罗马浴场遗迹 p.256
Roma Hamamı Harabeleri
恰克尔大街
Çankırı Cad.
古斯托神殿遗迹 p.258
哈吉巴伊拉姆清真寺
Arjantin
p.259 土耳其之子酒店
p.259 阿萨尔酒店
奥泽尔·乌尔法餐厅 p.257
于利阿努斯之柱
阿塔图尔克像
阿斯帕瓦餐厅 p.257
A
B
库尔图尔站
Kültür
阿塔图尔克文化中心
Atatürk Kültür Mrk.
乌尔斯广场
Ulus Meydanı
乌尔斯广场
Bentderesi Cad.
赫梯古董酒店 p.259
卡莱酒店 p.259
安卡拉城堡遗迹 p.255
Ankara Kalesi(Hisar)
赫波德鲁姆大道
Hipodrom Cad.
共和国博物馆
Cumhuriyet Müzesi
独立战争纪念馆
要塞酒店 p.259
沙欣先生酒店 p.259
乌尔斯火车站
Ulus
乌尔法·哈吉·穆罕默德餐厅
老城区
安纳托利亚文明（考古）博物馆 p.253
Anadolu Medeniyetleri Müzesi
乌尔斯地区
ULUS
阿达咖啡厅
根奇力克公园
Gençlik Parkı
歌剧院
Mithat p.257
真盖尔帕夏府餐厅
Arslanhane Cami
柯那哲扎戴庄园餐厅 p.257
阿奇波尔餐厅
安卡拉火车站
Ankara Garı
火车博物馆
科勇巴扎市场 p.256
Koyun Pazarı
p.256 多鲁丘巴扎
赫梯古玩店 p.256
长途汽车站（A.Ş.T.İ.）
坦德安火车站
Tandoğan
蒸汽机汽车博物馆
PTT
旅游咨询处
马尔特佩火车站
Maltepe
Celâl Bayar Bul.
绘画和雕刻美术馆
民俗博物馆 p.256
Etnografya Müzesi
安卡拉大学
Talat Paşa Cad.
萨曼帕泽尔地区
SAMAN PAZARI
贝谢韦尔火车站
Beşevler
Anıt Cad.
Turgut Reis Cad.
安卡拉伊线
哈杰特特佩医院
Hacettepe Hast.
Mareşal Fevzi Çakmak Cad.
马尔特佩地区
MALTEPE
Strazburg Cad.
西赫耶车站
Sıhhiye
牡鹿纪念像
库尔图尔公园
Kurtuluş Parkı
库尔图什火车站
Kurtuluş
阿塔图尔克陵墓 p.253
Anıt Kabir
德米尔特佩火车站
Domirtepe
西赫耶
Sıhhiye
Kent
阿塔图尔克大街
Atatürk Bul.
C
D
马尔特佩火车站
Maltepe Camii
Ankara
曲什克餐厅
Mithat Paşa Cad.
格科斯餐厅
Kıbrıs Cad.
巴赫切利埃夫莱尔
Bahçelievler
Akdeniz Cad.
Gençlik Cad.
阿努特特佩
Anıttepe
Necatibey Cad.
克兹拉伊火车站
Kızılay
黄金公主酒店 p.258
格莱利餐厅
Kebabıstan
Mahmut Esat Bozkurt Cad.
Hasan Ali Yücel Cad.
Libya Cad.
埃克特尼兹大道
2 Cad.
Güvenlik
新城区
1 Cad.
p.258 米德亚德店
咖啡水餐馆 p.257
科贾特佩清真寺
Kocatepe Camii
伊斯梅特伊诺纽大道
İsmet İnönü Bul.
克兹拉伊地区
KIZILAY
阿塔伊斯肯戴尔烤肉餐厅 p.257
科贾特佩
Kocatepe
Seyran Sok.
巴坎尔克拉尔
Bakanlıklar
戴代曼酒店 p.258
Bülbülderesi Cad.
国会议事堂
T.B.M. Meclisi
Büyük Ankara
Merasim Sok.
美国大使馆
戈登酒店 p.258
Tunalı Hilmi Cad.
Kenedy Cad.
Esat Cad.
德国大使馆
Şimşek Sok.
Paris Cad.
Atatürk Bul.
Tunus Cad.
塔帕塔帕餐厅
市立医院
曲奇凯萨特
Küçükesat
E
F
Güvenlik Cad.
Dikmen Cad.
Hoşdere Cad.
土耳其航空
西班牙大使馆
蒂凯餐厅 p.257
法国大使馆
新西兰大使馆
Nenehatun Cad.
Reşit Galip Cad.
库古卢公园
Kuğulu Park
卡瓦克里德莱地区
KAVAKLIDERE
希尔顿大酒店 p.258
库古卢商业大街
喜来登酒店 p.258
Cinnah Cad.
N
安卡拉
Ankara
0
500m
阿萨古阿伊兰杰
Aşağı Ayrancı
Mezzaluna
恰卡亚

恰塔尔赫于克复原之后的神殿

阿拉加赫于克出土的青铜器

帝国时代、新赫梯时代各个不同年代以及出土年份依次排列。

中央大厅的回廊中，按照旧石器时代至希腊·罗马时代的年份顺序依次陈列着展品。

入口的右侧、回廊的前端，是恰塔尔赫于克的神殿房屋复原建筑。恰塔尔赫于克被称为是人类最古老的村落之一。此外还展示有这里出土的地母神坐像。

青铜时代，土耳其出现了高超的冶炼技术。当时有很多以金、铜、银、锡等材料制作的艺术品。不少作品是模仿动物的形态制作而成的，非常具有观赏性。阿塔图尔克大街上伫立有青铜雕像。

在亚述殖民时代的居尔特佩（p.295）出土的黏土板文书非常珍贵。居尔特佩曾经是亚述人的交易重地。从这些珍贵文书中可以获知赫梯时代之前的安纳托利亚生活样貌。

弗里吉亚时期，再现了在狮子宫（p.270）中的玄室。据说，在灵床上躺着的人物，是弗里吉亚的米达斯王。但是一直没有确凿的证据证明其身份。在玄室中还保留有许多优质家具和巨大青铜器皿等。地下室内展示有众多文物，以展示安卡拉的历史和公元前1200年之前的安纳托利亚历史而闻名。

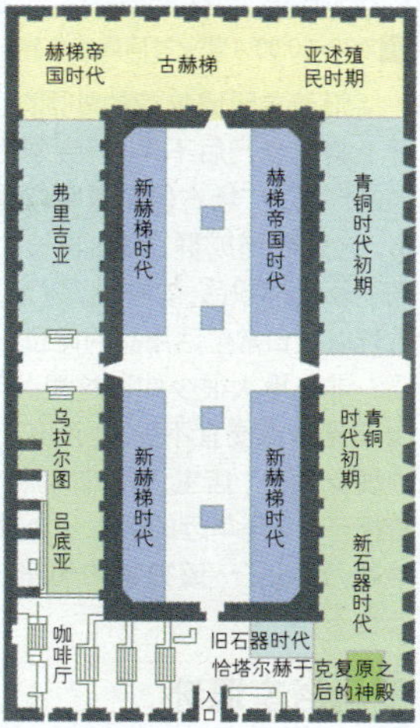

安卡拉城堡遗迹

Ankara Kalesi（Hisar） MAP/p.254-B

交 从乌鲁斯广场步行15分钟即可到达

这座城堡最初为葛拉特亚人所建，最终于罗马帝国时代竣工。后来又由拜占庭帝国和塞尔丘克王朝进行了修复和改建。现在保留下来的仅仅是外廓城门、城墙和塔。在城堡顶端，可以望见成群的房屋建筑，视野非常好。城墙内也稀稀疏疏静立着一些房屋。这里的生活样貌与新城区截然不同。

旧城区的城堡和周边山丘之上的住宅区

历史之泉 葛拉特亚人…公元前3世纪前期，葛拉特亚人越过达达尼尔斯海峡，占领了安卡拉一带，并在此长期居住。这一带在古代也被称作是葛拉特亚。公元前25年这里被罗马收编入领土内。

科勇巴扎集市

Koyun Pazarı MAP/p.254-B

开7:30~20:00（营业时间因店各异） 休周日

沿着文明博物馆的外围向上直行，右拐登上斜坡步行后不久，就会到达一座面积较大的广场。广场右侧的道路就是科勇巴扎集市。这里商铺成群，细细长长的道路两旁挤满了贩卖棉织品、农耕器具、金属制品、古董古玩以及日常生活用品的摊位，十分热闹。

非当地人很少知道这里。集市里的价格比观光景点便宜不少，也没有街头强行揽客的现象发生。店主人都非常热情，店前摆放着椅子，一些年迈的老人一边抽着水烟一边喝茶，形成了一道独特的街景。有时间去逛逛也不错。

◀怀旧的科勇巴扎集市坡道

专营鼓的商店▼

罗马浴室遗迹

Roma Hamamı Harabeleri MAP/p.254-A

交从乌鲁斯广场步行8分钟可达 开8:30~19:00（冬季8:00~17:00） 休无 TL3TL

罗马浴室是公元3世纪由卡拉卡拉大帝下令修建的。浴室占地规模庞大，令人惊叹。如今残留下来的包括热水浴室、冷水浴室和按摩室、更衣室等房间。温水从浴室地下流出。

民俗博物馆

Etnografya Müzesi MAP/p.254-D

交从乌鲁斯车站步行12分钟即可到达 开8:30~12:30/13:30~17:30 休周一 TL3TL

外观是白色，里面陈列了塞尔柱王朝与奥斯曼时期的民间艺术品、民族服装、绒毯、瓷器等物品。旁边是绘画馆，展示有土耳其画家的作品。

农耕器具商店。许多附近村子的村民经常来此

S 商店

乌鲁斯地区

赫梯古玩店

Hitit Antik MAP/p.254-B

交从安纳托利亚文明博物馆步行10分钟即可到达

✉Samanpazarı Can Sok. 11

☎310-8105

营9:00~19:00（周日13:00~18:00）

休无

沿着通往科勇巴扎集市的斜坡向下行走，左拐步行1分钟即是。这是一家经营雕像、陶瓷器皿、烛台等器具的商店。价格并不算贵。如果感兴趣，可以试着和店家砍价。古玩店周围还有几家类似的店铺。

多鲁丘巴扎

Doğrucuk Pazarı MAP/p.254-B

交从安纳托利亚文明博物馆步行6分钟即可到达 ✉Koyun Pazarı Yokuşu 87

☎324-0611 邮sevimay@gmail.com

营7:30~19:30 休5月29日

位于通往科勇巴扎集市的斜坡右侧。这家店铺主要经营女性饰品。干净的柜台上摆满了女性装饰用的项链、手镯、披肩等，是爱美女士常去的地方。

补充信息 棚户（Gecekondu）…速成住宅。晚上开工，第二天就造成的速成住宅。大都是不法占据公有地区建造的。古时候为了避邪驱魔而把房屋涂成蓝色。如今残留下来的只有一部分。

克孜拉伊地区

28TL~ MAP/p.254-F

蒂凯餐厅 Tike

交 从希尔顿大酒店步行3分钟即可到达
✉ Billur Sok. 17/2 Kavaklıdere
☎ 426-0141
营 12:00~24:00 休 无

是一家高档餐厅。这片地区建有许多高档设施。餐厅内部装饰大方典雅。这里的菜肴也比较高级，有欧美菜肴、各国料理还有土耳其烤肉可供客人挑选。夏季可以在室外享用午餐。

20TL~ MAP/p.254-F

阿塔伊斯肯戴尔烤肉餐厅 Ata skender Kebap

交 从克孜拉伊车站步行8分钟即可到达
✉ Karanfil Sok.19/A12
☎ 419-9027
营 11:00~22:30 休 无 酒 无

餐厅规模较大，内部设有用餐处、休闲咖啡厅等场所，是装饰豪华的休闲用餐场所。坐席分为室内席位和室外露天席位。主要菜肴是土耳其烤肉。即便是平常，也是人满为患。

10TL~ MAP/p.254-D

咖啡水餐馆 Cafe Su

交 从克孜拉伊车站步行6分钟即可到达
✉ Yüksel Cad. Konur Sok. 6
☎ 418-3826
营 8:00~23:00
休 无 酒 无

餐厅分为室内席位和室外席位。夏季在街边的室外席位用餐，可以欣赏到热闹繁华的街景。店内的特供小点心也非常好吃。

▼乌鲁斯地区

27TL~ MAP/p.254-B

真盖尔帕夏府餐厅 Zenger Paşa Konağı

交 从安纳托利亚文明博物馆步行3分钟即可到达 ✉ Doyran Sok. 13
☎ 311-7070
营 10:00~24:00 休 无

进入考古博物馆旁边的城门后，左手边即是。餐厅由一座古老的邸宅改装而来。内部还有展示古代生活用品的展览厅。店内的服务员统一穿着奥斯曼帝国时期样式的服装。1米长的比萨非常美味。

20TL~ MAP/p.254-B

阿斯帕瓦餐厅 Aspava

交 从阿塔图尔克像步行3分钟即可到达
✉ Hükümet Cad. Mehmet Atalay Sok.1
☎ 310-4209 营 6:30~22:00
休 无
酒 无

这是家烤肉料理店。位于街角，虽然不太醒目，但里面非常干净舒适，比较有品位。价格也公道合理，吸引了不少当地人和游客前来品尝。在座位上可以欣赏到厨师现场制作烤肉的过程。

25TL~ MAP/p.254-B

柯那哲扎戴庄园餐厅 Kınacızade Konağı

交 从阿塔图尔克像步行4分钟即可到达
✉ Kale Kapısı Sok.28
☎ 324-5714
营 12:00~翌3:00 休 无

餐厅由奥斯曼时期的建筑物改建而成。是当地商务人士青睐的就餐场所。餐厅的招牌套餐仅20TL，种类丰富，非常美味。如果天气好的话，还可以在餐厅的中庭院子中用餐，别有一番趣味。

16TL~ MAP/p.254-B

奥泽尔·乌尔法餐厅 Ozel Urfa

交 从阿塔图尔克像步行2分钟即可到达
✉ Cankırı Cad.5A
☎ 311-5947
营 7:00~24:00
休 无 酒 无

餐厅内部空间宽敞，非常干净整洁。店主是乌尔法人，非常热情。推荐菜品是传统的乌尔法烤肉，味道正宗。烤肉类9TL~、烤肉丸6TL~、比萨6TL。

补充信息 青年公园…MAP/p.9-G 从乌鲁斯车站步行1分钟即可到达。公园内有喷泉、游乐场、咖啡厅等场所，是集休闲娱乐于一身的公共场所。每逢周末，这里都挤满了携妻带子来此娱乐的当地居民。

卡瓦库尔德莱地区

希尔顿大酒店

S€136 W€152（未含税） MAP/p.254-F

希尔顿大酒店 Hilton

交 位于卡瓦库尔德莱地区 ✉ Tahran Cad.12 ☎ 455-0000 FAX 455-0052 室 240 HP www.hilton.com C A J M V

希尔顿大酒店是全世界闻名的上流高档酒店。虽然外观看上去普通无奇，但其内部却极为豪华。酒店内部设有游泳池、浴室等设施。各个房间内各种先进设备应有尽有，提供各国电视转播节目。

喜来登饭店

S€225 W€240（未含税） MAP/p.254-F

喜来登酒店 Sheraton

交 位于卡瓦库尔德莱地区 ✉ Noktalı Sok. ☎ 457-6000 FAX 468-7321 室 414 HP www.sheraton.com/Ankara C A D M V € 早餐€20

从远处望去，酒店的外形像是一个大圆筒，通体白色，非常醒目。这是一家标准的商务住宿酒店，是国际商务人士经常入住的地点。各种现代化商务设施齐备。

克孜拉伊地区

戴代曼酒店

S€144 W€165 MAP/p.254-F

戴代曼酒店 Dedeman

交 位于克孜拉伊车站1千米处 ✉ Büklüm Sok.1 ☎ 417-6200 FAX 417-6214 室 299 HP www.dedemanhotels.com C A M V

是克孜拉伊地区最为高级、也是规模最大的酒店。外观是朴实无华的商务风，其内部大厅和餐厅宽敞明亮，非常豪华。入住条件舒适。此外，酒店娱乐区还建有游泳池、大型浴室等设施。

戈登酒店

S€110 W€130 MAP/p.254-F

戈登酒店 Gordion

交 位于克孜拉伊车站1.5千米处 ✉ Büklüm Sok.59 ☎ 427-8080 FAX 427-8085 室 45 HP www.gordionhotel.com C A J M V

酒店位于阿塔图尔克大街旁边，虽然身处闹市，但酒店内部却安静优雅。外观比较时尚，内部各个房间也是经过精心设计和装饰的。入住方便。酒店内部还设有浴室和美容室等场所。

黄金公主酒店

S120TL W160TL MAP/p.254-D

黄金公主酒店 The Golden Princess

交 从克孜拉伊车站步行1分钟即可到达 ✉ Ziya Gökalp Cad.8 ☎ 430-0006 FAX 435-8181 室 50 C M V

位于克孜拉伊地区，是一家新建起的中档酒店。酒店的对面是热闹的阿塔图尔克大街，交通、购物都非常方便。房间内部干净整洁，各种现代化设备齐全。

米德亚德酒店

S90TL W130TL MAP/p.254-D

米德亚德酒店 Midyad

交 从克孜拉伊车站步行6分钟即可到达 ✉ Karanfil Sok.22 ☎ 425-5533 FAX 425-6343 室 40 C M V

一家克孜拉伊地区的中档酒店。内部各种设施一应俱全。房间并不算大，但是收拾得非常干净整洁。酒店周边有不少咖啡店、餐厅、超市等，外出就餐、购物都非常方便。

历史之泉 古斯托斯神殿…罗马时期，在地母神圣区之内修建起了这一神殿。之后，曾经作为基督教教堂、伊斯兰神学校使用，现如今被当做清真寺使用。它是代表安纳托利亚历史的古建筑遗迹。MAP/P.254-B

H 酒店

乌鲁斯地区

S90TL W120TL MAP/p.254-B

阿萨尔酒店 Asal

交从阿塔图尔克像出发，步行3分钟即可到达 ✉Çankırı Cad.29
☎311-5525 FAX 311-5530 室53 HP www.asalhotel.com C M V

恰克尔大街两侧，伫立着许多酒店，阿萨尔酒店就是其中比较新颖美观的一座。虽然酒店规模不大，但入住条件舒适，各种设备齐全，值得推荐。

阿萨尔酒店

S70TL W100TL MAP/p.254-B

土耳其之子酒店 Oğultürk

交从阿塔图尔克像出发，步行4分钟即可到达 ✉Rüzgarlı Eşdost Sok.6
☎309-2900 FAX 311-8321 室68 HP www.ogulturk.com C V

酒店位于闹市区比较安静的地点，是适合休憩的场所。酒店内部各种设备齐全。但值得注意的是，酒店位于比较僻静的地点，晚上不太安全，单身女性一定不要晚上独自外出。

土耳其之子酒店

S40TL W70TL MAP/p.254-B

赫梯古董酒店 Hitit Antik

交从阿塔图尔克像出发，步行8分钟即可到达 ✉Hisarparkı Cad.20
☎310-8617 FAX 309-6939 室44 HP www.otelhitit.com C M V

酒店位于通往安卡拉城堡的斜坡右侧。这一片地区较为安静。酒店是木制建筑，内部装饰却豪华现代，房间空间也比较宽敞。而且，酒店距离安卡拉最大的观光景点——安纳托利亚文明博物馆非常近。

赫梯古董酒店

S50TL W90TL MAP/p.254-B

沙欣先生酒店 Şahinbey

交从阿塔图尔克像出发，步行10分钟即可到达 ✉Hisarparkı Cad. Alataş Sok.5 ☎310-4955 FAX 310-7877 室25 HP www.sahinbeyhotel.com C M V

酒店位于赫梯酒店更内侧的道路上。客房环境也非常干净，并且各种设备、设施一应俱全。唯一美中不足的是没有空调。客房内有冰箱和电视机等设施。

沙欣先生酒店

S40TL W60TL MAP/p.254-B

卡莱酒店 Kale

交从阿塔图尔克像出发，步行10分钟即可到达 ✉Anafartal Cad. San Sok.13 ☎311-3393 FAX 331-3356 室26

酒店位于赫梯酒店旁边。服务周到热情，各种设备也非常齐全，适合家庭集体住宿。房间内部空间宽敞，非常整洁。有的房间内部带有浴室。

卡莱酒店

S30TL W40TL MAP/p.254-B

要塞酒店 Hisar

交从阿塔图尔克像出发，步行6分钟即可到达 ✉Hisarparkı Cad.6
☎311-9889 室24 C V

酒店位于去往安卡拉城堡的道路右侧。是一家经济型住宿酒店，价格相对便宜。有的客房内部带有浴室。不过，这家酒店是专门为男性客人提供服务的，女性客人谢绝入住。

要塞酒店

※酒店的费用有的用TL表示，也有的酒店会用$或€表示。

哈图沙／阿拉加赫于克

HATTUŞA/ALACAHÖYÜK

MAP/p.9-D、H

哈图沙遗址是著名的世界遗产，曾是赫梯帝国的都城。

在博阿兹卡莱地区的遗迹发掘过程中，出土了古赫梯帝国的都城哈图沙遗址。如今被列为世界遗产的，除了哈图沙遗址之外，还有附近亚泽勒卡亚的岩石雕刻。在阿拉加赫于克地区也出土了许多光辉灿烂的古文物。这些文物大都收藏在乔鲁姆博物馆中。

交通方式

没有直达博阿兹卡莱(Boğğzkale)的巴士，必须要经松古尔鲁(Sungurlu)才可到达这里。从安卡拉出发历时3小时到达，25TL。从伊斯坦布尔乘坐去往乔鲁姆(Corum)方向的长途汽车可以到达松古尔鲁。历时8小时30分钟，一天发车5次，60TL。也有晚间巴士。

去往哈图沙遗址，可以从松古尔鲁乘坐迷你巴士。历时30分钟到达。每天发车3次，3TL。

如果想参观哈图沙遗址、亚泽勒卡亚和阿拉加赫于克，建议乘坐出租车。逛完这三所遗迹总共需要支付大约300TL的车费。

从开塞利去往遗址东南部的约兹加特(Yozgat)，乘坐巴士需要3小时30分钟。从约兹加特去往哈图沙遗址可以乘坐出租车前往，车费大约150TL。

放羊的孩子

历史概览

在《旧圣约》书中曾有对于这片土地的记载。强大的赫梯帝国曾在这里建城。德国考古学家在这里发现了大约上万件泥版文书。这些文书大部分出土于博阿兹卡莱王宫。

博阿兹卡莱的王都

公元前1800年左右，赫梯帝国第一任国王哈图西里一世把都城建在了哈图沙（博阿兹卡莱）。后来由于异族入侵，赫梯帝国几次迁都，最后穆尔西里三世将都城迁回哈图沙，以后哈图沙直到帝国灭亡前一直是赫梯帝国的都城。哈图沙和卡内什（p.295参见“灰山”相关介绍）等各个小国家逐渐统一起来，逐渐发展成为大帝国。

通往东方大帝国之路

公元前17世纪左右，赫梯帝国大举进攻叙利亚地区，与埃及王朝展开了多场争夺战之后，国力逐渐强盛。随后强攻巴比伦王朝，几乎将其歼灭。其势力范围也随之不断扩大。在公元前14世纪左右，终于迎来了最强盛时期，赫梯帝国也一跃成为著名的东方大帝国。

公元前13世纪初期，赫梯军队与埃及军队在叙利亚的卡迭石激战，重创埃及军队，取得了对叙利亚的统治权，公元前1284年左右，双方缔结和约。这也是世界上最早的和平条约。

赫梯帝国军事力量的强大，与他们的马拉战车是分不开的。而且，赫梯人继承并掌握了源自于原住民的制铁技术，在战争时期制造了大量的铁制兵器，也为战争的胜利提供了另一个制胜的先决条件。

走向衰落的大帝国

但是，赫梯帝国的昌盛并没有维持太久。战争的胜利未能给赫梯帝国带来更多实惠，相反却耗尽了它的国力，公元前1200年左右，来自地中海的“海上民族”攻击了哈图沙，赫梯帝国随之土崩瓦解。包括哈图沙在内的赫梯帝国中心地区被占领，随后成为弗里吉亚王国的一部分。

战争中，一部分赫梯人逃亡至他处，建立了新赫梯帝国。新帝国深受亚述文化影响。

公元前700年左右，新赫梯帝国被亚述王朝所灭，赫梯王国最终消失于历史的洪流之中。

哈图沙王国城门上的士兵像
（安纳托利亚文明博物馆）

观光亮点

哈图沙遗址

Hattuşa

MAP/p.260

交 从博阿兹卡莱村广场步行15分钟即可到达
开 9:00~19:00（冬季8:00~17:00） 休 无 TL 5TL
（持门票可参观亚泽勒卡亚遗迹）

如果是夏季参观的话，建议随身携带饮用水。可在村子里的餐厅解决用餐问题。

哈图沙遗址是古赫梯帝国的都城遗迹。其外围长达6千米。徒步参观完需要足足两个半小时。政府铺设了专门供参观车辆行走的、较为笔直的道路。

大神殿 从博阿兹卡莱村子的入口处进去，首先可以看到右侧的大神殿。这座神殿还处于挖掘过程中，向游客开放的仅仅是它的底盘部分。这是用来祭祀雷神和太阳女神的神殿，建于公元前14世纪，毁于公元前12世纪。神殿里有仪式厅、行政区、储藏室等总数超过200间的房舍。

从大城堡远眺大神殿遗迹和博阿兹卡莱村

狮子门。拱门的石柱上雕刻有狮子像

复原后的祭祀场地

狮子门 沿着道路向右侧拐进去，到达前边的黄色城堡遗迹。继续向前走到达主要城门——狮子门。狮子门的外面稳坐着两座狮子像。其中的一座已经受到较为严重的损伤。

斯芬克斯门 从狮子门往前再走几百米，来到下一座城门——斯芬克斯门。其城墙的中央设有地下通道，斯芬克斯门起到把守通道的作用。哈图沙的地形是向西南逐渐倾斜。原本应该有两座石灰岩雕的狮身人面像，其中一座真品被收藏在伊斯坦布尔博物馆。

地下通道长70米，从地下通道可以通

大神殿圣区中安置的巨大储藏壶

往城外。登上斯芬克斯门，可以观望辽阔的安纳托利亚全貌。

国王之门 国王之门是连接主城堡的大门。这座大门上刻有战士雕像。如今摆放在这里的浮雕是复制品，真品收藏在安卡拉的安纳托利亚文明博物馆内。

尼尚泰佩 从滚落在地的岩石表面可以看到一些古代的文字。上面记载着苏庇奴里午马什王的丰功伟绩。据说他是哈图西里一世的孙子。

祭祀场 从尼尚泰佩往前走一段，就到达祭祀场。祭祀场的前面是一座圆形拱门，里面安放有赫梯帝国时期的王室石棺。祭祀场两侧摆有国王雕像，中央祭祀着神像。

大城堡 即王都大城堡。在这里出土了许多黏土板、公式文书等文物，可见证赫梯时代的繁荣。在这里可以看见大神殿和背后的博阿兹卡莱村。

亚泽勒卡亚

Yazılıkaya MAP/p.9-D

交 位于哈图沙遗址3千米处 开 9:00~19:00（冬季8:00~17:00） 休 无 TL 5TL（持哈图沙遗址门票可免费参观）

如果选择步行参观的话，建议沿着哈图沙遗址入口处的标示前往。

亚泽勒卡亚的意思是“有碑文的岩石地区”。这里是哈图沙的圣地。亚泽勒卡亚有修建于公元前13世纪的露天神殿。在岩石上面可以看到有雕刻的图案，描绘的是当时祭祀的场景。如今这里只剩下基盘部分。

怀抱儿子的哈图西里四世

在岩石和岩石之间，形成了两条走廊。左侧叫做大画廊，右侧叫小画廊。穿过神殿可进入岩石之间的空地，这里曾经是举行宗教仪式的地方。

大画廊的岩壁上面，描绘着赫梯的主神——天候神特斯普和他的妻子——太阳神帕图。除此之外还有许多其他神灵的浮雕。赫梯帝国拥有很多神灵。

小画廊的入口右侧坐落着一座石狮。内部是哈图西里四世的祭祀场所。里面还有战神的雕像。

当寂静无人的时候，画廊中会传来莫名其妙的声响，非常神秘。

在祭祀场前面所建造的神殿

阿拉加赫于克

Alacahöyük MAP/p.9-D

交 位于博阿兹卡莱村35千米处 开 8:00~19:00（冬季~17:00） 休 无 TL 4TL

哈图沙遗址距离阿拉加地区16千米。从哈图沙遗址可以乘坐巴士前往，然后再换乘即可去往阿拉加赫于克地区。也可以乘坐出租车前往。阿拉加地区仅有两三处酒店。

阿拉加赫于克是公元前5000年左右的石器时代所兴起的部落，也是青铜器时代初期非常重要的人类居住地。这里保留下来的遗址来自于青铜器时代、弗里吉亚时代等几个时代重叠在一起的。

阿拉加赫于克的入口处伫立着一座大门，就是前面讲到的斯芬克斯之门，修建于赫梯帝国时代。其内部有青铜时代的王族墓室、赫梯时代的岩石隧道等遗迹。其中，已挖掘出来的、被称为经典的青铜器等众多文物展示在安卡拉的安纳托利亚文明博物馆中。

赫梯王国的斯芬克斯之门

在与阿拉加赫于克相邻的博物馆内，收藏着发掘于这一地区的文物、陶器等。黄金装饰的铁柄短剑（公元前3000年左右）是复制品。另外，在安卡拉的瑟赫耶地区的三头鹿的雕像也是出土于阿拉加赫于克的文物。在这里出土了大量银制品、铜制品、王冠等，其中较为重要的文物都收藏在安卡拉文明博物馆内。如果想对阿拉加地区有所了解，建议去安卡拉文明博物馆参观一下。

哈图沙被毁新说

哈图沙的被毁，在古代历史上一直是一个未解之谜。根据历史学家的调查，哈图沙遗迹中发现有被火烧过的迹象。因此认为这里曾经发生过战乱。

阿拉加赫于克出土了许多珍贵的文物

当时，包括希腊在内的安纳托利亚地区，是否有过大规模的混乱时期呢？比如因为连年干旱、居民迁移之类的。特洛伊也是在这个时期消亡的，当时也有大规模的居民转移到希腊地区。

或许，当时是因为受到某种原因，王都的数万居民食量断绝，因此人们收拾行李，放火烧掉了自己曾经居住的家园，转移到了能够安居乐业的地方去。

H 酒店 博阿兹卡莱 ☎0364

●阿舍克奥卢酒店 Aşıkoğlu S 70TL W 100TL MAP/p.260
交 位于博阿兹卡莱村入口处 ✉ Boğazkale, Çorum ☎ 452-2004
FAX 452-2171 室 43 C V M A
是一家干净明亮、服务周到的中档酒店。从酒店的二层窗户可以远眺哈图沙遗址。旁边有休闲咖啡厅、餐厅等场所，非常方便。客房内部装饰是古典的赫梯王国风。早餐另外收费，6TL。

●哈图沙公寓 Hattusas Pansiyon S €20 W €30 MAP/ p.260
交 博阿兹卡莱村口步行7分钟 ✉ Carsi Mah. Cumhuriyet Meydani 22 ☎ 452-2013
室 20 FAX 452-2957 HP www.hattusas.com
距离哈图沙遗址500米，亚泽勒卡亚遗址方圆1千米内的景色都可看得到。公寓里还设有咖啡厅。带洗浴室的单间€7，双人间€14。早餐和饮料类另外收费€3。在这里住宿还可以享受参加旅行团的优惠价格。

●首都酒店 Başkent S 50TL W 60TL MAP/p.260外
交 酒店位于去往亚泽勒卡亚的道路上 ✉ Yazılıkaya Yolu Üzeri45 Boğazkale, Çorum ☎ 452-2037 FAX 452-2567 室 18
酒店位于哈图沙遗址和亚泽勒卡亚的中间部分，距离这两个地方都不超过1千米，外出参观非常方便。客房内带有彩色电视、空调等现代化设施。

●城堡酒店 Kale S 50TL W 70TL MAP/p.260外
交 酒店位于去往亚泽勒卡亚的道路上 ✉ Yazılıkaya Yolu Üzeri47 Boğazkale, Çorum ☎ 452-3126 FAX 452-2189 室 11
酒店位于首都酒店三四百米处，距离亚泽勒卡亚更为近一些。和首都酒店属于同级，但房间要稍微小一些。哈图沙的岩石丘就位于酒店附近。

<干线道路附近>

●马维奥加克酒店 Mavi Ocak S 50TL W 100TL
交 可从哈图沙遗址乘坐巴士前往。位于主干道5千米处
✉ Samsun Karayolu, Sungurlu ☎ 313-0033 FAX 313-0034 室 60
HP www.maviocak.com.tr C V M A
是这一带最为高级的酒店。内部设有游泳池和广阔的庭院，非常休闲。

首都酒店

城堡酒店

马维奥加克酒店

MAP/p.8-F

屈塔希亚

KÜTAHYA 人口大约23.6万人／海拔949米

伊兹尼克走向衰落之后，屈塔希亚继续发扬传承了奥斯曼传统的陶艺技术。如果想购买陶瓷和艺术品的话，一定要来这里逛逛。除此之外，这里浓厚的历史文化气息也吸引了大批游客前来游玩。

交通方式

从伊斯坦布尔乘坐长途汽车大约6小时30分钟到达，35TL。从安卡拉出发历时大约4小时30分钟到达，25TL。

从埃斯基谢希尔去往屈塔希亚历时1小时到达，每隔30分钟发车一次，9TL。

长途汽车站距离市中心地区仅600米，位于去往埃斯基谢希尔的道路上。乘坐巴士10分钟到达。屈塔希亚不愧为陶瓷之乡，就连长途汽车站的名字也叫做Çinigar（陶瓷公共汽车站）。

漫步导览 区号0274

陶器店位于城市中心

从长途汽车站出来之后，沿着阿塔图尔克大街向西南方向行进到达市政广场（Belediye Meydanı）。广场上有镶嵌陶瓷装饰的喷泉，旁边是阿塞拜疆公园（Azerbaycan parkı）。这一带就是屈塔希亚的中心地区。市政厅位于广场前面，大多数的建筑物都镶嵌有色彩各异的陶瓷，这里仿佛是陶瓷的海洋，无愧于“陶瓷之乡”的美名。

陶瓷商店大都集中在这一地区，有专门贩卖陶瓷的商店，也有售卖陶瓷装饰器皿的商店。酒店和餐厅也大都集中在这一带。

颜色、设计风格迥异的陶瓷器皿

可爱的猫咪陶瓷

屈塔希亚中心广场。陶瓷商店集中在这一带

保留有大量古建筑遗迹的老城区

沿广场向西北方向延伸的大道是阿德南·门德莱斯大道（Adnan Menderes Bul）。从广场南部的共和国大街步行10分钟左右，可到达老城区的入口处。

老城区里还保留有许多历史性的古建筑遗迹，具有一定的参观价值。老城区的古建筑遗迹主要有：乌卢·清真寺、考古博物馆、陶器博物馆以及古集市遗址等。

陶器商店中的陶器现场制作过程

考古博物馆 Arkeoloji Müzesi（开8:45~17:15（冬季~17:00）休周一 TL 3TL）位于神学校内部，主要收藏出土于屈塔希亚周边的文物。

陶瓷博物馆 Çini Müzesi（开8:30~16:30 休周一 TL免费）位于一座古清真寺中。内部展示的陶瓷颜色纯正，具有深厚的光泽，是外面一般的陶瓷商店中难以觅得的。

艾韦公园 Kossuth Evi（开8:30~16:30 休周一 TL免费）别名叫做马杰尔·艾韦。艾韦曾被流放至此，在奥斯曼王室的庇护之下从1850年住在这里，度过了整整一年的时间。公园中的玫瑰园被木头所包围，展现出当时上流社会的生活状态。

其他的观光景点还有位于南部山丘之上的奇尼里清真寺（Çinili Camii）。从广场步行出发，大约20分钟就可以到达。这是一座新建起的清真寺，周身全部用蓝色的瓷砖装饰，颜色非常显眼，具有一定的参观价值。

屈塔希亚的陶器

屈塔希亚的发展是从奥斯曼帝国时期的14世纪开始。16世纪初期塞里姆一世的时候，波斯王朝征服了这里，并开始了进一步的发展壮大。

波斯王朝的瓷器手工艺者多集中在伊兹尼克和屈塔希亚。这两个城市之间也长期处于相互竞争中。生产出来的陶土大都是用于装饰清真寺。18世纪之后，伊兹尼克的陶土资源渐现枯竭。陶瓷器皿的生产中心也就逐渐转移到了屈塔希亚。

第一次世界大战之后，屈塔希亚的陶器生产也走向了衰退。直到1950年，很多废弃的生产厂房又逐渐恢复了制作和生产。近年来，又出现了一批新兴的陶器制作艺术家，他们致力于新颖陶器的制作，很多崭新的陶器和瓷砖也相继得以问世，屈塔希亚的陶器也逐渐再一次走向辉煌。

如果只是购买陶盘或小型陶瓷器皿的话，那么建议在伊斯坦布尔或卡帕多西亚选购。因为屈塔希亚的陶器价格相对较高，但是数量和质量却是其他地区所不能及的。

屈塔希亚有的工厂是面向游客开放的，可以参观到陶器的生产制作过程。一些商店里也可以免费参观陶器的上色以及成型过程。

奇尼里博物馆的外观全部用蓝色瓷砖装饰

〈有名的陶器制作工厂网址〉

- Anadolu Elsanatları Galerisi HP www.atolyeandolu.com
- İznik Çini HP www.iznikcini.com
- Marmara Çini HP www.ismailyigit.com.tr

H 酒店　屈塔希亚 ☎0274

玫瑰酒店 Gül Palas　S 60TL　W 90TL
交 位于市政广场旁边 ✉ Lise Cad. Belediye Meydanı ☎ 216-1759 FAX 216-2135 室 27
酒店位于市中心地段，交通便利，出行方便。内设餐厅，可一边用餐一边欣赏城市样貌，非常惬意。

浩塔什酒店 Hotaş　S 60TL　W 100TL
交 从市政广场步行5分钟即可到达 ✉ Menderes Bul.5 ☎ 224-8990 FAX 224-2024 室 74
酒店提供贴心服务，各种设施齐全，入住方便快捷。

埃斯基谢希尔 MAP/p.8-F

ESKİŞEHİR 人口大约52.4万人／海拔788米

现代工业化城市

去往埃斯基谢希尔，可以在屈塔希亚乘坐巴士，历时大约1小时就可以到达。也可以从伊斯坦布尔乘坐长途汽车，大约需要花费7个小时才能到达，车次很多。

海泡石烟斗（Meerschaum）是埃斯基谢希尔的特产。海泡石一般又分为白色和浅黄色，由于其质地细腻、柔软，适合雕琢，同时又具备很好的渗透性、吸附性和散热性，因此被广泛用于烟斗和烟嘴的制作上。据说，海泡石烟斗能有效吸收烟草中的焦油和尼古丁。走在埃斯基谢希尔街头上，会不时看到销售海泡石烟斗和艺术品的商店，这些店多数是前店后厂的小作坊。

流经城市中心的河流

埃斯基谢希尔名产海泡石烟斗

埃斯基谢希尔的郊外地区是砂糖的重要产地。这也使得埃斯基谢希尔作为工业城发展起来。

城市的中心地区规划齐整，非常现代化。流经中央地区的河流上架起了几座大桥，在这里散步非常不错。沿河畔一带有许多咖啡馆。

埃斯基谢希尔在土耳其语中是"古城"的意思。城市里面有许多古建筑遗迹。但是随着现代化的发展，高楼大厦不断建起，这些古遗迹逐渐隐没在了鳞次栉比的大楼之中。不过漫步在城市里，会不经意地发现一些历史性的建筑遗迹。

埃斯基谢希尔的主要观光景点有：库尔松勒清真寺（urşunlı Camii）、奥斯曼之家博物馆（Osmanlı Evi）（门票1TL）、民俗博物馆和考古博物馆。这些馆内收藏了许多石器时代的文物。

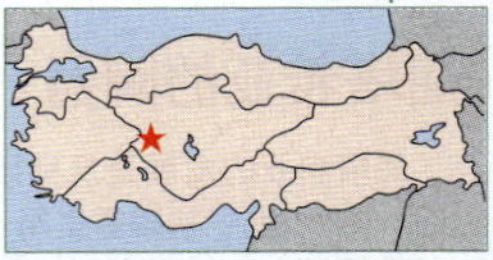

阿菲永

AFYON

人口17.3万人 / 海拔1021米

山岩包围的丘陵之上伫立着险峻的城堡。具有浓厚的内陆古城镇气息。

旧称"阿菲翁"，是土耳其西部城市，阿菲永卡拉希萨尔省省会城。是重要的交通枢纽，连接伊兹密尔、安塔基亚、安卡拉、科尼亚，也是大陆与海边大城市的重要干线连接点。阿菲永被山岩所包围，其建于山岭之上的城堡可圈可点。城市中飘荡着一股古老城镇的气息——慵懒宁静，历久弥新，是寻求心灵安详之地。

交通方式

阿菲永位于海边城市与内陆城市的枢纽地带上，交通非常便利。从伊斯坦布尔乘坐长途汽车历时7小时到达，50TL。很多长途汽车晚上发车，第二天清晨到达阿菲永。这种汽车一般历时7小时30分钟到达。

从伊兹密尔出发历时5小时到达，每隔一小时发车，25TL。从安卡拉出发历时4.5小时到达，每天发车12次以上，22TL。

长途汽车站位于郊外，离市中心以北大约5千米。在长途汽车站可以乘坐巴士前往市内。乘坐出租车大约10TL。

阿菲永的名吃是生冰激凌（Kaymak）。说起这道甜点，在土耳其可谓是无人不知、无人不晓。其味道香甜爽口，老少皆宜。街上很多甜品屋都卖这道甜品。

阿菲永的甜点屋和点心店也不少。在街边随处可见。

阿菲永也以甜点而闻名

清真寺前面的小公园

漫步导览

区号0272

MAP/p.267-A ✉Hükümet Meydanı ☎214-1221 开8:00~17:00 休冬季周六・周日

旅游咨询处位于米尔里・艾格门里克大道上。这里是城市的中心地区。邮局、市政厅、餐厅都集中在这一带。因观光客人较少，酒店也不多。城市中还残留有不少古代清真寺。城堡入口附近的乌鲁清真寺于1273年建造，是塞尔柱时期的典型代表建筑。

位于市中心的旅游咨询处对面是胜利博物馆（Zafer Müzesi）（休周六・周日 TL1.5TL）。胜利博物馆中展示有土耳其共和国成立时期的珍贵资料和文物。

古色古香的老城区样貌。背后是山岩之上的城堡

通往城堡的坡道。下面依稀可见阿菲永的城镇样貌

巴扎市集上卖鸡的商贩

阿菲永距离其他城市遗址也非常近，可以作为去往弗里吉亚遗址、“驴耳朵国王”米达斯王国遗址的据点。

历史概览

阿菲永以前被叫做阿菲永卡拉希萨尔，共和国之后正式定名为阿菲永。在土耳其语中，卡拉希萨尔是“黑色城堡”的意思。旧城区就建在险峻的山丘之上。

阿菲永在过去是著名的鸦片产地。如今，这里也种植有大片的罂粟，其果实加工后入药，有止痛和催眠的作用。未成熟的果实含有乳白色的汁液，可以制取鸦片。

考古学家认为，从新石器时代开始，这里就有人类居住的痕迹。之后的赫梯时代、弗里吉亚时代这里也一直都是人类活动频繁的地区。在漫长的历史岁月中，阿菲永先后被吕底亚王国、罗马帝国以及帕加马王国所占领。

在帕加马王国时期，阿菲永被帕加马国王送给罗马君主。之后，又被拜占庭帝国所占领。公元8世纪中期，阿拉伯军队也曾入侵过这里。

直到12世纪后半期，阿菲永才被土耳其民族所攻占，并成为其领土的一部分。之后城市得到了大的发展，直至1428年成为奥斯曼的属地。

观光亮点

伊马莱特清真寺

İmaret Camii MAP/p.267-A

伊马莱特清真寺是大宰相盖迪科·艾哈迈德帕夏在1477年所修建的。清真寺由两个大穹顶和三个小穹顶构成，外观美丽大方，建筑风格具有由塞尔柱时期到奥斯曼时期的过渡阶段的显著特征。

伊马莱特清真寺前面还有一座风景秀丽的小型公园。

阿菲永城堡

Afyon Kalesi MAP/p.267-A

交 从旅游咨询处步行10分钟即可到达
开 随时 休 无

城堡建在险峻的山岭之上，雄伟壮观，无论从城市的哪个角落都可以看到。沿着旅游咨询处所在的街道出发，顺着指示标志可步行前往。

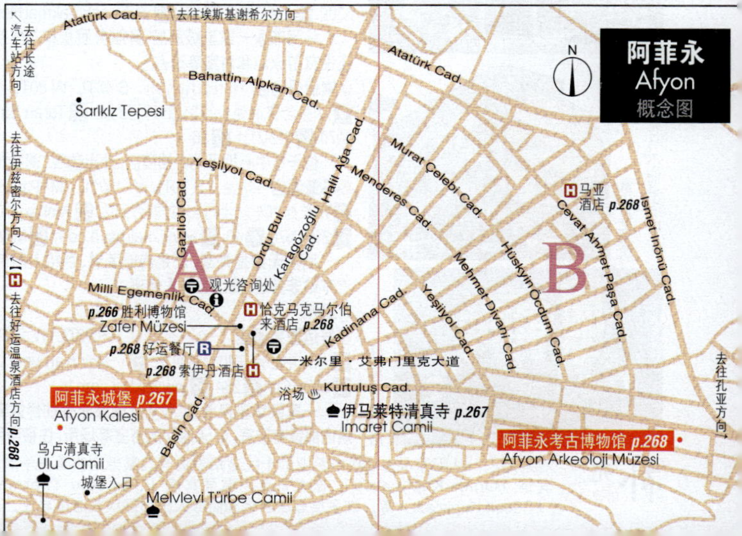

老城区中的古老浴室

城堡建于赫梯帝国时期。在此之后，经过不断的改建和增建，一直到奥斯曼帝国时代还处于使用状态中。如今残留下来的只有城堡的城墙部分、女儿塔和蓄水池等建筑遗迹。登上城堡的最高处，可以俯瞰整个阿菲永城镇面貌，白白的雾霭之中，成群灰红色的房舍，气势恢宏。

城堡内部鲜有人至。虽然没有什么危险，但为了以防万一建议结伴前往。

阿菲永考古博物馆

Afyon Arkeoloji Müzesi　MAP/p.267-B

交 从旅游咨询处步行20分钟即可到达 ✉ Kurtuluş Cad.96 开 8:00~17:00 休 周一 TL 无

新装修而成的阿菲永博物馆终于面向游客开放了。博物馆内部收藏展示了从近郊遗址群中出土的各种文物。其展品种类包含了古罗马帝国时期及希腊文明时期的工艺品、雕像、石棺，奥斯曼帝国时代的墓石等珍贵文物。中庭是石棺、墓石的展览区。博物馆中的赫拉克莱斯石像很有参观价值。

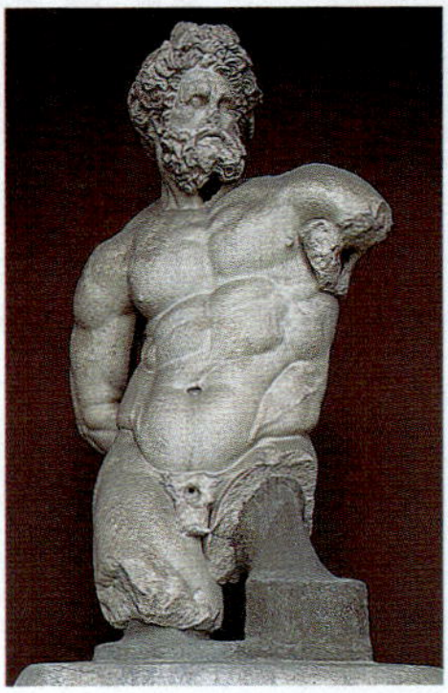

赫拉克莱斯的雕像

好运温泉酒店餐厅中的甜点

R 餐厅

●**好运餐厅** ikbal　预算 25TL~　MAP/p.267-A

交 从旅游咨询处步行2分钟即可到达 ✉ Uzun Çarşı Millet Cad.21 ☎ 215-1205 营 7:30~21:30 休 无 酒 无

阿菲永地区首屈一指的美味餐厅，其味道得到当地居民交口称赞。周边也有几所休闲餐厅，不过这家餐厅的味道和服务是一流的。推荐菜肴7TL。

H 酒店

●**恰克马克马尔伯来酒店**

Çakmak Marble　S 87TL　W 145TL　MAP/p.267-A

交 从旅游咨询处步行3分钟即可到达 ✉ Süleyman Gönçer Cad.2 ☎ 214-3300 FAX 214-3309 室 104 HP www.cakmakmarblehotel.com C M V

是阿菲永一家星级酒店，其服务质量和入住条件都非常棒。酒店内部还设有游泳池和浴室等设备。

●**索伊丹酒店** Hotel Soydan　S 45TL　W 80TL　MAP/p.267-A

交 从旅游咨询处步行3分钟即可到达 ✉ Turan Emeksiz Cad.2 ☎ 215-6070 FAX 212-2111 室 36

位于市中心地区的中档酒店，外出参观、购物都非常方便。

●**马亚酒店** Maya　S 70TL　W 150TL　MAP/p.267-B

交 从长途汽车站步行5分钟即可到达 ✉ Ambaryolu 174 ☎ 213-3622 FAX 215-6670 室 43 HP www.otelmaya.com C M V

酒店无论是外观，还是内部装潢，都给人眼前一亮的感觉。距离长途汽车站非常近，晚上也有人值班。

<郊外>

●**好运温泉酒店** İkbal Thermal　S 90TL　W 180TL　MAP/p.267-A外

交 从市中心乘车10分钟可达 ✉ zmir Karayolu Üzeri ☎ 252-5600 FAX 252-5614 室 284 HP www.ikbal.com.tr

一家豪华温泉酒店。位于从阿菲永去往伊兹密尔的干线道路沿边。酒店内部设有浴室、游泳池和泥浴室等场所。住宿费用中包含了早餐费。

恰克马克马尔伯来酒店

索伊丹酒店

好运温泉酒店

补充信息　温泉酒店…从阿菲永去往屈塔希亚的干线道路沿边有几家当地非常豪华的温泉酒店，厄梅尔温泉宾馆（Ömer Kaplıcası），傲龙奇奥卢温泉宾馆（Oruçoğlu Thermal），盖杰克温泉宾馆（Gecek Kaplıcası）等。许多度假旅游者和商务人士都喜欢在这里居住。

中央高原的遗迹

AİZANOİ / GORDİON / MİDAS ŞEHRİ / SAGALASSOS

MAP/p.8-F・J、9-G

虽然地理偏僻、人迹罕至，但在古文明历史上却大放异彩。

保存状态几近完好的宙斯神殿、豪华的米达斯王冢、巨大的米达斯纪念碑、安纳托利亚高原最高处的剧场萨迦拉索斯……这些都是历史爱好者必去瞻仰参观的历史遗迹。

阿赞努遗迹

Aizanoi MAP/p.8-F

开 8:00~17:00 TL 3TL

交通方式

从屈塔希亚长途汽车站外的巴士站点乘坐巴士（由Çavdarhisar去往Emet）可前往。需要花费大约45分钟的时间，车费6TL。从阿菲永乘坐长途汽车也可以到达这里。从屈塔希亚乘车出发，比较方便。

历史遗迹

阿赞努神殿也叫做阿埃扎尼或阿扎纳伊。沿着主干道的标志前进，在左手边可看见宙斯神殿遗迹。阿菲永近郊还有另一座遗迹（Ayazin）。

主干道的北侧有体育场、浴场、竞技场、剧场遗迹。大剧场呈半圆形构造，利用竞技场一端的墙壁建成了剧场内部舞台的墙壁，独具匠心。大剧场和竞技场都建于公元3世纪中期。剧场以外的各个遗迹基本上都保持了发掘出来的状态。

宙斯神殿和美杜莎浮雕

罗马体育场也是当地人的农作场

水井周身的大理石雕刻

保存状态几乎完好的宙斯神殿

在道路南侧可以看见高高的宙斯神殿。

参观宙斯神殿需要收取门票。但是，宙斯神殿外却没有售票处。在神殿的大门外高喊几声，管理员就会不知从哪个角落出现。

神殿四周的圆柱和内壁都保存得非常好，今天的神殿样貌几乎就是当年的模样。这是土耳其现存的古代神殿中保存状态最为完好的一座。

宙斯神殿建于罗马帝国公元2世纪初期，具有典型的安纳托利亚希腊文化时期的特征。神殿前面的美杜莎

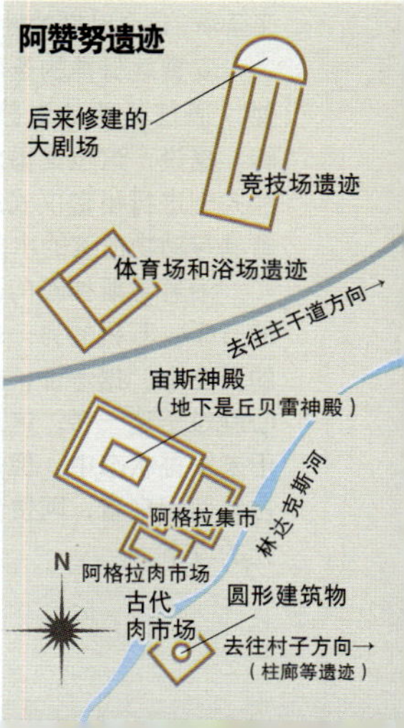

举行秘密仪式的地下圣所

村子中的柱廊广场

浮雕惟妙惟肖、非常传神。

宙斯神殿的地下室非常有趣。基坛处是传达神谕的地方。在入口处设有管理人员办公室。有时观光游客较少，管理人员也会提早关门下班。建议提早去参观。

地母神丘贝雷的神秘仪式

宙斯神殿的地下室面积非常大，由无数个巨大的圆柱支撑，几乎被完整无损地保留下来。

阿赞努的历史可追溯至公元前1世纪。那时候的人们普遍信仰安纳托利亚的传统神灵地母神。人们在建造宙斯神殿的时候，也为这位受人们信奉和敬仰的地母神修建了圣所。这个时期的地母神叫做丘贝雷。

安置地母神的圣所建在地下室的最深处，通往圣所的道路曲径通幽，狭长宛转。据说，这也是皇族成员以及身份特殊的人士进行秘密仪式的场所。这里还保留着储存动物血液的水井。

沿着宙斯神殿向西，有一座罗马时代的石桥。石桥的另一端，是一些小型村落的所在地。据考证，古时候，阿赞努的中心就位于这一带。这片地区大部分都还处于未发掘状态中，但是不可否认的是，就占地面积来看，阿赞努的确是一座规模庞大的城市。

巨大的米达斯国王王冢

郭鲁帝奥恩遗迹

Gordion

MAP/p.9-G

博物馆 开 9:00~17:00 休 无 TL 3TL

交通方式

从安卡拉乘坐长途汽车可到达距离郭鲁帝奥恩较近的波拉特勒（Polatlı）。历时1小时到达，7TL。

从波拉特勒没有去往郭鲁帝奥恩的巴士，可以乘坐出租车前往。距离大约有17千米，车费大约70TL。包含等待时间在内大约2个小时可达。

历史遗迹

巨大的米达斯王冢

在郭鲁帝奥恩的亚斯赫于克村（Yassıhöyük）附近，保留有大大小小总共80多座坟墓。据考证，这些坟墓全部都是公元前8世纪~公元前6世纪弗里吉亚王国最鼎盛时期的王族陵墓。

众多的陵墓之中，最为引人注目的是一座高达55米、直径达300米的巨大王冢。据说，王冢原来的高度有70~80米之高。这座王冢底下究竟埋葬着哪一位国王，历史学家们众说纷坛。但是，普遍认为这是弗里吉亚王国国王米达斯的陵墓。

为了展开进一步考察，考古学家们在旁边挖掘出了一条隧道，可进入陵墓正中的玄室。

玄室内部伫立着数根粗大的古木，历经2000多年后，这些古木竟然还能够保存下来而没有成为腐泥，这不得不说是一个奇迹。

床上的遗骸是何人的？

玄室之中摆放有一座木床，木床之上曾安置有国王的遗体。考古学家进入时，木床已经完全坍塌，但是木床之上的遗骸被完整

流传着郭鲁帝奥恩的结扣传说的亚斯赫于克

地保留了下来。此外还有大量的木制家具、巨大的铜锅等陪葬品。出乎人们意料的是，以奢侈富有而闻名的米达斯王的陵墓中，却没有发现贵重金属陪葬品。

科学家们根据玄室中的遗骸复原出来了米达斯国王肉体模型。如今这座人体模型被摆放在安纳托利亚文明博物馆中。从这具人体模型来看，米达斯国王的身高不过1.6米。

米达斯王冢前面有一座小型博物馆，展示有青铜时代的土器和装饰品。展览大厅中还陈列有罗马时代的马赛克作品和石墓等。冬季的每个周日闭馆。博物馆旁边有休闲咖啡厅，里面的土耳其风味馅饼非常好吃。

复原之后的郭鲁帝奥恩陵墓的玄室。如今被安置于安卡拉博物馆中。床上躺着的是复原之后的米达斯王

弗里吉亚之都郭鲁帝奥恩

从米达斯大陵墓往西2.5千米处，是地势较低且平缓的亚斯赫于克遗迹，也属于郭鲁帝奥恩境内。郭鲁帝奥恩伴随着弗里吉亚王朝的兴起而逐渐走向繁荣。之后，王朝逐渐没落，郭鲁帝奥恩也开始慢慢衰落，相继被吕底亚、波斯占领。郭鲁帝奥恩遗址中最吸引人的是建于波斯时代的城门。

公元前333年，亚历山大大帝东征时曾在郭鲁帝奥恩过冬，并在此留下了关于郭鲁帝奥恩的结扣轶事。

米达斯王趣事

酒神狄俄尼索斯的养父不见了。这个老人喝醉了到处乱逛。米达斯发现了他，狄俄尼索斯答应给他任何他想要的东西作为报答。而米达斯希望拥有点石成金的本领。狄俄尼索斯答应了。但是，当米达斯的手指碰到的酒杯、盘子也变成了黄金，这让他非常苦恼。

不安的米达斯努力地要消除他的能力，狄俄尼索斯嘱咐米达斯去河里洗澡。当他接触到水面，这项能力就转移到了河水里，河里的砂石立刻就变成了黄金，这就是为什么帕克托罗斯（Pactolus）河如此盛产金砂的原因。

关于米达斯国王，还有另一个有趣的传说，那就是有名的希腊“驴耳朵国王”的故事。

田野之神潘和阿波罗比赛音乐。前者奏起竖笛，后者用竖琴迎战。米达斯因为支持潘而使得阿波罗大为光火。所以，阿波罗一怒之下将米达斯的耳朵变成了驴子的耳朵。

米达斯王感到十分羞愧，他试图用一块大头巾遮住耳朵。但是他的理发师知道这个秘密，他被告知不能说出去。理发师因为这个秘密焦躁难耐，于是他走到一片芦苇塘中间，在地上挖了一个洞，把这个秘密小声地对着洞说了进去，然后把这个洞重新掩好。不久后，一片芦苇从这里长出，每当微风拂过，它们就小声地呢喃着：“米达斯王有一对驴耳朵”。

米达斯遗迹

Midas Şehri MAP/p.8-F

开 9:00~19:30 休 无 TL 无

交通方式

游览米达斯遗迹乘坐巴士不太方便。从埃斯基谢希尔出发，经由Seyitgazi镇到达米达斯遗址。乘坐迷你巴士历时45分到达，车费5TL。也可以乘坐出租车游遗址，历时40分即可返回，往返车费大约120TL。

可从阿菲永去往米达斯遗址。建议乘坐出租车前往。路上需要花费2小时左右的时间，往返车费200TL。碰上有经验的司机，可以请求其推荐一下当地比较好的酒店。归时的路上可以顺便去参观一下Ayazin遗址，那里有基督教岩窟教堂和石碑等遗迹。从阿菲永乘坐巴士经由Emirda，然后换乘巴士到达奇福特莱尔。历时2小时。

历史遗迹

位于亚泽勒卡亚村，被险峻的山崖所环绕的整个台形岩丘就是古城堡遗迹。弗里吉亚的都城郭鲁帝奥恩被异族侵占之后，转移

历史之泉 郭鲁帝奥恩的结扣…传说在郭鲁帝奥恩神殿中有一驾牛车，谁能够解开牛车上极度复杂的结扣，就会成为亚洲之王。知悉这一传说的亚历山大大帝，勃然拔剑而出，一刀斩断了结扣。

如今的亚泽勒卡亚村

巨大的纪念碑

到了弗里吉亚中部西南方一带。近郊留有许多当时的王族墓穴。

遗迹的入口处设有管理处，管理员会说一点英语，并提供导游服务。步行逛完整个遗迹大约需要1小时。注意需要另行支付导游小费。

高达18米的大型纪念碑

遗迹入口处，安静地伫立着一座高大的纪念碑。这座纪念碑高达18米，宽幅超过了17米，利用一块巨大的岩石雕刻而成。纪念碑的正面图形全部是由弗里吉亚独特的几何学图案组成，上部雕刻有关于米达斯王的古老文字。据说，这里是古代举行宗教仪式的地方。

纪念碑下部的低洼处坐落有一尊地母神像，这里曾经是举行祭祀仪式的场所。弗里吉亚王国时期，地母神是人们普遍信仰的神灵。

亚泽勒卡亚是“有文字的纪念碑”的意思。亚泽勒卡亚的名字就是源自于这座高大的纪念碑。

未发掘的东西还有很多

一般的旅游路线是右行环绕山丘一整圈。米达斯遗址中未挖掘出来的古建筑遗迹和文物还有很多。岩壁中的石棺、蓄水池、坍塌的石阶，以及祭祀仪式用的地母神王座等，这些遗迹都还没有被完全挖掘出来。

山丘之上的地面较为平坦，这里保留着岩石祭坛和举行仪式用到的宝座。地母神出生于大地，所以弗里吉亚人用岩石雕刻成了许多东西。四周

蓄水池遗迹

萨迦拉索斯遗址位于海拔1500米的高地上

的景色也非常神秘。

在山丘南面有一个小村庄。在高高的土堆下面埋藏着罗马时期居民的遗体。

通往城堡的马车道。道路上有两道深深的车辕痕迹。或许是古罗马战车留下的

如果选择乘坐出租车回到阿菲永的话，可以在主干道前面的居贝特村下车。这里有许多古时候的陵墓遗址。

萨迦拉索斯遗迹

Sagalassos

MAP/p.8-J

开 9:00~19:00（冬季~18:00） TL 5TL

交通方式

在乌斯帕尔塔乘坐迷你巴士可到达距离萨迦拉索斯不远的阿拉森（Ağlasun）。历时45分钟到达，3.5TL，每天发车10次。下车后沿坡道步行4千米到达遗址。从阿拉森可以乘坐出租车去往萨迦拉索斯。车费大约50TL。下午可以乘坐巴士返回。

历史遗迹

皮西迪亚的重要城市

萨迦拉索斯遗迹位于海拔1500米的高地之上，规模庞大。萨迦拉索斯建立于公元前1600年左右，这一时期，皮西迪亚王朝正在不断扩疆领土。

萨迦拉索斯的居民勇敢刚强，不畏强暴。公元前334年，亚历山大大帝麾军至此。萨迦拉索斯人誓死顽抗。战争以牺牲500名萨迦拉索斯士兵和亚历山大帝军队的暂时退守而告终。公元前1世纪后期，这里被罗马帝国占领，成为帝国的重要都市。

萨迦拉索斯目前正处于发掘状态中，随着复原工作的进一步开展，安纳托利亚的古城旧貌逐渐展现在世人眼前。公元5世纪和7世纪的时候，萨迦拉索斯地区发生过两次大地震。第二次地震产生的剧烈震动，使得一部分遗址完全坍塌，考古学家也不得不放弃进一步的发掘工作。

古代的泉水

遗址中建有一座公元2世纪时期的大剧场，可容纳9000人。这座剧场是位于地势最高处的罗马式剧场。站在剧场的高处，可以极目远眺高低起伏的山脉和广阔的平原。

大剧场西面的村子里，正在有条不紊地开展着遗址复原工作。古代的柱廊、浴场、房舍都逐渐恢复了原来的样貌。其中最具有参观价值的是已经复原完毕的希腊文化时期的泉亭。泉亭里的泉眼中，正不断往外涌出汩汩清澈的泉水，一如2000多年前的情形。这在安纳托利亚遗址中是非常罕见的。

流淌着和2000多年前相同泉水的泉亭

萨迦拉索斯遗址中的大剧场是海拔最高的罗马式剧场

历史之泉 布尔多尔博物馆…（周一闭馆，门票5TL）位于萨迦拉索斯遗址西面，馆内展出有出土于该地区的大量文物。精美的雕像令人赞叹，非常值得一看。

MAP/p.7-G

科尼亚

KONYA

人口103.6万人／海拔1016米

鲁姆塞尔柱王朝的都城。独特的保守气氛、宗教色彩浓厚的城市。

科尼亚位于安纳托利亚西部高原平原地区，是土耳其面积最大的城市。科尼亚是塞尔柱王朝的都城，也是当时贸易的中心和枢纽，曾有过长时期的繁荣盛世。如今保留下来的清真寺和神学校等各种遗迹都是当时建造的。现在的科尼亚作为久负盛名的商都不断繁荣发展，新建起的巴扎集市和大型购物中心广迎八方来客，它正以崭新的面貌展现于世人面前。

交通方式

从伊斯坦布尔乘坐飞机历时1小时15分钟到达，每天有3次航班（夏季会增设航班）。机场距离市中心13千米。可以乘坐机场大巴前往市中心。

从安卡拉乘坐YTH（快铁）去往需要1小时42分钟。每天发车7次，25TL。

从伊斯坦布尔乘坐长途汽车历时10小时到达，55TL。从安卡拉出发历时大约3小时，26TL。从安塔利亚出发历时6小时到达，35TL。从内夫谢希尔出发历时4个小时到达，每天发车10次以上，25TL。长途汽车站位于城市北部，距离市中心大约12千米。有巴士开往阿拉丁山丘方向，整个路程历时30分钟。

漫步导览

区号0332

MAP/p.274-B Mevlana Cad.73 ☎351-1074 开 8:30~17:30（冬季8:00~17:00）
休 周日 交 梅乌拉那广场北侧

在土耳其各个城市中，科尼亚是宗教色彩最为浓厚的城市。每天都有从周边城市和村镇前来朝圣的信徒。有的地方是禁止拍照的，这点要注意。

科尼亚的观光中心是梅乌拉那大街。这里聚集了很多酒店和餐厅。科尼亚最主要的景点就是位于广场东面的梅乌拉那博物馆。博物馆的旁边是塞利米耶清真寺。左侧可以看到一个大型服装集市。再继续向前就是阿拉丁清真寺以及一座位于小山脚下的小公园。这些景点相隔距离都比较近，步行就可以在其间游览。

周边村子的女性乘着马车前来购物

梅乌拉那博物馆的南侧大道上，是大型巴扎集市。这里有许多热闹的商店，能够感受到当地的生活气息。

科尼亚的名吃是Fırın Kebabı。Fırın是“烤炉、烤箱”的意思。一般以烤羊肉为主。烤好的羊肉肉质鲜嫩，汁水横流，让人垂涎欲滴。价格相比其他地区也便宜不少。

科尼亚也是优质绒毯·基利姆的重要生产基地之一，以质地精良、颜色上乘而闻名。很多前来游玩的游客都会选择买一张绒毯作为礼物带回去。

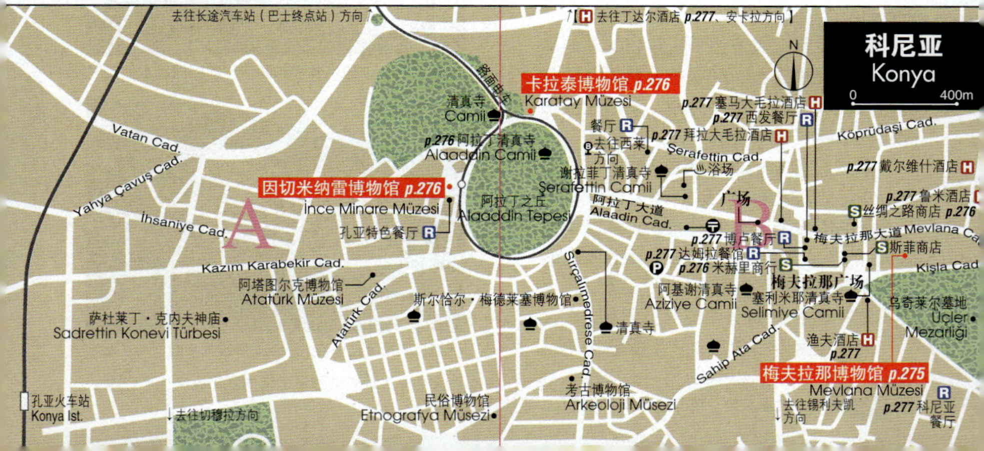

人流熙攘的菜市场

历史概览

作为土耳其最古老的城市之一，科尼亚的人类居住史可以追溯到史前时代。作为世界上最古老的城市之一，科尼亚东南部的恰塔尔赫于克地区早在公元前6000年就出现了成群活动的人类遗迹，并形成了一定规模的原始部落。在遗址的山丘之上，还发现了新石器时代的人类活动迹象。

在波斯、罗马帝国时代，城市叫做伊克尼乌木。公元1世纪时期，基督教的圣者保罗来此宣教。犹太教徒对之投以石块，将其驱赶，并写下了《使徒行录》。

凯库巴德一世的全盛时期

11世纪，塞尔柱军队大肆向安纳托利亚进军。鲁姆·塞尔柱（塞尔柱民族的一支）王朝把都城定于伊兹尼克。不久鲁姆·塞尔柱王朝被十字军所攻占，并于1134年迁都科尼亚。

此后，科尼亚得到了显著发展。凯库巴德一世在位期间（1219~1236年），利用古老建筑物的废旧石材，对防御城市的石墙壁进行了修补，并建起了100多座石塔、清真寺以及神学校。这一时期是科尼亚历史上最为繁荣的时期。

凯库巴德一世最后被他的儿子所杀害，科尼亚也从此走向了衰落的道路。之后，经过了蒙古执政的混乱期，于1446年最终被奥斯曼帝国收至麾下。

观光亮点

梅乌拉那博物馆

Mevlana Müzesi MAP/p.274-B

交 从旅游咨询处步行2分钟即可到达
开 8:30~17:00（周一10:00~） 休 无 TL 3TL

这里原来是以旋转舞著称的伊斯兰教神秘教派梅夫莱维教团的创始者梅乌拉那·杰拉勒丁·鲁米的陵墓，如今作为博物馆使用。陵寝的穹形屋顶覆盖着绿色的瓷砖。这座建筑修建于13世纪末期，外面的清真寺是奥斯曼王朝时代的苏莱曼大帝下令修建的。

圣人的灵柩和石棺

位于入口正面的房间内摆放有一座棺柩。安放在最里侧的梅乌拉那棺柩看起来最大，给人的感觉厚重又豪华。梅乌拉那的遗体安放在石棺的底下。很多人前来瞻仰。在陵寝的入口周围可以看到梅乌拉那语录的碑文。

旁边的房间展示有梅乌拉那生前使用过的物品和穿过的服装，以及旋转舞所使用的服装、乐器以及绒毯等。还安置有修行僧人生活用的玩偶。

旋转舞的仪式

梅夫莱维教团的旋转舞非常有名，它也是一种伴随着身体动作的土耳其式的礼仪。该教团是鲁米在鲁姆·塞尔柱帝国时期所创立的斯菲教团。跳舞的时候，舞者头戴高帽，身着白衣裙，外罩黑斗篷。当他们出场时褪

塞利米耶清真寺。右边的蓝色塔是梅乌拉那博物馆

去黑斗篷以示自世俗中重生，心灵向真理提升至更成熟的境界。每一个姿势都具意涵，抱着臂两手交叉于胸前表示神的独一性。

旋转舞仪式要持续三个小时以上

阿拉丁清真寺

Alaaddin Camii　　MAP/p.274-A

交 位于阿拉丁山丘之上 开 随时

这座清真寺位于阿拉丁山丘之上，故此而得名。清真寺修建于1221年，由大马士革建筑家设计完成。石柱上可以看到罗马时期和拜占庭时期的柱头装饰，共有42根石柱支撑。布道坛使用的材料像是黑檀木，非常庄严坚固，上面的雕刻也很漂亮。陶瓷和瓷砖装饰的内部结构也非常具有观赏性。

寺的北侧保留有一段塞尔柱城墙。

卡拉泰博物馆

Karatay Müzesi　　MAP/p.274-B

交 位于阿拉丁山丘附近 开 8:30~17:00 休 周日 TL 3TL

这里曾经是13世纪中期由塞尔柱王朝时代的宰相杰拉勒丁·卡拉泰下令修建的神学校，之后改建为博物馆。其正面大门装饰有塞尔柱式样的美丽浮雕，具有很高的艺术价值和参观价值。博物馆内部展示有从城中出土的文物、陶器等。博物馆中关于女性的绘画具有亚洲人的特征。这从一个侧面反映出塞尔柱人是一个混血民族。

博物馆内部装饰具有塞尔柱时期的美丽黑陶和蓝陶马赛克。穹顶下面有一座泉池，不断涌出清澈的泉水，代表天国。这座博物馆本身就是一座珍贵的艺术品。

因切米纳雷博物馆

İnce Minare Müzesi　　MAP/p.274-A

交 位于阿拉丁山丘附近 开 8:30~17:00 休 无 TL 3TL

和卡拉泰博物馆修建于同一时期，其前身也是一座神学校。“因切米纳雷”土耳其语意为“细细的尖塔”。遭到雷击后，上面的部分被破坏，成为了今天的样子。正门的表面是几何学图样的浮雕，是典型的塞尔柱艺术品代表之作。

现在，这里作为博物馆使用，展示有塞尔柱时期、奥斯曼时期与伊斯兰教相关的木雕和石雕等作品。浮雕上有双头鹰的图像，代表的是苏丹和王妃。该浮雕从赫梯时代开始，一直沿袭至罗马帝国时代、塞尔柱王朝时代。

华丽的前门和遭到雷击破坏的尖塔

S 商店　　科尼亚　☎0332

丝绸之路商店

米赫里商行

● **丝绸之路商店** İpek Yolu　MAP/p.274-B

交 位于旅游咨询处左侧小道内 ✉ Mevlana Cad. Nacifikret Sok.1 ☎ 353-2024 营 8:30~20:00 休 周日（接受预约制。☎ 353-2024）

优质绒毯·基利姆专卖店。是家族经营店铺。店主在自己后院里调色、染布，现场制作。价格公道合理。店主会讲英语。

● **米赫里商行** Galeri Mihri　MAP/p.274-B

交 从观光咨询处步行3分钟即可到达 ✉ Mevlana Cad. Bostan Çelebi Sok.10 ☎ 353-0608 营 8:30~20:00 休 无

是一家老字号绒毯·基利姆商店，目前由一对兄弟俩从父辈手里继承下来共同经营。店内摆放着不少新潮的、让人感兴趣的工艺品和小玩意。

● **关于科尼亚的绒毯·基利姆**　科尼亚生产高级丝织品、绒毯·基利姆等。但是近年来，随着经济发展，人工费不断提高，手工织物的成本也在不断上涨，使得商品价格越来越昂贵。一些商店为了追求高利润，甚至出售机器编制的绒毯。但是，仍然有些店铺保留传统手工工艺作品。可以讲价。

补充信息　参观旋转舞…每年的12月中旬会举办旋转舞。详情请咨询文化事务所（梅乌拉那博物馆旁边）。有时候也会在伊斯坦布尔或卡帕多西亚等地区进行公演。

R 餐厅

●**达姆拉餐馆** Damla　预算 15TL~　MAP/p.274-B
交 从旅游咨询处步行6分钟即可到达 ✉ Pürçüklü Mah. Türbe Cad.59
☎ 352-0881 营 9:00~20:30 休 无
　　餐厅二层设有包厢席位，内部空间较大，收拾得干净整洁，非常清新。店内的招牌菜肴是肉类料理，8TL左右。不提供酒水。

●**科尼亚餐厅** Konya Mutfağı　预算 20TL~　MAP/p.274-B
交 从旅游咨询处步行10分钟即可到达 ✉ Akçeşme Mah. Topraklık Cad.66
☎ 352-8547 营 6:00~24:00（冬季~22:30） 休 无
　　餐厅是由一座古老的邸宅改建而成。店内的招牌菜肴是烤羊肉和鸡肉。很多当地居民都是这里的老主顾。设有单间和包厢，服务周到。店内有会说英语的服务生。不提供酒水。

●**西发餐厅** Sifa　预算 20TL~　MAP/p.274-B
交 从旅游咨询处步行3分钟即可到达 ✉ Mevlana Cad.50 ☎ 352-0519
营 7:00~21:00 休 无 C A M V
　　肉料理餐厅。这里的金牌菜是科尼亚的名吃——露天烤肉。100克13TL。烤羊肉每盘6TL。不提供酒水。

●**博卢餐厅** Bolu　预算 3TL~　MAP/p.274-B
交 从旅游咨询处步行10分钟即可到达 ✉ Aziziye Mah. Aziziye Cad. 27B
☎ 352-4533 营 10:30~20:00（冬季~17:00） 休 周日
　　是一家营业40多年的烤肉店。不少当地居民从很远的地方赶来品尝。味道非常棒。羊肉奶酪比萨（Börek）6TL。自制小吃1TL。不提供酒水。

H 酒店

●**鲁米酒店** Rumi　S €100　W €130　MAP/p.274-B
交 从旅游咨询处步行5分钟即可到达 ✉ Aziziye Mah. Durakfakıh Sok.5
☎ 353-1121 FAX 353-5366 室 35 HP www.rumihotel.com
　　新建起的高档酒店。规模不大，内部浴室、桑拿室、美容室、娱乐室等各种设施齐全。顶层餐厅可以眺望到远处的梅乌拉那博物馆。酒店距离市中心也非常近，适合出行和外出购物。

●**丁达尔酒店** Dündar　S 100TL　W 150TL　MAP/p.274-B外
交 从旅游咨询处乘车10分钟左右 ✉ Feritpaşa Mah. Kerkük Cad.30
☎ 236-1052 FAX 235-9130 室 107 HP www.dundarhotel.com 邮 dundalhotel@mynet.com. C V M A
　　距离市中心比较近的高档酒店。内部设有游泳池、桑拿室、浴室、沙龙等娱乐设施，房间内部各种现代化设备齐全。还设有超豪华的双人间。

●**渔夫酒店** Balıkçılar　S €89　W €120　MAP/p.274-B
交 从旅游咨询处步行1分钟即可到达 ✉ Mevlana Karşısı 2 ☎ 350-9470
FAX 351-3259 室 51 HP www.balikcilar.com. C M V
　　位于梅乌拉那博物馆附近的中档酒店。酒店已经具有一定的年头，最近又新装修外部和大厅。内部设有游泳池、浴室和酒吧等娱乐场所。

●**拜拉大毛拉酒店** Mevlana Bera　S $150　W $100　MAP/p.274-B
交 从旅游咨询处步行8分钟即可到达 ✉ Mevlana Cad.55 ☎ 350-4242
FAX 353-5959 室 55 HP www.bera.com.tr C M V
　　位于梅乌拉那大街上的中档酒店。酒店风格庄严大气，内部装饰低调典雅，各个房间内现代化设施齐全，入住方便。（☎ 238-1090 FAX 238-1099）

●**塞马大毛拉酒店** Mevlana Sema　S 50TL　W 80TL　MAP/p.274-B
交 从旅游咨询处步行3分钟即可到达 ✉ Mevlana Cad.67 ☎ 350-4623
FAX 352-3521 室 44 C V M
　　位于梅乌拉那大街对面的经济型酒店。客房面积不大，收拾得干净整洁。大厅内还设有餐厅供客人用餐，是梅乌拉那大街上唯一可以饮酒的地方。

●**戴尔维什酒店** Dervish　S $50 W $75　MAP/p.274-B
交 旅游咨询处出发步行10分钟即可到达 ✉ Aziiye Mah. Gungor Sok.7
☎ 350-0842 室 7
　　利用奥斯曼建筑改建而来的崭新酒店。在国外游客中广受好评。

※酒店的费用有的用TL表示，也有的酒店会接受$或€。

科尼亚科餐厅

博卢餐厅

渔夫酒店

拜拉大毛拉酒店

塞马大毛拉酒店

戴尔维什酒店

MAP/p.7-G

卡帕多西亚

KAPPADOKYA

人口（内夫谢希尔）大约8.6万人／海拔1200米

已被列为世界遗产，蘑菇形的岩石区是大自然和人类共同作用的结晶。

大自然这位鬼斧神工的雕刻家，在此处留下了最得意的作品。奇形怪状的岩石给这里带来了不可思议的景象，其中最具代表性的是蘑菇形的岩石和保存下来的巨大基督教壁画。在这里能充分感受大自然带来的神奇和惊叹。这是土耳其最著名的景点之一，绝对让你不虚此行。

交通方式

从伊斯坦布尔乘坐飞机历时1小时20分钟到达，每天有2次航班。从伊斯坦布尔飞往开塞利机场的航班每天有5趟。然后乘坐巴士去往卡帕多西亚，历时大约1个小时30分钟到达。

可以从伊斯坦布尔乘坐巴士、迷你巴士等交通工具去往内夫谢希尔、于尔居普、格雷梅等地。购票时要确认一下发车时间。去往这些地方需要历时10~11小时，车费65TL。Metro、Kappadokya Tourism、Nevture、Göeme Tourism等各个巴士公司都用专门的巴士运行，每天发车2~3次。夜间巴士也很多。

从安卡拉乘坐长途汽车历时3小时30分钟到达，30TL。从科尼亚出发历时4小时到达，35TL。从安塔基亚出发历时10小时到达，30TL。从开塞利出发的长途汽车先到达于尔居普，历时1小时，每天发车10次以上，车费8TL。从开塞利去往内夫谢希尔可以乘坐Nevture或Metro公司的巴士，历时1小时30分钟到达，每天发车10次以上，车费10TL。

内夫谢希尔、于尔居普、格雷梅等城市内都有长途汽车站。酒店也离得比较近。

村妇手工制作的玩偶

漫步导览

区号0384

先决定始发城市

卡帕多西亚的观光景点主要分散在东西20千米、南北40千米的广阔地域，景点之间相隔较远，全部逛完需要大约2天的时间 。去往卡帕多西亚的主要始发城市有四座：交通便利的内夫谢希尔；住宿方便的于尔居普；安详静谧、青山碧水的阿瓦诺斯；位于交通枢纽中心，拥有最大观光景点的格雷梅。上述的四座城市之间都有巴士穿梭到达，一般花费30分钟至1小时左右。

如果时间较为富裕的话，建议选择巴士与步行相结合的方式参观景点。参加旅游团也是一个不错的选择，可以保证能最大效率地逛完各个景点。也可以乘坐出租车穿梭于各大景点之间。

建议事前根据想要参观的景点和想去的地点制定好旅游计划和路线。

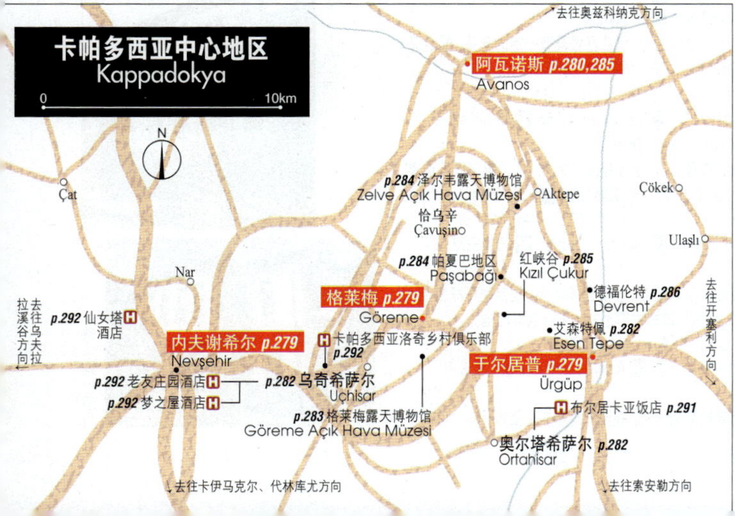

格雷梅的奇岩景观。仿佛来到了其他星球

住宿方便的于尔居普Ürgüp

MAP/p.281-A ✉Park İçi ☎341-4059
开 8:00~17:00 休 冬季周六・周日

从内夫谢希尔可乘坐巴士前往，15分钟即可到达，车费2.5TL。巴士每天8:00~20:00运营，车次很多。

于尔居普以开塞利大街为中心，长途汽车站、旅游咨询处多集中在这一带。除此之外，还有很多餐厅、酒店、土特产店、银行等都聚集在这里。库尔恰斯兰神殿位于岩丘之上，非常醒目。城镇中有许多高档餐厅和舞厅。

流经城市东侧的河流达姆萨河一带，有许多国外游客青睐的高档酒店，环境也比较优美。于尔居普的特产是红葡萄酒。

从于尔居普去往内夫谢希尔的途中经过奥尔塔希萨尔和乌奇希萨尔。前者伫立着许多奇岩要塞，后者是卡帕多西亚地势最高处。这两个地方都有许多酒店，适合作为始发城市。

交通便利的内夫谢希尔Nevşehir

MAP/p.279 ✉Yeni Kayseri Cad. Eski Devlet Hastanesı Yani 14 ☎213-4260
开 8:00~17:00 休 无

从于尔居普乘坐巴士可直接前往内夫谢希尔，历时15分钟到达，车费2.5TL。每天8:00~20:00发车，车次很多。从格雷梅出发历时10分钟到达，每天8:00~20:00发车，车费2.5TL。

内夫谢希尔的主干道连接阿塔图尔克大街。主干道上运行着通往四面八方的巴士，车次最多的是去往于尔居普、格雷梅和阿瓦诺斯的巴士。这座城市并没有多少可以游览的景点，只有塞尔柱时代所残留下来的一些小城堡。这里全年营业的酒店比较多。餐厅坐落在城镇的各个角落。

洞窟酒店聚集的格雷梅Göreme

没有专门的旅游咨询处，只有长途汽车站一带有相关介绍。

从于尔居普乘坐巴士10分钟即可到达，车费2TL。每天8:00~20:00运营，车次很多。

格雷梅是一座小城镇，这里的酒店非常有特色，是利用洞窟和奇岩建造而成的现代住所，很有卡帕多西亚特色。

格雷梅距离露天博物馆仅有步行15分钟的路程。格雷梅山谷中有许多巨大的妖精烟囱。

从格雷梅去往阿瓦诺斯的途中，会经过几个比较有名的景点：以湿壁画闻名的岩窟教堂、拥有

土特产店中出售造型独特的风铃

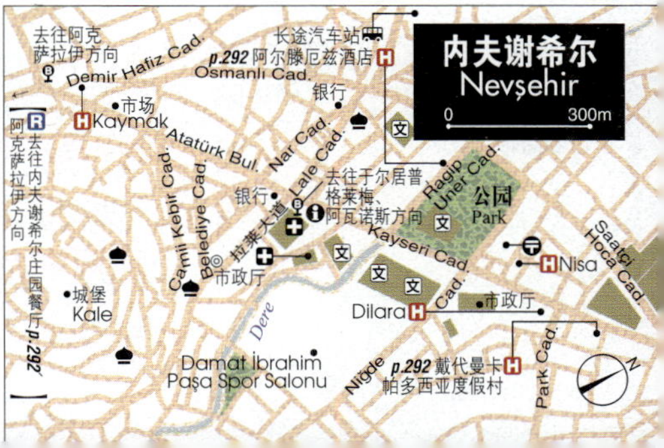

卡帕多西亚西南部的哈桑山。海拔高达3000多米的活火山，也是卡帕多西亚地区一道独特的风景线

蘑菇状巨大岩石的帕夏巴地区和泽尔韦露天博物馆。从格雷梅去往于尔居普的途中会经过克孜勒谷等风景区。

陶艺之乡阿瓦诺斯Avanos

MAP/p.285 ✉ Hükümet Konağı kat.4
☎ 511-4360 开 8:00~17:00 休 周六・周日

从内夫谢希尔可乘坐巴士去往阿瓦诺斯，历时20分钟到达，2.5TL。每天8:00~20:00运营，每隔一小时发车一次。从于尔居普去往阿瓦诺斯的巴士也有很多趟，20分钟到达，2.5TL。

土耳其最长的河流——克孜勒河（红河）流经阿瓦诺斯，最终注入黑海。阿瓦诺斯是著名的陶艺之乡，镇子中有许多烧制陶器的工厂和作坊，有许多游客报团前来参观陶器的现场制作过程。

阿瓦诺斯到于尔居普的途中，会欣赏到绝美的夕阳风景。

两座巨大的地下城市

犹如迷宫般的两座巨大的地下城市是代林库尤和卡伊马勒克。乘坐从内夫谢希尔出发的长途汽车或前往代尼方向的小巴，中途下车即可。

出租车/旅游团

可以在旅行社和酒店报名参团。报名时，要确认参观路线、是否包含景点门票和食宿费等注意事项。比如：格雷梅——乌奇希萨尔——阿瓦诺斯——山谷环游一日游（包含各大景点门票、午餐和导游陪同）的价格大约60TL。

非旅游旺季时，可以乘坐出租车环游景点。具体费用和司机谈妥后就可以出发了。就上述旅游线路的话，乘坐出租车的话需要$60~80。

也可以乘坐热气球环游卡帕多西亚。夏季清晨和傍晚都会举办这一活动。每小时大约花费150欧元。冬季会有10%的折扣。

可以乘坐热气球从空中俯瞰卡帕多西亚全境

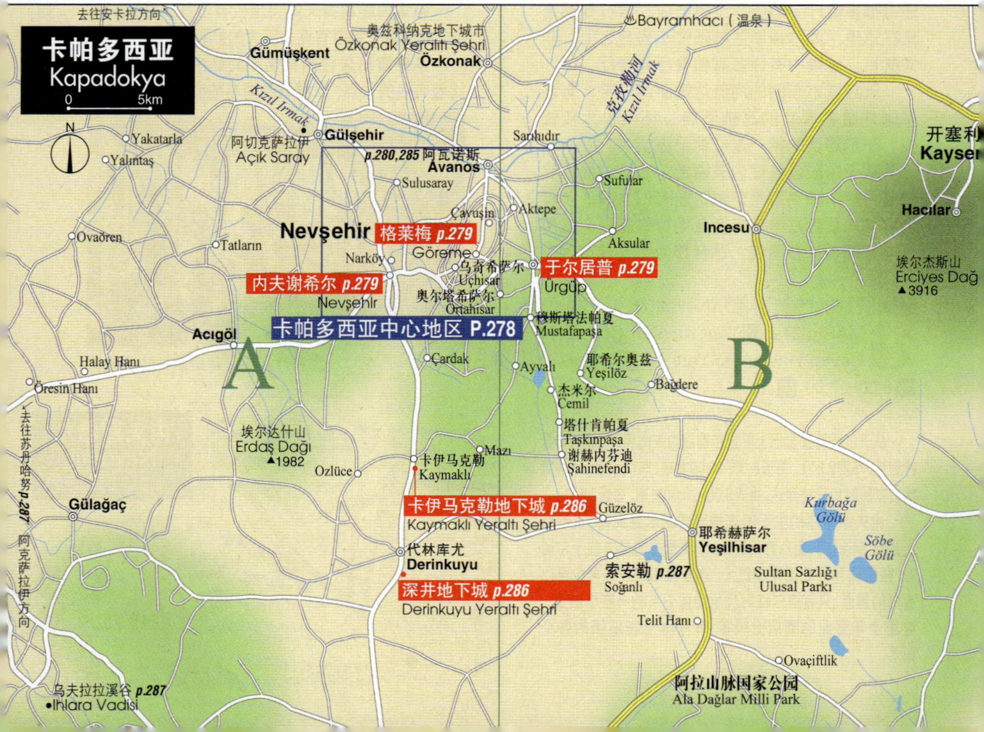

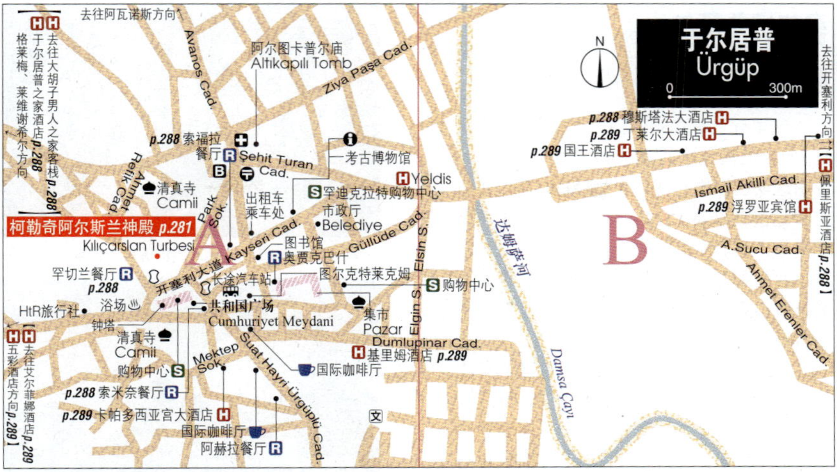

历史概览

卡帕多西亚的光辉历史，可以追溯到公元前6000万年前的塔乌罗斯山隆起时代。埃尔吉亚斯山和哈桑山等活火山上的火山灰不断沉落于此，形成了厚厚的火山灰，并最终凝固成灰岩层。这些岩层经过长久的雨水和风雪侵蚀，营造出了不可思议的景观。

公元前1200年左右，赫梯帝国分崩离析，这片土地也陷于混乱之中。公元前600年，美狄亚和吕底亚两国开始领土之争。“卡帕多西亚”古波斯语意为“美丽的马乡”，以前的卡帕多西亚人用马匹作为祭品。

公元前17年，卡帕多西亚成为罗马帝国的一个行省。

卡帕多西亚并非是正式的官方叫法，卡帕多西亚多指的是奇岩观光地带。古代的卡帕多西亚地区面积更为辽阔。

罗马帝国后期，已经形成规模的基督教受到了当时皇帝的镇压。一些基督教徒逃亡至卡帕多西亚一带，并隐匿于山谷之中。公元7世纪时期，阿拉伯的伊斯兰教势力逐渐进入。基督教徒受到阿拉伯人的驱逐和迫害。如今保留在这里的洞穴教堂和地下城，就是建于这一时期。

11世纪以后，这片土地在塞尔柱王朝的宽容政策治理下，伊斯兰教和基督教得以共存发展。1515年奥斯曼帝国兴起之后，大多数基督教徒转移去了希腊，卡帕多西亚也逐渐被土耳其化。

观光亮点

柯勒奇阿尔斯兰神殿

Kılıçarslan Türbesi MAP/p.281-A

交 从于尔居普广场步行10分钟即可到达

站在神殿高处可以纵览于尔居普全貌。从内夫谢希尔大道出来，沿着路旁的标示登上通往山顶的坡道，可到达柯勒奇阿尔斯兰神殿。神殿是由塞尔柱王朝国王基利卡斯兰下令建造的，如今的神殿早已成为残垣断壁。

站在于尔居普的山丘眺望远处风景

农家人正在制作干粮

奥尔塔希萨尔

Ortahisar MAP/p.278

交 从于尔居普或内夫谢希尔乘巴士20分钟可达

这里有一座高80米、利用山岩建起的堡垒。奥尔塔在土耳其语中是“中央”的意思，说明这块巨型岩石在奇岩地带的位置。堡垒内部过去是城塞，总共分为十层，隧道和小路四通八达，有台阶可以上到顶端。站在城堡顶可以眺望到哈桑山和乌奇希萨尔的绝美景貌。400多米之外还有一座岩峰，据说两座岩峰的地下是连在一起的。

以这座城堡为中心，附近相继建起了清真寺、酒店、土特产店、房舍等建筑，形成了一个小型的镇子。一般的旅行团并没有包含奥尔塔希萨尔这一景点，但是这一带绝对值得参观。

乌奇希萨尔

Uçhisar MAP/p.278

交 从于尔居普乘坐巴士大约15分钟到达，车费1.75TL。从内夫谢希尔乘坐巴士15分钟到达

开 7:30~19:00 休 无 TL 3TL

乌奇希萨尔在土耳其语中是“尖尖的城堡”的意思。以一块巨大的岩石建造的城堡为中心，周围环绕着无数个大大小小的岩山，是地理位置得天独厚的坚固堡垒。大地震发生之后，在这座巨型岩石附近形成了一些小村落，并且有很多的住宿设施。

进入城堡内部需要收取门票。沿着密密麻麻的特产店街中的道路，可以步行到城堡脚下。

站在城堡的内部可以看到格雷梅全境，你会觉得仿佛置身于另外一个不一样的星球。城堡里还残留有许多墓穴遗迹。

谷底种植有大片的葡萄树和杏树。岩石的表面有很多洞穴，据说这些都是鸽子洞。这里的居民把鸽子粪便集中起来，用作葡萄园和杏树的肥料。由于卡帕多西亚的土地带有火山灰，并不是很肥沃，使用这种办法可谓是非常聪明。

艾森特佩 Esen Tepe MAP/p.278

位于从于尔居普去往格雷梅的途中，是一座视野非常辽阔的瞭望台。层峦重叠的山岩像是波浪一般向悬崖看齐，远处是一片片高高耸立着的妖精烟囱（白色山岩），在这里可以纵览格雷梅奇岩全境。

妖精烟囱中有一些树木，枝条上绑有布条。这都是许愿的人留下的。

乌奇希萨尔的砂岩山丘，仿佛是一件现代艺术品

因地理位置不同，形状样子各异的山岩群

奥尔塔希萨尔

乌奇希萨尔。城堡顶上的景色令人惊叹

站在奥尔塔希萨尔之上看到的景象。农妇骑着驴子前去耕田

格雷梅露天博物馆

Göreme Açık Hava Müzesi MAP/p.278、284

交 从格雷梅遗址步行15分钟可达 **开** 8:00~ 19:00（冬季~17:00 **休** 无 **TL** 15TL（景点门票包括托卡勒教堂。黑暗教堂门票8TL）

格雷梅露天博物馆位于从格雷梅遗址去往奥尔塔西萨尔的路上。

公元5世纪~12世纪，一部分饱受迫害逃亡至此的基督教徒在这里定居下来。他们在巨石中挖出教堂形成了共同生活的聚落。格雷梅的山谷中拥有30多座岩石洞穴教堂，内部保留有大批湿壁画。这些壁画大都完成于公元11世纪~12世纪，是杰出的艺术作品。博物馆入口处设有商店。

圣巴西里礼教堂 Basil Kilisesi

教堂位于博物馆入口处的右侧，其年代可追溯到11世纪初期。在半圆的壁龛上有耶稣像，旁边是圣母子画像。北侧墙壁上有圣狄奥多尔的画像。南面的壁画是圣乔治骑马像。

苹果教堂 Elmalı Kilise

教堂内部构造是模仿圣索菲亚大教堂的风格而建的，由4根柱子支撑，侧面也有柱廊支撑。教堂内壁上是以红色颜料画成的十字架和几何学图案，以及在有色墙壁打底的墙壁之上的湿壁画。这些壁画非常具有参观价值。中央圆顶上画有耶稣像，拱门上是十二信徒的人物像。

苹果教堂的名字来源于中间圆顶上的天使加百列画像。天使加百列手中的地球和苹果非常相似，又因在教堂入口处有一棵苹果树，故而命名为苹果教堂。

格雷梅博物馆中有很多岩石洞穴教堂

纽扣教堂中的湿壁画

圣芭芭拉礼教堂 Barbara Kilisesi 教堂由一个大大的圆顶和两根巨大的石柱支撑，是标准的十字形结构。正对教堂入口的壁画是圣芭芭拉礼画像。与苹果教堂一样，其壁画以红色颜料画上线条以及几何图像勾绘而成，崇尚简单美学，同样出自于公元8世纪的禁绝偶像崇拜时期。

神蛇教堂 Yılanlı Kilise 教堂名字取自于其内部壁画上的神蛇画。独特的圆筒形天花板上的壁画是圣乔治和圣狄奥多尔正在进攻神蛇，君士坦丁大帝正手握十字架站在一旁的情形。右侧的壁画是一幅怪诞画像，双性人埃及圣女安诺菲利欧斯的画像。这些画作完成于13世纪。这一带还有许多寺院。教堂的顶层是食堂，内部设有餐桌。修道士们生活于此。

黑暗教堂 Karanlık Kilise

教堂由4座支柱、6座拱门和3座大殿组成。黑暗教堂中保存有大量的壁画，因为教堂里面的窗户很少，光线照不进，所以壁画保留得较为完好，色彩保存得鲜艳如昔。内部设有寺院。

拖鞋教堂 Çarıklı Kilise

教堂中的壁画人物都穿着拖鞋，因此这座教堂被称为拖鞋教堂。教堂大厅由4座拱门和2根石柱构成。内部湿壁画破损较为严重。

纽扣教堂 Tokalı Kilise

又被称为托卡利教堂，位于露天博物馆入口左前方，是格雷梅规模最大的教堂。柱廊修建于10世纪，筒形天花板和地下礼拜堂修建于后期。其内部的湿壁画相当传神，蓝底红线和白色图案的运用达到了令人叹为观止的地步，是拜占庭时期的艺术杰作。

泽尔韦露天博物馆

Zelve Açık Hava Müzesi MAP/p.278

交 从于尔居普、格雷梅乘坐巴士历时15分钟到达

开 8:00~19:00（冬季~17:00） 休 无 TL 8TL

泽尔韦博物馆位于峡谷之中，公元9世纪~13世纪，基督教的修道士来此定居。峡谷两侧耸立着险峻的断崖，1950年代以前还有人居住在这里。之后，为了躲避由地震带来的岩石塌落危险，居民们不得不转移到附近较为广阔的平地上居住。

断崖之中的格雷梅峡谷

峡谷中还有葡萄教堂、鹿教堂等岩石洞穴教堂。教堂内部有关于鸽子、鱼、孔雀等的壁画。这是基督教初期所独有的象征性建筑，它们标志着和平、耶稣和复活。

帕夏巴地区 Paşabağı MAP/p.278

位于于尔居普去往泽尔韦露天博物馆前面的大片空地。这里不收取门票，可以

幅员辽阔的卡帕多西亚地区。除了有名的三角地带，这里的景观也非常美丽。西南方向是居泽而于儿特村

免费参观。这里还有许多土特产商店。

帕夏巴地区有着全卡帕多西亚最美丽、最可爱的仙人烟囱，还有三座蘑菇形状的大

帕夏巴地区独特的奇岩景观（仙人烟囱）

岩石，也非常有名。这里还有开洞的居所和教堂，其中一个三头式的烟囱，里面有两个房间。其中一个是公元5世纪时期隐士圣西门的修道场所，如今还保留得非常完整。

红峡谷

Kızıl Çukur　　MAP/p.278

交 从于尔居普、格雷梅乘坐巴士15分钟到达
开 8:00~19:00 休 无 TL 3TL

这里的景色在卡帕多西亚地区可称得上是数一数二的。夕阳下的峡谷从红色过渡到紫色，美轮美奂，非常浪漫。红色岩石的峡谷内还建有教堂，内部保留有许多湿壁画和人类居住遗迹。从谷底步行1个多小时可到顶部。从谷顶眺望景色也不错。

阿瓦诺斯

Avanos　　MAP/p.278、285

交 从内夫谢希尔乘坐巴士大约1小时到达／从于尔居普乘坐巴士20分钟到达／从格雷梅乘坐巴士15分钟到达

阿瓦诺斯市中央流淌着一条红河（克孜勒河），这是土耳其最长的内陆河。河畔土壤中富含铁质，非常适合制作陶器。人们使用河畔的黏土烧制成花瓶和餐具等。其独特之处在于不使用机器，而是用脚旋转沉重的陶器转台。

土耳其最长的内陆红河

陶器的制作过程

陶艺制作家都是男性，镇子里七成以上的男性都从事这项工作。据说在这里不会制作陶器的男人将来会娶不到媳妇。

许多旅游团都包含了在镇子里的几家大型陶器生产基地免费参观的内容。这些工厂大都是以山岩为主体建造而成的，外形和结构都非常有趣。步行在其中，犹如在迷宫里探险。可以报团参观这里。

近郊的奥尼基斯生产的陶瓷器皿也不错，可挑选一些作为回国礼物。

德福伦特 Devrent MAP/p.278

位于从阿瓦诺斯去往于尔居普的道路沿边。这里的景观未经人工修饰，全是出自于大自然鬼斧神工的杰作。在山岩之间漫步别有一番趣味。这里还有与圣母玛利亚极为相像的岩石。

卡伊马克勒地下城

kaymaklı Yeraltı Şehri MAP/p.280-A

交 从内夫谢希尔乘坐巴士30分钟即可到达，2TL
开 8:00~19:00（冬季~17:00） 休 无 TL 15TL

卡帕多西亚有相当多的地下城市，它们好像蚂蚁的巢穴在地下延伸。在众多的地下城市中，卡伊马克勒和代林库尤是规模最大的两座地下城。

卡伊马勒克地下城深达55米，共有地下8层，每层能容纳200人。其制作期据说为基督教初期，到拜占庭时代又进行了进一步的挖深和加固，如今看到的大都是公元9~10世纪挖掘而出的。

地下城内部错综复杂，各种曲折宛转的幽暗小路通往教堂、起居室、厨房、墓地和饲养牲畜的房舍等地方，各种通道和台阶交错重叠，如果没有人指引的话，一定会迷路。地下城还建有与陆上部分相连接的通气孔和烟囱。从以上结构可以看出，这里曾经是一个大规模的共同生活场所。

在地下城中还有一些厚重的圆盘状回转门。当有敌人进入的时候，里面的人转动门，可将敌人挡在外面。地下城中还有一些死胡同和隐蔽的道路，这些都是为了迷惑敌人而建的。

深井地下城

Derinkuyu Yeraltı Şehri MAP/p.280-A

交 从内夫谢希尔乘坐巴士45分钟到达
开 8:00~19:00（冬季~17:00） 休 无 TL 15TL

深井地下城位于卡伊马克勒南面10千米处。深达85米，共分为地下7层。总共可以容纳5000人共同生活。

防御外敌入侵的可活动岩盘

这座地下城的水资源非常丰富，各层之间有竖孔相连接，这些细长的孔洞起到了汲取水源和排气孔的作用。

地下城内各种设施齐全，建有教会、厨房、粮食储存室等，为基督教徒的生活提供了很大的保障。

在这座大型地下城中还发掘出了不少古文物和雕像，其中最为著名的是一座白色大理石制的秃鹫雕像，其样式参考赫梯帝国的雕像风格制作而成。据考究，其年代可追溯到古罗马帝国时期，

卡伊马克勒地下城地底的大厅

深井村的绒毯店。这里的绒毯也很有名

现存放于安卡拉的安纳托利亚文明博物馆内。

深井和卡伊马克勒这两座地下城结构大致相同，参观完需要1小时左右。有许多地方还处于开发挖掘中。目前，仅有10%的部分是面向游客开放的。

索安勒

Soğanlı MAP/p.280-B

交 从于尔居普乘坐巴士大约1小时可达

开 8:00~17:00 休 无 TL 3TL

位于于尔居普南面45千米处。这座巨大的峡谷被四方形桌子状的高山所围绕。峡谷中建有大大小小将近60多座岩石洞窟教堂，密密麻麻地排列在峡谷的两侧山崖之上，非常壮观。

其中，圆顶教堂、怪物教堂都非常具有参观价值。教堂的内部保留有诸多湿壁画杰作。在修道士教堂中还有描绘基督教十二信徒的湿壁画，其艺术性得到了众多名家的赞扬。鹿教堂中有关于鹿神的湿壁画，也值得一看。

密密麻麻的鸽子窝。居民们收集鸽子粪便作为种植葡萄的肥料

索安勒是一个非常朴素的村庄

山谷间的岩壁上有许多鸽子洞，非常有趣。这些白色的小巢穴密密麻麻排成一片。

这里的风景和卡帕多西亚其他地方的怪异景观不同，地形也有较大差异。这里环境静谧安详，地形也较为平缓，完全是一派闲适宁静的旅游地景象。

乌夫拉拉溪谷 Ihlara Vadisi MAP/p.280-A

位于代林库尤地下城西面30千米处。溪谷长达14千米，两侧是高耸入云的山崖。拜占庭时期，基督教的修道士们曾在这里隐居，在山崖两侧一带建起了很多岩石洞窟教堂和居住场所。很多教堂内部都保留有当时的湿壁画。这里也是夏季绝佳的远足好去处。

乌夫拉拉溪谷。山崖两侧建有数量众多的教堂

苏丹哈努 Sultan Hanı MAP/p.9-G

在安纳托利亚中部作为贸易之路繁荣发展的时代，卡帕多西亚的商队客栈也修建起了商队的住宿场所。位于内夫谢希尔西面45千米处的苏丹哈努商队客栈就是其中最著名的一座。它是1229年塞尔柱王朝的苏丹阿拉丁凯库巴德一世下令修建的。

当时贸易活动频繁，贸易之路上的商队络绎不绝，为了防止盗贼和强盗的突袭，执政者们下令在贸易之路沿边修建起了这座住宿场所，保护过往商队的安全。坚固的墙壁也起到了堡垒的作用，保护商人们在中庭内进行交易。

苏丹哈努商队客栈是保存最为完整、规模最大的客栈。开 8:00~17:00 休 无 TL 5TL

保存状态完好的苏丹哈努商队客栈

于尔居普地区　餐厅

15TL~　MAP/p.281-A

索福拉餐厅 Sofra

交 从长途汽车站步行3分钟即可到达
✉ Kayseri Cad.25, Yapı Kredi Bankası yanı
☎ 341-4333 营 8:00~24:00 休 无
C A D M V（可以送外卖）

该餐厅菜肴种类丰富，非常美味，价格也不贵。特色炖肉（将鸡肉和蔬菜及西红柿放到一起煮制而成的菜肴）是招牌菜肴，一人份15TL，便宜又好吃。

索福拉餐厅

18TL~　MAP/p.281-A

索米奈餐厅 Sömine

交 从长途汽车站步行2分钟即可到达
✉ Cumhuriyet Meydanı 9
☎ 341-8442
营 10:00~24:00 休 无

店名的意思是“暖炉”。名副其实的是店内安置着一个大大的暖炉。店内的金牌菜肴是肉类料理和炖煮菜。烤肉的种类和口味也很丰富。

索米奈餐厅

25TL~　MAP/p.281-A

罕切兰餐厅 Han Çırağan

交 从长途汽车站步行5分钟即可到达
✉ Cumhuriyet Meydanı 3
☎ 341-2566
营 10:00~24:00 休 无

餐厅利用古时候的岩石房舍改装而成，其内部还残留有当时的石头墙壁和拱门构造。鱼类菜肴14TL~，牛肉和蔬菜的炖煮菜味道也非常不错。烤肉38TL~。

罕切兰餐厅

于尔居普地区　酒店

S$150 W$300　MAP/p.281-A外

大胡子男人之家客栈 Esbelli Evi Pansiyon

交 从长途汽车站步行15分钟即可到达
✉ Esbelli Sok.8, Ürgup
☎ 341-3395 FAX 341-8848 室 8
HP www.esbelli.com C A M V

酒店建在山丘斜面，是利用岩石造的房舍改建而成。内部装饰风格精致典雅，摆满了古典家具和优质基利姆。还设有厨房和全自动洗衣机、电脑等设备。酒店冬季歇业。

大胡子男人之家客栈

S$115 W$135　MAP/p.281-A外

于尔居普之家酒店 Ürgüp Evi

交 从长途汽车站步行15分钟即可到达
✉ Esbelli Mah.54, Ürgüp
☎ 341-3173 FAX 341-6269
室 12 C M V

酒店由一位法国人经营，从客房内部可以眺望到远处风景。有的客房内带有浴缸，有的带有厨房。4人间$200。旁边还有一件岩石洞窟改造成的特色餐厅。

于尔居普之家酒店

S100TL W150TL　MAP/p.281-B外

佩里斯亚酒店 Perissia Hotel

交 从长途汽车站步行22分钟即可到达
✉ Kayseri Cad., Ürgüp
☎ 341-2930 FAX 341-4524 室 230
C M V

许多国外旅游团都选择这里作为落脚点。酒店客房内部设有浴室、卫星电视、迷你酒吧等设备。大厅还设有温水游泳池、舞厅、网球场等娱乐场地。条件一流，入住舒适。

佩里斯亚酒店

S70TL W100TL　MAP/p.281-B

穆斯塔法大酒店 Otel Mustafa

交 从长途汽车站步行18分钟即可到达
✉ Kayseri Cad., Ürgüp
☎ 341-3970 FAX 341-2288 室 230
HP www.info.otelmustafa.com C M V

大理石装饰风格的豪华酒店。其内部设施豪华，拥有游泳池、浴室等大型娱乐场所。酒店内部装饰色调以棕色为主。客房内部设有卫星电视，迷你酒吧、烘干机等设施。

穆斯塔法大酒店

※酒店的费用有的用TL表示，也有的酒店会接受$或€。

于尔居普地区　酒店

S120TL W200TL　MAP/p.281-B

丁莱尔大酒店
Dinler Hotel

交 从长途汽车站步行17分钟即可到达
✉ Kayseri Cad. Mehmet Dinler Bul.7 Ürgüp ☎ 341-3030 FAX 341-4896
室 188 C M V

酒店中庭设有一个巨大的游泳池，客房大楼围绕着这座泳池而建。室内装饰精美，并配备有彩色电视、冰箱等现代化设施。还有浴室、舞厅、体育运动场地等娱乐场所。

丁莱尔大酒店

S60TL W100TL　MAP/p.281-B

浮罗亚宾馆
Florya

交 从长途汽车站步行20分钟即可到达
✉ Kayseri Cad. Ürgüp
☎ 341-3980 FAX 341-3989 室 116
HP www.merithotels.com C M V

宽敞明亮的酒店大厅地面上铺着厚重的绒毯，装饰非常典雅静谧。客房大楼围绕着中庭而建。客房数量很多，入住方便。酒店内还设有浴场。

浮罗亚宾馆

S70TL W120TL　MAP/p.281-B

国王酒店
Otel Kral

交 从长途汽车站步行15分钟即可到达
✉ Kayseri Cad. Ürgüp
☎ 341-2655 FAX 341-2656 室 32
HP www.hotelkral.com C M V

酒店是传统的石造结构，看起来像一座古城堡。内部建有石造拱门和长长的走廊。客房面积不大，彩色电视、烘干机等各种设施一应俱全。地下一层设有餐厅。

国王酒店

S45TL W80TL　MAP/p.281-A

卡帕多西亚宫大酒店
Hotel Cappadocia Palace

交 从长途汽车站步行3分钟即可到达
✉ Dua Yeri Mah.Mektep Sok.2, Ürgüp
☎ 341-2510 FAX 341-5314
室 18
HP www.hotel-cappadocia.com
C M V

利用神学校的旧址改建而成。客房是洞窟风格，内部有现代化的浴缸，非常有趣。双人间$110。可以在铺着土耳其绒毯、环境优雅的中庭里享用早餐。店内还可以办理各种旅游团的报名手续。店员会说外语。

卡帕多西亚宫大酒店

S170TL W250TL　MAP/p.281-A外

艾尔菲娜酒店
Alfina Hotel

交 从长途汽车站步行15分钟即可到达
✉ İstiklal Cad.89., Ürgüp
☎ 341-5339 FAX 341-2424 室 20
HP www.alfinahotel.com C M V

建在郊外，利用巨大的山岩斜面建造而成。室内装饰风格也是卡帕多西亚地区独特的洞窟风。站在酒店顶端眺望郊区奇岩风景也不错。近来，酒店又新建一批主题客房。冬季酒店歇业。

艾尔菲娜酒店

S40TL W80TL　MAP/p.281-A外

五彩酒店
Hotel Elvan

交 从长途汽车站步行15分钟即可到达
✉ İstiklal Cad.Barbaros Hayrettin Sok. 11, Ürgüp ☎ 341-4191 FAX 341-3455
室 33 HP www.hotelelvan.com C M V

酒店由一对上了年纪的老夫妇经营。客房内部看起来比较朴素，但是很温馨。可以在酒店的顶层或是中庭享用早餐。顶层能够欣赏到卡帕多西亚的奇景。

五彩酒店

S50TL W100TL　MAP/p.281-A

基里姆酒店
Kilim

交 从长途汽车站步行5分钟即可到达
✉ Dumplupinar Cad.50 ☎ 341-3131
FAX 341-5758 室 15
HP www.hotelkilim.com C V M

酒店具有一些年头的经营史。外观看起来平淡无奇，但是其内部装饰和设施都是一流的。入住条件非常好，服务员也很热情。

基里姆酒店

格雷梅地区　餐厅

30TL~　MAP/p.283

东方餐厅 Orient Restaurant

交 从长汽车站步行5分钟即可到达
✉ Adnan Merderes Cad.23, Göreme
☎ 271-2346
营 8:30~24:00 休 无

餐厅是木质结构，外观看起来非常漂亮美观。土耳其的传统料理25TL~。炖煮菜料理13TL~。烤肉20TL。

东方餐厅

24TL~　MAP/p.283

土耳其风格餐厅 Alaturca

交 从长汽车站步行2分钟即可到达
✉ Göreme Kasabasi ☎ 271-2882
HP www.alaturca.com.tr 营 11:00~23:30
休 无

餐厅面积很大，并设有露天坐席。菜肴味道非常具有土耳其传统特色，价格也比较公道合理。除了在当地非常受欢迎之外，很多游客也慕名前往品尝。肉类菜肴12TL~，小吃6TL。

土耳其风格餐厅

24TL~　MAP/p.283

本地咖啡&美食 Local Cafe & Restaurant

交 从长汽车站步行8分钟即可到达
✉ Müze Yolu, Göreme
☎ 271-2629
营 10:00~23:00 休 无

餐厅菜肴非常具有卡帕多西亚的味道。有很多当地特色菜。喜欢尝一尝当地口味的游客们可以来这里。餐厅设有风景优美的顶层坐席和暖炉边的坐席。烤肉类16TL。

本地咖啡&美食

格雷梅地区　酒店

S140TL W160TL　MAP/p.283

卡帕多西亚山洞酒店 Cappadocia Cave Suites

交 从长汽车站步行5分钟即可到达
✉ Gafferli Mah. Ünlü Sok.19, Göreme
☎ 271-2800 FAX 271-2799 室 21 HP www.cappadociacavesuites.com. C M V

酒店的客房是石头建成的，里面还摆放有非常有趣的个性家具。彩色电视、冰箱、空调以及烘干机都应有尽有。是非常具有独特浪漫主义色彩的酒店，很多情侣喜欢住在这里。

卡帕多西亚山洞酒店

S€45 W€50　MAP/p.283

本地穴居屋酒店 Local Cave House

交 从长汽车站步行8分钟即可到达
✉ Gafferli Mah. Cevizler Sok.11, Göreme ☎ 271-2171 FAX 271-2629 室 11
HP www.localcavehouse.com. C J M V

酒店建于2000年，利用岩石洞窟改造而成。房间内部装潢和布置格局参照中世纪的欧洲风格，非常古典浪漫。酒店的环境非常安详静谧，中庭还设有游泳池。

本地穴居屋酒店

S90TL W130TL　MAP/p.283

旭翰花园酒店 Sühan Park

交 从长途汽车站步行8分钟即可到达
✉ Orta Mah. 25, Göreme
☎ 271-2616 FAX 271-2619 室 32
HP www.suhanparkhotel.com C M V

整个酒店是典型的奥斯曼帝国时期的建筑风格，到处铺设着绒毯和基利姆等装饰。晚上，酒店内还会举行小型的土耳其音乐会，运气好的游客可以一饱耳福。

旭翰花园酒店

S€112 W€140~　MAP/p.283

凯莱柏克山洞酒店 Kelebek Cave

交 从长汽车站步行8分钟即可到达
✉ Aydın Mah. Yavuz Sok. 1, Göreme
☎ 271-2531 FAX 271-2763 室 16
HP www.kelebekhotel.com C M V

酒店建在非常复杂的地形之上。有的客房是利用小型的仙人烟囱改造而成，有的客房则是传统的奥斯曼风格，客人们可以根据自己的兴趣选择不同的客房入住。

凯莱柏克山洞酒店

※酒店的费用有的用TL表示，也有的酒店会接受$或€。

格雷梅地区　酒店

S€65 W€65　MAP/p.283

帕夏府大酒店
Pashahanı

交 从长汽车站步行3分钟即可到达
✉ Roma Kalesi Arkasi 7
☎ 271-2283 FAX 271-2213 室 8
HP www.pashahan.com

酒店利用原来地方总督的官邸改建而成。一层设有家庭套间，二层的风景房也不错。早餐套餐非常实惠，共带有16种不同口味的餐品。饮料全部免费。酒店内还有洗衣房，适合长期居住。

帕夏府大酒店

S€40 W€55　MAP/p.283

阿尔奇宫大酒店
Arch Palace

交 从长汽车站步行8分钟即可到达
✉ Gafferli Mah.14, Göreme
☎ 271-2575 FAX 271-2698
室 11 HP www.archpalace.com

酒店外观看起来似乎没有什么新颖之处，但内部却是别有洞天。长长的走廊、圆形的拱门设计和美丽的天花板，都让人心情大好。客房内部带有浴室，酒店三层还设有露天餐厅。

阿尔奇宫大酒店

S40TL W80TL　MAP/p.283

梦洞窟旅社
Dream Cave Pansiyon

交 从长汽车站步行10分钟即可到达
✉ Göreme
☎ 271-2282 FAX 271-2082 室 11
HP www.dreamcavehotel.com C J M V

旅社利用一座奇特的仙人烟囱改建而成。无论是利用洞窟改造成的房间，还是有拱门的房间，其价格都是一样的。客房内部的装饰也非常美观。顶层设有观景台，可以欣赏格雷梅地区的奇特景观。

梦洞窟旅社

奥尔塔希萨尔地区　酒店

S100TL W170TL　MAP/p.278

布尔居卡亚饭店
Burcu Kaya

交 距离格雷梅遗址2千米 ✉ Asker Mah.10, Ortahisar, Ürgüp ☎ 343-3200 FAX 343-3500
室 82 HP www.burcukayaotel.com.tr

酒店位于仙人烟囱群中，四周都是奇形怪状、造型独特的山岩。客房大楼并不高，是塞尔柱王朝时期的建筑风格。多有拱门设计。客房内部设有各种现代化设施，入住条件不错。

布尔居卡亚饭店

阿瓦诺斯地区　餐厅

20TL~　MAP/p.285

比兹姆艾维餐厅
Bizim Ev

交 从广场步行5分钟即可到达
✉ Yukarı Mah. Çarşılci, Avanos
☎ 511-5525
营 10:00~22:00 休 无

餐厅共有四层，是利用奥斯曼时期的房舍改建而成。餐厅主要制作传统的土耳其菜肴。烤肉类16TL。小吃12TL。葡萄酒的种类也非常丰富。在酒店的三层用餐，还可以欣赏到克孜勒河河畔的美丽风景。

比兹姆艾维餐厅

16TL~　MAP/p.285

索福拉餐厅
Restaurant Sofra

交 从广场步行2分钟即可到达
✉ Yukarı Mah. Çarşılçi, Avanos
☎ 511-6777
营 8:00~24:00 休 无

餐厅面积很大，坐席各不相同。擅长烹饪土耳其乡土料理，炖煮菜和烤肉都非常具有土耳其传统风格。一天内能卖出50份烤肉。

索福拉餐厅

阿瓦诺斯地区　酒店

S50TL W80TL　MAP/p.285

凡妮莎酒店
Venessa

交 从广场步行2分钟即可到达
✉ Camii Kebir Mah.Hafizağa20, Avanos
☎ 511-3840 FAX 511-3840
室 8 HP www.avanosum.org

酒店的地下是一座7层的洞窟，而酒店主体就建于其上。店主是一名美术老师，其店内的装饰风格也非常艺术，深得喜欢艺术和时尚的年轻人青睐。一层是画室。

凡妮莎酒店

乌奇希萨尔地区　酒店

S€90 W€130　MAP/p.278

老友庄园酒店 Ahbap Konağı

交 位于乌奇希萨尔遗址旁边
✉ Uçhisar Kasabası, Nevşehir
☎ 219-3020 FAX 219-3021 室 17
HP www.ahbapkonagi.com C A M J V

酒店装饰传统，共有6所洞窟客房。大厅里设有暖炉和休闲座椅，可以在这里享用咖啡。顶层的观景台可以欣赏到乌奇希萨尔的独特景观和遗址全貌。晚餐€12。

老友庄园酒店

S€25 W€40　MAP/p.278

梦之屋酒店 Maison du Reve

交 从乌奇希萨尔坐车10分钟到达
✉ Tekelli Mah.32 Uçhisar, Nevşehir
☎ 219-2090 FAX 219-2775 室 18
HP www.lamaisondureve.com

酒店位于断崖脚下，地理位置十分特殊，就像是粘在山崖上一样。洞窟客房非常独特，收拾得干净整洁，各种现代化设施齐全。观景房共有18间。最顶层是餐厅。

梦之屋酒店

内夫谢希尔地区　餐厅

20TL~　MAP/p.279外

内夫谢希尔庄园餐厅 Nevşehir Konağı

交 从旅游咨询处步行9分钟即可到达
✉ Aksaray Cad. Kapadokya Kültür Merkezi ☎ 213-6183 营 9:00~23:00
休 无 酒 无

位于市文化中心大楼内，是一家市营餐厅。餐厅内部装饰精美，并设有露天席位。天气好的话，可以在中庭的餐桌用餐。烤肉类14TL。

内夫谢希尔庄园餐厅

内夫谢希尔地区　酒店

S$165 W$220　MAP/p.279

戴代曼卡帕多西亚度假村 Dedeman Cappadokya Resort

交 从内夫谢希尔坐车5分钟到达
✉ Ürgüp Yolu, Nevşehir
☎ 213-9900 FAX 213-2158 室 349
HP www.dedemanhotels.com C A M V

酒店规模很大，共有10层。客房宽敞，装饰风格也非常现代，还可以欣赏到内夫谢希尔地区的奇特景观。酒店还设有游泳池、美容室和浴室等设施。早餐免费。

戴代曼卡帕多西亚度假村

S135TL W220TL　MAP/p.278

卡帕多西亚洛奇乡村俱乐部 Kappadokya Lodge Country Club

交 距离内夫谢希尔地区5千米处
✉ Üçhisar Yol, Kavşağı Nevşehir
☎ 213-9945 FAX 213-5092 室 146
C A M V HP www.lykiagroup.com

许多国外旅游团都喜欢住在这里。酒店规模很大，仿照卡帕多西亚的岩石构造建成，与周围的奇岩景观融为一体。各个房间内都设有卫星电视、烘干机、保险箱等设施。

卡帕多西亚洛奇乡村俱乐部

S180TL W230TL　MAP/p.278

仙女塔酒店 Peri Tower

交 距离内夫谢希尔1千米处
✉ Nar, Nevşehir
☎ 212-8816 FAX 213-9028 室 126
HP www.peritower.com C J M V

酒店位于山丘之上，占地面积很大。外观是淡淡的粉红色，室内装饰也很温馨。烘干机、卫星电视、冰箱等各种现代化设施完善，还建有游泳池、舞厅等娱乐场所。

仙女塔酒店

S80TL W120TL　MAP/p.279

阿尔滕厄兹酒店 Altınöz

交 从长途汽车站步行5分钟即可到达
✉ Ragip Üner Cad.23, Nevşehir
☎ 213-9961 FAX 213-2817 室 120
HP www.altinozhotel.com C A M V

酒店位于市中心地区，交通便利。客房内部带有卫星电视、冰箱、迷你酒吧等设备，还设有浴室、舞厅、休闲室等娱乐场所。内部有4家土耳其料理餐厅。

阿尔滕厄兹酒店

※有的酒店住宿价目表用TL表示，也有的接受€或$。

MAP/p.7-G

开塞利

KAYSERİ

人口大约95.0万人 / 海拔1054米

安纳托利亚中部著名的商业城市。土耳其最大的绒毯・基利姆产地。

开塞利从古代起就是卡帕多西亚地区的交通要道，现在作为重要的商业城市繁荣发展。巍然屹立于城市中心的城堡要塞等，能够使人联想到古时候的辉煌盛景。如今的开塞利还保留有许多著名的清真寺、神殿等遗迹。著名的埃尔吉耶斯山脉，其形状与日本的富士山非常相似，山顶常年积雪覆盖，也是热门的观光景点之一。

交通方式

从伊斯坦布尔乘坐飞机历时1小时20分钟到达，每天有5次航班。然后乘坐机场巴士去往市中心，大约25分钟到达。

从伊斯坦布尔乘坐长途汽车历时11小时到达，每天发车10次以上，60TL。从安卡拉出发历时5小时到达，30TL。从阿达纳出发历时4小时30分钟到达，一天发车10次以上，30TL。也可以从于尔居普乘坐迷你巴士，历时1小时到达，每天发车1次，8TL。长途汽车站距离市中心4千米。乘坐巴士15分钟到达。

伊斯坦布尔至安卡拉的道路之前处于整顿期间，从伊斯坦布尔始发的快铁信息具体请咨询相关部门。

漫步导览　区号0352

MAP/p.293-B　Cumhuriyet Zener Abidin Türbesi Yanı　222-3903

开 8:00~17:00　休 周日（冬季周六・周日）

从长途汽车站乘坐迷你巴士去往市中心地区，途中会看到保存状态完好的城墙和城堡遗迹，以及现代化的高楼大厦。坐落着钟塔的共和国广场是市中心地区，从这里有多条道路延伸向四面八方。广场的东北侧坐落着几家大型购物中心，还有供市民们休憩的米马尔・锡南公园。

位于城市南部的埃尔吉耶斯山顶常年有积雪

开塞利的名吃——斯帕图鲁马

共和国广场的南侧是开塞利城堡，这附近一带属于老城区。城堡脚下有几个大型的古老集市，东侧是现代化的时尚店铺大街。城堡和巴扎集市几乎连为一体，穿过城堡的大门就是密密麻麻的贩卖衣服、杂货的露天摊位等。在集市中不乏一些餐厅和咖啡厅，供人休憩。城堡是禁止入内的。

邮局以及旅游咨询中心位于从城墙向南延伸的赛依德布尔汉丁大街上。市中心有一座钟塔，从钟塔开始向东西延伸的是锡瓦斯大街。大街上保留有几座古代陵庙。

往南去的大街是伊诺努大街，这条大街上主要是中档商务酒店的集中区。

开塞利的著名美味小吃是饺子以及斯帕图鲁马，味道非常好。

开塞利作为土耳其最大的绒毯・基利姆生产基地，其质量和做工都没的说。建议买一些作为礼物带回国。

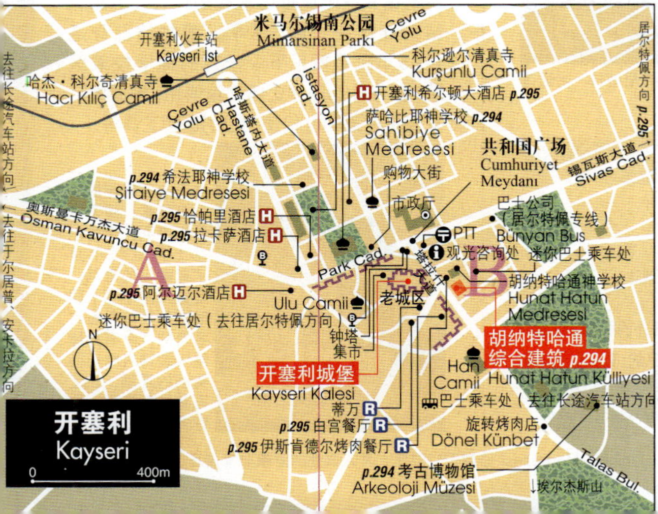

历史概览

古代的开塞利又称为马扎基亚，当时的罗马皇帝非常喜欢这里，并把这里命名为恺撒利亚，开塞利的名字就是由此而来的。公元前17世纪~公元前16世纪，赫梯帝国成立以前，在开塞利的近郊就有城市出现。当时的城市位于贸易通路上，因与亚述王国开展交易而变得繁荣强大。

公元前15世纪~公元前13世纪，开塞利地区被米坦尼王国所占领，进一步走向繁荣。距离居尔特佩22千米处的玛加萨是当时的重要城市。波斯时代曾作为卡帕多西亚的都城，有过繁荣鼎盛时期。罗马帝国统治之下的玛加萨，后来被叫做卡艾萨莉亚，再后来更名为开塞利。

到了公元6世纪拜占庭时期，开塞利作为当时重要的基督教中心城市，其文化和经济又受到了更大的影响，城市也变得更加美丽。公元7世纪之后，作为塞尔柱王朝的属地之一。萨桑王朝也曾入侵过这里。

现在的开塞利，位于当时的玛加萨以北大约2千米处的位置。

位于城市中心的城堡，建于公元6世纪，东西长200米，南北长800米，共有19座塔

集神学校、清真寺和神殿于一体的胡纳特・哈通综合建筑

观光亮点

考古博物馆

Arkeoloji Müzesi　　MAP/p.293-B

交 从德内尔陵墓步行5分钟即可到达
开 8:00~17:00 休 周一 TL 3TL

考古博物馆内部主要展示从郊外的德内尔陵墓中出土的各种文物。从开塞利挖掘出来的、刻有楔形文字的黏土板，非常值得一看。除此之外，还有从陵墓中出土的陶器，希腊文化时期和罗马时期的雕像以及石棺等。

胡纳特哈通综合建筑

Hunat Hatun Külliyesi　　MAP/p.293-B

交 从共和国广场步行3分钟即可到达 开 8:00~17:00

这座大型综合性建筑主要有清真寺、神学校和神殿等。始建于凯库巴德一世时期，是为其妻胡纳特哈通修建的。其中，塞尔柱样式的清真寺建于1237年，据说这是开塞利最美丽的建筑物。尖塔是后来增建的。清真寺旁边的神学校是1239年建造的，神殿的正面覆盖有大理石，上面和侧面都装饰有几何学图案的花纹。其右侧的建筑是浴场，现在还处于营业中。

萨哈比耶神学校

Şahibiye Medresesi（Tıp Tarihi Müzesi）

MAP/p.293-A

交 从共和国广场步行5分钟即可到达

位于米马尔・锡南公园的旁边。医学史博物馆和萨哈比耶神学校通过长长的回廊结构连接在一起。医学史博物馆前身是1205年凯霍罗思下令修建的神学校兼医院。如今作为医学史博物馆使用，里面展示有塞尔柱王朝时代使用过的医学工具等。

位于市区南侧的德内尔陵墓。建于12世纪中期。德内尔在土耳其语中是“弯曲”的意思。是鲁姆塞尔柱王朝时期的陵墓中最有名气的。陵墓的墙壁上装饰有精巧而美丽的浮雕。在土耳其东部地区，有许多这样的建筑

补充信息　萨哈比耶神学校…Şahibiye Medresesi 修建于1267年，其入口处的浮雕非常逼真。内部的回廊两侧有多家商店。

灰山

Kültepe　　MAP/p.9-H

交 从开塞利乘坐巴士需30分钟，车费3~5TL。下车后步行20分钟可达 开 8:00~17:00 休 无 TL 无

乘坐去往Bünyan方向的巴士，在中途下车即可。巴士乘车站位于锡瓦斯大道。每天直到22:00之前都有车。乘坐巴士从距离灰山最近的干线道路下车，沿着“Kültepe／Karum”的标示步行20分钟就可到达。夏季时，周围是一望无际的田野。埃尔杰斯山也是旅游胜地之一。但是这里人迹较少，建议傍晚逛完早些返回。

Kültepe是“灰山”的意思。公元前2000年繁荣发展的卡内什王国，最后在这里被付之一炬。目前，安卡拉大学的相关考古人员正进行进一步的发掘中。

灰山地区的景貌

旁边的区域是亚述商人的居住区。因为长期的发掘，这里遍布沟壑和人工开凿的痕迹。从这里出土了大量的卡帕多西亚文书和黏土板。泥版上面记述有关于4000多年前安纳托利亚地区和亚述王国进行交易的事情，是赫梯时代以前其光辉历史的有力证明。

R H 餐厅／酒店　　开塞利　☎0352

R 餐厅

伊斯肯德尔烤肉餐厅

●伊斯肯德尔烤肉餐厅 İskender Kebap　预算 25TL~　MAP/p.293-B

交 从共和国广场步行3分钟后到达 ✉ Millet Cad.5 ☎ 231-2769

营 8:00~21:30 休 无 酒 无

餐厅创立于1959年，是当地非常有名的人气餐馆。店内的金牌菜肴是浇上黄油和番茄汁的烤肉料理，10TL。建议品尝一下。

●白宫餐厅 Beyazsaray　预算 22TL~　MAP/p.293-B

交 从共和国广场步行4分钟到达 ✉ Millet Cad.8 ☎ 221-0444

营 8:00~21:00 休 无 酒 无

餐厅已创业37年了，一层的氛围比较休闲，二、三层装饰豪华，比较高级。烤肉类菜肴12TL左右。店内的招牌菜肴是奥尔图烤肉。

H 酒店

开赛利希尔顿大酒店

●开赛利希尔顿大酒店 Hilton kayseri　S 210TL　W 250TL　MAP/p.293-B

交 从共和国广场步行3分钟后到达 ✉ İstasyon Cad. Cumhuriyet Meydanı

室 212 ☎ 207-5000 FAX 207-5050 HP www.hilton.com. C A M V

位于米马尔·锡南公园对面，整体是白色建筑。最上层是餐厅，可看到埃尔吉耶斯山脉。外观恢弘大气，但价格比较公道合理。

拉卡萨酒店

●拉卡萨酒店 La Casa　S 90TL　W 140TL　MAP/p.293-A

交 从共和国广场步行5分钟即可到达 ✉ Atatürk Bul.5 室 40 ☎ 320-0184 FAX 320-0184 C M V

酒店客房全部是精木装饰，内部设有迷你吧台、彩色电视等。无论是舒适性，还是便捷性，都是一流的。还提供24小时客房服务，服务热情周到。

阿尔迈尔酒店

●阿尔迈尔酒店 Almer　S 70TL　W 110TL　MAP/p.293-A

交 从共和国广场步行5分钟后到达 ✉ O.Kavuncu Cad.15 室 77

☎ 320-7970 FAX 320-7974 HP www.almer.com.tr C M V

酒店外观是大型的平面玻璃结构，具有强烈的反射光视觉效应。内部客房带有迷你吧台、彩色电视机、烘干机等设备。

●恰帕里酒店 Çapari　S 50TL　W 80TL　MAP/p.293-A

交 从共和国广场步行4分钟后到达 ✉ Gevher Nesibe Mah.Donanma Cad.12 室 44 ☎ 222-5278 FAX 222-5282 C M V

位于锡瓦斯大街以北的另一条平行大街上，对面是巴士公司办事处。酒店以红色为装饰基调。带有迷你吧台、彩色电视等设施。

MAP/p.7-G

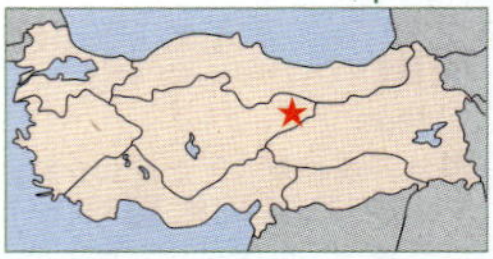

锡瓦斯

SİVAS

人口大约31.8万人／海拔1285米

新兴的高原城市。保留有许多塞尔柱王朝时期的古代建筑。

锡瓦斯位于高原之上，地处安纳托利亚高速路的西端入口处。曾在历史上担任过重要的交通要地。如今的锡瓦斯大力发展经济，城市也逐渐繁荣起来。锡瓦斯是从塞尔柱王朝时期发展起来的城市，历史称不上悠久，但是却留下了许多古代的清真寺和神学校遗址等，供后人参观。

交通方式

从伊斯坦布尔乘坐飞机历时1小时30分钟到达，每天只有一次航班（周一、周三、周六每天两次）。

从安卡拉乘坐长途汽车历时7小时到达，35TL。从开塞利出发历时3小时，一天内发车10次以上，20TL。从埃尔祖鲁姆乘坐夜间巴士历经8~10小时到达，车费40TL，车次很多。

漫步导览 区号0346

MAP/p.296外 İl Kürütür ve Turism Müclürlüğü ☎223-5908 开8:30~17:30 休周六・周日 交大政府大楼广场步行10分钟

从锡瓦斯长途汽车站始发的巴士，经由繁华的伊斯塔西奥大道到达市中心广场。这里就是市中心地带。距离这里不远的是城堡公园。在公园中可以远眺整个城市风景。

观光咨询处位于市中心广场以南、一所大型医院的对面。如果观光咨询处内没有办事人员，可以在科纳克官邸（AbdiAğa Konağı）购买市区地图。

阿塔图尔克大道上，有酒店、巴士公司、餐厅、银行、货币兑换处和邮局等场所。大道的南北方各有一座集市。克尔谢尔大道上有很多经济型酒店。在邮局的后面坐落着许多经济实惠的餐厅。

市政府大楼广场

近年来，城市大力发展旅游观光业。由于地处高原地区，这里夏季气候凉爽干燥，很多游客会前来避暑。残留在锡瓦斯城市中的塞尔柱王朝的古建筑也大都被改建成了休闲咖啡厅和土特产商店，以吸引着更多的游客前来旅游。

锡瓦斯最著名的菜肴是锡瓦斯烤肉。用长长的扦子串着番茄、茄子、辣椒、大蒜以及切好的肉片烤着吃，味道棒极了。还有烤肉丸也非常不错。

锡瓦斯的特产是绒毯和基利姆。在巴扎集市和希法伊耶神学校附近有一些便宜且质量好的绒毯店。可以买一些作为回国的礼物。

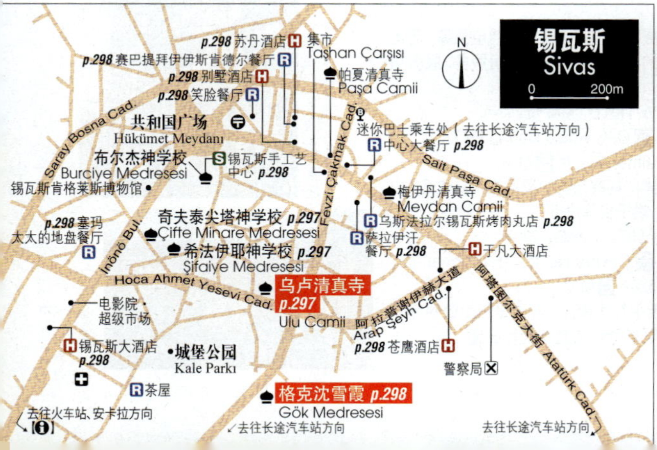

希法伊耶神学校里面的绒毯店

历史概览

潘多斯王国曾以黑海南岸为据点，王国灭亡之后，罗马人在公元前2世纪占据了这里，并将这里改名为梅加洛波利斯。后来又更名为塞巴斯蒂亚。公元前3世纪，这里成为罗马帝国的一个附属州。之后经过了波斯帝国以及拜占庭帝国的统治之后，于公元7世纪初期被阿拉伯人所占领。

1071年，塞尔柱王朝的军队攻至这里，并开始了长时间的统治，其名字也由原来的塞巴斯蒂亚简化成锡瓦斯。

13世纪中期，遭受到蒙古军队的重创，城市的大部分城墙壁毁于一旦，城市中的基督教徒被大量杀害。随着塞尔柱王朝走向衰落，15世纪之后，这里最终被奥斯曼帝国所占领。

1919年，土耳其共和国先驱领导人在锡瓦斯召开了国民会议，并签订了独立条约，锡瓦斯的名字又再一次被世人所熟知。

观光亮点

希法伊耶神学校

Şifaiye Medresesi　MAP/p.296

交 从广场步行4分钟可以到达 开 随时

希法伊耶神学校建于1217年，是塞尔柱王朝的君主下令修建的。当初的神学校还具有医院的作用，很多医护人员常驻在这里，为附近的居民提供看病服务。中庭南侧是塞尔柱王朝时期的帝王陵墓。

如今的希法伊耶神学校内，开有很多绒毯店和土特产店等店铺，很多店主都是附近的居民和住户。

相邻的布尔杰神学校，跟希法伊耶神学校一样建于1217年，是塞尔柱王朝总督下令修建的。

奇夫泰尖塔的正门

奇夫泰尖塔

Çifte Minare Medresesi　MAP/p.296

交 从广场步行4分钟可以到达 开 随时

位于希法伊耶神学校对面，是两座高耸的尖塔。奇夫泰在土耳其语中是“双子塔”的意思。其前身是一座神学校。由于常年搁置，于20世纪时期坍塌。现在保留下来的部分只有两座塔楼所在的正面入口，非常庄严。入口处的浮雕也非常精美。

乌卢清真寺

Ulu Camii　MAP/p.296

交 从广场步行7分钟可以到达 开 随时

乌卢清真寺建于12世纪末期，是城市中最古老的清真寺建筑。其样式仿照塞尔柱时期经典格局，高高的尖塔是13世纪时期增建的。寺内光线较为昏暗，共有数十根圆柱支撑，显得庄严大气。这里是虔诚的祭拜场所。

▲锡瓦斯的名吃——薄饼，分量十足，非常实惠
▶位于边郊地区的高原城市面貌

格克神学校

Gök Medrese　　MAP/p.296

交 从广场步行10分钟可以到达 开 随时

这座建筑使用天蓝色的瓷砖作为装饰。如今的瓷砖已经斑驳脱落。格克神学校是塞尔柱王朝建筑的杰作，是鲁姆塞尔柱王朝的宰相希萨普·阿塔在1271年下令建造的。

中庭有一座泉池，泉水清澈干净。有一扇大门通向中庭深处。大门常年紧锁。如果运气好，管理员会开门让进去参观。

格克神学校

S R H 商店／餐厅／酒店　　锡瓦斯　☎0346

布尔吉野神学校的中庭

笑脸餐厅

别墅酒店

苏丹酒店

S 商店

●**锡瓦斯手工艺中心** MAP/p.296

交 位于布尔吉野神学校中庭 ☎588-1855 营 8:30~22:00 休 无

位于布尔吉野神学校中庭。占地面积较大，很多木工雕刻品店、陶器店、饰品店都集中在这里。

R 餐厅

●**萨拉伊汗餐厅** Sarayhan　预算 20TL~　MAP/p.296

交 从广场步行7分钟到达 ✉ Paşabet Mah.Tuzcular Çarşısı 27 ☎224-3286

营 10:30~翌日5:00 休 无

餐厅位于一座拥有700年历史的建筑物地下，每逢夜晚还会有名家现场演奏。招牌菜肴是烤肉类的菜肴，锡瓦斯地方烤肉味道非常正宗。

●**赛巴提拜伊伊斯肯德尔餐厅** Sebati bey　iskender　预算 16TL~　MAP/p.296

交 从广场步行3分钟即可到达 ✉ 27 Haziran Öğretmenler Parkı

☎221-3494 营 9:00~23:00 休 古尔邦节期间 C V M A 酒 无

餐厅从外面看上去非常干净。内部环境也不错。招牌菜肴是伊斯坎德尔烤肉，8TL。

●**塞玛太太的地盘餐厅** Sema hanımın Yeri　预算 14TL~　MAP/p.296

交 从广场步行7分钟到达 ✉ Istasyon Cad. Öncu Market Beyaz Saray Apt.Arkası

☎223-9496 营 8:00~22:30 休 无 酒 无

餐厅内部装饰较为时尚休闲，是当地年轻人扎堆的聚集场所。很多女性也青睐这里。

●**笑脸餐厅** Güleryüz　预算 15TL~　MAP/p.296

交 从广场步行3分钟到达 ✉ Atatürk Cad. PTT Arkası ☎224-2061 营 7:00~24:00

休 无 C V M 酒 无

肉类菜肴的种类非常丰富。免费提供色拉。周边有许多大众餐厅。

H 酒店

●**别墅酒店** Köşk　S 80TL　W 130TL　MAP/p.296

交 从广场步行3分钟到达 ✉ Atatürk Cad.7 ☎223-9350 FAX 221-1150 室 68 HP www.koskotel.com

位于繁华大街的对面，是当地最为高档的酒店。入住条件豪华，各种设备一应俱全，提供一流的服务。

●**苏丹酒店** Sultan　S 90TL　W 150TL　MAP/p.296

交 从广场步行4分钟到达 ✉ Eski Belediye Sok.18 ☎221-2986

FAX 225-2100 室 27 邮 info@sultanotel.com C V

位于广场附近。规模不算大，客房面积也小。2003年经过改装后，变得时尚漂亮，吸引了不少客人前来入住。

●**锡瓦斯大酒店** Sivas Büyük Hotel　S 110TL　W 180TL　MAP/p.296

交 从广场步行7分钟即可到达 ✉ Istasyon Cad. ☎225-4763 FAX 225-4769 室 114 HP sivasbuyukotel.com

位于市中心地区，是当地非常有名的高档酒店。客房环境优雅，内部还设有桑拿室等娱乐休闲场所。

●**苍鹰酒店** Çakır　S 40TL　W 60TL　MAP/p.296

交 从广场步行10分钟到达 ✉ Kurşunlu Cad.22 ☎222-4526 FAX 222-4526 室 35

HP www.cakiroteli.com

看起来朴实无华，是一家经济型住宿酒店。价格比较实惠。

补充信息 锡瓦斯烤肉店…中心大餐厅 Büyük Merkez Lokantsı ☎223-6434　锡瓦斯烤肉丸店…乌斯法拉尔锡瓦斯烤肉丸店 Usfalar Sivas Köftecisi ☎222-3199 休 无 MAP/p.296

迪夫里伊

DİVRİĞİ

MAP/p.7-H

位于山间，景色独特。这里的乌卢清真寺已被列为世界遗产。

迪夫里伊小城位于锡瓦斯东南面大约200千米的山谷中。这里的乌卢清真寺已被列为世界遗产。迪夫里伊是典型的山间城市，因为曲折难走，前来游玩的人比较少。但也正因为如此，才保留了小城原有的那一份宁静。

交通方式

可以从锡瓦斯乘坐长途汽车，历时2小时30分钟到达，30TL。每天9:00、12:00、16:00发车。发车地点为长途汽车站近邻的Köy Garajı。从开塞利去往迪夫里伊可以乘坐去往Kangal方向的长途汽车，历时6小时到达。

也可以从锡瓦斯乘坐去往埃尔祖鲁姆方向的快行巴士，早晨5:58发车、9:27到达。每天发车1次，车费6.25TL。路上花费时间较多。

漫步导览　　区号0346

迪夫里伊整座城市修建在山坡之上，山脚下有主干道通过，整体构造简单。在这座古老宁静的小城里，有许多条石板路，通往一座座独特的土耳其古老民宅。

从长途汽车站出来，可以看见其对面有一座小型山丘，山丘之上有一座城堡。山丘下面就是市中心地区。著名的世界遗产乌卢清真寺就坐落在这里。从长途汽车站向山丘出发，步行20分钟后可以看到一座外形像是木箱的建筑物，这是迪夫里伊比较独特的清真寺。

位于住宅区的尖塔。尖塔的建筑材料全部为木材，非常罕见

市中心乌卢清真寺一带，是银行、邮局、餐厅的聚集区。

适合游客住所的酒店也有几所，下面具体介绍一下：

● 拜莱迪耶旅馆Belediye Hotel（S40TL W50TL 室25 ☎0346-418-1852※不带早餐）

旅馆虽然比较简陋，但是浴室、卫生间等都比较完备，且干净整洁。许多商人喜欢住这儿。旅馆旁边有一家餐馆，可以在这里用餐。

● 居尔吕奥乌尔酒店Güllü Oğul（S40TL W60TL 室10 ☎0346-419-3319）

● 绿顶酒店Green Top（室44）。

火车站位于迪夫里伊小城的山丘之下。来往于锡瓦斯和迪夫里伊之间的列车穿越山谷，从车窗可以欣赏美丽的山间景色。从酒店步行10分钟即可到达火车站。

从山丘半山腰处远眺乌卢清真寺。除了尖塔部分是奥斯曼帝国时代所增建，其余部分几乎保存完好。建筑物宽32米，里面包含有医院等设施。沿着前面的道路可以一直去往市中心地区

清真寺的西侧，医院的入口处。这座大门上有精美的浮雕，但是不知道为什么，浮雕并没有制作完

最为豪华精美的北侧入口

乌卢清真寺

参观乌卢清真寺，并没有太多的规矩和约束。一般驻守在寺内的工作人员在礼拜结束后，就会把大门敞开，游客可以自由进出参观。夏季是旅游高峰期，前来参观的人比较多，大门也会一直敞开着。

乌卢清真寺是1229年由窝阔台王朝的苏丹艾哈迈德·沙赫命令建筑师阿呼拉特尔·弗雷姆·哈赫建造的。曾经被称为艾哈迈德·沙赫清真寺，后改名为乌卢清真寺。清真寺位于迪夫里伊城市的东侧，城堡遗迹的南侧。

当时的安纳托利亚大地正处于塞尔柱王朝统治时期。其中塞尔柱王朝的分支鲁姆塞尔柱王朝也在不断地推行土耳其化进程。在这期间，涌现出了一些君侯国家，窝阔台王朝就是其中的一个。该王朝把都城定在迪夫里伊，曾有过150年左右的历史。如今的城堡遗迹也是建于这一时期。窝阔台王朝后来被入侵的蒙古军队所消灭。

在拜占庭时期这里被称为特夫里凯，但是这一时期的建筑在历史长河中毁于一旦，并没有保留下来。城墙遗址建于1197年塞尔柱王朝统治时期。

清真寺的一部分作为医院使用，清真寺和医院连接在一起，是长方形的建筑。这是安纳托利亚传统风格和伊斯兰教色彩相结合的产物。这样的建筑物在其他地区并不多见。该清真寺是由基督教的教徒主持设计的。

清真寺共有三个入口。乌卢清真寺最值得欣赏的就是这三个入口处大门上的精美浮雕。

各种几何学图案、花草图案和阿拉伯文字浑然一体，非常美观，极具观赏价值。北侧的库布雷门是一座一层层陷进去的像尖塔一样的拱形大门，令人联想起典型的哥特式教堂。上面可以看到雕刻精美的植物图案。东侧是达吕希法门，上面有星形浮雕图案。西侧是恰尔什大门。

清真寺内部有4排石柱，每排有4根，共计16根大石柱。朝着麦加方向的墙壁一侧是祭坛。医院内部由大厅和6所小房间组成，大厅中有一座泉池，据说泉水有治愈疾病的作用。

清真寺内部

医院内部的大厅和泉池

君主的象征——双头鹰的浮雕

补充信息

shah…在波斯语中是“王”的意思。在伊斯兰时代，是指除了波斯帝国以外，一些王朝的专用称号。

Dogu Anadolu

埃尔祖鲁姆

卡尔斯

多乌巴亚泽特

凡城

塔特万

安纳托利亚东部

安纳托利亚东部概观

气候与地理

安纳托利亚东部地区与格鲁吉亚、亚美尼亚、伊朗、伊拉克接壤，地势较高，平均海拔高达2000米。这里坐落着土耳其的最高峰——阿拉拉特山，传说中的诺亚方舟就停靠在这里。主要城市埃尔祖鲁姆、卡尔斯、凡城等，海拔也在1800米左右。

因地处高地，所以安纳托利亚东部的气候也具备了典型的高原性气候特征。冬季寒冷，温度能够降到零下20度，积雪很深。夏季，白天阳光照射强烈，气温急剧升高，非常炎热。而晚上温度则骤然下降，甚至有些寒冷。这是高原地区特有的气候特征。

从黑海岸到埃尔祖鲁姆

路途中热情服务的农家妇女。摄于卡尔斯南部

为过冬而储备的干草堆。摄于埃尔祖鲁姆郊外

10月份的初雪。东部地区直到春节也有降雪

从伊斯坦布尔去往埃尔祖鲁姆和凡城的路途非常平坦，交通路线也非常多。一般都是从黑海地区的特拉布宗去往埃尔祖鲁姆。可以乘坐巴士沿着海边上行，一路欣赏沿途风光到达埃尔祖鲁姆。沿海斜面一带有几处散落的村庄，风景秀丽。

途中经过巴伊布鲁特，这一带是一片荒无人烟的景象。一望无际的荒漠中，孤零零地坐落着几处山岩和断崖。这也是安纳托利亚地区极具魅力的风景特色。穿过这片起伏急缓的荒野之地，是一片闲逸的农田，还可以看到周围居民们放牧的牛羊群。

安纳托利亚东部最大的城市是埃尔祖鲁姆，也是连接黑海和伊朗的重要据点。其境内历史性的建筑遗迹不是很多。

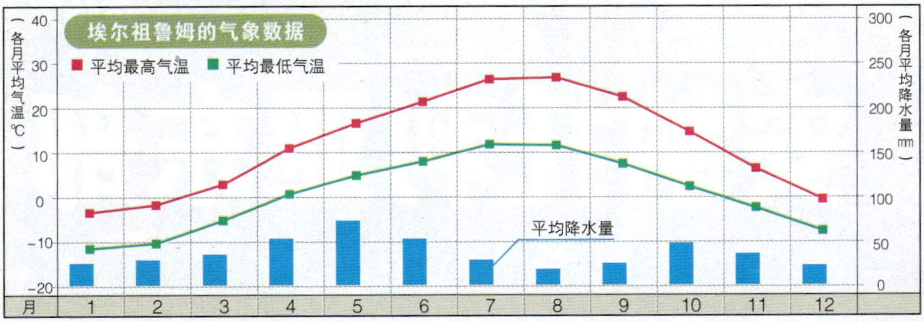

◀扉页图片…凡湖阿克达玛尔岛之上的亚美尼亚教堂

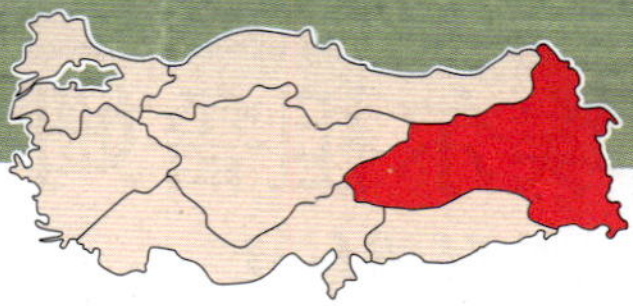

最高峰阿拉拉特山脉周边

距离埃尔祖鲁姆200千米的卡尔斯境内，是古阿尼遗址的所在地。卡尔斯城市分为新城区和老城区两部分，城堡之下古老住房成排的地区属于老城区，是典型的安纳托利亚东部城市特征。

从卡尔斯经由阿勒（Ağrl）去往多乌巴亚泽特，可以乘坐巴士，沿途经过阿拉拉特山。多乌巴亚泽特是位于边境上的宁静小城，并没有多少可以观光的亮点。但距离阿拉拉特山非常近，很多喜欢登山的游客会选择在这里长期逗留。

最大的湖——凡湖

从多乌巴亚泽特去往凡城，通常是先向西回到阿勒，再南行。从地图上看直线距离非常近，但因为中间要换乘巴士，路线也是曲折的，所以要花费一定的时间。

凡城是安纳托利亚东部城市中仅次于埃尔祖鲁姆的第二大城市，坐落着安纳托利亚东部最大的湖泊——凡湖。主要的观光亮点集中在郊外一带，可以利用出租车或者旅游团前往参观。

去往凡湖对面的城市塔特万，可以乘坐巴士。时间允许的话，可以乘游船渡过凡湖，欣赏美丽的湖面风光。许多游客把塔特万作为通往内姆鲁特山脉的据点。东部的城市比托利斯境内拥有12世纪的城堡和清真寺，也是游客较多的观光城市。

土耳其传统风情城市

安纳托利亚东部地区相比西部地区而言，受欧美文化的影响较少，很多土耳其传统文化都得以完好地保留下来。许多游客参观完安纳托利亚西部后再来到这里，会发现截然不同的氛围和景象，仿佛是同一个国家的两个对立面。

这里思想还是传统保守，大街上很少有女性的身影出现，巴扎集市中几乎全部都是男性。特别是女性游客行走在大街上，会引发很多当地人的好奇目光。

因为外国游客不多，这里的住宿设施也较为简朴，保留有当地的原始色彩。长途汽车站、巴士车站都没有英语的标示，对于语言不通的游客来说，出行不是很方便。

埃尔祖鲁姆境内到处是古浴场

安纳托利亚的东部城市卡尔斯景观

正在劳动中的妇女和孩童。摄于凡湖湖畔

偶遇塔特万地区的少女

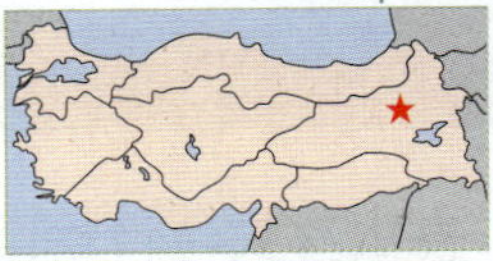

埃尔祖鲁姆

ERZURUM

人口大约36.7万 / 海拔1950米

安纳托利亚东部的中心城市。地处重要位置，是去往土耳其东北部和黑海地区的巴士换乘地。

埃尔祖鲁姆是安纳托利亚东部地区最大的城市。市内可以看到很多塞尔柱王朝时代的建筑。行走在城市大街上，热情和蔼的男性居民，带着首饰和头巾的妇女，以及稚嫩的中学生身影不断映入眼帘。这里是保守气息浓厚和开放思想不断进入的发展商都。由于地处高原地带，冬季大雪纷飞，温度可降到零下20度，成为一座天寒地冻的城市。

交通方式

从伊斯坦布尔乘坐飞机去往埃尔祖鲁姆历时大约需要1小时55分钟，每天仅有一次直达航班（周四、周五、周日有两次）。也可以从安卡拉乘坐飞机去往埃尔祖鲁姆，历时大约1小时25分钟，每天有三次航班。到达机场后可乘坐机场巴士（收费）去往市中心。乘坐出租车大约25分钟到达。

可以从伊斯坦布尔乘坐长途汽车去往埃尔祖鲁姆，历时大约19个小时，90TL。

长途汽车站的巴士公司收费处

从安卡拉乘坐长途汽车去往埃尔祖鲁姆历时13个小时，车次很多，75TL。从特拉布宗乘坐长途汽车去往埃尔祖鲁姆历时4小时30分钟，车次较多，25TL。从卡尔斯出发去往埃尔祖鲁姆历时3小时，车次较多，15TL。从多乌巴亚泽特去往埃尔祖鲁姆历时4小时30分钟，一天之内发车4次，25TL。

从长途汽车站去往城市中心地区，可以乘坐巴士公司运营的接送巴士。乘坐出租车大约需要花费10TL。也有从长途汽车站始发去往市中心的长途巴士。

漫步导览

区号0442

MAP/p.304-A Cemal Gürsel Cad. 9/A ☎235-0925 开8:00~17:00 休无

埃尔祖鲁姆的市中心地区位于共和国大街一带。这里也是银行、商店、餐厅的聚集区。巴士公司的办事处也坐落在这里。观光亮点也集中在市中心地区。共和国大街与曼德列斯大街的交叉路口处，是大型购物中心和时尚咖啡厅的集中地带。

历史之泉 埃尔祖鲁姆的语源…阿拉伯人和土耳其民族把这里叫做“Arzanar Rum”，意为“罗马的土地”。也有另一种说法：塞尔柱王朝时期移居过来的埃尔祖鲁姆人，把这里命名为“Erzen el Rum”，意为“罗马的埃尔祖鲁姆”。

站在城堡眺望。可以看见位于城市中央的地标性建筑——双尖塔

在交叉路口附近，还有一座典型的奥斯曼帝国样式的清真寺，即拉拉·穆斯塔法帕夏清真寺。从清真寺向北拐，沿着坡路下行，右侧的地下是一座银制品和念珠的集市。沿着共和国大街向东行走可以到达双尖塔。大街对面一侧的道路通往小山丘，山顶是一座城堡遗迹。站在城堡的钟楼上可以纵览城市全貌。城堡的周边是住宅区，住宅区的房子大都是用石头建造的。共和国广场的南侧有几所不错的餐厅和一座小型广场。

位于城市街角处的泉眼。埃尔祖鲁姆又被叫做泉城

埃尔祖鲁姆的名吃是烤羊肉片。这里还有丰富的地下水资源，有很多公共泉眼。从水井里打出来的水甘甜爽口。

埃尔祖鲁姆的特产是念珠（25TL左右）以及用当地特殊的材料玉珠做成的首饰。

历史概览

埃尔祖鲁姆的历史可以追溯到公元前4900年。米坦尼王国和乌拉尔图王国相继统治过这里，直到公元前5世纪左右，波斯的阿契美尼德王朝长期占领了这片土地。

▶加工珠宝的手工艺人

▲俄式茶炊屋外面，摆放着许多当地特有的烧水器

罗马时代，狄奥多西一世下令修建了城堡。公元5世纪时，这里完全处于拜占庭王朝的占领下，又被称为狄奥多西奥布里斯。因这里是连接黑海和波斯的重要城塞，历来就是兵家必争之地。公元653年，阿拉伯帝国的东征军占领了这座城市。

1071年，曼吉凯尔特战役爆发，最终土耳其塞尔柱军队获得了东安纳托利亚的支配权。这里

双尖塔神学校

于奇神殿。于奇是“三个”的意思

一度沦陷为埃米尔·萨尔图克的诸侯国之一。许多塞尔柱样式的建筑物就是建于这一时期。公元13世纪，属于蒙古的伊尔汗王国大举入侵这里。1514年，埃尔祖鲁姆被收编入奥斯曼帝国的疆域范围内，并在这一时期城市得以重新兴建。

奥斯曼帝国末期的1829年、1916年，俄国军队也曾经侵占过这里。

观光亮点

双尖塔神学校

Çifte Minare Medresesi MAP/p.304-B

交 从市政厅步行5分钟即可到达

双尖塔神学校因其正面入口处有两座高高的尖塔而得名。尖塔的外壁用精美的蓝色瓷砖装饰，非常美丽，这也是埃尔祖鲁姆的地标性建筑。塔是在1253年，由凯库巴德二世下令为其女儿建造的。最早是作为神学校使用，正面入口处还雕刻有双头鹰和生命之树的浮雕。穿过正门，就到达一座小型房舍，据说这里就是当年的神学校校舍遗迹。

于奇神殿

Üç Kumbetler MAP/p.304-B

交 从市政厅步行8分钟即可到达

是安纳托利亚东部地区特有的圆顶神殿。共有三座，底盘呈八角形，屋顶是圆形。建于12世纪时期。其中一座是埃米尔萨尔图克的陵墓。主建筑的各个墙壁上都雕刻有动物的浮雕（p.88），蛇、公牛、雄鹰的浮雕栩栩如生。其他的两座圆顶神殿建造于13~14世纪，里面埋葬的主人身份至今未得到考证。

雅库蒂耶神学校（土耳其·伊斯兰民俗博物馆）

Yakutiye Medresesi（Türk İslam Eserleri ve Etnografya Müzesi） MAP/p.304-A

交 从市政厅步行3分钟即可到达

1310年，伊斯兰的导师、伊尔汗王朝时代的将军霍贾·杰马勒丁·雅库特下令修建了这所神学校。这是埃尔祖鲁姆最有

雅库蒂耶神学校。右边的神殿是雅库特神殿

雅库蒂耶神学校入口处的浮雕

名的历史建筑。绿色浓郁的公园内，坐落着蓝色瓷砖装饰的尖塔，尖塔上还雕刻有精美的几何学图案。在阳光的照射下，尖塔的蓝色瓷砖和红色图案闪耀着美丽的光芒。入口处雕刻有双头鹰、植物的浮雕。而神学校就位于尖塔入口处的深处。

其内部如今作为博物馆使用。曾经的神学校校舍里面，展示陈列着塞尔柱时期的陶器和奥斯曼帝国时代的铜器、衣服及饰品等。还有展示埃尔祖鲁姆特产念珠的手工制作过程。

埃尔祖鲁姆城堡

Erzurum Kalesi MAP/p.304-B

交 从市政厅步行8分钟即可到达 开 8:00~17:00

休 无 TL 3TL

埃尔祖鲁姆城堡。每年夏季会在这里召开赛跑比赛

城堡建于古罗马狄奥多西一世时期。经过一系列的改建最终落成于公元5世纪，一直保持着今天的样子。坚固的城墙以及内侧设施都保存得比较完整。内部南侧的空地上还残留有奥斯曼时期的清真寺和炮台。从这里眺望远处风光十分美丽。

在西南角一侧，有一座钟塔，游客可以登上塔顶。钟塔建于公元12世纪，最初是作为瞭望台使用的，奥斯曼帝国时代被改建为如今的钟塔。城堡和钟塔的墙壁是灰褐色的砖瓦，上面还雕刻有奥斯曼时期的阿拉伯文字和几何学图案。

每年的7月下旬，会在城堡内召开赛跑运动会。

当地居民淳朴的笑容

在这里，马车是最主要的交通工具

乌卢清真寺

Ulu Camii MAP/p.304-B

交 从市政厅步行5分钟即可到达

乌卢清真寺的中庭

乌卢清真寺建于1179年，是萨尔图克王朝的君主穆罕默德·科兹拉尔斯兰锁下令修建的。1939年大地震中，曾受到毁坏。之后得到了复原。清真寺内部拥有7所布道坛，其内部结构是圆形屋顶的木质结构，非常罕见，也非常美丽。据说前面的拱门是通往天国道路的必经之门。

补充信息 吕斯特姆帕夏·恰尔苏斯…16世纪，苏丹苏莱曼二世时期的宰相吕斯特姆帕夏下令修建的商队客店。如今这里已成为集市和商铺集中区。MAP/p.304-B

重要情报

著名的克普鲁克伊泥温泉

从埃尔祖鲁姆向东60千米处，是一所叫做科普吕科伊村（Köprüköy桥村）的村庄，这里有一座著名的公共温泉。

这里的泥浴温泉曾被阿塔图尔克大学的教授高度赞誉。人们脱光衣服，跳入像沼泽一样的大坑中，然后浑身涂抹泥浆后到阳光充足处晒干。泥浴场分为男浴室和女浴室。只有夏季才面向游客开放。皮肤比较敏感的人要注意。（交 从埃尔祖鲁姆乘坐巴士可以去往科普吕科伊村，历时50分钟可达，6TL。然后再从科普吕科伊村乘坐巴士去往温泉场地，只需要5分钟即可到达，10TL。营 随时 休 无 TL 4TL）。

在位于克普鲁克伊泥温泉前方20千米的小镇Pasinler（MAP/p.11-C）也有一座公共温泉浴场。这座浴场是半圆形屋顶设计，里面是热气腾腾的碳酸泉水。

泥浴温泉浴场里面还建有淋浴和泳池

R H 餐厅／酒店　埃尔祖鲁姆　☎0442

埃尔祖鲁姆之家餐厅

迪拉维尔酒店

赫梯大酒店

从特拉布宗去往埃尔祖鲁之家餐厅的大道

R 餐厅

●美丽家乡餐厅 Güzelyurt　预算 18TL~　MAP/p.304-B

交 从市政厅步行15分钟可达 ✉ Cumhuriyet Cad. 42 ☎ 234-5001 营 12:00~24:00 休 无

1928年开业的老字号餐厅。不仅烹饪土耳其传统料理，还擅长制作西方料理。店内装饰时尚典雅，是聚会或情侣用餐的好去处。特色菜肴12TL。

●埃尔祖鲁姆之家餐厅 Erzurum Evleri　预算 15TL~　MAP/p.304-B

交 从双尖塔步行1分钟可达 ✉ Cumhuriyet Cad. Yüzbaşı Sok.

☎ 213-8372 营 12:00~23:00 休 无 ■无

这是一座由古老的民房改建而成的餐厅。里面摆放着奥斯曼帝国时代的武器、农具以及古时代的照片等。餐厅在当地非常受欢迎，菜肴的味道也不错。

H 酒店

●迪拉维尔酒店 Dilaver　S 75TL　W 130TL　MAP/p.304-A

交 从市政厅步行20分钟可达 ✉ Aşağı Mumcu Cad. Pelit Meydanı 室 75

☎ 235-0068 FAX 233-5200 HP www.dilaverhotel.com.tr C A M V

酒店客房面积较大，收拾得干净整洁，并带有彩色电视、冰箱、卫星电视等现代化设备。房间内部还设有大理石浴室。酒店的大厅和最顶层的餐厅富丽堂皇。另外，在顶层餐厅可以欣赏到周围的景观。

●赫梯大酒店 Grand Hitit　S 80TL　W 120TL　MAP/p.308-B

交 从市政厅步行20分钟到达 ✉ Kazım Karabekir Cad. 室 40 ☎ 233-5001

FAX 233-2350 HP www.grandhitithotel.com C A D M V

该酒店无论是外观，还是内部装饰，都非常漂亮。客房面积稍微有些狭小，但装饰得干净时尚，很有层次感。酒店位于市中心地区，许多女性游客喜欢在此住宿。

●国王酒店 Kral　S 70TL　W 100TL　MAP/p.304-A

交 从市政厅步行10分钟可达 ✉ Erzincan Kapı Cad.18 室 150 ☎ 234-6400

FAX 234-6474 C A M V

酒店的客房非常整洁干净，家具也很时尚现代。房间的地板是奥斯曼风格和爱琴海风格的结合体。

●波拉特酒店 Polat　S 55TL　W 100TL　MAP/p.304-A

交 从市政厅步行20分钟可达 ✉ K.K. Bekir Cad.21B 室 60 ☎ 235-0363

FAX 234-4598 HP www.otelpolat.com C V

内部装饰稍微有些陈旧，但客房内各种现代化设备齐全。入住房客还可以在柜台处免费领取市内地图。

●艾萨达什酒店 Esadaş　S 80TL　W 140TL　MAP/p.304-A

交 从市政厅步行9分钟可达 ✉ Cumhuriyet Cad.27A ☎ 233-5425

FAX 233-5420 室 38 HP www.esadas.com.tr

酒店的一层是巴士售票点。距离长途汽车站、巴士站牌非常近，出行很方便。酒店内设有餐厅、酒吧等场所。此外，客房内部的设施也很齐全。

MAP/p.7-D

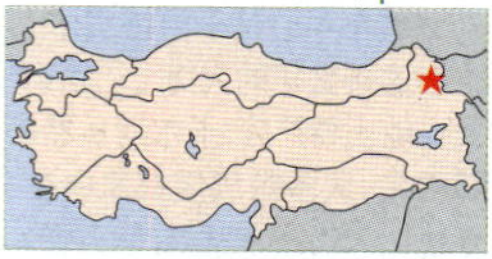

卡尔斯

KARS

人口大约7.4万人／海拔1768米

高原之上的古老城镇。前往阿尼遗址的第一站。

卡尔斯位于多乌巴亚泽特北面，距离格鲁吉亚和亚美尼亚边境很近。20世纪初期曾处于俄国占领下，至今还残留有不少俄式风格的建筑，城市的规划和格局也极具俄式风情，与其他城市有着截然不同的味道。距离亚美尼亚国境线仅有50千米。可以作为去往阿尼遗址的据点城市。

交通方式

从伊斯坦布尔乘飞机历时2小时5分钟，每天只有一次直达航班。从安卡拉乘飞机历时1小时35分钟，每天有一次直达航班（周一、周三、周四每天有两次航班）。

乘坐长途汽车从埃尔祖鲁姆需要花费大约3小时，15TL。之后换乘小巴可以去往市中心，在巴士终点站（MAP/p.309-B）下车即可，历时15分钟。从多乌巴亚泽特也可以乘坐长途汽车去往卡尔斯，有直达车和换乘车两种途径。选择后者的话，需要在Iğdı换乘。乘坐直达车的话，历时3小时，20TL。

从埃尔祖鲁姆乘坐东方快车去往卡尔斯历时6小时，每天只发车一次。

漫步导览　区号0474

MAP/p.309-A 邮 Cumhuriyet Mah. Hakim Ali Rıza Sok.15 ☎ 212-2179 开 8:00~17:00 休 周末

从城堡眺望市区，一片整齐的城市布局景色

观光咨询处内设有警察局，也发行去往阿尼遗迹的入场券。提供指定合适人数的迷你巴士和出租车，费用合理。

城市格局整齐划一，街道像棋盘一样。长途汽车站位于城市边上，如果从市内前往的话，可以在市中心的巴士办公室购票，然后乘坐办公室前面的免费巴士前往。

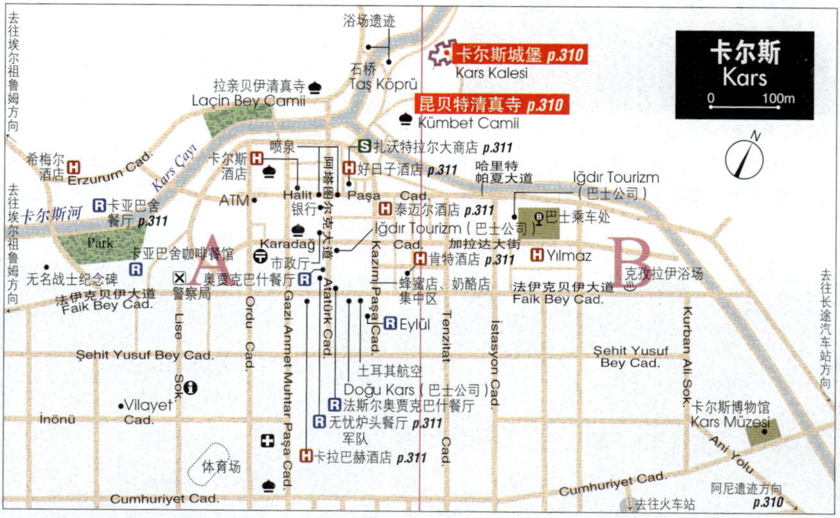

补充信息 市民休憩场所…在卡尔斯河沿边，有一座美丽的公园，公园内建有餐厅和一座人工瀑布，是当地居民休憩的好地方。

城市中心位于阿塔图尔克大街一带，市政厅也在这条繁华的大街上。大街两侧是餐厅、酒店以及当地土特产店。卡尔斯虽然是一座小城，但酒店却很多。大多数酒店都集中在法伊克贝伊大街和卡拉达大街上，住宿非常方便。卡尔斯旅游活动多集中在夏季，这一时期前往需要提前预订酒店。

卡尔斯的特产是一种被叫做卡夏尔的干乳酪，每公斤10TL。新鲜奶酪的种类也很丰富。此外，纯天然的蜂蜜也很好吃，并带有蜂巢。蜂巢的味道很朴素，甜味浓厚，每份4~8TL。

历史概览

在卡尔斯发现了公元前9000年左右的洞窟壁画，证明这里在很早之前就有人类活动的痕迹。在漫长的历史岁月中，卡尔斯曾几度易主，先后被罗马帝国、拜占庭帝国和塞尔柱王朝所统治，在奥斯曼帝国末期，这一带曾发生过与南下的俄国军队之间的激烈战争，并在1878~1920年被俄国军队所占领。

俄国军队撤退以后，这里又发生了新的悲剧，亚美尼亚人和土耳其民族之间展开了惨烈的斗争，很多士兵和居民都丧生于这一系列的战乱之中。

观光亮点

卡尔斯城堡

Kars Kalesi MAP/p.309-B

交 从市政厅步行15分钟即可到达 开 8:00~17:00 休 无 TL 无

据说卡尔斯城堡内原本有220座尖塔，如今只剩下7座

12世纪时作为萨尔图克王朝的城堡使用，在城堡内还发现了10世纪的建筑遗迹。据考古学家推测，城堡建筑本身修建于更早的时期。13世纪遭到入侵的军队破坏，穆拉托三世下令重新修建，1579年拉拉帕夏又进行了增建和修补工程。城堡前有一座石桥。

昆贝特清真寺

Kümbet Camii MAP/p.309-B

交 从市政厅步行10分钟即可到达 开 随时 休 无 TL 无

阿尼君主阿巴斯二世于公元932年下令修建的，公元937年正式建成。当时是作为亚美尼亚的教堂使用。1579年，奥斯曼帝国时代被改建为清真寺。整个建筑为筒形构造，屋顶呈圆形，是典型的基督教教堂风格的建筑。教堂内部雕刻有基督教十二信徒的浮雕。

亚美尼亚教堂的典型建筑

阿尼遗迹

Ani Harabesi MAP/p.11-D

交 从卡尔斯乘车大约1小时可达 开 8:00~19:00（冬季~16:00） 休 无 TL 5TL 摄 禁止拍照

可以报名参加去往阿尼遗址的旅游团，报名费大约每人25TL。也可以从卡尔斯乘坐出租车前往，往返车费大约是100TL（参观时间为3小时）。

阿尼遗址位于卡尔斯东部大约48千米处。在广阔的田地中有一条笔直的大道，沿着这条道路直行，不久就会看到山丘之下阿尼遗址坚固的城墙壁。

穿过阿尼遗址的大门——狮子门，可进入遗址内部。里面是一望无际的草原，零星散

阿尼遗址。城墙外碧草连天，是当地人放牧的好去处

右侧是圣格列高利教堂

去往阿尼遗址途中的美丽景色。每年的6、7月，是鲜花盛开的季节

落着几座教堂和清真寺。

阿尼是乌拉尔图时代兴起的古老城镇，在10~11世纪时期处于亚美尼亚的巴格特王朝统治下。当时，这里作为东西方交易活动的据点而逐渐走向繁荣。在最鼎盛时期，阿尼的总人口超过了10万人，教堂总数也将近1000个。1064年，阿尼被拜占庭帝国所占领，随后蒙古和格鲁吉亚军队相继入侵，使得城市遭到破坏。1319年大地震之后，阿尼逐渐走向了衰落。

位于阿尼遗址中央的建筑物是大教堂，屋脊已经破损不堪。右手边的建筑物是麦尼恰福尔清真寺。遗址东端的圣格列高利教堂，墙壁上还残留着已经在岁月中褪色的湿壁画。除此之外，还残留有建于12世纪的凯尔布萨拉伊和塞尔柱王朝的王宫遗迹。

阿尼遗址的旁边就是亚美尼亚的领土，中间隔着一条深溪谷，形成了一条天然的国境线。在阿尼遗址和亚美尼亚边境是禁止拍照的。参观完整个阿尼遗址至少需要两小时。

SRH 商店／餐厅／酒店　卡尔斯　☎0474

S 商店

●扎沃特拉尔大商店 Büyük Zavotlar　MAP/p.309-A

交从市政厅步行5分钟可达　✉Halit Paşa Cad. 120　☎223-3138

营7:00~20:30（周日~17:00）　休无

奶酪和蜂蜜专卖店。蜂蜜可说是当地最正宗的，甜味浓厚。周围还有几家同等规模的蜂蜜店。

卡亚巴舍餐厅

R 餐厅

●卡亚巴舍餐厅 Kayabaşı　预算 17TL~　MAP/p.309-A

交从市政厅步行15分钟可达　✉Mesut Yılmaz Parkı　☎223-0529　营8:00~24:00　休无　酒无

餐厅天花板很高，显得内部空间非常大。设有室内和室外坐席，可根据喜好选择餐桌。烤肉类15TL~，色拉、汤羹、饮品类2.5TL~。

无忧炉头餐厅

●无忧炉头餐厅 Kaygisiz Ocakbaşı　预算 12TL~　MAP/p.309-A

交从市政厅步行3分钟可达　✉Atatürk Cad.276　☎212-0056　营7:00~22:30　休无　酒无

在餐厅的中央摆放着大烤炉，厨师现场制作烤肉。烤肉的浓香飘荡在整个餐厅内，令人垂涎欲滴。烤肉类16TL~。

H 酒店

卡拉巴赫酒店

●卡拉巴赫酒店 Karabağ　S 80TL　W 130TL　MAP/p.309-A

交从市政厅步行8分钟可达　✉Faikbey Cad.142　室50　☎212-3480

FAX 223-3089　HP www.hotel-karabag.com　C M V

客房内部各种现代化设备完善，拥有宽敞明亮的浴室和休闲舒适的客厅。很多商务人士喜欢住在这里。

●泰迈尔酒店 Temel　S 35TL　W 60TL　MAP/p.309-A

交从市政厅步行5分钟可达　✉Yenipazar Cad.9　室20　☎223-1376　FAX 223-1323　C M V

酒店的客房内部装饰以蓝色和黄色为主要基调，显得非常温馨。各种设施一应俱全，入住条件非常好。酒店在当地具有很高的人气，入住需要提前预订。

好日子酒店

●好日子酒店 Güngören　S 45TL　W 80TL　MAP/p.309-A

交从市政厅步行5分钟可达　✉Halit Paşa Cad. Millet Sok.2　室40

☎212-6767　FAX 212-5630　邮 gungorenotel@hotmail.com　C M V

酒店客房的内部装饰和家具略显陈旧，但房间面积很大，彩色电视、冰箱、空调等各种现代化设施齐备，还带有浴室。

补充信息　经济型住宿酒店…肯特酒店（kent）。S $6、W $12。当地较为实惠的经济型酒店。酒店内部装饰干净整洁，房间宽敞明亮。共有24间客房。各个楼层设有公共浴室。不提供早餐。

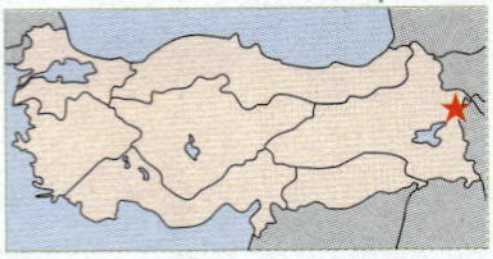

多乌巴亚泽特

DOĞUBAYAZIT

人口6.9万人／高1589米

阿勒山脚下娴静的边境城市。以诺亚方舟的传说而闻名，吸引了众多游客前来寻访遗迹。

多乌巴亚泽特是土耳其最东端的城市，距离伊朗国境线仅30分钟的车程。从市中心到市郊步行20分钟即可到达。城市面积很小，多为荒原和田野，自然景观不错。前来此处的游客大都是去参观拥有诺亚方舟传说的阿勒山脉，以及在多乌巴亚泽特和伊朗之间往来的商人。悠闲的城镇与四周辽阔的自然环境，很吸引人。

交通方式

从伊斯坦布尔(哈雷姆车站)乘坐长途汽车大约需要25个小时，每天发车10次以上，85TL。从凡城出发，历时4小时，每天发车10次以上，35TL。从卡尔斯出发只需要2小时30分钟，每天发车10次以上，24TL。从卡尔斯乘坐快速长途汽车。

途中需要换乘的车站叫阿勒，在这里换乘迷你巴士可以前往多乌巴亚泽特。历时最多3小时30分钟(包含换乘时间在内)。

漫步导览　　区号0472

城市中的旅行社和旅游咨询处提供旅游团报名服务，也可以在这里预订酒店。

从卡尔斯可以乘坐小巴去往多乌巴亚泽特。途中会经过一片裸露的岩石群和山谷地区，这一带的比较空旷，偶然会有几个小型村落映入眼帘，别有一番景致。

向阿勒行进途中，会在左前方看到阿勒山脉，山顶常年有积雪，非常雄伟壮观。靠近多乌巴亚泽特的道路两侧有大片杏树林。

雄壮美丽的阿勒山

多乌巴亚泽特的主要街道是阿卜杜拉·拜达尔大街。在这条街道上可以看到很多商店、酒店、土特产店和餐厅。这条大街有500米长，还建有邮局、货币兑换处和ATM机。大街的东端是长途汽车站，站前是出租车停靠点。贝莱蒂耶大街附近有一个旅游咨询处。

多乌巴亚泽特位于土耳其国境线上，虽然面积不大，但国际性的酒店和休闲餐厅非常多。也有很多出售亚美尼亚和伊朗货品的专营店。城市

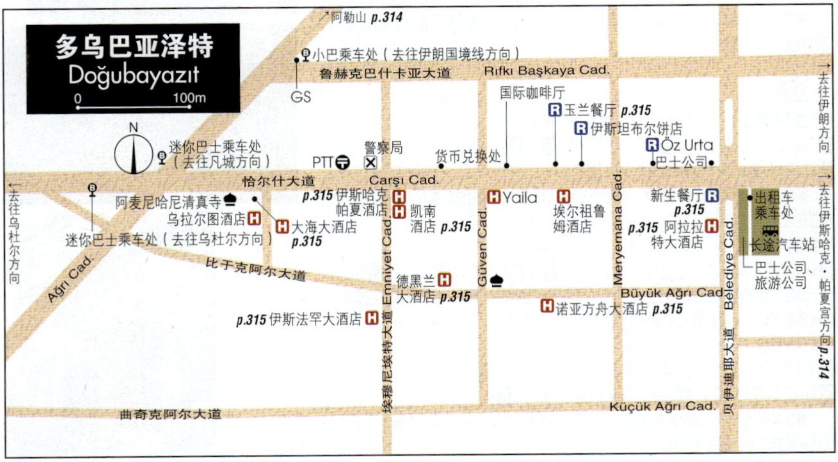

伊斯哈克帕夏宫殿后面山谷中牧羊的少年

中并没有多少可以值得参观的景点。

多乌巴亚泽特的名吃是阿布迪廓尔肉丸子。在阿卜杜拉·拜达尔大街上有几家这样的餐馆，味道没有太大的差别，价格也相近。

历史概览

早在石器时代这里就有人类活动的迹象。考古学家在这里发现了公元前2000年~公元前1200年的城堡遗迹和坟冢。公元前9世纪~公元前6世纪，这里属于乌拉尔图王国的领地，当时的多乌巴亚泽特是去往高加索和伊朗的重要中转城市，在地理位置上有着得天独厚的优越性。

之后，多乌巴亚泽特相继被波斯、罗马帝国所占领，在拜占庭时期和塞尔柱时期都遭到过蒙古族和阿拉伯人的入侵。最终被奥斯曼帝国收入麾下。

14世纪之后这里被称为巴亚泽特。当时的多乌巴亚泽特位于距离现在城市中心西南方7千米左右的山丘之上。后来因为地形不适合灌溉和农业发展，故迁至现在的位置。

基督教的《圣经·创世纪》一篇中记载，著名的诺亚方舟在大洪水后，最后停泊的地方就在阿勒山脚下。从19世纪末直到现在很长的一段时间里，都流传着阿勒山脚下发掘出诺亚方舟残片的说法。

▲多乌巴亚泽特看起来非常安详闲适
▶阿勒山脉的两座山峰。左侧是主峰大阿勒山，右侧是小阿勒山

补充信息 近郊旅游景点…没有去往陨石孔和诺亚方舟遗迹的公共巴士。想要前往参观的话可选择报名参加旅游团。近郊景点半日游35TL左右。可以攀登阿勒山。也可以在半山腰漫步旅行，夜宿帐篷。500TL~，免费提供午餐。

伫立在荒凉景色中的伊斯哈克帕夏宫

观光亮点

阿勒山

Ağrı Dağı MAP/p.11-D

阿勒山是土耳其的最高山，海拔5137米。土耳其人也称它为“痛之山”。在1840年曾有过火山喷发的记载，现已成为一座死火山。大阿勒山是阿勒山的主山峰。旁边的另一座山脉为小阿勒山，海拔3896米。峰顶常年被云彩覆盖，显得烟雾缭绕。早晨云少的时候可以眺望到阿勒山主峰顶。

伊斯哈克帕夏宫

İshak Paşa Sarayı MAP/p.11-D

交位于多乌巴亚泽特市中心往东5千米处。乘坐巴士10分钟可达，3TL。乘坐出租车30TL 开8:00~17:00（冬季~16:00，冬季很多时间会闭馆） 休周一 TL 7.5TL

伊斯哈克帕夏宫中庭里的清真寺

17世纪时期由地方统治者库尔德人伊斯哈克下令修建。随后近百年，这片土地相继被塞尔柱王朝、奥斯曼帝国以及波斯帝国所占领，各个时期的君主都对该宫殿进行了进一步的增建和修补，使其具有不同时期的建筑特征。宫殿占地面积很大，内建有清真寺、公共浴室、伊斯哈克帕夏的墓地、监狱等，共有房间300多所。入口处有一座镶金大门，如今被收藏在俄罗斯的艾尔米塔什博物馆内。宫殿拥有两座中庭，最前面的中庭里有图案精美的浮雕。

深处中庭的正面是建有厨房、浴室的起居楼和清真寺。厕所仍是原样，从窗户向外眺望可以看见辽阔的景色。中庭的右侧是食堂、起居室等房舍相结合的建筑，共有三层、地下部分是监狱。

生命之树浮雕

陨石孔

Meteor Çukuru MAP/p.11-D

交位于城市东部约40千米处。乘坐出租车大约45分钟可达 TL 无

1920年，一块小型陨石降落到这里，巨大的冲击力形成了一个宽35米、深60米的坑洞。坑洞侧壁笔直，见证了当年陨石留下的轨迹。

巨大的陨石降落所形成的大型坑洞

补充信息 伊斯哈克帕夏宫周边…在宫殿周边的山岩地区，散落着乌拉尔图时代的城堡和坟墓。也有居民居住在这里，经常会见他们放牧的身影。在宫殿前有一座餐厅。

这里被称为世界第二大陨石洞。乘出租车去往诺亚方舟遗迹时，可一并来这里参观。跟出租车司机商量一下，价格一般60TL左右。

诺亚方舟

Nuh'un Gemisi　MAP/p.11-D

交 位于城市东南方25千米处。从市中心乘出租车30分钟可达

诺亚方舟位于宇森基里村子附近。当地人把这里叫做“gemi（方舟的意思）”。这座方舟本被埋在地下，积雪融化之后，现出了方舟底部的形状。

考古学家一致认为方舟的大小、埋在地下的时间都与《圣经》中所记载的诺亚方舟相吻合。更有美国的好事者亲自前往调查，发现了诺亚方舟的残片，并将其发表从而引起了极大的轰动。但是土耳其当局并没有在残片中检测出木头成分，这一事件也就告一段落。

舟形地下埋葬着诺亚方舟？

RH 餐厅／酒店　多乌巴亚泽特 ☎0472

R 餐厅

●**新生餐厅** Doğuş　预算 24TL~　MAP/p.312

交 从长途汽车站步行3分钟可达 ✉ Belediye Cad. ☎ 312-7348 营 4:00~24:00 休 无 酒 无

一家特色烤肉店，在当地很受欢迎，量给得很足，价格也公道。很多老顾客都认准这家店。

●**玉兰餐厅** Manolya　预算 12TL~　MAP/p.312

交 从长途汽车站步行10分钟可达 ✉ İsmail Beşikçi Cad.78 ☎ 312-1717 营 6:00~翌日1:00 休 无 酒 无

当地很有名气的一家甜点屋。有30多种甜点可供品尝。一盘10个左右，非常好吃。

H 酒店

●**大海大酒店** Grand Derya　S 70TL W 120TL　MAP/p.312

交 从长途汽车站步行8分钟可达 ✉ Abdulah Baydar Cad.203 室 66 ☎ 312-7531 FAX 312-7833 C V

很多旅行团都选择这里作为住宿场所。客房内部设有彩色电视、冰箱、空调等现代化设施，入住条件非常棒。

●**伊斯法罕大酒店** Isfahan　S 35TL W 65TL　MAP/p.312

交 从长途汽车站步行10分钟可达 ✉ Emniyet Cad.21 室 35 ☎ 312-4363 FAX 312-4081 C V

带有桑拿服务的大型酒店。各种现代化设施一应俱全，服务水平一流。

●**德黑兰大酒店** Tahran　S 25TL W 40TL　MAP/p.312

交 从长途汽车站步行8分钟即可可达 ✉ Büyük Ağrı Cad.124 室 21 ☎ 312-0195 HP www.hoteltahran.com

酒店装饰的比较古朴，看起来非常干净。服务员的态度也很好，许多女游客常在此住宿。

●**阿拉拉特大酒店** Ararat　S 35TL W 60TL　MAP/p.312

交 从长途汽车站步行3分钟可达 ✉ Belediye Cad. Büyük Pasaj Üstü 室 65 ☎ 312-4988 C V

邮 otelararato04@hotmail.com

酒店装饰非常豪华，仿佛宫殿一般。大多数客房都可以观望到阿勒山风景。酒店还设有大型游泳池供客人娱乐。服务水平一流，入住方便。

●**诺亚方舟大酒店** Nuh　S 50TL W 80TL　MAP/p.312

交 从长途汽车站步行8分钟可达 ✉ Büyük Ağrı Cad.65 室 57

☎ 312-7232 ☎ 312-6910 C M V 邮 hotelnuh@hotmail.com

当地一家较为高档的酒店。内部装饰格局时尚现代。5层设有餐厅，可边用餐边欣赏阿勒山风景。

●**凯南酒店** Kenan　S 20TL W 40TL　MAP/p.312

交 从长途汽车站步行8分钟可达 ✉ Emniyet Cad.39 室 50 ☎ 312-7869 FAX 312-7571

酒店客房带有迷你吧台、卫星电视等设备，难能可贵的是价格绝对实惠。早餐另外付费，3TL。

●**伊斯哈克帕夏酒店** İshak Paşa　S 20TL W 50TL　MAP/p.312

交 从长途汽车站步行8分钟可达 ✉ Emniyet Cad.10 室 21 ☎ 312-7036 FAX 312-7644

邮 otel-ishakpasa@hotmail.com

客房内部明亮宽敞，带有各种现代化设备，入住方便。早餐另外付费，4TL。

新生餐厅

玉兰餐厅

大海大酒店

伊斯哈克帕夏酒店

MAP/p.7-H

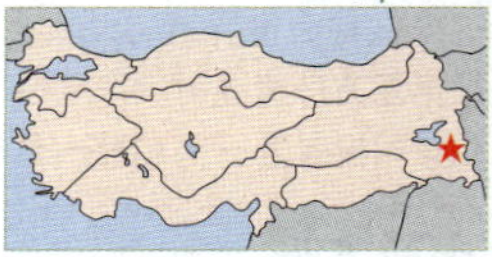

凡城

VAN

人口大约36.7万人／海拔1727米

广阔美丽的湖畔城市。曾经的乌拉尔图王国都城。

凡湖是土耳其最大的咸水湖。四周众山环绕，山顶上常年有积雪。伴随着季节的变化，湖畔景色也在不断变幻，让人百看不厌。位于湖畔山岩之上的凡城城堡是该地区最大的观光景点，它是古乌拉尔图王国繁荣昌盛的象征。城市郊外遗址和美妙的自然风情也值得一看。另外，凡城猫也是享誉世界的知名宠物。

交通方式

✈ 从伊斯坦布尔乘坐飞机，直达航班每天有一次，历时2小时到达（周二、周四、周六每天有两次）。每天有三趟从安卡拉飞往凡城的直达航班，需要花费大约1小时35分钟的时间。到达凡城机场后，再换乘机场大巴往市中心。也可乘出租车前往市中心，大约15分到达。

🚌 从伊斯坦布尔（哈雷姆车站）也可以乘坐长途汽车去往凡城。历时23小时，每天发车10次以上，100TL。从埃尔祖鲁姆去往凡城，需要大约6小时30分钟，每天有3~4次车，40TL。从迪亚巴克尔出发大约8小时，每天发车10次，35TL。从塔特万出发，大约2小时，15TL。

从长途汽车站有开往市中心的巴士。这些巴士都是免费的，可把乘客从长途汽车站送往1千米之外的市中心共和国大街交叉路口。乘出租车大约10分钟到达，大约7TL。

从多乌巴亚泽特出发的迷你巴士直接开往凡城市中心。历时3小时到达，一天之内发车4次，15TL。

※建议在游览凡城前，先确认一下当地交通信息。

左右眼颜色不同的凡城猫

漫步导览

区号0432

MAP/p.316-B ✉Özgür center Karşısı
☎216-3675 开8:00~17:00 休无

凡城的主要街道是南北向的共和国大街。大街北侧是酒店、集市、餐厅以及商店的集中区，巴士乘车站也坐落在这一带。西侧是奶酪店、杂货

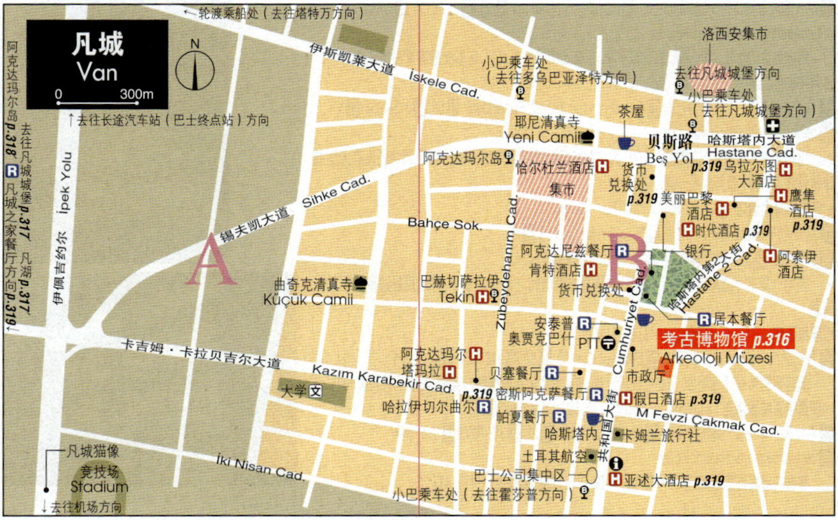

补充信息

考古博物馆…Arkeoloji Müzesi。博物馆内部陈列展示了出土于乌拉尔图王国时期的陶器、青铜器和装饰品等文物。中庭展示着一座刻有碑文的墓石。MAP/p.316-B 开8:30~12:00／13:00~17:00 休周一 TL2TL

店聚集的购物区，洋溢着商品交易的活力。沿着与其呈直角交叉的卡吉姆·卡拉贝吉尔大街向西走，可一直到达凡湖。这一带有很多露天摊位。

中档酒店多集中在哈斯塔内大街上。另外，在卡吉姆·卡拉贝吉尔大街和共和国大街交叉路口处也有不少酒店。巴士公司办公室、国际化咖啡厅也坐落在这里。哈斯塔内第2大街上有很多吃早点的地方。

据说可以变换七种色彩的美丽凡湖

历史概览

公元前13世纪，乌拉尔图王国占据了美索不达米亚平原的大片土地，其势力渐渐得以扩张。公元前9世纪~公元前8世纪，又开始把地域版块扩张到地中海地区，并把都城定在叫做图斯帕（Tushpa）的地方，也就是现在凡城一带。乌拉尔图王国最鼎盛时期领土曾经扩张到亚美尼亚平原的整个区域，在《旧圣经》中出现的阿勒王国的名字指的就是这个王国。公元前6世纪，米迪亚王国军队大举进攻乌拉尔图，并逐渐占领了其大片领土。随后，凡城这片土地相继被波斯帝国、马其顿王国所占据。公元前2世纪成为巴尔提亚的附属国之一。

1071年，塞尔柱土耳其军队和拜占庭军队在这里展开激烈的战争，史称曼兹科特战役。曼兹克特（malazgirt）是位于凡湖以北50千米左右的城镇。战争以塞尔柱土耳其军队的大胜而宣告结束。15世纪后半期这里被编入奥斯曼土耳其境内。

1915~1918年，这里曾被俄国军队所攻占，湖畔地区的建筑遭到不同程度的破坏，之后得到重建。

观光亮点

凡湖

Van Gölü　　MAP/p.11-H

交 距市中心5千米处。乘巴士10分钟可达，车费1TL

凡湖是土耳其最大的湖泊。湖岸线全长500千米，从湖中流出的河水却非常少。凡湖是一座咸水湖，盐分浓度很高。因为过高的盐水并不适合鱼类生存，所以这里的生物很少。可在湖水中游泳，盐水会滋润头发。

凡城城堡

Van Kalesi　　MAP/p.316-A外

交 位于市中心西面5千米处。乘出租车10分钟可达

开 8:00~17:00 休 无 TL 3TL

巴士在距离城堡入口大约600米处停车。

公元前858年，乌拉尔图王国的萨尔杜尔一世下令在凡湖东岸的山丘之上修建了这座城堡。城堡由石灰岩块建造而成，东西长1800米，南北宽60米，地面高度将近80米。

▲图斯帕首都旧址。如今已成为一片湿地，是放牧的好场所

◀乌拉尔图时代的凡城城堡遗迹

拥有悲惨动人传说的、漂浮在凡湖之上的阿克达玛尔岛。右侧是亚美尼亚教堂遗迹

沿着螺旋状的岩场旁的小道前行，可达位于西端的城堡遗迹。

城墙本身高度有60米左右，墙壁的岩块上雕刻有关于国王萨尔杜尔一世伟大功绩的文字。遗迹的前面还有刻着碑文的墓石。

站在城堡高处，可以看到乌拉尔图王国的都城图斯帕的遗址。1915年，图斯帕遭到破坏之后，相继被奥斯曼和塞尔柱帝国所占领。这一时期修建了不少建筑物，并保留至今。在岩山的半山腰有一所建筑遗迹，即修建于奥斯曼时期的苏莱曼清真寺遗迹，在1648年的大地震中遭到破坏之后，被废弃使用。它是凡城的第一座伊斯兰建筑。

道路的左侧有一座教堂。从城堡上面可以欣赏到夕阳沉入湖水中的美景。

站在凡城城堡眺望到的城市面貌

阿克达玛尔岛

Akdamar Adası　MAP/p.11-H

交 从市中心乘坐巴士去往乘船点，大约1小时到达，5TL。再乘船前往，历时20分钟，7.5TL 开 8:00~19:30（冬季~17:30） 休 无 TL 3TL

乘船点位于市中心大约42千米处，距离岛屿1千米左右。到达岸边，阿克达玛尔岛的工作人员会收费。

阿克达玛尔岛漂浮在凡城的湖面之上，建于10世纪初期。这里有一座典型的亚美尼亚教堂，内部浮雕的保存状态不是很好，但外面墙壁上的浮雕却保留得几近完好。西北面的墙壁上有描绘亚当和夏娃的故事等《圣经》中场景的浮雕，东南面墙壁上的浮雕是圣母玛利亚抱子像，非常传神和逼真，观赏性很高。

城堡内侧的浮雕

登上教堂的高处，可以望见对面的雄壮山脉和美丽的凡湖景色，仿佛如画中一样美丽。很多人喜欢在山脚下的湖畔边野炊、散步，不时可见凡湖中有人游泳的身姿。

霍莎普城堡

Hoşap Kalesi　MAP/p.11-H

交 从市中心乘坐巴士1.5小时可达 开 8:00~17:00 休 无 TL 3TL

从凡城市中心往东大约60千米，在霍莎普河的对岸山丘之上可以看到这座城堡。“霍莎普”的

霍莎普城堡山脚下的土特产店

补充信息　阿克达玛尔岛的传说…在凡城的岛屿上有一个神父，神父的女儿叫做达玛尔。达玛尔爱上了一个羊倌，羊倌每天游过凡湖来岛屿上与心爱的人约会。得知这一消息的神父怒不可遏，并设计在途中溺死了羊倌。羊倌死的时候高喊达玛尔的名字，阿克达玛尔岛的名字就由此而来。

意思是美丽的水。城堡修建于奥斯曼帝国时代的1649年，由库尔德人萨尔·苏莱曼·马赫穆迪主持修建。当时，这里是乌拉尔图王国商人去往伊朗的要道，占据着非常重要的地理位置。

城堡入口处是一座圆形塔，外壁上刻有狮子浮雕和碑文。穿过又长又暗的通道可达城堡内部。南侧流淌着霍莎普河，终点处修建有大型蓄水池。

城堡内部拥有包括浴室、清真寺、监狱以及鸽子房在内的300多座房舍。这座城堡非常漂亮，从城堡遥望远处的风景更加令人心旷神怡。城堡下面是库尔德人的村庄，这里还保留有奥斯曼帝国时代的石桥。

从城堡眺望小小的村落景象

霍莎普河两畔，经常可见当地妇女在洗衣，一派田园牧歌般的风景。在这里散步很是惬意。

R H 餐厅／酒店　　凡城　☎0432

R 餐厅

●凡城之家餐厅 Van Evi　预算 18TL~　MAP/p.316-A外

交 凡城城堡下 ✉ Yoğurtçuoğlu Sok.42 ☎ 212-3994 营 7:00~19:30 休 10~12月停业 ■无

餐厅地面上铺着厚厚的绒毯，装饰得优雅大气。厨师擅长制作土耳其乡土料理。旁边是土特产店。

凡城之家餐厅

●密斯阿克萨餐厅 Mis Aksa　预算 18TL~　MAP/p.316-B

交 从旅游咨询处步行 3 分钟可达 ✉ Kazım Karabekir Cad. Yörük Petrol Karşısı

☎ 214-2551 营 24时 休 周日

酒店是新装修的，内部宽敞明亮。共有两层，在楼上可以欣赏到市区的热闹街景。

密斯阿克萨餐厅

H 酒店

●乌拉尔图大酒店 Büyük Urartu　S 100TL　W 150TL　MAP/p.316-B

交 从旅游咨询处步行6分钟可达 ✉ Cumhuriyet Cad.60 室 75

☎ 212-0660 FAX 212-1610 HP www.buyukurartuotel.com C M V

当地一家比较高档的酒店，内部装饰豪华，各种现代化设备齐全，带有桑拿室和浴室，入住方便。

●亚述大酒店 Büyük Asur　S 70TL　W 120TL　MAP/p.316-B

交 从旅游咨询处步行1分钟可达 ✉ Cumhuriyet Cad.Turizm Sok.5 室 48 ☎ 216-3753

FAX 216-9461 C M V

酒店规模较大，客房里带有彩色电视、冰箱、浴室等各种现代化设施，入住条件较好。酒店还与当地旅行社有业务往来，可直接在柜台处预约去往凡湖游玩的旅行团。

假日酒店

亚述大酒店

●假日酒店 Bayram　S 90TL　W 150TL　MAP/p.316-B

交 从旅游咨询处步行 3 分钟可达 ✉ Cumhuriyet Cad.1/A 室 65 ☎ 216-1136 FAX 216-1137 C M V

酒店是新装修的，客房面积很大，带有宽敞明亮的浴室。二层设有餐厅，提供当地特色菜肴和各种小吃，也可以欣赏到街边景色。

●美丽巴黎酒店 Güzel Paris　S 40TL　W 70TL　MAP/p.316-B

交 从旅游咨询处步行5分钟可达 ✉ Hükümet Konağı Yanı 20 室 56 ☎ 215-9328

FAX 216-7897 C M

酒店装饰风格温馨时尚，以淡淡的粉红色为主要基调。卫星电视、冰箱、烘干机等设施齐全，宽敞的大浴室可以舒服地泡澡。很多年轻人喜欢在这里居住。

●鹰隼酒店 Şahin　S 40TL　W 70TL　MAP/p.316-B

交 从旅游咨询处步行 3 分钟可达 ✉ İrfan Baştuğ Cad.30 室 40 ☎ 216-3062 FAX 216-3064 C V

酒店占地面积较大，客房数量不算多，但面积却不小，拥有宽敞的客厅和豪华的浴室，并带有冰箱、彩色电视等设备。还可以报名参加去往凡城其他景点的旅游团。

●时代酒店 Çağ　S 50TL　W 90TL　MAP/p.316-B

交 从旅游咨询处步行8分钟可达 ✉ Hastane 2 Cad.42 室 21 ☎ 216-2717 FAX 214-5712

邮 erbay65@mynet.com C MV

客房数量仅有21间，但全部都经过精心装修和设计。房内设施一应俱全，24小时服务。酒店还设有一个大型游泳池。

美丽巴黎酒店

补充信息 恰武什泰佩城堡…Çavuştepe。乌拉尔图国王萨尔杜尔二世下令修建的城堡。位于霍莎普城堡和凡湖之间。城堡分为两部分，从这里发现的青铜器被收藏在凡城博物馆内。

MAP/p.7-H

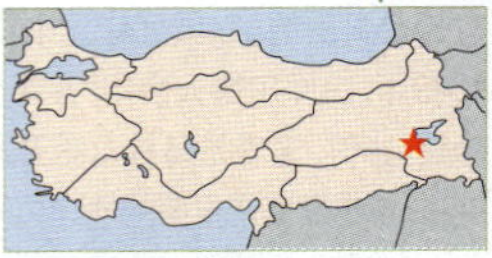

塔特万

TATVAN

人口大约6.0万人 / 海拔1690米

凡湖西岸的悠闲城市。去往内姆鲁特湖、阿赫拉特、比特里斯等地的观光据点城市。

从凡城沿着凡湖行驶大约150千米左右，湖对岸就是塔特万。城市本身并没有多少值得参观的景点，但是距离周边景区非常近，可以作为这些景观地的始发城市。内姆鲁特山脚下有著名的火山湖——内姆鲁特湖，比特里斯地区保留有众多奥斯曼时期的建筑遗迹。

交通方式

各大城市都有去往塔特万的长途汽车。从凡城出发，大约需要2小时左右，15TL。从伊斯坦布尔（艾森莱尔车站）出发，历时大约24个小时到达，每天发车5次，90TL。从迪亚巴克尔出发，历时大约6个小时到达，每天发车多次，25TL。巴士公司提供免费的接送巴士去往市中心，大约10分钟就可以到达。从比特里斯可乘坐迷你巴士去往塔特万市中心地区，18:00出发，大约需要25分钟，车次很多，3TL。

从凡城去往塔特万，也可以乘船前往。先乘汽车到达凡城湖边的乘船点，买票后上船即可。历时大约4个小时，每天发船一次，有时赶上列车晚点，发船时间不定。船票10TL。到达塔特万港口后，换乘去往市中心的巴士，10分钟可达。

从伊斯坦布尔有始发的凡湖快车（Van Gölü Eks.）运行。具体信息，可咨询相关部门。

漫步导览

区号0434

Kültür Merkezi ☎827-6301
开 8:00~17:00 休 周六・周日

绿色葱郁的共和国大街

塔特万的城市结构非常简单，主要大街是位于市中心的共和国大街。广场上的喷泉就是这座城市的中心点。对面建有市政厅。邮局的前面就是市内巴士乘车站。这一带也是酒店、商店、巴士公司的集中区。在左右路口附近，有许多餐厅、咖啡厅等。在共和国大街上还有两个ATM机。

沿着共和国大街步行15分钟后，北上右手边有一座文化中心（Kültür Merkezi），一层是旅游咨询处。前方700米处是长途汽车站。

共和国大街沿边有许多茶叶店，店门口摆放着茶桌，很多当地男人喜欢在娴静的下午坐在这里喝上一杯下午茶。

塔特万的特产是胡桃木制作的木杖。握柄是仿照鸟头或羊头的形状制作，非常具有塞尔柱风格。

▲从岩石洞穴中吹出的热气据说对治疗妇科病非常有效
◀放牧牛羊的青草地

补充信息 **历史景点**…连接塔特万、凡城和比特里斯的主干道，在历史上也曾经是去往伊朗的重要通路。主干道沿线分散着塞尔柱王朝时期的城堡遗迹和国王陵墓，以及奥斯曼时期的墓碑等遗迹。

▲湖泊里有温泉涌出。是当地人天然的澡堂
◀青色的草地和蓝色的湖泊相映成趣

观光亮点

内姆鲁特山

Nemurt Dağı　　MAP/p.11-G

交 位于市中心西北方5千米处。可以乘坐出租车前往，往返车费大约80TL

此山并不是被列为世纪遗产的内姆鲁特山，只是名字相同而已。这里有土耳其最大的火山口湖。湖面呈绿宝石色，非常美丽。旁边还有三座月型湖泊，景色也非常优美。有的湖面呈青色，有的呈现蓝色，不同的颜色互相映照，非常奇特。在温泉湖泊附近的岩场，分散着一些小型的岩石洞穴，从洞穴中不断往外喷出蒸汽，据说这些蒸汽对于治疗妇科病非常有效。湖海拔2247米，最深处达150米。火山口直径达8千米。1441年和1443年有过火山喷发的记录。

前来内姆鲁特湖畔野餐的家庭

比特里斯

Bitlis　　MAP/p.11-G

交 从塔特万乘坐迷你巴士25分钟可达，车费5TL

比特里斯与凡城毗邻，海拔1545米，人口大约4.3万人。

从塔特万乘坐巴士，沿着共和国大街的喷水泉向北行走5分钟后可达巴士乘车站（军队驻扎处），然后乘坐去往迪亚巴克尔方向或凡城方向的巴士，在中途下车即可。

比特里斯和凡城一样，在历史上曾经被亚述王朝、乌拉尔图王朝和米迪亚王国所占领过。公元前4世纪，亚历山大大帝造访这里，并建起了防御用的城堡。城堡的修建工作由亚历山大大帝手下的一名将领主持完成，将领的名字叫做比特里斯，故而把这座城堡也命名为比特里斯城堡，这也是这座城市名字的由来。城堡非常坚固，从这里可以俯瞰城市景色。

奥斯曼帝国时代末期，这里成为库尔德人自治区的都城。第一次世界大战前，很多亚美尼亚人居住在这里。

比特里斯的观光亮点

整座城市在耸立的山谷间的斜坡上铺展开来，民居散落在山谷两侧的平原地区。葱郁的树林中尖塔和浴场遗迹若隐若现，幽深的峡谷里还有清澈的河水流淌，浑然而成一幅悠然自得的景观，让人仿佛身处世外桃源一般。这里民风淳朴，自然环境未受到过多的人工破坏，是采风、步行

走在比特里斯的繁华街道上可望见头顶坚固的城堡

乌卢清真寺附近的巴扎集市

旅游的好去处。

在城市中的比特里斯河上横跨着一座古老的石桥。越过石桥，右手边是阿莱曼德尔清真寺(Alemandar Camii)，建于1244年。沿着河岸的街道那托大街(Nato Cad.)，是城市的主干道。这里有一座建于公元639年的坟墓。

沿着那托大街向前步行3分钟，到达乌卢清真寺。该寺建于1150年，门前是成排贩卖土特产的露天摊位，服装和杂货摊位也密密麻麻，叫卖声此起彼伏，非常热闹。这里可以算得上是城市的中心地段，餐厅、酒店、巴士公司办事处也集中在这一地区。两条最热闹的大街最后在城堡脚下汇成一条大道。

城堡位于高达30米的断崖之上，是一座天然的要塞，自然而然担负起了防御外敌入侵的重任。整个城堡外周长达2.8千米，城墙厚度有4~6米，非常坚固。沿着石阶一直通往城堡的最高处，可以眺望到比特里斯河畔风光和市区景象。

这里的观光景点是一座神学校和清真寺的复合建筑(serefiye camii，全年无休)，非常具有参观价值。

这座建筑是16世纪谢雷赫汗四世下令建造的，而位于中央的伊赫拉斯神学校遗迹(ihlasiye medressesi)修建于1216年，是典型的塞尔柱样式。复合型建筑里面还建有陵墓和清真寺，环境优美安静。建筑物的墙壁采用当地特产的红砖筑成，上面刻有几何图案和文字。神学校目前是文化中心。可以进入内部参观。

从共和国大街步行到乌卢清真寺大约需要30分钟。道路越来越陡峭，在高处有瞭望台可以欣赏山谷景色。

从塔特万始发的巴士停车场

R H 餐厅／酒店　　塔特万 ☎0434

断叉餐厅里香喷喷的烤羊肉串

R 餐厅

●断叉餐厅 Kırık Çatal　预算 15TL~

✉Belediye Arkası ☎827-8657 营6:00~翌日1:00 休无 酒无

位于市政厅区内的小胡同中，如果不是本地人的话，很难寻觅到。内部看起来非常干净整洁。金牌菜肴是塔特万烤肉，9TL。

H 酒店

●塔特万雪莲酒店 Tatvan Kardelen　S 70TL　W 100TL

交 从市政厅步行1分钟即可到达 ✉Belediye Yanı 室75 ☎827-9500 FAX 827-9505

邮 otelkardelen@gmail.com C A J M

当地最有名气的一家酒店，规模较大，装饰也较为豪华。客房内有彩色电视、空调、冰箱等现代化设施，入住条件一流，服务热情周到。

塔特万雪莲酒店

●信风酒店 Alize　S 40TL　W 50TL

交 位于共和国大街一侧 ✉Cumhuriyet Cad.160 室28 ☎828-0020 FAX 828-0022 C M V

客房数量不多，但内部的装饰非常有特色，客厅和浴室面积都很大，并且卫星电视、浴室和电脑等设施一应俱全。距离市中心非常近，外出购物和去往景点观光都非常方便。

信风酒店

●阿尔特拉尔酒店 Altılar　S 25TL　W 40TL

交 位于共和国大街 ✉Cumhuriyet Cad. 室35 ☎827-4096 ☎827-4098

邮 hilar@hotmail.com

酒店共两层。外观看起来比较朴素，但客房内各种设施齐全，价格实惠。

〈比特里斯的酒店〉

●迪戴般酒店 Dideban　S 35TL　W 70TL

交 从迷你巴士停车场步行3分钟即可到达 ✉Nur Cad.1 室21 ☎226-2821 FAX 226-2820

邮 didebanotel@hotmail.com

位于市中心，外出购物非常方便。客房面积较大，收拾得干净整洁。

补充信息　比特里斯旅游咨询处…✉Valılık Binası 4 ☎226-5304 开9:00~12:00／13:00~17:00 休周六·周日※比特里斯另外的酒店是贵族酒店(Hanedan) ☎226-1902。

安纳托利亚东南部

加济安泰普

尚勒乌尔法

内姆鲁特山

迪亚巴克尔

马尔丁

Güney Doğu Anadolu

安纳托利亚东南部概观

气候与地理

安纳托利亚东南部与叙利亚、伊拉克接壤。土耳其的两大河流——幼发拉底河和底格里斯河就发源于这里，最后汇合流向美索不达米亚平原。

夏季这里气候炎热。从加济安泰普或尚勒乌尔法乘坐空调巴士一下车，热浪就会扑面而来，稍微一活动就会大汗淋漓。因此，城市中多见空调屋和冰激凌屋等可以降温避暑的地方。每座城市都有自己的特产，尚勒乌尔法和迪亚巴克尔都是大名鼎鼎的美食城市。位于加济安泰普北部的小镇卡赫拉曼马拉什（Kahramanmaraş）则是冰激凌的发祥地。

冬季这里气候较为温暖，温度变化不大。但是越往北越冷，位于最北边的迪亚巴克尔的冬季非常寒冷。

阿塔图尔克水库地带

加济安泰普是这一带的产业中心城，交通比较发达，除了陆上，土耳其国内乃至国外都有航班飞往这里。这里是土耳其与伊拉克、叙利亚等国家进行商品贸易的据点城市，在大街上可以看到不同肤色的人群。这里历史遗迹也比较多，值得一看。

田间农作的家族合影（摄于尚勒乌尔法郊外）

晒干的牛粪做成的肥料

从加济安泰普往东130千米处就是尚勒乌尔法。在途中会经过比莱吉克（Birecik），幼发拉底河流经这座小镇，河畔的景色值得停留参观。

老人和妇女通常以驴子或马为交通工具（摄于马拉迪亚老城区）

近年来，土耳其政府在安纳托利亚东南部地区开展了阿塔图尔克水库修建工程。这一带的经济也随之得到大力发展和有利带动，其面貌较之以前发生了翻天覆地的变化。水库占地面积非常大，一直延伸到内姆鲁特山一带。

尚勒乌尔法一带水资源稀缺，水库的建成，使这里的农业得以大力发展，大片的农田得以种植，农作物也得到很好地灌溉。

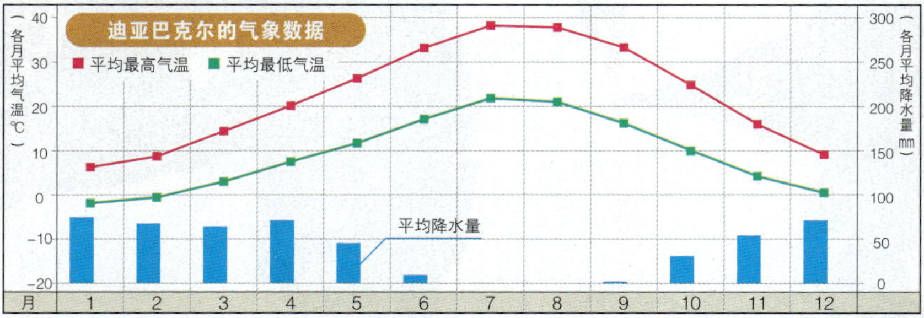

◀扉页图片…尚勒乌尔法的巴扎集市。尽管夏季气温高达40度，仍然人声鼎沸、充满活力

圣地尚勒乌尔法

尚勒乌尔法是先知亚伯拉罕的诞生地。亚伯拉罕也是犹太教、基督教、伊斯兰教中“信仰之父”传说中的人物。十字军最初封疆的领土也位于这里。尚勒乌尔法还有一座历史博物馆。

尚勒乌尔法也是土耳其最炎热的城市。特别是每年的7、8月，气温最高，人在烈日底下刚流出的汗水即刻被蒸发掉。

尚勒乌尔法郊外的景区哈兰，也是游客很多的旅游区。可以报团前往，每人50$左右，还可以参观以色列民族最高领袖摩西的养父故居以及索格玛塔尔遗迹。

世界遗产——内姆鲁特山

内姆鲁特山是安纳托利亚东南部地区人气最高、游客最多的旅游景点。旅游团通常会选择山脚下的卡赫塔和西面35千米处的阿德亚曼作为据点城市。每年的旅游旺季是5~9月，会有旅游团大巴环游内姆鲁特山景区。旅游淡季的时候，只能驾车前往。

迪亚巴克尔位于内姆鲁特山以东的底格里斯河畔，四周有厚厚的城墙环绕。土耳其原始居民多集中在这一地区，也是一座充满活力的城市。

马尔丁位于高原之上，可站在城市高处远眺辽阔的美索不达米亚平原。城市中保留有建于12、13世纪的石头房舍，如今已被改建成博物馆。

选择天气凉爽的春秋季节前往

安纳托利亚东南部地区可以称得上是地球上最炎热的区域之一。特别是夏季，只要不待在空调房内就会感到酷热难耐。可是，夏季也是这里最有特色的旅游时期。如果选择在夏季来这里旅游，要带足水源和避暑物品。如果对自己的体力没有把握，应选择在天气比较凉爽的春秋季节前来旅游。5~6月上旬或是9月中旬~10月的气温相对低一些，是一个不错的旅游时段。

这里住宿条件相比西部地区较差一些，只有在尚勒乌尔法和迪亚巴克尔才有住宿最高规格的三星级酒店。普通酒店多为经济型酒店或是家庭式旅馆，不过大都收拾得干净整洁，入住也较为方便。

幼发拉底河畔（摄于尚勒乌尔法西部的城市比莱吉克）

流向美索不达米亚平原的底格里斯河

▲山间的小村落（摄于卡赫塔近郊）
▶夏季的地面温度高达60度。裸露的岩石和龟裂的大地一望无际。这样恶劣的环境下也有人居住（摄于索格玛塔尔）

MAP/p.7-G

加济安泰普

GAZİANTEP

人口大约134.1万人／海拔843米

安纳托利亚东南部最大的城市。繁荣发展的交通要道。

加济安泰普距叙利亚国境大约只有60千米。古时候，很多商队经由地中海地区，去往丝绸之路。这里土壤肥沃，拥有大片的橄榄和坚果林以及葡萄庄园，是安纳托利亚东南部地区最大的城市，也是土耳其六大城市之一。而今也是经济发达，贸易活动频繁。郊外有赫梯时代以及罗马时代的古建筑遗迹。

交通方式

✈ 从伊斯坦布尔飞往加济安泰普的直达航班每天有4次，历时1小时45分钟可达。从安卡拉出发的直达航班每天只有1次（周一、周三、周五、周日每天2次）。从机场乘出租车去往市中心要历时45分钟。

🚌 从伊斯坦布尔（哈雷姆车站）去往加济安泰普，历时17小时可达，车费80TL。也有快车和夜间巴士前往加济安泰普。从安卡拉出发历时大约9小时30分钟，车费50TL。从安塔西亚出发历时2小时30分钟，车费20TL。到达长途汽车站后可乘坐巴士去往市中心，车费1.5TL。也可以乘坐出租车去往市中心，15分钟可达，车费20TL。巴士乘车站位于共和国大街邮局的对面。

漫步导览

区号0342

ℹ Map/p.326-A ✉100 Yıl Kültür Parkı içi, Vilayet Konağı Arkası ☎230-5969

开8:00~17:00 休周六、周日

从车站向南延伸的车站大街和共和国大街是这座城市的主要街道。这两条大街与阿塔图尔克大街交叉路口地带是市政府广场，也是市中心的繁华地区。

在车站大街上可以看到体育场、公园以及大型百货商店等。旅游咨询中心位于公园内。沿着流经市中心的小河可以到加济安泰普城堡。城市的西面还有一座古建筑——希尔瓦尼清真寺，其周边是铜制品的制作场地。这一带和阿塔图尔克大街的南侧地区，是传统房舍聚集的住宅区，保留着古老的街道风情。一些中世纪建造的清真寺和教堂也坐落在这一带。

刻有精美图案的铜制品

餐厅、酒店多集中在阿塔图尔克大街上。这里的酒店大都比较高档，住宿条件也非常好。

加济安泰普是农产品的大型集散地，郊外种植着大片开心果。这里也是向叙利亚输出棉织品的商品贸易中心，充满了商业活力。

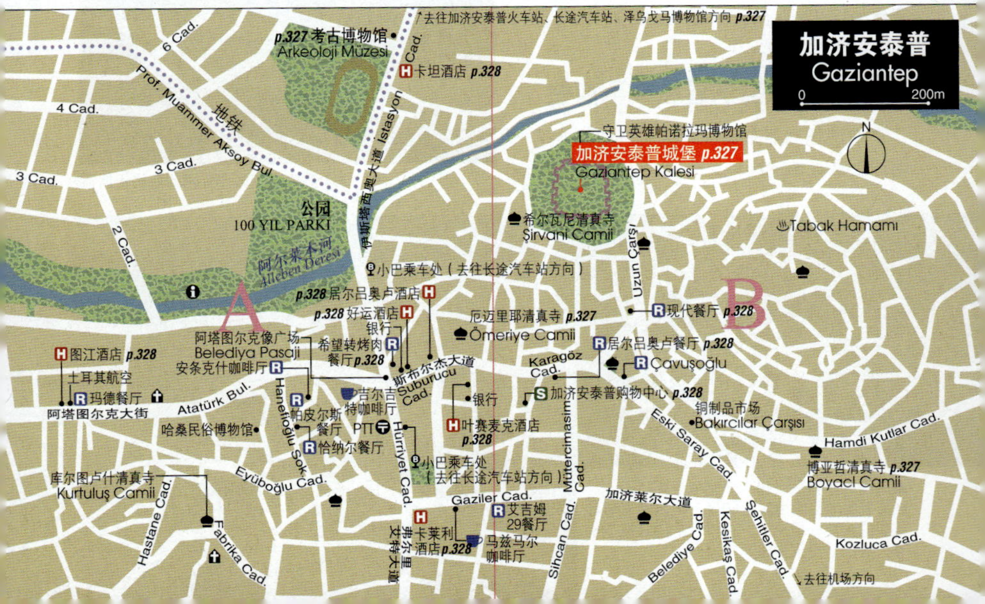

Ali Nazik的烤肉是这里的名吃，把酸奶淋在茄子、肉丸上烤制而成的美味菜肴。加济安泰普的开心果非常好吃，用坚果仁做成的点心和饼干也非常美味，果仁蜜饼Fıstık Ezmesi是老少皆宜的美味甜点。

雕刻着华丽图饰的铜制品做工精美，价格也非常便宜。小巧的铜质煮咖啡器5TL。大型的茶壶40TL。传统工艺制作、镶有小粒石珠的箱子及首饰盒也非常好看。当地最有名气的礼物——开心果，1千克15TL左右。

历史概览

古时候，这里被叫做艾因塔或普安泰普。其历史可以追溯到旧石器时代，如今位于城市中心西北方12千米处的地区就是当时的中心地带。

公元前2000年左右这里被巴比伦王国所占领，公元前1700年又被赫梯帝国所统治，直到公元前500年左右其领土权被叙利亚君主所掌握。此后领土权几经易主，先后被罗马帝国、拜占庭帝国所统治。在市中心东南方50千米处，还曾出土过罗马时代精美的马赛克作品。这些马赛克制作精良，可以称得上是罗马时期的艺术制作典范。

1084年，苏莱曼大帝率领军队征服了这块土地。1270年，伴随着蒙古族的入侵，加济安泰普也逐渐走向衰落。直到1471年，埃及马穆鲁克王朝统治时期，加济安泰普又重新恢复了往昔的繁荣。

1516年，奥斯曼帝国大举出兵进攻这里，大获全胜之后，加济安泰普作为当时的交通要道进一步走向繁荣富强的道路。

第一次世界大战之后，这里被法国和英国军队所占领，这里的居民跟占领这座城市的军队展开了顽强勇猛的抵抗，因此1912年这里的地名也被冠以“加济（勇士的意思）”。因此加济安泰普也可称做安泰普。

站在加济安泰普城堡上向远处眺望的景色

观光亮点

加济安泰普城堡

Gaziantep Kalesi　MAP/p.326-B

交 从市政府广场步行10分钟可达。城堡内有美术馆 开 8:00~17:00 休 周一 TL 无

加济安泰普城堡位于山丘之上。城墙周长达1200米，内部有12座塔楼。城堡建于公元565年，是拜占庭皇帝查士丁尼下令修建的。当时只是一座监视塔，后来在奥斯曼帝国时期经过增建成为规模庞大的建筑物。20世纪初期，这里曾作为抵抗法军的军事据点。城堡内还建有一座战争英雄博物馆，入馆费1TL。

泽乌玛博物馆

Zeugma Müzesi　MAP/p.326-B外

交 从铁路站口向西迂回折返，路对面即是
开 8:00~17:00 休 周一 TL 5TL

于2011年9月正式开馆。该博物馆装饰得非常豪华，里面陈列着从近郊遗迹泽乌玛出土的罗马时代马赛克作品。除此，还有许多其他时代的马赛克作品。说起马赛克的收藏，安塔西亚马赛克博物馆在全世界范围内都是首屈一指的。而泽乌玛的藏品并不输于安塔西亚博物馆，足以见其藏品之丰富和珍贵。馆内拥有最先进的灯光设施，将一件件藏品展示在绚丽的灯光之下，令人惊叹。

泽乌玛遗迹位于Nizip小镇东北方6千米处。

泽乌玛博物馆的藏品大部分来自于考古博物馆（从市政厅前步行10分钟即可到达。周一闭馆，门票1TL）。

加济安泰普城堡

考古博物馆内陈列的马赛克作品

补充信息　狄吕克村（Dülük）…村落被森林所包围，里面坐落着许多历史遗迹，比如罗马时代的米特拉神殿、岩石洞窟墓穴和教堂遗址等，是适合游人参观和野餐的旅游场所。

现代餐厅

居尔吕奥卢餐厅

R 餐厅

●现代餐厅 Çağdaş　预算22TL~　MAP/p.326-B

交 从市政府广场步行10分钟可达 ☎231-2678 营8:00~21:30 休无 酒无

于1887年开业的老字号餐馆。烤馕、烤饼做得又香又脆，非常好吃，价格也不贵，2TL。烤肉类菜肴15TL起。很多当地人都来此用餐。

●希望转烤肉餐厅 Ümit Döner　预算16TL~　MAP/p.326-A

交 从市政府广场步行3分钟可达 ✉İstasyon Cad. 2D ☎231-1790 营11:00~24:00 休无 酒无

特色菜肴是旋转烤肉，12TL。冰激凌6TL。

●居尔吕奥卢餐厅 Güllüoğlu　预算14TL~　MAP/p.326-B

交 从阿塔图尔克雕像步行3分钟即可到达 ✉Karagoz Cad.5 ☎232-4363 营8:00~21:00 休无

当地一家经营多年的点心店。坚果、花生之类的点心是该店的特色风味。坚果饼一份6个，9TL。

H 酒店

图江酒店

●图江酒店 Tuğcan　S €62　W €82　MAP/p.326-A

交 从市政府广场步行5分钟可达 ✉Atatürk Bul. 34 室141

☎220-4323 FAX 220-3242 HP www.tugcanhotel.com.tr C M V

客房内各种现代化设施齐全，并提供免费上网服务。还设有游泳池。

●叶赛麦克酒店 Yesemek　S 62TL　W 80TL　MAP/p.326-A

交 从市政府广场步行3分钟可达 ✉İsmail Say Sok.4 室42

☎220-8888 FAX 220-8888 HP www.yesemekotel.com C M V

当地的一家三星级酒店。客房内有电视、空调、冰箱等现代化设施。

●卡莱利酒店 Kaleli　S 60TL　W 80TL　MAP/p.326-A

交 从市政府广场步行5分钟可达 ✉Hürriyet Cad. Güzelce Sok.50 室70 ☎230-9690 FAX 230-1597 HP www.kaleliotel.com C M V

酒店内部装饰是古朴的民族风。带有空调、浴室、冰箱等设施，入住方便。

●卡坦酒店 Katan　S 40TL　W 60TL　MAP/p.326-A

交 从市政府广场步行5分钟可达 ✉İstasyon Cad. 58 室42

☎230-6969 FAX 220-8454 C M V

酒店位于市中心不远处，是一座8层建筑。电视、烘干机等设备完善。

●好运酒店 Uğurlu　S 40TL　W 65TL　MAP/p.326-A

交 从市政府广场步行3分钟可达 ✉Bey Mah. Kayacık Sok.14 室45

☎220-9690 C A M V

酒店装饰得非常精美。客房虽然比较小，但迷你吧台、烘干机等设施齐全。

●居尔吕奥卢酒店 Güllüoğlu　S 40TL　W 60TL　MAP/p.326-A

交 从市政府广场步行3分钟可达 ✉Suburcu Cad.1B 室20 ☎232-4363 FAX 232-4365 C V

酒店内部装饰比较复古。一层是时尚的休闲餐厅。

好运酒店

叶赛麦克酒店

真情提示

胡同里寻访清真寺

加济安泰普在17世纪曾拥有100多座清真寺。从地图上来看，这些清真寺坐落在不同位置。有的位于广场附近，有的位于胡同深处，有的清真寺如今已经被作为商店使用。但是这些建筑物内部都保留有古代痕迹。可以一边查询地图，一边寻访这些散落在不同地点的清真寺。

城市中最古老的清真寺是厄迈里耶清真寺(MAP/P.326-A)，其准确的修建年代不详，但从其内部的古文物和建筑特征来看，要比其他清真寺的修建年代更为久远。以精美木雕而闻名的博亚哲清真寺(MAP/P.326-B)建于1358年，其内部的木头雕刻非常精美，保留得也十分完好。当地的库尔图卢什清真寺(MAP/P.326-A)也非常具有参观价值，其前身是亚美尼亚教堂，建于1892年，如今改建为清真寺使用。

穿过繁华的大街深处，是古老的小胡同

华丽的库尔图卢什清真寺

补充信息 **加济安泰普购物中心**…主要出售加济安泰普当地的各种土特产和礼品等商品的大型购物中心。里面还有为数不少的快餐店，是休闲购物的好去处。开8:00~20:00（周日10:00~19:00）

MAP/p.7-H

尚勒乌尔法

ŞANLIURFA

人口大约49.8万人／海拔518米

土耳其最炎热的城市。《圣经》中提到的地方。也是美食之乡。

数千年前，有民族曾穿过叙利亚沙漠到达这片土地。这里曾经居住过亚伯拉罕和约伯等《圣经》中的人物，如今被看做是圣地，每年都有信徒从全世界赶来朝拜。这里还是去往哈兰的始发城市。这里也被称做是“预言者的城市”。在这里能感受到浓厚的古代信仰氛围。盛夏温度高达50摄氏度。

交通方式

从伊斯坦布尔乘坐飞机历时大约1小时45分钟到达。每天有2次航班（周四、周六1天1次航班）。从安卡拉出发的直达航班每天有1次。到达尚勒乌尔法机场后，可乘坐机场大巴去往市中心。

伊斯坦布尔有Ulfa Pıner、Seyahat、Eser等多家长途汽车公司。从伊斯坦布尔出发历时19个小时可达，车费85TL。从安卡拉出发历时12个小时可达，车费60TL。从加济安泰普出发历时2个小时到达，车费20TL。从阿德亚曼出发历时2小时30分钟可达，车费14TL。

从长途汽车站乘坐出租车，大约10分钟后就可以到市中心地区，车费大约15TL。也可以乘坐迷你巴士。

从市政府办公厅前面可以乘坐巴士去往长途汽车站。长途汽车站的上层是长途汽车乘车站，下层是去往哈兰和阿德亚曼等地的迷你巴士乘车站。

漫步导览

区号0414

MAP/p.330-A ✉ Balilik Vinası 4kat.市政府对面 ☎312-5332 开8:00~17:30（冬季~17:00） 休周六、周日

从长途汽车站出来后，可乘坐去往市中心的巴士。20分钟后进入到城市南侧的隧道，出隧道向右拐去，前面就是尚勒乌尔法城堡。这里也是城市的主要街道萨拉伊厄尼大街所在地。被称为圣地的德尔加弗（Dergah）、居尔巴什（Gölbaşı）也集中在这一带。

大街右侧是一座巴扎集市，里面有很多贩卖当地土特产和日用品的商店。大街沿边也有许多点心店和肉店。再往前走是乌卢清真寺，清真寺左侧有一座钟塔。这一带是贵重金属店和饰品店聚集区，比较时尚高档。圣鱼池公园也在这附近。在市政府广场前面还有大型购物中心，也是时尚人士聚集的地区。

中档酒店和餐厅也大都集中在这一带。

当地最著名的美食是乌尔法烤肉。把番茄、茄子和肉块交错着穿成一串烤制而成，肉香中带有蔬菜的味道，非常好吃，且分量十足。在巴扎集市中有很多这样的烤肉店。如果是冬季的话，建议品尝一下当地的特色羔羊肉丸（Çiğ Köfte），可以驱寒养脾。尚勒乌尔法的点心也很不错。

当地的特产是铜制品、刺绣、木工艺品和卷烟等。在巴扎集市中可以看到很多出售这些商品的土特产店。

圣鱼池

大串的尚勒乌尔法烤肉

历史概览

考古学家曾在尚勒乌尔法的郊外发现了人类生活的遗迹。据此推断，早在新石器时代在这片土地上就有人类居住。公元前3000年左右，这一带被弗尔里人所占领。弗尔里人以善于骑术而在历史上闻名。随后，赫梯人获得了这片土地的统治权。此后，赫梯王国逐渐走向衰落，王都哈图沙被攻陷之后，新赫梯帝国在尚勒乌尔法周边相继建起了几个小国家。

公元前6世纪，经历了波斯帝国的大统一之后，亚历山大大帝东征至此，把该地命名为艾德萨。这里因位于连接安纳托利亚和美索不达米亚平原的重要位置，历来是兵家必争之地。在罗马帝国时代和阿拉伯统治时期，都发生过连年不断的战争。

1098年，十字军占领了当时隶属于塞尔柱王朝的艾德萨，并开始了长达50年的统治。直到1516年，该地被奥斯曼帝国所统治。

17世纪时期该地更名为乌尔法。第一次世界大战之后，这里被英国军队所占领，当地居民英勇顽抗，力克敌军，在历史上留下了光荣的故事。因此，1984年在市名的前面又加上了“尚勒（光荣之意）”两个字，成为今天的名字。有很多当地人仍简称这里为乌尔法。

前来亚伯拉罕诞生地做朝拜的人群。附近的土特产店前也是人头攒动

观光亮点

亚伯拉罕诞生地

Hz.İbrahim Makammı / Dergah　　MAP/p.330-B

交 从巴扎集市步行5分钟可达 开 随时 休 无 TL 无

位于尚勒乌尔法城堡下。

当时的统治者尼姆罗德国王梦到自己的国家将要灭亡，祭司预言说那一年出生的孩子将要夺去他的王位。于是国王听从了祭司的话，要把所有的婴儿全部杀害。一名年轻的女性逃到一座山洞中生下了肚子中的孩子，这个孩子就是亚伯拉罕。据说他在这里一直生活到七岁，才回到父母的身边。

山洞内有一座圣泉，不断有泉水涌出。传说这里的泉水可以治愈百病，很多人不远万里来这祈求上天恩赐治愈自己的疾病。入口分男女。在离开山洞的时候，不允许背向山洞里面，因此人们都是虔诚地面对山洞倒退而出。

阿伯拉罕诞生地附近的哈利勒・拉赫曼清真寺

圣鱼池／勒德瓦尼耶清真寺

Halilür Rahman Gölü/ Rızvaniye Camii　　MAP/p.330-B

交 从亚伯拉罕诞生地步行3分钟可达 休 无 TL 无

传说亚述的统治者尼姆罗德国王就是在这里想要对亚伯拉罕实施火刑的。正在千钧一

发的之际，奇迹发生了。跳动的火苗变成了清澈的水源，燃烧的柴火变成了一条条活鱼。如今这座池塘中还可以看到很多鱼，还被当做圣鱼看待。它们长得跟鲤鱼非常相似。

鱼池的北侧是1736年修建的勒德瓦耶尼清真寺，又叫做鱼池清真寺。在泽里哈的圣母玛利亚教堂遗址处修建了哈利勒·拉赫曼清真寺。

如今，这一带建起了一座大型公园，在圣鱼池的南侧，还有一座被称为泽里哈水池的地方。这是为纪念追随亚伯拉罕的尼姆罗德国王的女儿——艾因泽里哈而建。

尚勒乌尔法城堡

Urfa Kalesi MAP/p.330-B

交 从圣鱼池步行5分钟即可到达
开 8:00~18:00 休 无 TL 3TL

沿着坡道或是城堡脚下的隧道拾阶而上，都可以到达乌尔法城堡顶部。公元815年对城堡进行了重建。南侧的壕沟修建于公元3世纪。从城堡上面可以看到下面一片石造房屋的街景。城堡最为醒目的两根石柱高达17米，修建于公元前2世纪。在石柱上还雕刻有碑文，是艾德萨国王为其爱妃所铭刻的。

乌卢清真寺

Ulu Camii MAP/p.330-B

交 从市政府步行15分钟可达 休 无

乌卢清真寺是尚勒乌尔法最古老的建筑之一。修建于1175年，最初是作为基督教教会使用，后来经过改建成为今天的模样。清真寺中有一座高高的八角形尖塔，是由原来的钟楼改建而成。这座钟塔是尚勒乌尔法最古老的钟塔。清真寺中还有一座水井，里面流淌着据说是耶稣圣水的泉水。

乌卢清真寺的尖塔

巴扎集市

Pazar MAP/p.330-B

交 从圣鱼池步行10分钟可达 休 无

从圣鱼池向东步行10分钟左右，就可达一座大型巴扎集市。这是当地非常有名的大型购物集市，非常具有当地色彩。巴扎集市两侧绿树成荫，许多土特产店、礼品店坐落在道路两旁，茶屋外面，许多老人悠闲地品茶聊天。这里的房屋建筑也极具奥斯曼风格，无论是家具店、绸缎店还是点心店、皮革商店，都可以在这里找到。许多手工艺者坐在大街旁边为客人现场制作商品。集市人声鼎沸、人山人海，一派热闹的景象。

巴扎集市的手工皮革制品，用的是从古时传下来的手艺

延留至今的巴扎集市

哈兰村庄

Harran MAP/p.10-J

交 从尚勒乌尔法乘坐巴士45分钟可达
休 无 TL 无

哈兰是一个部落村庄，位于尚勒乌尔法南部45千米的地方。从尚勒乌尔法长途汽车站乘坐去往哈兰的迷你巴士，大约50分钟后可达，车费10TL。每天6:00~19:00运营，每小时发车一次。

到达哈兰长途汽车站之后，沿着道路步行10~15分钟可达城堡遗迹，路上会经过一片造型独特的房屋群。如果跟团的话，

历史之泉 罗马时代的哈兰…如今在哈兰境内的城墙壁，始建于罗马时代。厚厚的城墙壁周长达4千米，围绕整个哈兰周边而建，共有6个城门、187个石塔。

用晒干的土坯建造而成的独特房屋

神学校遗迹和乌卢清真寺高达22米的尖塔

会提供巴士前往。到达后，可步行去往周边景点。哈兰的主要景点有：乌卢清真寺、世界上最早的高等教育机构伊斯兰神学校等。

哈兰的房屋非常有特色，用晒干的土坯建造而成，顶部是光滑的椭圆形状。这样的建筑结构是公元前6000年~公元前3000年美索不达米亚平原的典型房屋特征。因为当地木材难以取得，所以用晒干的土坯代替房梁和木制墙壁结构。其特点是夏季凉爽，冬季保暖，非常适宜居住。房屋圆顶部分高达5米，是用一块块的土坯堆积三四十层而建成。不过现在，很少有人居住在这样的房子里了。有些已改作土特产商店。

据《圣经》记载，亚拉伯罕按照神的启示从尚勒乌尔法出发，沿着幼发拉底河前往下游的约定之地——迦南，途中就曾居住在哈兰。在此之前，哈兰也因是古代美索不达米亚平原的偶像崇拜地和萨比人的月亮神信仰中心地而闻名。

哈兰城堡遗迹、乌卢清真寺和世界上最古老的伊斯兰神学校遗址都是萨比人所建造的。这些建筑全部建造或改建于公元9~11世纪。

索格玛塔尔

Soğmatar MAP/p.10-J

交 位于哈兰东南部30千米处。乘坐出租车往返大约240TL

索格玛塔尔距离哈兰非常远，属于偏僻之壤。前来这里的交通工具很少，建议参加旅游团乘坐出租车前往（15人以上可参团）。旅游团一般去往古代的洞穴遗迹、摩西养父之乡等景点。

索格玛塔尔境内有不少神秘的石窟神殿（古代名为斯玛塔尔），这里曾居住过阿拉伯人的原住民，现在还残留有当时成形的部落遗址和岩石堆积而成的山丘。

石窟神殿一直延伸到岩丘内部，进入大门之后，可以看见在斑驳的墙壁中央祭奠着古老的神灵雕像，如今已残败不堪，头部也不知所终。这里是公元2~3世纪萨比人祭祀月亮神和太阳神的地方。公元7世纪，他们已成为当地人普遍信仰的神灵。

在部落村庄附近的山丘之上，还有一

这种独特的房屋受叙利亚地区的影响极大

座祭祀月亮、太阳、水、金、火、土、木七座天体之神的神殿遗址。如今神殿已经不复存在，仅留下金星神殿的地下室部分。

圆形的金星神殿

村落外面鲜有绿色植被。夏季，阳光照射在白色的岩石上再反射到地面，使得地表温度急剧升高，最高可达60摄氏度。建议到这儿参观时要准备好充足的水源。

洞穴神殿的石壁上矗立有几座神像

R H 餐厅／酒店　　尚勒乌尔法 ☎0414

R 餐厅

●**凉棚别墅餐厅** Çardaklı Köşk　预算 20TL~　MAP/p.330-B

交 从圣鱼池步行5分钟可达 ✉ Yenimahalle Balıklı Göl Cad. 40

☎ 217-1080 营 7:00~23:30（周六7:30~22:30） 休 无 酒 无

利用19世纪的房屋改建而成。内部铺设厚厚的地毯，显得庄严典雅。汤羹类2.5TL，烤肉类13TL~。夜晚在这里用餐，可以欣赏到夜幕下灯火闪烁的美丽城堡。

凉棚别墅餐厅

●**徐迈尔餐厅** Sümer　预算 18TL~　MAP/p.330-A

交 从市政厅步行1分钟可达 ✉ Atatürk Bul. Belediye karŞısı Teknosa Yanı

☎ 316-9191 营 6:00~24:00 休 无 酒 无

当地一家人气很高的烤肉店。味道不错，价格也不贵。很多当地女性也喜欢来这。

徐迈尔餐厅

●**金扦子烤肉馆** Altın Şiş Et Lokantası　预算 18TL~　MAP/p.330-A

交 从市政府广场步行3分钟可达 ✉ Atatürk Bul. 1ci Stad ap. Kat 6 ☎ 215-4646

营 7:00~24:00 休 无 酒 无

餐厅服务态度热情周到，让人感觉宾至如归。特色菜肴是把茄子和羊肉串在一起的烤肉。

金扦子烤肉馆

●**哈哲阿卜杜拉赫曼面点沙龙** Hacı Abdurrahman Kadayıf Salonu　预算8TL~　MAP/p.330-B

交 位于巴扎集市内 ✉ Hasimiye Meydanı　sotçu Pazarı 17

☎ 215-4430 营 8:00~24:00 休 无 酒 无

当地一家连续三代经营的老牌点心店。点心的口味老少皆宜，价格也非常实惠。kadyıf为招牌点心，3TL。

H 酒店

●**马尼基酒店** Manici　S 90TL　W 140TL　MAP/p.330-B

交 从圣鱼池步行5分钟可达 ✉ 63200　Balıklıgöl 室 52

☎ 215-9911 FAX 215-5589 HP www.maniciurfa.com C M V

当地一家四星级酒店。位于圣地中心位置。客房面积很大，各种设施齐全，入住条件非常不错。周边还有大型购物中心，购物、休闲、娱乐都非常便利。

●**哈尔朗酒店** Harran　S 70TL　W 120TL　MAP/p.330-A

交 从市政府广场步行3分钟可达 ✉ Atatürk Bul. 室 108

☎ 313-2860 FAX 313-4918 HP www.hotelharran.com.tr C M V

酒店内设有一座大型游泳池，也是市内唯一的一座游泳池。内部装饰新颖时尚，以奶油色为基调。

哈尔朗酒店

●**丝绸宾馆** İpek Palas　S 45TL W 75TL　MAP/p.330-A

交 从市政府广场步行1分钟可达 ✉ Dünya Hastanesi Arkası 4

室 36 ☎ 215-1546 FAX 215-1290

酒店是石造而成，内部装饰非常古朴。客房内有卫星电视、空调以及浴室等设施。

丝绸宾馆

●**居文酒店** Güven　S 65TL　W 110TL　MAP/p.330-A

交 从市政府步行3分钟可达 ✉ Sarayönü Cad. 133

室 40 ☎ 215-1700 FAX 215-1941 HP www.hotelguven.com

酒店内部干净整洁，并带有电梯。不过，双人间略显狭窄。

补充信息 独立酒店…istiklala当地一家非常有名的经济型酒店，一晚12TL左右。从这里前往观光景点非常方便。MAP/p.330-B ✉ Gölü Cad.HaŞimiye Civarı 99 ☎ 216-9265

内姆鲁特山

NEMRUT DAĞI

MAP/p.7-H

山顶有被列为世界遗产的巨大神像，是科马吉尼国王的古墓遗迹。

内姆鲁特山顶有一座巨大的神像，这是科马吉尼王国的安条克一世的古墓，如今被列为世界遗产，是安纳托利亚东南部的热门景点。由于地震的缘故，神像的头部滚落到地上，好像是从地下长出来一样，令人惊叹。险峻的山岩和奇幻的村落景致，令无数游客叹为观止。

交通方式

可以选择内姆鲁特山西南部50千米处的城市卡赫塔（人口大约6.3万人）作为始发点。一般路线是这样的：从尚勒乌尔法或加济安泰普乘坐迷你巴士去往阿德亚曼，在卡赫塔换乘车辆再前往内姆鲁特山。

从尚勒乌尔法乘坐巴士去往阿德亚曼，历时大约2小时30分钟可达，车费10TL。从阿德亚曼再换乘车辆去往卡赫塔，历时大约45分钟，车费3TL。

漫步导览／卡赫塔　区号0416

MAP/p.334-B ✉ Mustafa Kemal Cad.51 ☎ 725-5007 开 8:00~12:00、13:00~17:00（冬季8:00~17:00） 休 周六、周日

卡赫塔的主要街道是穆斯塔法·凯末尔大街。从阿德亚曼发往卡赫塔的巴士，通常在位于穆斯塔法·凯末尔大街中部的车站停车。

银行集中在穆斯塔法·凯末尔大街的尽头和东侧大街上。这一带也是商店的聚集区。卡赫塔本身没有什么可以参观的景点，但是可以作为去往内姆鲁特山的据点城市。

从很远处就可以眺望到内姆鲁特山的圆锥形顶部

从这里去往内姆鲁特山，可以选择乘坐出租车或是报名参加旅游团。

在卡赫塔的主要街道穆斯塔法·凯末尔大街上还有几家旅行社，旅游团的种类和旅游路线也是多种多样。费用根据参团人数而定，一般在旅游旺季时会有折扣。

在住宿的酒店一般也会提供旅游团的报名服务，非常方便。旅游团配有专业导游，给游客详细介绍景点。有英语、土耳其语以及法语导游可选。

〈旅游团〉

观日出旅游团。旅游团凌晨3点从卡赫塔出发，登上内姆鲁特山顶观看日出。日出的景色是

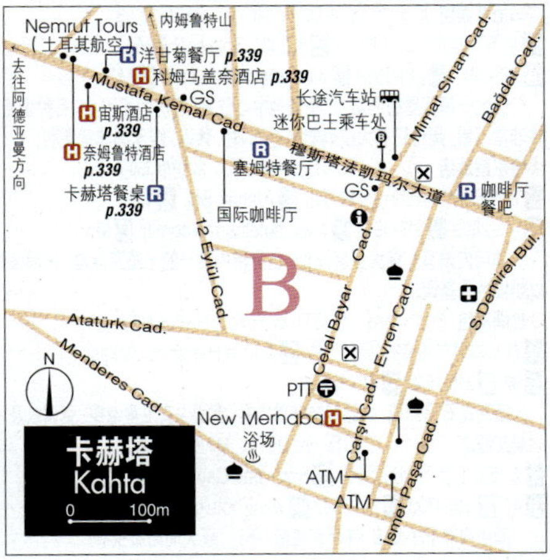

安条克一世的坟墓前面伫立有5座神像。因地震头像滚落到地上。左边的头像是宙斯

否完美取决于当天的天气状况。观看完日出，再参观周边几个景点可回到卡赫塔。

关于参团费用，如果参团人数较多的话，每人支付50欧元左右即可。如果是个人报名的话，需要支付150欧元。旅游淡季时，只提供单人旅游服务。除了观日出行程之外，也有专门欣赏夕阳落山景色的旅游团。一般是中午过后出发，登上山顶等待日落景象。

〈注意事项〉

内姆鲁特山即便是在夏季，到山顶也会觉得非常冷。一定要多准备几件外套。也可以借酒店的毛毯一用。

去往内姆鲁特山的迷你巴士

〈出租车〉

从卡赫塔出发的单程费用，去往内姆鲁特山车费65TL，45分钟可达。去往阿尔萨梅亚车费40TL，45分钟可达。去往坚代雷桥车费25TL，20分钟可达。去往卡拉库什车费15TL，10分钟可达。

历史概览

早在公元前2000年前的科马吉尼王国统治时期，这里就已经与美索不达米亚平原地区展开了一系列的贸易活动。在此之后的赫梯王国时期，这片地区得到了进一步的发展繁荣，并出现了大型的、形成规模的村落。13世纪后期，赫梯王国走向灭亡，这里也出现了多民族、混合的时期，在其周边也出现了一些小国家。直到公元前546年，波斯王朝占领了这里。

亚历山大大帝东征时歼灭了波斯军队占领了这里，但是亚历山大大帝在公元前323年英年早逝，其后继者们建起了希腊文化时期的诸国，把这片土地进行分割。当时，这里隶属于塞硫古王朝。

科马吉尼王国的诞生和灭亡

塞硫古王朝在当时的领土各地都设立了君主，分别统治王朝的不同疆土。当时的科马吉尼王国就是其中的一个小王国，与亚美尼亚、卡帕

妇女们为躲避强烈日照，在庇荫处洗衣

左侧岩山上是耶尼卡莱。右侧岩山上是埃斯基卡莱（阿尔萨梅亚）

多西亚属于同级王朝。

公元前163年，科马吉尼的地方君主萨默斯从逐步走向衰落的塞硫古王朝中脱离出来，建立了属于自己的科马吉尼王国。

萨默斯的儿子叫做米托拉达特斯一世，他迎娶了塞硫古王朝最后一任国王安条克十三世的女儿为妻，并继承了安条克王的称号。此后科马吉尼的国王以安条克作为自己的封号。

科马吉尼地区的国王安条克一世（在位期间为公元前69年~公元前31年）统治时期，迎来了最全盛时期。他在山顶建造了一座非凡的纪念碑以示他自己与天神们的荣耀。他所统治的王国在叙利亚与波斯的贸易中大为受益。但是受到罗马帝国的不断挑衅和进攻，只能够在波斯帝国的庇护之下赖以生存。

安条克一世死后，罗马帝国的势力越来越强大，并不断威胁到科马吉尼王国。安条克一世在其陵墓的墓碑上刻有其父是波斯王，其母具有亚历山大大帝血统的碑文，并把自己列入众神之列，在此长眠。公元前38年，马克·安东尼废黜了安条克，并最终把这里并入叙利亚地区的罗马行省。内姆鲁特山上的陵墓，最终只是安条克一世不可完成的一个梦想。

观光亮点

内姆鲁特山

Nemrut Dağı MAP/p.334-A、337

交 从卡赫塔坐车，白天1小时即可到达，晚间需要2小时 开 随时 休 无（冬季积雪暂时关闭）
TL 7.5TL（持此票可前往阿尔萨梅亚、耶尼卡莱）

内姆鲁特山海拔2150米，其顶部呈圆锥形，在很远的地方就可以看得到，非常醒目独特。在山顶上，坐落着被列为世界遗产的巨大神像，这是公元前1世纪时期统治这一地区的科马吉尼

▲观日出旅游团在山顶等待日出
▶左侧是阿波罗，右侧是赫拉克莱斯（西台）

历史之泉 塞硫古王朝…公元前312年~公元前63年。亚历山大大帝的手下所建立的希腊文化诸国中的一个。其境内东西方文化混杂融合。

▲狮子浮雕。其背后的三个行星，象征了木星、水星和火星排列成一条直线的现象
▶左侧是安条克一世。右侧是提凯（西台）

王国的安条克一世的陵墓。山顶是碎岩石堆积而成的圆锥形山丘，直径150米，高度达50米，规模较为庞大。安条克一世就长眠于此。

从卡赫塔出发的车辆最终可达内姆鲁特山脚下的停车场，游客们可以在这里用餐和休憩。准备好之后，从这里步行出发，沿着铺满碎石的道路向上行走15分钟后，就可以到达山顶。

东台

东台上有5尊巨大的神像，分别是希腊和波斯的神像，高达5~8米，头部用整个石块雕造，身体用石块垒筑，现已因地震倒塌散落，头部都坠落在地面上。

东台上的神像从左往右依次是：阿波罗（光明之神，希腊神话中十二主神之一）、提凯（科马吉尼的农业女神）、宙斯（希腊神话中的主神，“众神之父”）、已化身为神的安条克一世以及赫拉克莱斯（大力神，希腊神话中的大英雄）。

神像们表情庄严，嘴巴半开，是典型的希腊文化时期雕像的样式。身上所披的服饰和衣服是波斯风格。

两侧各有狮子和鹰的雕像。神像底座刻有神的名称和有关宗教仪式、法律、敕令等铭文。雕像对面有一座金字塔，为祭祀火神的场所。

西台

从东台沿着小路向北行走，可达西台的入口处。西台也伫立着众神像，与东台摆放的顺序一致。滚落在地上的头像相比东台来说，保存状态更为良好。西台没有祭坛。西台的墙壁上、地板上雕刻有为数不少的浮雕。浮雕的内容大都为表现安条克一世与众神握手交流的情景，其中最引人注目的是一幅巨大的狮子图。

狮子胸前有三日月像，这是科马吉尼王国的象征性图案。背后的三个巨型图案分别代表了木星、水星和火星。现代天文学研究中，已经确定公元前62年7月7日，这三个行星排成一条直线的现象出现过。这表明古代天文学已经推算出这一现象并有所记载，古人的智慧着实令人惊叹。

北面的石板

连接东台和西台的道路下方，有一道竖立的石板排列而成的石壁。石板上记载了波斯帝国父系的来历和故事，不过这些石板在漫长的历史岁月中遭到了不同程度的损坏，上面的文字已经斑驳得难以辨认了。据说这里曾经是通往陵墓的道路。

阿尔萨梅亚（埃基斯卡莱）

Arsameia（Eski Kale） MAP/p.334-A

交 从卡赫塔乘坐出租车45分钟可达，车费大约40TL **开** 8:00~17:00 **休** 无
TL 7.5TL（持内姆鲁特山门票可免费参观）

这里是科马吉尼王国夏季避暑用的宫殿遗迹，当时被称为阿尔萨梅亚。埃基斯卡莱是“老城堡”的意思，当地居民一般这样称呼这里。

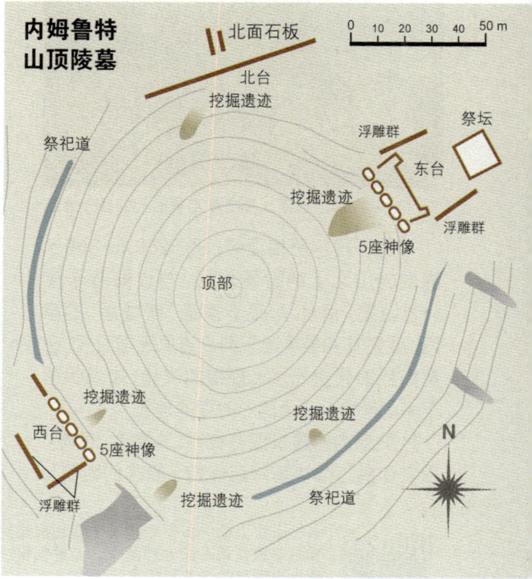

▲描绘安条克一世与赫拉克莱斯握手的浮雕 ◀位于阿尔萨梅亚半山腰，长约158米的地下隧道入口。古人在这里举行宗教仪式

沿着斜面的小道向上行走，半途中会看见一条长达158米、通往地下的隧道，其入口上方，是安条克一世与赫拉克莱斯握手的巨大浮雕。去往山顶的途中，会看到大大小小的洞穴，被认为是举行宗教仪式的地方。

这里也被认作是安条克一世的父王米特拉答梯王的圣地。其顶部残留有避暑宫殿的遗迹。最高处也建有与内姆鲁特山上非常相似的米特拉答梯王陵墓。但陵墓里保留下来的文物很少。

耶尼卡莱

Yeni Kale MAP/p.334-A

交 从卡赫塔乘坐出租车45分钟，车费大约40TL

耶尼卡莱。奥斯曼帝国时代的建筑遗迹

位于阿尔萨梅亚旁，建于250米~300米高的岩山之上的险峻城堡。与埃斯基卡莱（老城堡）相对，耶尼卡莱是"新城堡"的意思。城堡其实最早建于科马吉尼王国时代，在奥斯曼时代进行了大规模的改建，如今保留下来的部分几乎为这一时期的建筑。

城堡内的建筑保存良好，清真寺、浴场、王宫和拱门结构基本都保持了原来的面貌。城堡入口处的阿拉伯语碑文是13世纪马穆鲁克王朝时期的作品。在昏暗的房间内沿着台阶慢慢走下，可到达一块整齐的岩石之上。站在这里，可以眺望埃斯基卡莱以及山谷间的优美风景。

坚代雷桥

Cendere Köprüsü MAP/p.334-A

交 从卡赫塔乘坐出租车20分钟，车费大约25TL
开 随时 休 无 TL 无

这座桥梁位于幼发拉底河的支流坚代雷河上，在最狭窄的河道部分修建了这座坚固的石桥。桥长约120米，桥端有三个高高的圆柱，大约7米高。

西南侧的石柱上，记载着赞颂公元2世纪末的军人皇帝塞普提米乌斯·塞维尔斯以及妻子里阿的碑文。对岸的石柱，是为铭记卡拉卡拉大帝和盖塔大帝的功德而建造的。盖塔大帝死后，卡拉卡拉大帝下令将盖塔大帝的石柱搬走，如今这里仅剩下两根石柱。

罗马帝国时修的坚代雷石桥。如今仅留两根石柱

历史之泉 卡拉卡拉大帝…其下令建起了罗马帝国的大型浴场卡拉卡拉浴场。其父王去世后，母亲里阿授意其与弟弟盖塔一起治理国家。但是仅仅过了不到一年的时间，卡拉卡拉大帝就将盖塔杀害，并将领土内所有关于盖塔的事物销毁。

卡拉库什

Karakuş MAP/p.334-A

交 从卡赫塔乘坐出租车10分钟，车费大约15TL
开 随时 休 无 TL 无

位于坚代雷石桥西侧，是一座大约高30米的陵墓，与内姆鲁特山上的陵墓相同，也是用碎岩石堆积而成的。陵墓的一部分石材被运走，用以修建坚代雷桥。

当时陵墓周边有多利斯样式的石柱，分为三组，每组三个，每个石柱之间相隔大约130米，环绕在陵墓的四周。如今仅残留下孤零零的几根石

卡拉库什陵墓的纪念柱

路途中偶遇的牵着驴子的青年

柱。东侧石柱的顶部有一座高达2.5米的老鹰像。老鹰在土耳其语中叫做卡拉库什，这也是其地名的由来。

这是科马吉尼国王米特拉答梯二世(在位期间为公元前31~公元20年)的母亲和姐姐等人的陵墓。在残留石柱的基座上还刻有记载她们故事的铭文。另一座石柱的顶端有丢失头部的公牛像。

R H 餐厅／酒店　卡赫塔 ☎0416

R 餐厅

●卡赫塔餐桌 Kanta Sofrası　预算 18TL~　MAP/p.334-B
交 从长途汽车站步行5分钟可达 ✉ Mustafa Kemal Cad. TedaŞ KarıŞsı 62
☎ 726-2055 营 7:30~24:00 休 无 酒 无

餐厅内部干净整洁，带有空调。烤肉类10TL~。

●洋甘菊餐厅 Papatya　预算 20TL~　MAP/p.334-B
交 从长途汽车站步行10分钟即可达 ✉ Mustafa Kemal Cad.61/A ☎ 726-2989
营 6:00~23:00 休 无 酒 无

该餐厅料理种类非常丰富，而且就餐氛围特别好。餐厅二楼设有包厢席位，可供家庭或众人聚餐。

宙斯酒店

洋甘菊餐厅

H 酒店

●宙斯酒店 Zeus　S €60　W€80　MAP/p.334-B
交 从长途汽车站步行10分钟可达 ✉ Mustafa Kemal Cad.20 室 66
☎ 725-5694 FAX 725-5696 HP www.zeushotel.com.tr

酒店设有游泳池。客房带有各种现代化设施。住宿费也比较便宜。酒店还提供旅游团报名服务，非常方便。去往内姆鲁特山的乘出租车旅游团，每人150$左右。

●奈姆鲁特酒店 Nemrut　S 50TL　W 80TL　MAP./p.334-B
交 从长途汽车站步行10分钟可达 ✉ Mustafa Kemar Cad. 室 86
☎ 725-6881 FAX 725-6880 邮 info@hotelnemrut.com C M V

酒店大门整个用透明玻璃制成，开放感很强。酒店内部装饰极具现代风格。许多来自欧美国家的旅游团都喜欢在这里住宿。客房是简约整洁型的商务住宿标准。

●科姆马盖奈酒店 Kommagene　S 30TL　W 50TL　MAP/p.334-B
交 从长途汽车站步行10分钟后可达 ✉ Atatürk Bu1. 室 24
☎ 725-9726 FAX 725-5548 HP www.nemrutguide.com

大部分房间的浴室和厕所都是分开的。带有厨房。属经济型酒店 。早餐需要额外收费10TL。酒店内还设有旅行社Tursto Nemrud(☎0532-200-3856)的办事处，可以在此报名。去往内姆鲁特山的出租车旅游团非常有人气。在酒店住宿还可以享受免费参加环游近郊湖边的旅游团。

宙斯酒店

科姆马盖奈酒店

MAP/p.7-H

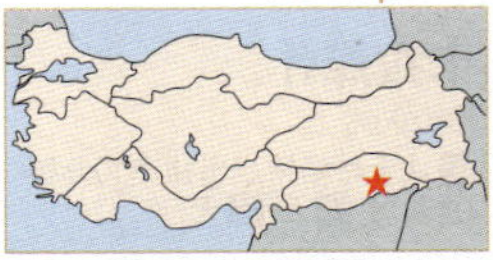

迪亚巴克尔

DİYARBAKIR

人口大约84.3万人／海拔670米

位于底格里斯河上游，是典型的土耳其东部城市。城市周边围绕着厚厚的城墙。

迪亚巴克尔城市周边围绕着坚固的城墙，将强烈的太阳光挡在外面。城市里的女性很少出门，是典型的土耳其东部城市。从罗马时代开始这里就作为军事据点，担任着极其重要的作用。如今这座城市发展略显滞后，飘荡着古朴的氛围气息。站在高高的城墙上，可以俯瞰美索不达米亚平原以及底格里斯河河畔风光。

交通方式

从伊斯坦布尔出发的直达航班每天有3次，历时1小时50分钟可达。从安哥拉出发的直达航班每天有5次，历时1小时20分钟到达。

从伊斯坦布尔乘坐长途汽车历时21个小时，90TL。从凡城出发历时8个小时，每天发车10次，35TL。从尚勒乌尔法出发历时2小时，每天发车6~7次，15TL。从马尔丁乘坐迷你巴士历时1小时30分钟到达，6TL，车次很多。迪亚巴克尔有两座长途汽车站，分别是Öz Diyarbakır和Diyarbakı Tur。从长途汽车站可以乘坐迷你巴士（写有“Dağ Kapı”，25分钟可达，1TL）去往市中心。乘坐出租车去往市里大约15TL。

乌卢清真寺前面的茶摊

因为道路修整，所以南方快车Güney Ekspresi只有从安卡拉始发的一段。周一、周五、周六深夜1:30分钟发车，历时27小时45分钟可达，卧铺票82.5TL。

漫步导览

区号0412

MAP/p.340-B ✉Dağkapı Burcu Giriş Bolumu ☎228-2215 开8:00~17:00 休周六、周日

围绕着迪亚巴克尔老城区的城墙长达5.5千米，在东南西北四个方向分别有一扇大门，北门叫做达卡普（达门），是观光咨询处所在地。旁边有一座公园，是市民们的休憩场所。达卡普门西侧有

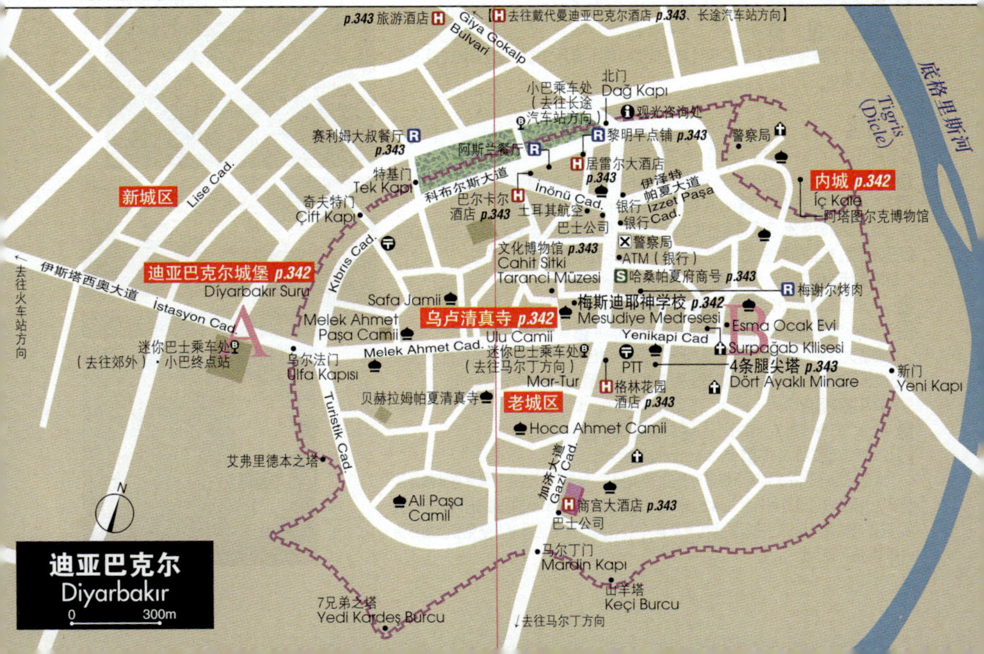

马车上载满了刚刚农作完毕的少女们和其行李，正在向城墙壁下驶去。城墙内外的景观迥异

喷泉、树林和观光步道，是游客们休闲散步的好去处。这条大道上也有去往长途汽车站的巴士。

城墙内部的道路错综复杂，连接大门的东西和南北各有一条大街。向南北延伸的主要街道是加济大街，连接达卡普门和马尔丁门。银行、货币兑换处、巴士公司办事处及酒店都集中在这条大街上。

中档酒店和餐厅多集中在达卡普门西侧散步道对面的科布尔斯大街周边。在伊尼克莱（内城）前面的伊泽特帕夏大街上也是中档酒店的聚集区。站在内城可以眺望到宛转曲折的底格里斯河。

贯穿老城区东西，并一直延伸到火车站的是梅里克·艾哈迈德帕夏大街。除去达卡普门，乌尔法门、马尔丁门和耶尼门附近的治安需要注意一下。晚上非常幽暗，建议单身女性不要单独到这些地方去。

老城区内没有咖啡厅、时尚购物店等场所。新城区内有不少时尚商店和咖啡厅等。

迪亚巴克尔的名吃是卡布尔噶（kaburga，肉排）。把新鲜的鸡肉和羔羊肉在酱料中浸泡好之后，烤制而成。吃的时候也可以蘸着作料。

历史概览

老城区的城墙是用玄武岩建造而成的。在城墙的下面，有厚达60多米的玄武岩层。这些岩层是由数千年前的火山喷发堆积而成的。

公元前2000年左右，米坦尼王国和赫梯王国相继占领了这块土地。赫梯王国灭亡以后，亚述王国、乌拉尔图王国、波斯帝国和科马吉尼王国先后取得了这里的统治权。

公元前115年这里成为罗马殖民地，称阿米达。公元639年，阿拉伯军队曾入侵这里，此后众多的基督教堂被改建为清真寺，并把地名改为迪亚巴克尔，意思是“巴克尔人的土地”。

修建城墙工程开始于公元297年。公元349年，君士坦丁二世又进行了扩大和增建。拜占庭时期曾因与阿拉伯人展开了一系列的领土纷争，从而使城堡得到了更大规模的扩建。

1516年成为奥斯曼帝国统治下的领土，并作为安纳托利亚东南部最大的军事基地，为抵御波斯进攻发挥了异常重要的作用。

▲站在底格里斯河畔眺望围绕城市的城墙
▶底格里斯河畔风光

迪亚巴克尔的当地特产——西瓜

黑色的城墙壁与古朴的城镇氛围一致

观光亮点

迪亚巴克尔城墙

Diyarbakır Suru　　MAP/p.340-A

迪亚巴克尔城市周边围绕着厚重的城墙壁，全程5.5千米，高达12米，宽3~5米，总共拥有72座尖塔。虽然其规模远远比不上世界上最长的万里长城，但是这里的城墙长度还是位居世界第二。

城墙东南西北四个方向各拥有一扇大门，分别是达卡普门、耶尼门、乌尔法门和马尔丁门。

从乌尔法门到马尔丁门的这片区域，坐落着几座塔。其中最著名的塔是七兄弟塔，建于1208年，塔壁上刻有关于双头鹰和狮子的精美浮雕。

位于马尔丁门东面的山羊塔建于1223年。登上塔顶，可眺望到底格里斯河畔的优美风景。

伊尼卡莱（内城）

İç Kale　　MAP/p.340-B

交 从达门（北门）步行10分钟可达

如今内城中建有监狱，在入口处还有军队把守，一般情况下是禁止入内的。内城位于城墙内的最高处，是古时候统治者居住的中枢地带。站在内城眺望底格里斯河畔，风景十分漂亮。

在内城的最里侧还有一座办公室，阿塔图尔克曾把这里作为司令部使用。再往里去，是一座教堂遗址。

乌卢清真寺／梅斯迪耶神学校

Ulu Camii / Mesudiye Medresesi　　MAP/p.340-B

交 从达门（北门）步行10分钟可达

位于加济大街对面的广场里侧。广场附近还有许多土特产商店。

这里最初是一座教堂，被称为马尔·托马教堂。后来在12世纪时期被塞尔柱王朝的君主下令改建为清真寺。清真寺是阿拉伯式样，与叙利亚大马士革的倭马亚清真寺很相似，在土耳其其他地区看不到这样的建筑。回廊中可见科林特石柱。墙壁上雕刻有精美的浮雕图案。清真寺的北侧是安纳托利亚最早的综合院校之一梅斯迪耶神学校。建于12世纪末期，是阿尔图克王朝的代表性建筑。

阿拉伯样式的乌卢清真寺

四条腿尖塔

补充信息 迪亚巴克尔西瓜…迪亚巴克尔的西瓜又大又甘甜，非常可口。迪亚巴克尔的城市象征也是以西瓜为主题的。每年9月会举办西瓜大会，展出个头非常大、各种奇怪造型的西瓜。

四条腿尖塔

Dört Ayaklı Minare　MAP/p.340-B

交 从达门（北门）步行15分钟可达

从梅里克·艾哈迈德帕夏大街向东行进，可以看到这座尖塔。尖塔是其旁边的谢赫·玛塔尔清真寺的附属建筑。清真寺和塔楼是16世纪初期由白羊王朝的苏丹下令修建的。

文化博物馆

Cahit Sıtkı Tarancı Müzesi　MAP/p.340-B

交 从达门（北门）步行15分钟可达

利用土耳其著名诗人贾希特·瑟特克·塔兰哲（1910~1956年）的故居改建而成。馆内展出了诗人的相关资料和作品，再现了上世纪初期该地区的生活风貌。

S R H 商店／餐厅／酒店　迪亚巴克尔 ☎0412

S 商店

●**哈桑帕夏府商号** Hasan Paşa Hanı　MAP/p.340-B

交 从达门（北门）步行15分钟可达 ✉ Gazi Cad. 营 8:00~22:00 休 日

该店建于1572年，是绝对的老字号商店。主营绒毯、土耳其风格的饰品等。

R 餐厅

●**赛利姆大叔餐厅** Selim Amca Sofra　预算 26TL~　MAP/p.340-A

交 从达门（北门）步行10分钟可达 ✉ Ali Emiri Cad.22B ☎ 224-4447

营 11:00~22:00 休 无 酒 无

特色菜肴是卡布尔加多尔玛，20TL。烤肉和炖煮菜种类也非常丰富。甜点4TL。

●**黎明早点铺** Şafak Kahvaltı　预算 10TL~　MAP/p.340-B

交 从市中心步行3分钟可达 ✉ Kıbrıs Cad.

营 8:00~22:00 休 无 酒 无

店内的肉类料理、比萨、薄饼在当地非常受欢迎。

H 酒店

●**戴代曼迪亚巴克尔酒店** Dedeman Diyarbakır　S €91　W €119　MAP/p.340-B外

交 从达门（北门）步行10分钟可达 ✉ Elazığ Cad. 室 98 ☎ 229-0000

FAX 224-7353 HP diyarbakir@dedeman.com C M V

是土耳其高级连锁酒店。酒店外观是亮丽的粉红色，内部装饰也以粉红为主。

●**商宫大酒店** Büyük Kervansaray　S 100TL　W 200TL　MAP/p.340-B

交 从达门（北门）步行15分钟可达 ✉ Gazi Cad.Deliller Hanı 室 45

☎ FAX 228-9606 HP www.kervansarayoteli.com

利用古代商队客栈改建而成。酒店中庭有几家土特产商店和礼品店。

●**格林花园酒店** The Green Park　S 65TL　W 90TL　MAP/p.340-B

交 从市中心步行10分钟可达 ✉ Gazi Cad. 101 Balikcilarbasi 室 114 ☎ 229-5000 FAX 229-2599 HP www.thegreenparkdiyarbakir.com

利用历史建筑物改建而成。内部还保留有古代人们生活的房间和印迹。

●**居雷尔大酒店** Grand Güler　S 60TL　W 85TL　MAP/p.340-B

交 从达门（北门）步行3分钟可达 ✉ Kıbrıs Cad.13 室 52 ☎ 229-2221

FAX 224-4509 HP www.grandgulerotel.com C M V

位于科布尔斯大街旁，是当地一家经济型中档酒店。许多商务人士都青睐。

●**旅游酒店** Turistik　S 70TL　W 120TL　MAP/p.340-A

交 从达门（北门）步行5分钟可达 ✉ Ziya Gökalp Bul.7 室 57 ☎ 224-7550

FAX 224-4274 C M V

客房面积宽敞，设有浴室和客厅。卫星电视、冰箱、吹风机等设备非常齐全，入住条件不错。

●**巴尔卡尔酒店** Balkar　S 50TL　W 80TL　MAP/p.340-B

交 从达门（北门）步行8分钟可达 ✉ Kıbrıs Cad.38 室 54 ☎ 228-1233

FAX 224-6936 C M V

酒店的自助早餐种类多达15种。客房内可以上网（另收费）。

赛利姆大叔餐厅的羊排

戴代曼迪亚巴克尔酒店

商宫大酒店

格林花园酒店

巴尔卡尔酒店

马尔丁

MARDİN

人口大约8.0万人 / 海拔1088米

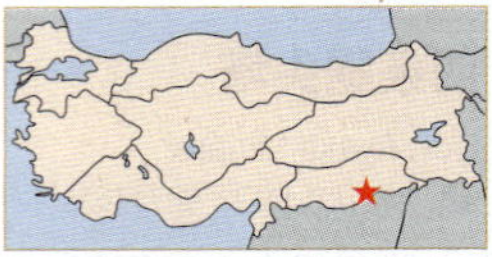

荒野中的中世纪城市，阿拉伯风格强烈。著名的“墙城”。

沿着山丘中腹的大道，建有中庭和楼顶的传统民居向两侧蔓延开来。这里的石阶非常多。城市和叙利亚有着很深的渊源，本身就像是一座博物馆。可以在这里欣赏细致宁静的风景或是悠然散步。夏季，白天很热，但到了晚上却很凉爽。有很多库尔德人和阿拉伯人居住在这里。

交通方式

从伊斯坦布尔出发历时22个小时可达，每天发车4次，70TL。从安卡拉出发历时15个小时可达，50TL。从乌尔法出发历时2小时30分钟可达，20TL。从迪亚巴克尔出发历时1小时30分钟可达，6TL。从城市西端的巴士车站也可以乘坐小巴，历时30分钟可达，6TL。

长途汽车站位于老城区迪亚巴克尔门旁边。

漫步导览

区号0482

MAP/p.345外 Cumhuriyet Alanı, 1. Cad. 515 ☎212-3776 开8:00~12:00、13:00~17:00 休周六、周日

长途汽车站迪亚巴克尔门旁边，从长途汽车站向前延伸的比林吉大街是马尔丁的主要大街。道路的两侧是商店和住房。除此之外，邮局、银行、餐厅以及咖啡厅等也都集中在这条大街的两侧。

城市的中心共和国广场也位于比林吉大街上。共和国广场中坐落着一尊阿塔图尔克的铜像。广场右手边的小胡同里面有一个大型巴扎集市，是很多商贩和买家聚集的地方。马尔丁博物馆和金吉利埃神学校也位于这一带。山顶上面有一座城堡，但禁止入内。

新城区位于偏西一带，高档公寓和住宅林立，旅游咨询处、土耳其航空公司办事处以及大型购物中心都坐落在这里。写有“Sehir ici”标牌的小巴在新城区和老城区之间环行。

卡布尔加，烤肉丸是这里的特色美味。马尔丁的红葡萄酒也非常出名。

马尔丁的金银首饰质量上乘，做工也非常精美。铜制品也是值得购买的旅游纪念品。

历史概览

最初，马尔丁这片地区在公元前15世纪中期处于米坦尼王国的统治下，并得以繁荣发展。不久之后，又隶属于亚述王国。公元前6世纪中期这里被波斯王朝所支配。亚历山大大帝死后，又被塞琉古王朝长期占领，直到公元前1世纪被罗马帝国收入疆土之内。山顶的城堡也是建于这一时期。

公元3世纪时期，萨桑王朝获得了对于这块土地的统治权，并把城市的名字改为马尔丁。

直到7世纪中期，这里又被重新划分为伊斯兰帝国的版块之一，并迎来了发展的最鼎盛时期。11世纪时期，伊斯兰帝国土崩瓦解，这里又被塞尔柱王朝所侵占。1516年，马尔丁又被奥斯曼帝国所统治，成为安纳托利亚东南部继迪亚巴克尔以来的第二大防御要塞。

城市住宅区位于半山腰

倾斜的巴扎集市的道路

站在城市高处可以看到半沙漠化的叙利亚平原

观光亮点

四十烈士教堂

Kırklar Kilisesi　MAP/p.345

交 从共和国广场步行3分钟可达 开 8:00~17:00
休 无 TL 无

这是一座叙利亚正教堂，修建于公元5世纪。据说当时城镇中有400多名教徒。当地人用阿拉伯语把这里叫做凯尼撒·阿尔拜恩。1170年，这里埋葬了40名殉教者的骸骨，因此改名为四十烈士教堂。教堂中有钟塔等建筑，礼拜堂外壁上的浮雕也很精美。

金吉利埃神学校

Zinciriye Medresesi　MAP/p.345

交 从共和国广场步行5分钟可达 开 8:00~17:00
休 无 TL 2TL

建于1385年。神学校入口处有精美的雕刻和浮雕。内部有两个中庭，站在尖塔或是高处可以眺望到半山腰处的城市景色。15世纪时期，这里被作为俘虏的收容站使用。神学校的内壁刻有壮丽的碑文，并建有一座苏丹陵。

乌卢清真寺

Ulu Camii　MAP/p.345

交 从共和国广场步行5分钟可达
休 无

从共和国广场向东南方向行进5分钟，可以看到一座集市，集市下方就是清真寺所在地。乌卢清真寺是马尔丁年代最久的建筑之一，是阿尔图克王朝时期的代表建筑。清真寺的尖塔建于1176年，14世纪时期阿图尔克王朝的继承者又进行了进一步的增建。礼拜堂建在清真寺的南侧，共有6座石柱支撑，如今只剩下5座。

马尔丁博物馆

Mardin Müzesi　MAP/p.345

交 从共和国广场步行1分钟可达
开 8:00~17:00 休 周一 TL 3TL

利用传统的大型邸宅改建而成。博物馆的二层是民族工艺品展示厅。三层是考古学展示厅，展示了出土于近郊古墓的文物和亚述王国的陶器、铜制品以及罗马时期的玻璃器皿和医疗器具，还有塞尔柱时期的陶器等。

乌卢清真寺的尖塔

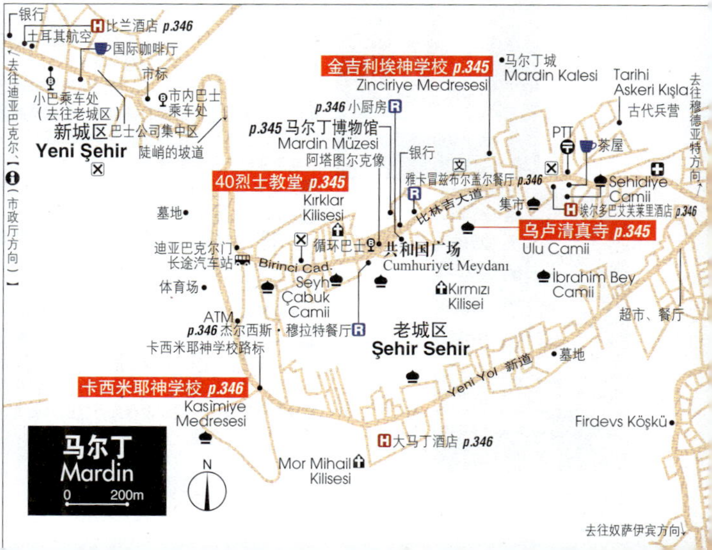

馆内的阳台是眺望风景的好地方。阳台上也刻有碑文和浮雕。馆内的商店也出售金银手工制品。

卡西米耶神学校

Kasimiye Medresesi MAP/p.345

交 从迪亚巴克尔门步行20分钟可达
开 8:00~17:00 休 无 TL 无

该学校是马尔丁所有建筑中最大的一座。入口处的雕刻精美，围绕着中庭有一座精巧的泉池，美观又大方。一层是清真寺和学习室，二层是寝室。站在屋顶上可以看到叙利亚的半沙漠化平原。

神学校始建于阿尔图克末期，即14世纪末期，到15世纪正式竣工。卡西米耶的名字源自于白羊王朝末期君主卡西姆的名字。

卡西米耶神学校中庭有一座泉池

R H 餐厅／酒店　马尔丁 ☎0482

小厨房

杰尔西斯·穆拉特餐厅

大马丁酒店

比兰酒店

R 餐厅

●**小厨房** Mini Mutfak 预算 22TL~ MAP/p.345

交 从共和国广场步行1分钟可达 ✉ Esenkent A Blok 6 Gezinti Sok.4
☎ 212-1647 营 8:00~22:00 休 无 酒 无

是当地一家大型餐饮中心，据说可以容纳300人。装饰也非常精美，铺设着绒毯。餐厅的金牌菜肴是卡布尔加和烤肉丸。烤肉丸一份15TL。

●**杰尔西斯·穆拉特餐厅** Cersis Murat 预算 34TL~ MAP/p.345

交 从共和国广场步行5分钟可达 ✉ Birinci Cad.517 ☎ 213-6841
营 8:00~24:00 休 无

利用1898年建造的叙利亚风格邸宅改建而成。在餐厅的二层用餐还可以欣赏到美索不达米亚平原辽阔的风景。餐厅还精心设有库尔德风格和阿拉伯风格的包厢，让客人可体验到不同于往常的用餐气氛。这里的红葡萄酒种类非常丰富。卡布尔加多尔玛2人份50TL。

●**雅卡冒兹布尔盖尔餐厅** Yakamoz Burger 预算 8TL~ MAP/p.345

交 从共和国广场步行5分钟可达 ✉ Birinci Cad. ☎ 213-5151 营 7:30~21:30
休 无 酒 无

土耳其风格的快餐店。这里有土耳其式的汉堡、三明治以及炸薯条等快餐食品，不同于平时的口味，建议品尝一下。汉堡2.5TL。烤肉4TL。

H 酒店

●**大马丁酒店** Büyük Mardin S 130TL W 170TL MAP/p.345

交 从迪亚巴克尔门步行15分钟可达 ✉ Yeniyol Cad. 室 54
☎ 213-1047 FAX 213-1447 C A M V

位于新城区边缘，可以同时眺望到老城区的风貌和新城区的景色。厚重的实木家具以及精致的基利姆一看就是高品质装饰品。酒店的餐厅也非常豪华，并为客人提供音乐演奏会表演。

●**埃尔多巴艾芙莱里酒店** Erdoba Evleri S 120TL W 200TL MAP/p.345

交 从共和国广场步行5分钟可达 ✉ Birinci Cad.135 室 55 ☎ 212-7677
FAX 212-8821 HP www.erdoba.com.tr C M V

利用18世纪的邸宅改建而成。房间非常有趣，用石头建造，内部还设有拱门。这里的服务也非常周到，经常客满。站在阳台或是酒店的顶层还可以眺望到老城区的景色。

●**比兰酒店** Bilen S 50TL W 90TL MAP/p.345

交 从新城区的巴士停车站步行1分钟可达 ✉ 13 Mart Mah. Valiozan Cad.72 YeniŞehir 室 87 ☎ 212-5568 FAX 212-2575 HP www.bilenotel.com C M V

酒店位于新城区，出行非常方便。客房内部设有彩色电视、空调以及桑拿室等设备。一层还设有旅行社的办事处，可为住宿的客人提供旅游出行服务，非常方便。

历史之泉 阿尔图克…11世纪末期兴起的伊斯兰诸侯国之一。与萨尔图克、达尼西门德等王国同属于塞尔柱王朝的诸侯国。13世纪初期走向灭亡。

黑海地区

Karadeniz

萨夫兰博卢
阿玛斯拉
锡诺普
阿马西亚
特拉布宗
乌尊湖

黑海地区概观

气候与地理

土耳其人称地中海为“白海”。与之相对应的黑海，样貌如同其名字一样，海水黝黑深邃，给人以昏暗的印象。东侧的黑海山脉斜面陡峭，靠近海平面，平地很少。

黑海一带是土耳其雨量最多的地方。面朝黑海的北侧山岳上绿色植被浓厚，这一带气候比较温暖。冬季从黑海方向吹来的风夹杂着雪花，气候非常寒冷。不过这里的积雪并不厚。

因为山区很多，在海岸线一带很少有大城市。有去往周边城市的巴士，但是车辆并不是很多。巴士大都沿着海岸线一带行驶。因为海岸线较为曲折，所以路上花费的时间要比平时多一些。建议还是乘坐长途巴士出行。

沿着黑海的海岸线一带，坐落着几个

黑海沿岸。前苏联人开的俄罗斯商品集市

土耳其最长的河流克孜勒河。河流先向西南方向流经土耳其中部高原，在流出希尔凡勒水库后折向东北流，在巴夫拉城附近汇入黑海

天然港口，这里毗邻大海，景色优美，拥有丰饶的绿植和风平浪静的海岸线。虽然这一带并未完全开发出来，但是非常值得参观和游玩。不少游客都选择把这里作为自由行的停留点。

博卢一带

从伊斯坦布尔去往安卡拉的途中，经过一道险峻的山口——博卢。这一带有广阔茂密的森林以及众多的河川湖泊。博卢西南面30千米处是一座海拔高达1300米的湖泊——阿班特湖（Abant Gölü）。湖畔风景秀丽，是夏季一道亮丽的风景线。

萨夫兰博卢是人气很高的旅游旺地，建议前往萨夫兰博卢旅游的乘客，也顺便去萨夫兰博卢附近的海边城市阿玛斯拉参观一下。这里的风景也不错，值得驻足游览。途中经过巴尔吞，这里有很多古老的民宅，并且是著名的草莓产地。

位于萨夫兰博卢东面100千米处的城市卡斯塔莫努，还残留有许多古老的民间建筑。从这里向南部行进可到达海岸线一带，即海滩旅游区，也是著名的度假胜地。

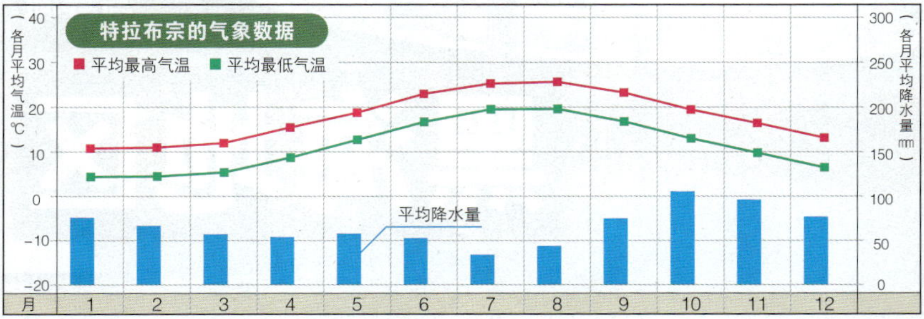

◀扉页图片…锡诺普港口风景。不同于爱琴海和地中海海面上的黑海船只

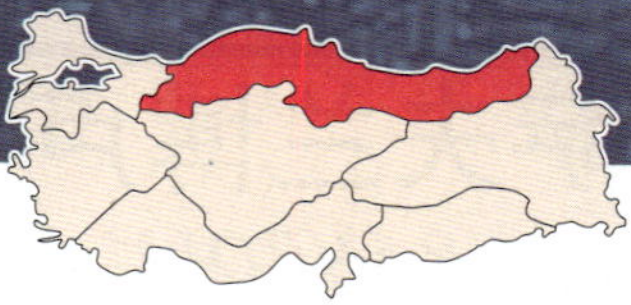

中部地区

黑海流经中部广阔的平原地区，这里土壤肥沃、水源丰富，并种植大片稻田。除了一望无际的稻田，还有大片的大烟和玉米种植地。

锡诺普位于安纳托利亚北侧的半岛上，毗邻黑海。因为美丽的风景以及独特浓厚的土耳其色彩而闻名，是当地非常美丽的旅游度假胜地之一。

阿玛斯拉位于内陆盆地，是一座古老的城市，其历史可以追溯到公元前。紧邻的城市托卡特（Tokat）是奥斯曼时期重要的教育和文化中心，并保留有很多独特的土耳其风格的古老建筑。周边还有很多果树园林。

东部地区

萨姆桑是黑海沿岸一带重要的产业城市。阿塔图尔克在解放战争开始初期就是从这里登陆，并以此被世人所熟知。

距离萨姆桑东部120千米的城市奥尔多，是一座绿色浓郁、风景优美的城市。奥尔多靠海一带的许多小城镇里，坐拥着几座天然海滩和娱乐设施。但是黑海的岸边并不适合游泳，因为黑海的水流比较湍急，并且还有暗潮，比较危险。

特拉布宗是广为所知的旅游度假胜地，距离萨姆桑200千米。附近的城市里泽是著名的茶叶产地，并设有国立茶研究所，周边还有许多茶叶工厂以及一望无际的茶叶种植区。

继续向东行进120千米，就可到达格鲁吉亚的国境线。

卡斯塔莫努还保留有许多奥斯曼时期的民房建筑

茶叶之乡里泽。城市中有许多茶叶店

黑海沿岸一带有许多未开发的地区。自然风景优美，吸引了很多游客前往

MAP/p.7-C

萨夫兰博卢

SAFRANBOLU

人口大约4.9万人／海拔350米

奥斯曼之屋被评为世界遗产。石堆、木屋、土墙、红瓦，让人感受着遥远的土耳其。

17世纪奥斯曼帝国时期，这里作为黑海地区的贸易重地发展繁荣，并建起了用砖、木打造的奥斯曼邸宅。经过岁月的考验一直保留至今，最终成为萨夫兰博卢最为抢眼的特色建筑，并被评为世界遗产。城市的风景也非常有特色，街道上铺着石板，常年气候湿润，绿树成荫，是一座非常著名的旅游度假城市。

交通方式

前往世界遗产恰尔什（Çarsı）方向，可以乘坐巴士前往位于克兰柯伊（Kıranköy）广场周边的巴士公司办事处，然后换乘小巴或者出租车前往集市老城区。直接到达克兰柯伊的巴士数量不多。也可以在10千米之外的城市阿拉比于可（Karabük）换乘巴士直接前往克兰柯伊。这条路线上也有长途汽车运行。

从克兰柯伊乘坐小巴前往恰尔什仅需5分钟。从克兰柯伊广场向西行，丁字路口左拐后不久就可以看到前往恰尔什方向的小巴车站（长途巴士乘车站步行2分钟到达）。

从伊斯坦布尔（亚洲侧的哈雷姆车站）乘坐长途汽车前往萨夫兰博卢历时大约6小时30分钟可达，车费35TL。从安卡拉前往萨夫兰博卢也可以乘坐长途汽车，路上需要花费大约4小时，车费20TL。

漫步导览　区号0370

MAP/p.350 ✉Kazdağlıoğlu Meydanı 2
☎712-3863 开9:00~17:30（冬季9:00~12:00） 休无

从克兰柯伊可以步行前往恰尔什，经由长途汽车站后大约30分钟可达。道路多为倾斜的坡道，站在坡道上可以欣赏到下面的城市景色，这是萨夫兰博卢这座城市的独特景观。如果有脚力的话，建议步行穿梭在这座城市的大街小巷。

恰尔什地区的中心位于恰尔什广场一带。小巴停车站就位于这里。在这里还设有银行货币兑换处。

从广场出发，经过浴场旁边的小道可达伊泽特大道。这条大街上坐落着许多特产商店。从广场出发向西南方向前进，可达阿拉斯塔集市。这里有许多露天摊位，非常热闹。一些古老的民宅、民房改建而成的酒店，散落在城市的各个角落。

萨夫兰博卢在很久之前就是手工艺者聚集

土特产商店集中的大街

的城镇。城市中还保留有许多当时的冶铁屋、编织屋等手工业场所。城市的中心部也保留有许多特产商店和酒店。但是随着经济全球化，这些古老的建筑正在慢慢变少。

距离城市中心部较远的郊区，有美丽的村

从山丘之上眺望萨夫兰博卢恰尔什地区的民宅。民宅大都建在斜面上

落风光。登上郊外的山丘，可以纵览整个城市白壁红瓦的建筑群，非常漂亮。

萨夫兰博卢的特产是牛皮糖。这种牛皮糖不但有嚼劲并且口味香甜。很多游客都会都买一些作为礼品带回国。在城市中随处可见牛皮糖专卖店，口味也各有千秋。可以先尝一下味道如何，再购买中意的种类。

萨夫兰博卢的的网眼针织品也非常不错，大部分都是当地人手工制作的。街边的手工品店里，漂亮的头巾、披肩以及服饰等都是很受顾客青睐的商品。不仅设计新颖独特，并且质量上乘。5TL左右就能够买到小件的手工编织品。

萨夫兰博卢位于山间盆地

萨夫兰博卢的民宅

“萨夫兰”在土耳其语中是“番红花”的意思。据说在古时候，这里是番红花的主要产地，城市里随处可见大片的番红花生长区，非常美丽。萨夫兰博卢地处青山绿水环绕的地区，自然风景非常优美。自塞尔柱王朝统治这里开始，就作为连接黑海和地中海的重要贸易通路不断蓬勃发展。公元17世纪时期，萨夫兰博卢在奥斯曼帝国的统治下迎来了最为繁荣的鼎盛时期。

在奥斯曼时期，萨夫兰博卢的居民生活比较富裕，他们争相建起了房子。在城市中心部的清真寺和巴扎集市附近，有许多房屋建筑群。生活更为富裕的人在城市各处都建有房屋。萨夫兰博卢几乎所有的住宅都是以木头和土墙作为基础建造的。土耳其是大家族一起居住的生活模式，所以房屋都比较大，分为家长和儿童居住的好几个房间。一般来说，一栋房子里面有十几个房间，分为男区和

被改建为酒店的古代宅第。内部建有水池，非常清凉。夏季有现场音乐会的演奏

女区。房间里有嵌入式壁龛、橱柜以及壁炉。有的天花板装饰得非常复杂。

进入20世纪后，交易活动慢慢减少，萨夫兰博卢曾经的繁荣景象也一去不复返。现在保留的较为完好的房屋大都已经改建成博物馆或是酒店。

对外开放的卡伊玛卡姆拉尔民宅

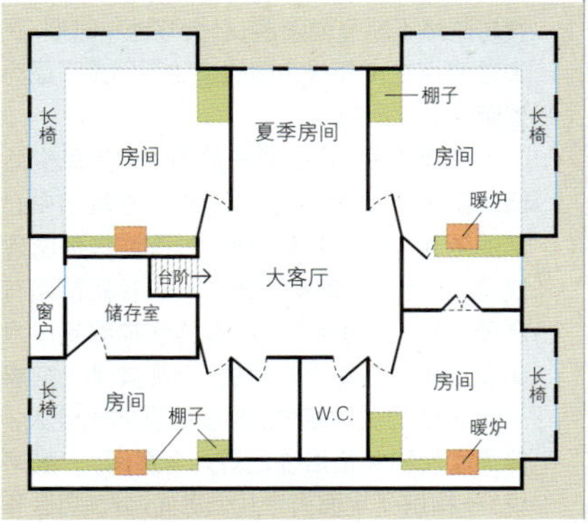

卡伊玛卡姆拉尔民宅的剖面图

观光亮点

卡伊玛卡姆拉尔民宅

Kaymakamlar Evi MAP/p.350

交 从广场步行10分钟可达 ☎ 725-3161
开 9:00~18:00（冬季9:00~18:00） 休 无 TL 2.5TL

这是萨夫兰博卢最早对外开放的民宅。一层没有铺设地板的土房间内展示有以前的生活用具等。楼上是起居室、食堂、壁炉等展示间，完全把往昔的居民生活场景展现在众人眼前。

宅第里长长的座椅

除此之外，还有几处民宅是值得参观的：米姆塔兹拉尔民宅（Mümtazlar Konağı）、基莱吉莱尔民宅（Kileciler Konağı）、卡拉于居穆莱尔宅第（Kara Üzümler Evi）等，这些民宅内部都展出了古时候的衣装和生活用品。民宅的中庭还设有烤肉屋和咖啡厅。

阿拉斯塔巴扎集市

Arasta Çarşısı MAP/p.350

交 从广场步行4分钟可达
开 9:00~18:30 休 无

以前，这里是一个小型的鞋子生产基地。经过多年的演变已成为当地的一个大型观光集市，吸引了当地人以及众多国外游客前来。现在的集市里，不但有皮鞋商店，还有很多手工艺品商店、服装商店等。皮鞋商店集中位于集市北面的胡同中，可以直接定做，短时间内就可以做好。在集市的入口处还有一家咖啡厅。

赫德勒克山

Hıdırlık Tepesi MAP/p.350

交 从广场步行12分钟可达 开 9:00~18:30 休 无 TL 1TL

沿着卡伊姆卡姆拉尔民宅前的道路步行上去，山顶就是一片开阔的公园。公园内有19世纪修建的哈桑帕夏的陵墓。从这里可以一览萨夫兰博卢城市全貌，景色非常美丽。很多当地人喜欢周末到这里来游玩或是野炊。

布拉克洞穴

Bulak Mağarası MAP/p.350外

交 乘车20分钟可达 开 9:00~20:00（冬季9:00~18:00） 休 无 TL 2.25TL

洞穴位于流经布拉克村的吉门里斯河畔的岩山上。沿着倾斜道路驾车20分钟，就可以到达洞穴入口处。入口比较小，但是一旦进入其中会发现别有洞天。其内部是一个面积巨大的天然钟乳洞。据说，在古代这里是山贼的藏身之地。洞穴中比较潮湿，非常凉爽。在旅游旺季时，可以报名参加参观约吕克村和布拉克洞穴的旅游团，费用大约90TL。

阿拉斯塔集市的道路上方爬满了葡萄架

恰尔什广场上的金吉浴场。也是迷你巴士停车点

金属制品商店

重要情报

宁静古朴的村庄——约吕克村

MAP/p.9-C

约吕克村（Yörük Köy）是位于萨夫兰博卢东面10千米处的小村庄。村内保留着一些传统的民房宅邸，并且面向游客开放。这里民风淳朴、自然环境古朴，是典型的传统土耳其生活区。步行在约吕克村的乡间小道上，可以感受最真实的土耳其乡下气息。

有很多民宅房间可以参观，独特的装饰图案和古老的浴缸会给人留下深刻的印象。村子中使用共同的洗衣房，这里也是妇女们聊天的场所。平时大门紧锁着，可以请求管理员打开参观一下。洗衣房中央有一块巨大的石头，据说是古时候的洗衣板。

去往约吕克村并没有直达的巴士，只能乘坐出租车前往。往返时间大约1小时，车费大约35TL。

村口的道路上有不少村妇摆摊贩卖自家种植的坚果和葫芦等作物

萨夫兰塔特糖果店

卡迪奥卢王子餐厅

转桥-2餐厅

帕夏府酒店

水塘庄园酒店

卡迪奥卢王子庄园连锁酒店

柏树别墅酒店

S 商店

●萨夫兰塔特糖果店 Safrantat　MAP/p.350

交 位于恰尔什广场旁边 ✉Kazdağlı Meydanı 1 ☎712-4540
营 8:30~24:00 休 无 HP www.safrantat.com.tr

售卖萨夫兰博卢经典美味——牛皮糖的商店。在城市中还有其他几家分店坐落在不同的地方。店铺左边是老字号糖果店Imren。

R 餐厅

●卡迪奥卢王子餐厅 Kadıoğlu Sehzade Sofrası　预算 24TL~　MAP/p.350

交 位于恰尔什广场对面 ✉Arasta Sok. 1 ☎712-5091 营 9:00~23:00 休 无 酒 无

餐厅内装饰精美，有一条小型人工瀑布，桌面和座椅都比较低，给人以休闲清爽的感觉。菜肴的味道也不错，烤肉类和炖煮菜料理非常好吃。

●转桥-2餐厅 Çevrik Köprü-2　预算 26TL~　MAP/p.350

交 从恰尔什广场步行4分钟可达 ✉Hamam Önü Sok. Eski ÇarŞı
☎725-4233 营 8:00~24:00 休 无

位于邮局附近，是一家传统的土耳其料理店。餐厅规模较大，共有三层，装饰风格大气古典。菜肴的种类也非常丰富，在当地很受欢迎。

●迈尔凯兹餐厅 Merkez　预算 20TL~　MAP/p.350

交 从恰尔什广场步行2分钟可达 ✉Yukarı ÇarŞı 1 ☎725-1478
营 6:00~19:00 休 无 酒 无

餐厅规模较小。许多当地人都喜欢去这家餐厅用餐。主要菜肴有烤肉类、炖煮菜料理和当地小吃等。

H 酒店

●帕夏府酒店 Paşa Konağı　S 75TL　W 120TL　MAP/p.350

交 从恰尔什广场步行8分钟可达 ✉Kalealtı Sok. 1-17 ☎725-3572
FAX 712-1073 室 10 HP www.safranbolu.com.tr C V M

酒店的前身是一座建造于200年前的豪华邸宅，后来经过改建装饰而成。庭院里环境优美。客房房间并不大，有的客房内部带有浴室。

●水塘庄园酒店 Havuzlu Konak　S 120TL　W 160TL　MAP/p.350外

交 从恰尔什广场步行15分钟可达 ✉Hacı Halil Mah. Beybağı Sok. 18
☎725-2883 FAX 712-3824 室 17 C V M

酒店位于从克兰克伊通往恰尔什的道路沿边。距离市中心比较远。酒店前身是一座古老的邸宅，后来经过改建之后作为酒店使用。酒店的中庭非常美丽。酒店还设有一个大游泳池，也是古时候保留下来的。

●卡迪奥卢王子庄园连锁酒店 Kadıoşlu Sehzade Konaklar　S 70TL　W 120TL　MAP/p.350

交 从恰尔什广场步行4分钟可达 ✉Mescid Sok. 24 ☎712-8340 ☎712-5657 室 62 C V HP www.kadioglusehzade.com

在萨夫兰博卢开设有好几家的连锁酒店，在当地比较有名。酒店是传统的民家风格，外观朴素大方，内部各种设施齐全，服务周到细致，在当地有相当不错的口碑。

●柏树别墅酒店 Selvili Kösk　S 75TL　W 100TL　MAP/p.350

交 从恰尔什广场步行4分钟可达 ✉Çesme Mah. Mescit Sok. 23
☎ FAX 712-8646 室 26

酒店的外观是紫色，非常引人注目。也是利用古老的民宅改建而成的。价格相对低一些，但是住宿条件和服务并没有因此而打折。很多旅游团都喜欢选择这里作为落脚点。

●巴斯通久旅社 Bastoncu Pansiyon　S 60TL　W 90TL　MAP/p.350

交 从恰尔什广场步行7分钟可达 ✉Kaymakamlar Evi Müzesi Altı 4
☎712-3411 FAX 712-6910 室 12 HP www.bastoncupansion.com

距离卡伊玛拉姆拉尔民宅非常近。利用古代的民宅改建而成，客房内部收拾得非常干净整洁。是客人喜欢入住的家庭式公寓。店员会说外语。

阿玛斯拉

AMASRA

人口大约6700人

被蓝天碧水包围的宁静港口小镇。被称为黑海最可爱的地方。

从萨夫兰博卢驱车向北1小时后可达这里。阿玛斯拉位于黑海沿岸的一座半岛尖上，四面几乎都是海水。这里没有太多值得参观的景点，只有几处古城墙和城门。但因其四面被蓝天碧波所围绕，白色的云朵悠闲地挂在天边，让人感觉像是身处画境一般。这里的人们热情又朴素。近年来，这里也作为一个娴静的疗养地而逐渐闻名。

交通方式

阿玛斯拉城市中没有长途汽车站点，通常选择附近的巴尔吞（Bartın）作为始发城市。从伊斯坦布尔（哈雷姆车站）去往巴尔吞的长途汽车每天发车10次，历时7小时30分钟到达，50TL。

到达巴尔吞之后，乘坐迷你巴士去往阿玛斯拉，历时20分钟，车费3TL。从萨夫兰博卢也有去往阿玛斯拉的巴士，历时2小时，车费13TL。

漫步导览

区号0378

城市中没有观光咨询处，可能会给游客带来一定的不便。如遇紧急情况，可以向市政府求助。市政府（Amasra Belediyesi ☎315-1516 开9:30~24:00（冬季~17:00） 休周六、周日 ✉Büyük Liman Cad.（位于迷你巴士乘车站附近）

阿玛斯拉位于突出于黑海的半岛尖上。这里总共有两个港口，分别坐落在岛尖两侧。迷你巴士停在丘恰克里曼公园附近。在公园的东面有一座广场。广场周围就是城市最为繁华的地方，巴士公司办事处也坐落在这里。酒店多集中在沿海海滩附近。城市面积较小，如果不赶时间的话，可以在城市里步行游逛。

位于西侧港口的石柱是阿玛斯拉的象征性建筑

连接港口两侧海滩的道路上，有许多特产商店。阿玛斯拉的木工制品非常有名，很多商店里面有纯木质的小船模型和其他的手工艺品。这些木工作品基本都来自郊外的手工作坊，正如城市风貌一样，也朴素大方。

如诗如画的天然港口，前面的高地上种满了栗子树、松树和月桂树

吃完早饭后散步的大叔们，在海边悠闲地交谈着

阿玛斯拉被土耳其人称做黑海最可爱的地方

岛上的石桥

历史概览

阿玛斯拉城市的名称来自于一个叫做阿玛斯托里斯(Amastris)的王妃。在此之前它被叫做塞萨摩斯。

阿玛斯托里斯是波斯国王达里乌斯三世的侄女。亚历山大大帝东征时到达这里，用武力征服了这片土地，达里乌斯三世也被亚历山大大帝所俘虏。公元前332年，亚历山大大帝把阿玛斯托里斯许配给其麾下的将领，但是不久之后他们以离婚而告终。最终阿玛斯托里斯又嫁给了德尼斯王，来到了位于黑海半岛尖上的这片土地。但是随后德尼斯王英年早逝，阿玛斯托里斯一手掌握了政权。

城壁和城门

后来，阿玛斯托里斯又和一名叫做塔拉斯的国王迎来了第三次婚姻，但是不幸的是，不久塔拉斯国王也去世了。

阿玛斯托里斯钟情于这片风景优美的土地，下令从其他地方广集能人巧士，并不惜重金从远方运来大理石，建造起了属于自己的豪华宫殿，还在半岛上筑起了属于自己的花园。当时，来往于黑海上的船只都喜欢这里的风景，并在此长期驻留。

阿玛斯托里斯为这片土地的规划和发展做出了巨大的贡献，但是其晚年却很悲惨。她被自己的亲生儿子所杀害，并被夺去了统治权。在当地出土的公元前3世纪左右铸造的铜币上，还刻有阿玛斯托里斯的肖像。

观光景点

阿玛斯拉博物馆

Amasra Müzesi MAP/p.357

✉Camlik Sok. 4 开8:30~17:30（冬季~17:00）
休无 TL3TL

整个博物馆用石头打造而成，非常美丽。因位于黑海沿岸，可以眺望到黑海一侧的美丽景色。博物馆内展示着罗马时代、拜占庭时期以及希腊文化时期的各种文物，还展示有奥斯曼帝国时期的服装和装饰品等。

土特产商店中也售卖木工制品

阿玛斯拉城墙

Amasra Suru MAP/p.357

城墙修建于拜占庭时代。当时的阿玛斯拉是重要的商业都市，也是活跃的贸易中心。为了保证商贸活动的顺利开展，不受外界的侵略打扰，当时的执政者下令修建了这座厚厚的城墙。当时的城墙几乎围绕着整个城市，经过岁月的洗练，如今保留下来的只有沿海边的一段，城门与岛屿之间有一座精致的石桥。站在石桥上，可以欣赏到时而波澜壮阔、时而平静如画的海面风景。

重要情报

尝尝黑海的鱼类美食

看着新鲜的鱼从海中打捞上来，当场烹饪端上桌，这样的体验一定让人非常难忘。黑海旁边的鱼餐厅种类丰富，价格也便宜，甚至只是大城市的一半价格。这里的民风很淳朴，不用担心会被宰。

一般的鱼类美食每份8~12TL。但是，产自于黑海的名鱼价格比较高，价格因为季节不同也有浮动，每份大约30TL。既然来到这里，请务必要尝尝黑海的新鲜鱼类美食！

沙丁鱼铁板烧

炸沙丁鱼

晚上客人很多的活鱼美食餐厅

宁静摆件商店

S 商店

●宁静摆件商店 Huzur Biblo　MAP/p.357

交 从市政厅步行3分钟可达 ✉ Çekiciler ÇarŞısı ☎ 315-1750

营 9:00~24:00（冬季10:00~22:00） 休 无

这是一家非常有特色的木工艺术品商店。店内摆放着很多纯手工打造的木制工艺品，船只模型、烟斗、笔墨等，种类丰富。商店在当地非常有名气。可以选择买一些小件的艺术品作为礼物带回国。

活鱼餐厅

R 餐厅

●活鱼餐厅 Canlı Balık　预算 30TL~　MAP/p.357

交 从市政厅步行1分钟可达 ✉ Küçuk Liman Cad.8 ☎ 315-2606

营 12:00~24:00 休 无

当地非常有名的鱼料理餐厅。共有三层，酒店的外壁上描绘有可爱的鱼类图案。菜品种类丰富，可选择要吃的鱼，告诉大厨后马上烹饪，味道鲜美。在餐厅的三层还可以一边用餐一边欣赏夕阳下的黑海景色。

●切什米吉汉餐厅 Çeşm-i Cihan　预算 30TL~　MAP/p.357

交 从市政厅步行4分钟可达 ✉ Büyük Liman Cad. ☎ 315-1062

营 12:00~24:00 休 无

该餐厅也以擅长制作鱼料理而在当地小有名气。餐厅共有三层，在最顶层可以眺望整个靠近黑海的美丽海滩。店内的鱼类很多，烹饪方法也是多种多样，味道更是没得说。店内的特色甜点是淋上蜂蜜的酸奶（BallıYoğrt），口感香甜，7TL。

●黑海餐厅 Karadeniz　预算 14TL~　MAP/p.357

交 从市政厅步行2分钟可达 ✉ Mitat Ceylon Cad. 20 Kum Mah.

☎ 315-1543 营 终日（冬季7:00~24:00） 休 无 酒 无

位于城市中心地带。在当地也很受欢迎。餐厅面积不大，餐桌和座椅都摆到了街道沿边上。薄饼6TL。

阿玛斯特里斯酒店

H 酒店

●阿玛斯特里斯酒店 Amastris　S 50TL W 100TL　MAP/p.357

交 从市政厅步行7分钟可达 ✉ Cumhüriyet Meydanı Kum Mah. ☎ 315-2465

FAX 315-1303 室 21 C V

是当地规模最大、规格最高的酒店。位于海滩附近，酒店外面还建有一个大游泳池。客房面积很大，内部设施一应俱全。在海景房还可以欣赏到夕阳下的黑海以及夜晚的海边景色。

大港酒店

宁静旅社

●厄舍卡尔腾酒店 Işıkaltın　S 无 W 150TL　MAP/p.357

交 从市政厅步行3分钟可达 ✉ Küçük Liman Cad. Çamlık Sok.

☎ 315-3951 FAX 315-2600 室 36 HP www.isikaltinotel.com C V

酒店的海景房比较少，需要提前预约。客房内有彩色电视、空调、冰箱等现代化设施。早餐可以在宽敞的大厅里享用，四面是透明的落地玻璃，可以看到海边的景色。

●大港酒店 Büyük Liman　S 60TL W 120TL　MAP/p.357

交 从市政厅步行6分钟可达 ✉ Turgut Isık Cad ☎ 315-3900

FAX 315-3902 室 36 C A M V

酒店内部装修风格以雅致的紫色为基调。客房装修十分精美，各种现代化设备齐全，入住方便。靠海一侧的客房有阳台，可以欣赏到黑海的美丽景色。

●宁静旅社 Pansiyon Huzur　S 25TL W 50TL　MAP/p.357

交 从市政厅步行4分钟可达 ✉ Büyük Liman Cad. 8 ☎ 315-1082 室 4

酒店位于海滩正前方，位置绝佳。是一家装修精美、氛围温馨的家庭式旅馆。内部设施也跟大型酒店一样，毫不逊色。洗浴间是公共的，每层各有一间。不提供早餐。冬季歇业。

夜莺旅社（左边最前方）

●夜莺旅社 Pansiyon Bülbül　S 20TL　MAP/p.357

交 从市政厅步行12分钟可达 ✉ Ucpalamar Sok. 38 ☎ 315-3500 室 7

位于半岛尖端的小型家庭式旅馆。价格实惠，干净整洁。距离市中心较远，前往交通多有不便，但正因如此，环境异常安静。喜欢宁静的可以在这里居住。

补充信息　城墙附近的旅馆…前往城墙的途中，在城墙内侧的东面，有几家不错的家庭式旅馆。比较知名的有：lütfiye Teyze、Timur、Belvü Palas(40~46TL)、Denizer（5人间100TL~）。

MAP/p.7-C

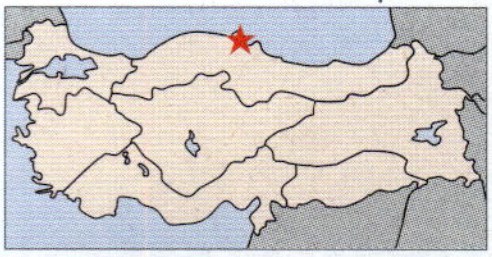

锡诺普
SİNOP

人口大约3.8万人

城墙环绕的天然良港。坚固的城墙静静地叙说着这座城市的悠久历史。

据说锡诺普为古代亚马孙女战士所建，并以其女王锡诺娃的名字来命名。锡诺普历史很悠久，可以追溯到赫梯时代，是安纳托利亚少有的几座历史古城之一。它还是黑海一带有名的疗养地，保有传统的土耳其城市风貌。这里被城墙所围绕，充满了历史感，是一座气氛安详宁静的城市。

交通方式

✈ 从伊斯坦布尔出发历时1小时25分钟到达，每天出航一次。可以乘坐巴士前往市区，大约20分钟可达。

🚌 从伊斯坦布尔出发的长途汽车每天发车6次，历时11小时可达，车费60TL。从安卡拉出发历时6小时可达，车费50TL。从阿玛斯拉出发，沿着黑海前行，旅途中可以领略沿岸美丽风光。途中需要换乘船只。因为海岸线比较曲折，所以实际花费时间较多。建议从安卡拉出发去往锡诺普。

漫步导览

区号0368

MAP/p.360 开 8:30~18:00 ✉ meli·kasim酒店背面 ☎ 261-6767（市旅行管理局Turizm Müdrülügü）。

从锡诺普城堡之上俯瞰锡诺普港

保留在黑海沿岸一带的古城墙

长途汽车站位于半岛最狭窄的地方，这里的陆地宽幅仅有200米。站在建筑物高处可以看见两侧的海面风光。长途汽车站前面向海岬方向延伸的共和国大街和萨卡里亚大街，以及前面向右拐的阿塔图尔克大街是这座城市的主要大道。长途汽车站距离市政府不到1千米，步行也可前往。

在黑海沿岸一带保留有一段古城墙，其保存状态完好，荣耀地接受着世人的观赏与称赞。登上高高的城墙，可以欣赏到黑海沿岸一带的海面风光。

如今的锡诺普是一个非常美丽的疗养地。不过来这里的外国观光游客较少，基本上都是土耳其其他地区的游客。或许正因为这点，锡诺普的氛围与其他的观光城市有所不同，没有太多陌生的面孔，城市中飘荡着些许土耳其传统气息。这里也没有面对外国游客的观光型酒店，当然也没有其他城市普遍存在的街头揽客现象。

海滩位于长途汽车站西南方300米左右的两岸一带。距离长途汽车站2千米左右的Karakumplajı（黑沙滩），近年来开发建设得较好，并有针对外国游客开放的观光酒店。

🍴 在城市里有不少土耳其传统餐馆，也不是针对外国游客开放的。想要吃鱼料理的话，建议去南面港口的码头附近，那里有不少靠海而建的海鲜餐馆，价格也比较便宜，大致是伊斯坦布尔鱼类料理的一半价格。

初秋的黑海安详宁静。远处的山丘是博兹特培

历史概览

锡诺普是位于土耳其北海岸的重要港口。由于有一个向海面突出的狭窄半岛，也被称为锡诺普角。这个半岛的南侧是天然的半圆形海湾，由于海湾嵌入内陆，又有博兹特培半岛的屏障，因而是难得的天然良港。从古希腊以来，锡诺普一直是海军要塞。

公元前7世纪，这里被米利都人重建，最终成为黑海南岸最繁荣的希腊居民点。公元前5世纪已经在沿岸建立许多殖民地，并享有海上霸权。据传说，锡诺普为古代亚马孙女战士所建，是以其女王锡诺娃命名。

公元前400年左右，苏格拉底的弟子克塞诺凡在其著作《阿纳巴希斯》中描述的战争中，士兵们乘船离开的地方就是这里。

与亚历山大大帝发生过趣闻的第欧根尼就出生在这里。他是古希腊的著名哲学家，也是犬儒学派的代表人物。其主张顺应自然，过布衣粗食、自给自足的简朴生活。

公元前298年，潘多斯王国从内陆地区的诸多部落中独立出来，成立了属于自己的国家。但是不久后败于罗马帝国，成为罗马的一个属地。

如今残留在城市中的城堡，修建于拜占庭时代以前，无声地诉说着锡诺普曾经的光辉历史。

之后，塞尔柱王朝、蒙古、阿拉伯王国相继统治过这里。15世纪，穆罕默德二世将锡诺普归入奥斯曼帝国疆域之中。

观光亮点

阿拉阿丁清真寺

Alaeddin Camii MAP/p.360

交 从市政府步行7分钟可达

阿拉阿丁清真寺是城市最大的清真寺，也叫做比于克清真寺（大清真寺）。塞尔柱王朝时代的阿拉阿丁·凯库巴德下令修建，直到1267年在塞尔柱王朝时代的宰相姆伊内延·苏莱曼·佩尔瓦内的监督下完成。清真寺的外壁上贴有精美的瓷砖，并刻有美丽的浮雕。

锡诺普城堡

Sinop Kalesi MAP/p.360

锡诺普的历史可以追溯到赫梯时代。在这一时期，城市中就已经修建起了高高的城墙。拜占庭时代的统治者在城市高处修建了坚固的城堡，后来塞尔柱王朝、奥斯曼帝国进一步对城堡进行加固和重修。城堡最初是由内城、外壁和石塔构成。在黑

历史之泉 第欧根尼的轶事…据说第欧根尼正在山上晒太阳。亚历山大大帝过来问他需要什么，并保证会兑现他的愿望。第欧根尼回答道：“我希望你闪到一边去，不要遮住我的阳光。”

海沿岸和城市中心地区可以眺望到部分城墙和高石塔。

南侧港湾附近有一座小型公园，沿着公园西侧的小路可以登上高高的石塔。夏季，石塔上的咖啡厅对外开放，在这里可以欣赏到黑海和锡诺普城市的美景。

锡诺普博物馆

Sinop Müzesi　　MAP/TL.360

交从市政府步行6分钟可达 开8:30~17:30 休周一 TL3TL

锡诺普博物馆中展出了自青铜器时期以来的各个时代的出土文物。其中，最引人注目的是圣母玛利亚的圣像。希腊的一部分正教徒曾在黑海沿岸一带长期居住，直到土耳其共和国成立之后，才逐渐退出。

在博物馆的中庭安置有出土的塞拉皮斯神殿遗迹

博物馆的中庭还摆放有出土于罗马时代的石像。在克里米亚战争时期，锡诺普曾遭受俄国军队的大肆进攻，为悼念在这场战争中逝世的将士们而竖立的纪念碑也坐落于博物馆的庭院中。

S R H 商店／餐厅／酒店　　锡诺普　☎0368

S 商店

●阿伊汉船模专卖店 Ayhan's Boat Shop　MAP/p.360

交位于港口码头附近 ✉skele Cad. Sok.30 ☎261-2925 营7:30~24:00（冬季7:30~20:00） 休无 HP www.ayhankotra.org

店内摆放着大大小小、各种各样的船只模型。全部是店主亲手制作的。5TL左右就可以买一个带回家。

阿伊汉船模专卖店

R 餐厅

●巴尔布餐厅 Barbu　预算17TL~　MAP/p.360

交位于市中心地区，市政厅对面即是 ✉Atatürk Cad. Öz Akman İs Hanı No1 ☎260-3836 营8:30~23:00 休无

这是市中心地区非常有名的一级餐厅，以烹饪牛肉、鸡肉的旋转烤肉料理而闻名。除此之外，还有各种各样的做法和吃法。推荐菜肴是扁豆做配料的比萨。

巴尔布餐厅

●王宫餐厅 Saray　预算 20TL~　MAP/p.360

交位于港口码头附近 ✉skele Cad. Rıhtım Sok.5 ☎261-1729 营12:00~24:00 休无

餐厅位于港口附近，是一家在当地非常出名的鱼料理餐厅。通常是从黑海捕捞上来的新鲜活鱼直接被送往后厨烹饪。店内的招牌菜肴是鲜味鱼汤（Balık Çorbası），5TL。

王宫餐厅

H 酒店

●麦丽雅&卡西姆酒店 Melia & Kasım　S 65TL　W 110TL　MAP/p.360

交从PTT（邮局）步行3分钟可达 ✉Gazi Cad.2 ☎261-4210 FAX261-1625 室57 C V M HP www.hotelmeliakasim.net

锡诺普规模最大的酒店，面临黑海而建，地理位置绝佳，是欣赏海景的好住处。

麦丽雅&卡西姆酒店

●水手酒店 Denizci　S 60TL　W 80TL　MAP/p.360

交从市政厅步行3分钟可达 ✉Meydankapı Mah. KurtuiuŞ Cad.13 ☎260-5934 FAX260-5936 室22 C V

酒店客房面积不大，但是收拾得干净整洁。靠近海滩。酒店内部还设有餐厅。

●牝鹿酒店 Meral　S $26　W $39　MAP/p.360

交从市政厅步行3分钟可达 ✉Meydankapı Mah.KurtuluŞ Cad.19 ☎261-3100 FAX261-3100 室20

酒店位于城市中心。是一家经济型酒店。带有卫浴。早餐额外收费，2$。

●迪约任酒店 Diyojen　S 80TL　W 120TL　MAP/p.360外

交从市中心打车10分钟可达 ✉Korucuk Köyü DSI yanı ☎261-8822 室34

位于半岛南面沿海。是一家中档酒店。

迪约任酒店

历史之泉　塞拉皮斯…具有埃及死神奥西里斯和希腊众神之父宙斯双重性格的神灵。亚历山大大帝的武将到达埃及后，建立了侯国，融合希腊和埃及的神灵特征创造的神。

MAP/p.7-C

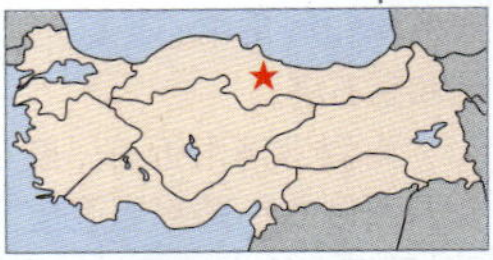

阿马西亚

AMASYA

人口大约10万人 / 海拔392米

被险峻的山岩所包围的古城。著名的苹果之乡。

阿马西亚位于盆地，其周边是耸立的岩石山脉，与安纳托利亚地区的风景有所不同。位于耶席尔河中游的峡谷中，从锡瓦斯通往黑海港口城市萨姆松的铁路由此经过。古代这里曾做过王都，以中世纪建筑物、果园与制瓦著称，周边风景美丽。也是农产品贸易中心。这里还是“地理学之父”——斯特拉博的故乡。

交通方式

从安卡拉乘坐长途汽车历时4小时30分钟可达，车费33TL。从黑海沿岸的萨姆松出发历时2小时可达，车费35TL。从萨夫兰博卢出发需要换乘前往。当地人多是先去安卡拉，后再乘车去往阿马西亚。

阿马西亚的长途汽车站位于城市东北部，距离市中心2千米。从长途汽车站乘坐迷你巴士可以前往市中心地区。

漫步导览

区号0358

MAP/p.362-B ✉ Hatuniye Mah. Hazeranlar Sok.1/ Şehzadeler Müzesi
☎212-4059 开 9:00~17:00 休 周一

阿马西亚海拔高度大约400米。从黑海地区坐车去往阿马西亚的直线距离大约80千米，需要越过海拔高达1000米的高地。

城市中央流淌着耶希尔河，其周边是耸立的岩石山脉，还可以看到岩洞墓穴。城市的住宅区沿河而建。耶希尔河是土耳其第二大长河，最终注入黑海。“耶希尔”在土耳其语中是“绿色”的意思。

多雨的黑海沿岸地带。郊外是绿色葱郁的村庄

沿着耶希尔河畔步行，可以观赏城市的住宅民居，还有一些奥斯曼王朝和塞尔柱王朝时期的古老建筑。

耶希尔河的南侧是城市的中心地区。这里坐落着几座历史久远的清真寺和神学院。河流的北侧是岩山聚集区，可看到火车沿着断崖行驶。

断崖的山壁上有几所洞穴墓地，在山崖的顶部是一座古城堡。在河流的北岸一带还有几处民居和古老的邸宅。沿着南侧的河畔信步而

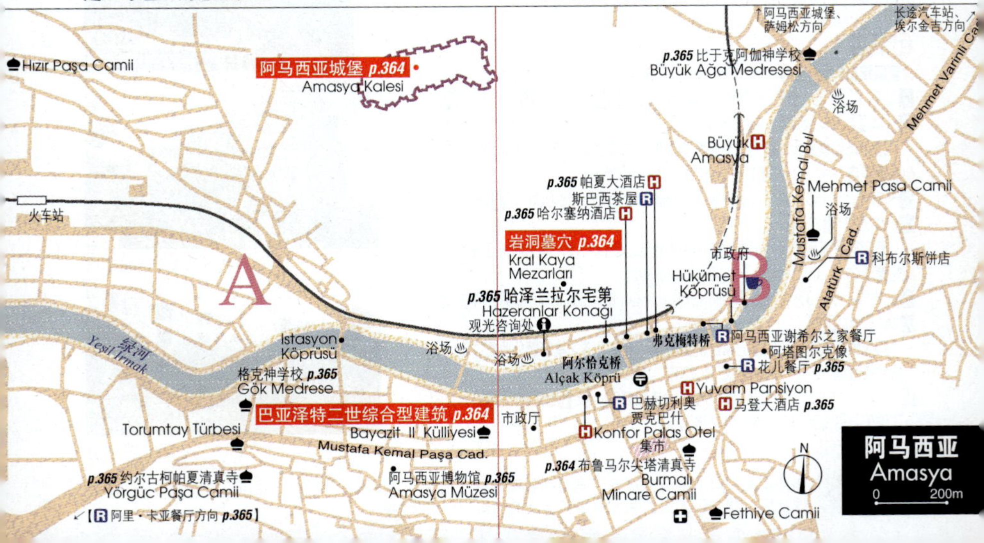

从南侧高地俯瞰阿马西亚城市面貌。正面是山崖，依稀可见城堡。山崖上还保留有潘多斯王朝的王族墓地。城市中央流淌着耶希尔河

行，漂亮的景观不时映入眼帘。

酒店、餐厅多集中在城市中心地区的阿塔图尔克像附近。在城市北侧一带有许多古老民房改建而成、古色古香的酒店。这些酒店多建在郊区，规模也不大。

历史概览

传说阿马西亚也是由亚马孙女战士建造的。其历史可以追溯到古老的赫梯时代。在城市周边出土的文物已经被考证是赫梯人使用过的工具。公元前300年左右，波斯王国的一支——米托里达特斯民族在此建立了潘多斯王朝，并把势力范围扩大到黑海沿岸一带。阿马西亚当时的名字叫做阿玛赛亚，是主要的都市之一。

米托里达特斯六世时和罗马帝国的军队曾展开过激烈的战斗，最后以失败而告终。公元前64年被收编入罗马帝国的疆土之中。著名的地理和历史学家斯特拉博就出生于此。

之后，拜占庭帝国获得了这里的统治权。1071年，被塞尔柱王朝占领，其名字也被改为阿马西亚。13世纪时期，蒙古军队入侵塞尔柱王朝的领地，并导致了塞尔柱王朝的灭亡。此后，阿马西亚处于蒙古的统治之下。直到14世纪末期又被奥斯曼帝国占领。城市中至今还保留有50多座塞尔柱时期、奥斯曼时代的清真寺和神学院遗址。

▶布鲁马尔清真寺的螺旋状尖塔

▲黑海沿岸一带几乎没有平地。城市中心地区的集市也是利用斜坡建造而成的。露天摊位设在倾斜的台阶两侧

耶希尔河的北岸一带保留有许多奥斯曼时期建造的木造宅第。如今大部分已经被改建为住宿酒店。上方的山崖上可以看到岩洞墓穴

观光亮点

岩洞墓穴

Kral Kaya Mezarları　MAP/p.362-B

交 从阿塔图尔克像步行10分钟可达　开 8:00~19:30（冬季~17:00）　TL 3TL　休 周一

岩洞墓穴大都位于耶希尔河北侧的山崖上。从哈泽兰拉尔宅第前面的铁道过去，沿着小路走，不远就可以看到入口。

入口的左侧有两座岩洞墓穴，右侧有三座岩洞墓穴。这些墓穴都是公元前3世纪曾经繁荣一时的王都、王国的国王们的墓穴。这里还矗立着潘多斯王朝的纪念碑，大约有12米高。岩洞墓穴的下面是少女宫殿遗迹。从这里可以一览阿马西亚的城市风光。

岩山上面保留有潘多斯王朝的城堡遗迹

阿马西亚城堡

Amasya Kalesi　MAP/p.362-A

交 从市中心开车10分钟可达
休 无　TL 无

从市中心乘坐出租车可达城堡脚下，大约需要花费12TL。步行前往一般是先穿过城市东北端的石桥，前行15分钟后，看见Kale的标志后左拐，再继续步行30分钟即可到达。

城堡修建于希腊文化时代，经过在漫长的岁月受到了较大程度的破坏。如今残留下来的仅仅是修建于奥斯曼帝国时期的一部分而已。站在城堡高处可以看到整个城市的面貌和延伸的耶希尔河。据说城堡中的通道有三个，都可以直达山脚下。不过，如今已找寻不到了。

巴亚泽特二世综合型建筑

Bayazit II Külliyesi　MAP/p.362-A

交 从阿塔图尔克像步行10分钟可达

这座大型的综合性建筑修建于1486年。位于城市中心地区，是集清真寺和神学院为一体的综合型建筑。清真寺内部正面有两个大大的穹顶，侧面有三个小穹顶。右侧的建筑物是神学院。左侧是图书馆，里面收藏有将近两万册的古文图书。

城市中还有许多有趣的宗教性建筑物。可以根据当地的地图按图索骥地寻找并探访。

布鲁马尔尖塔清真寺（buramli minaret camii）

“布鲁马尔”在土耳其语中是“螺旋、旋转”的意思。这座清真寺的尖塔是螺旋状，故也被称为螺旋状尖塔清真寺。

历史之泉　亚马孙…亚马孙人是古希腊神话中一个全部由女战士构成的民族。她们最特别的地方，就是她们有自割右胸的传统，以便在打仗的时候射箭用。

格克神学院Gök Medrese 建造于1267年。如今的神学院已作为清真寺使用。其内部有高高的尖塔和拱门。

比于克阿伽神学院Büyük Ağa Medresesi 神学院修建于1488年。中庭有一座精致的八角形建筑。曾经因为火灾受到一定程度的破坏，后经重修和改建成为今天的样子。如今的神学院已经是神圣的古兰经学校，一般人禁止入内。不过其建筑物本身具有一定的参观价值。

约尔古柯帕夏清真寺Yörgüc PaŞa Camii 清真寺修建于1428年。内部还有医院。

哈泽兰拉尔宅第

Hazeranlar Konağı MAP/p.362-B

交 从阿塔图尔克像步行8分钟可达
开 8:00~17:00 休 周一 TL 3TL

修建于1865年，其前身是一座古老的民宅，如今已经作为民俗博物馆使用。建筑物本身使用的材料是木头和土坯，是土耳其的传统建筑，并设有地下室。博物馆内部展示有19世纪奥斯曼上层阶级日常生活中使用的工具和服饰等。

对外开放的哈泽兰拉尔宅第

阿马西亚博物馆

Amasya Müzesi MAP/p.362-A

交 从阿塔图尔克像步行15分钟可达
开 8:00~17:00 休 周一 TL 3TL

是一家市立的小型博物馆。博物馆内部展示有塞尔柱王朝时期和奥斯曼帝国时期的硬币、绒毯、装饰品等古文物。其中，最著名的文物是出土于近郊的赫梯天神的铜像以及从城市里的布尔马尔清真寺中移送来的壁炉等。

R H 餐厅／酒店 阿马西亚 ☎0358

R 餐厅

●**花儿餐厅** Çiçek 预算 16TL~ MAP/p.362-B

交 从阿塔图尔克像步行2分钟即可到达 ✉ Kocacık ÇarŞısı 4 ☎ 218-1337
营 6:00~23:00 休 无

该餐厅位于市中心地区，是大众口味的快餐厅。当地食客非常多。店内的料理种类繁多，变着花样吃也要吃很长时间。冬季建议吃烤肉，16TL。

●**阿里·卡亚餐厅** Ali Kaya 预算 25TL~ MAP/p.362-A外

交 从市中心打车10分钟可达 ✉ Çakallar Mah. ☎ 218-1505
营 11:00~24:00 休 无

位于城堡对面的岩山之上。可以一边用餐一边欣赏山下风光和城市样貌。从市中心乘出租车大约花费5TL。餐厅还免费提供接送巴士。

阿里·卡亚餐厅

H 酒店

●**哈尔塞纳酒店** Harşena Otel S 85TL W 140TL MAP/p.362-B

交 从阿塔图尔克像步行8分钟可达 ✉ KarŞıyaka Mah. Tevfik hafız Sok.49
☎ 218-3979 FAX 218-3980 室 28 HP www.harsenaotel.com C V M A

酒店位于耶希尔河沿岸，利用古老的宅邸改建而成。正好处在岩洞墓穴正下方。里侧的大楼是新修建的。靠近河流一侧的房间面积虽然小了点，不过风景却非常好。

●**帕夏大酒店** Grand Pasha Otel S 70TL W 130TL MAP/p.362-B

交 从阿塔图尔克像步行8分钟可达 ✉ Hatunye Mah, Tevfik hafız Sok.5
☎ 212-4158 FAX 212-6262 室 16 HP www.grandpashahotel.com

与哈尔筛纳酒店一样也是建在耶希尔河沿岸，利用古老的木造房屋改建而成。中庭建有餐厅。靠近河畔的房间还可以欣赏到耶希尔河的绝美风光。

帕夏大酒店

●**马登大酒店** Maden S 60TL W 100TL MAP/p.362-B

交 从阿塔图尔克像步行3分钟可达 ✉ M.K.P. Cad.5 ☎ 218-6050
FAX 212-6343 室 40

位于市中心的大街上，城市商务气息浓郁。客房内部宽敞明亮，现代化设施齐全。入住条件非常好。出行也方便。

马登大酒店

历史之泉 斯特拉博…希腊的历史学家、地理学家。公元前64年出生于阿马西亚。他年轻时候游历各地，并写下了47卷的历史书籍和17卷的地理文书。著有《地理概论》并得以保存至今，为人类的古代地理研究作出了卓越的贡献。

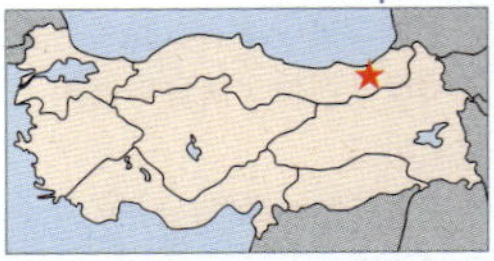

特拉布宗

TRABZON

人口大约23.4万人

黑海中的一朵奇葩，开放的港口城市，点缀着历史性建筑的特色城市。

特拉布宗位于紧邻黑海海岸线的山脉斜坡上，马可波罗曾到访过这里。街道上铺着石板，是一座极具特色的城市。这里自古以来就是交易重地，并因得天独厚的地理位置而得到了更大的发展。因曾处于奥斯曼帝国的统治之下，作为基督教发展的温床，城市具有厚重的宗教气息。这里全年气候温暖湿润，绿树成荫，是肥沃的农业种植地。

交通方式

从伊斯坦布尔去往塔拉布宗的航班每天有5次（周四只有4次）。历时1小时45分钟。从机场乘出租车可达市中心的广场公园，历时10~15分钟。从机场出来后，主干道的旁边就是长途汽车站。

从伊斯坦布尔（哈雷姆车站）乘坐Ulsoy、Metro公司的长途汽车可直达特拉布宗。每天发车10次以上，历时15个小时，75TL。从埃尔祖鲁姆出发历时4小时30分钟，35TL。每天发车10次以上。

从长途汽车站乘坐出租车前往市区历时大约10分钟，车费15TL左右。也可以在长途汽车站乘坐市内巴士前往市中心。Ulsoy、Metro公司办事处位于广场公园附近。

夏季，可以从伊斯坦布尔乘坐往黑海方向的渡轮前往塔拉布宗。

从博兹特佩山上眺望特拉布宗

漫步导览

区号0462

MAP/p.366-B ✉Meydan camii Sok.13/B ☎326-4760 开8:00~17:00 休无（冬季周一）交从广场公园步行2分钟

城市的中心是广场公园。公园内设有很多茶座，是当地人和旅游者的休闲场所。前往长途汽车站和圣索菲亚的巴士或小巴都以这里作为始发点。酒店和餐厅也大都集中在广场附近。

从广场向西延伸的卡夫拉曼·马拉什大道上，有银行、商店等场所，比较繁华。其南侧向西延伸的大道叫做乌尊街，这条街上有许多服装

晚秋的黑海，阵阵强风翻动着海潮。在这样的季节，黑海显得十分忧愁

店、餐馆和咖啡厅等。从卡夫拉曼大道可步行到加济帕夏大道，这里有一座面朝大海的公园。而且这里有很多咖啡厅，也是散步的好地方。

沿着卡夫拉曼·马拉什大街直行15分钟左右，可达当地的大型集市。其内部还保有几座奥斯曼帝国时代的古建筑。沿着罗马时代的古城墙壁步行至此，这里坐落着奥尔塔希萨尔城塞。站在泽诺斯帕夏大桥上，可以看见城墙和古老的房屋群。

从广场公园向东的大街主要是酒店集中区，穿过这条街，沿着坡道向下，就可达港口。港口附近有一座大型的俄罗斯集市。这一带是俄罗斯商人和商店的集中区。

旅游咨询处位于广场公园东侧的市政厅内。

特拉布宗的美食是沙丁鱼。当地有很多以沙丁鱼为主的菜肴。这里也是玉米的重要产地。烤玉米非常好吃，经常可以在路边看到烤玉米的烧烤摊。玉米片和玉米粉也不错。

藤条编织的背篓是特拉布宗的特产。一般在巴扎集市中都有售。还有一些手工串制的手链、木质汤匙以及金银首饰都比较好。

历史概览

特拉布宗自古以来就是丝绸的交易重地，并因此逐渐发展繁荣起来。公元前2000左右，其作为中亚的一个部落城市逐渐强大起来。

特拉布宗城市名字的起源，可以追溯到公元前756年。当时米莱托斯的商人进驻到锡诺普，并开始发展新的贸易中心，他们把目光集中在了如今的特拉布宗地区，并在这里展开了大规模的贸易活动。当时的特拉布宗被叫做特拉培萨兹（Trapesuz）。

公元前1世纪，潘多斯王国的米托里达特斯六世取得了黑海地区的制海权，不久之后罗马帝国夺得了特拉布宗的统治权。城市中的城墙就是

◀站在卫城高处眺望整个城市面貌

▼巴扎集市里的面包店。自古以来，这里的女性是被禁止随便外出的，因此，到街上买东西成了男人们的任务。直到如今，这样的传统观念仍深深地印在当地居民的脑海里

历史之泉 色诺芬…古雅典军人、历史学家。苏格拉底的弟子。公元前4世纪率领雇佣军参加波斯内战助小居鲁士争夺波斯王位未遂，次年率军而返。著有《远征记》《希腊史》等著作。

修建于这一时期。在此之后的拜占庭帝国统治时期，又对城墙进行了进一步的增补和重修，并建立了新的港口。公元257年，哥特人入侵，拜占庭帝国在失去了短暂的统治权之后又重新回到了这片土地，并开始了长时间的占领。

1204年，十字军第四次东征并占领了君士坦丁堡，拜占庭帝国的两位皇子在战败中落荒而逃，在这里建立了特拉布宗帝国，直到250年之后被奥斯曼土耳其合并。1295年，马可·波罗在前往中国的途中曾到访过这里。

巴亚泽特二世、塞利姆一世等奥斯曼帝国的皇子们，都曾在青年时期统治过这里，为其走上最高统治者之路积累了经验和财富。近代，1916~1918年期间，这里被俄国所占领。

精致的金银工艺品

20世纪初期，这里作为贸易之路的出发地发展繁荣起来，大型商队从特拉布宗出发，经由埃尔祖鲁姆可达波斯。如今的特拉布宗俨然成为黑海地区最大的城市。这里还是去往俄罗斯和高加索诸国的重要关口，而今依然洋溢着无限的活力。

观光亮点

圣索菲亚博物馆

Ayasofya Müzesi　MAP/p.366-A外

交 从广场公园乘坐小巴15分钟可达。车费1.5TL
开 9:00~19:00（冬季~18:00） 休 周一 TL 8TL

从市中心向西北前行3千米处，背对着黑海的山丘上有一座教堂遗址，如今已成为圣索菲亚博物馆。这座教堂修建于公元5世纪。13世纪的时候，曼努埃尔一世下令进行了改建，在教堂的东南西北四个方向修建了长长的柱廊，成了如今保留下来的样子。17世纪奥斯曼帝国时代曾作为清真寺使用。19世纪也作为基督教的教堂使用。内部保留有不少拜占庭时期描述基督教徒和圣人的壁画。教堂北侧的柱廊上有关于《圣经》中的人物的浮雕。

优雅的圣索菲亚博物馆。馆内保留有大量的湿壁画

奥尔塔西萨尔

OrtaHisar　MAP/p.366-A

交 从广场公园步行20分钟可达。乘小巴10分钟即可到达，车费1.5TL

建筑物修建于罗马时代，在拜占庭时期进行了扩建，奥斯曼帝国时代又进行了进一步的改建。城墙部分或高或低，把巴扎集市、当时的行政机关都包围在其内。城墙内侧分为三部分。旁边是一座小型公园。中央是奥尔塔西萨尔。

古尔巴哈尔·哈吞·清真寺

Gülbahar Hatun Camii　MAP/p.366-A

交 从广场公园步行20分钟可达。乘小巴10分钟可达，车费1.5TL

该清真寺是奥斯曼王朝的国王塞利姆一世于1514年下令修建的。他为了表彰其母亲古尔哈巴尔·哈吞的功绩而特意建造了这一建筑物。塞利姆一世在位期间不断扩张领土版块，并不断和埃及、叙利亚发生战争，其凶残和野心令欧洲诸国闻风丧胆。

恰尔什清真寺／巴扎集市

Çarşı Camii／Pazar　MAP/p.366-A

交 从广场公园步行15分钟可达 休 无

在卡夫拉曼·马尔什大街北侧是一片商店和摊位集中的商业贸易中心。商业中心的旁边就伫立着恰尔什清真寺，修建于1839年。整个商业贸易中心呈网状道路分布，摊位一望无际、人群熙熙攘攘，十分热闹。无论是衣服还是生活用品，都可以在这里找到相应的店铺。在恰尔什清真寺的北侧，还有一座大名鼎鼎的藤制品商店Bedesten。这家商店利用

巴扎集市上出售从乌尔法运来的西瓜

奥斯曼时代的古建筑改建而成，其商铺本身就是一处值得参观的建筑遗迹。

塞基兹·迪莱科里浴场

Sekiz Direkli Hamam MAP/p.366-A

交 从广场公园步行15分钟可达 开 全日 休 无

该浴场建于公元11世纪塞尔柱王朝时期，是特拉布宗最古老的浴场。浴场的形状像帐篷，这是古代中亚民族常用的典型结构。共有三个屋顶，每个屋顶各有八根石柱支撑，所以当时也被叫做“八根柱子浴场”。如今保留下来的只有南侧的拱门和石柱。面向游客开放，每周星期四是女性洗浴日。浴场内还提供按摩服务，起价30TL。

特拉布宗的观光型浴室

博兹特佩山

Boz Tepe MAP/p.366-B

交 从广场公园步行30分钟可达。从广场公园乘坐出租车10分钟可达，大约花费8TL／乘坐小巴10分钟可达 开 8:00~18:00 休 无

位于靠山一侧的山丘上。在其背后可以欣赏到峻峭的山峰和黑海景观。在山丘上还有咖啡店。这里也是很多当地人野炊出游的好地方。

坐落在山坡斜面上的民宅，黑海一带的独有风景

苏梅拉修道院

Sümela Manastırı (Meryemana) MAP/p.10-B

交 从广场公园乘坐小巴大约1小时可达，车费25TL。每天10:00出发、15:00返回。旅游旺季时可以报名参加旅游团。乘坐出租车从广场公园也可到这里，单程大约130TL 开 8:00~18:00 休 周一 TL 8TL ※院内禁止拍照

苏梅拉修道院位于市中心南面大约45千米处，是在垂直高度达1200米的悬崖绝壁上修建起的拜占庭样式修道院。可以在特拉布宗广场公园乘坐小巴，能直达山崖脚下的餐厅门口。

从这里沿着山路中的台阶拾阶而上，大约40分钟后就可到修道院的入口处。从山顶下到山脚需要25分钟。也可以在入口处等待乘坐小巴，单程5TL。

重要情报

苏梅拉旅途中的美食

Sümela Tesisleri

交 苏梅拉修道院脚下 ☎ 531-1207 营 24小时 休 无

这是一家精致的美食店。在这里可以品尝到撒上嫩鱼片的薄烤饼、黄澄澄的烤玉米片等当地特色美味。也有包含了汤羹、甜点、主食的搭配套餐，大约20TL就能够吃得饱饱的。还有包装好的点心可以带着路上吃。美食店旁边有一座家庭旅馆，全天候营业，可以在此休憩住宿。

黄澄澄的烤面包片

加入嫩鱼片烤制而成的薄饼

修道院的创建时间可以追溯到公元5世纪。当时有两名修道士来到这里，选择了这处与世隔绝的土地作为修行和隐居的地方。在山间的洞穴中建起了礼拜堂，在其顶部还保有关于基督教宣传的湿壁画。

据说，如今院内保留下来的圣母玛利亚的圣像是从雅典运来的。

在入口大门的左侧是当时的水道桥和住宿房屋，如今已得到很好的修复。登上正前方的瞭望塔，修道院的整个中庭即展现在眼下。自从2000年以来，这里一直开展着关于修道院的修复工作，如今中庭的样貌已经恢复了大半。

位于山间洞穴内的礼拜堂是整个建筑中最古老的部分。礼拜堂的顶部和墙壁上还保留有鲜艳的湿壁画。这些湿壁画大都是在公元9世纪时期完成的，仔细看的话，还会看到一些希腊文字和数百年前的日期计算公式等。

礼拜堂的左侧有一个水槽，从山涧中滴落的水珠流至这里并得以保存，并被称为“奇迹之水”。水槽的左侧是当时的厨房遗址。

中庭的后面就是修道院的主体部分，修建于14世纪。这是一座6层建筑，共有72个房间。据说可以容纳800多名修道士。在奥斯曼帝国统治时期，基督教被得到了认可，因此这里的规模也日渐扩大。

第一次世界大战中，苏梅拉修道院曾被俄军所侵占，在1920~1922年间，在对希腊战争中遭受到极大的火灾，建筑物也遭到了很大程度的毁坏。1932年，修道士离开了这里。他们在离开时，将圣母玛利亚的雕像埋在了南侧的圣巴巴拉教堂，如今已被转移到贝纳基博物馆。

建在断崖上的苏梅拉修道院

美丽的湿壁画。在之后的偶像破坏运动和异教徒的毁坏中遭到极大的损坏

洞穴内的大礼拜堂。顶部还残留有一部分湿壁画

洞穴外面的厨房遗址

R 餐厅

●**大师饭店** Ustad　预算 15TL~　MAP/p.366-B
交 从阿塔图尔克广场步行1分钟可达 ✉ Atatürk Alanı 17B
☎ 321-5406 营 24小时 休 无 酒 无

24小时营业的快餐厅。薄饼和烤肉的种类非常丰富。价格也比较实惠，一份8TL左右。店内2层还设有包厢用餐席位。

●**穆拉特鱼沙龙餐厅** Murat Balık Slonu
预算 15TL~　MAP/p.366-B
交 位于广场公园北侧 ✉ Atatürk alanı meydan Park Karşısı
☎ 322-3100 营 10:00~23:00 休 无 酒 无

是家鱼料理餐厅。味道鲜美，价格也比较实惠。金牌菜肴是炸沙丁鱼（5TL）、炸大马哈鱼（8TL）。

●**赛利姆糕点屋** Selim Pastanesi　MAP/p.366-B
交 从阿塔图尔克广场步行5分钟可达 ✉ Gazipaşa Cad. 11A
☎ 326-2420 营 7:00~22:00 休 无

位于加济帕夏大街上，面海而建。点心和派的种类很多，甜饼干论斤售卖。店里座位很多，时间充裕的话，可以在这里喝着茶悠闲地度过一个下午。点心起价4TL。

H 酒店

●**佐尔卢大酒店** Zorlu Grand　S €110 W €140　MAP/p.366-B
交 从阿塔图尔克广场步行3分钟可达 ✉ Maraş Cad.9 室 160
☎ 326-8400 FAX 326-8458 HP www.zorlugrand.com C A M V

是一家五星级酒店。宽敞明亮的大厅、豪华的休息室、漂亮的喷泉，无一不显示出高级酒店的品质。客房内部带有英式浴室。酒店位于卡夫拉曼・马拉什大街对面，出行非常方便。

●**萨厄尔奥卢饭店** Sağıroğlu　S 80TL W 130TL　MAP/p.366-B
交 从阿塔图尔克广场步行3分钟可达 ✉ Taksim İşhanı Sok.1 室 20
☎ 323-1905 FAX 321-3703 HP www.sagirogluotel.com. C A M V

新装修的中档酒店。酒店外观是淡黄色，时尚中透着温馨感。客房内有卫星电视、冰箱等现代化设施。

●**乌斯塔酒店** Usta　S 150TL W 175TL　MAP/p.366-B
交 从阿塔图尔克广场步行1分钟可达 ✉ İskenderpaşa Mah.B6
室 120 ☎ 326-5700 FAX 322-3793 HP www.ustaparkhotel.com
C M V

城市中年代最久远的酒店。很多从欧美国家来的旅游团都喜欢选择这里作为住宿地点。客房宽敞、干净、整洁。

●**霍隆酒店** Horon　S 85TL W 140TL　MAP/p.366-B
交 从阿塔图尔克广场步行1分钟可达 ✉ Sırama azalar.125 室 44
☎ 326-6455 FAX 321-6628 HP www.otelhoron.com C V

客房内卫星电视、冰箱、烘干器等现代化设施齐全，并带有宽敞的浴室。酒店最上层是酒吧和餐厅，可以在这里一边用餐一边欣赏海边景色和城市风貌。

●**德米尔大酒店** Demir Grand　S 70TL W 130TL　MAP/p.366-B
交 从阿塔图尔克广场步行5分钟可达 ✉ Kemerkaya Man. Cumhuriyet Cad. 22 室 54 ☎ 326-2561 FAX 326-1961 C V

位于海边沿岸的坡道右侧。是当地一家中档酒店。入口处是大大的落地窗，非常明亮。

●**光辉酒店** Nur　S 50TL W 100TL　MAP/p.366-B
交 从阿塔图尔克广场步行2分钟可达 ✉ İskenderpaşa Mah. Cami Sok.15 室 15 ☎ 323-0445 FAX 323-0447 邮 otelnur@hotmail.com

位于城市旅游咨询处的右侧。是一家小巧精致、装饰精湛的特色酒店。客房面积相对小一些，但是其内部各种现代化设施一应俱全，并带有小巧的浴室。提供免费的早餐。

大师饭店

穆拉特鱼沙龙餐厅

佐尔卢大酒店

萨厄尔奥卢饭店

光辉酒店

MAP/p.7-D

乌尊湖

UZUNGÖL

崇山环绕的旅游胜地。乌尊湖在土耳其语中的意思是“长长的湖”。这里有悠闲的、牧歌般的风景，是喜好大自然的人们不容错过的地方。

凉风徐徐的湖畔景色

交通方式

从特拉布宗出发，乘坐小巴去往乌尊湖。每天6：00~17:00共发团5次，历时大约2小时可达乌尊湖，费用12.5TL。返回末班车发车时间为晚上20:00。冬季末班车最晚18:00发车。

巴士沿着道路右侧行驶，沿途可以欣赏到黑海沿岸大片的茶叶田。在一座叫做OF的小镇左拐后，沿着山川进入山谷间，一直到乌尊湖入口处停车。

漫步导览　区号0462

乌尊湖的四面被崇山峻岭所围绕，位于谷底，海拔高达1900米。四周山坡上的岩石滚落到河里，堵塞河流而形成了这座堰塞湖。

湖畔可以看到美丽的白色清真寺。清真寺的周边是土特产商店、餐厅和酒店的集中区。清真寺的左侧山丘上有一片茂密的森林，森林中有几条潺潺流水的小溪。这里是当地人经常野炊春游的地方。还可以有机会欣赏到当地动听的民俗音乐。

围绕着湖水的四周是一条道路，道路两侧是休闲餐厅和精致酒店。山谷的右侧，是沿湖畔的一条散步道。从清真寺左侧的道路进去，可以看到石造小屋，这是当地人用来饲养牲畜的地方。夏季有一些酒店会组织前往夏季牧场的旅游团。

采摘鲜花的母女俩

H 酒店　乌尊湖　☎0462

●**伊南兄弟虹鳟鱼和汽车旅馆服务大酒店**
İnan Kardeşler Alabalık ve Motel Tesisler
S 100TL W 120TL
交 乘坐小巴到达终点后下车即是 ✉Uzungöl Gölbaşı Mah. 室28 ☎656-6021 FAX 656-6260
HP www.inankardesler.com.tr

当地一家营业时间达30年以上的老字号酒店。新建的客房大楼，全部是木制的。客房内卫星电视、冰箱、浴室等设施齐全。每个房间都带阳台，可以观看湖畔景色。在酒店的对面有一家精致的餐厅。（营业时间：7:00~23:00）。炸大马哈鱼非常好吃。餐厅不提供酒水服务。

伊南兄弟虹鳟鱼和汽车旅馆服务大酒店

塔什于斯蒂酒店

●**恩萨尔酒店** Ensar S 90TL W 120TL
交 乘坐小巴到达终点后步行3分钟可达 ✉Fatih Cad.18 Uzungöl Çaykara 室32 ☎656-6321
FAX 656-6346 HP www.ensarmotel.com. C M V

酒店共有三层，客房数量较多。夏天，酒店会组织前往牧场的旅游团。

●**塔什于斯蒂酒店** Taşüstü S 75TL W 150TL
交 乘坐小巴到达终点后步行15分钟可达 ☎Uzungöl Yeni Mah. 室13 ☎656-6176

酒店的名字是“石头之上”的意思。整个酒店建在巨大的岩石之上，可以从高处眺望乌尊湖畔的美丽风景。这是个家族经营式酒店。每年的6~8月营业。

出发日程安排
决定旅行类型
购买机票
预订酒店
护照与签证
准备旅行费用
携带物品清单
收集旅行信息
机场指南

旅行信息

【中国篇】

出发日程安排

土耳其主要节日庆典

1月1日 元旦

4月23日 独立纪念日·儿童节

5月1日 国际劳动节·团结日

5月19日 阿塔图尔克纪念日·青年运动节

1月下旬
塞尔丘克斗骆驼节(以弗所)

3月下旬
安卡拉国际音乐节

4月中旬~下旬
伊斯坦布尔国际电影节

5月
塞尔丘克
国际音乐民俗节

6月中旬~下旬
传统克尔克布那尔国际式摔跤比赛（埃迪尔内）

旅行费用的浮动情况

费用最高

费用最低

1月 上旬 中 下
2月 上旬 中 下
3月 上旬 中 下
4月 上旬 中 下
5月 上旬 中 下
6月 上旬 中 下

土耳其10日游的旅行费用
（以周游伊斯坦布尔、以弗所、卡帕多西亚、帕穆克卡莱、科尼亚、安卡拉等城市为例，包含机票、住宿费等。）

平均气温

°C

伊斯坦布尔的平均气温（1971~2000年）

1月	2月	3月	4月	5月	6月
6.0	6.0	7.7	12.3	16.7	21.3

平均降水量

mm

伊斯坦布尔的平均降水量（1971~2000年）

1月	2月	3月	4月	5月	6月
83.7	62.1	64.4	48.6	36.1	27.3

※部分节日和庆典随年份不同会有日期上的变化。

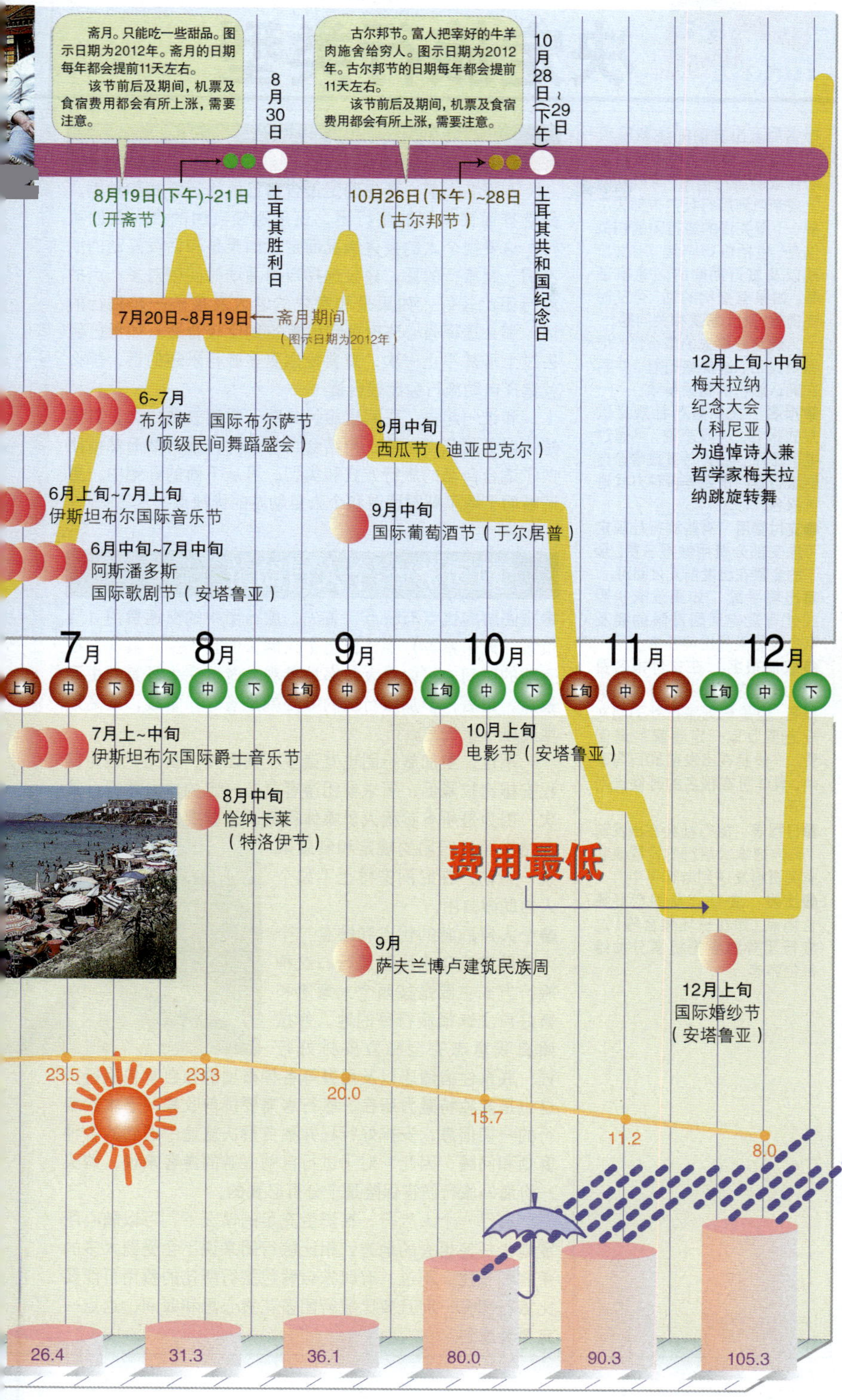

参加旅行团还是自助旅行?

决定旅行类型

报名后至出发前的注意事项

首先，要尽可能多地获取所需要的旅行信息。可以从网上或亲自到旅行社门市部去了解一下所关注的旅行团的相关信息，包括旅行路线、出发日期以及旅行期间的注意事项等。如果有疑问的话，可及时咨询旅行社，解决相关问题。

确定好要去的旅行目的地和路线后，选择旅行社，并再次确认旅行的相关事项。

●**报名**　按照旅行社规定的方式报名。一般来说，可通过电子邮件、电话、传真或者亲自到旅行社门市处等多种方式进行报名。

●**支付费用**　有些旅行社规定可先交部分费用做报名费，余下的金额在出发前支付即可。

●**出境手续**　如果没有护照或是有规定回国期限的要及早办理相关的出境手续。

●**取消报名**　在支付报名费后，如有特殊情况也可以取消报名，但是根据旅行社的明文规定要收取一定金额的退团费。一般要在出发前30日内取消，具体可在报名的时候询问一下。

●**日程表**　旅行社会在出发前7日内把本次旅行的行程表和有关资料发送到游客手中。

●**出发**　去往之前约定好集合地点（如在机场集合等）。旅行团导游会把机票分发给每位游客。

选择适合自己的旅行方式

在报名之前，要先确定适合自己的旅行方式和种类。是选择面面俱到的旅行团，还是随性自由的个人自助旅行？这要视个人的具体情况而定。如果是和活泼好动的朋友们一起旅行的话，建议选择自由活动时间相对多一点的旅行团比较好；如果是和家里的老人及孩子一起旅行的话，那么选择省心省时的包价旅行则比较合适；如果已经去过土耳其不止一次，想要挖掘更多旅行乐趣的话，那么就选择自助旅行会比较合适……

和谁一起去、去哪里旅行参观、想要去做什么，弄清楚了以上这几点之后，再结合自身条件，就自然而然地明白了适合自己的旅行方式和类型。可从下面的介绍中，更清晰明了地了解跟团游和个人自助游的优缺点。

跟团游VS个人自助游

●**跟团游的优点与缺点**　首先，旅行团中的交通费用（飞机票、火车票等）要比自己个人购买便宜不少。其次，在有限的时间内可以最大效率地参观、游览完土耳其的主要景点。最后，参加旅行团的好处就是省时、省钱，能高效地完成一次长途旅行。

不过，参加旅行团也有诸多不便之处。首先，因为日程安排比较紧促，要求参团游客具备一定的体力才行。其次，因为是所有参团人员集体行动，这就要求参团人必须严格按照旅行团的规定和制度来统一行动，在时间安排上不如个人自助游自由。

●**个人自助游的优点和缺点**　个人自助游近年来比较流行。这种旅行方式主要是按照个人意愿和喜好自主选择旅行目的地，并按照自我意志完全独立安排好行程、联系住宿酒店以及用餐等各种事项的独自背包旅行。这也是其独特魅力所在。旅行者需要提前收集关于本次旅行的一切信息，安排好行程并独自解决旅途中遇到的各种麻烦和问题。因此，对于进行自助旅游的游客来说，购买一份海外旅行伤害保险是十分有必要的。

自己一个人旅行，在资金充足的情况下，可以随心所欲地去任何想去的地方，相比旅行团来说不会受到太多的牵制和干扰。不过，有时独自背包旅行所花的费用可能要比旅行团多，而且要比旅行团多花费心思和时间，这点一定要考虑到。

旅行团的种类

对于第一次出国旅行的乘客，如果感觉准备不够充分的话，参加旅行团旅行是一个不错的选择。旅行团会帮助你解决出境手续的办理以及住宿酒店的预订、景点门票的购买等琐碎事项，并负责解决旅途中遇到的各种问题。尤其是和家里的老人及孩子一起出行的时候，在语言不通的情况下，参加旅行团就显得非常有必要。

●**全程服务型** 包含了订购机票、预订酒店、用餐、观光解说等一条龙服务的“一价全包式”旅行。这样的旅行团还有导游全程陪同。在旅行社提供的旅行合同中，游客选择想要去的目的地以及旅行路线后即可报名参团。

旅行团的费用会根据航空公司的机票价格或入住酒店的档次而有所不同。一般情况下，乘坐亚洲系航空公司的飞机和入住中档酒店所花费的团费会少一些。乘坐豪华商务客机、入住高级酒店的旅行团费自然要高一些。

●**相对自由型** 这样的旅行团仅给游客提供机票订购和酒店预订服务，即通常所说的“机+酒”服务。游客到达旅行目的地后，可以根据自己的意愿选择用餐的地点及乘坐何种交通工具去参观哪些景区景点，相对来说比较自由些。

●**选当地旅行团** 到达旅游目的城市后，可报名参加当地的旅行团。对于独自背包旅行的游客来说，参加这样的旅行团无疑能够提高旅行的效率。

选择旅行团的要点

●**航空公司** 尽量选择大的航空公司。提前确认好出发及回程日期。不妨行前查询一下相关航班的具体信息。

●**旅行团费** 有的旅行团费用中会包含用餐和参观景点的费用，有的则没有包含餐费。在报名的时候，一定要仔细确认一下。

●**停留时间** 确认一下在各个旅行地点的停留时间，以便及时做好安排和准备。

●**发团人数** 有时报名参加了中意的旅行团，却因为最终没有达到最低发团人数而不得不取消，这样的事情也时有发生。因此，要了解该旅行团的最少发团人数，可能的话随时与旅行团保持联系，以确保最终能够成功出团。

个人自助游需要注意的事项

●**收集信息** 尽可能多地从各种渠道收集旅行的相关信息，以便更好地制定旅行计划、成功完成旅行。必要时可参考旅行社的旅行信息。

●**旅行预算** 做好预算准备，列出哪些花费是必需的，哪些花费是可以省下的。尽可能多准备一些旅行费用。

●**购买机票** 具体可参考p.378~ 379“购买机票”相关内容。

●**选择交通工具** 选择在旅行地点需要乘坐的交通工具，并预估一下旅行期间需要支出的交通费用。

●**预订酒店** 提前预订好在旅行目的地的住宿酒店，并预估一下旅行期间需要花费的住宿费。

购买机票

直飞土耳其的航班

从中国可以直飞土耳其的具体航班信息可参考p.400中“土耳其交通——飞机”中的相关内容。

网上轻松订机票

●携程旅行网
HP http://www.ctrip.com

●去哪儿
HP http://www.qunar.com

●酷讯旅游
HP http://www.kuxun.cn

●春秋航空
HP www.china-sss.com

机票种类

对于选择独自背包旅行的乘客来说，选择机票就是为旅行做准备的第一件事。机票的费用占了旅行总费用的很大比例。

因此，慎重地选择机票可以省下一笔不少的钱。机票的种类多种多样，并且各有优点，其价格也因季节的不同而有浮动。

首先来了解一下机票的种类。

●国内机票和国际机票

这是根据旅行目的地的大概范围而做的分类，一般国际机票价格会高于国内机票价格。

●单程机票和往返机票

这是根据一次行程是否来回而做的分类，一般定往返机票会比分开定去程和回程机票便宜。

●正常票和特殊票

这是根据购票要求而做的分类，一般特殊票又分为团体票、学生票、特价票等，这种票价格相对比较优惠些。

●纸质票和电子票

这是根据机票的表现形态所做的分类。其实电子机票是纸质机票的电子形式，是一种电子号码记录，一旦定好票，只要拿着身份证办理登记手续就可以，比较方便。

方便快捷的电子票（Electronic Ticketing）

现在大多数航空公司都已开始使用E票（电子客票），其实电子机票就是纸质机票的电子格式，其内容信息是通过航空公司的电脑网络系统进行保管的。也就是说游客购入国际航线的机票后便会收到附有相应内容的电子机票。现在国内有些机场简化了登机手续，只要携带身份证件，核对相应资料后即可办理登机手续。也有些是订购了电子机票后，会给购买者寄送“电子机票客户凭证”或“电子机票确认书”，拿着此凭证办理登记手续。电子机票最大的好处就是代替了以前的纸质机票，返航时也没有必要携带返程票，这就防止了机票的丢失以及对机票的非法利用，同时也省去了丢失机票时的补办费。

值得注意的是回国时需要出示返程的机票，所以一定要把“电子机票客户凭证”或“电子机票确认书”与护照放在一起随身携带。而且在入境检查时有时也需要出示这些东西。另外虽说是电子机票，但有时里面的内容也会出现差错，所以在收到电子机票后一定要确认里面的信息是否正确。

购买机票的要点

购买机票的途径不少，有售票代理点、旅行社、网络在线订票。如果要购买特价机票的话，需要多比较多咨询，而且一般特价票会有很多制约，例如不能退票，无法指定坐席等。另外起降时间也多是差强人意，不过有时价格低得实在很诱人，所以特价机票对不在乎其他条件的旅客来说还是很有吸引力的。

这里提醒读者购买机票时，一定要考虑以下要点：航空公司、起降时间、服务质量，最好把这3项综合起来考虑再决定是否购买。

另外，在买机票时，若能注意以下事项，买到合适机票的几率会更大些。

●收集超便宜的票价信息

可以直接登录设有国际机票预订的网站，如携程网等搜索机票信息。另外有些旅行社或者旅游网站也会推特价机票，如果有需要不妨多加关注。

●充分利用机票比价业务信息

有些网站还提供机票比价业务，这样更方便购票。通常直飞航线票价会比中转航线的票价低，所以即使航线中途行经地点相同，如果有换乘，虽耗时长，但票价就比较实惠。

●比较官方折扣机票

最好关注一下各个航空公司推出的官方折扣机票，其价格可能与其他公司推出的特价机票相差无几。不仅如此，还可以根据个人喜好指定座次，也能获得会员飞行累积里程数等多项优惠政策。

土耳其航空公司推出的里程积分卡

●关注飞行里程累积奖励制度

持有会员卡的游客若想累积到更多的飞行里程数，最好仔细选择适合的航班出行。

●根据需要调整出发日

出发日期和回国日期如果选在周末，一般机票票价都不低，因为这算是“旺季”，所以预订机票时，可尽量避开周末出行。

里程积分

各个航空公司提供的为顾客服务的项目之一。坐飞机的人搭乘自己的航空公司或者是合作航空公司的飞机时可以享受这种服务。计算的主要方式是，根据飞行距离积累“搭乘英里”积分。

从欧洲其他国家中转的航班也可考虑

从法国、德国、意大利、希腊等欧洲国家取道入境土耳其也不失一种好方法。因为这些国家都开通了定期飞往土耳其的航班，甚至有些航线可直接到达伊兹密尔、安塔利亚、特拉布宗等城市。另外，中转换乘还有一个好处，就是可以在这些国际枢纽机场享受购物的乐趣。因此考虑到中途停机的好处，也还是可以选择从欧洲中转。另外在欧洲停机的次数和费用也是不尽相同。购买机票时要综合考虑这些所有的因素。

住宿条件关乎着旅行心情的好坏

预订酒店

※关于酒店的详情，请参考p.40“住宿”栏目的相关内容。

住宿费

本书所给的资料中有些并未给出酒店的星级。这是因为土耳其的酒店虽然有星级之分，但其住宿的舒适感和服务贴心度与星级并没有太大的关联。不过酒店档次不同，收取的住宿费用也不尽相同。一般来说，中档酒店的单人间（S）住宿费用每晚在$50～$100。高档酒店的单人间（S）每晚费用多在$100以上。

大城市酒店的费用

像土耳其伊斯坦布尔、伊兹密尔、安卡拉等大城市的酒店住宿费用要比其他城市贵百分之三十到百分之五十。

英语服务

土耳其的大部分酒店都有会说英语的工作人员。但在偏僻的乡下，可能会遭遇语言不通的情形，所以学一点基本的土耳其语在旅行中还是很有必要的。可参考p.420~427“旅行会话”相关内容。

伊斯坦布尔老城区一家高档酒店内的大厅

土耳其的一些观光城市，如伊斯坦布尔等，不乏各种类型的酒店，从经济型宾馆到五星级高档酒店都可以寻觅到。在预订酒店时，一定要考虑到以下几个因素：交通是否便利；酒店设施情况如何；住宿费用是否含早餐等，当然还要视个人的喜好和预算，综合考虑以上条件基本就可以订到自己满意的入住酒店。

星级酒店

在土耳其旅游局有所注册的酒店，是要符合一定条件的。一般来说，这些酒店都有完善的客房和洗浴设施，并且有能够提供外语服务的工作人员。这些酒店根据资产规模和设备档次的高低，有一星～五星级酒店之分。众所周知，酒店星级越高，其规格越好，不过所花费的住宿费用也就越多。

土耳其的星级酒店划分不是特明确，一些星级酒店里也会有些比较陈旧的设施。大城市内的二星级酒店甚至可以与小地方的四星级酒店相媲美。但总的来说，收费高低是判断酒店档次的重要标准。住宿费越高，意味着酒店的等级就越高。另外，非星级酒店内的设施和环境相比星级酒店要落后不少。

星级酒店的门口一般都会挂有星级牌

酒店档次和费用

●**高档酒店**　一般指四星级或者五星级酒店。这些星级酒店内的设施很高档，带有浴室、无线网络、卫星电视、咖啡机等高级设施。酒店内还设有高级餐厅、休闲咖啡厅、酒吧、游泳池、大型浴场、桑拿房、美容院等娱乐休闲场所。24小时提供客房服务。

●**中档酒店**　相当于三星级或者二星级宾馆。配有彩色电视、电话、冰箱等现代化设施。有的还带有独立的浴室。客房内部装饰风格大多为简洁、舒适的商务风或家庭公寓风。土耳其的中档酒店收费标准为$40~120。

如果对于住宿环境不是特别挑剔的话，建议住在中档酒店。中档酒店各种服务设施完善，性价比较高，花费也不多，住宿环境也过得去，适合商务人士或中薪阶层。一些中档快捷酒店甚至每晚收费$30，方便大众出行。

●**特色酒店**　利用当地古老的建筑物或民宅改建而成的特色主题酒店。（相关信息可参考p.42中的部分内容）

不过这些酒店大多非本地人都不熟悉。如果您对特色酒店情有独钟的话，建议咨询一下当地旅行社。如果是晚上到达土耳其的话，拖着繁重的行李寻找酒店是一件非常劳累、也是非常危险的事情。所以，建议提前联系好酒店。

一旦确定好自己的航班信息，在出发前建议提早预订好酒店。下飞机后乘坐机场巴士或出租车可直接前往酒店入住。

酒店的预订方式

在语言不通的异国他乡寻找酒店可不是件容易的事情。而且，到达目的地之后，拖着沉重的行李行在大街上四处游走，也绝不是件安全的事情。因此，最佳的选择方式就是在到达旅行目的地之前预订好住宿酒店。不妨通过以下几种方式来预订酒店。

●**通过旅行社预订酒店** 可以在网上查询好想要入住的酒店，或是请旅行社提供一份当地的酒店名单，然后委托旅行社来预订酒店。一些经营出境游业务的大旅行社一般都会推出一种别于团体游和自助游的第三种选择，即“机+酒”服务。就是为不想跟团随大众而行的自由旅行者提供机票和酒店预订服务，这样即省去了自己订机票和酒店的麻烦，还能享受团体价的优惠。可根据自己的行程安排和预算，“货比三家”，总是能“淘”到即经济又不错的入住酒店。不过，提醒一点，这些酒店一般只限于和旅行社有合作关系。

●**直接与酒店预约** 如果想预约入住的酒店和旅行社没有合作关系，那只能自己直接联系酒店了。实际上，现在很多酒店都开通了网站，尤其是大的国际连锁酒店，有时为了促销，会推出一些打折、优惠的活动，不妨多加关注。一般这些酒店都会接受通过打电话、发传真或者网上发电子邮件等方式直接预订酒店。

●**通过网络预约** 目前，最简单方便而且实惠多多的酒店预约方式是网络在线预约。可以利用各酒店的网站以及集中了各个酒店信息的住宿网站来提前预订酒店。在这些网站中只要按照提示输入各项信息便可成功预订。但如果想与其他酒店进行比较的话则使用专门的预约网站比较方便。然而专门预约网站的信息更新还是比较慢的。另外就是酒店的网站基本都是英文的。

●**选择和自己信用卡有联系的酒店** 在选择入住的酒店时，也可以考虑和自己的信用卡有联系的酒店。有些信用卡也会推出针对旅行的优惠服务，例如免费预订酒店或住宿费打折等。所以，在预订酒店前不妨先看一下自己的信用卡是否有相应的优惠服务。

伊斯坦布尔新市区一家高级酒店的客厅布置

到达机场后如何预订酒店

在伊斯坦布尔·阿塔图尔克机场内的旅行咨询处可以预订当地酒店。中档以上的酒店一般都会安排专门巴士在机场等候客人。如果是参团旅游的话，旅行社会安排好一切。如果没有提前预订酒店或没有巴士迎接的话，可以在机场旅行咨询处查阅相关酒店信息并试着现联系入住的酒店。

酒店预订网站

●国际酒店网

HP http://www.hotels.com

●国际订房中心

HP http://www.hotelclub.com

●国际沙发客网站

HP http://www.couchsurfing.org

●国际青年旅舍联盟

HP http://www.hihostel.com

●携程旅行网

HP http://www.ctrip.com

海外旅行必备品

护照与签证

申办护照所需材料

❶居民身份证原件、复印件
❷本人户口簿、户口簿首页、本人资料页、变更页
❸填写完整的申请表原件
❹申换护照需附上原护照
❺近期2寸淡蓝色背景彩色证件照1张
❻申请事由相关材料

费用与天数

200元工本费
5个工作日

申办土耳其旅行签证所需材料

❶身份证明材料 （如是在职人员，需有工作单位介绍信原件；如是学生，需提供学校出具的在校证明原件）
❷中国居民身份证复印件
❸护照及复印件（护照有效期，应当超出所申请签证有效期90天以上）
❹机票、酒店订单
❺一张近期2寸免冠彩色照片
❻签证申请表

费用与天数

单次入境签证费 380元人民币
7~10个工作日

护照

无论是个人旅行还是团体旅行，只要是去往外国就需要护照。所谓护照就是国家对持有人的一种证明——也就是“官方的身份证明”。我国护照分为普通护照、外交护照和公务护照三种，公民出境旅行，办理普通护照即可，其有效期为：护照持有人未满十六周岁的五年，十六周岁以上的十年。对已经拥有护照的人来说，则要注意确认自己护照的有效期限。海外旅行，在入境其他国家时原则上需要护照至少留有6个月以上的有效期，如果期限不足则要申请更换新的护照。

●护照申请　第一次申办护照时，要先准备齐左栏表列出的相关材料，之后须亲自至本人户口所在地公安局的出入境管理处办理。如果有因合理紧急事由请求加急办理，公安机关出入境管理机构也会受理的。注意，在申请完毕时，会收到一张标有日期的取证回执单，一定要好好保管，领取护照时会要求出示，也可以采取付费邮寄的方式获取护照。

●护照的换发或补发　护照有效期即将届满的（一般要求不少于6个月）、护照页即将使用完毕的、护照损毁不能使用的、护照遗失或者被盗的、有正当理由需要换发或者补发护照的其他情形，可以按照规定申请换发或者补发护照，其程序和第一次申办护照一样。

●护照的变更申请　如果护照上面的登记事项（包括护照持有人的姓名、性别、出生日期、出生地，护照的签发日期、有效期和签发机关。）发生变更时，也要持相关证明材料，向该护照的签发机关申请护照变更加注。

签证

签证是对象国发行的入境许可证。通常在护照的签证栏上会盖有印章。土耳其签证分过境签证、工作签证、商务签证、旅游签证等六类。其中，中国公民过境签证的停留期限最长为7天。可申请两次过境签证。而旅游签证停留期通常为15天，但在旅游行程更长的情形下，也有可能延长至30天。中国公民办理旅游签证申请只有通过旅行社可以查询跟进。因为根据土耳其和中国之间的协议规定，对中国公民没有开放个人旅行。中国公民可以参加由中国国家旅游局授权的有资质的中方旅行社（其名单可在http://qzzby.cnta.gov.cn/visa.php网页中找到）组织的旅行团前往土耳其旅行，且旅行团最少由2人组成。

申请旅行签证时需要准备的材料可参见左栏内容。可根据本人生活居住地向土耳其驻北京大使馆、上海总领事馆或广州总领事馆（具体联系方式可参考p.416相关内容）

申请签证。如想获取有关大使馆和总领事馆之间领区划分的详细信息，可登陆土耳其驻北京大使馆网站（www.pekin.be.mfa.gov.tr）进行查询。

自2014年4月10日起中国公民可以在土耳其电子签证官方网站（www.evisa.gov.tr）申请旅行和商务签证。不过

土耳其电子签证网站（有英文界面），只需三步即可完成签证申请

申请土耳其电子签证的中国公民必须持有申根国家或者经济合作与发展组织国家的有效签证或者居留许可，而且只有在这些签证的有效期内进入土耳其境内才算有效。

关于签证的详细资料，还可以参考土耳其官方旅游局中文网站网页（http://www.goturkey.com.cn/i/502.html）的相关内容。

海外旅行损害保险

旅行时可能会遇到生病或受伤、遭遇盗窃等情况，为了以备这种意外情况，建议一定要办理海外旅行伤害保险。海外旅行伤害保险有很多种，分别对应伤害、疾病、财产赔偿、随身财物等等。所以游客们要清楚地了解保险的种类、内容和支付条件后再选择合适的加入。可以在保险公司、旅行社等地方进行申请购买。在购买前，可以先做一些了解，一般来讲，各个保险公司的保险内容差别不是很大，就看服务质量和信誉。推荐大家在负责组团旅行和购买机票的旅行社中申请，这样一来一旦出现意外，赔偿手续办理起来会比较方便顺利。

各个保险公司都有提供用中文服务的救急拨号、急救医疗机关的介绍以及筹备工作等，也有与相应的援助服务公司联手合作，在出现意外时可以用本国语言进行求助。而且还有24小时的紧急援助体系等服务，能提供不少安全感。

另外，在购买海外旅行伤害保险时可先看看自己使用的信用卡里是否自动附带了一些保险种类，如果有则可以根据其保险内容再适当选择追加保险或维持原状。

申根国家

截至目前，申根国家共有26个成员国，即奥地利、比利时、丹麦、芬兰、法国、德国、冰岛、意大利、希腊、卢森堡、荷兰、挪威、葡萄牙、西班牙、瑞典、匈牙利、捷克、斯洛伐克、斯洛文尼亚、波兰、爱沙尼亚、拉脱维亚、立陶宛、马耳他、瑞士以及列支敦士登。

经济合作与发展组织国家

简称经合组织，英文名为Organization for Economic Co-operation and Development，缩写为OECD，是政府间的国际经济组织，成立于1961年。截至2014年有34个成员国，即澳大利亚、奥地利、比利时、加拿大、捷克、丹麦、芬兰、法国、德国、希腊、匈牙利、冰岛、爱尔兰、意大利、日本、韩国、卢森堡、墨西哥、荷兰、新西兰、挪威、波兰、葡萄牙、斯洛伐克、西班牙、瑞典、瑞士、土耳其、英国、美国、智利、爱沙尼亚、以色列、斯洛文尼亚。

怎么携带钱财很重要

准备旅行费用

牢记银行卡、护照的序列号

银行卡或护照不慎丢失时，告知银行或大使馆工作人员相关序列号，可以在第一时间补办成功，所以一定要牢记银行卡或护照的序列号。如果记不住，可以写在纸上并妥善保管。

信用卡咨询网站

●VISA卡
HP www.visa-asia.com
●万事达卡
HP www.mastercard.com
●美国运通卡
HP www.americanexpress.com
●中国银联卡
HP cn.unionpay.com

要结合逗留天数、消费金额、旅行类型来准备相应的旅行费用。另外,还要考虑到可能发生的意外，建议最好多准备一些。

携带必要的现金

出于安全考虑,外出时携带的现金越少越好,一来是为了自身安全,二来是带少的话即便丢失或被盗也不会觉得心疼。出行前带些人民币,必要时可在当地的银行或是货币兑换点等场所将其换成土耳其货币或者欧元及美元,可视当地汇率选择更合算的兑换币种。从机场到酒店的机场大巴车费或乘出租车时等急需的少额现金,在安塔图尔克机场内可就近兑换。

国际借记卡

如果拥有一张国际借记卡,而且在银行账户中存入足够金钱的话,也可以在土耳其当地的ATM中取现使用,这样一来就不用携带大量现金,而且也省去了兑换的麻烦,不过此时取现要收取一定的手续费,费用是从账户中直接划走的,汇率也是依照当地当日的外汇率换算(具体各个银行都不一样,可以事先咨询一下)。另外,如果卡中金额不足的话还可以让国内的家人往账户内存款,而且国际借记卡消费时能方便刷卡,比较方便。现在有些银行还推出了多币种的国际银行借记卡,所以即使身在不同国家,也可以用这种卡从当地银行柜员机或者ATM取款机上提取当地币种的货币。

另外,随着中国银联卡在海外市场的不断扩大,现在很多国家都可以直接使用中国银联卡。如果在当地的ATM取款机上发现有"银联"字样的标注,那一般国内的银行卡都可以使用,非常方便。不过,在海外使用银联卡时会有不少规定,比如每日累积取款不得超过1万元人民币的等值外币。

行前还需注意一点是,如果经常把银行卡和金属钥匙扣等有磁性的物件放在一起,银行卡的磁性会减弱。因此,建议最好确认一下要携带的银行卡磁性是否完好!

信用卡

现如今,信用卡已然成为国外旅行的必需品了。在土耳其,信用卡的普及程度也比较广。可以说只要不是太小的店,无论购物、饮食、住宿几乎都可以用信用卡支付所有的消费项目。另外,在土耳其租赁汽车或是住宿时信用卡还可以当身份证明文件使用。而且,一旦出现紧急情况的话,它还具有透支功能(不要手续费,但有贷款利息),可以在当地的ATM上直接提取当地货币。

VISA(带有PLUS标志的ATM都可以部分透支)、Master、AMEX(在带有Cirrus标志的ATM上可以部分透支)等国际银行卡大多可以使用。 只要满足银行规定的一定条件,都可以办理,有些还不要手续费(但有些会收取信用卡年费),甚至有银行还

●现金、国际借记卡、信用卡、旅行支票优缺点比较

	优点	缺点
现金	支付方便	一旦丢失、被盗很难再找回来
国际借记卡	只要有ATM机很方便取出	每次取现都需要支付手续费
信用卡	丢失、被盗后可以补办 在一些场合能当身份证明文件用 如果是发行银行的特约商家，会有优惠	使用场所有限制
旅行支票	丢失、被盗后可重新补办 可以当现金直接使用	使用场所有限制

可根据自己的实际情况在旅行途中选择适合的旅行费用支付方式。第一，如果是居住在高级酒店中的短期旅行，那么最好使用现金、信用卡和国际借记卡。第二，如果是在没有ATM的地方逗留，或居住在便宜旅馆中较长时间则最好多利用旅行支票。

专门为海外旅行者开设快速办卡通道，非常方便。另外，各家信用卡发行银行还提供24小时银行卡丢失、被盗后的紧急挂失服务，有些还提供酒店预约、购物、医疗咨询等服务，还有些能提供旅行保险赔付、银行卡购物后的退税等各种服务。

当信用卡出现丢失、被盗、超额、消磁等情况时，如果只持有一张卡的话则会非常尴尬。若持有2张或2张以上的卡，即使在补办过程中也不会对旅行造成影响。另外持有多张卡时最好选择不同发卡机构和不同品牌的信用卡，这样一来服务的内容也会扩大。而且信用卡附带的海外旅行伤害保险的补偿事项也会叠加（意外死亡、意外致残、携带财物损毁不做加成）。所以比起购买保险，还是信用卡比较划算。为了防止被盗，最好事先记下信用卡发生意外时的紧急联络方式，并且把联络方式和卡装在不同的地方。

旅行支票（T/C）

旅行支票就是给旅行者使用的一种支票，可以在银行内购买。其优势是安全，即便被盗或丢失也可以根据保留的票号在银行再次生效使用，安全度较高。旅行支票也可以用来兑换，并在一些大的酒店或者商场中可直接当现金进行消费。

旅行支票在办理外国货币业务的银行或邮局、发行公司分公司和一部分旅行公司可以购买，购买时会收取一定的手续费。去土耳其旅行的话，因为像伊斯坦布尔等城市，欧元和美元的使用场所也不少，所以可以视需要选择以美元或者欧元为核算的旅行支票。

旅行支票在具体使用时需要遵守以下几条规定：❶在购入T/C时要在所有支票的“持有人签名”一栏中签上自己的名字。❷使用旅行支票时要当着对方的面在“countersign”一栏中用和“1”中同样的笔迹签名。只有两处签名一致且本人亲自签名的情况下旅行支票才能生效。签名可以是英文也可以用中文，但是在使用时作为自己的身份证明，通常会被要求出示护照，进行对照。所以，旅行支票上的签名最好还是和护照上的签名一致。如果还有不明白的地方，最好在购买时先咨询清楚。另外为了防止被盗、丢失，最好事先记下支票的号码、金额和使用场所等信息。

街头的ATM机可方便随时取款

可使用信用卡

●美国运通信用卡

HP http://www.americanexpress.com/japan/

☎ 0120-779656

可以使用国际银行卡取款的ATM机标志

Cirrus

PLUS

标有上面所示标志的ATM机是可以使用国际银行卡的

旅行支票的金额

美元：50、100、500

欧元：20、50、100、200、500

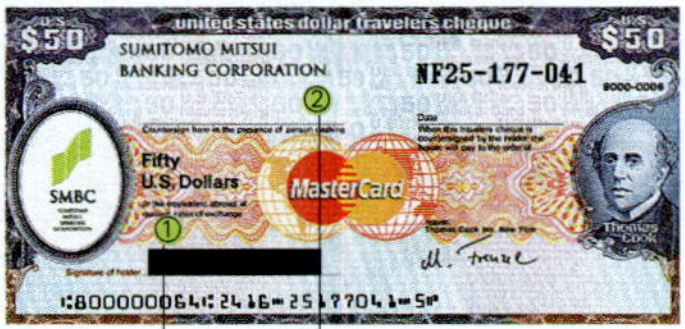

持有者签名

支付时签名

携带物品清单

携带行李的限重

经济舱每人准许带入机舱内的行李总重量不超过10千克（土耳其航空公司规定不超过8千克），包含行李箱和随身小包。行李箱的三边尺寸之和不超过115厘米。

经济舱每人可免费托运的行李总重量不能超过20千克。商务舱每人可免费托运的行李重量不超过30千克。

携带液体登机的规定

携带化妆品、药品、饮料等液状物品登机时，需要装进100毫升以下的容器中，并装入密封袋内。

大有用处的沙滩鞋

沙滩鞋不仅可以在洗浴时使用，还可以穿着它在海滩游玩，甚至逛街、散步也可穿，非常实用，建议携带。

打包行李

不少游客认为出门在外会遇到各种情况，因此有必要携带尽可能多的行李以防不时之需。不过带的行李越多，行李箱就会越重，在需要长时间的步行旅途中会带来极大的不便。而且，随着旅行日程的结束，行李箱也会因购买了当地土特产或者购买其他物品而变得鼓鼓囊囊。所以，有必要在出行前好好计划一下行李箱需要装哪些必备的物品。有些在在土耳其当地能容易买到的物品大可不用携带。“轻装上阵”是打包行李的原则之一，不要因为背负了过重的行李而给自己带来不少的麻烦。

对于出游服装的选择也要慎重。建议带一些轻便且不容易起皱的衣服，可卷成筒状放进行李箱，这样也能节省下不小的空间。裤子带两三条即可，鞋子一两双足以。洗漱用品，建议先收纳到一个小包中，再放入旅行箱内。另外，要把物品做一个大致的规整和分类，以便急用时能很快地找到。

旅行必备物品

手机、相机、变压插座、电池、防晒霜等都是旅行中经常会用到的物品，一定要提前准备好装进行李箱内。此外，准备一些常用药品也是必需的。如果自身患有慢性病，建议备份一份英文病例处方带在身上，以防万一。

对女性朋友而言，建议最好携带一条头巾。因为在土耳其，参观清真寺的时候，按照当地风俗，女性是要遮挡面部和头发的。另外，头巾还有御寒、防晒、包裹行李的作用，非常实用。

最后，建议最好携带一张本人近期免冠证件照以及一份护照复印件，以防护照丢失时补办使用。

科尼亚的梅夫拉那神殿内。女性全部戴着头巾

真情提示

乘坐飞机时的注意事项

乘坐飞机，从中国去往土耳其的航行时间最短也得近10个小时。长时间的飞行很容易会引起一些身体上的不适感，比如脑血栓。因此，一定要保证旅途中水分的供给要充足，适当进行少量的运动也有助于减轻不舒服的症状。

另外，机舱内一般非常干燥，对于爱美的女性来说，做好皮肤的护理就显得很重要。不妨勤清洗面部，建议登机之前最好卸了妆。此外，在机舱内一定要保证充足的休息时间，提前为旅行储备一定的体力。

●携带行李清单 ★必须 ○必要 △带了更方便

随身行李		托运行李	
护照	★	上衣、裤子	○
机票	★	鞋子、袜子	○
海外旅行伤害保险证明	★	帽子	○
预订酒店的收据	★	泳衣	△
现金	★	太阳镜	△
国际借记卡	○	头巾	○
信用卡	○	洗漱用品	○
旅行支票	○	指甲刀、挖耳勺	△
护照复印件和证件照片	○	生理用品	○
银行卡卡号备份本	★	防晒霜、润唇膏	○
驾照	△	洗衣液	△
学生证	○	雨伞、雨衣等	○
数码相机充电器、存储卡	○	驱虫剂	△
常备药品	★	手电筒	△
化妆品	○	变压插座	○
方便袋	○	瑞士军刀	○
笔记本	○	针线包	△
辞典	○	电子计算器	△
旅行指南	○	指南针	△
手表	○	沙滩鞋	△

● 随身行李一栏的有些物品也可以在下机后购买。
● 托运行李一栏的有些物品可根据需要灵活筛选。

根据土耳其的四季，选择携带的衣物

土耳其因国土面积宽广、地形复杂、气候多变，所以前往土耳其旅行时，最好根据季节来选择随身携带的衣物。

首先，一定要选择一双舒适、合脚的鞋子。因为在旅途中少不了要长距离行走，所以选好鞋子很重要。服装的话，建议携带轻便、宽松的衣服。

春 4~5月。土耳其的春天比较温暖，晴天的时候穿着半袖也不会感到冷。雨天或阴天的时候，会有丝丝凉意，带一件薄上衣即可。除此之外，携带雨具也是非常有必要的。

夏 6~9月。土耳其的夏天非常炎热干燥，日照很强烈。安纳托利亚东南部地区会有持续超过40度高温的天气，建议携带一些防晒防暑用品。内陆地区昼夜温差很大，带一件上衣御寒很有必要。

秋 10~11月。土耳其从10月开始，天气就逐渐变得潮湿，进入雨季。还经常会有持续2~3天的大雨出现。因此，携带雨衣、厚夹克、毛衣等防雨御寒的服装很重要。

冬 12~次年 3 月。除了温暖的地中海地区和爱琴海南部一带，土耳其其他地方都会普遍降雪。建议多带一些御寒的厚衣服。

必备物品最终确认

□护照
□机票
确认出发时刻、集合时刻
确认前往机场的交通工具
□确认现金，T/C，各种卡是否带齐

收集旅行信息

土耳其又有两地登陆世界遗产名录

在第38届世界遗产委员会会议上，土耳其的布尔萨朱马勒克兹克镇和贝尔加马古城被列入世界遗产名录之中。布尔萨是奥斯曼帝国初期的首都，朱马勒克兹克镇目前仍保存着700多年前的奥斯曼式建筑特点，这里仍延续着奥斯曼式的贸易文化和农村生活。贝尔加马古城紧邻伊兹密尔。作为奥斯曼帝国、希腊时期、罗马和东罗马时期的卫城，贝尔加马古城是拥有多层次文化的神圣景区。

土耳其国家旅游局中国办公室

✉北京市朝阳区亮马桥路50号燕莎中心S118 (100016)

☎010- 64638032/34

FAX 010- 64638035

邮 info@turkishtourism.com.cn

pr@turkishtourism.com.cn

ta@turkishtourism.com.cn

HP www.goturkey.com.cn

土耳其横跨欧亚大陆，这片历史悠久的土地也是古文明发源地之一，留有许多珍贵的文化瑰宝。在土耳其的各个角落分布着不少古老的历史遗迹。除了领略多种文化交融下的小亚细亚文明外，现代土耳其的美食、娱乐等也会带给游客不一样的感受。要想在短暂的旅程中，深切感知土耳其的迷人风情，就需要提前对这个国度做一番全面、详细的了解。建议出发之前，尽可能通过各种渠道来获取一些关于土耳其的信息，相信这会对您的旅行大有帮助。

土耳其国家旅游局

土耳其国家旅游局是土耳其官方机构，设有中文官方网站，网址参见左栏。网站内容丰富，资讯详实，图文并茂，不仅有土耳其文化艺术、美食、景点、特色活动推荐等，还配有相关视频，对前去土耳其旅行非常有帮助。如果有需要，还可以通过邮件订购土耳其旅行的最新动态信息。也可以通过其官方微博（http://weibo.com/traveltoturkey）了解相关信息。

土耳其国家旅游局中文官方网站

旅行社

到土耳其旅行，中国公民需要参加由中国国家旅游局授权的有资质的旅行社组织的旅行团。因而从这些经营土耳其旅行线路的旅行团获取相关旅行信息，也是一种最快、最有效的途径。

有关土耳其的读物

此外，还可以在出发前查阅一些和土耳其有关的书籍和信息，像网络博客、游记攻略等，欣赏一些当地的视频短片，或者去图书馆集中查阅有关土耳其的资料，这些都可以加深对土耳其当地的认识，为旅行提前做好知识储备，以增强旅行的乐趣和深度。

电视、广播

电视、广播里有些旅行类、知识性栏目，会有关于土耳其的详细介绍，不妨在行前多加收看，借助影像视频，可以很直观地了解去土耳其旅行的相关注意事项。

通过旅行网站获取最新信息

通过网络可以获取关于土耳其旅行的各方面信息。一些旅行网站上不但有关于土耳其文化、历史、艺术、景点等方面的详细介绍，还可以从一些活跃的旅行论坛里请教曾到访过土耳其旅游的人，和他们交流、探讨，从而获取更为有用的旅行经验和信息。

土耳其旅行实用网站推荐

【土耳其文化旅行部】

是土耳其共和国政府中的一个部，负责土耳其的文化和旅行事务。其网站详细介绍了土耳其旅行指南、旅行种类、艺术、人文和文化活动等内容。

HP www.kultur.gov.tr

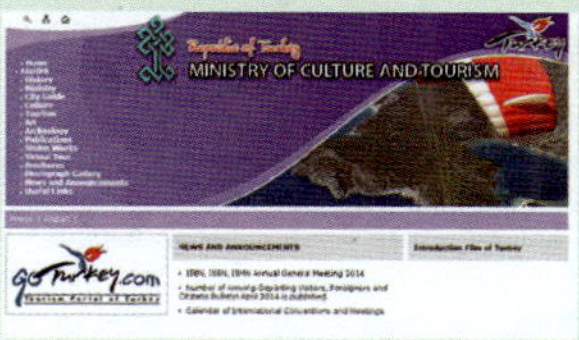

【土耳其国家旅游局】

其官方网站设有土耳其语、英语、法语、德语、俄语界面，也有专门设置的中文官方网站，可根据需要选择相应的语种。

HP www.goturkey.com

【安卡拉】

HP www. Ankara.com

【卡帕多西亚】

HP www.cappadocialand.com

【伊兹密尔】

HP www. Izmir.com

【伊斯坦布尔】

HP www.istanbullife.com.tr

【土耳其航空公司】

HP www.turkishairlines.com

【土耳其国铁】

HP www.tcdd.gov.tr

北京首都国际机场

机场概况

北京首都国际机场，简称首都机场，1958年开始启用，是目前中国最重要、规模最大、设备最齐全、运输生产最繁忙的大型国际航空港，是中国民航最重要的航空枢纽。首都机场位于北京东北郊顺义区天竺镇，距市中心25.35公里，通航近200余个国内外城市，每周有5000多个定期航班，是北京乃至全国的重要空中门户和对外交往的窗口。

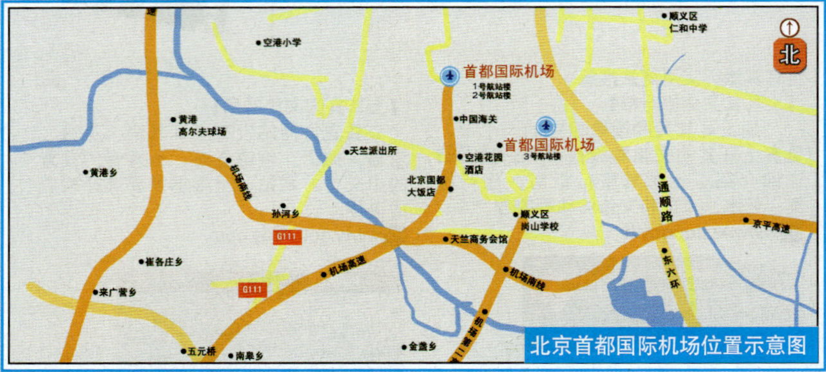

北京首都国际机场位置示意图

航站楼

北京首都国际机场共有3个航站楼。1号航站楼规模较小，约有10个登机口。2号航站楼的规模比1号航站楼大得多，可同时停靠20架飞机，并同时承担国内和国际航班的服务。1、2号航站楼之间有乘客连接通道，同时也可乘坐摆渡车互通。3号航站楼于2007年建设完工，规模比2号航站楼更为庞大，目前是国内面积最大的单体建筑。与2号航站楼一样，它也同时承担着国内和国际航班的服务。

停车场信息

首都机场1号停车场，位于首都机场1号航站楼正南侧，共有车位约600个，其中含小车位、中巴车位、大车位、无障碍车位，主要停放机场巴士、社会临时车辆及过夜车辆。

3号停车楼位于首都机场3号航站楼南侧，一层为商业区、派出所、办公区等；二层设有机场快轨车站，并设有前往3号航站楼的通道。3号停车楼目前开放地下一层作为旅客车辆停放区域，共有车位约3300个，其中含小车位、中巴车位和无障碍车位。

主要航空公司

中国国际航空公司（CA） T3
HP www.airchina.com ☎95583
中国东方航空公司（MU） T2
HP www.ceair.com ☎95530
中国南方航空公司（CZ） T2
HP www.csair.com ☎95539
土耳其航空公司（TK） T3
HP www.turkishairlines.com
☎4008-114-125
法国航空公司（AF） T2
HP www.airfrance.com.cn
☎4008-808-808

机场交通

机场快轨（东直门—机场）

全长28.1公里，沿途设4个站，到达首都国际机场T3航站楼大约只需20分钟，十分便捷。另外，机场快轨与地铁2号线的东直门站和10号线的三元桥站均有换乘站。

出租车

北京出租车的费用按跳表计算，起步价13元（3公里以内）；超过3公里后，每公里加2.3元。夜间行驶(23:00至次日5:00)计价器会自动加价20%。现在还需要多付2元的燃油附加费。正规出租车上均有发票打印机，下车前记得索取发票，上面有出租车公司的电话，若不慎在车上遗失物品还可打电话询问。

机场大巴

有10多条线路，可就近选择停靠站搭乘。北京周边城市的人士，可选择往返于机场与天津、廊坊、秦皇岛、塘沽等城市之间的省际巴士。北京市内巴士统一票价为每人16元，省际巴士则依距离远近价格有所不同。具体线路可参见下表。

市区至机场大巴线路

线路名称	主要途经站点	首、末班时间（机场→市内）
1线（出）	T3航站楼→T2航站楼→T1航站楼→亮马桥→白家庄→大北窑→潘家园→十里河→方庄	7:00至次日1:00，发车间隔不超过30分钟，客满随时发车
2线（出）	T3航站楼→T2航站楼→T1航站楼→北小街桥西→安定门桥西→积水潭桥西→西直门桥南→复兴门桥东→西单	7:00~24:00，发车间隔不超过30分钟，客满随时发车
3线（出）	T3航站楼→T2航站楼→T1航站楼→三元桥→渔阳饭店→东直门→东四十条→朝阳门→雅宝路→北京站	7:00~24:00，发车间隔不超过30分钟，客满随时发车
4线（出）	T3航站楼→T2航站楼→T1航站楼→国际展览中心→西坝河→安贞桥→马甸桥→北太平庄→蓟门桥→友谊宾馆→苏州桥→紫竹桥→航天桥→公主坟	6:50至次日1:00，发车间隔不超过30分钟，客满随时发车
5线（出）	T3航站楼→T2航站楼→T1航站楼→小营→亚运村→学院桥→中关村	6:50~24:00，发车间隔不超过40分钟，客满随时发车
6线（出）	T3航站楼→T2航站楼→T1航站楼→广顺北大街→湖光中街→育慧里→北苑路大屯→大屯→奥运村→亚奥国际酒店	8:00~21:00，发车间隔不超过40分钟，客满随时发车
7线（出）	T3航站楼→T2航站楼→T1航站楼→朝阳公园桥→通惠河北路→永安里东街→广渠门→磁器口→珠市口→菜市口→广安门外→西客站南广场	7:20~24:00，发车间隔不超过30分钟，客满随时发车
8线（出）	T3航站楼→T2航站楼→T1航站楼→白坊→天通西苑→回龙观东大街→回龙观西大街→回龙观→上地大厦→上地信息产业区	8:00~21:00，发车间隔不超过40分钟，客满随时发车
9线（出）	T2航站楼→T1航站楼→T3航站楼→北关站→西大街→北苑路口→翠屏北里→太阳花酒店	7:00~24:00，发车间隔不超过30分钟，客满随时发车
10线（出）	首都机场→广渠门→肿瘤医院→玉蜓桥→北京南站北出口	9:30~21:30，发车间隔不超过30分钟，客满随时发车
11线（出）	T2航站楼→T1航站楼→T3航站楼→窑洼湖桥北→小武基→亦庄北环西路→泰河站	每日18:00由机场发一班车

机场常用电话

机场投诉：010-64541100-9

机场服务热线：010-64541100

医疗急救站

T1航站楼：010-64540999

T2航站楼：010-64591919

T3航站楼：010-64530120

失物招领

T1航站楼：010-64540110

T2航站楼：010-64598333

T3航站楼：010-64530030

上海浦东机场

机场概况

上海浦东机场与北京首都国际机场、香港国际机场并称为中国三大国际航空港。机场位于浦东新区的江镇、施湾、祝桥滨海地带，距市中心约30公里。目前，浦东机场中外通航公司已达到48家，通航60多个国内城市、90多个国际城市，是中国重要的对外交往的窗口之一。

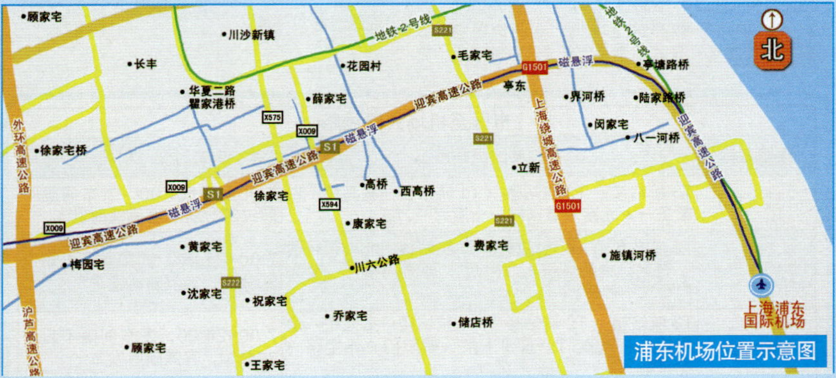

浦东机场位置示意图

航站楼

上海浦东机场共有两座航站楼，两座航站楼之间有通道可互通，也有免费机场摆渡大巴，非常方便。

主要航空公司

中国国际航空公司（CA）
HP www.airchina.com
☎ 95583

中国南方航空公司（CZ）
HP www.csair.com
☎ 95539

法国航空公司（AF）
HP www.airfrance.com.cn
☎ 4008-808-808

中国东方航空公司（MU）
HP www.ceair.com
☎ 95530

土耳其航空公司（TK）
HP www.turkishairlines.com
☎ 4008-114-125

德国汉莎航空公司（LH）
HP www.lufthansa.com
☎ 021-53524999

机场交通

地铁

可以选择乘坐地铁2号线（绿色）到达或者离开浦东国际机场，不过，需要在广兰路站进行换乘。注意，2号线地铁在机场与广兰路站之间的运营时间为6:00~22:00，每8.5分钟发一趟，乘坐很方便。

磁悬浮（龙阳路地铁站—机场）

车票单程每人50元和往返每人80元（普通票）。运行时间为6:45~21:40。每日19:02前，发车时间为15分钟一趟；19:02后，发车时间为20分钟一趟。

地面公交

也可以利用地面公交到达或者离开浦东国际机场。目前，浦东国际机场共有大巴专线8条，外加浦东机场环一线和浦东守航线，乘坐也是很方便的。具体线路可参见下表。

地面公交线路

线路	主要途经站点	首、末班时间（机场→市内）
1线（出）	T1航站楼→T2航站楼→虹桥机场T2航站楼	7:00~23:00
2线（出）	T1航站楼→T2航站楼→城市航站楼（静安寺）	7:00~23:00
3线（出）	T1航站楼→T2航站楼→龙阳路地铁站→打浦路→肇嘉浜路天平路→银河宾馆	7:00~23:00
4线（出）	T1航站楼→T2航站楼→德平路浦东大道→五角场→运光新村→鲁迅公园	7:00~23:00
5线（出）	T1航站楼→T2航站楼→洋泾港桥→东方医院→延安中路成都北路（下行单向）→上海火车站	7:00~23:00
6线（出）	T1航站楼→T2航站楼→龙东大道科苑路→龙阳路地铁站→张杨路东方路→老西门→延安中路石门一路→延安西路华山路→安化路定西路（中山公园）	21:00~24:00
7线（出）	T1航站楼→T2航站楼→川沙路华夏东路→上南路华夏西路→上海南站	7:30~23:00
8线（出）	T1航站楼→T2航站楼→当局楼→海天三路启航路→交通队→海关仓库→航油站→东方航空→河滨西路卡口→机场保税区→金闻路闻居路→祝潘公路川南奉公路→千汇路南祝公路→南祝公路周祝公路→南祝公路祝成路→南祝公路卫亭路→盐仓→人民公路城东路→南汇汽车站	7:00~19:30
机场环一线	T1航站楼→T2航站楼→当局楼→公安分局→指挥部（非高峰站）→海关仓库→航空公司→施湾→航城园	8:00~19:15
守航线	T1航站楼→T2航站楼→龙阳路地铁站→东方路张杨路→东方医院（浦东大道）→浙江中路（延安路人民广场）→石门一路（延安路）→华山路（延安路静安寺）→虹许路（延安路）→虹桥机场T1航站楼	23:00后至当日航班结束后45分钟

出租车

公里数	日间(5:00~23:00)	夜间(23:00至次日5:00)
0~3公里	14元（含1元燃油费）	18元
3~10公里	2.4元/公里	3.1元/公里
10公里以上	3.6元/公里	4.7元/公里

机场常用电话

机场问讯：96990

失物招领：021-68346324/68340417

机场投诉电话：021-68347575

行李寄存：021-68346324/68340076

候机楼广播电话：021-68346523/68346234

机场售票电话：021-68346465/68346466/68346467

机场指南 广州白云国际机场

机场概况

广州白云机场始建于20世纪30年代，现位于白云区人和镇与花都区新华街道交界处，距广州市中心约28公里，是我国著名的航空枢纽机场之一。白云机场目前与30多家航空公司建立了业务往来，已开通国内、国际航线110多条，通航国内外100多个城市，在我国民用机场布局中占有举足轻重的地位。

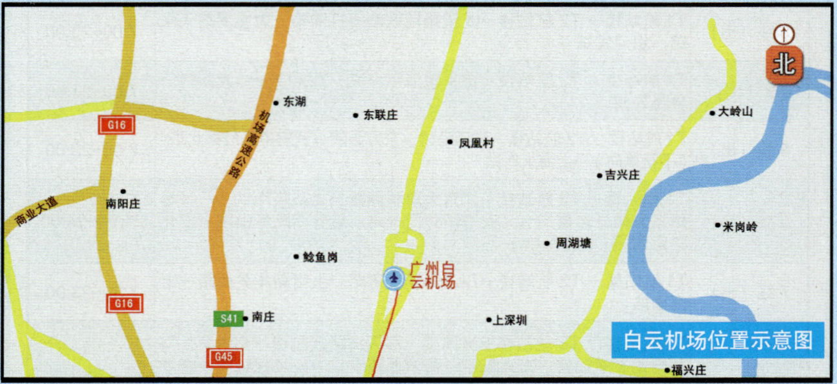

白云机场位置示意图

航站楼

广州白云国际机场航站楼包括地上3层及地下1层。其中，1层为到达层、接机大厅和商业层，2层为到达夹层，3层为出发及候机大厅，地下1层则通往地铁、停车场和机场酒店。

机场交通

机场大巴

机场大巴有两种：空港快线与机场快线。1~4号大巴为空港快线，5~10号大巴为机场快线。同时，机场还有前往周边城市的直达班车，乘坐很方便。

地铁

乘坐地铁3号线的北延伸段（体育西路至机场南站），可往来于机场与市区之间。机场地铁位于航站楼地下1层。

出租车

机场设有两处出租车搭乘处，分布在航站楼两侧。一般从市区前往机场费用相对比较高，要100多元。

机场常用电话

航班查询台：020-36066999
机场投诉电话：020-36066315
机场民航售票处：
020-86130088（国内）
020-86130099（国际）
咨询电话：020-86137273
航站楼急救站：020-36062664
空港快线查询：020-86122102
行李寄存台：020-36066854
机场行李查询：
020-36066763（国内）
020-36066790（国际）

入境指南
回国指南
土耳其交通
通信
货币
生活习惯和相关礼仪
安全与健康管理
紧急情况下的应对
旅行会话

旅行信息

【土耳其篇】

搭乘飞机顺利抵达土耳其

入境指南 阿塔图尔克机场

相关航空公司联络方式

●中国国际航空公司
HP www.airchina.com
☎ 95583

●中国南方航空公司
HP www.csair.com
☎ 95539

●土耳其航空公司
HP www.turkishairlines.com

●德国汉莎航空公司
HP www.lufthansa.com
☎ 4008-868-868

●法国航空公司
HP www.airfrance.com
☎ 4008-808-808

●荷兰皇家航空公司
HP www.klm.com
☎ 4008-808-222

●意大利航空公司
HP www.alitalia.com
☎ 4008-655-689

●英国航空公司
HP www.britishairways.com
☎ 4008-007-008

从中国直飞土耳其

从北京首都国际机场、上海浦东机场、广州新白云国际机场出发的话，可以选择乘坐土耳其航空公司Türk Hava Yolları／THY（Turkish Airlines／TK）运营的航班直达伊斯坦布尔阿塔图尔克机场，用时大约分别为10小时15分钟、11小时40分钟和11小时40分钟；从乌鲁木齐地窝堡国际机场出发的话，可选择南方航空公司运营的航班直达伊斯坦布尔阿塔图尔克机场，用时只有6小时30分钟。

阿塔图尔克机场是土耳其最繁忙的国际机场，位于伊斯机场坦布尔市区以西约23千米处，国际候机厅紧挨国内候机厅。如果目的地不是伊斯坦布尔的话，可以阿塔图尔克机场为据点，再选择土耳其国内航线中转前往，也很方便。 至于飞往伊斯坦布尔航班的具体情况如航班时刻、票价、折扣等事宜，可通过左栏列出的联络方式咨询相关航空公司。

中转入境土耳其

如果选择中转前往土耳其的话，可选择乘坐飞机或者水上交通前往。

●乘飞机

欧洲的几大主要航空公司如法国航空公司、荷兰皇家航空公司、德国汉莎航空公司、俄罗斯航空公司等每天也都运营飞往土耳其的航班。一般从欧洲飞往土耳其的航班都停靠在伊斯坦布尔另一个较小的机场——萨比哈格克琴（Sabiha Gokcen）机场，该机场位于土耳其亚洲区一侧。尽管中转前往用时比直达航线久，但一般机票价格上会有优势，可根据个人情况选择直飞还是中转前往土耳其。除了抵达伊斯坦布尔外，还可以直接前往土耳其安卡拉、伊兹密尔、安塔利亚、特拉布宗等大城市，这些地方也都设有国际机场。

选择土耳其航空公司的直达航班最方便

●水上交通

因为土耳其三面环海，所以从水上入境也不失一条便捷的途径。除从南面的地中海、博斯普鲁斯海峡两岸入境外，西面希腊岛屿和土耳其爱琴海沿岸的城市也有连接，夏季基本每天都有轮船往返。还有一些欧洲的客轮航行至特拉布宗、伊斯坦布尔、切什梅、库萨达斯、马尔马拉、安塔利亚等城市。

◀扉页图片：伊斯坦布尔一家点煤油灯的五星级酒店

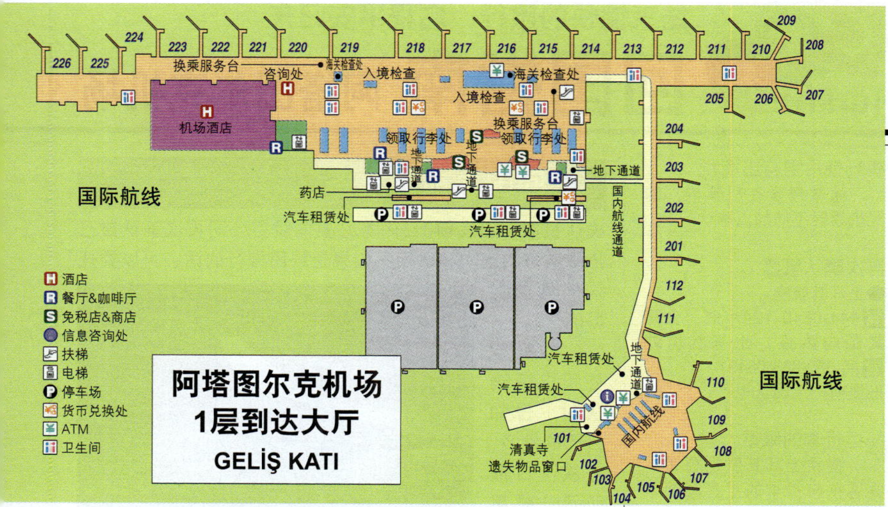

到达阿塔图尔克机场后的程序

●**到达机场** 从中国飞往伊斯坦布尔的航班一般都降落在阿塔图尔克机场（Atatuürk Hava Limanı）。到达航站楼之后，可沿着标识通往入境检查的服务窗口处。

●**入境检查** 出示护照与签证，接受机场工作人员的检查并盖章。

●**领取行李** 入境检查完毕后，沿着标志前往领取托运行李的地方。根据机场电子屏幕显示的航班班次和所属航空公司名称，在相应的行李传送带前等待行李。如果没有发现自己的行李，要及时向遗失物品窗口的工作人员寻求帮助。

●**海关检查** 领取托运行李后，按照指示到海关处，接受海关工作人员的检查。根据土耳其政府的相关规定，如果携带的物品在免税范围之内，则无须申报；如果有需要申报的按规定填写申报单。

●**到达出口** 海关检查完毕后，沿着道路标示前往机场出口大厅。如果是参团旅游的话，一般会有地接导游提前等候接机。阿塔图尔克机场大厅内设有旅游咨询处、信息中心、银行、ATM等设施和服务站点。另外还有邮局、咖啡厅、药店等场所。如果需要兑换货币或者预订宾馆等，这里都能提供方便的服务。

国际巴士・火车的入境

欧洲一些或者中东有些国家都有国际巴士或火车直接开往土耳其境内。

乘坐国际巴士或火车的入境手续与乘坐飞机的入境手续基本相同，都要检查护照、签证并盖章。一般乘坐国际巴士或者火车前往土耳其的时候，巴士或火车最终会停在边境处。不同的是：巴士到达时，需要游客下车接受检查。而火车到达时，入境检查官会进入车厢内部进行检查。

阿塔图尔克机场

HP www.ataturkairport.com

●护照和签证

中国公民出国首先要有护照，关于护照的申办可参考p.382相关内容。另外，去土耳其旅游还需要获得土耳其政府发放的签证。有关土耳其签证的申请和办理可参考p.382~383相关内容，或者直接向土耳其驻中国大使馆或者领事馆进行咨询。

●货币限制

禁止携带5000美元以上的现金出入境土耳其。

●可携带进入土耳其境内的免税物品范围

香烟200根（最多）、卷烟50根

酒或蒸馏酒760cc3瓶

香水2瓶（各28毫升）

※详细内容请参考土耳其国家旅游局网站（www.goturkey.com）

●可携带的贵重物品

价值超过1.5万美元以上的贵重物品，在出境时要出示证明，入境时要进行海关申报。古董文物也一样。

ⓘ 机场旅游咨询处

☎0212-463-7777（内线2870） 开 9:00~21:00

咨询处一般会提供旅游指南和酒店预订服务。

结束愉快的旅行，启程平安归来

回国指南 阿塔图尔克机场

机场使用费与出境税

通常包含在机票内，购买机票时不妨加以确认。

再次确认机票

●土耳其航空

☎444-0849（24小时、土耳其国内热线，土耳其境外☎90-850-333-0849）

※提前一天确认也可以。

托运行李的限重

搭乘土耳其航空公司，乘客携带行李的重量限制分为20千克、30千克、40千克三种。如果超重需要额外支付费用。（p.386）

随身行李限重

长、宽、高三边之和在115厘米之内。45厘米×35厘米×20厘米以内的行李箱。（p.386）

禁止出境携带的物品

为保护土耳其的文化财产，土耳其政府禁止将古代艺术以及美术品携带出境。

主要航空公司的联系电话

●土耳其航空

☎0212-444-0849／0212-252-1106／0212-463-6363

●德国汉莎航空公司

☎0212-354-8888（伊斯坦布尔）、0312-398-2398（安卡拉）

●法国航空公司

☎0212-310-1919/0212-465-5498

●俄罗斯航空公司

☎0212-296-6725~6729／0242-330-3106、3477

●新加坡航空公司

☎0212-463-1800/0212-465-3473~4

●大韩航空公司

☎0212-465-2650／0212-241-0611／353-1-799-7990

●卡塔尔航空公司

☎0212-296-5888／0212-465-4347

回国之前的准备

确认机票 出发前3日内务必要向航空公司再次确认自己搭乘航班的班次和日期。如果是跟团旅行的话，可以委托陪同导游加以确认。

向航空公司电话确认时，告知自己的姓名、班次、日期即可。如果不会说英语，建议委托陪同导游或是住宿酒店的服务人员帮忙确认。如果方便的话，也可以直接前往航空公司的服务窗口，向工作人员处出示返程机票预订票据。

打包行李 如果是搭乘经济舱的话，尽可能把自己的行李重要控制在40千克以内。若行李太多而导致超重，建议把一部分物品先邮寄回国（p.409）。

去往机场的交通方式 独自背包旅行的话，要慎重选择回国当日去往机场的交通工具，建议提早出发，尽可能在飞机起飞前2小时内到达机场，以免耽误航班。从伊斯坦布尔市内去往阿塔图尔克机场的交通工具请参照p.72。开车去往阿塔图尔克机场时，要注意区分国际航班航线“International（Dış Hatlar）”和国内航班航线“Domestic（İç Hatlar）”。

出境流程

在登机之前，先要接受行李安检和人身检查。出发大厅“Departure Lobby（Gidiş Katı）”位于2层。

登机检查 进入机场候机大厅后，先通过机场电子屏幕信息看板确认一下航空公司的名称以及班次登机口等信息。然后去往登机检查窗口。在窗口处出示护照和机票并办理行李托运，然后领取登机牌和行李托运单。如果还有剩余的外币没有兑换成人民币的话，可以在机场一层大厅内的

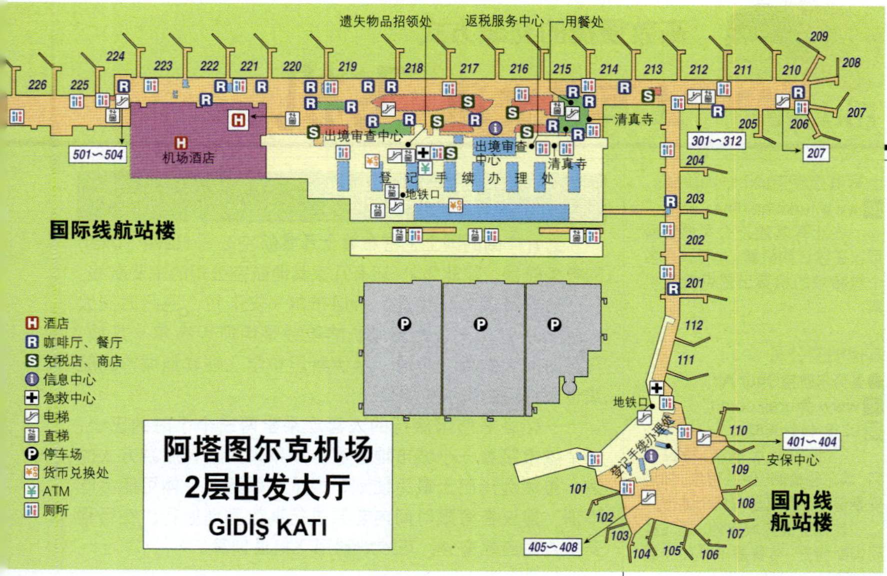

银行进行兑换。

出境检查　领取登机牌和行李托运单之后，可前往出境检查窗口。向相关工作人员出示护照和登机牌，并在护照上盖章。

逛逛免税店　出境检查顺利通过后，如果有时间可以逛一下机场内的免税商店。免税店内的商品价格相对便宜些。

前往登机口　确认登机牌上所标记的搭乘口。阿塔图尔克机场搭乘口共有18个，即201号～218号。如果时间还比较充裕的话，不妨在机场随便逛逛。机场内的免税店、商店、咖啡店、餐厅等都是打发时间的好方式，或者就此小憩一会也不错。

购物退税

在有免税购物“TAX FREE SHOPPING”标志的商店内购物超过118TL的商品时，可以按照土耳其政府的相关规定获得退税（V.A.T.）。退税基本流程如下：

❶向店内售货员出示护照、领取退退税表单，按规定填写好退税表。

❷回国时，向海关人员出示护照、所购商品小票和退税表单，海关人员在退税表单上盖章使之生效。

❸出境时，可在机场现金退税柜台“CASH REFUND”领取现金退税款，根据个人需要可领取如欧元、人民币等币种的现金）；或将盖章后的全球退税表单按照表单出示的地址将其寄回，隔一段时间后相关单位会以银行支票的形式将退税款寄到之前在退税表单上填写的详细地址，或直接划入指定的国际信用卡账户里。

详情可咨询环球蓝联。（HP www.global-blue.com）

入境中国时的免税范围

●酒精饮料2瓶（12度以上，1.5升以下）
●烟草制品
●香烟　400支
●雪茄　100支
●烟丝　500克
※其他如果超出免税范畴，需要课税，具体规定可参考中国海关总署官方网站。
HP www.customs.gov.cn

限制带入中国的物品

●无线电收发信机、通信保密机；
●烟、酒；
●濒危的和珍贵的动物、植物（均含标本）及其种子和繁殖材料；
●国家货币；
●海关限制进境的其他物品。

Türkiye

高效便捷的交通方式

土耳其交通 飞机

土耳其航空Turkish Airlines

HP www.turkishairlines.com/

在土耳其航空公司的官网可以在线订购机票，也可以在各个城市中的机票出售点购买机票。

其他航空公司

●奥努尔航空Onur Air

HP www.onurair.com.tr

☎ 0212-444-6687

飞经伊斯坦布尔、特拉布宗、埃尔祖鲁姆、伊兹密尔、加济安泰普等土耳其国内15个城市。

除以上国内城市外，还飞往阿姆斯特丹、布鲁塞尔等70个国外城市。

●阿特拉斯捷星航空Atlas Jet

HP www.atlasjet.com

☎ 444-3387（土耳其全境）

飞经伊斯坦布尔、安卡拉等国内15个城市。并飞往塞浦路斯、伊拉克等国外城市。

●飞马航空Sun Express

HP www.sunexpress.com

☎ 444-0797

飞往伊斯坦布尔、阿达纳等国内19个城市。并飞往欧洲各国。

●弗莱航空Pegasus Airlines

HP www.flypgs.com

☎ 00-90-0212-371-5500

飞经伊斯坦布尔、开塞利等土耳其国内19个城市，并飞往国外42个城市。

土耳其国内航线

这片广阔的国土上密布着土耳其航空公司 Hava Yolları 的各条航线。除此之外，还有几家其他航空公司的主要航线。

班次最多的航线是伊斯坦布尔—安卡拉，飞行时间大约为 1 小时。飞行距离最长的航线是伊斯坦布尔—凡城，飞行时间大约为 2 小时。从伊斯坦布尔飞往其他城市的航线也大都经由安卡拉中转。

一些爱好悠闲旅行的人喜欢乘坐两三个小时的巴士，一个城市接着一个城市地参观。如果采用这种旅游方式的话，虽然选择巴士最为便宜，但旅途颠簸，身体可能会吃不消。建议在有限时间内若要进行高效率地旅行，在行程安排方面还是充分、巧妙地利用飞机最划算。

从伊斯坦布尔飞往其他主要城市所需大概时间和票价一览表

目的地	所需时间（大约）	班次（每天）
安卡拉	1 小时 5 分钟	多次
伊兹密尔	1 小时 5 分钟	多次
博德鲁姆	1 小时15分钟	7次
安塔利亚	1小时15分钟	11次
科尼亚	1 小时20分钟	3次
阿达纳	1 小时30分钟	8次
开塞利	1 小时20分钟	5次
埃尔祖鲁姆	1 小时55分钟	1~2
加济安泰普	1 小时35分钟	4次
凡城	2 小时	1~2次
迪亚巴克尔	1 小时50分钟	3次
萨姆松	1 小时25分钟	3~4次
特拉布宗	1 小时45分钟	4~5次

机票价格随着班次、日期的不同有所变化。机票紧张时，票价一般都不低。

（以上以 2012 年为列，班次为直达航班，夏季一般都会增设航班。提醒一下，以上信息时有变化，具体情况行前最好咨询核实一下。）

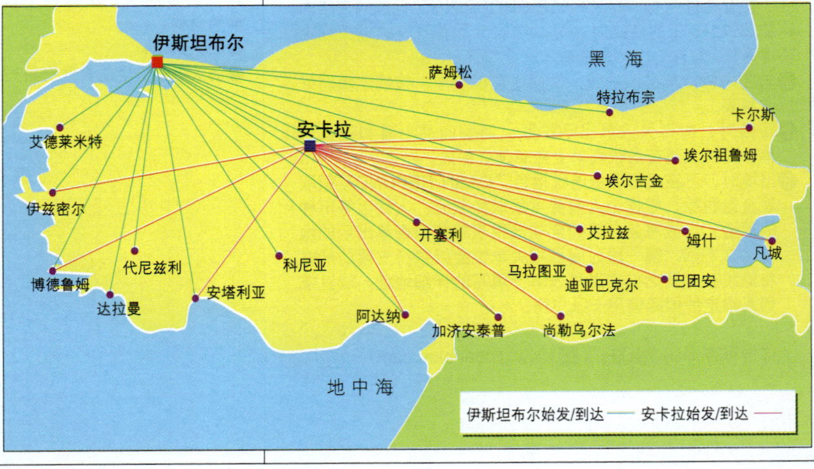

●便宜的土耳其国内周游机票

土耳其航空公司发行一种国内线周游机票，根据目的地城市和始发城市分为2城市区间（200欧元）～5城市区间（275欧元），非常划算。可以向旅行社或土耳其航空公司致电垂询，也可以通过土耳其航空公司网站来订购。

订购机票

在中国也可以直接订购土耳其国内航线机票。可以委托运营境外旅行线路的旅行社帮忙订购，也可以直接通过航空公司网站订购。谨慎起见，建议选择前一种订购方式。

也可以抵达土耳其之后，在当地购买其国内航线机票。除了直接在机票售票点购买外，也可以到土耳其航空办事处或当地旅行社订购土耳其国内线机票。

土耳其的各个城市都有机票售票点。不过，无论是在土耳其航空办事处还是通过旅行社购买机票，都要收取一定的手续费，包含机场使用税（购买土耳其国内航线机票，手续费一律3欧元）。

土耳其其他的机场

土耳其除了位于伊斯坦布尔最大的阿塔图尔克机场之外，还有一些规模较小的地方机场。这些机场一般都位于郊外偏远地区，下飞机后需要乘坐机场巴士去往市中心地区。

特拉布宗机场。相比大城市里的机场而言，这里显得寂寥空旷

国际航线转乘国内航线

从中国乘飞机抵达土耳其，一般都是在阿塔图尔克机场着陆，目前中国也只有到达伊斯坦布尔的航班。如果旅行目的地不是伊斯坦布尔，而是去往阿达纳、安卡拉、安塔利亚、博德鲁姆、阿拉曼、代尼兹利、加济安泰普、伊兹密尔、开塞利、科尼亚、萨姆松、特拉布宗等城市，也可以就地在阿塔图尔克机场直接换乘去往这些城市的土耳其国内航线。不过此时，要在最终目的地城市接受入境检查和领取托运行李。

土耳其航空公司办事处的牌子是醒目的红底白字

土耳其航空公司机票预订电话

☎444-0849（土耳其境内，24小时服务，可选择用英语或者土耳其语订购）

预订之后，可以在距离最近的航空公司办事处领取机票。

主要办事处

●伊斯坦布尔

塔克西姆

☎463-6363

卡德克伊

☎0216-418-4486~87

阿塔图尔克机场

☎0212-463-6363

●安卡拉

☎0312-465-6363

●伊兹密尔

☎0232-484-1220

●安塔利亚

☎0242-320-6363

阿塔图尔克机场的行李手推车是收费的

方便的巴士之旅

巴士 Otobüs 是土耳其最发达的交通工具。在土耳其这片辽阔的土地上分布着密集的巴士路线，几乎能够到达这个国家的任何角落。

这些巴士行驶在土耳其的大街小巷，按点出发、到达，日夜运行，有时候比火车还要方便快捷，而且车票还非常便宜。土耳其的巴士使用的大多是由奔驰和三菱公司生产的车，非常舒服。乘务员会在中途为乘客提供茶水、咖啡、可乐等饮品，还有小点心。另外，一部分夜间行驶的巴士还会给乘客提供早餐券。一般，巴士车厢内禁止吸烟、禁止使用手机。此外，车厢内还禁止穿拖鞋。

长途巴士一般最终都会停靠在当地的长途汽车站内。长途汽车站也是繁华、热闹的地方。通常，这里人声鼎沸，闪动着各色面孔，洋溢着城市的活力。

土耳其的巴士公司

土耳其的巴士公司有 200 多家。这些公司旗下的长途汽车和各种巴士运行在土耳其的各个地方，编织交错成了一张庞大的交通网。其中最大的两家巴士公司是 Varan 和 Ulusoy，在土耳其的任何地方都会很容易地看到标有这两家公司牌子的巴士。地方上也有民营的巴士公司运营，这些巴士一般都仅在当地运行。

大型巴士公司的票价会比地方巴士公司高不少，但车辆都是最新的，且车内干净舒适，服务也是一流的。票价虽然由政府规定了基本价格，但因为路线竞争，所以常有降价情况发生。

从伊斯坦布尔去往其他主要城市的长途巴士所需大概时间和票价一览表

目的地	距离（千米）	所需时间（小时）	费用（估价）	目的地	距离（千米）	所需时间（小时）	费用（估价）
安卡拉	453	6	50TL	科尼亚	665	10	55TL
布尔萨	243	4	25TL	开塞利	772	11	60TL
埃迪尔内	228	2~3	25TL	埃尔祖鲁姆	1225	19	90TL
恰纳卡莱	320	6	50TL	加济安泰普	1136	17	80TL
伊兹密尔	566	9	50TL	凡城	1642	23	100TL
博德鲁姆	830	12	75TL	迪亚巴克尔	1373	21	90TL
安塔利亚	725	11	65TL	萨姆松	737	12	60TL
安塔鲁基	1130	15	70TL	特拉布宗	1088	15	75TL

【上表费用为大致价格。巴士公司不同、行驶时间段不同（白天或晚间）价格会有所差异。提醒一下，以上信息时有变化，具体情况行前最好咨询核实一下。】

主要的大型巴士公司

●Ulusoy
HP www.ulusoy.com.tr
☎ 444-1888（土耳其境内热线）
※线路可达黑海地区。

●Varan
HP www.varan.com.tr
☎ 444-8999（土耳其境内热线）
※车辆很新，运费较高。

●Metro
HP www.metroturizm.com.tr
☎ 444-3455（土耳其境内热线）
※是安纳托利亚西部地区的主要巴士公司。

●Kamil Koç
HP www.kamilkoc.com.tr
☎ 444-0562（土耳其境内热线）
※爱琴海、地中海沿岸一带可经常见到。

●帕姆卡莱Pamukkale
HP www.pamukkale.com.tr
☎ 444-3535（土耳其全境）
※驶往爱琴海、地中海沿岸城市

伊斯坦布尔的哈雷姆长途汽车站。工作人员在热情招揽乘客

伊斯坦布尔的两大长途汽车站

伊斯坦布尔共有两所大型的长途汽车站，乘坐时要根据目的地选择不同的长途汽车。

位于欧洲一侧的叫做艾森莱尔长途汽车站，这里的长途汽车主要开往西部的埃迪尔内以及爱琴海沿岸地区。位于亚洲一侧的哈雷姆长途汽车站，主要运营去往安纳托利亚东部地区的长途巴士。

●候车时不妨找点乐子

伊斯坦布尔的艾森莱尔长途汽车站内有餐厅、土特产店、鞋店等各种休闲、消费场所。地方上的长途汽车站内也有不少特产店，里面摆满了各种当地的礼品，候车时完全可以在这些地方找点乐子，来打发时间。

长途汽车站

凡城的长途汽车站

多数长途汽车站，一般都位于距离市中心数千米处的郊外偏远地区。从长途汽车站出来之后，可以乘坐小巴去往市中心地区（土耳其当地一般称为 Merkez 或 Centrum）。长途汽车站内设有行李寄存处、餐厅和杂货店等设施。像伊斯坦布尔和安卡拉这样的大城市里的大型长途汽车站，其设施完全可以与机场相媲美。

购买车票

巴士车票在土耳其语中被叫做 Bilet，一般可以从巴士公司办事处或旅行社购买。如果是非旅游旺季，一般当日购票基本都有座位。保险起见，还是建议提前一天购买比较好。

买票时，告知售票员想前往的目的地、交钱即可。有的目的地较为偏僻，巴士不在目的城市的长途汽车站停留，而是在停在靠近城市的主干道上。在长途汽车站或是主干道附近，一般都会有接驳小巴前往市中心地区。

●在巴士公司办事处买票 在长途汽车站内一般都会设有巴士公司办事处的服务窗口。而且各大城市的巴士公司办事处大都会设在市中心地区。如果在市中心购买车票，还会提供免费接驳巴士送到长途汽车站。

●在长途汽车站买票 在长途汽车站，如果看到旅行者东张西望的，就会有巴士公司的促销人员上前询问要去哪里，然后带到该公司的售票窗口。长途汽车都是指定坐席，旅游旺季和一些特别线路还有可能碰到当日满员而上不了车的情况。

巴士运行途中会很容易欣赏到各地的生活样貌

巴士前端的牌子会显示目的地

周到的长途巴士服务

长途巴士内除了司机外，还有帮助照顾乘客的两名乘务员。乘客有什么要求都可以直接向乘务员提出来。

乘务员在中途会向乘客发放点心和饮料，甚至会发放早餐券。这种早餐券只可以吃到简单的早餐套餐。要想吃自己喜欢的食物需要另付费。每隔两三个小时巴士会停车休息，借此可以去上上厕所或者用用餐。

长途车票解析

❶Gideceği Yer　目的地
❷Fiyatı　费用
❸Koltuk　座位号
❹Hareket Saati　出发时间
❺Hareket Tarihi　出发年月日
❻Yolcunun Adı Soyadı　姓名

※有的车票上会标有“Peron”的字样，这表示候车大厅。

Türkiye

一般常用的市内交通方式

土耳其交通 小巴·出租车

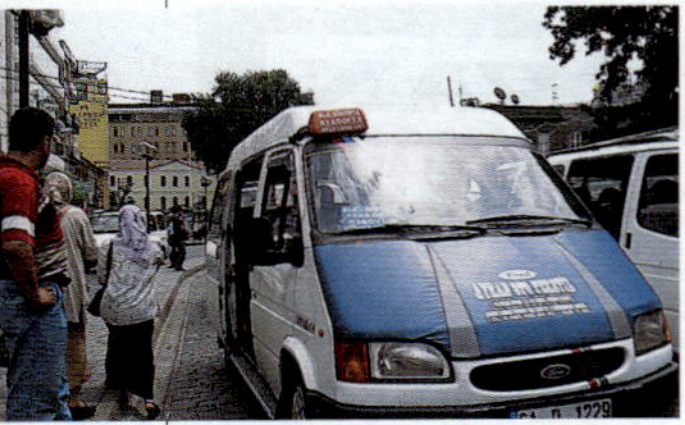

伊斯坦布尔街头常见的小巴车型

车顶上一般都会有显示目的地的牌子

市内巴士连接着市中心和郊外

迷你巴士、小巴、出租车等各种交通工具混杂在一起

四通八达的小巴

小巴（Dolmuş）是土耳其常见的交通工具。在土耳其的各个城市，小巴随处可见。这些小巴穿梭在土耳其的大街小巷，与长途汽车、市内巴士等交通工具结合使用，使得人们的出行变得非常方便。这种小巴一般是满员后即发车，可以说是行驶在固定路线上的“大型出租车”。不过因为小巴坐满才发车，所以要注意，在一些乘客较少的小地方不得不花大量时间来等待。

●**乘车点**　各个城市的小巴乘车点一般都位于市中心地区或主要大街上。小巴前端的牌子上都会标明目的地，上车之前要注意先确认清楚。如果想要在中途下车的话，可以向司机示意，就会马上停车。土耳其语中的下车用“İnecek var”表示。

●**运费**　小巴的费用比起出租车，要便宜不少。一般是上车之前就要支付运费。

●**特点**　Dolmus的特点是车上的座位都坐满了，车才会从总站出发。车上的座位仅有8~10个，所以不用等太长时间。并且，小巴可以随时停靠，乘客可以随时下车。

建议在初始站等候小巴，因为途中很难等到有空座的小巴。小巴根据距离远近收费。上车后告知司机目的地，随后他会告诉你价格。

方便快捷的出租车

在有限的时间内，要想高效省时地参观土耳其的主要景点，出租车 (Taksi) 是一个不错的交通工具。

●**乘车点**　大城市里没有固定的出租车乘车点，一般都是招手即停。在小城市里，出租车乘车点一般都位于城镇的中心地段。土耳其的出租车车身大都为鲜亮的黄色。

●**费用**　土耳其出租车上也设有计价器，是距离和时间同时计价型。伊斯坦布尔的出租车起步价为2TL。深夜加收百分之五十的费用。出发之前一定要让司机把计价器清零，否则前面乘客的费用会被加算在里面。在乡下乘坐出租车时，如果是在没有计价器的情况下，可以与司机商讨价格。

●**包租出租车**　如果需要连续到几个地方参观，最好的方式是包租出租车。一般观光包租半天的出租车大约需要花费90TL。此时包车要比按计价器付费节省一些。如果3～4人一起乘坐出租车也会划算些。

伊斯坦布尔的出租车是黄色的

随心而动的交通方式

土耳其交通 租车

租车自驾游

近年来，有不少游客选择在土耳其当地租赁汽车进行自驾游。自驾旅游最大的特点就是可以自主安排时间，可以随心所欲地去想去的地方。而且，土耳其的道路也非常规整，交通状况良好，这些都为自驾游的顺利进行提供了充足的条件。

土耳其交通规则与道路情况

土耳其的汽车沿着道路右侧行驶，方向盘在左侧。通常以千米计算路程。大城市最高时速为 50 千米，郊外地区为 90 千米。伊斯坦布尔市区的堵车现象十分严重，而且这里的道路有很多都是单行道，因此市里并不适合自驾游。到郊外参观遗址时，选择自驾车旅游还是比较方便的。

土耳其公路主干道是 E80 和 E90，这两条路都经过安卡拉，与伊朗和伊拉克相连接。

在公路主干道两旁，通常会有一些零散的租车点。

租赁汽车

在土耳其主要的大城市内，一些大型汽车租赁公司，如 Avis、Budget、Hertz 等都设有办事处。在安卡拉、伊兹密尔等大城市的机场和酒店也设有汽车租赁点。租车时需要出示在中国经过公证的驾照翻译件以及护照等证件。

租车的费用根据车辆或季节的不同有所变化。小型车的租赁费用大约是一天 60 美元。以都灵、雷诺、福特旗下的汽车最为常见。租车付款时可以接受信用卡支付。大多数情况下，归还租赁的汽车时都需要把车送回原租赁地。

连接伊斯坦布尔和安卡拉的高速公路

阿塔图尔克机场的出发大厅内，至少有5家汽车租赁公司办事处

土耳其的大型汽车租赁公司

●Avis
HP www.avis.com.tr
☎ 444-2847
（土耳其国内热线）
・阿塔图尔克机场（国际线）
☎ 0212-465-3455
・塔克西姆
☎ 0212-244-9350

●Budget
HP www.budget.com.tr
・阿塔图尔克机场
☎ 0120-150-801
HP www.budgetrentacar.tr
・各城市联系电话
☎ 0212-244-9354
・伊斯坦布尔
☎ 0212-465-0240
・塔克西姆
☎ 0212-244-9354

●Hertz
HP www.hertz.com
・阿塔图尔克机场
☎ 0212-465-5999
・塔克西姆机场
☎ 0216-225-6404

路标。起点是KUŞALANI，终点是KOYUNOĞLU

路标。距离萨曼达10千米

方便实惠的出行交通方式

土耳其交通 火车

土耳其国有铁路TCDD
（Türkiye Cumhuriyeti Devlet Demiryolları）
HP www.tcdd.gov.tr
☎444-8233

●车站内的咨询处（Danişma）
◆伊斯坦布尔·海达尔帕夏
☎0216-336-2063／0216-336-0475
◆安卡拉
☎0312-311-0620~3／310-6515／311-4494
◆伊兹密尔·巴斯马内
☎0232-484-8638

●预订车票
◆伊斯坦布尔·海达尔帕夏
☎0216-336-4470／0216-337-8724／0216-348-8020
◆伊斯坦布尔·斯克西
☎0212-527-0050
◆安卡拉 ☎0312-310-6515／0312-311-4994
◆伊兹密尔 ☎0232-484-5353
◆阿达纳 ☎0322-453-317

土耳其的国有铁路TCDD

土耳其境内的铁路是19世纪奥斯曼帝国时期，由法国、英国、德国等国家修建的，如今已成为土耳其国家铁路的基础。土耳其的国有铁路用土耳其语表示为“YHT（Yüksek Hızlı Tren）”（简称TCDD），它是连接土耳其各大城市的重要交通方式。位于伊斯坦布尔老城区的车站叫做斯克西车站，所发出的列车主要通往欧洲各国。位于伊斯坦布尔新城区的车站叫海达尔帕夏车站，这里的列车主要去往安纳托利亚高原上的各大城市。被称为“行驶中的高档酒店”的安卡拉快速列车，就是从海达尔帕夏车站出发的。

不过，TCDD线路上因为停车站较多，所以相应的停站时间也比较长。无论从路线分布、车次数量，还是所需时间上来看，乘坐火车都不如巴士方便。目前，土耳其火车已经不能算是其国内的主流交通工具。比如，从伊斯坦布尔乘坐火车去往迪亚巴克尔需要花费大约36个小时，但是乘坐直达巴士只需要大约24小时就可到达。不过乘坐火车时也有不少优点，比如有卧铺可以睡觉，而且票价也比巴士更便宜。

在TCDD的官方网站上可以查询到相应列车的站点和列车时刻表。

列车种类

除了Ekspres、Mavi Tren等直达快车外，更多的是基本各站都停靠的普通列车。快车分为一等车和二等车，还有卧铺车Yataklı以及定员四人车等。列车又分为开放式车厢、卧铺车厢和包间车厢。夜行列车采用的是预约制，要提早预订。一等坐席和巴士一样，是单个分开的座位。二等坐席则是长椅。卧铺的床位从一个到三个都有。

从伊斯坦布尔海达尔帕夏车站发车的主要快车时刻表

列车名	目的地	距离（km）	始发–到达时刻表（下行/上行）	所需时间	发车日期（下行/上行）	车费
YHT高铁	安卡拉	562	发7:00 10:30 13:30 17:30／发6:45 11:00 15:00 18:00	9小时30分	每日	40TL
Ankara Eks.	安卡拉	562	22:30→翌7:07／22:30→翌8:00	6小时30分	每日	85TL（卧铺）
Konya Mavi	科尼亚	742	23:50→翌12:32／22:44→翌8:58	13小时	每日	85TL（卧铺）
Van Gölü Eks.	塔特万	1142	16:15→翌々21:26／15:00→翌々20:29	40小时	周一、周二／周三、周六	78TL（卧铺）
Doğu Eks.	卡尔斯	1982	9:00→翌々22:15／23:55→翌々13:11	37小时30分	每日	87TL（卧铺）
〈去往安卡拉的快速列车〉						
Izmir Mavi	巴斯马内（伊兹密尔）	824	19:50→翌9:05／19:40→翌9:32	14小时	每日	80TL（卧铺）
Çukurova Mavi	阿达纳	669	20:05→翌7:25／19:30→翌7:35	12小时	每日	72TL（卧铺）

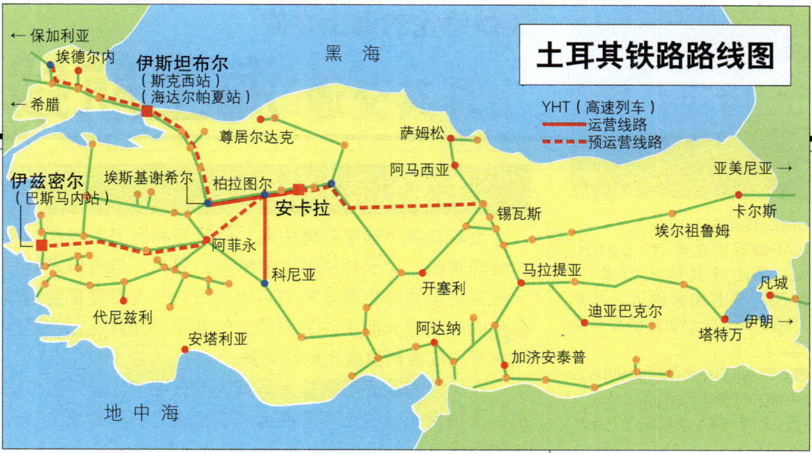

购买车票和乘车方法

列车车票可以在当地的售票处购买。一般快车和卧铺车的车票比较紧张，建议提前购买。如果是淡季的话，可能当天也有空座票。在伊斯坦布尔、安卡拉、伊兹密尔等大城市的旅行社内也可以预订车票，不过要收取一定的手续费。

乘车时按照候车大厅内的电子板上显示的车次信息与车票内容相对照，选择固定的车厢乘坐。上车后接受检票。

伊斯坦布尔和欧洲其他国家之间的国际列车

伊斯坦布尔也有去往欧洲诸国的国际列车。连接巴黎和伊斯坦布尔的著名东方快车曾是历史上达官贵人经常乘坐的列车，已经于 1977 年停止运行。在伊斯坦布尔的斯克西车站，有开往希腊和东欧诸国的列车。

伊斯坦布尔—萨洛尼卡（希腊）之间的列车每天发车 1 次，历时 12 小时 30 分钟可达。

巴尔干半岛列车经由贝尔格莱德（南斯拉夫联盟共和国首都）、索非亚（保加利亚首都）等城市，每天发车一次。从伊斯坦布尔乘车去往贝尔格莱德历时 24 小时、去往布加勒斯特历时 20 小时，每天发车一次。

安纳托利亚中部火车站周边俯视图

●优惠列车票
◆往返车票　　八折
◆学生票　　八折
◆8岁以下的儿童免收车票

列车月票

购买列车月票可以在有限的时期内，无限次乘车。车票使用期限分为一个月内有效的 5、10、15 日三种。如果要选固定坐席或卧铺票，则需要加收一定的费用。车票可以在当地购买，也可以通过旅行社来预订。

东方快车

曾经的豪华周游列车。乘坐这辆历史之车，穿梭在周边诸国城市之间（巴黎—布达佩斯—布加勒斯特—伊斯坦布尔）。每年运行一次（2012年8月31日、2013年8月30日、2014年8月），每次费用约在5万人民币左右。可提前在旅行社预订车票。

☎ 03-3265-1200

HP www.orient-express.co

美妙绝伦的海上之旅

土耳其交通 海上航线

Sarayburnu

MAP●剪切地图-11、p.81-H

是土耳其的大型港口，位于托普卡帕宫附近，从斯克西车站步行10分钟即可到达。

●İstanbul Deniz Otobüsleri A.S. İstanbul Fast Ferry Co. Inc

☎0212-444-4436（7:00~24:00）

HP www.ido.com.tr

爱琴海航线

●恰纳卡莱—埃杰阿巴特

●伊斯坦布尔—切什梅

●希林杰—贝尔加马

●博德鲁姆—阿斯索斯

夏季爱琴海环游路线1日游至10日游

土耳其—北塞浦路斯海运公司

●Fergün Express

阿拉尼亚办事处电话

☎0242-511-5358

梅尔辛办事处电话

☎0324-238-2881

塔什彻办事处电话

☎0324-741-2323

HP www.fergun.net

主要的海上航线

土耳其整个国家被地中海、爱琴海和黑海所包围，海岸线非常长。位于地中海、爱琴海的海岸，自古以来就是天然良港，同时也是重要的观光场所。不少游客都会选择乘坐游船或观光船去往海岸线上的各个观光景点，在路途中还可以欣赏到美妙绝伦的海景。

在民营海运公司掌握土耳其大部分国内、国外航线之前，由国家运营的土耳其海运局掌控着土耳其的绝大部分航线和港口。

海上巴士连接伊斯坦布尔和土耳其近郊城市，是国外游客经常乘坐的交通工具。

●**海上巴士**　始发于伊斯坦布尔，开往亚洲、马尔马拉海沿岸城市。伊斯坦布尔也有开往国内各大主要港口的航线，海上巴士有着快速、省时、经济的优点。海上巴士相比轮船要快不少，与地面巴士相比，也更为省时。更吸引人的是，乘坐海上巴士可以欣赏沿途海面风光。

去往土耳其周边邻国

乘坐轮船也可以去往周边希腊以及意大利等国家。夏季是旅游旺季，船只和航次很多，船票的费用也随之相应提高。

●**去往意大利**　伊兹密尔/安塔利亚—威尼斯、巴里。乘坐豪华大型邮轮，历时一天多的时间到达意大利港口城市。

●**去往希腊**　马尔马里斯/博德鲁姆/费特希耶—罗德岛、库萨达斯—萨摩岛（4~9月）、博德鲁姆—科斯岛、切什梅—伊奥斯岛。历时1~3小时到达。从伊斯坦布尔乘坐游轮可去往雅典娜。

●**去往俄罗斯**　特拉布宗—索契。

●**去往塞浦路斯**　乘坐轮渡可从塔什杰/阿拉尼亚去往塞浦路斯（北塞浦路斯共和国），每天有数趟船次。

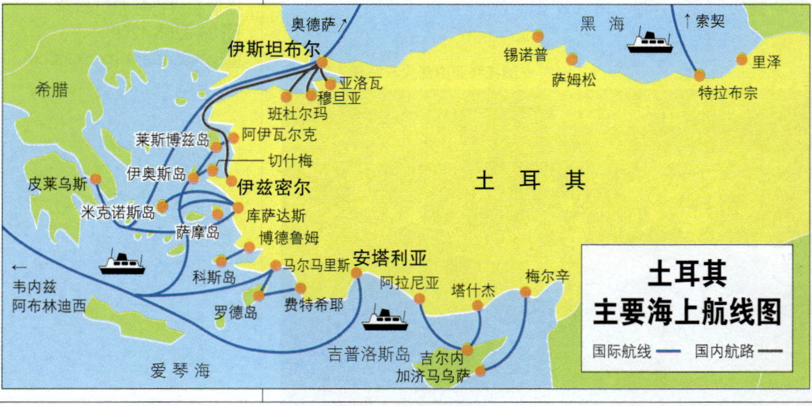

寄信、邮包裹都很方便

通信 邮政和快递

土耳其的邮局（PTT）

土耳其的邮局叫做 PTT，是 Posta、Telgraf、Telefon，即邮局、电信、电话局的简称。其招牌是鲜亮的黄色。除了市中心以外，长途汽车站、机场以及大的车站都设有邮局，邮寄非常方便。

●**明信片与信件** 航空明信片的邮寄价格是20克以下0.9TL。航空邮寄，用土耳其语表示是“Uçakla”，用英文表示是“Air Mail”。

●**小型包裹** 并不是所有的土耳其邮局都可以向国外邮送包裹，只有大型邮局才可以办理这项业务（伊斯坦布尔邮局可参考p.77相关内容）。包裹的邮寄物品需要当场检查，然后才可以打包装箱邮寄。一般，小包裹用的箱子邮局会准备，使用起来非常方便。小包裹限重在30千克以内，10千克小包裹邮寄费采用航空方式费用是215TL，采用水运方式费用是101TL。

曾在市面上流通的土耳其旧邮票

快递

快递是目前用得比较多的物流配送形式，具有快速、便宜、上门取送货等优点，比较受客户欢迎。DHL、UPS等都是国际大型快递公司，在伊斯坦布尔、伊兹密尔等大城市也都设有办事处，如果有大的包裹，不便亲自去邮局取送，不妨打电话让快递来帮忙更方便些。

邮局（PTT）醒目的黄色牌子

邮局（PTT）

☎444-1788（土耳其国内热线）
HP www.ptt.gov.tr

邮局（PTT）营业时间

周一~周六 7:00~19:00
周日 8:30~16:30
※小型邮局（PTT）的营业时间：平常工作日8:30~12:30，13:00~17:30。周六、周日休息。一般业务繁忙的观光地邮局没有休息日。

快递

●DHL
HP www.dhl.com.tr
HP www.cn.dhl.com（中国）
在土耳其全境总共设有16个以上的办事处。
土耳其国内热线☎444-0040
苏哈麦德（MAP●剪切地图-15、p.83-B）
☎0212-512-5412 休 无
塔克西姆（MAP●剪切地图-3、p.105-A）
☎0212-245-5850~1 休 无
●UPS
HP www.ups.com.tr
☎444-0033（土耳其国内热线）
苏哈麦德（MAP●剪切地图-18、p.83-E）
☎0212-517-4102

地方上的邮局（PTT）多设各种各样的建筑物内。左图为马尔丁的邮局，右图为迪亚巴克尔的邮局，都是利用中世纪的建筑物改建而成的

随时随地保持联系畅通

通信 电话

●邮局（PTT）的营业时间可参照p.409相关内容。

●土耳其通信
☎444-1444（土耳其国内热线）
HP www.turktelekom.com.tr

土耳其常见的公共电话

电话种类

使用土耳其酒店内的电话，无论是拨打国内电话还是拨打国际电话，其收费都是相当昂贵的。如果是长时间通话，最后的电话费是相当惊人的。所以，如果没有紧急情况的话，建议使用土耳其街头的公共电话。

Smartcard 电话卡

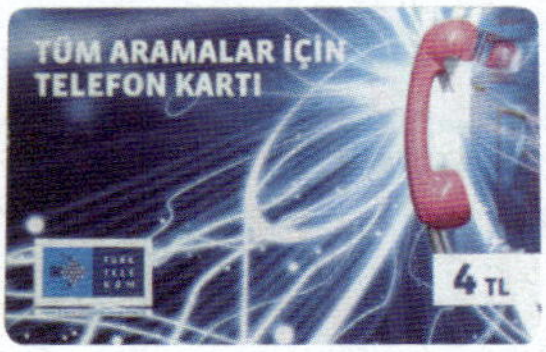

IPC电话卡

●公共电话

拨打公共电话需要用到电话卡，土耳其的电话卡叫做smartcard。除了此卡，土耳其通信部门还发行其他不同种类的电话卡。在各个城市都有售卡点。电话卡是按次数使用的，分为50次卡和100次卡两种。随着手机的不断普及，土耳其的公共电话数量也在不断减少。不过，一般在邮局（PTT）前面、长途汽车站内或是机场内，都会设有公共电话亭。

●公共电话亭

一般，在城市的市中心处都会设有电话亭，只是规模有大有小。在电话亭里打电话时，需要把带电子芯片的电话卡一面朝上插入电话机中。也可以用信用卡拨打电话。有的电话亭内，还设有可以连接笔记本电脑的新型电话。

●私人电话亭

与公共电话亭使用方法相同，只是收费不一样而已，在这里也可以拨打国内电话或者国际电话。

邮局前的电话亭

●紧急联络电话

警局　155
交警　154
急救　112
消防　110

●土耳其的无线网络

土耳其的机场、酒店、景区、餐厅、快速巴士等场所和地点都有无线网络覆盖。如果在酒店或餐厅没有搜索到无线网络，可以请求工作人员开通收费网络。也可以在当地购买无线上网卡，有包日、包周、包月等几种类型可供选择。网速根据各城市情况而异。

电话的拨打方法·国内电话

●**本市通话** 拨打同一个城市的电话，不需要加拨区号。

●**市外通话** 在对方电话号码前加拨所在城市的区号。

电话的拨打方法·国际电话

从土耳其往中国拨打

●**电话直拨** 如果用酒店电话直拨，需要先拨连接外线的号码。另外，费用可能不低，这点要注意。如果用公共电话可以投币拨打。

以拨打中国北京电话为例：

00 + 86（中国）+ 010（北京，前面的0去掉）+ 12345678

00：国际冠码；86：国家代码；010：区号；12345678：对方电话号码

●**使用电话卡直拨**

建议购买当地发行的长途电话卡，不过要注意电话卡的有效使用期。

以拨打中国北京电话010-12345678为例：

17920 + 2（土耳其语）+ 12345 + 00 + 86（中国）+ 010（北京，前面的0去掉）+ 12345678

17920：电话卡背面提示首先输入的号码；2：语言选择；12345：卡片密码；00：国际冠码；86：国家代码；010：区号；12345678：对方电话号码

●**使用手机直拨**

如果携带手机，而且办理了国际漫游服务，可以直接用手机进行联系，不过费用可能不低哦！不建议在土耳其旅游时购买当地电话卡，因为有国家政策，手续办理起来比较麻烦。

从中国往土耳其拨打

以拨打土耳其伊斯坦布尔亚洲区电话212—1234567为例：

00 + 90（土耳其）+ 0212（伊斯坦布尔亚洲区，前面的0去掉）+ 12345678

00：国际冠码；90：国家代码；0212：区号；12345678：对方电话号码

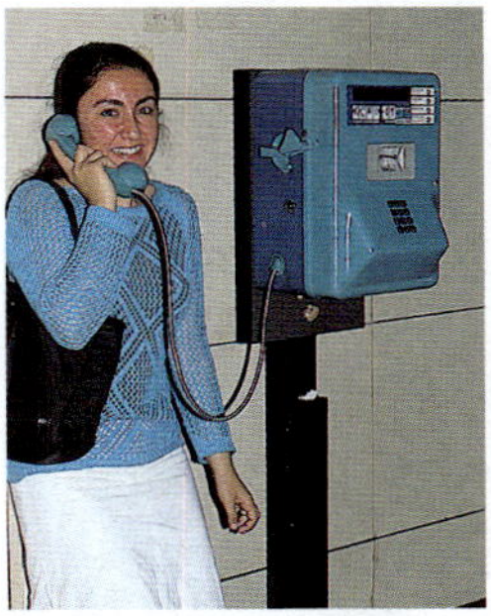

土耳其的电话机一般是蓝色

国际冠码 00
土耳其国家代码 90

伊斯坦布尔区号

欧洲部分区号212

亚洲部分和王子岛地区的区号为216

伊斯坦布尔是土耳其唯一一个占有两个区号的城市。如果从欧洲区往亚洲区打电话（反之亦然），需要按照城市之间的电话拨打方式进行，即：区号（216）+7位电话号码。

拨打国际电话省钱秘诀

●**购买当地的电话卡**

除了在当地电信服务门市买拨打国际长途的专用电话卡之外，还可以到中国城或者亚洲商店，购买专门针对亚洲国家用的电话卡。其使用方法和国内的IP电话卡差不多，卡背后有详细操作说明。

●**利用方便快捷的互联网**

通过网络可随时和世界连线。利用Skpye等网络即时联络工具，也能随时随地和家人、亲戚、朋友联系，不过这要取决于在当地使用网络是否方便。土耳其网络现在也比较发达，几乎所有的酒店、餐馆或者咖啡厅等场所都有免费的无线网络可用。

据此可估算携带多少旅行费用合适

货币 通货与物价

■硬币

1里拉

50库鲁什

25库鲁什

10库鲁什

5库鲁什

1里拉（TL, Türk Lira）等于100库鲁什（Kr, Kuruş）。

土耳其货币

从2010年1月1日起，土耳其货币“新里拉”退出市场流通，由“土耳其里拉”纸币和“库鲁什”硬币所取代。本书将土耳其里拉简写为TL（Türk Lirası），将库鲁什简写为Kr（Kuruş））。1TL约折合3元人民币（以2014年9月汇率为准）。1kr约等于1TL的百分之一。

里拉的币值有200 TL、100 TL、50 TL、20 TL、10 TL、5TL。每张里拉纸币上都有土耳其国父阿塔图尔克的头像。

硬币的币值有1TL、50Kr、25 Kr、10 Kr、5 Kr。

1库鲁什这样的极小额零钱在大城市内几乎见不到，超市里面找零时也会抹去。有时在乡下也不会将这种小币值的硬币看在眼里。所以，在土耳其购物时，售货员有时会将几库鲁什的领头抹掉，无需过多追究。

■土耳其纸币

200里拉

100里拉

50里拉

20里拉

10里拉

5里拉

土耳其物价与经济

土耳其物价近来有所上涨。与当地人密切相关的杂货商品以及公共交通等费用相对中国而言也不算便宜，尤其是针对观光游客和有钱人的地方，如观光场所、高档酒店、高级餐厅等地，物价还是挺高的。

土耳其的小城市物价较低，可以省去一部分花费。而在伊斯坦布尔这样的大城市，物价逐年升高，形成了与周边地方城市截然不同的物价水平。中心城市的餐厅、酒店消费甚至比小城市高出好几番。

面包、蔬菜、水果比较便宜。五月是吃樱桃的好时节，这时的樱桃个头儿大且价格便宜。而肉类，特别是羊肉的价格相比两三年前上涨了将近50%。

常见商品估价表

矿泉水　500ml　0.5TL

面包（大吐司）0.8TL

茶水　0.5~5TL

罐装可乐　1.25TL

罐装啤酒　1.6TL

土耳其制作的香烟　3.5TL

进口的香烟 5.5TL

圆珠笔　1TL~

杏仁　1kg　10~20TL

杏仁粉　1kg　25TL

音乐CD　5~15TL

根据使用场合来兑换货币

货币 兑换外币

入境土耳其后首先要兑换货币。图为阿塔图尔克机场的外币兑换窗口

携带美元或者欧元更便利

旅行期间，建议不便携带大量钱财。为了安全考虑，可以把旅行费用存进国际借记卡或者直接携带信用卡，身上只携带部分需要用到的零钱。

土耳其旅行，最为便利的方法就是携带美元或欧元。如果需要土耳其里拉，在银行、货币兑换处、酒店内都可以进行兑换。

●在观光地可以直接使用外币 在有些观光地的酒店、餐厅以及礼品店，不仅收取土耳其货币，也可以直接用美元或欧元等币种来支付，非常方便。

●国际信用卡 土耳其各个银行的ATM机上都可以使用信用卡提取现金，不过需要支付一定的手续费。一般，ATM机都是24小时服务，可根据自己的需要选择相应的语种界面，按照指示操作即可，使用起来非常方便。

●旅游支票（T/C） 旅行支票在土耳其使用起来并不是太方便。在一些偏僻地方的银行里，还会出现经常不能够兑换的情况，而且有时候汇率比现金兑换低不少。所以，去土耳其旅行，建议还是首选携带国际信用卡或者国际借记卡。不过考虑到盗窃和丢失等因素，可以携带一张旅行支票以备用。

在土耳其兑换货币

一般来说，在土耳其银行处进行货币兑换要比在代理处兑换核算且安全一些。在土耳其的一些大城市邮局也可以兑换货币。启程回国时，如果剩下的土耳其货币不多的话，也可以在机场将其兑换成人民币。

●银行 几乎所有的土耳其银行都可以兑换外币，有的银行还可以兑换旅行支票。汇率和手续费随银行不同而有所变化。

●银行ATM机 在银行专设的ATM柜员机上也可以很方便地获得土耳其里拉。只要插入国际银行卡，选择语种界面，按照相应的指示操作即可。一般ATM机都是24小时服务。

●货币兑换代理处 标有“kambiyo”字样的即是货币兑换代理处。这里和银行相比，手续费会有所不同，营业时间也会稍长一些。

●酒店 土耳其的中高档酒店内一般也可以兑换外币，不过要收取一定的手续费。

方便兑换外币的银行

下面的银行是土耳其的几家大型银行，在土耳其各个地方都有支行，兑换货币非常方便。另外，携带标有“PLUS”或者“Cirrus”字样的银行卡都可以在银行专设的ATM机上很取得现金。

●Ak Bank

● Bankası

●T.C.Bankası

开8:30~12:00、13:30~17:00

休 周六、周日。通常观光地会全天营业。需要注意一点，每月的15号是土耳其发放工资的日子，银行内人可能比较多，ATM机前也会排起长队，建议避开这一天去银行。

土耳其的ATM机

国际借记卡

→p.385

信用卡公司

国际信用卡非常方便，支持全球刷卡消费，一旦丢失要立刻挂失。务必要记住序列号，以便第一时间补办。（→p.384）

旅行支票

可以从银行购买。每次使用旅游支票消费时，需由本人签名方可生效。（→ p.385）

对当地了解越多，旅行越有趣

生活习惯和相关礼仪

●警局　旅行中遇到问题可以求助当地的警局。具体信息可参考p.416“安全与健康管理”中的相关内容。

插座

欧洲型的C型，插孔比较深

方便的C型插头，可同时支持多件电器运转

常见的转换插头类型

传统的土耳其蹲坑式卫生间

营业时间

●政府部门·公共服务场所　旅游咨询处、邮局（PTT）的营业时间一般为8:30~12:30／13:30~17:30，周六·周日休息。观光景点的旅游咨询处和邮局基本全天营业，没有休息日。博物馆闭馆日一般为周一。

●银行　营业时间为8:30~12:00／13:30~17:00。周六·周日休息。景区内的银行一般不休息。

●商店　大部分商店的营业时间为9:30~19:00。景区内的商店通常会营业至凌晨，餐厅也会很晚关门。

斋月（4天内）、宰牲节（5天内）期间，银行、政府部门、公共服务场所及大部分商店都歇业。

电压和电器

土耳其的电压是220V，50Hz。虽然不需要电源转换插头，但是为了保险起见还是带一个比较好。插座一般是欧洲型的C型。为防止触电，土耳其的插座、插孔都比较深，需要用点力才能插进去。

饮用水

在土耳其语中，水叫做“Su”。一般自来水管里的水是经过严格消毒的，可直接饮用。每个地区的水质有些许差别。如果不习惯喝自来水的话，可在商店、超市购买矿泉水来喝。有的地方会有地下泉水。地下泉水中富含矿物质，在国内习惯喝白开水的游客有可能喝下去会拉肚子，所以建议不要随便喝地下泉水。土耳其语“icilmez”是“不能喝”的意思。

卫生间

在土耳其语里，卫生间叫做“Tuvalet”。土耳其长途汽车站等场所的公共卫生间都配有专门的管理人员，内部比较干净。酒店或餐厅内的卫生间一般是西式卫生间。西式卫生间比较高档，上完卫生间后会自动冲洗。

而那些便宜的旅馆或者家庭式旅馆内则大多是土耳其老式卫生间，是传统的蹲坑式。普通的卫生间内不提供卫生纸。而且水龙头的水管很细，水流很小，因此卫生纸一定要丢在垃圾箱内，如果堵塞了水管会非常麻烦。

土耳其的街边有公共卫生间，标有醒目的“WC”字样，一般都收费，基本在0.5~1.5TL（合人民币1.5~4.5元）。清真寺内也设有公共卫生间。

小费

过去，在土耳其消费并没有支付小费的习惯。但是随着近年来欧美游客的增多，支付小费也逐渐成为一种习惯。

●**酒店** 入住中高档酒店时，需要给帮忙搬运行李或带进客房的服务生一定金额的小费。一般给1~2TL即可。经济型、低档酒店则没有专门的服务生，当然也就不需要支付小费。

●**餐厅** 在较为高档的餐厅用餐，需要给餐厅服务生小费。一般给消费总金额的百分之十左右即可。如果对服务感到不满意，也可以不用给小费。在普通的大众餐馆用餐时，可以不用给小费。当然，如果对服务或菜肴感到非常满意，也可以留下小费。

●**出租车** 如果需要出租车司机帮忙搬运大件行李，那么需要支付运费的百分之十作为小费。下车时，可以将找回的零头作为小费给司机。

服装

旅行期间，适宜穿着休闲服装，不过也不要忘记，毕竟土耳其是一个穆斯林众多的国度，所以在穿着打扮上仍有些需要忌讳和注意的地方。

尤其对女性而言，一定要特别注意。在土耳其，女性出门需要以纱巾遮面，并且不能露出自己的胳膊。在她们看来，穿着暴露是可耻的。而且，男性也不能随意穿着背心和裤衩上街，这会招来别人嘲讽的目光。在土耳其，严禁穿着以上服装进入寺庙等地，否则会被虔诚的信徒赶出来。所以在土耳其旅游时，女性游客有必要准备一条面纱，男性需要准备一身比较正式的服装。

另外，参观清真寺或神庙时，不能穿过于裸露的服装。土耳其对于寺庙内的着装有着近乎严苛的规定：无论天气多么炎热，男性一律不得穿拖鞋、短裤，女性不得穿半袖、裙子。并且，女性还需要把头发包裹起来。在寺院大门口附近一般会有出售头巾、头纱的小摊，没有准备头巾的游客可以在这里买一条。最好买一条随身携带，以备不时之需。寺庙每天做五次祷告，请合理安排好时间。

拍照与摄影

在土耳其，机场、军事禁区、警察局、铁路、桥梁等比较敏感的地方是禁止拍照的。普通景区内一般都是允许拍照的。但是在土耳其东部地区和边境地带最好不要随意拍照。

另外，在一些偏僻的郊区或小城市，那里的老人和妇女对拍照行为是非常反感的，所以不要轻易将相机镜头对准他们。如果坚持要拍照，一定要征得当地居民的同意，以免引起不必要的争端。

为避免发生旅行中途相机没电的情况，建议多准备一块电池。

地方上的妇女经常带着头巾出门

爱干净的土耳其人

土耳其人爱干净是出了名的。他们喜欢洗澡，爱清洁自己的面部和身体。把居住的房间、营业的店铺也打扫得干干净净。街道上的环境也非常规整。从卫生情况来说，在土耳其旅游是一件身心愉悦的事情。

香水

土耳其人喜欢喷洒香水。土耳其的香水含有一股淡淡的柠檬清香味，可以有效地消除汗味。通常在家里、公共洗浴中心、巴士内，他们都会摆放一些香水。

吸烟

在土耳其语里，纸制卷烟叫做“Sigara”。土耳其是优质烟草的产地，其烟草出口到全世界各国。2009 年，土耳其政府颁布了戒烟令，规定在机场、酒店、餐厅等公共场所内禁止吸烟。

避免麻烦，快乐旅行

安全与健康管理

注意自身健康状况

身处异国他乡，很多人在面对与国内完全不一样的环境时，多少会产生一些不适感，这也是正常的生理现象。饮食、气候以及生活方式的差异都会有逐渐适应的过程。因此，在海外旅行时一定要特别注意自身的健康状况。除了出行前做必要的身体检查外，在海外最好不要尝试吃一些稀奇古怪的食物，以免引起不必要的麻烦。对于身体患有疾病的人，需要在出行前备好自己常用的紧急药品，最好再准备一份英文的紧急救助措施表带在身边。

事先收集相关信息

为了避免各种麻烦和问题的产生，做到有效防范，最好在出行前做好相关信息的收集工作。对于一些常见的诈骗手段和伤害行为，不妨通过网络或相关报刊等途径加以了解，这些都会对出门旅行有不小的帮助。除此之外，还需要尽可能地了解一下土耳其当地的交通状况、天气状况以及当下存在的一些社会问题等。总之，对当地情况了解得越多，对出行越有用。

海外旅游注意事项

- ●尽可能远离犯罪多发地带和人迹稀少的地区。
- ●尽量不要在晚上单独外出。
- ●最好不要携带大量现金和贵重物品出行。
- ●不要轻信陌生人。
- ●行前最好详细了解一下旅游目的地的行程安排和居住情况。
- ●出现问题时切忌贸然行事，最好准备一份紧急求助联系方式。必要时记得要向当地人求助。

●紧急回国

紧急情况下回国需注意以下事项：

❶确认是否需要紧急回国
❷办理紧急回国手续
❸建议办理回国通行证
❹携带身份证明并保管好

可在驻土耳其中国大使馆办理紧急回国手续，一些基本的材料可以提前在旅行社或旅游公司办事处领取并填好。一旦工作人员认为情况不属实或存在安全隐患，则有权禁止游客紧急回国。（→p.424）。

●紧急时刻用的土耳其语

救救我！imdat

小偷！hırsız

叫警察！polis cağırın

交通事故 trafik kazası

救护车 ambulans

医院 hastane

土耳其的治安状况

土耳其的治安状况相对比较好，鲜有抢劫、杀人等严重危害社会的刑事案件发生。但是这并不意味着在土耳其旅游就一定是安全的。近年来，在观光旅游地，特别是伊斯坦布尔、伊兹密尔等城市发生诈骗、抢劫的案件时有报道，如果去这些地方一定要提高警惕。

在土耳其，最常发生的盗窃事件多是利用安眠药来进行的，其手段就是把安眠药放入饮料中，让不知情的人饮用，然后趁其昏迷时掠走贵重物品。所以，旅行时再次提醒游客，不要轻易接受别人赠送的食物或者饮料。

另一种盗窃手段是通过伪装警察来进行。一些人伪装成警察，让游客打开行李或背包进行检查，在检查过程中趁人不备拿走贵重物品。所以，遇到陌生人检查物品时，一定要让对方出示警官证或是记下对方的名字、编号及车牌号等相关信息。

在土耳其，公民是被允许携带枪支的。因此，与中国相比，土耳其的社会治安相对来说不安定的因素还是比较多的，所以一定要多加留意周围情况，确保旅行安全。

健康旅行注意事项

●如遇突发疾病需要到当地医院治疗时，可以拜托旅行社导游或酒店工作人员帮忙联系当地的医院。就诊时一定不要忘了携带海外旅行伤害保险证明。交费时一定要记得索要医生处方和收费凭据，以便回来后报销用。

●土耳其实行医药分离制度，即便没有医生的处方，也可以在当地药店买到肠胃药、感冒药、止痛剂等常见药品。

●夏天在土耳其旅行时，要特别注意饮食卫生，如发生因饮食引起的肠胃炎、腹泻等症状，一定要及时就医。

●一般来说，土耳其的卫生状况比较好。但也要注意一些传染病的发生。最好不要到人员混杂、环境恶劣的地方去。在土耳其，常见的传染病为肺结核、肝炎，所以也要注意避免与患有传染性疾病的人相处。

●长途奔波旅行，难免会使人产生疲劳感。身体状况欠佳的人，可能会因过于疲劳导致疾病的发生。所以，旅行时一定要保证足够的睡眠、水分以及养分。另外，也不要因遵循旅行计划而强忍病痛，毕竟健康还是第一位的。

紧急情况下的联系方式

●警局 ☎155（也可用英语）
●交警 ☎154（也可用英语）
●报警 ☎156
●消防 ☎110
●急救中心 ☎112
※可用土耳其语，有些地方不能用英语。
●海滩急救 ☎158

国营医院（伊斯坦布尔）

●International hospital）
✉İstanbul Cad. 82, Yeşilköy
☎444-0663
●Amerikan hastanesı
✉Güzelbahçe Sok.20,Nlişantaşı
☎0212-311-2000/231-4050
●Alman hastanesı
MAP●剪切地图-7、p.105-D
✉Sıraselviler Cad.119,Takşim
☎0212-293-2150
●Şişli florance nightingale Hastanesı
✉Abide-I Hurriyet Cad.164 Çağlayan,Şişil
☎0212-224-4950

紧急情况下的应对

●中国驻土耳其大使馆
✉Gölgeli Sokak No.34, Gaziosmanpaşa, 06700 Ankara, Turkey
（P.O. Box 31-Kavaklıdere）
☎0090-312- 436062（总机）
0090-539-3374676（24小时值班电话）
FAX 0090-312- 4460748（总机）
HP www.fmprc.gov.cn/ce/cetur/chn/

●土耳其驻中国大使馆
✉北京朝阳区三里屯东5街9号，100600
☎010- 6532 1715（领事呼叫中心）
FAX 010- 6532 5480
邮 consulate.beijing@mfa.gov.tr（领事签证处）
HP beijing.emb.mfa.gov.tr
签证申请办公时间：每周一、周三、周五上午9:30~12:30

●土耳其驻 广州总领事馆
✉广州市天河区珠江新城临江大道3号发展中心23A，510623
☎020-3785 3093 /3785 3401 / 3785 3157/3785 3480
FAX 020 -3785 3496
邮 consulate.guangzhou@mfa.gov.tr
HP Guangzhou.bk.mfa.gov.tr

●土耳其驻上海总领事馆
✉上海市长宁区中山西路1055号SOHO中山广场8层806-808室，200051
☎021-6474 6838/6474 7237
FAX 021-6471 9896
邮 consulate.shanghai@mfa.gov.tr
HP sanghay.bk.mfa.gov.tr

●不要轻易接受别人赠送的饮料或食物

安眠药抢劫　　作案目标：男性

据说，在伊斯坦布尔观光的某名游客，途中结识了一位“友人”，并接受了“友人”赠送的饮料。这名游客喝下饮料后立马不省人事，醒来发现财物、护照都不翼而飞了。

对策→最好不要去人迹稀少的地方。不要轻易接受别人赠送的饮料或食物。也不要喝太多的酒，致使自己意识不清。一般作案者会把安眠药掺入饮料中，劝目标对象喝下后，趁其不省人事进行抢劫。

●不要将财物置于大庭广众之下

假冒警察进行抢劫　　作案目标：男女

假冒警察，向游客出示假警官证，然后打开游客的行李或背包，趁其不备进行偷窃。

对策→通常在大街上，警察是不会检查游客的行李的。如果有人要求检查行李，先要求对方出示身份证明，得到最终确认后才可按其要求行事。如果没有相关证明，坚决不能就范。

●避免陷入围困

小偷1　　作案目标：男女

在步行或游览参观时，不知不觉被一群人包围，陷入被推搡的境地当中！注意，很有可能是盗窃犯在进行集体作案。说不定，钱包不知在什么时候就被偷走了。

对策→时刻警惕周围的环境，若有不正常的人接近，要与之保持距离。

小偷2　　作案目标：男女

乘坐电梯时，前面的男性俯身捡起故意遗落的物品，等其起身后，说不定你的钱包就神不知鬼不觉地到了他的口袋中。注意，有的小偷会以类似的动作掩护，来实施盗窃行为。

对策→尽量把钱包放在贴身口袋里，并注意警惕身边一些人不正常的举动。

●热情的陌生人

陌生人抢劫　　作案目标：男女

旅行途中结识的朋友，一开始非常热情地打招呼，攀谈之后逐渐熟悉起来。当一起行至人迹稀少的地方时，他另外的同伴就出现了，趁不防备实施抢劫。

对策→对于初次结识的人，要从心底里保持一份警惕，不要完全按照对方所说的去做。更不要轻易去人少的地方。

●不安全的酒吧

强制消费　　作案目标：男性

有些酒吧前会有招揽客人的陌生面孔，他们通常会以“非常便宜、环境不错”等噱头哄骗游客入内消费。等结账时，才发现账目要远远高出其实际消费水平，而店内不知道什么时候又多了几个目露凶光的大汉。

对策→不要轻易进入陌生酒吧或者看起来比较奇怪的场所。一般正规的酒吧内是没有过分打扮的女服务生的。

●用甜言蜜语来诱惑

“骗婚”　　作案目标：男女

有游客在异国他乡“邂逅”、结识了心仪的异性，貌似爱情降临，按照对方要求购买昂贵的礼品相送甚至出手阔绰给对方大量的现金。最后的结果只能是人财两空。

对策→尤其是女性，对于身边出现的男性，特别是花言巧语的男性要特别注意，轻易不要听信他人的话。

●强制购物

强制购买地毯　　作案目标：旅行者

在偏僻地方的一些绒毯店，会有彪形大汉强迫客人购买物品。如果不买的话，就不许游客离开。

对策→尽量不要去偏僻地方的商店，建议去一些容易寻找、信誉度高的知名商店购物。

申请用于回国的入境证明

如果护照丢失了，又需要在短时间内回国，来不及等待补办的护照，那么就要申请回国通行证。

所需材料

❶护照被盗证明
❷两张相片
❸回国的返程机票或机票订购证明
❹护照遗失和申请所需的文件

安全旅行3大准则

■注意无故靠近自己的人
■时刻看好自己的行李
■旅行中需注意的事项到哪里也适用

遭到紧急情况时的对策

●信用卡、国际借记卡、旅行支票被抢　若上述银行卡及支票丢失或遭到抢劫后，不要着急，到相应的银行办理挂失或者补办业务即可。

●护照丢失　若护照不慎丢失的话，可以到伊斯坦布尔或安卡拉的中国领事馆重新补办。注意，补办需要准备相应的证件，比如警察局盖章的丢失证明、身份证复印件、照片等。

●护照补办　护照丢失后，要第一时间联系驻土耳其中国大使馆工作人员，并前往大使馆办理新护照。补办护照时，须持所有证明身份的证件前去办理，如果记住序列号则办起来更快一些。如果需要紧急回国，需办理回国通行证。

补办护照必需的证件和资料有：护照丢失证明（当地警察局开具）、免冠照片（4.5厘米×3.5厘米）2张、电子机票、回国通行证申请等资料。

土耳其语
旅行会话

多少了解一些土耳其语是很有必要的。说当地语言，可使自己的意愿更准确地传达给别人，也会增加与当地人沟通交流的乐趣。下面介绍一些在旅行中经常会用到的基本单词和简单对话。

●基础用语【必备单词】

今日	**bugün**
明日	**yarın**
后天	**öbür gün**
昨日	**dün**
前天	**evvelki gün**
早晨	**sabah**
上午	**öğle**
傍晚	**akşam/gece**
年	**yıl, sene**
月	**ay**
周	**hafta**
日	**gün**
小时	**saat**
分钟	**dakika**
好	**iyi**
坏	**kötü, fena**
大	**büyük**
小	**küçük**
多	**çok**
少	**az**
长	**uzun**
短	**kısa**
是	**evet**
不是	**hayır**

【数字】

1	**bir**
2	**iki**
3	**üç**
4	**dört**
5	**beş**
6	**altı**
7	**yedi**
8	**sekiz**
9	**dokuz**
10	**on**
20	**yirmi**
30	**otuz**
40	**kırk**
50	**elli**
60	**altmış**
70	**yetmiş**
80	**seksen**
90	**doksan**
100	**yüz**
1000	**bin**
100万	**milyon**
0	**sıfır**

【举例说明】

37	**otuz yedi**
65	**altmış beş**
328	**üç yüz yirmi sekiz**
2400	**iki bin dört yüz**
5000	**beş bin**
1万	**on bin**
10万	**yüz bin**

【方位用语】

东	**doğu**
西	**batı**
南	**güney**
北	**kuzey**
山	**dağ**
丘	**tepe**
高原	**yayla**
平原	**ova**
山谷	**vadi**
森林	**orman**
小河	**ırmak, nehir**
长河	**dere, çay**
湖	**göl**
海	**deniz**
岛	**ada**
半岛	**yarımada**
海湾	**körfez**
海岸	**sahil**

【基本会话】

早上好。	**Günaydın.**
你好。	**Merhaba.**
晚上好。	**İyi akşamlar.**
晚安。	**İyi geceler.**
再见。	**Allahaısmarladık.**
感谢。	**Güle güle.**
（非常）	**（Çok）**
谢谢你。	**Teşekkür ederim.**
谢谢。	**Sağ ol (un).**
不客气。	**Bir şey değil.**
请，别客气。	**Rica ederim.**
好的，没问题。	**（OK）Tamam.**
没有。	**Yok.**
劳驾，打搅了。	**Pardon.**
对不起，请原谅。	**Özür dilerim.**

请别见怪！	**Kusura bakma (yın).**
近来可好？	**Nasılsınız ?**
我很好。	**Çok iyiyim.**
很高兴见到你。	**Tanıştığımıza memnun oldum.**
我是中国人。	**Çinli.**
您怎么称呼？	**Adınız ne?**
我叫李明。	**Adım Li Ming.**
您会说英语吗？	**İngilizce konuşabilir misiniz?**
请问卫生间在哪里？	**Tuvalet nerede?**
向大家问好。	**Herkese çok selam söyleyin.**
期待下次再见。	**Tekrar görüşelim.**

学一点儿土耳其语

土耳其语属于阿尔泰语系突厥语族之一，是典型的黏着语言。其文字原用阿拉伯字母，现已改用拉丁字母。语音方面，土耳其语最显著的特点就是元音和谐，既有颚化变体又有唇化变体。颚化和谐建立在前元音（e、i、&öuml、ü）和后元音(a、I、o、u)相区别的基础上。元音有多套分类标准，比如：a、e、ı、i属于非圆唇音，o、&öuml、u、ü属于圆唇音；ı、i、u、ü称为窄音，a、e、o、&öuml称为宽音。 通常是一个词的所有元音必须属于同一个类别（前列或后列），而且后缀的元音也要根据词根元音的类别而变化。除了元音和谐，辅音和谐规则也是重要的语音规则，直接关系到很多词缀的接续。

●机场

【单词】

航线	**havayolu**	签证	**vize**	航班号	**uçuş numarası**
飞机	**uçak**	入境	**giriş**	换乘	**transit**
机场	**havalimanı**	出境	**çıkış**	海关	**gümrük**
国际线	**dış hatlar**	机票	**uçak bileti**	免税店	**gümrüksüz dükkan**
国内线	**iç hatlar**	单程	**gidiş**	咨询处	**danışma (bürosu)**
护照	**pasaport**	往返	**gidiş dönüş**		

【会话】

您出行的目的是什么？

Ziyaretinizin sebebi ne dir ?

＜英语＞ **What is the purpose of your trip ?**

旅游。

Turizmdir.

＜英语＞ **Sightseeing.**

工作。

İş için geldim.

＜英语＞ **Business.**

您打算在土耳其呆多久？

Türkiye' de ne kadar kalacaksınız ?

＜英语＞ **How long are you going to stay ?**

一个星期。

Bir hafta kalacağım.

＜英语＞ **A week.**

没有我的行李。

Bir valizim eksik.

这是我的行李。

Bu eşya benimdir.

这不是我的行李。

O benim değildir.

这是我带给朋友的礼物。

Bu arkadaşıma hediyedir.

请问货币兑换处（出租车乘车处）在哪里？

Kambiyo (Taksi durağı) nerede dir ?

请问有去往市区的巴士吗？

Şehire otobüs var mı ?

请问飞机几点起飞？

Uçak saat kaçta kalkıyor ?

请问飞机几点到安卡拉？

Uçak saat kaçta Ankara' ya varıyor ?

不好意思，我想改签航班。

Uçak tarihini değistirmek istiyorum.

对不起，您的行李超重了 5 千克。

Bagajınız 5 kilo (gram) fazla.

●商店

【单词】

商店	dükkan	贵	pahalı
巴扎集市	çarşı	便宜	ucuz
大卖场	süpermarket	食品店	bakkal
价格	fiyat	书店	kitabevi
钱	para	绒毯店	halıcı
收据	makbuz	金饰店	kuyumcu
收条，小票	fiş	美容院	kuaför
		理发店	berber

【标识】

营业	açık
关门	kapalı
入口	giriş
出口	çıkış
推	itiniz
拉	çekiniz
禁止	yasak
注意	dikkat
危险	tehlikeli

【会话】

请问您需要些什么？
Ne arıyorusunuz?

我随便看看。
Yalnızca bakıyorum.

请问水在哪里？
Su nereden alabilirim?

请您看一下其他的，好吗？
Başka gösteriniz.

请问可以试穿吗？
Deneyebilir miyim?

请问还有小一号（大一号）的吗？
Daha küçüğü (büyüğü) var mı?

请问这件多少钱？ **Bu ne kadar?**

太贵了。 **Çok pahalı.**

可以再便宜点吗？
Biraz indirim yapar mısınız?

请问这是土耳其制造的吗？
Bu Türk malı mı?

我要买这件。
Bunu istiyorum.

请问什么时候能包装好？
Ne zaman hazır olur?

我要作为礼物送人。
Hediye olacak.

请包装地漂亮一些。
Lütfen güzel paket yapınız.

请问可以使用银行卡吗？
Bu kartı kullanabilir miyim?

好像找回来的钱不对。
Paranın üstü yanlış

●就餐

（其他的就餐用语请参照p.28~p.39）

【单词】

餐厅	**lokanta**	盐	**tuz**	菜肉烩饭	**pilav**
小酒馆	**birahane**	醋	**sirke**	汤	**çorba**
食物・料理	**yemek**	糖	**şeker**	酒	**içki**
菜单	**yemek listesi**	胡椒	**kara biber**	啤酒	**bira**
一人份	**bir porsiyon**	辣椒	**kırmızı biber**	葡萄酒	**şarap**
早餐	**kahvaltı**	奶酪	**peynir**	拉克酒	**rakı**
午餐	**öğle yemeği**	黄油	**tereyağı**	甜	**tatlı**
晚餐	**akşam yemeği**	橄榄油	**zeytinyağı**	苦，辣	**acı**
水	**su**	面包	**ekmek**	咸	**tuzlu**

【会话】

我们吃饭去吧。
yemek yiyelim.

请问你们想吃点什么？
Ne tür yemek istiyorsunuz?

我们想吃土耳其餐。
Türk yemeği istiyorum.

可以推荐一家好吃的土耳其餐厅吗？
İyi bir lokanta tavsiye eder misiniz?

能帮我电话预约一个双人的位子吗？
Telefonla iki yer ayırtabilir misiniz?

请预订一个晚上八点、双人的位子。
Saat yirmide iki kişilik için rezavasyon istiyorum.

请问店里的拿手菜是什么？
Hangi yemeği tavsiye edersiniz?

能把菜单拿过来看一下吗？
Menüyü getirir misiniz?

（招呼服务生）请到这里来！
Bakar mısınız?

请来一份和他们一样的菜。
Onların yediği şeyin aynısı lütfen.

我们要红葡萄酒。
Bu yemeğe uygun şarabı seçiniz.

上的菜和我们点的不一样。
Bu sipariş ettiğim şey değil.

非常好吃。
Çok lezzetli.

请结账。
Hesap lütfen.

●酒店

【单词】

酒店	**otel**	预付款（定金）	**depozit**	浴缸	**küvet**
房间	**oda**	电梯	**asansör**	枕头	**yastık**
单人间	**tek kişilik oda**	浴室	**banyo**	毛毯	**battaniye**
双人间	**iki kişilik oda**	带浴室的客房	**banyolu oda**	床单	**çarşaf**
标准间	**çift yataklı oda**	安静的客房	**sessiz oda**	毛巾	**havlu**
签字	**imza**	淋浴	**duş**	钥匙	**anahtar**

【会话】

我是打电话预订酒店的李明。
Rezervasyon Çinc LiMing' yım.

请问还有空房间吗？
Boş odanız var mı?

请让我看一下房间，好吗？
Odayı görmek istiyorum.

还有更好（更大）的房间吗？
Daha iyi（büyük）oda var mı?

请问有海景房吗？
Denize bakan bir oda istiyorum.

我预订明天的客房。
Yarın için yer ayırtmak istiyorum.

一天多少钱？
Günlüğü ne kadar?

带早餐吗？ **Kahvaltı dahil mi?**

我要住三晚。 **Üç gün kalacağım.**

请给我钥匙。 **Anahtar veriniz.**

没有热水。
Sıcak su akmıyor.

可以送两杯咖啡到房间吗？
Odama iki kahve getirebilir misiniz?

再住一晚，行吗？
Bir gece daha kalabilir miyim?

能打扫一下房间吗？
Odamı temizler misiniz?

早晨八点叫我起床，好吗？
Sabah saat sekizde uyandırır mısınız?

可以到我房间取一下行李吗？
Odaya eşyalarımı almaya gelir misiniz?

我把钥匙落在房间里了。
Anahtarımı odada unuttum.

帮我叫一辆出租车，好吗？
Taksi çağırır mısınız?

能帮我把行李寄存起来吗？
Eşyamı emanete bırakabilir misniz?

●观光游览

【单词】

旅游咨询处	**danışma bürosu**	道路	**yol**	教堂	**kilise**
地图	**harita**	大道	**cadde**	浴场	**hamam**
城市地图	**şehir haritası**	小道	**sokak**	博物馆	**müze**
市中心	**merkez**	林荫道	**bulvar**	宅第	**konak**
巴扎集市	**çarşı, pazar**	清真寺	**cami**	城堡	**kale, hisar**
公园	**park**	伊斯兰神学校	**medrese**	宫殿	**saray**
厕所	**tuvalet**	神殿	**türbe**	遗迹	**harabe**
男	**erkek, bay**	神庙（圆顶形）	**kümbet**	海水浴场	**plaj**
女	**kadın, bayan**	墓地	**mezar (lık)**	温泉	**kaplıca, ılıca**

【会话】

（在出租车上出示纸条）请带我去这里。
Buraya gitmek istiyorum.

我想随便散散步。
Şehri gezmek istiyorum.

请问邮局在哪里？
Postane nerede?

请问这是什么地方？
Burası neresi?

我迷路了。
Yolumu kaybettim.

请帮我在地图上指一下，好吗？
Haritada gösterebilir misiniz?

请问XX旁边有地标吗？
Onu yakında işaret var mı?

那家餐厅在酒店旁边（对面/后面）。
O lokanta otelin yakınında (karışında, arkasında).

请问步行到那里需要多久？
Buradan yayan kaç dakika sürer?

向前直行200米就到了。
Doğru gidin 200 metre ilerde.

从第二个拐角处右（左）拐就到了。
İkinci köşeyi sağ (sol) dönün.

请问有会说中文的导游吗？
Çince konuşan rehber var mı?

请问门票多少钱？
Giriş fiyatı ne kadar?

可以拍照吗？
Fotoğraf çekebilir miyim?

●交通

【单词】

巴士	**otobüs**	火车	**tren**	售票处	**gişe**
小巴	**minibüs**	车站	**istasyon**	车票	**bilet**
巴士终点站	**otogar, otobüs terminali**	特快列车	**ekspres**	行李预存处	**emanet**
巴士站牌	**otobüs durağı**	卧铺车	**yataklı vagon**	停车场	**otopark**
主干道	**anayol, karayolu**	咨询处	**danışma bürosu**	车费	**ücret**

【会话】

我要去安卡拉。
Ankara' ya gidiyorum.

买一张到安卡拉的车票。
Ankara için bir bilet istiyorum.

请问车费多少?
Ücret ne kadar?

请问去安卡拉的车在哪里乘坐?
Ankara' ya otobüs nereden kalkar?

请问这辆巴士去往安卡拉吗?
Bu otobüs Ankara' ya gider mi?

我在博卢下车，到时请叫我。
Bolu' da inmek istiyorum.
Lütfen haber veriniz.

【紧急情况下的用语】

救命!
İmdat !

有小偷!
Hırsız !

请帮帮我!
Lütfen yardım ediniz.

我不舒服!
Hastayım.

请立即叫救护车。
Hemen bir doktor (ambulans) çağırır mısınız ?

请问附近有医院吗?
Yakında hastane var mı ?

请送我到医院。
Beni hastaneye götürün.

我的钱包被偷了。
Param çalındı.

请帮忙报警。
Polise haber veriniz.

我的钱包丢了。
Cüzdanım kaybettim.

我把护照落在安卡拉的酒店里了。
Ankara' daki otelde pasaportumu unuttum.

乐游全球丛书
翻译委员会

丛书翻译统筹

潘寿君

翻译审订（以音序排名）

陈燕生	程长善	侯　越	李建忠	潘寿君	王　怡	谢立群
颜　悦	陶芳英	张建邦	张文颖	张志军	周　洁	周运堂

翻译成员（以音序排名）

陈　晨	迟晓春	董娜娜	宫　静	郭攀霞	郭文雅	韩佳梅
黄叶清	黄奕纬	凌　艳	刘东婧	刘　芳	柳慕云	罗芳芳
满新茹	潘　丽	裴　玺	任二青	王丽珠	王　平	吴媛媛
徐　超	徐　琳	徐珊珊	阎婷婷	杨　欢	张静超	张　楠
张　潇	张亚林	张　永	张　玉	赵　丽	赵季玉	郑　凤
钟萍萍	周　微	宗文玉				

Staff

Director——小田陽一 Yoichi ODA
編集室アスランを主宰。

Writers——鈴木レイ Ray SUZUKI
南東および東アナトリア全域、中央アナトリア、黒海、地中海の一部を担当。
道上朋子 Tomoko MICHIGAMI
イスタンブル全域を担当。改定版の中央アナトリアのチェック。
菅野久美子 Kumiko KANNO
エーゲ海全域、マルマラと黒海の一部を担当。
野中幾美 Ikumi NONAKA
地中海全域を担当。改定版の全域データのチェック。
斎藤由希 Yuki SAITO
中央アナトリアの一部を担当。
白山越子 Etsuko SHIRAYAMA
改訂版の現地データ収集、チェック。
三浦静恵 Shizue MIURA
トルコ料理のチェック。

Illustrators——岡本倫幸 Tomoyuki OKAMOTO
小貫健太郎 Kentaro ONUKI

Designers——望月左枝子 Saeko MOCHIZUKI
オムデザイン OMU
道信勝彦 Katsuhiko MICHINOBU
スタジオブロンクス Studio Bronx
嶋小百合 Sayuri SHIMA

Cover Designer——鳥居満智栄 Machie TORII

Map Design, Graphic Map——㈱チューブグラフィックス TUBE
木村博之 Hiroyukj KIMURA
萩原佐知子 Sachiko HAGIWARA

Map Production——岡本倫幸 Tomoyuki OKAMOTO
望月左枝子 Saeko MOCHIZUKI
㈱千秋社 Sensyu-sya

Editorial Cooperation——高砂雄吾 Yugo TAKASAGO

Special Thanks to——トルコ共和国大使館文化広報参事官室
Turkish Embassy Office of Cultural and Information Councellor
トルコ航空 Turkish Airlines
斎藤順一・綾子・晴翔 Junichi Ayako Haruo SAITOU
高砂あいの Aino TAKASAGO

北京市版权局著作权合同登记图字：01-2011-1627
审图号：GS（2014）902号

总 策 划：刘　权
执行策划：陈凤玲
责任编辑：陈凤玲

图书在版编目（CIP）数据

土耳其/实业之日本社海外版编辑部编著；张亚林译. -- 北京：旅游教育出版社，2015.1

（乐游全球自由行）

ISBN 978-7-5637-3000-1

I.①土…　Ⅱ.①实…　②张…　Ⅲ.①旅游指南—土耳其　Ⅳ. ①K937.49

中国版本图书馆CIP数据核字（2014）第182422号

乐游全球

土耳其

实业之日本社海外版编辑部　编著

张亚林　译

周运堂　审订

出版单位：旅游教育出版社
地　　址：北京市朝阳区定福庄南里1号
邮　　编：100024
发行电话：（010）65778403 65728372
　　　　　65767462（传真）
本社网址：www.tepcb.com
E-mail：tepfx@163.com
印刷单位：北京利丰雅高长城印刷有限公司
经销单位：新华书店
开　　本：880毫米×1230毫米　1/32
印　　张：13.5
字　　数：565千字
版　　次：2015年1月第1版
印　　次：2015年1月第1次印刷
定　　价：79.00元

（图书如有装订差错请与发行部联系）